中国社会科学院老学者文库

深入文明史的中国思想史

杨 义 著

中国社会科学出版社

图书在版编目(CIP)数据

深入文明史的中国思想史/杨义著. —北京：中国社会科学出版社，2022.6（2023.7重印）

（中国社会科学院老学者文库）

ISBN 978－7－5227－0106－6

Ⅰ.①深⋯　Ⅱ.①杨⋯　Ⅲ.①思想史—研究—中国　Ⅳ.①B2

中国版本图书馆 CIP 数据核字（2022）第 066645 号

出 版 人	赵剑英
责任编辑	郭晓鸿
特约编辑	杜若佳
责任校对	师敏革
责任印制	戴　宽

出　　版	中国社会科学出版社
社　　址	北京鼓楼西大街甲 158 号
邮　　编	100720
网　　址	http://www.csspw.cn
发 行 部	010－84083685
门 市 部	010－84029450
经　　销	新华书店及其他书店

印刷装订	北京君升印刷有限公司
版　　次	2022 年 6 月第 1 版
印　　次	2023 年 7 月第 2 次印刷
开　　本	710×1000　1/16
印　　张	44.5
插　　页	2
字　　数	580 千字
定　　价	248.00 元

凡购买中国社会科学出版社图书，如有质量问题请与本社营销中心联系调换
电话：010－84083683

版权所有　侵权必究

目　　录

序　言 …………………………………………………（1）

第一编　综论

重绘中国文学的历史地图 …………………………（3）
中国文化之根本 ……………………………………（42）
中国文化遗产的保护和开发 ………………………（62）

第二编　先秦诸子的文化本根

先秦诸子发生学 ……………………………………（83）
先秦诸子开幕式与闭幕式 …………………………（142）
《论语》三加一次编纂之秘密的发明 ………………（160）
《孙子兵法》的生命解读 ……………………………（189）
借问庄子您是谁？
　　——杨义哈佛讲演整理稿 ……………………（205）
诸子是怎样炼成的
　　——先秦诸子发生学引言 ……………………（216）

第三编　历代思想文化的界碑式人物

《史记》人文世界及著述体例 ………………………（269）

陶渊明的菊、松、酒的人生三维境界 …………………… (294)
李杜诗学:原理与方法论 ………………………………… (319)
苏轼与士人文化范式 ……………………………………… (367)

第四编　思想文化向民间的位移

中国根柢全在道教 ………………………………………… (393)
新诠释学视角下的明代四大奇书 ………………………… (419)
《红楼梦》文化的"天书—人书"之精华 ………………… (448)

第五编　思想文化的边缘活力与外来挑战

《格萨尔》:中国文学与世界文化的瑰宝 ………………… (481)
《蒙古秘史》:展示蒙元时代的中国文明史的血脉和魂魄 …… (509)
西学东渐四百年祭
　　——从利玛窦、《四库全书》到上海世博会 ………… (517)
鲁迅的文化哲学与文化血脉 ……………………………… (535)

第六编　思想文化的方法论

中国叙事学的原理与方法 ………………………………… (565)
文学地理学的本质、内涵与方法 ………………………… (603)
学海苍茫五路径 …………………………………………… (667)

序　言

书写思想史，最需要创新的思想。创新才能提出新问题、新思路，与过去常规的问题和思路形成对撞，由读思想史激发新思想。这是我写作这部思想史课程的基本追求。思想史植根于文学史、文化史、文明史，脱离文学史、文化史、文明史的所谓思想史，只不过是概念的演绎，变成一堆空空洞洞的纸片。哈佛大学等西方著名大学，都开设了文明史课程，可见文明史可以使思想史底蕴深厚、生动活泼。因而我们讲思想史，就应把它囊括进综合性的文明观照、先秦诸子发生学、历代思想文化的界碑式人物、思想文化向民间的位移、思想文化的边缘活力与外来挑战，以及思想文化的方法论角度，展开一个既有本体性又有开放性的宏观视野，形成一种深入文明史的思想史。

思想史的关键在于了解什么是中国思想，然后才能跟踪思想运行的轨迹。在思想文化综论中，提出了重绘中国文学地图三原则：一是在原本比较重视时间维度上，强化空间维度；二是在文化中心动力的基础上，强化"边缘的活力"；三是从文献的验证中，深入文化意义的透视。其中有两个重要方法：一曰破解精彩，一曰追问重复。由此所重绘的文学地图，是一个现代东方大国与世界对话和交往的升级版的文化身份证。

为什么进而提出"中国文化之根本"的命题？这是为了使我

们获得一种"文化自觉"。这就要求我们自觉地追问：（一）中华文化从何而来？（二）中华文化根本何在？（三）中华文化有何种基本内涵？（四）中华文化为何具有千古未被磨灭的生命力？（五）中华文化如何焕发与时俱进的现代原创力？这就是中华民族的"文化自觉五问"，它将成为我们创造一代大国学术的逻辑起点。在这里，我们探讨了中华文化的深厚性，中华文化的原创性，中华民族文化的包容性，中华民族文化血脉的丰沛性，中华民族文化景观的丰美性，从而为文化自觉的纲形成了五纲目。

　　本根探索，是根本所在。在探讨先秦诸子文化本根的时候，既概括地展示了先秦诸子发生学，又重点考究了孔子赴洛阳问礼于老子的先秦诸子的开幕式，以及考究了荀子与韩非、李斯师徒会的先秦诸子的闭幕式，对文化血脉进行返本还原，展示了春秋战国三百年间中国思想文化的发展过程和历史形态。然后考察了《论语》早期三加一次编纂之秘密，对《孙子兵法》进行生命解读，对庄子思想的国族文化基因作出探微索隐，最终落脚到诸子是怎么炼成的，从而真实深入地勾勒出中国文化的经学、子学脉络。经学、子学脉络，是中国文化精神发生学上的本原性脉络。

　　思想文化的发展，是与时俱进的。因而要进一步总揽历代思想文化的界碑式人物，着重探讨司马迁的"史记人文世界及著述体例"、"陶渊明的菊、松、酒的人生三维境界"、"李杜诗学：原理与方法论"，以及"苏轼与士人文化范式"。从中国人的文化心理结构或精神谱系形成的角度来看《史记》，可以从中寻找到中国人行为方式的某些原型，比如：讲尊师，也许想到张良的圯桥进履；讲重才，也许想到萧何月下追韩信；讲忍耐，可以想到韩信的胯下之辱；讲信义，可以想到季布的一诺千金。这些原型既涉及修身，也涉及治国。勾践的卧薪尝胆，项羽的破釜沉舟，韩信的背水一战，范蠡的扁舟五湖，蕴含着何等的意志、决心、气节、豪情和潇洒。再如焚书坑儒、指鹿为马、项庄舞剑以及冯唐易老、李广难封,又包含着多少残酷的权术和悲哀的命运。人们寻找中国人的心理行为模式,多从经史子集着眼,岂不知史书也以历史的残迹在编织国民精神的网络!所以,《史记》对民族精神血脉的影响,除记录孔子嘉言懿行的《论语》之外,很难再找出第二部书,其影响不在老、庄、孟、荀之下。从整个民族来说,在铸造中国人的行为方式上,《史记》所讲述的一系列"中国故事",起到非常深刻久远的作用。

魏晋时代是一个文学觉醒和个性自由的时代。文学觉醒和个性自由的代表性人物,就是陶渊明。文学自觉浪潮迭起,先是曹丕的《典论·论文》,说"盖文章,经国之大业,不朽之盛事",主张"文以气为主",继之是谢灵运山水诗,开创了中国山水文学的新境界,当时有人说"谢诗如芙蓉出水",再继之就是陶渊明诗文共一百四十多篇,其引用《列子》《庄子》典故多达七十次,对老庄思想接受甚深,崇尚老庄的自然美学观,陶渊明以大思想家的姿态成就了中国田园诗歌的辉煌。还有一部《世说新语》彰显着魏晋风流,对魏晋名士的清谈、品题等行为,栖逸、任诞、简傲等性格,都有生动的描写。鲁迅称赞它"记言则玄远冷隽,记行则高简瑰奇",是"一部名士底(的)教科书",也为这股潮流增光添彩。在这股潮流中,陶渊明几乎成了中国士人文化的一个品牌。凡是有中学文化程度的人,都读过他的《桃花源记》,知道他是中国历史上一位著名的诗人、隐士,田园文学的奠基者。有人或许还能吟得出他的一两句诗,如"采菊东篱下,悠然见南山"之类,讲得出他"不为五斗米折腰"的故事,可见他在中国文化中的地位有多么突出。陶渊明诗的价值,植根于诗而超越了诗,它实际上代表着一种文化,一种采菊东篱、安逸田园、清风明月的文化,并以此进入中国文明史。

《史记》开创了中国文化的史脉,李白、杜甫则彰显了中国文化的诗脉。史和诗,是中国文化精神的基本脉络所在。通过探讨

"李杜诗学：原理与方法论"，从诗仙和诗圣的笔下，发现了盛唐魄力与诗学新境界，他们以新的时代姿态，彰显了《毛诗序》的诗学精神："诗者，志之所之也，在心为志，发言为诗。情动于中而形于言，言之不足故嗟叹之，嗟叹之不足故永歌之，永歌之不足，不知手之舞之，足之蹈之也。情发于声，声成文谓之音。治世之音安以乐，其政和；乱世之音怨以怒，其政乖；亡国之音哀以思，其民困。故正得失，动天地，感鬼神，莫近于诗。先王以是经夫妇，成孝敬，厚人伦，美教化，移风俗。"苏轼在唐诗丰神之后创立宋词格调，形成了一种文化，他是文学上的旷世大才，代表着一种以才情浩荡，诗、文、词、书、画兼通，而又以意趣旷达为标志的士人文化形态。苏诗真率大气，才情浩荡，洋溢着忧患和理趣；东坡词采取"以诗为词"的手法，借用一种处在文学正宗地位的优势文体，驾轻就熟地探索出当时还有"艳科末技"之讥的词体的艺术表达的另一种可能性。他用诗解放了词，从而使以往多用于应歌侑酒的歌伎唱词，在根本上转化为士大夫文人抒情言志的新诗体。

鲁迅在1918年8月20日写给好友许寿裳的书信说："《狂人日记》实为拙作，又有白话诗署唐俟者，亦仆所为。前曾言中国根柢全在道教，此说近颇广行。以此读史，有多种问题可以迎刃而解。"这句话经典地总结了道教对中国传统文化所产生的深刻影响。两宋时期是道教发展的兴盛时期，具有显著的政治地位和广泛的信仰基础。宋代道教的政策制度、神明崇奉以及教理教义、方术科仪的流传对当时文人士大夫、市井百姓的精神世界以及审美意趣都产生了不可忽视的影响，因此应做出专门研究。道教勃兴的三次高潮，是宋真宗、宋徽宗、南宋高宗，使道教根柢深入文明史的脉络。

元明清以降，思想文化向民间位移，小说戏曲中所蕴含的民间思想文化极其复杂丰富，道教信仰，"三国气""水浒气"，弥漫社会和江湖，因此有必要在新诠释学视角下剖析明代四大奇书《三国演义》《水浒传》《西游记》《金瓶梅》，尤其是《红楼梦》文化的"天书—人书"之精华。宋代勾栏瓦舍的说书四家，"说三分"衍化出《三国演义》，"说铁骑儿"衍化出《水浒传》，"说经"衍化出《西游记》，"说小说"衍化出《金瓶梅》。四大奇书实际上是反映中国民间精神文化的一种史诗性作品，宋元明八百年其实是我们的游牧文明和农业文明、礼乐文明强烈碰撞的八百年。中国文化一个很重大的问题，就是农业文明和游牧文明、北方民族和南方民族的问题。唐代北方有突厥，宋代北方有契丹（辽）和女真（金），后来蒙古族进入中原，建立元朝。北方游牧民族的铁骑逐渐使南方的朝廷招架不住，在这种情况下，老百姓那种反抗的情绪、民族的忧患，都融在说书人的情绪表演里面。《三国演义》的尊"汉"，暗含了一种南宋时期的民族情感、民间情绪在里面。它这样把刘备作为正统，尊刘反曹，不仅是在正统这个问题上重新做文章，而且写诸葛亮和刘备，就灌注了一种有心扶汉、无力回天的危机感，增加了很多民间的抑郁不平的情绪和为民请命的悲剧力量。《三国演义》把民间的精神原型仪式化了。《三国演义》由于对民间精神原型作了仪式化的处理，它的影响往往超过了我们的很多长篇小说。近世以来的戏曲里面留下的剧目，"三国戏"是最多的，像空城计、单刀会、失街亭、斩马谡、蒋干中计、草船借箭等，都是出自《三国演义》。《三国演义》以一种仪式化了的民间心理形态，深刻模塑了中国民间的价值观和生存智慧。比如说桃园结义，把一种非血缘关系的人际关系变成了一种超血缘关系的、不求同年同月同日生但求同年同月同日死的生死结盟，在民间江湖社会相当流行。还有像三顾茅庐，把礼贤下士、求贤若渴的精神仪式化了，这些都把我们民间心理中最深层的东西写成仪式，所以讲起来大家非常受震动。关羽在原来的历史书中是个名将，经过《三国演义》加工，创造出来一个儒雅绝伦、忠义盖世的形象，由凡人变成了神，跟孔夫子并列，孔夫子是文圣人，他是武圣人，而且还是伏魔大帝。民间非常信仰关羽的忠肝义胆，到处都有关帝庙。《三国演义》是智谋书。俗话有"三个臭皮匠，顶个诸葛亮"，又有"事后诸葛亮""诸葛亮的锦囊妙计"，都把诸葛亮作为智慧化身来看待。《水浒传》更称得上是一种民心、民气和民间文化的结晶。《三国演义》《水浒传》是勾栏瓦舍的说书人在大庭广众中，热情奔放、口若悬河地讲一个很古老的、带有传奇色彩的梦。而《金瓶梅》却是以一种冷静的、清醒的，有时候带有几分轻蔑和嘲笑的眼光，由书斋里面看市井，看那个说书人周围的世界的。四大奇书，把我们中国宋元明这三代民族生存形态、民间文化心理、文人对社会文化生态的反思，写得非常深入，写到它的底了。小说戏曲的思想文化史，揭示了与正统诗文不同的，更加连通地气的思想文化潮流。

　　思想文化史除了思想文化下行到民间之外，还应该考察思想文化外行而拓展的空间，由此就会出现思想文化的边缘活力与外来挑战，因而就牵连出"世界大文化背景下的《格萨尔》"、"《蒙古秘史》：七百六十年祭"以及"西学东渐四百年祭——从利玛窦、四库全书到上海世博会"的崭新命题。

　　思想文化远行到黄河长江的源头，就遇上了世界已发现最长的史诗《格萨尔》。《格萨尔》是一个文化奇观，长达100万行，而且还是一部依然在民间口耳相传的活态史诗。《格萨尔》和其他少数民族史诗如《江格尔》《玛纳斯》等一起，使中国成为世界上资源最丰富的史诗大国。这里面有非常丰富多彩的神话想象、英雄的描绘，还有世俗生活的展示。中华文明有了它们，就成了多民族共同创造的多元共构的一种复合文明。称藏族的《格萨尔》（蒙古族《格斯尔可汗传》）是江河源文明的典型，意味着什么？意味着它来自高山文明，有高山的原始性、崇高感、神秘感和尚武精神，同时孕育它的江河源地带处于"古代丝绸之路"的一侧，是蒙、藏两个民族的接合部，是东亚、中亚、南亚文明的接合部。我曾经说过一句话，公元前的那一个千年，最伟大的史诗是荷马史诗，公元后的那一个千年最伟大的史诗是印度史诗，而公元后的第二个千年，历史将会证明最伟大的史诗，是以《格萨尔》为代表的中国史诗。《格萨尔》是至今还活在数以百计的歌手口中的活形态的史诗。传唱的《天界篇》《英雄诞生》《赛马称王》等分部本作为序篇，接着是四部降魔史，即《魔岭大战》、《霍岭大战》、《姜岭大战》和《门岭大战》，此外，还有十八大宗、十八中宗、十八小宗等部，这是整部史诗的主体部分，最后是《地狱救母》《安定三界》。民间歌手常用三句话来概括史诗的全部内容："上方天界遣使下凡，中间世上各种纷争，下面地狱完成业果。"由于是活形态的史诗，对于史诗的发生学、形态学、文化学、艺人学，包括艺人在演唱中能够演唱十几部、几十部的那种精神的迷幻状态的研究，都会提供很多非常有价值的现实的材料，可以为世界史诗理论的发展提供一个新的契机。中国少数民族三大史诗提供的是替天行道、征服妖魔、造福人类的英雄主义思想。

蒙古族还有一部史诗性的《蒙古秘史》。《蒙古秘史》是这个狩猎游牧民族的"创世纪"，是他们的起源、发生、创始的记述，是他们的Genesis。十三、十四世纪，蒙古草原出现了不少围绕着成吉思汗勋业的英雄叙事诗，如《征服三百泰亦赤兀惕人的传说》《成吉思汗的两匹骏马》等，成吉思汗及其子孙创世纪的成功，使这个民族爆发出作为伟大民族的充分自信，他们用秘史的形式追述从而用秘史的形式追述自己的来源和记录自己的精神历程。这部《蒙古秘史》十二卷（或十五卷）282节，因记载了蒙古族勃兴初期史料和洋溢着浩瀚博大的狩猎游牧文化精神而驰名。它吸收远古以降蒙古民间文化精粹，开蒙古书面文化先河，乃是研究蒙古史、元史、世界中世纪史的经典文献，充满大气磅礴的史诗气息。它叙写人物传奇和民族崛起，包容着大量社会变迁史、文化风俗史、宗教信仰史和审美精神史的资料，保存了蒙古族及中亚诸民族神话、传说、宗教信念和仪式、故事、寓言、诗歌、格言、谚语的资料，从而以百科全书的方式，成为非常值得重视的世界人类狩猎游牧文化的一座高峰。《史记·周本纪》记述周穆王征犬戎，"得四白狼，四白鹿以归，自是荒服者不至"。这从中原文化视角，隐晦曲折地透露了北方狩猎游牧民族对狼和鹿的图腾崇拜。《蒙古秘史》中两位民族始祖的名字分别意为"白鹿"和"苍狼"，鹿与狼缔婚，以奶汁哺育后代的故事，象征着这个富有野性强悍生命力的民族，具有喝母鹿奶汁长大的苍狼的高洁优美而又凶狠坚强的双重品格，因而洋溢着英姿勃勃的思想文化力量。

从历史潜流上，深刻地搅动明清两代思想文化，挑战千古延续的社会体制的，莫过于以意大利来华传教士利玛窦为标志的西学东渐。这是数百年间牵涉着思想文化方方面面的一个异数。2010年5月是意大利来华传教士利玛窦逝世400周年，这是中华民族在严峻的挑战中磨炼、捶打和提升文化生命力的400年。中华民族在与西方文明的碰撞中，虽然中间插入一个清朝康乾盛世，实际上在世界竞争中走了一条W形的曲线而逐渐衰落，终至在中华人民共和国成立和改革开放中全面复兴。400年后的中国，在2010年上海世博会的灿烂阳光下进行"西学东渐400年祭"。400年一头连着利玛窦来华，一头连着上海世博会开幕，构筑起一座巨大的历史拱门，展示了中华民族艰难曲折又可歌可泣的历程，敞开了中华民族元气充沛又鹏程万里的天空。有意思的是，行程中间有一座碑，是出现在康乾盛世的《四库全书》。利玛窦遭遇《四库全书》，这一历史事件告诉人们：400年变迁的一个关键是中西文化的对撞、互渗、选择和融合。利玛窦的价值在哪里？在于他是这400年携西学入华之始，于1601年1月27日，以"大西洋陪臣"的身份，向万历皇帝进贡天主像、圣母像、天主经、《万国舆图》、大小自鸣钟、三棱镜、大西洋琴和玻璃镜等。万历皇帝在利玛窦进献的方物中，对自鸣钟尤为痴迷，在大内建筑钟楼保藏，玩赏得不亦乐乎，还专门选派太监向传教士学习管理操作知识，多次诏请传教士入宫修理。皇帝好钟表，全然为了解闷猎奇，以消解他胖得发愁的寂寞，连皇太后要欣赏自鸣钟，也让太监弄松发条，留下来自己长久享用。利玛窦与自鸣钟简直有一种生死情缘，直到中华人民共和国成立前的上海，利玛窦还被供奉为钟表行业（还有客栈）的祖师爷，可见，自鸣钟着实是个了不起的洋玩意儿，但皇帝老子却没有安排相关部门仔细考究它的精密原理，进而借鉴制造，只知享受文明，不思创造文明。至于世界地图，也只是复制分赠给皇子们，挂在墙上作为奇异的图画来欣赏。而对于世界地图蕴含着多少未知的可开发的领域，对于其他珍宝所蕴含的光学原理和机械制造之利，王朝决策者蒙蒙然毫无用心。当万历皇帝只不过把这些"方物"当玩物的时候，潜藏着的取法西方发展科技和工业的契机，在老大的帝国胖墩墩的嬉皮笑脸下无声无息地滑走了。耽逸乐而废国策，到头来造成大国沉沦，实在足以令人发出千古一叹。《明史·天文志》说："明神宗时，西洋人利玛窦等入中国，精于天文、历算之学，发微阐奥，运算制器，前此未尝有也。"利玛窦的中文著译存世者在20种以上，收入《四库全书》有4种，未收而存目者6种。收录的4种为《乾坤体义》《测量法义》《圜容较义》《几何原本》，收入子部天文算法类。存目6种为《辨学遗牍》《二十五言》《天主实义》《畸人十篇》《交友论》《天学初函》，归入子部杂家类存目。《几何原本》六卷，乃是欧几里得《原本》（Elements）的平面几何部分，利玛窦根据其师克拉维乌斯的拉丁文评注本翻译成中文，1608年刊行。天文算法类《四库提要》说："利玛窦译，而徐光启所笔受也。……光启序称其穷方圆平直之情，尽规矩准绳之用，非虚语也。……此书为欧逻巴算学专书，……以此弁冕西术不为过矣。"1884年也就是利玛窦离开澳门进入中国内地约300年后，郑观应以32岁盛年退居澳门郑家大屋（距离利玛窦学习中文的圣保罗学院约一公里），思考中国的前途和拯救的方法，写成《盛世危言》。书中对利玛窦颇存好感，称说"明季利玛窦东来，徐光启舍宅为堂，有奏留其教之疏，实为华人入教之鼻祖"。这里提到的利玛窦的搭档徐光启，是晚明松江府上海县人，60岁后"冠带闲居"故里，试验农业，著《农政全书》，身后归葬之地称徐家汇。他是得风气之先的上海文明的先驱者，徐氏之汇，汇向今日上海世博会所张扬的"理解、沟通、欢聚、合作"的精神理念。《盛世危言》从商业富国的理念出发，主张"设博览会以励百工"，郑观应是从民族振兴的角度倡导上海办世博会的第一人。其时美国的GDP已超过英国居世界第一，面对一流大国的气象规模，郑观应心存忧患，反省"中国之商务衰矣，民力竭矣，国帑空矣"，进而警醒国人，"欲富华民，必兴商务；欲兴商务，必开会场；欲筹赛会之区，必自上海始"。中西思想文化的对撞，成为400年间中国思想文化史的基本命题。思想映照着国家的命运。

利玛窦和鲁迅，是我们考察中国文化本质和命运的两极。鲁迅作为百年中国杰出的思想家、文明的批判者、新文学的开拓者和奠基者，对其研究已经被中国人作为显学，谈论了近百年。"百年鲁迅"，是一个植根于文学，却又超越文学的宏观文化命题。现代大国的文化进程，要求我们对鲁迅的存在，采取新的观察。比如应该观察鲁迅小说为现代中国小说的发展，展示了哪些视境上和途径上的美学可能性；鲁迅略作白话诗，却长期写旧体诗，对中国现代诗歌发展的格局提供了哪些启示；鲁迅论梅兰芳、论中医，为中国式的戏剧现代化和中医现代化提供了哪些思想参数，诸如此类的命题，都需要以一个渊博的文化学者的世纪性高度，退出一定的时间距离，采取更为宏大的价值尺度，进行知识清理和思想分析。这些涉及现代中国文明形态的重新认知的命题，都需要以一代学术去完成。于此有必要突出强调，对自身文明和文化的解释能力，是21世纪中国学术是否能够形成大国风度的关键，也是鲁迅研究能否大成的关键。解决这种解释能力有三个标准：一是对前贤的解释能够进入现代人的心灵，成为现代人的精神向导；二是对前贤的解释能够与当代世界进行深度的文化对话，激活中国思想的普适魅力；三是对前贤的解释能够契合当代中国人文建设的需要，促进当代中国人文精神健康、自由、生机蓬勃发展。

百年鲁迅研究，学界更注重思潮，现在到了转变角度、将鲁迅的文学血脉进行深入清理的时候了。文化血脉，是鲁迅的根脉所系。失血脉，就失鲁迅。鲁迅在《文化偏至论》中权衡文化偏至的时候，主张去其偏颇。他讲了两句话，一是"外之不后于世界之思潮"，二是"内之仍弗失固有之血脉"，然后再讲第三句话："取今复古，别立新宗，人生意义，致之深邃。"鲁迅文化战略思想或文化哲学的结构是"2+1"，具有郑重、深刻又稳健的特征。追逐思潮而不顾血脉，则可能丧失文化身份，失去文化主体性的独立创造的根基，连带着对外来思潮也只能捃扯皮毛，难以深入。保守血脉而疏离思潮，则可能丧失创造的动力，失去文化现代性与时俱进的视境，连带着对血脉也只能陈陈相因，不能激活。中国现代文化的革新和发展，需要采取既"取"又"复"的复合型的深度文化对话姿态，通过对话，既可深度把握外来思潮，又可激活本有的文化血脉，然后再生长出"别"，这个"别"就是根基牢靠、生机盎然，从而创造出别开生面的第三种充满根基与活力的文化形态。"别"的姿态是"立"，是站起来，迈出脚步去创造，而不是躺着做复古梦，也不是跪着做拾人牙慧的文化贩子或文化奴隶。只有建立自主创新的现代性文化，才能"立人"，才能立"人国"。这是鲁迅早年就探明的且坚持终生的文化战略思想、一种复构动态而强调现代性的文化哲学。

在讨论思想史的最后，专门推出方法论问题，这是我煞费苦心之所在。方法论是贯通思想史的,这里讲到的方法论包括叙事学方法、文学地理学方法和治学五窍门。它们相互交叉,融合为用。在中国叙事学的方法论中,我强调回到中国文化的原点,参照西方现代理论,贯通古今文史,融合创造新学理。即"还原—参照—贯通—融合"八字真言。建立中国叙事学现代体系,要了解西方叙事学主要研究哪些问题,与西方现代理论对话和互动,要坚持"共同的话题,不同的声音"。至于考察叙事"结构",首先包括结构之道与结构之技,其次是时间、视角、意象和有中国特色的评点家。"结构"一词的词性从动词到名词的历史性变化,反映出中国叙事的结构是动态的过程,是人与天地之道的精神契约。时间问题是叙事学研究中关键的关键,中国人的统观性时间观,使中国叙事长于预叙,与西方分析性时间观的长于倒叙,形成了鲜明的对比。作者在叙事作品中,使用什么样的角度去看世界,牵涉他与世界结合的方向、方式和介入的程度。这在叙事文学中是一双兴致勃勃、无所不窥的眼睛。检讨学术界流行的观点,有所谓古典小说的视角非全知全能,实际上中国叙事有着丰富的表达方式和智慧形态。有志怪小说的限知视角,还有说书人的流动视角。纪晓岚《阅微草堂笔记》站在虚构之外谈虚构,出现了元小说的视角,而《聊斋》游戏笔墨,反而出现了反元小说。

  文学地理学研究的基本着眼点,就是一"气"、四"效应"、十个命题。一"气",就是使文学研究接上"地气"。中国人最发达的思维方式一个是诗,一个是史。诗中有史,史中有诗,形成整个民族文化的优势。经、史共构了文化的双源性。编年史的准确性和人文地理材料的丰富性,是中国对人类文化史可以称得上"双绝"的重要贡献。对文学地理学的研究敞开了四个巨大的领域,形成四大效应:区域文化领域,形成七巧板效应;文化层面剖析,形成剥洋葱头效应;族群分布,形成树的效应;文化空间的转移和流动,形成路的效应。从微观的文化学着眼,分析老舍的创作文化层面意识，颇有意味的是，老舍说："在这样一个四世同堂的家庭里，文化是有许多层次的，就像一块千层糕。"老舍又说："一个大茶馆就是一个小社会。"老舍笔下的茶馆是三教九流会面之处，可以容纳各色人物，也是一块"文化上的千层糕"，各色人物在那里尽情尽兴地表演自己的文化角色。

中华民族的文化和文学，是汉族和少数民族共同创造的。以"边缘活力"的理念观察少数民族文化，中国无可怀疑的是"史诗的富国"。《格萨尔》《江格尔》《玛纳斯》是中国少数民族三大史诗；《福乐智慧》一万三千行，以但丁《神曲》的分量，在公元11世纪创造了对话体的诗剧。在文学地理学中，无论是区域文化类型还是文化层分剖析、族群的区分和组合，只要它们中的一些成分流动，就会产生新的生命形态，从而产生文化、文学之间新的选择、新的换位、新的组合和新的融合，就可以在原本位置和新居位置的关联变动中，锤炼出文学或文化的新品质和新性格。唐宋以后，中原汉人南迁，在广东、江西、福建、台湾一带形成独特的客家民系。黄遵宪曾赋诗赞叹客家迁徙："筚路桃符展转迁，南来远过一千年，方言足证中原韵，礼俗犹留三代前。"客家民系的"九腔十八调"散发着山乡的情调和趣味，体现了迁移人群的情思、意志、见识和能力。文学地理学在本质上是会通之学。它不仅要会通自身的区域类型、文化层析、族群分合、文化流动四大领域，而且要会通文学与地理学、人类文化学以及民族、民俗、制度、历史、考古诸多学科。对中华文明进行整体性思维不能不注重研究黄河文明、长江文明的"太极推移"。在这种"太极推移"过程中，形成了太湖流域的吴文化以及巴蜀文化两个太极眼，深刻地影响了中华文明的历史进程。以此考察盛唐两位最重要的诗人：李白和杜甫，李白诗具有胡地文明和长江文明的基因，杜甫诗是中原黄河文明的产物。杜甫《闻官军收河南河北》诗云："剑外忽传收蓟北，初闻涕泪满衣裳。却看妻子愁何在，漫卷诗书喜欲狂。白日放歌须纵酒，青春作伴好还乡。即从巴峡穿巫峡，便下襄阳向洛阳。"杜甫"生平第一快诗"，彰显的是根基在中原的意识。

至于治学五窍门，即"学海苍茫，敢问路在何方？——治学的五条路径"，是进一步扩充了1924年章太炎批评当时的大学教育只重"耳学"，就是指用耳朵去听讲的这路学问，而不重"眼学"、不读原始著作的思路。除了眼学、耳学之外，进而拓展了"手学"，要用手去找材料；有"脚学"，读万卷书，行万里路，用脚去做田野调查；还应该有"心学"，用心去体验、去辨析、去思考，实现学理上的开拓和创造。眼学是做学问的基础，就是要多读原始文献和经典，回到中国文化原点。眼学具体来说，又包括卷地毯式、打深井式、砌台阶式和设计园林式四种方法。一是卷地毯的方法，根据研究题目，按照阅读书目把作家著作和相关材料，逐一阅读，发现问题就进一步追踪线索。二是打深井式阅读，选一个比较小的难题或学术空白点，穷尽所有资料。三是砌台阶式阅读，将整体性的学术设想进行规划，分成若干台阶，分阶段完成。起步的研究应该成为下一步研究的基础，逐层递进，有如"接力跑"，有如"三级跳"。把一系列的研究成果，通过其内在的有机联系，格局互补，共构成一个总体的大分量。四是设计园林式，错落有致，迂回曲折，着眼总体的布局。从砌台阶式到设计园林式，就是从时间维度转换为空间维度，蕴含着学术理念和方法论维度的本质性的更新。耳学就是听讲之学。听课有助于拓展视野和交流思想，如果不参与思想交流，就很容易陷入闭门造车的孤陋状态。这就容易陷入《礼记·学记》所说的"独学而无友，则孤陋而寡闻"的困境。手学是一门古老的做学问的方法，就是要勤于动手找材料，勤于动手做笔记，不断地在一段时间按照特定的目标，逐层深化地积累材料。材料是分散在各处的，靠你用一条、两条线索把它们贯穿起来。经过贯穿的材料，才是有联系的材料，联系就是材料意义的新发现。脚学指的是田野调查。古人做学问的一个传统，叫作"读万卷书，行万里路"。清人龚自珍赠送给魏源的楹帖，就是："读万卷书，行万里路；综一代典，成一家言。"我主张文学研究也要做田野调查，迈开双脚走到历史曾经发生的现场，身临其境地领略文学文本产生的空间、作者生存的环境，体验其胸次豁然而得江山之助、心与境会的妙处。同时，可以获得地方文人编撰的很多资料、书籍、图册，这是一般的书店、图书馆所没有的。包括搜集到的族谱、碑文、建筑风格等，都会启发新鲜独到的思路，而且使这些思路连通"地气"。心学指的是要用心去感受、体验研究对象，思考和发现其内在的生命及意义，达到超越学理有所建树的效果。心学的另一个原则，是对文本材料获得第一感觉之后，强化感悟和思辨的互动互渗，寻找自己可能的创造空间，深度开发材料内蕴的生命表达和意义密码。治学五路的提出，旨趣在于充分调动和激发研究者主体的感觉思想能量，多渠道、多路径、多层面地打开研究对象的本源、特征，及其皱褶、脉络。眼学的特点在于明，耳学的特点在于聪，手学的特点在于勤，脚学的特点在于实，心学的特点在于创。五学的综合效应，是实事求是，天道酬勤，聪明敏悟，达至原创。创造性，是一切研究之魂。如此探索思想文化史，把思想史纳入文学史、文化史、文明史的宏大空间之中，打破单一维度，使思想文化变得丰富而博大、浑厚而生动。

2019 年 6 月 29 日书写
2020 年 2 月 4 日修订

第一编

综 论

重绘中国文学的历史地图

序言　问题的提出

　　文明史是人心史。心的空间、思想的空间比天地还大，只要文学、历史、地图这些维度介入心的空间，就会极大地拓展中国文学史、文化史和文明史的思想意义的把握。将这些维度加以综合而形成"重绘中国文学的历史地图"的命题。这个命题是2001年我在北京香山一个国际性的会议上讲的，我说，我有一个梦想，要给中国文学和文化，绘制一个完整的、丰厚的而又非常体面的、非常有魅力的地图，这个地图应该包含广泛的地理领域，同时把少数民族对中华民族的贡献也写进来。其实我系统地讲这个题目，是2003年在剑桥大学当客座教授的时候，后来在国内一些著名大学也讲过，还出过一本名为《重绘中国文学地图》的讲演集。自21世纪以来，我思考最多、最基本的研究命题就是重绘中国文学的历史地图。现在这个概念，实际上已经被社会上广泛接受，你要是打开Google搜索，输入"文学地图"这个术语的话，能够搜索到700多万条，就会发现很多人都用了这个概念。因此，现在有必要对"文学地图""中国文化地图"的内涵及其基本的问题，验明正身，进行深入文明史脉络的创造性阐释。

　　文化地图赋予文化以宏大的地理容量，又赋予地图以深刻的文化内涵，使文化与地图二者相得益彰，形成中国文明史的辉煌图景。实际上重绘中国文学地图的命题，为文学、文化和文明的研究，提供了一个属于我们民族的新的文化整体观，新的历史观、世界观和方法论。这样的地图就成了认识世界的重要路标。地图在中国，最早是孔夫子"式负版者"①。《论语·乡党》的这个"版"就是版图，孔夫子看到背负国家地图的人，就把身体微微向前一俯，双手恭敬地伏在车前横木上，向地图致敬，向土地致敬。因而地图是民族国家的标志。《管子》一书，是托名春秋时期的管仲，实际上是齐国首都临淄的稷下学派汇编的一部书。《管子》专门有《地图篇》，认为："凡兵主者，必先审知地图。轘辕之险，滥车之水，名山、通谷、经川、陵陆、丘阜之所在，苴草、林木、蒲苇之所茂，道里之远近，城郭之大小，名邑、废邑、困殖之地，必尽知之。地形之出入相错者，尽藏之。然后可以行军袭邑，举错知先后，不失地利，此地图之常也。"② 行军作战须有地图，管理国家也离不开地图。《周礼·地官·司徒》言，"土训掌道地图"③，"若以时取之，则物其地图而授之"④，专门设立了掌管地图的官员。长沙马王堆汉墓出土的地图，用不同颜色标示山川、道路、城邑，及军事要塞、设防地点，该地图绘制于公元前168年，是今存世界上最早的地图。古人为地理书作注，常常引用《周地图记》，或者秦《地图》。可见，中国古代是非常重视地图的。刘邦打进咸阳之后，萧何第一件事，就是收集秦国的地图和法律书，后来建了石渠阁庋（guǐ）藏。可见，地图是关系到一个朝代、一个民族视野宽窄、事业兴废的大事情。

明清近代以来，中国人的世界视野，首先也是从地图开始打开

---

① 杨伯峻：《论语译注》，中华书局1980年版，第113页。
② 《管子》，北京燕山出版社1995年版，第226页。
③ 杨天宇：《周礼译注》，上海古籍出版社2004年版，第241页。
④ 杨天宇：《周礼译注》，上海古籍出版社2004年版，第247页。

的。16世纪末17世纪初，意大利传教士利玛窦到了北京，先献给万历皇帝一张《坤舆万国全图》。中国人想看世界，地图就告诉你，中国原来是世界的一个部分。鸦片战争前后，林则徐以钦差大臣的身份到了广州，首先安排翻译《四洲志》，实际上是世界四大洲（亚洲、欧洲、非洲、美洲）的图志。魏源根据他的托付，编写了《万国图志》。中国人由于屡受西方列强的挤压和凌辱，所以就关注地图，从新的时空结构开始重新审视自己是如何存在于浩浩世界的。

地图是文明形态和文明史的载体。像我们这样的国家，三千年前创造了地图，四百年前开始更新地图，如今经济持续以9%以上的速度增长三十多年，成为世界上的第二大经济体，实际上是在一笔一笔地重绘世界政治经济地图。在文化上，具有五千年文明史的这个朝气蓬勃的现代大国，应该以大眼光、大手笔绘制出属于自己的"文学—文化—文明地图"。这幅地图应该表达源远流长的整个民族发生发展的精神谱系，展示它的完整面貌、本质特征、灿烂辉煌的文化景观，以不可抗拒的魅力进入每个人的心灵中，进入世界人类的核心视野中。这对于一个民族的凝聚力、认同力，以及与世界进行堂堂正正的文化对话的自信力、创造力的形成，都是至关重要的。这是现代思想史的关键。

那么为什么要提出"重绘"两个字呢？因为中国人写现代、半现代意义上的文学史已经有百年的历史。我们不妨从文学史的历程上思考这个问题，这也许更为真切。1904年，当时京师大学堂（现在的北京大学）有个28岁的年轻老师林传甲，花了半年的时间写了一部薄薄的《中国文学史》；东吴大学的黄人教授，也在这一年开始写一部厚厚的《中国文学史》。这就开辟了中国人写文学史的纪元，到现在中国人写的文学史已经在2000部以上，各种各样的文学史，有通史、有断代史、有文体史的等。

审视这2000部文学史，发现它们以知识条理化，培养了一代代文学教育和研究的人才，功不可没，有几部还可以进入经典领域。但是，这些文学史普遍存在一些基本性的缺陷。第一个缺陷是它们基本上不写少数民族，只是汉语的书面文学史。那么，居住在占70%的中国土地上、人口逾亿的少数民族的文学，凭什么不能进入文学史的主流叙述？第二个缺陷是忽略了文学文化的地域问题、家族问题这些空间要素。讲中国的文学文化，不讲家族是讲不清楚的，不讲地域问题，是讲不清楚且连不上地气的。第三个缺陷是忽视了雅俗文学互动的传统。根据英国牛津大学基因研究成果，人类开口讲话，已经有10万—12万年。但是人类有文字的历史，才5000年。也就是说，如果把这10万年当成1年，就要到12月20日才出现文字，中国人的甲骨文，大概到12月的24日才出现，印刷术的发明大概是12月26、27日了，互联网大概就是12月30日23点，再差2、3秒钟新年的钟声也就响了。这个时间表告诉人们，人类早期大量的文化记忆和文学表述，是用口耳相传的方式来实现的。口头传统对于人类的历史记忆和文学表达，具有本体论的价值。当然，口头传统往往比较通俗、比较粗糙，但是"子不嫌母丑"，我们不应忽视或剥夺人类祖先开口说话以由此获得的"话语权"。何况那里还是人间万象得以发生的源头呢！

　　这些缺陷，也不排除清代学术的负面影响。清代学术在文献、版本、考据、辑佚、音韵、训诂等领域成就巨大，泽及后世。但清代学术不是无缺陷、无短板的，有的缺陷、短板还带有根本性。第一个短板，是华夷之辨。清代华夷问题是个禁区。乾隆年间编《四库全书》的时候，连涉及少数民族问题文献中的"胡"字都要删掉，或者改成其他说法。文人不敢多谈少数民族，因为清朝主子本身就是少数民族，谈了容易引起文字狱。第二个短板，即清人看不起俗文学和口头传统，认为不雅驯，不足凭信，难登大雅之堂。其实中国许多文学、文化形式，都是起源于民间，然后才有文人记录和雅化。割弃了民间，就是砍掉许多文学、文化方式的双脚，使它们不能走路，寻找不到自己的发生源头和生命过程。第三个短板，是只有金石学，没有科学意义上的考古学。中国近百年的考古，大批量出土了3000多年前的甲骨文和简帛。安徽蚌埠，有一个双墩遗址，在陶片上发现了7000多年前的文字符号600个。那是7000年前的古民的一个垃圾沟，破碗、破罐底上有字符，有些字符结构可以跟甲骨文参照，像"丝绸"的"丝字"，就跟甲骨文一样。在中国文字起源的问题上，甲骨文以前只发现了几十个字符，现在有600个字符，集中在一个地方出土，这就是一个值得注意的文化资源。

安徽省蚌埠市有一个涂山，传说大禹娶涂山姑娘。《吴越春秋》说："禹三十未娶，行到涂山……乃有白狐九尾造于禹，禹曰：'白者，吾之服也。其九尾者，王之证也……。'禹因娶涂山，谓之女娇。"① 《左传》记述："禹合诸侯于涂山，执玉帛者万国。"② 过去都以为这是个传说，现在在安徽涂山下面的禹会村，发现了4000多年前部落活动的遗迹。考古学家认为，"禹会诸侯"得到了证明。这表明，历史传说、口传的东西，虽然掺入想象和修饰，但它往往有一个由头，存在某些历史碎片的底子，可以作为发生学的资源进行仔细的辨析。清人没有解决这些问题，许多问题有待于今人结合文献和考古发现，进行深入的富有创造性的考察。不要一味地向古人仰着脖子，一代有一代的学术，一代人要做一代人可以开拓的学问天地。基于这种觉悟，我们有必要重绘中国文学—文化—文明的地图。

反思百年文学史写作的成功和缺陷，就必须提出用一种新的整体观、新的世界观，来给中国文学、文化和文明重新绘制一张地图。针对前述文学史的三个缺陷，这里有三个关键性的学理问题必须加强。这就涉及时间与空间、中心与边缘、材料与意义三大关系，衍化出三个学理：第一个学理是在时空维度上强化空间

---

① 薛耀天：《吴越春秋译注》下卷，天津古籍出版社1992年版，第227—228页。
② 杨伯峻编著：《春秋左传注》，中华书局1990年版，第1642页。

维度；第二个学理，是在文化中心动力的基础上，强化"边缘的活力"；第三个学理，是在丰厚的资料验证基础上强化精神文化深度。由此可知，重绘中国文学—文化—文明的历史地图，实质上是中华民族文化哲学的实现。我们的文化哲学，讲究"天行健，君子以自强不息"，又讲究"地势坤，君子以厚德载物"，天地与人，构成"三才"。甲骨文的"才"字，上面一横表示土地，下面像草木的茎（嫩芽）刚刚出土，其枝叶尚未出土的样子；本义是草木初生。《说文解字》卷六"才部"："才：艸木之初也。从丨上贯一，将生枝叶。一，地也。凡才之属皆从才。"段玉裁注中发挥："艸木之初而枝叶毕寓焉，生人之初而万善毕具焉，故人之能曰才，言人之所蕴也。凡艸木之字。才者，初生而枝叶未见也。中者，生而有茎有枝也。丨者，枝茎益大也。出者，益兹上进也。""三才"思想所蕴含的文化哲学，就是天上百象、地上百物、人间百态相互沟通，扎根地下，生生不息，伸展于无穷无尽的天际。这种文化哲学，蕴含着海纳百川的文化生命哲学。

一　在时空维度上强化空间意识

以往文学史研究，比较重视时间维度，如今要在时间维度上增加空间维度，不仅要增加，而且要强化。空间是时间展示的舞台、时间流动的渠道。没有空间，哪来时间的存在、流动和延伸？这一切都需要在千姿百态、无边无际的空间里完成。

过去讲时间维度，弦绷得很紧，总在吹毛求疵，找出批判的对手或敌人。有如清朝的《增广贤文》所形容的："谁人背后无人说，哪个人前不说人？……江中后浪催前浪，世上新人赶旧人。人生一世，草木一春。来如风雨，去似微尘。"① 文学史和文学批评喜欢分析这部作品是革命的还是反动的，是激进的还是保守的，是现实主

---

① （清）周希陶：《增广贤文》，杨根乔、沈跃春评注，安徽文艺出版社2004年版，第5页。

义的还是浪漫主义、现代主义、后现代主义的，等等。这种时间维度注重思潮、流派和时代性，并非没有必要，有时无可厚非。但在文化建设时期，看问题就要在时间维度上突出空间维度，转换思想方法。空间维度展示的是地理、民族、家族、城乡问题，主流写作和边缘写作、官方写作和民间写作，以及雅俗的文化层面、文化脉络的流动。因此空间维度，是开眼界的维度、看世界的维度、探根源的维度，实在是大有作为。空间维度往往能够把问题翻转一面来看，这就可以祛除遮蔽，露出根须，碰到心窝，牵动文明。

比如公元11世纪北宋的王安石变法，从时间维度看，展示的是一方要革新，一方要守成。这种判断甚至掩盖了对于变法或保守的措施，对是否适合时宜，是否有利于民众的安居乐业、国家的长治久安的审视，过多地从书面文件上论是非。如果加上空间的维度，就出现了"横看成岭侧成峰，远近高低各不同"（苏轼《题西林壁》）的观察视野。在此视野中，就闪现出南北家族的问题。在王安石的周围会集着那些变法派的士大夫，基本上是江西和福建人。而司马光系统，他本人是陕州夏县涑水乡（今山西运城安邑镇东北）人，世称涑水先生。在司马光周围会集的是山西、陕西、河南等地的中原士大夫。

家族的籍贯不是静态的，而是动态的。北方的中原士大夫家族，安土重迁，根基深厚，文化态度趋于守成。南方的士大夫家族是北方迁移过来的，迁移对一个家族来说就是一种性格。比如广东人闯不闯南洋，山东人闯不闯关东。这本身就是家族性格的反映。王安石家族，本是太原王氏。唐人李肇《唐国史补》卷上云："四姓唯郑氏不离荥阳，有冈头卢、泽底李、士门崔，家为鼎甲。太原王氏，四姓得之为美，故呼为鈒镂王家，喻银质而金饰也。"[①]据何光岳《中华姓氏源流史》（湖南教育出版社2003年版），王

[①] （唐）李肇：《唐国史补》卷上，《影印文渊阁四库全书》第1035册，上海古籍出版社1979年版，第21页。

氏于唐末自太原迁临川，王安石是第四代。迁移家族的性格具有开拓性、冒险性，同时也有投机性。王安石以"天变不足畏，祖宗不足法，人言不足恤"的精神推动改革，力图革除北宋的积弊，推行新法以富国强兵。他的《元日》诗云："爆竹声中一岁除，春风送暖入屠苏。千门万户曈曈日，总把新桃换旧符。"他是要像新年的爆竹，爆出辞旧迎新的巨响。《登飞来峰》诗云："飞来峰上千寻塔，闻说鸡鸣见日升。不畏浮云遮望眼，自缘身在最高层。"他是置身于高峰，不是担心高处不胜寒，而是穿破浮云，看取日出，是充满理想主义情怀的。梁启超称赞王安石"三代下求完人，惟公庶足以当之矣"①，把青苗法、市易法类比近代"文明国家"的银行，认为免役法"与今世各文明国收所得税之法正同"②，还认为保甲法"与今世所谓警察者正相类"③，推崇这场变法"实国史上世界史上最有名誉之社会革命也"④。

笔者曾到江西南丰探访过曾文定公祠（曾巩祠堂），调阅了南丰曾氏族谱，得知曾家是个很大的家族，在两宋期间出了51个进士。现在香港的曾荫权就是曾氏后人。王氏家族迁到江西临川后，与吴氏家族、南丰曾氏家族交叉联姻，过了三代就成了地方上一个大家族集团。曾巩的姑妈，是王安石的外祖母。曾巩和王安石无话不谈，劝王安石不要把变法搞得这么激进，全面开花，王安石却没有听进去。于是在王安石当了副宰相（参知政事）的时候，曾巩就请求到外地当了十几年的州通判，或者州太守，然后才回汴梁，所以没有卷入后来的党争。曾巩父亲去世较早，他要承担家庭生活的担子，为人稳健持重，其文也有大哥式的持重风格。比曾巩小十七岁的弟弟曾布就不一样，他对王安石变法参与很深，

---

① 梁启超：《王荆公》（叙论），中华书局1936年版，第1页。
② 梁启超：《王荆公》（叙论），中华书局1936年版，第83页。
③ 梁启超：《王荆公》（叙论），中华书局1936年版，第100页。
④ 梁启超：《王荆公》（叙论），中华书局1936年版，第84页。

实际上与福建泉州晋江人吕惠卿成了王安石变法的左右手。曾布后来当到了宰相，但是与蔡京不合，晚景凄凉，《宋史》将他列入《奸臣传》。空间维度包括地域、家族等维度的介入，使我们对政治文化、诗文品格的体验变得丰厚活泼，使它们从字里行间走到青山绿野，和我们在天地悠悠之间进行情绪交流和思想对话。

时间维度加上空间三维，再进入精神的超维度，就会使人们的感觉和思想，来一个鲲鹏展翅、万里翱翔。其中的畅快感有时简直就像李白《上李邕》诗所云："大鹏一日同风起，扶摇直上九万里。假令风歇时下来，犹能簸却沧溟水。"笔者写过一部《楚辞诗学》，研究上古诗歌为何要从《楚辞》开始。因为《诗经》代表的是中原文化，《楚辞》代表的是长江文明。中华文明五千年绵延不绝，非常关键之处在于黄河文明加了一个长江文明，形成了复式文明形态。过去总以为稳健中庸、儒道释组合成互补结构是中华文明没有中断的原因。可以承认是一个原因，但这只是全部原因的冰山一角。冰山是要海洋承载的，文明史是要大地承载的，思想因素只是苍茫大地开出的花朵。更重要的是中华文明除黄河文明之外，还有长江文明。你想想中国有多少个"南北朝"吧，确实如《三国演义》开篇所说："话说天下大势，分久必合，合久必分。"中国北方存在或潜伏着一个强大的草原帝国，一旦它统一了漠北广阔的草原，万里长城是很难挡住它的十万铁骑的。因此魏蜀吴三国以后，有了东晋南北朝，还有两宋、辽、金、夏。如果没有长江天堑，游牧民族的强劲秋风，就会毫不留情地狂扫江南甚至岭南的落叶，中华民族文明就可能拦腰折断。但是就是有了这条"滚滚长江东逝水"，才可能使人有机会将"古今多少事，都付笑谈中"。十万铁骑要从长江中下游飞渡，展开战阵，谈何容易！这实在就像老子说的："上善若水"[①] 和"天下莫柔弱于

---

① 陈鼓应：《老子注译及评介》，中华书局1984年版，第89页。

水，而攻坚强者莫之能胜"①。长江滚滚滔滔地挡住了北方游牧民族的铁骑，中原地区的许多士大夫家族渡江南迁，以他们的智力和财力把南方开发得比中原还要繁荣发达，东晋如此，唐代"安史之乱"如此，南宋也如此。到了宋元以后，全国的赋税倚仗江南。元代全国赋税的1/3是江浙行省的，加上湖广和两广，全国财富的六七成在南方，经济力量转化成对文化的强大的推动力。而滞留在黄河流域的少数民族，经不起两三代，就感染了汉族建立的衣冠文物习俗从而慢慢地中华化了。因此中国出现了一种非常突出的文化认同现象，所有的少数民族到了中原之后，都不是夷狄自居，而是以中原正统自居，叫作前秦，叫作后燕，叫作西夏，叫作金，或取《易经》之义，叫作元。逐渐中华化的北方和浸染南蛮百越熏风的南渡衣冠士族，在其后又来了一个南北融合，这就把中华民族做大了。

更古老的埃及文明为什么会中断？因为它只有尼罗河狭窄的绿洲，马其顿人来了，阿拉伯人来了，它连个回旋余地都没有。西亚两河流域的文明也非常古老，但此两河只相当于中国黄河长江腹地的1/7，同样经不起摔打。中华民族的这一江一河，拥有山川纵横的庞大腹地，能够以"百川归海，有容乃大"的文化哲学，容纳多民族的碰撞融合，这就形成异常独特的南北"太极推移"，在推移中使自身的文化外溢，使中华文化圈变得更加波澜壮阔。

中华民族在南北文化的"太极推移"中，形成的文化哲学是"文化重于种族"，这是陈寅恪先生研究南北朝史的一个发现。当世界其他地区的种族冲突加深、陷于山河破碎的时候，中华民族却以文化融合和包容多元民族，使自己阅尽风波而生命不磨。这是中国文化应该受到它的子孙感恩的根本处。根据DNA的相关研究成果，北方的汉族的DNA和北方的少数民族的DNA的接近程

---

① 陈鼓应：《老子注译及评介》，中华书局1984年版，第350页。

度，超过了北方汉族和南方汉族；同样南方汉族的 DNA 和南方少数民族的 DNA 的接近程度，超过了南方汉族和北方汉族。历史上许多古民族——鲜卑人、突厥人、西夏人——到哪儿去了？它们中的很大部分融合到汉族里来了。汉族已经成为混血的人种，汉族在北方，混有北方游牧民族的血，在南方混有百越民族或所谓南蛮的血。不混，血不浓；不混，种不优。混混复混混，民族不困顿。

正是长江中游民族混合的过程，给《楚辞》染上了鲜活而绚丽的色彩。研究《楚辞》，就是研究文学中的长江。

楚族由中原挺进长江云梦，《左传·昭公十二年》记载楚人之言："昔我先王熊绎辟在荆山，筚路蓝缕以处草莽，跋涉山林以事天子，唯是桃弧、棘矢以共御王事。"[①] 楚人南来，不是只讲教化，而是大讲兼容，因此《楚辞》才能比较完整地保存了南方的神话、历史，及歌舞形态、祭祀仪式。《离骚》驾驭龙凤，役使众神，上叩天门，下求丘女；《九歌》祭祀太一、东君、二湘，还忘不了三苗民间对河伯的记忆。如此等等，使中原的《诗三百》即便晋身为"经"，也挡不住《楚辞》与日月同光。《诗经》当然也有一些南方的歌诗，但是采集江汉一带的南音而纳入中原礼乐系统之后，它经过中原乐师的修改，已经雅言化了。这就需要楚人用自己的歌喉来歌唱。研究《楚辞》必须要到荆州去看一看楚国文物的博物馆，读懂楚文物，才能读懂《楚辞》奇异的想象方式和绚丽的语言形态。这是不宜固执经学的眼光，而应在看过那荆州博物馆之后，换上异于中原礼乐文化的楚文化眼光，去看作为审美思维史的独特存在的《楚辞》。

这种民族共同体的混合过程，一直在延伸。唐诗是大唐气象的表达方式，读懂唐诗，就可以明白什么是泱泱大国的艺术精神。

---

① 杨伯峻编著：《春秋左传注》，中华书局1990年版，第1339页。

那么为何要把李白、杜甫放在一起来研究，实行"李杜合论"呢？"合论"的研究方式，就是对中华民族的黄河文明、长江文明和胡地文明进行合观，掂量出中国语言的诗性能力究竟可以达到何种程度。杜甫出生在河南巩县，属于河洛亚文化圈，他的祖父杜审言是推进唐代近体格律诗走向成熟的一个关键诗人。杜甫说，"吾祖诗冠古"（《赠蜀僧闾丘师兄》），因而他把诗学当作家学，宣称"诗是吾家事"（《宗武生日》）。这也就表明，他的家族文化基因，离不开对近体诗格律的推敲。他往上追踪的十三世祖，就是为司马氏统一中国建立汗马功劳的镇南将军杜预。杜甫做过一篇《祭远祖当阳君文》，"昭告于先祖晋驸马都尉镇南大将军当阳成侯之灵"①，所谓驸马都尉，即指杜预是司马懿的女婿、司马昭的妹夫这两重身份。他晚年功成名就之后，自称"左传癖"，为《春秋左传》作注，收入《十三经注疏》的《春秋左氏注》就是杜预所注。即杜甫祭文所谓"《春秋》主解，膏隶躬亲"。杜甫对于远祖文化事业，表示"不敢忘本，不敢违仁"，这也使杜诗蕴含着浓郁的历史意识。

  杜甫从远近二祖继承来的诗与史的双构思维，实在是中原文化的精华所系。被清人誉为"古今第一律诗"的，就是杜甫的七律《登高》："风急天高猿啸哀，渚清沙白鸟飞回。无边落木萧萧下，不尽长江滚滚来。万里悲秋常作客，百年多病独登台。艰难苦恨繁霜鬓，潦倒新停浊酒杯。"杜甫四十多岁就得了糖尿病，就叫作"我多长卿病"，长卿就是司马相如，其得的是消渴症，即糖尿病。到了夔州（今重庆市奉节县）"百年多病独登台"的时候，又患了风痹症，右手不能写字，用左手来写字，写的字人家都认不得，后来又得了肺病。在夔州有几十亩橘子园，但他过不惯南方生活，埋怨"家家养乌鬼，顿顿食黄鱼"（《戏作俳谐

---

① （唐）李白、杜甫：《李太白集　杜工部集》，岳麓书社1989年版，第362页。

体遣闷》)。一个河南巩县的老先生漂泊到长江边上的夔州顿顿吃黄鱼,实在不习惯,因此感慨"万里悲秋常作客"。精神维系是"即从巴峡穿巫峡,便下襄阳向洛阳",襄阳是杜预的封地,洛阳是杜审言的老家。所以杜甫是中原文化的产物,血管中流动着诗与史的血液。

那么,李白的血管中流动着什么?李白以西北少数民族的胡地文化,尤其是长期生活和漫游其间的长江文明,去改造中原诗歌的肌理和气质,从中激发出生气勃勃的抒情风采。关于李白出生胡地,在李白故去的当年,其族叔当涂令李阳冰为《李太白文集》作的《草堂集序》,交代李白临终"草稿万卷,手集未修,枕上授简,俾余为序"①,因此他说李白家世是李氏一支曾经"谪居条支","神龙之始,逃归于蜀",是得到李白的委托的。在李白死后五十五年,与李白有通家之好的宣歙观察使范传正作《唐左拾遗翰林学士李公新墓碑并序》,说是访得李白孙女二人,"绝嗣之家,难求谱牒。公之孙女搜于箱箧中,得公之亡子伯禽手疏十数行,纸坏字缺,不能详备"②,只能以记忆印证其大概,称说"隋末多难,一房被窜于碎叶,流离散落,隐易姓名。故自国朝已来,漏于属籍。神龙初,潜还广汉"③。范碑记载李白出生在碎叶,即现今吉尔吉斯斯坦的托克马克市,属于唐朝安西四镇之一。李阳冰、范传正对李白的出生地的指证,在关于李白出生地的各种说法中,最是可靠,只不过一者说的是大地方,一者说的是具体地方。李白家人的名字,妹妹叫月圆,儿子叫明月奴,叫颇黎,都是沾染胡人气味的名字,而不是取义于中原典籍的名字。李白自称是"陇西布衣",又在诗中说"乡关渺安西",都为李序、范

---

① 高文、何法周:《唐文选》,人民文学出版社1997年版,第274页。
② 范传正:《唐左拾遗翰林学士李公新墓碑并序》,詹锳:《李白全集校注汇释集评》,百花文艺出版社1996年版,第10页。
③ 范传正:《唐左拾遗翰林学士李公新墓碑并序》,詹锳:《李白全集校注汇释集评》,百花文艺出版社1996年版,第10页。

碑的说法提供内证。李白五六岁时，随家迁居蜀郡绵州昌隆县（今四川江油市）青莲乡，童年接触过胡人风俗、乐舞；由于父亲李客是丝绸之路上的客商，迁蜀之后也当与经商胡地者或胡人商贾保持着接触。唐代文明是汉族与少数民族共同创造的文明，鲁迅说过，唐室大有胡气，李白诗风也不可回避地沾染了胡气。

　　李白天性喜欢游历名山巨川，这就把胡地商贾的习性与长江文明结合起来了。他从二十五岁离开蜀地远游，终生未返青莲乡，津津乐道于"仗剑去国，辞亲远游，南穷苍梧，东涉溟海。见乡人相如，大夸云梦之事，云楚有七泽，遂来观焉。而许相公家见招，妻以孙女，便憩迹于此，至移三霜焉。曩昔东游维扬，不逾一年，散金三十余万，有落魄公子，悉皆济之"①。李白性情，乐于漫游，"五岳寻仙不辞远，一生好入名山游"（《庐山谣寄卢侍御虚舟》）。在《客中行》中，接受各地的主人邀同饮酒，就可以唱出："兰陵美酒郁金香，玉碗盛来琥珀光。但使主人能醉客，不知何处是他乡。"他尽情享受着盛唐文明的富足和道路平安，几杯美酒就把他乡当故乡了。杜甫的姿态可没有这样潇洒，其于安史之乱中成了难民，流落成都，得到友人资助，在浣花溪畔盖了一间草房，不料秋风秋雨不作美，他就赋《茅屋为秋风所破歌》："八月秋高风怒号，卷我屋上三重茅。茅飞渡江洒江郊，高者挂罥长林梢，下者飘转沉塘坳。"天公不作美还不算，更可感叹的是"南村群童欺我老无力，忍能对面为盗贼，公然抱茅入竹去。唇焦口燥呼不得，归来倚杖自叹息"。这就是客户的悲哀了。如果杜甫是个土著，南村群童是不敢肆无忌惮地当面抱走他的茅草的，因为他们的爷爷奶奶、七大姑八大姨，我都认识，我向他们讨个说法，这些顽童是要被打屁股的。客户的孤独感和凄凉境况还在于"俄顷风定云墨色，秋天漠漠向昏黑。布衾多年冷似铁，娇儿恶卧

---

① 李白：《李太白全集》卷二十六《上安州裴长史书》，上海书店出版社1988年版，第606页。

踏里裂。床头屋漏无干处，雨脚如麻未断绝。自经丧乱少睡眠，长夜沾湿何由彻"。那年冬天，老朋友严武才来任成都尹、剑南节度使，如果有这座靠山，群童不敢抱走茅草，村民也会帮忙修补草屋。事情并非如郭沫若《李白与杜甫》中所分析的，杜甫是个小地主，把南村群童都叫作盗贼，把自己的儿子叫作娇儿，是地主阶级的意识形态①。他是一个客户，有客户的孤单凄凉，推己及人而及于天下寒士："安得广厦千万间，大庇天下寒士俱欢颜，风雨不动安如山。呜呼！何时眼前突兀见此屋，吾庐独破受冻死亦足。"这是难能可贵的仁者胸怀，属于中原儒者对于"家"，包括自家、他家的君子风的体认。

李白的绝句，是盛唐第一。他的许多绝句被广为传唱。盛唐流行胡人乐舞，李白自小就浸染于斯，所以他的歌诗适合于胡乐伴唱，易于流行。他的七绝《早发白帝城》被认为是"七绝第一"，相信大家对这首诗都会吟诵："朝辞白帝彩云间，千里江陵一日还。两岸猿声啼不住，轻舟已过万重山。"我曾经和一个大干部同桌共餐，他随便问我李白《早发白帝城》的"两岸猿声啼不住"，是公猿在啼还是母猿在啼？他总以为是李白二十多岁出川时写的诗。实际上李白晚年受到永王李璘所谓"谋反"案件的牵连，流放夜郎（今贵州境内），顺着长江逆水上行赴贬地，到了白帝城附近，得到朝廷的大赦，于是轻松愉快地"朝辞白帝彩云间"而回江陵。据《唐大诏令集》载：乾元二年（759）二月，因关内大旱，肃宗下令赦"天下见禁囚徒，死罪从流，流罪以下，一切放免"②。因此，李白应在三月得到赦免令，然后坐船返江陵。暮春三月，公猿、母猿都要发情，都会哇哇叫，因此"两岸猿声啼不住"。

---

① 郭沫若著作编辑出版委员会：《郭沫若全集》（历史编），人民出版社1982年版，第360—361页。

② 宋敏求：《唐大诏令集》，学林出版社1992年版，第435页。

其实这首诗的关键不在这里，而在"千里江陵一日还"的"还"字。读懂这个"还"字，就读懂了李白。李白总共活了六十一岁，那时已是五十九岁的老人，他要"还"到哪儿去呢？如果他有农业文明的家族在青莲乡故里，他会落叶归根，"还"到青莲乡。比如称赞李白是"谪仙人"的秘书监贺知章，八十多岁时告老还乡，就回到他的故乡越州永兴（今浙江省萧山市），写了《回乡偶书》诗："少小离家老大回，乡音无改鬓毛衰。儿童相见不相识，笑问客从何处来？"其中的"少小离家老大回"，魂归故里，落叶归根，按农业文明的世俗思维，不回祖宗故里，就是流落他乡的孤魂野鬼。因此"少小离家老大回"的"回"字，与李白"千里江陵一日还"的"还"字，表达出不同的文化归属。五十九岁的李白乃胡地商贾的子嗣，他的"千里江陵一日还"，不是"还"到绵州青莲乡，因为他父亲是个客户，没有一个自己的大家族。李白"还"到江南去，漫游洞庭，到庐山与妻室会合，最后死在当涂（今安徽马鞍山市）。传说他在当涂采石矶酒楼醉酒赴江，水中捉月而溺死，或骑鲸成仙。《旧唐书》说，李白"以饮酒过度，醉死于宣城"①，这里距离他的故乡数千里。"谪仙人"是魂归于天，而不是魂归于地。他是从天上看世界的。

人文地理学展示的也是空间维度，这个维度连通"地气"引起原先的文献材料、文化资源的重新编码。世界很大，应该多维度"看"世界、多维度对世界万象进行编码，从中引发思想原创。

比如说中国古代有很多关于老虎的故事，就可以对之进行人文地理学的分类和编码。中原是有老虎的，甲骨文中记载了商王打死过一只老虎，还在虎骨头上刻字，一块儿陪葬。中国西部的古羌族以虎作为图腾，古羌族分流出来的彝族、纳西族、土家族，都是把虎作为图腾崇拜的神圣对象。中国的虎故事数百个，要使

---

① （后晋）刘昫等撰：《旧唐书》卷一百九十下《文苑传下·李白》，中华书局1975年版，第5054页。

之不至于叠床架屋，就须选择人文地理学的利刃，将之分类编码。

比较成熟的虎故事，出现在春秋战国的文献记载。春秋战国时期有关于虎的三个故事最有名。一个是《礼记·檀弓》的"苛政猛于虎"[①]。孔子过泰山侧，有一个妇人在哭，孔子问她为什么这样恸哭，她说老虎把她三代的男人都吃掉了。那么，为什么不搬走呢？因为这里没有苛政，没有苛捐杂税。孔子叹息：苛政猛于虎！从政治维度、时间维度进行解释，这个虎故事是用孔子的仁学和德政思想批判苛政。但是如果换为空间维度、人文地理的维度，就发生了意义变化。它透露了人的政治经济活动，使一部分人进入了老虎的领地，所以产生了人与虎的对抗，老虎才凶狠地把其三代男人吃掉。这个是齐鲁之交的泰山老虎。

第二个有名的虎故事，是《战国策·魏策二》的"三人成虎"[②]，是魏国的老虎。魏王派庞葱（又作"庞恭"）陪伴太子到赵国邯郸做人质。庞葱临行前对魏王说："现在有一个人说，街市上出现了老虎，大王您相不相信？"魏王说："不信！""有两个人说，街市上出现一只老虎，大王您相信吗？"魏王回答："我就有些怀疑了。""那么要是三个人都说街市上出现一只老虎，大王您会相信吗？"魏王就回答："寡人信之矣。"庞葱说："街市明明白白没有老虎，然而三人这么说，就成了真有老虎。现在赵国的邯郸离我们大梁也远于街市，而议论我的人超过三人。但愿大王明察。"这就是所谓古人有言："众口铄金，三人成虎，不可不察也。"以往从故事本身论故事，其意义就是谣言重复多遍，好像就成了真实，是邹阳《狱中上梁王书》所说的"众口铄金，积毁销骨"。但是如果从空间维度考察，魏国的老虎，由于人的密集活动，在城市里已经绝迹，近郊也不易见到，但远郊山区还有。魏国据有山西南部、河南大部、河北小部，这些中原地区的老虎和

---

① 杨天宇：《礼记译注》，上海古籍出版社1997年版，第177页。
② 关树东编著：《战国策》，吉林人民出版社1996年版，第407—408页。

人已经形成排斥关系。

第三个有名的虎故事，是《战国策·楚策一》中的"狐假虎威"①。江乙对荆（楚）宣王说："老虎到处寻找百兽来吃，抓到一只狐狸，狐狸说：'虎先生，你是不敢吃我的。天帝使我作百兽之王，现在你要吃我，是违背天帝的旨意的。你如果以为我的话不可信，那我就在你的前面走，你跟随在我后面，看看百兽见到我，胆敢不逃命吗？'老虎觉得有道理，故尔与之同行。百兽见了都逃走。老虎不知道百兽是害怕自己而逃跑，以为它们是害怕狐狸。"从时间维度和政治社会意义来看，"狐假虎威"是以狐狸假借老虎的威风吓退百兽，比喻倚仗别人的势力来吓唬人。即所谓狐假虎威、狗仗人势、虚张声势、仗势欺人。如果换为空间维度来看，这是楚国的老虎。在人虎关系上，人对老虎还保持着一定的审美距离，把老虎当成笨伯，谈论起来带有一点幽默感；老虎周围的食物链是完整的，有狐狸、兔子之类的小动物，人与虎并没有发生对抗。这个是楚国，也就是长江流域的人虎关系。

西汉时期有一本书，叫《盐铁论》，介绍西汉财政大臣和文学贤良之士在长安讨论盐和铁的管理政策。《盐铁论》里面有一个文学贤良之士就说，南夷多虎和象，北狄多马和骆驼。在长安这样讲，就说明中原虎少，南方虎多。这种地理生物群的差异，在空间维度上深刻影响了中国两千多年的虎故事的叙述类型，形成了北方系统的虎故事和南方系统的虎故事的鲜明对比。北方系统的虎故事，人与虎是对抗的，是英雄主义的写法；南方的虎故事，人与老虎是带有人情味的，相互关系染上了一层神秘感，是非英雄主义、反英雄主义的写法。这一点，我们可以举很多例子。

比如说晋朝干宝的志怪小说集《搜神记》，讲了庐陵也就是欧阳修的家乡江西吉水的一个虎故事②。说有个老虎跑到村子里，叼

---

① 关树东编著：《战国策》，吉林人民出版社1996年版，第212—213页。
② （晋）干宝：《搜神记》，中华书局1979年版，第237页。

走了一个会接产的老太太,原来是山里母老虎难产。老太太帮助母老虎产下三个虎仔后,老虎把她送回家。这个老虎以后每天给老太太叼去很多小动物,来酬报她。你看这虎实在精灵,知道谁有接生的本领,不仅不伤人,而且知恩图报。还有记载唐朝太子宾客刘禹锡及当时文人事迹的《刘宾客嘉话录》,刘禹锡诗云"巴山楚水凄凉地,二十三年弃置身"。他在四川、湖南这些地方被流放二十三年,于是写了发生在浙江诸暨——西施故乡的一个虎故事①。说是诸暨有一个老太太在山里走路——你看南方老虎,老是跟老太太打交道,因为老太太心慈手软,无力跟老虎较量,就出现了另类的人虎关系——看见远处小道上有个老虎在痛苦爬行,爬到了她面前,伸出前掌,原来前掌有个大芒刺,老太太就把它的芒刺拔了。老虎很感激,没有报答,站了一会儿就走了。以后那只老虎每天夜里都给她家里叼来小动物,老太太生活改善了,吃得肥肥胖胖的。但是她多嘴,跟亲戚说这个老虎怎么样给她叼来食物。老虎好像有灵性,当晚就给她叼来一个死人,害得老太太也吃了一场官司。老太太讲清楚是老虎叼来的死人,就被无罪释放了。回到家中,这老虎当晚又叼来小动物。老太太爬到墙头上说,虎大王你可不要再叼死人来了。老虎对人是知恩报恩,心也通灵,你多嘴就给你来个恶作剧,这种关系实在是带点万物皆灵的神秘主义。

明朝冯梦龙是苏州人,他的《古今谭概》对南方老虎说三道四:"荆溪吴康侯尝言山中多虎,猎户取之甚艰,然有三事可资谈笑。其一,山童早出,往村山易盐米,戏以藤斗覆首。虎卒搏之,衔斗以去。童得免。数日山中有自死虎。盖斗入虎口既深,随口开合,虎不得食而饿死也。其一,衔猪跳墙,虎牙深入,而墙高难越,豕与夹墙而挂,明日俱死其处。其一,山中酒家,一虎夜

---

① (宋)王谠:《唐语林》卷六,古典文学出版社1957年版,第219页。

入其室，见酒窃饮，以醉甚不得去，次日遂为所擒。"① 荆溪属于温州雁荡山的南山区，此处老虎傻头傻脑，误食误饮，出尽洋相。如此说虎，可见人与虎并无敌意。

还有安徽黄山的老虎，也是那样令人发笑。明代谢肇淛《五杂俎》笔记里写的安徽黄山上的老虎②。说是有个壮士晚上在山间小屋里，看磨米磨面的水磨。一会儿进来一只老虎，把壮士吓坏了。老虎一把将壮士抓过来，坐在自己屁股底下。老虎一看水磨转个不停，也看入迷了，忘记屁股底下坐着一个人。老虎屁股底下的壮士，过一会儿缓过神来，明白处境危险，这怎么脱身呢？他睁眼看见老虎的阳物，翘翘然，就在他的嘴巴上方，就一口咬住老虎的阳物，疼得老虎哇哇叫、落荒而逃。第二天这个壮士就到处夸口，说他把老虎赶跑了。笔记中这样评点：过去的英雄是"捋虎须"，如今的壮士是"咬虎卵"。这是一种消解英雄的写法，南方的老虎变得这样愣头愣脑，屁股底下坐着一个大活人也忘了，还要端详琢磨水磨的工作原理，活该被人咬伤阴部，这种老虎和人的关系简直就匪夷所思。地理空间维度一进来，南方老虎大惊失色，自己原来如此不堪。

北方的老虎就可以夸口自己威猛。比如说，黄须儿曹彰，是曹操的儿子中最有武艺的一个。当时乐浪郡进贡了一只老虎，乐浪郡属于汉代辽东四郡之一，在朝鲜平壤附近。乐浪郡进贡的大白虎，被锁在笼子里面，整天发威大吼，笼外的好汉们听了，个个都胆战心惊。黄须儿曹彰，进入铁笼，把老虎尾巴绕在自己的胳膊上，使劲抖了几下，就把老虎制服了。老虎是非常凶猛的老虎，人是非常勇猛的人，这是人虎对抗的英雄主义写法。最著名的北方虎和英雄的故事，就是《水浒传》中的武松打虎。景阳冈的老虎是吊睛白额大虫，使附近行人和猎户都闻风丧胆，可惜它

---

① （明）冯梦龙：《古今谭概》卷三十五，辽海出版社2002年版，第759页。
② （明）谢肇淛：《五杂俎》卷九，中央书店1935年版，第7页。

遇到了武松。"原来那大虫拿人，只是一扑，一掀，一剪"的绝技。武松与老虎打斗，最后把老虎按在地上，"提起铁锤般大小拳头，尽平生之力，只顾打。打得五七十拳，那大虫眼里、口里、鼻子里、耳朵里，都迸出鲜血来。那武松尽平昔神威，仗胸中武艺，半歇儿把大虫打做一堆，却似躺着一个锦布袋。"《水浒传》第二十三回有诗为证："别意悠悠去路长，挺身直上景阳冈。醉来打杀山中虎，扬得声名满四方。"

但是，英雄主义的武松打虎故事，传播、旅行到南方之后，变得诡异多端。比如这只老虎到了鲁迅的家乡绍兴，绍兴"目连戏"的游行表演中有武松打虎的插曲，鲁迅的《门外文谈》对它作了记载①。就是说某甲扮武松，某乙扮老虎，表演武松打虎，某甲很壮，某乙很弱，打斗起来，强壮的武松把老虎打得哇哇叫，老虎就说：你干吗这样打我啊？武松说，我要不狠狠打你，你不把我咬死了吗？某乙就说：那我们换一下，我当武松，你当老虎。结果强壮的老虎就把武松咬得哇哇乱叫乱跑。老虎说：我不狠狠咬你，你不把我打死了？鲁迅说，比起希腊的伊索、俄国的梭罗古勃的寓言来，这个目连戏中"武松打虎"是毫不逊色的。其实"武松打虎，虎打武松"这种颠倒错综，以民间的幽默，消解了英雄，颠覆了《水浒传》的经典叙事。清人笔记中记载浙江会稽有位水月老人，"时浙西多虎，老人辄语之曰：'山上大虫任打，门内大虫休惹。'"② 这是把山上老虎和家中泼妇相提并论，拿南方的老虎开涮。

武松打虎的故事传到淮扬，可是别来无恙乎？笔者欣赏过扬州评弹说唱武松打虎。是说武松喝了十八碗酒后，上了景阳冈，醉劲上来，就在青石板上睡着了。一会儿来了一阵风，出现虎吼，武松就惊醒了，瞪大眼睛到处找老虎，没有发现，找不到藏在树

---

① 鲁迅：《门外文谈》，人民出版社1974年版，第54页。
② 徐珂：《清稗类钞》第10册，中华书局1986年版，第4545页。

丛中的老虎。老虎躲在树丛里说："哈哈，武松你没有发现我，我可发现你了。"老虎简直是在跟人玩捉迷藏。武松与老虎开打，武松的棍子不是打在松枝上折断的，而是打到老虎的前面，老虎歪着脑袋说："这是什么？是不是香肠啊？""咔嚓"一口，就把棍子咬掉了半截，老虎好像在吃淮扬大餐。老虎似乎变成顽童，在紧张的气氛中添加了轻松，从而对英雄主义的叙事做了智性的超越。

与武松开打的老虎往南走，沾染了逗乐开心的习气。这只老虎往北走，走到蒙古，清朝蒙古有个喀尔喀蒙古语翻译本《水浒传》，今藏乌兰巴托。蒙古人不懂得用南拳北腿打虎，骑在马上弯弓射箭，把虎射死，并非难事。蒙古好汉有三种绝技：骑马，射箭，摔跤。《水浒传》翻译，需要入乡随俗。跟景阳冈老虎搏斗时，武松抓住老虎的胳膊，老虎抓住武松的肩膀，人与虎之间一招一式，来了一个蒙古式摔跤，在景阳冈上滚来滚去，把摔跤写得很精彩。景阳冈上还有个水坑，武松最后把老虎摔到水坑里，窝着它的头，骑着它的背，挥拳猛打。景阳冈上的老虎哪里见过蒙古式摔跤，只好败下阵来。总之，老虎在北方，在人虎对抗中，都要抖擞威风，准备采取英雄主义的姿态。地理空间维度的加入，造成了老虎重新排队，出现了南北两个老虎系列。西方有新批评理论家认为，创作激情只是一种发现新类比的快乐①。我们发现两千年间的老虎故事分为南派与北派，乐何如哉！其实，老虎故事分南北，是南方和北方民性的折射，如鲁迅说："北人的优点是厚重，南人的优点是机灵。但厚重之弊也愚，机灵之弊也狡。"（《花边文学·北人与南人》）厚重的愚鲁，可以衍化为人和兽的英雄主义；机灵的狡狯，可以抽引出人与兽的情感互渗的神秘性。这里展示的是重绘文学、文化地图的关于时间与空间关系

---

① 赵毅衡《新批评——一种独特的形式主义文论》所引休谟语。

的第一原理。

二 在文化中心动力的基础上，强化"边缘的活力"

"边缘的活力"，是我创造的一个术语，对于解释少数民族在中华文明上的贡献是很有效的。研究少数民族文学的学人，还专门为这个术语开过一些研讨会；包括一些关于非物质文化遗产的文件，也用了"边缘的活力"这个说法。边缘的活力，既是有效的，又是普遍的，它与中心文化的吸引力形成张力，使我们的文学、文化可以两条腿走路。

当然，为了使边缘活力万派归宗，不至于在碰撞中无端耗散，中原文化的吸引力，也是必不可少的。中原文化领先发展，文明含量比较高、雅、精。比如说宋代国势较弱，但它把儒学演绎出理学，宋人的道脉、史脉、文脉、诗脉都很强。欧阳修、苏东坡的文章诗词，司马光的《资治通鉴》，都引起少数民族的景仰。唐朝把中国文化做大了，宋朝把中国文化做精了。要是没有宋人精心经营文化根本，蒙古人铺天盖地进来，就会出现文化的荒芜和夭折。但是宋人的道、史、文、诗四脉皆佳，根深叶茂。蒙古人进来后，对中原文化产生了景仰，皇室重理学，蒙古色目子弟纷纷写汉语诗词，赵孟頫的书画诗"三绝"使马上民族为蓬头垢面而自惭形秽。蒙古人首先把朱熹《四书集注》当成科举考试的标准。这就使得中华民族的文化血脉延续下来了，所以中原文化的吸引力是有核心价值的。

但是处在中原中心位置的官方文化，很容易模式化甚至僵化。因为要获得官方意识形态的地位，就须把自己弄得很精致、很严密，同时也就很死板。比如"三纲五常"，要改动一个字都很难。中原中心文化面临着两难的尴尬，它有领先发展的优先权，具有吸引力、凝聚力，但凝聚容易引起凝结而凝固化。但是边缘文化，地位不显，禁忌较少，身处边缘带有原始性、流动性，带有不同的文化板块接合部的混合性,这些都是"活力"的特征。当中原的文化僵化之后,边缘文化就会输入一种新鲜的带有野性的文化因素。有一幅图画叫作《东丹王出行图》,是辽国开国皇帝耶律阿保机长子东丹王,自投后唐明宗后,长期居住中原。人物相貌都似胡人,东丹王神情忧郁,若有所思,他与随从的衣冠、服饰、佩带已经不同程度汉化,而奔前跑后的骑兵依然是胡冠、胡服。画卷末端有书风近似宋高宗赵构的题词:"世传东丹王是也。"由此可以发现,汉文化对少数民族文化的影响,往往是由上而下的,而少数民族的文化对汉文化的影响,往往是由下而上的。

为何如此?当然是因为少数民族唯有贵族有能力聘请汉族最好的老师,有机会接触汉族的珍贵典籍,比较容易接受中原的文明。而一般的少数民族猎户,整辈子、几辈子都没有离开过他的那个山沟沟,又何谈汉化,何谈接受汉文明?所以汉文化的扩散是从上而下。而汉族士大夫不可能穿着胡服上朝,不可能在朝廷里跳胡人歌舞,除非像唐朝那种胡气很重的朝代。一般的朝代,达官贵人是不允许在朝廷里卖弄胡人的礼仪的。所以少数民族的影响,先影响民间,然后才影响上层。比如说佛教进来的时候,它是一种胡教,要直接跟中原儒学对话,就会被鄙视为出家人不忠不孝。但是佛教通过西域少数民族,通过北朝的少数民族,逐渐渗入汉族的民间和上层。根据文献记载,在晋朝以前,汉族士大夫是没有人当和尚的,所谓"沙门无士人",当和尚的都是胡人。到了"五胡乱华"之后,出现生存、生命的危机,汉族士人才开始有出家的。中国的三大石窟,主要也是少数民族修建的。大同的云冈石窟,是北魏鲜卑族修建;洛阳龙门石窟,是北魏和沾染胡气的唐人修造的;敦煌莫高窟,出现在汉族和少数民族混居的地方,丝绸之路的西域胡商,以及西夏贵人都贡献了不小力量。所以佛教三大石窟的形成,少数民族起了最重要的作用,比汉族士人的作用还重要。佛教后来就变成中华文明的一部分,它的运转过程离不开胡人。

讲到唐朝，我想起"燕瘦环肥"的说法，李白《清平调》"借问汉宫谁得似？可怜飞燕倚新妆"，把汉成帝的皇后、瘦美人赵飞燕，同唐玄宗的贵妃、胖美人杨玉环联系在一起。但是，出土的唐朝壁画和陶俑，一个个胖嘟嘟的，是唐代的美人胚子，那时时代的风气以胖为美。风气的根源在于唐朝王室是相当程度胡化了的汉人，他们的母系，什么独孤氏、窦氏、长孙氏，都是鲜卑人或突厥人，唐朝宰相也有不少出自少数民族。因此唐朝文明是汉族和少数民族共同创造的，李氏发迹于少数民族执政的北朝，担任过北周鲜卑族政权的六镇将领。马背上的胡人，不喜欢弱不禁风的女人，而喜欢健壮的女人，你看元朝皇后的画像，一个个都是大方脸。《蒙古秘史》记述成吉思汗的祖先，哥俩出去打猎，看到一个姑娘在草地上撒尿，撒得很远。实在是健康，就把她掠回去当了妃子。马背民族，不像汉族那样搞很复杂的婚姻手续，又问名，又纳彩，他们需要健壮的妇女，生育力很强，又能随军作战。草原上风大，瘦美人很容易被一阵风刮跑了。唐朝喜欢胖美人，与关陇集团进入中原相关。因而唐宫中的杨贵妃必然是一个胖美人，才能"回眸一笑百媚生，六宫粉黛无颜色"。汉朝就不一样了，他们沿袭了楚王好细腰的风气。如果到徐州参观西汉楚王墓，就会发现墓里的骑马武士陶俑是女人相，腰身纤细，如果没有脸上那两撇胡子，真以为就是女人。西汉皇室继承了楚王好细腰的嗜好，才有赵飞燕这样的瘦美人大受宠幸。宋人乐史《杨太真外传》记载了唐玄宗、杨贵妃对汉成帝皇后赵飞燕的观感："唐玄宗在百花院便殿，披览《汉成帝内传》，杨贵妃随后赶到，问他：'看什么文书？'唐玄宗笑曰：'不要问，知道了又要纠缠人。'杨贵妃拿来一看，写的是：'汉成帝得到赵飞燕，身轻经不住风吹。担心她被风刮跑，特意制造了一个水晶盘，让宫人以手掌承着水晶盘，赵飞燕在上面歌舞。又制造七宝避风台，相间着放了各种香料，怕赵飞燕的四肢不能承受。'唐玄宗问：'贵妃您让风吹一吹，如何？'因为贵妃微胖，所以玄宗这样说，跟贵妃开个玩笑。贵妃回答：'《霓裳羽衣》一曲，可以超过以往的一切。'"①以瘦为美的风气，是刘邦在楚地起义，把楚风带进宫廷的结果。汉高祖刘邦回故乡，高唱《大风歌》："大风起兮云飞扬，威加海内兮归故乡，安得猛士兮守四方！"就是楚风歌曲，带有南方少数民族的音调。中国幅员辽阔，各地域、各民族从东南西北各方给民族共同体增添的文化要素和审美趣味，存在着千差万别。在几千年的民族融合进程中，许多古民族和少数民族，已然消融在汉族里。因而不讲少数民族，就讲不清楚汉族；正如不讲汉族，也讲不清楚少数民族一样，它们都成了一个总体民族的一部分。民族共同体的精神过程和少数民族"边缘活力"，是我们重绘中国地图中需要认真补写的文章。

　　少数民族文学、文化，给整个中华文明增添了许多光彩。中原文化的理性占据主流的过程发生较早。孔夫子"不语怪力乱神"，所以史诗和神话传说，在中国得不到完整的记载，散落成为碎金状态。一些老先生写文学史为了与世界接轨，从史诗写起，就从《诗经·大雅》里选了《生民》《公刘》《绵》《皇矣》《大明》五首诗，说成是周朝的开国史，但是加起来才三百三十八行，这自然与中国早期文献著诸简帛、要求简练有关，但是又怎么跟一两万行的荷马史诗去比较？史诗是一种大规模的民族群体创造，如果把少数民族计算进来，情形就会发生根本性变化。少数民族有三大史诗，一是《格萨尔》，藏族和蒙古族的史诗，根据现在的整理，大概有六十万行以上。我们少数民族文学研究所编辑精选本，就有四十卷四十三册。二是蒙古族的《江格尔》，三是柯尔克孜族和吉尔吉斯斯坦共同的《玛纳斯》，也是十几万、二十万行。

---

① 参见（宋）乐史《杨太真外传》卷上，中华书局1991年版，第6页。

还有南方、北方许多少数民族里的神话史诗、民族起源的史诗、民族迁徙的史诗，数量在几百种之多。中国绝不是一个史诗的贫国，而是史诗的富国。人类史诗的版图必须重绘，因为世界上五大史诗的长度加起来，还不如我们一部《格萨尔》长。世界上五大史诗，最早是巴比伦的刻在泥板上的《吉尔伽美什》，三千多行；影响最大的是荷马史诗《伊利亚特》和《奥德塞》，分别有一两万行、两三万行；最长的是印度史诗，《罗摩衍那》写猴王哈努曼，背着喜马拉雅山一跳就跳到斯里兰卡。有人说是孙悟空受了哈努曼的影响，理由并不充分。《摩诃婆罗多》二十万行，是最长的史诗。所以我讲过这样的话：公元前那一千年，世界上最伟大的史诗是《荷马史诗》；公元后的第一个千年，世界上最伟大的史诗是印度史诗；公元后第二个千年，世界上最伟大的史诗，应该是中国史诗，历史会证明这一点的。这就是我们的文化自信，把少数民族史诗计算在内的文化自信。

《格萨尔》是活形态的史诗，现在藏区还有几百个艺人在歌唱，还在不断地滚雪球，篇幅越滚越大。它讲述藏区妖魔横行，生民涂炭，梵天王就派他的儿子下凡，就是格萨尔。格萨尔赛马称王，平定各路妖魔，在地狱里面救出母亲和爱妃，然后返回天国。说唱艺人讲的故事梗概差不多，但是每人讲的具体内容千差万别。群体创造，千年传承，每个艺人都有一套拿手本领。荷马史诗已经成了化石，但是格萨尔还是活形态，研究起来，还可以在江河里学游泳，而不是站在岸上讲游泳术。比如格萨尔的有些歌手叫"神授艺人"，说神教他唱的，他可能是原来不会唱《格萨尔》，后来大病了一场，或做了一个梦，醒来他会唱了，一唱就是几部、十几部、几十部。人类记忆是有极限的，你能够记多少首诗，大概几千首、一万首吧，他记了几十部，现在活着的艺人最多能唱七十多部。有的艺人自称是格萨尔的骏马踩死的那只青蛙，投胎人间，讲述那里的神奇故事。他也可能说自己是跟格萨尔打仗的某位将军，所以他唱格萨尔，唱到将军被格萨尔打败这一段就不唱了，不好意思，败军之将，不可言勇等。有的艺人，叫作"圆光艺人"，对着镜子就产生幻觉，就能滔滔不绝地唱，没有镜子，撕一张破报纸拿在手里，也能唱。但是没有这张破报纸，他唱不了。如此等等，对于人类的精神、心理、灵魂、记忆力的研究，提供了非常原始生动的材料。这些都显得奇特神秘，大开眼界，反映了跟中原文化很不一样的"边缘活力"。

少数民族以其独特的野性强力，有时会在主流文化无从措手处，介入文化发展的进程。一个很有意味的文学演变线索，是《莺莺传》怎么变成《西厢记》的。《西厢记》是中国古代的一个家喻户晓，也非常美妙的爱情故事。它的原始版本，是唐人元稹写的《莺莺传》。唐传奇《莺莺传》中张生对莺莺是始乱终弃的，一开始百般殷勤，到头来绝情地把人家抛弃了，还说些女人是尤物、祸水之类的文过饰非、不咸不淡的话。当然此类绝情抛弃，唐人是能够接受的。根据陈寅恪的说法，唐代士人结婚，要娶大家族；仕途须进士出身，才受人尊敬。莺莺不是出身大家族，抛弃她，另外去找一个属于大家族的韦氏，是唐人认可的。至于女人是"祸水""尤物"这一套，唐人好像也讲得出口，因为唐律里规定"娶则为妻，奔则为妾"。到了宋代，像秦观、赵令畤这些苏东坡的门下人士，对莺莺非常同情，作了很多曲子，赵令畤《商调蝶恋花》鼓子词叙说："至今士大夫极谈幽玄，访奇述异，无不举此以为美谈；至于倡优女子，皆能调说大略。"但是在宋朝文化体制里，他们婚前性生活的行为不可容忍，最终都是悲剧。汉族《礼仪》里记述结婚要有六道手续，婚礼是六礼，不能逾越。此事的结局，是何时何地发生突破性的变化？是在金。金章宗时有个董解元，写了一部《西厢记诸宫调》，创造了红娘和闯阵的和尚这么一些草根人物，终使有情人皆成眷属。团圆的结局，只能够发生在女真人入主中原的金代，而不能发生在北宋、南宋，这是值得深思的。

　　根据《大金国志》和《辽史拾遗》的记载，女真有两个很独特的风俗。第一个独特的风俗是，贫家女子求偶，就到街头唱歌，唱自己怎么漂亮，怎么会做女红，男子中意，就把她领回家，觉得合适才去下聘书，这就带有古老的试婚制度的遗留。还有一个风俗叫"纵偷"，正月十五的上元节，朝廷放假三日，假期里，谁去偷人家的金银财宝，谁去偷人家的妻妾，偷自己的情人，政府是不治罪的。这是古老的抢婚的遗留。在少数民族这种风俗底下，始乱的婚前性生活的问题，又何足道哉？这就给莺莺和张生"有情人终成眷属""从今至古，自是佳人，合配才子"，提供了很大的伦理空间。到了元代王实甫的《西厢记》就专心致力于锤炼章句了："小生姓张名珙字君瑞，本贯西洛人也，年方二十三岁，正月十七日子时建生，并不曾娶妻。"情痴得令人发笑。清人梁廷枏《曲话》说："世传实甫作《西厢》，至'碧云天，黄花地，西风紧，北雁南飞'，构想甚苦，思竭，扑地遂死。"可见作家对崔莺莺唱出的绝妙好词，竟是如此呕心沥血。少数民族入主中原之后，把原本的伦理规范、贞节约束，统统解构了，而另来一套。伦理空间是儒学严重关切的领域，少数民族提供的解构性的新空间，直接作用于文学进程。

　　为什么元人来了之后，带点野性和胡腔的杂剧发展起来了？元朝朝廷里也看杂剧，元朝的皇帝批文时，用的是大白话。皇帝批道："知道了。"用语俗白得不得了，白话戏剧也就顺势发展起来了。宋朝皇帝老子还要找几个翰林学士、中书舍人来代笔。元朝连科举考试都终止了八十年，怕举子们结成同年、同党难以驾驭。官员由他们当面选，成吉思汗召见耶律楚材，就跟耶律楚材说：你不是契丹人吗？我来给你报仇，把契丹亡国的仇人金国灭了，你应该为我服务才对呀。耶律楚材说：我父亲、我祖父都在金朝做了很大的官，金朝也就是我的国家了。成吉思汗毫无介怀，把他征为自己的随行官。元朝建立初期，派了程钜夫到南宋亡国的地域，在江南找到赵孟頫。赵孟頫是宋朝的宗室、赵匡胤的后代。元朝用人，用了宋朝宗室子弟，也毫不忌讳。元朝没有文字狱——虽然不甚重视文人，文人地位很低，但也觉得文人不可能折腾起来，用不着搞文字狱。虞集是元诗四大家之首，他按老皇帝的命令起草诏书，说某某皇子不能当太子，不能继承王位。后来元朝宫廷政变频繁，七变八变之后，这个皇子当了皇帝，就有人在背后告虞集的状，说就凭虞集起草这份诏书，也要治罪把他除掉。但是这个新皇帝说：这不是他的事，是我们家里的事。还照样用虞集。少数民族进来之后，很多风气都变了，风气一变，文学发展进程不可能不受影响，这涉及文学、文化的发展动力，唯此文学研究才能进入文明史的脉络。

三　精神文化深度问题

所谓精神文化深度问题，就是如何从文献的验证，深入文化意义的透视。中国文学、文化、历史的研究材料，浩如烟海。不想在材料海中沉没，就得留出地步，探出头来，从材料中发现价值、意义、智慧、学理，这是任何有创造性的学者，或者任何一个要使书本知识能化得开的人，必须思考的问题。读书化不开，那你就等于没读。"化"字非常重要，"化"字在古文字里，左边是站立着的"人"字，右边是颠倒着的"人"字，就是翻跟斗，我一个跟斗翻到你那儿，你一个跟斗翻到我这儿，也就化了。

为了考察这个命题，可以举出陈寅恪研究北朝史的例子。《北史》记载北朝两个少数民族官员辩论天象与礼仪的关系时，其中一人看到对方引用汉语典籍说理，就骂他"汉儿多事，强知星宿"，其实对方是个鲜卑族人，只因为知道一些汉族礼仪，就说他是"汉儿"。《资治通鉴》卷一百七十一记述此事，胡三省注就看到这其中隐含着种族和文化的关系。陈寅恪由此强调，中华文明是文化重于种族①。就是说种族的矛盾，可以用文化去包容和化解，这一点为某些异域文化难以达到。不妨设想，中国中央民族学院，几十个民族一起唱歌跳舞，要是在西亚一些地方，存在教派冲突，人体炸弹就可能爆炸了。所以中国许多民族，都在认同中华文化，只要认同文化，就是中华。不管你的血缘、种族，只要有文化认同，就可以和睦相处。清朝入关，认同汉族文化，汉族也逐渐认同它。开始江南士大夫不与清朝合作，顺治皇帝非常挠头，怎么办？他问了一个汉族大臣。这位大臣出了一条主意：开科举。顺治年间就举行科举考试。江南士子抵制，不来参加考试。朝廷就降低录取标准，而且提高进士待遇，过去一甲、二甲进士，授予翰林院庶吉士，外放只给六七品的县令；现在安排当四五品官，靠一张试卷，就荣华富贵，这是很有引诱力的。江南士子看了之后，那中榜者平时功课还不如我呢，就靠考一场试，就得了知府，那我也可以去考。一次、两次，到了第三次，大家都坐不住了，都去考科举，一下子就把江南的士子都吸引过来了。他们慢慢地就认可清廷的文化姿态，清廷认同儒家文化，认同代圣贤立言的八股文，这就不必过分计较他们的种族了。中华民族的文化哲学跟西方不同的一个特点，就是文化重于种族，这就使中华文明在具体的民族之上，形成一个融合多元民族的总体民族，这种文化哲学、文化景观在世界上几乎是独一无二的。

在透过"一体而融合多元"的文化哲学的基础上，我们应该顾及自身的文化脉络，从汗牛充栋的材料中探索和发现深层的意义，发现文明史的进程。

从经典作品中读出深层的意义，我觉得有两个重要方法值得思考：一曰破解精彩，一曰追问重复。

经意或不经意的重复的出现，并非无缘无故，可能关联着深

---

① 参见《陈寅恪魏晋南北朝史讲演录》，黄山书社1987年版，第296页。

层的文化心理。如果在一些经典作品中，发觉以某种形式重复着一些场景、现象、故事成分，可就要当心，一定要追问这类重复的奥妙何在。追问是对问题意识的敏感。比如，我们读明代从民间逐渐演化为文人集成改定的三部最重要的古典小说《三国演义》《水浒传》《西游记》，关切它们之间是否存在相互重复的叙事因素。经过反复比较掂量，发现这三部小说的主要人物的结构，都存在一个"主弱从强"的问题。就是第一把手比较懦弱，跟从他的人都比较强。《三国演义》中刘备和诸葛亮、关羽、张飞、赵云是这么一种模式，《水浒传》中宋江和吴用、林冲、李逵，也是这么一种模式，《西游记》更不用说，唐僧和孙悟空、猪八戒，明显是主弱从强。这就有必要追问：为何如此？

首先会感受到，"主弱从强"是一种非常高明的叙事艺术设计。《西游记》如果把唐僧写得跟孙悟空一样地高强，那《西游记》就不用写了，因为一个跟斗云就能完成西天取经。正是因为唐僧比较懦弱，同时又没本事，还长了一张娃娃脸，长了一身据说吃了之后长生不老的嫩肉，这就引得沿途的男女妖怪，垂涎三尺，不断地招灾惹祸。于是只能靠孙悟空、猪八戒来给他破除灾祸，这就形成了一种叙述的张力。同时，孙悟空和猪八戒这哥俩儿又不一样，孙悟空是个野神，无法无天，野性不驯；猪八戒是个俗神，俗世的七情六欲非常发达。这哥俩儿碰在一起，就非常好看，就充满了戏剧性和幽默感。

取经四众会齐后，继续往前走，那黎山老母邀请三个漂亮的女生，化成富家的寡妇，住在松林别墅，等着他们四个家伙到来，要招他们来当女婿。唐僧害怕得不得了，说这与佛门规矩不合，推让给孙悟空。孙猴子忙说我不会这个，指着猪八戒说：呆子会，他在高老庄的时候干过这种营生。猪八戒嘟嘟囔囔地辩解：和尚都是好色的，为什么要找我老猪开玩笑呀。他说完后，声称要拉着马去后面吃草，便去找那个老太太，一口一个娘，说：娘你别看我师傅唐僧长得俊，但是不中用，我老猪中用。孙悟空变成红蜻蜓，飞回来向唐僧汇报，唐僧还不相信。老太太告诉猪八戒，三个女儿娇美任性，都不喜欢他的大嘴巴，怎么办？只好让猪八戒去撞天婚，把他眼睛蒙上，摸着谁就是谁。老猪心痒痒地东找西摸，一回摸着柱子，一回摸着桌子腿，碰到鼻青脸肿，最后一个网兜把他兜住，挂在松树上。第二天醒来，不见了大宅院，唐僧师徒睡在松树林里，就是没有八戒。八戒远远地被吊在树上，孙悟空跑过去说：呆子，你娘到哪儿去了？也不请喝喜酒。对他百般调侃。猴子、猪精打打闹闹，好戏连台，九九八十一难就不显得单调，读者乐呵呵地跟着他们一路走了十万八千里。但还有一个沙和尚。沙和尚的作用是什么呢？沙和尚的作用就是"无用"，他要是像孙悟空、猪八戒那样有本事、好出头，哥们三个就摆不平了。他无用才能大用，他成了取经群体的黏合剂、润滑油。如果没有沙和尚，师父给妖怪抓走，孙悟空、猪八戒可能就散摊子了，一个回花果山，一个到高老庄去了。就是因为有个沙和尚，苦口婆心地劝解调和，一会儿这里抹一抹，一会儿那里抹一抹，七抹八抹，最后抹到西天去了，完成了他们取回真经的生命承诺。所以这种人物结构，是一个很大的智慧，对于叙事文学的审美要求，发挥了巨大的杠杆效能。

　　但是还要追问，只是一部《西游记》摆弄"主弱从强"的伎俩，也就罢了，但是，《三国》《水浒》这些从民间衍变出来的大书，都不约而同地重复"主弱从强"，这就非同一般了。如果再看《隋唐演义》和《封神演义》，也对"主弱从强"不离不弃，这就说明这种人物结构带有深层文化的普遍性。就像中国古代的智慧人物，都能掐会算，带有方士化的倾向一样。姜子牙能掐会算，诸葛亮能掐会算，徐茂公也能掐会算。似乎智慧人物如果没有这种素质，光会指挥千军万马，好像智慧还不够高明，还不够神秘莫测。为什么出现这类问题？这就涉及中国文化的深层结构、深层意义。《论语·子罕篇》说："子曰：知者不惑，仁者不忧，勇者不惧。"《论语·宪问篇》又说："子曰：君子道者三……仁者不忧，知者不惑，勇者不惧。"《礼记·中庸》说："知、仁、勇三者，天下之达德也。"儒家这些经典都把仁、智、勇三者，作为通达天下的道德能力进行综合对比的思考。经过反复追问和探究，"主弱从强"的人物结构原来折射着中国文化中仁、智、勇三者的深层关系。第一把手代表着仁，依凭着仁而赋予智与勇以价值。这种赋予，是旗子，是带有本质性的。如果没有唐僧赋予孙悟空、猪八戒以价值，他们再有本事，也只不过是个妖精。变猴、变猪，和狐狸精变人，有什么区别呢？所以信仰使妖精变成法力高强的战斗神。《三国演义》如果没有刘备仁政爱民的思想行为，诸葛亮的谋术，就变成一个策士的诡计；关羽、张飞、赵云也只不过是会拼拼杀杀的一勇之夫。同时智和勇又反过来赋予仁以动力，没有智与勇而只是讲仁，就像孔子、孟子到处奔跑，卫灵公请教的是战阵，齐宣王接受的是孙膑"围魏救赵""马陵之战"那一套兵家本领。所以仁要发挥作用，需要智、勇提供动力。在中国文化结构中，仁对智、勇制约，是以柔克刚，是以柔来驾驭刚的。仁驾驭智勇，三者互为本质与功用，就可以形成一往无前的开拓文明史的综合力量。

追问深层意义的另一种方法，叫作破解精彩。一部经典著作不可能是所有的部分都精彩，都精彩就不精彩了，红花总要绿叶来扶持。既然是众所公认的经典和它的最精彩之处，那就隐藏着群体潜意识的症结。《史记》是中国正史第一书，鲁迅称它为"史家之绝唱，无韵之《离骚》"[1]，那么《史记》最精彩处何在，绝唱发自何方？《史记》写得最精彩的，是《项羽本纪》。那就应该追问，《项羽本纪》何以出彩，分析《项羽本纪》的叙事结构，

---

[1] 鲁迅：《汉文学史纲要》，《鲁迅全集》第9卷，人民文学出版社2005年版，第435页。

就会发现，太史公除了交代项羽的身世，实际上写了项羽的三个故事：一个故事是巨鹿之战。项羽率师北上，在河北巨鹿与章邯带领的秦军主力相遇，陈胜、吴广都是给章邯的军队打得落花流水的。面对章邯大军，各路诸侯都恐惧得不敢出战，只作"壁上观"，项羽率领"楚战士无不以一当十，楚兵呼声动天，诸侯军无不人人慑恐。于是已破秦军，项羽召见诸侯将，入辕门，无不膝行而前，莫敢仰视"。项羽带着军队破釜沉舟，直闯敌阵，一举消灭秦军主力，这是项羽最大的战功，确立了他的霸王地位。第二个故事是鸿门宴。范增准备在席间杀掉刘邦，但项羽妇人之仁，犹犹豫豫，张良、项伯左推右挡，还有樊哙闯进来搅局，就让刘邦乘机溜走了，这就使项羽陷入"楚汉分争"的人生的转折。第三个故事是垓下之围和乌江自刎。最后刘邦、韩信、彭越把项羽围困在安徽省北部的垓下，张良让士兵夜里唱楚歌，使项羽大惊："汉皆已得楚乎？是何楚人之多也！"于是悲愤失望，在中军帐里跟美人虞姬喝酒歌舞："力拔山兮气盖世，时不利兮骓不逝。骓不逝兮可奈何，虞兮虞兮奈若何！"笔者最近探访过垓下，与虞姬墓只隔了一条小河。我对他们说：你们旅游发展后，应在河上架桥，给桥起个什么名字呢？就叫奈若何桥吧，"虞兮虞兮奈若何"。故事中最精彩的当然是"垓下歌""霸王别姬"。但是，出现了一个不容回避的问题：中军帐里"霸王别姬"这一幕，是谁记录下来的？虞姬自杀了，项羽自杀了，中军帐里的江东弟子全部阵亡了，难道是刘邦派了探子或者安了窃听器吗？查无对证。很可能是太史公好奇，采访古战场时，当地父老讲了这么一个故事。但是两千年来，中国人深信不疑，好像没有霸王别姬这一幕，这个末路英雄的圆圈就没有画圆。中国最杰出的一个历史书的最好的一个篇章的画龙点睛的最好一幕，竟然是民间文学！可见民间传统在一个民族文学、文化中起了何等重要的根本性作用。

文学研究，也需要做田野调查。中国人本来就有"读万卷书，行万里路"的传统。王国维勾勒了清代学术的特点,认为:清初学问是大,乾嘉学问是精,道光咸丰以后的学问是变①。清初学问之大,跟走路问学有关,顾炎武平生"足迹半天下",他考察山川风俗、疾苦利病,足迹所及,许多活生生的文化资源就进入他的学问领域,遂成一代通儒之学。太史公为了写《史记》,也在全国探访古迹和民间口头传统,用来与文献相参证。中华民族共同体形成的过程中,有过三次很重要的旅行,对我们文明的建构起了重要作用:一次是孔子周游列国,了解国情,传播道术;一次是秦始皇巡视天下,疏通道路,显示大一统的雄风;再一次是太史公行走关陇、晋冀、江淮、吴越、三楚、齐鲁以及西南夷,拓展心胸,搜罗见闻,连通地气,使其撰写的《史记》对中国的历史、政治、文化、人伦的建构发挥了巨大作用。"读万卷书,行万里路",实际上是以脚尖丈量着中国文化的脉络,探访着中国文明史。

　　破解精彩的重要功能,是激活经典的生命。把握精彩,又破解精彩,就会把眼光专注于整个民族都认为含有民族精神的内核之处。比如《水浒传》是古典小说的杰构。《水浒传》写得最精彩的地方在哪里?在"武松十回"。这十回书,是怎样写武松的呢?它除了写武松景阳冈打虎、显示他的神威神勇,实际上还写了武松跟五个女人的关系。由于绿林好汉的行规是好酒不好色,它就偏偏拿你最忌讳、最敏感、最要躲避的事来拷问你的灵魂,哪一壶不开就提哪一壶,看看你对这些女人的生理、心理、行为文化的反应。"五女闹武松",这五个女人中的第一个是潘金莲,家庭里的女人,自己的美丽而淫荡的嫂子,抬头不见低头见,还不断地对你进行性骚扰,你怎样对待这个问题?既要考虑家庭伦理,又要顾及江湖道义,武松的应对方法堂堂正正,而未免有点

---

① 王国维:《王国维先生全集初编》三《沈乙庵先生七十寿序》,(台北)大通书局1976年版,第1163页。

儿过激了。

第二个是江湖上的女人，十字坡开黑店卖人肉包子的女老板，母夜叉孙二娘。武松对付她的方法与对付自己的嫂子可不同，包子端上桌后，武松扒拉着包子，问包子里是什么肉，还有毛，是小便上的毛吧？对女老板说小便上的毛，含有调戏的意味。酒里下了蒙汗药，两个押解公人都被药倒了。武松行走江湖，这种招数瞒不了他，他暗地里把酒泼掉，却假装倒地，两个店伙计来搬这个牛仔到厨房宰割，也许武松会硬功，怎么也搬不动。最后孙二娘脱光了膀子来抱他，武松一个翻身就把孙二娘压在腿下，压得孙二娘哇哇叫。金圣叹评点说：好一个"当胸抱住，压在腿下"。菜园子张青进来通报家门，与武松结拜为兄弟。对江湖上女人，不打不成交，结果才杀了一个嫂子，又认一个嫂子。

第三个是市场上的女人，快活林的老板娘。武松押解孟州府，管牢房的金眼彪施恩酒肉款待，武松就到快活林找施恩的仇人蒋门神算账。他不是先与坐在绿槐树下交椅上乘凉的蒋门神开打，而是直奔酒店，看见蒋门神的妾在柜台上，就以不规则的市场规矩，对端来的酒挑挑拣拣，还问老板娘为何姓蒋不姓李，又让人家陪酒，实际上是让其当三陪小姐，"主人家娘子，待怎地，相伴我吃酒也不打紧"，就来疯疯癫癫的这么一套，惹得老板娘发怒才开打，把她扔进酒缸里去。

第四个是官场美人计的女人，就是鸳鸯楼的玉兰。这位好汉也有软肋，很是怜香惜玉。张都监在鸳鸯楼下，安排筵宴，庆赏中秋，叫武松同来饮酒。又叫出心爱的养娘玉兰唱《月明曲》，张都监指着玉兰说，要择个良辰吉日，将玉兰配给武松做妻室。武松起身再拜，说是"枉自折武松的草料"，意思是说自己是牛马，只能当牛做马来报答了。结果武松被诬陷为强盗，差点儿丧了性命。

第五个是野地里的女人，张太公的女儿。武松血溅鸳鸯楼后，化装逃亡，夜走蜈蚣岭，碰到飞天蜈蚣王道人搂着一个姑娘嘻嘻哈哈。武松就拔刀杀死老道，救下姑娘，这个姑娘就是张太公的女儿，要把金银献给武松。在前不到村、后不到店的深山老林里，法律管不着，舆论管不了，你一个单身的汉子，如何处理这个问题？

这五个女人有美有丑、有贞有淫、有爱有憎、有真有假，而且是五种不同的类型，家庭里的、江湖上的、市场里的、官场上的、野地里的。中国小说不是不怎么直接写心理吗？它把握神经上最敏感的弦，绿林好汉与女人的问题，不断地挑逗你，撩拨你，看你如何反应，就把此人的里里外外前前后后的生活态度、人生行为方式，全抖出来了。这是一种非常高明的写法，专门捅那最敏感最忌讳的心理中的马蜂窝，捅得你心烦意乱，穷形尽相。如此反向着力，是很高明的叙事策略。

但是我们要追问：为何这样写？精彩叙事的深处，隐藏着何种有待破解的文化意义？仔细地考察，发现说书人，或者施耐庵有一种独特的生活哲学，认为山中老虎可怕，心中老虎更可怕，把女色当成心中的老虎去叙写了。武松只有既能降服山中的老虎，以显示他的神威，又从不同的角度降服心中的老虎，以显示他的高尚，才能成为中国民间社会，尤其是江湖社会里公认的一个堂堂正正的英雄好汉。金圣叹在《读第五才子书法》中说："鲁达自然是上上人物，写得心地厚实，体格阔大。论粗卤处，他也有些粗卤；论精细处，他亦甚是精细。然不知何故，看来便有不及武松处。想鲁达已是人中绝顶，若武松直是天神，有大段及不得处。"[①] 所谓武松类似天神而为鲁智深不及之处，就是他降服"心中虎"的神圣心理定力。"五女闹武松"，结果闹出了他人性中的神性来。中国文化比较重视人格修养，这种思维方式在江湖文化

---

① （清）金圣叹著，艾舒仁编：《金圣叹文集》，巴蜀书社1997年版，第236页。

和民间文化中，也得到了真切的体现。

如果从这种角度追问文学经典的深层文化意义，破解文学经典的精彩底蕴，揭示中国文学的本质特征和形式韵味，以此描绘出来的中国文学地图，将是精彩纷呈、魅力独具的，能够内之作为我们的精神依托，外之作为我们与现代世界进行文化对话的凭据。

从前面的分析中可知，我们所提倡的文学地图，内在地贯穿着文化哲学。它建构了重绘文学地图的三个学理原则，以及透入文化意义深层的两种有效方法，这就可以由丰富多彩的文学现象进入中国文化的本性和文化过程，对文化的内在结构和动力系统作出横向及纵向的描述和剖析，考察文化本性是如何一层一层展开、实现和壮大的。由此我们可以触摸和把握中国文学、文化和文明波澜壮阔的推进，包括它经历兴衰和重建中所呈现的深厚强劲的生生不息的再生力。民族与人通过文化的创造，反过来创造自我，在与众多文化形式的对话与融合中不断充实和提升自身，所谓"海纳百川，有容乃大。壁立千仞，无欲则刚"[①]。遂使这种文化哲学既有博大的兼容性，对于种族文化能够海纳百川，又有刚直不阿的主体性，在世界民族之林的竞争共赢中自强不息。由此而对文学所作哲思，是大国文化创新系统的应有之义，由此所重绘的文学地图，是一个现代东方大国与世界对话和交往的升级版的文化身份证。

2014年10月9日修改，
2021年2月8日再修改

[①] （清）方濬师：《蕉轩随录》卷十，清同治十一年（1872）刊本。

中国文化之根本

一 说文化根本

提出"中国文化之根本"这个命题，是为了使我们获得一种"文化自觉"。这就要求我们自觉地追问：（一）中华文化从何而来？（二）中华文化根本何在？（三）中华文化有何种基本内涵？（四）中华文化为何具有千古不磨的生命力？（五）中华文化如何焕发与时俱进的现代原创力？这就是中华民族的"文化自觉五问"，它将成为我们创造一代大国学术的逻辑起点。

世界如大海，民族如大船。海能载舟，也能覆舟，处处充满挑战和机遇。中华民族就像一艘大船在经过五千年的延续、近百年的颠簸和改造之后，开始高速出海。在错综复杂的海图和海潮面前，要毫不畏怯，充满智慧，大局在胸，把舵前行。同时又要有压仓之物，比如说郑和下西洋，在货物用尽之后，船需要以石头或者其他重物压载，不然，一遇大风浪就会有倾斜甚至沉没的危险。中华民族文化之根本，既是我们民族这艘大船的精神动力，又是这艘大船快速航行的压载之物，这种文化根本的双重功能，使我们民族的大船能够赢得稳重中的高速，高速中的稳重。

所以，需要从文化哲学的高度，从精神谱系的深度去思考，去认知我们民族的文化和文明。我曾经说过，文化工程是人心工程。任何一个被世界尊重的现代大国，都应该建立第一流的本国文史，由第一流的文史根本上生长出自身的具有说服力和魅力的话语体系，不是以简陋的、僵硬的语言，而是以散发着智慧之光的语言与世界进行平等的可以感召人的文化对话。

我们的祖先给我们留下四样很好的遗产：一是大国的领土，960万平方千米的陆地面积，30万平方千米的海洋面积。二是世界上1/5的人口——14亿人口。三是很多科学发明，包括造纸术、指南针、火药及印刷术"四大发明"，是中国人首创。马克思在《机械、自然力和科学的运用》中说："火药、指南针、印刷术——这是预告资产阶级社会到来的三大发明。火药把骑士阶层炸得粉碎，指南针打开了世界市场并建立了殖民地，而印刷术则变成了新教的工具，总的来说变成了科学复兴的手段，变成对精神发展创造必要前提的最强大的杠杆。"四是五千年一脉相承、在世界上唯一没有中断的文化。明朝万历年间，也就是西方文艺复兴以前，中国的历史文化典籍相当于世界其他国家的总和，中华文明处在世界文明的领先位置。所以爱国，重要的标志是爱中华文化的根本。"爱国"这个词，已经出现将近两千年。荀子的十三世孙、东汉历史学家荀悦在他编的《前汉纪》里说过两次："亲民如子，爱国如家。"爱国就要爱我们的土地、人民和文化，爱中华文明。

二　中华民族文化的生命形态

中华民族形成一个统一的民族共同体，走了一条与西方民族形成过程很不一样的道路。西方学者认为，民族是在资本主义形成过程中的产物。甚至说，民族是宗教改革以后、印刷术发展起来的时候逐渐形成的"想象的共同体"。但是，中华民族的形成绝非如此，它经过了春秋战国时期的思想创造和种族融合，在秦汉时代，就形成了文明程度很高的民族共同体。所以中国人被称为汉人、唐人，过去中国人有名、有字、有号，汉是我们民族的名，唐是我们民族的号。它的特点就是有汉唐盛世，历史悠久而不中断，民族多元而又融合成一个整体，因此中国民族形态是一种复合性形态。

中华民族在改革开放短短的40多年中迅速地崛起，成为世界上的第二大经济体。英国有一个学者这样讲，21世纪是从什么时候开始的呢？21世纪始于中国的1978年。这一年，一个社会主义国家开始从平均主义向市场经济迈出了长足性的一步。它创造了一个完全不同的历史，中国的转变使世界的中心东移。作为19世纪到20世纪初曾是"日不落帝国"的学者，他这番言论是具有历史感和沧桑感的。由此可知，古老的中华民族在改革开放之中，激发出多么大的生命力和创造力，这个简直是不可估量的。改革开放建构了中华民族发展的新的文明形态。

中华民族既有多元起源，又能够融合在一起，其中必然存在一种强大而坚韧的纽带，这就是文化。中国对文化的解释，可以追溯到《周易》："观乎天文，以察时变；观乎人文，以化成天下。"它将人文与天文相对应，以沟通天人之道；又将文化与文明相并列，强调对人心民俗的化成功能。作为一国"公产"的中华民族文化，以深厚博大的内涵为根基，具有强大的包容力和统合力，它能够包容和统合众多的部族、民族于同一个文化共同体之中。跟许多国家的民族构成很不一样，中华民族的构成具有两个层次，一是56个民族，这是具体民族的层次；二是这56个民族又融合成为中华民族，这一个总体民族的层次，二者表里互蕴，在这个世界上是独一无二的。就是说我们的文化有巨大的包容力，能够把56个民族都包含在一个整体的民族里内。这就是我们的文化特点超级的兼容性。

讲到民族的起源，根据近一百年的考古发现，中华民族的起源是广泛、多元的，就像满天的星斗。黄河、长江，长城南北，包括岭南、云贵、台湾宝岛，都有早期人类深刻的脚印。世界上最早发现稻谷的地方，在哪里呢？在湖南的道县，靠近广东北部，发现一万多年前的稻谷、陶器和用火的痕迹。说明中国南方是人类稻耕农业的发祥地。野生稻的分布主要是在印度、缅甸，一直到中国南方的云南、广西、广东、湖南一带。但是野生稻转化为人工栽培稻，不是发生在野生稻的中心地区，因为中心地区野生稻很多，足够采集使用，而是发生在野生稻的边缘地区，虽有稻谷种子，但野生产量又不是那么丰厚。因此在湖南道县，还有在常德地区发现了一万年前或七八千年前人工栽培的稻谷的遗迹。中华民族就开始了稻耕的发展过程，以生产方式成为文化方式的基础。

三 中华文化的深厚性

在讨论中国文化根本之时，要认清纲目，做到纲举目张。前面讲文化是人心的根本，是组合民族的精神纽带，这是"纲"；从纲上引导出目，总共有"五目"，就是我们需要展开讨论的五个命题：第一个命题是中华民族文化的深厚性；第二个命题是中华民族文化的原创性；第三个命题是中华民族文化的包容性；第四个命题是中华民族文化血脉的丰沛性；第五命题是中华民族文化景观的丰美性。"一纲五目"，是我们的总命题。

第一个命题，是中华民族文化的深厚性。

深厚，乃是大地的品格，所谓"地势坤，君子以厚德载物"。文化的深厚性，与中华民族地域博大、民族复杂、人口众多、历史悠久，存在着因果关系。《中庸》说："悠远则博厚，博厚则高明。"人民、历史、地理，共同创造了中国民族文化的深厚性。

我们常讲，中华儿女是炎黄子孙。根据历史文献的记载，炎帝和黄帝是两兄弟，炎帝居住在姜水一带，黄帝居住在姬水一带，所以就以姜和姬作为他们的姓。这大概是五千年前的事情。从考古发现，黄帝的部落活动在现在的陕北、晋北、河北和辽西一带。

辽宁西部的红山文化，发现中国最早的玉雕的龙，发现泥塑彩绘的女神头像和女神庙、祭祀坛。炎帝文化从陕西向东发展，在河北地区古冀州一带，跟黄帝文化碰在一起。二者联合起来，跟东面的九黎部族的蚩尤文化发生碰撞，过去记载说黄帝在涿鹿这个地方打败了蚩尤。黄帝和炎帝又在阪泉这个地方打了一仗，不打不成交，就推动了更大的部落联盟的融合。

炎黄成为民族共祖之后，许多早期文明的发明创造，比如说，播五谷、尝百草、发明中医中药，都记在炎帝神农氏的身上；还把造车、造衣冠、用火、熟食、造文字，这些功劳都记在黄帝的身上。黄帝的妻子嫘祖会养蚕织布，蚕丝的缫取和应用，是中国人对世界的巨大贡献。当西方还用大麻、兽皮制作衣服的时候，考古发现，五千多年前中国就有了最早的蚕丝制品，出土于浙江的良渚文化遗址。良渚文化遗址还有人类最早的国家形态、城市建筑工程、水利航运工程。

由于有了这么一个全民认同文化之根，所以当民族出现危机、需要用革命或救亡的方法获得新生的时候，中国人就往往想起轩辕黄帝这条主根。清光绪二十九年（1903 年），资产阶级革命派学者刘师培，提出要用黄帝诞生之年作为中国的纪年。用纪年方法来提醒整个民族，提醒全体人民，牢记黄帝血脉，增强民族意识。光绪二十九年为公元 1903 年，是黄帝降生 4614 年。辛亥革命后，孙中山在 1912 年 1 月 1 日，宣布就任中华民国临时大总统。他宣布的黄帝纪年是用黄帝登基之年算起，而不是用黄帝诞生之年算起，推算出 1912 年 1 月 1 日，是黄帝纪年 4609 年的 11 月 13 日。如果按照这个算法，如果黄帝纪年的话，今年是 2021 年，是黄帝纪年 4718 年。所以一般来说，中华民族有五千年的文明史。当然，考古发现，起码七千年前，甚至一万年前，中国土地上就出现人类文明了。

孙中山在宣布民国元年的时候，他同时改用了基督纪年，就是1912年。这在中国是一个根本性的大事情。中国人过去把"改朝换代"叫作什么呢？叫作"改正朔"。正就是正月，一年的开始；朔就是朔日，就是一个月的开始。这一年是从哪个月开始，这个月从哪日哪时开始，每个王朝改朝换代之后，都要改变一次。所谓正朔，是古代天文学对天体日月观察和解释的结果，是一个王朝表明其王权天授、顺天应时的标志。那么中国在辛亥革命之后，就改用公元纪年，这在中国精神史上是个很大的转变。我们既然用了公元，改用世界上通用的年历，说明中华民族要采取开放的姿态，在世界民族之林中竞争求存。

四　中华民族文化的原创性

第二个命题，是中华民族文化的原创性。

原创，是一个民族能力的体现。五千年不曾中断，而且在相当长的历史时期中居于世界领先的文明史，足以证明中华民族在生存发展，以及同世界民族竞争振兴的过程，存在一种丰沛的不可摧磨的原创能力。就拿附着在黄帝的这条主根上最杰出的创造来说，据传是黄帝的史官仓颉创造的文字，就在世界文字形态和功能上显示了无以代替的原创性。

汉语文字的创造，流传数千年，运用于十几亿人口之间，实在是人类文字的一大奇迹。古文献记载，黄帝的史官仓颉有四只眼睛，可见人们用奇特怪异的形貌，来形容他聪明到了神秘的地步。传说仓颉作书，而天雨粟，鬼夜哭。仓颉造文字，这是一种惊天动地的智慧。仓颉造出文字，使得人们纷纷追逐蝇头小利或耍起笔杆子而不种地，天怕人间出现饥荒，就像下雨一样下粮食，以期有备无患；又怕人变得聪明狡诈，弹劾鬼怪，吓得鬼怪伤心痛哭起来；鬼字或者写成兔字，兔子害怕拔光它的毛，去制作毛笔，因此兔子也哭了。其实，文字创造是一个民族在长时段中多人的行为，但可能有一个或不止一个的富有创造力又负有职责者加以收集、汇总，并进行不同程度的统一化整理。

据说早期人类是用绳子打结来记事的。鲁迅《门外文谈》中说："照《易经》说，书契之前明明是结绳；我们那里的乡下人，碰到明天要做一件紧要事，怕得忘记时，也常常说：'裤带上打一个结！'"后来把文字刻在竹片和木头，或者龟甲兽骨上，这是文明很大的进步，扩大了记载事件的准确性和广泛性。中国汉字的创造，对于国家的统一和稳定，对于民族的万世长存，起了非常关键的作用。因为亿万人使用的是象形文字，文字形态比较稳定，不因语音变化而将字形搅得面目全非。文字蕴含着价值观，文字史也就包含着我们对民族认同的历史。在时间上，秦汉时代、唐宋时代和我们现在，对同一个字的发音是不可能不变化的。但是从古到今，汉语文字形态在变化中蕴含着恒久，承载中国文明创造越来越多的信息。就是说甲骨文中的字，十万片的甲骨，有四五千字，我们现在还能够认识一千多字吧，基本上把它的意思都贯通了。

如果没有这种古今一贯的文字形态，把我们的历史串联起来，中国千古同文的脉络，就会遇到很大的麻烦。中原和北方地区的语言，和江浙、广东、福建讲的方言几乎互相听不懂。就广东而言，如果用拼音字母来拼写文字，起码就有广州话、客家话、潮州话三种不同的语言。如果没有四海一贯的文字形态，我们的民族共同体的沟通也会遇到很大麻烦。汉语文字的特点，是古今一贯，四海一贯，在时间和空间上具有巨大的穿透性和凝聚性的生命力。

我的家乡广东省电白县，乡村里讲的话属于潮州方言系统，叫作"海话"，海上信仰的是天妃妈祖，也就是澳门妈阁供奉的天妃娘娘，Macau据说就是妈阁的译音。我父亲当年去北京的时候，不懂北京话，就跟传达室的老人笔谈，写出来的文字互相看得懂。这给我印象很深。如果用拼音字母来建构我们的文字，由于语音的变动和差异，拼出来的文字五花八门，相互间就会莫名其妙。

文字的隔膜，是会滋生民族的离心力的。所以欧洲为何小国林立，其中不排除的一个原因，就是采用拼音文字。像德国和比利时的语言，或者荷兰和英国的语言，相互间的距离并不比中国北方语言和广东话的距离大。但是它们是记音成字，文字就千差万别，距离日益疏远，话不投机半句多，心就连不到一块，很难维持统一，这也是无可奈何的事情。所以汉字是人类文化史上的一个非常宝贵的发明，是中华民族史上非常值得珍惜的一个传家宝。

中国文字由海外的华人传到外国，彼得堡华侨商会有一位刘会长说，华人过去在海外谋生手段就三把刀，菜刀开饭馆，剪刀做衣服，还有理发刀。但他们坚持祖国语言，弘扬国音，留恋国情，以此作为海外华人的根本。所以从黄帝祖脉至今4718年，中国文字就把中国人心联系在一起，从古到今，从南到北，互相沟通。

五 中华民族文化的包容性

第三个命题，是中华民族文化的包容性。

清朝林则徐写过一副楹联："海纳百川，有容乃大；壁立千仞，无欲则刚。"中华民族文化有一种"海纳百川，有容乃大"的文化哲学。不同的种族之间，存在着血缘差异，但是可以用文化把它包容起来，这是中国文化一种很特殊的功能。历史学家陈寅恪先生认为，中国是"文化大于种族"。不同种族之间的矛盾可以用文化包容起来，和而不同，这是文化和种族层面上的"君子和而不同，小人同而不和"。

这和西方世界的种族冲突中，文化难以包容，反而推波助澜，是有根本性区别的。在中国，56个民族可以一起载歌载舞。到了中东教派冲突的时候就可能出现人体炸弹。

文化和种族之间的包容力，是成全这个东方大国格局和风范的一种潜在力量。历史学家钱穆先生把中国文化跟西方文化作了比较，认为中国的历史好像一首诗，西洋的历史好像一部剧。一本戏剧总要分出场次，总要落幕，经常出现很强烈的戏剧冲突之后就落幕了。而一首诗，是在和谐的节奏中从这个章节转移至新的章节，没有明显的阶段分割。所以诗代表了中国文化最美的部分，而戏剧在中国古代的正统文化中是不占很重要的位置的，元以后才发生明显变化。而西洋恰恰相反，戏剧是它的文学的最高境界。钱穆先生还做了一个比喻，把秦汉王朝，跟西方几乎同时代出现的罗马帝国的结构形态作了比较。他说，罗马帝国就像房子中央悬着一盏巨大的灯，而秦汉王朝就像房子四面墙壁有很多的灯互相辉映，因为中国拥有多元的民族、多元的地域，所以像很多灯。罗马帝国用一盏强光大灯去征服四周国家，但是这个灯一灭，整个屋子就暗了。而秦汉王朝是四周墙上安着很多灯，只灭了一盏灯，其他灯还在发光。秦汉帝国与罗马帝国，曾经是东西方势均力敌的两大帝国，但是罗马帝国后来分崩离析而覆灭了。而秦汉虽然经过诸多波折，但是作为一个伟大的民族国家长久延续。这就是中西文化的一个不同点。其中重要的问题，是文化之根本，文化的原创性和包容性，成了中华民族生生不息的生命源泉。

西方有一种根深蒂固的思维方式，只能用分裂的方法去解决民族之间的差异。而中华民族是用和合方法、互相兼容的方法，来解决民族之间的差异，实现民族的大一统。哥伦布发现新大陆之后，欧洲人到美洲搞殖民，对印第安人进行掠夺、屠杀，几乎种族灭绝。而辛亥革命之前，中国革命党人宣传排满，要驱除鞑虏。但是在实际的革命过程中，虽然有一些顽固的满族官僚在少数地区被杀之外，并没有出现大规模种族灭绝的情形。而且一建立中华民国，立即就提出汉、满、蒙、回、藏五族共和。以多民族认同共和政体的文化方式，来处理和解决民族间的差异问题，种族灭绝的行为与中华文化精神格格不入。多民族在中华大地上长期共存、竞争，而又互相包容，这就是中国文化。

中华民族由于文化包容精神博大，血缘地图变得相当复杂，出现犬牙交错的态势。根据 DNA 的相关研究成果，北方汉族和北方少数民族的血缘的相近程度超过了北方汉族和南方汉族，而南方汉族和南方少数民族的血缘接近程度也超过了南方汉族和北方汉族。就是说，南北汉族之间的血缘距离，还不如各自与相邻的少数民族的距离来得紧密。在中华民族共同体形成和发展过程中，汉族其实是吸收了很多古老的部族，包括游牧民族的族群。比如鲜卑人、契丹人、党项人，现在都到哪儿去了，大部分融合到汉族里来了。鲜卑族的北魏孝文帝实行改革，就把他们鲜卑族改了一百个汉姓，皇族拓跋氏，改成元姓。北魏孝文帝拓跋宏，又称元宏。后来的元稹、元好问都是拓跋氏的后代。我们讲唐诗的时候，白居易这个白哪里来的？西域那边来的，祖先可能是少数民族。许多少数民族人士和家族，通过改用汉姓，改从汉族的生活习惯，与汉族通婚，融入汉族里边来了。尽管在西方有些民族非常排斥犹太族，中国却是不排犹太的，宋代开封就有许多犹太人。那里存在的"一赐业教"，其实是以色列教的译音。后来都进入了民族融合的过程。

文化如水，润物无声。中国先哲喜欢从水中寻找"道体"，寻找文化生命。《老子》说："上善若水。水善利万物，又不争。处众人之所恶，故几于道。"中华民族文化滋育，也靠两条江河为本源，一条是黄河，一条是长江。为何中华民族的文化生命力长久不中断，就是因为有了黄河文明和长江文明。这样中华民族的腹地就大了，为中华民族的南北角逐提供了独特的舞台。

因为在中世纪，在北方的沙漠草原兴起了一个"草原帝国"。从大兴安岭一直到欧洲的大草原上，相继出现一个不断迁移和组合的游牧民族，有若"上帝的鞭子"，气势浩大地撞击、惩罚和扫荡南边古老的农业文明。许多民族都在游牧民族的冲击下中断了。因为冷兵器时代，农业文明靠城墙难以抵挡骑马军团，平时能抵挡一阵子，小规模进攻能挡得住。当某个游牧民族统一漠北、势力强盛而大规模南下的时候，长城是挡不住游牧民族的。

对于强盛时期的游牧民族，长城挡不住它的铁骑，往往要借助长江天堑来挡住。北方民族不善于打水仗，曹操带了八十万大军南下，要消灭孙权、刘备的势力，而北方军队到了荆州，就折戟沉沙。金朝国王叫完颜亮，趁着南宋站脚未稳，带四十万大军想饮马长江，过江灭亡南宋。这个不可一世的枭雄，谁想却遇上一介书生虞允文。读宋朝诗词就知道，状元张孝祥、诗人杨万里和虞允文，是同科进士。虞允文到长江采石矶慰劳军队，搜集了一些零零散散的船只，组成一个一万八千人的水上军队，就把完颜亮四十万大军打败了。完颜亮一撤退，被部下刺杀，燕京发生抢夺王位的内讧，使南宋偏安朝廷得以腾出手来，收拾局面，站稳脚跟，虞允文后来也当了南宋宰相。

而且由于有长江的存在，游牧民族入主中原，占领黄河流域。黄河流域的很多大家族，就往江南迁移。比如晋朝永嘉南渡，山东琅琊的王氏家族与河南的谢氏家族，都南渡到建康（今南京）的乌衣巷，分别出了王导、王羲之这批人，以及谢安、谢灵运这批人。中原南迁的这些高端人才到了江南，就把江南开发出来了。宋以后江南的开发更有了长足的进展，使得苏杭地区比黄河流域还发达。到元朝，1/3 的赋税，来自江浙行省，整个国家的经济命脉都仰仗东南。长江文明发展起来之后，入主北方的游牧民族吞不掉南方，他们滞留在北方，就慢慢地被中原文明吸引、濡染，过不了三四代就中原化了。而中原汉族南迁也沾染了南方的少数民族的一些特点，胡人中原化，汉人百越化，于是在南北统一的朝代，实现了更高程度的南北融合。中华民族共同体的这种运转过程，就像太极推移，南北互推，推中互融，在一推二融中把中华民族越做越大，做到长城以北，五岭以南。德国的黑格尔说："只有黄河、长江流过的那个中华帝国，是世界上唯一持久的国家。征服无从影响这样一个帝国。"他站在万里之遥，回眸一瞥，看到了历史的奇观，但他未能深入奇观深处考察中华民族共同体形成过程中的"太极推移"。

大禹治水是中华民族文化认同上一个伟大的故事。《史记·六国年表序》说："禹兴于西羌。"大禹出生地点汶山，就是2008年发生特大地震的汶川。他在梓潼县（今绵阳）用了一棵直径一丈二的梓树造成第一艘独木舟。大禹治水疏通了长江，又凿开了黄河的龙门，长江、黄河在他疏导的范围。大禹娶妻于涂山，涂山不只一处，最有名的是安徽蚌埠附近的涂山，山上有一座禹王庙，还有一座启母庙，启是大禹的儿子。过去总以为大禹在涂山会合诸侯，只不过是传说。涂山脚下有一个禹会村，经过考古挖掘，挖掘出四千多年前部落活动的迹象，有陶罐及各种器物。所以考古学界有人说，"禹会涂山"已经得到证明。看似神话传说的记载，实际上有历史的影子，或历史的底子。而且在安徽蚌埠还发现了双墩遗址，七千多年前古人的一个垃圾堆，山沟里堆积着很多陶碗碎片的垃圾。许多碗底都发现了字符，大概有六百个字符。甲骨文是三千多年前的文字，再往前很难发现一些字符，各种遗址才发现字符几十个。双墩遗址竟然发现了六百个字符，字符的结构形态，竟然与甲骨文可以互相参照，有的字符与甲骨文的"丝绵"的"丝"字一个样。当然，往往一个碗底一个字符，或者几个字符组成一个复合字符，不成句子，难以辨识。埃及最早的文字是五千年前的，双墩字符竟然已经埋在地下七千年。传说大禹会合诸侯的涂山一带，竟然存在着如此丰富而独特的早期文明的痕迹。

中国文化的这一特点，用孔夫子的话来说，叫作"见贤思齐"，见到贤人，就想跟他看齐，看到不贤的人就自己反省，反省自己有无同样的缺点。种族或民族之间"见贤思齐"文化哲学，对国家的和谐发展、融合进取，发挥着重要的作用。环视世界许多地方，某个民族如果出现杰出人物，周边民族可能把他当成魔王对待。神话传说中往往把自己部族的首领当成神，把对立部族的首领当成魔，这种心理状态在世界上相当普遍。这就越觉得中华民族"见贤思齐"的文化心理，极其值得珍视。我在英国伦敦参观威斯敏斯特大教堂，那里有许多英国先贤的墓碑，包括维多利亚时代的皇族，以及包括莎士比亚、弥尔顿、拜伦，都有其一方墓石或灵堂，令人深深地感受到人类身份、道德和智慧的尊贵。我有一年到那里参观，由于詹姆斯·乔伊斯的《尤利西斯》的译本正在中国走红，我就问在里边巡逻的一个老头，这里有没有詹姆斯·乔伊斯？他非常生气地说："你到都柏林去找他！"因为乔伊斯是搞爱尔兰独立运动的。中华民族的文化态度似乎没有这么鲜明，文化精神状态似乎显得更加雍容大度。这种文化包容性，使中华民族越做越大，越走越长，有多大的胸怀就有多大的世界。

六　中华民族文化血脉的丰沛性

第四个命题，是中华民族文化血脉的丰沛性。

中华民族的文化血脉集合了多元成分，包括起源上的多元、地域上的多元，以及种族上的多元。文化血脉在长期发展中，出现了诸子百家、三教九流、经史子集，还有四库之学和四野之学。四库之学是书面的或官方的学问，大型文献分类集成有乾隆朝编修的《四库全书》。除正统学问之外，还有四野之学，民间口头传统和书写材料，少数民族还有三大史诗，民间百戏百艺，其丰富性和深厚性，在世界上是第一流的，值得进行深度的现代化的解释、批判、转化和弘扬。

文化血脉中，诸子百家充满智慧，为中国文化注入了丰富的原创性因素。诸子九家的重中之重是儒家，所以讲中华民族文化血脉，不能不讲孔子。孔子的文化，是传统文化的主流之所在。清朝末年，革命派提出用黄帝纪年的时候，维新派康有为却提出用孔子纪年，把孔子去世那一年作为中华民族的纪元元年。到了光绪二十一年（1895），是孔子去世2373年，孔子去世到今年是2499年。对于孔子纪年法，梁启超在《中国史叙论》中，特别为之辩护。他认为："孔子为泰东教主中国第一之人物，此全国所公认也。而中国史之繁密而可纪者，皆在于孔子以后，故援耶教、回教之例，以孔子为纪，似可为至当不易之公典。"

孔子文化在中华民族文化中带有根本性，是毫无疑义的。如果要从孔子思想中寻找精华，起码可以找出八个方面，或者称为"孔学精华八端"。

第一端，是仁的思想。"仁者，人也"，就是要把人当成人来对待。泛爱众而亲仁，实际上是博爱思想。当然孔夫子还强调礼制，他的博爱是有秩序的，由亲及疏，由近及远，由尊及卑，属于有等级的博爱。但是他未尝没有普泛性的爱怜众人。《论语·子路篇》记载："子适卫，冉有仆。子曰：'庶矣哉！'冉有曰：'既庶矣，又何加焉？'曰：'富之。'曰：'既富矣，又何加焉？'曰：'教之。'"对于应该人烟众庶的国家，孔子主张要紧的是使之富足。下一步就是对之进行教育，提到文明素质。

第二端，是忠恕思想。《论语·里仁篇》记述："子曰：'参乎！吾道一以贯之。'曾子曰：'唯。'子出，门人问曰：'何谓也？'曾子曰：'夫子之道，忠恕而已矣！'"孔子思想以忠恕之道一以贯之，而作为其经典表述的"己所不欲，勿施于人"，可以终身履行。"己所不欲，勿施于人"，是一条道德黄金律。我参观过江苏沛县的大风歌博物馆，副馆长女士介绍了不少刘邦事迹。我说，《史记》中有的就不要讲了，我可能比你熟，就讲《史记》中没有的吧。她就讲了另一个刘邦斩白蛇起义的故事。说刘邦在丰泽西斩白蛇的时候，白蛇开口说话了，说："你斩我的脑袋，我就报复你的脑袋；你斩我的尾巴，我报复你的尾巴。"刘邦挥剑将白蛇拦腰砍断了。结果招来的报复是出了一个王莽，建立了一个短命的新朝，把汉朝拦腰斩断，断成西汉、东汉两截。这个故事大概是东汉以后的故事，己所不欲，勿施于人，你的剑锋利，但你一旦挥剑就可能招致报复。孔夫子还讲，"己欲立而立人，己欲达而达人"，自己站立起来了，也要让别人站立起来，自己发达了也要让别人发达起来。推己及人的恕道，对于以坦坦荡荡的胸怀，处理人际关系，发挥了积极的作用。

第三端，是由孔子的子弟传达的"礼之用，和为贵"。《中庸》又说："中也者，天下之大本也；和也者，天下之达道也。致中和，天地位焉，万物育焉。"这个"和"字，需从人心做起。和谐一词，本来用于音乐（比如琴瑟和谐）和用于家庭（比如夫妻和谐、鱼水和谐）比较多。因此要搞和谐社会、和谐世界，需从人心做起、从家庭做起。然后才能有效地"九族既睦，协和万邦"。

第四端，是好学勤勉。《论语·述而》篇又记载孔子的话："三人行，必有我师焉。择其善者而从之，其不善者而改之。"几个人一块走路，就有我的老师。孔夫子学无常师，找不到他一个固定的老师，但是可以拜天下所有有特长的人当老师。"学而不思则罔，思而不学则殆。"《论语·为政篇》此言，与《中庸》所说的"博学之，审问之，慎思之，明辨之，笃行之"是一脉贯通的，讲究为学必须心身俱到。这又与《论语·公冶长篇》的"敏而好学，不耻下问"可以互相发明。孔夫子为学是没有止境的，《论语》全书开头一句就是"学而时习之，不亦说乎"？朱熹解释说："习，鸟数飞也。学之不已，如鸟数飞也。说，喜意也。既学而又时时习之，则所学者熟，而中心喜说，其进自不能已矣。"学习是内心喜悦的事，就像鸟练习飞翔那样，飞向宽广无垠的白云蓝天。

第五端，是有教无类。孔子是最伟大的老师，他的教育思想非常丰富和精彩。《论语·卫灵公》篇孔子说的"有教无类"，就是说他招收弟子，不分贫富贵贱等级，甚至不分国别和年龄。孔子的学生有的比他小那么几岁，有的比他小四十多岁，有的是野人，还有一些贵族出身，开拓了平民教育的先河。有所谓"弟子三千"。因为那些子弟参差不齐，所以他没法开大班来讲课。虽然编了《礼》《乐》《诗》《书》这类参考教材，有讨论，也有演习，而往往采取与二三子问学交谈的方式来探讨问题。

第六端，是交友原则。要交好朋友，交有益的朋友。《论语·季氏》篇孔子曰："益者三友，损者三友。友直，友谅，友多闻，益矣。友便辟，友善柔，友便佞，损矣。"要选择正直的、诚心的、博学多闻的人相交往，而不能与谄媚、阴柔、花言巧语的人相交往。孔子交友，一重德行，二重知识，而不是为了走门路，趋附权贵，或傍大款，以获得背离道义的利益。对于他的这种交友原则，弟子多有引申。《论语·颜渊》篇记载曾子的话："君子以文会友，以友辅仁。"追求的是以文化品质和道德品质结交朋友。曾子所作的《礼记·学记》又说："独学而无友，则孤陋而寡闻。"这是与孔子所说的"友多闻"一脉相通的。《论语·学而》篇曾子说："吾日三省吾身：为人谋而不忠乎？与朋友交而不信乎？传不习乎？"在孔子"益者三友"的择友原则下，曾子以"吾日三省吾身"赋予交友以真诚。

东晋的书法圣人王羲之爱鹅，一面观察鹅颈伸缩扭动，一面体悟书法运笔，心情就像一溪春水那样舒贴。他又有一颗明珠，珍爱异常，经常把玩摩挲，内心洒满禅悦。有一天，明珠突然不翼而飞，桌脚床底搜索数日，百寻无获，就怀疑是往常与他一道下棋的老僧所窃。老僧从王羲之下棋的神色中，知道友情受到怀疑，无以释疑自明，暗地绝食而亡，一说自经而亡。其后有贵客来访，王羲之宰鹅待客，剖开鹅腹，大吃一惊，想不到明珠就在鹅腹中。王羲之追悔莫及，毅然将住宅捐为佛寺，用以悼念那位无辜受疑、以死明志的老僧，据说还亲自书写了"戒珠寺"三个大字的横匾，从此戒除玩珠的癖好。王羲之故宅由此号称"戒珠寺"，至今犹供游人观览。戒珠寺附近有"题扇桥"，《晋书·王羲之传》记载，王羲之看见一个老妇人，拿着一把六角扇在这里叫卖。王羲之就在老妇人的六角扇上每面各写了五个字，老妇人开始有些不高兴，王羲之于是对老妇人说："只要说是王右军书写的，就可以卖得一百钱了。"老妇人照此一说，许多人都争着来买这把扇子。可见王羲之交往，不拘一格，及于老僧、老妇。对老僧的错误怀疑中留下了后悔和补过，对老妇的潇洒接济中留下风度和嘉名，两者触及的人性和哲理尤为深刻。它们都晓示着交友以诚的原则。

第七端，高度重视气节。《论语·子罕》篇说："岁寒，然后知松柏之后凋也。"经过天气寒冷的考验，才知道松柏质地坚强最后凋零。孔子此语，开了以草木比喻人物品格的先河。中国人按照孔子的这种思维方式，以植物比喻人物品格，拓展为松、竹、梅"岁寒三友"，或者再加上菊，为"岁寒四友"。气节的核心是意志，在《论语·卫灵公》篇孔子说："志士仁人，无求生以害仁，有杀身以成仁。"孟子对此又有所发挥："富贵不能淫，贫贱不能移，威武不能屈，此之谓大丈夫。"（《孟子·滕文公下》）由此使得士人重气节，成了中华文明发展延续的一种精神支柱。

第八端，发愤图强，任重道远。楚国的叶公向子路打听孔子，孔子让他的弟子如何介绍他呢？孔子说，你为何不说，"其为人也，发愤忘食，乐而忘忧，不知老之将至"呢？他又自述情趣，说是吃着粗饭，喝着白水，弯曲胳膊当枕头，乐也就在其中了，"不义而富且贵，于我如浮云"（《论语·述而》篇）。这是一种安贫乐道的乐观文化。曾子又说："士不可以不弘毅，任重而道远。仁以为己任，不亦重乎？死而后已，不亦远乎？"（《论语·泰伯》篇）这就是孔门修养和锤炼的途径。

以上列述了孔子思想精华八端，概括起来就是八个字：仁、恕、和、学、教、友、节、强。这是以高尚的人格支撑文明秩序的思想，连太史公也引用《诗经·小雅》中的诗句"高山仰止，景行行止"，对其加以推崇。孔子思想精华，对于人们如何做人、如何提高精神品格、如何建设文明秩序，都有很好的启发和滋润作用，是早期人类的人际关系、人间伦理和社会秩序合理化的思考成果。我们作为现代文明的开拓者，应该在这种古老的思想资源上作出富有创造性的开拓。

七　中华民族文化景观的丰美性

第五个问题，是中华民族文化景观的丰美性。

中华民族经过长期的发展和广阔地域的多民族之间的互相借鉴吸收、包容共进，创造了许多文化的和生活的艺术形式。这些艺术形式，门类繁多，影响广泛。戏曲杂艺、武术中医、园艺烹饪、祭祖敬神、驱鬼消灾，各地有各地的风俗，各族有各族的绝招，给人类生活增添了丰富且赏心悦目的色彩。

比如烹饪术，实在是很了得，以东南西北各具特色的菜系、色香味俱佳的魅力，享誉全球。更为独特的是中国人往往把烹饪术与治国安邦联系在一起。"调和鼎鼐，燮理阴阳"，就用来形容重臣治理国家。《老子》说："治大国者若烹小鲜。"治理大国就像煎一条小鱼，不能老翻它，政策不能变来变去，要顺其自然，老翻就把小鱼翻烂了。

最后讲另一个文化景观："门神"的故事。门神是中国民间张贴在门扇上守护家宅平安、祛邪辟鬼降吉祥的保护神。在汉代，最早的门神神荼、郁垒，监守万鬼出入的鬼门，看到鬼怪出来，就用芦苇绳把鬼捆绑去喂老虎。

在唐宋以后，尤其是元明清时期，虽然各地门神有些差异，但已经是以秦叔宝、尉迟恭为门神的时代。根据《永乐大典》遗文和《西游记》的叙述，泾河龙王听说长安城里一个算命先生特别灵验，他给渔夫算命，说今天在哪里下网，明天在哪里下钓，收获都是满箩满筐。龙王担心把自己的鱼兵虾将都网净钓光了，就想办法去砸算命先生的摊子。龙王让算命先生预测明日风雨，先生掐指一算，说是："明日辰时布云，巳时发雷，午时下雨，未时雨足，共得水三尺三寸零四十八点。"龙王笑道："此言不可作戏。如是明日有雨，依你断的时辰数目，我送课金五十两奉谢。若无雨，或不按时辰数目，我与你实说，定要打坏你的门面，扯碎你的招牌，即时赶出长安，不许在此惑众！"他自恃掌管布云施雨的大权，跟算命先生打赌。龙王肚子里暗自发笑，我管下雨，你能算得准吗，你的摊子是被砸定了。他高高兴兴回到龙宫，就接到玉帝要他明日下雨的命令，不早不晚就是算命先生说的那个时辰，不多不少也是算命先生说的三尺三寸零四十八点。龙王一接令就懵了，不知如何是好。手下的鱼兵虾将就给他出馊主意，不妨将布云施雨的时间推后一个时辰，下雨量少那么一丁点儿。龙王这样办了，推迟一个时辰布云下雨，下了三尺三寸零八点，少了四十点。他第二天去找算命先生，要砸算命摊子。算命先生说，你犯了天条，推迟下雨，雨量不足，要上剐龙台受刑挨宰的。龙王吓得要命，就向算命先生讨主意，该怎么办？算命先生说，斩你脑袋的人是魏征，魏征白天当唐太宗的大臣，晚上他睡觉时，就去阴间界办事，你要保住性命，只能找唐太宗求情。龙王就托梦给唐太宗，求皇帝救命。唐太宗允诺此事，既然明天午时斩龙王的脑袋，那么午时就把魏征召唤入朝。发现第二天魏征没有上朝，就马上派人宣他上殿，先跟他议论国家大事，完了，还不让他回去，跟他一块下棋。对弈片刻，魏征就打瞌睡，唐太宗见这个大臣太累了，不忍心叫醒他，就让他打打瞌睡吧。只有打瞌睡那么一会儿，李靖和徐茂公就拿着龙头进来，说天上掉下一个龙头血淋淋的。唐太宗一听，坏事了，魏征一打盹儿把龙王斩首了。龙王没有诚信，布云下雨贻误时机、偷工减料，是要受惩罚的，犯了天条就得上断头台。然而自此以后，龙王夜夜提着脑袋来找唐太宗，没完没了地又哭又闹，责怪唐太宗没有实现承诺，逼他还龙头来。最后，山东好汉秦叔宝和胡人英雄尉迟恭自告奋勇，夜夜为唐太宗守卫后门，才使宫中恢复安宁。唐太宗看两员大将夜夜守门，实在太辛苦了，就请工匠把他们刻成门神，贴在两扇门上，果然也平安无事。后来民间也用雕版印刷，印制秦叔宝、尉迟恭两位门神。

从门神故事中可以了解许多民间智慧和民间心理。中国民间的许多故事和技艺，都包含着丰富而生动的想象，非常有魅力，甚至非常有人情味。龙王下雨也要诚信，不能偷工减料，偷工减料是要上剐龙台的。皇帝承诺了就要履行，办不到位也要招灾惹祸，但也有豪侠仗义的汉子出来承担风险。其中充满着人间道义，似乎少了一点法治的严格性，多了一点相互呵护的人情味。现在非物质文化遗产的调查，发现的许多内蕴哲理又非常生动的故事，是可以作为文学史写作的源头活水的。

文化是人与世界打交道的方式，世界以文化塑造人，人以文化认识和改造世界。中华民族文化以其举世罕见的深厚性、原创性、包容性、丰沛性、丰美性，为民族国家立下千万世不拔之基。此所谓中华文化的"一纲五目"。这是一棵顶天立地的大树，一艘乘风破浪的巨船，一面凌云飘扬的大旗，从而成为国家民族发展的主心骨和精神标志。一个民族的文化要向世界开放、向民众开放、向未来开放，通过千姿百态的令人喜闻乐见的形式，将文化的原创性，转化成广大老百姓的共享性，普天下都来共享我们民族的文化瑰宝。这样才能够把我们民族的现代文明发展成为不愧于五千年辉煌的文明，在民族全面崛起的时候，培养出中华文化的深厚底气和大国气象。

2008 年讲演记录稿，2012 年 3—4 月修改，
2017 年 1 月压缩修改，2021 年 2 月修订

中国文化遗产的保护和开发

这是我代表澳门中华文化交流协会在香港大学的发言。我开头就发问：有无一件什么事使得每一个炎黄子孙都额手相庆，引以为自豪？这就是中华民族拥有世界上第一流的博大精深的优秀传统文化资源，以及由这份文化资源带来的丰盛的文化血脉和文化自信。儒家六经、先秦诸子、二十四史、历代诗文、明清小说奇书、百戏众艺，以及少数民族《格萨尔》《江格尔》《玛纳斯》三大史诗和数量丰厚到以百计的创世神话、族源及迁徙传说，都是中国五千年文明延续不绝的灿烂辉煌的创造。这种文明之光，千古普照，构建了中国人安身立命的文化根基和精神家园。德国19世纪哲学大师弗里德里希·黑格尔在《美学》第三卷中断言"中国无史诗"。但是，中国藏族超大型史诗《格萨尔》长达一百万诗行，超过了世界五大史诗，即古巴比伦的《吉尔伽美什》、古希腊荷马史诗《伊利亚特》《奥德赛》，古印度的《摩诃婆罗多》《罗摩衍那》的诗行总和。历史将证明，公元前的一千年世界最伟大的史诗是古希腊的荷马史诗，公元后的第一个千年世界最伟大的史诗是印度史诗，公元后的第二个千年世界最伟大的史诗是包括《格萨尔》在内的中国史诗。仅从这个事例就可知，如何高度重视和有效保护中国传统文化这份伟大的遗产，应该成为当代中国人民共同的意愿和实际的行为。如何深度还原和激活这个传统，给予根基深厚、生命灵动、古今共享的高度现代性的诠释，是当代中国高端学术建立大国风范的不容推卸的历史责任。

历史的教训最能令人警醒。雄伟壮观的北京城墙在20世纪50年代消失，秀丽温馨的苏州古城的小桥流水被一条平坦大道从腹部剖开，都成了中华民族的遗憾。保护古城、古迹、古物，就是保护中国历史血脉的实物见证。这应该强化文物保护法的权威性，强化全民爱护和保护文明遗产的信仰（不仅是信念，更应是信仰），根绝楚霸王一把火烧毁咸阳的流寇情结。即便在具体的一座老建筑、一株枝繁叶茂的古树、一座风尘仆仆的古碑的保留上，也应该赋予深情的眷恋，留住令人回味不已的浓浓乡愁，令世代人们行走在中国大地上，"读万卷书，行万里路"，都能用自己的脚尖丈量令人心跳的中国血脉和精魂。澳门在中国传统文化与西方天主教、基督教文化的多元共处、交融创造中，做出了独特的贡献。比如舞醉龙的仪式队伍，就保存得很好。我们要进一步发扬这种"海纳百川，有容乃大；壁立千仞，无欲则刚"的文化哲学和进取精神，把保存和开发文化遗产的事业做好。

应该看到，类似德国哲学大师黑格尔所断言"中国无史诗"这类"欧美中心主义"的偏见，并非已经销声匿迹。如何弘扬和展示中国传统文化灿烂辉煌的原本面目及其现代价值，依然是当代中国学术任重道远的超级课题。至于通过现代性诠释，深度还原和激活这个传统，我们会联想到春秋战国时期有两次重要思想家的创世纪式的聚会：一次是春秋晚期，孔子到洛阳向老子问礼，这是启动以后三百年中"诸子百家争鸣"的关键；另一次是战国晚期，韩非和李斯拜荀子为师，这给三百年的"诸子百家争鸣"画上了一个句号。这两次聚会，可以看作诸子百家争鸣的开幕式和闭幕式，把风云变幻的广阔的中国大地变成了东方的思想原创的"雅典学园"。但是不仅孔子何时会老子，而且荀子与韩非、李斯如何成为师生，以往都是争论不休的糊涂账，或者是尚未破解而形成共识的千古之谜。意大利文艺复兴的艺术家拉斐尔因受任装饰梵蒂冈使徒宫，而在1510—1511年间创作了巨幅的《雅典学园》壁画，以古希腊哲学家柏拉图所建的雅典学院为题，以古代七种自由艺术——语法、修辞、逻辑、数学、几何、音乐、天文为基础，以表彰人类对智慧和真理的追求。艺术家企图以回忆历史上"黄金时代"的形式，以柏拉图和亚里士多德为中心，画了五十七个大学者，旨在崇拜希腊精神，追求最高的生活理想，寄托人文主义艺术家自己的宿愿。面对同为人类伟大文化遗产的中国诸子百家生机蓬勃的思想创造，难道作为春秋战国诸子百家后人的我们，就只会抱着无所作为的冷血，疑神疑鬼、抱残守缺、萎靡不振，以致不能绘出那幅俯仰无愧天地的东方思想文化上创世纪的辉煌壁画吗？跨进21世纪的中国已经发出一声电闪雷鸣的呐喊：该出手时就出手了。

一 破解"老孔会"的超级难题

"老孔会"最为完整的表述，见于《史记》。其中《孔子世家》说："鲁南宫敬叔言鲁君曰：'请与孔子适周。'鲁君与之一乘车，两马，一竖子俱，适周问礼，盖见老子云。辞去，而老子送之曰：'吾闻富贵者送人以财，仁人者送人以言。吾不能富贵，窃仁人之号，送子以言，曰：聪明深察而近于死者，好议人者也。博辩广大危其身者，发人之恶者也。为人子者毋以有己，为人臣者毋以有己。'孔子自周反于鲁，弟子稍益进焉。"《老子列传》也说："老子者，楚苦县厉乡曲仁里人也，姓李氏，名耳，字聃，周守藏室之史也。孔子适周，将问礼于老子。老子曰：'子所言者，其人与骨皆已朽矣，独其言在耳。且君子得其时则驾，不得其时则蓬累而行。吾闻之，良贾深藏若虚，君子盛德容貌若愚。去子之骄气与多欲，态色与淫志，是皆无益于子之身。吾所以告子，若是而已。'孔子去，谓弟子曰：'鸟，吾知其能飞；鱼，吾知其能游；兽，吾知其能走。走者可以为罔，游者可以为纶，飞者可以为矰。至于龙，吾不能知其乘风云而上天。吾今日见老子，其犹龙邪！'"

这是司马迁世司典籍、工于建构史学体制、搜集遗闻古事、网罗放失旧闻、"绸史记石室金匮之书"，所著《史记》被称为"实录、信史"的结果，被鲁迅誉为"史家之绝唱，无韵之离骚"。因而太史公郑重其事地记载的中国古代最伟大的思想家的"老孔会"，是不应该由于后世圣人之徒要保持"道统之纯粹""圣人之一尊"而一笔抹杀的。只要略经搜索，就会发现，源自战国简帛的《礼记·曾子问》《庄子》《吕氏春秋·当染》《孔丛子·记义》《韩诗外传》，都言之凿凿地记载有孔子问礼于老聃之事。太史公之后的《新序》、《说苑·反质》、《潜夫论》、《论衡·龙虚》及《知实》、边韶《老子铭》《孔子家语·观周》，多次提及"孔子师老聃""孔子观周"或孔子曰"吾闻诸老聃"。这些材料虽然芜杂，但多是录自战国秦汉简帛，汉代祠堂墓穴画像石、画像砖也不乏对此事的展示，洛阳还有"孔子问礼处"的古建筑。尤其是孔子自言"闻诸老聃"，《礼记·曾子问》四见，《孔子家语》四见，《白虎通义》一见，从不同角度泄露了孔子适周问礼、问《易》、问五行于老聃的事情。一个历史事件存在来自四面八方的如此繁多的古老材料和文物见证，实属罕见。这就有必要深度缀合文献材料碎片，沟通其内在的生命脉络，从历史编年学上确定孔子适周问礼于老聃的年份，破解这个千年留存的"超级难题"，以便去妄存真地走近生机勃勃的历史现场。

关键在于启用史源学，考索史料的原本性、真确性、完整性、变异性，发挥其正本清源的功能。孔子见老子，必须满足三个条件，一是孔子赋闲有长途旅行问学的时间；二是孟僖子卒后，南宫敬叔拜孔子为师，孝期满后得以随行；三是据《礼记·曾子问》的记载，这一年发生日食。这些条件清代学问家阎若璩多少是意识到了，而且特别强调第三个条件，孔子随老子参加一次出殡，遇上日食。阎若璩《尚书古文疏证》卷八云："有以孔子适周之年来问者，曰：《孔子世家》载适周问礼，在昭公之二十年，而孔子年三十。《庄子》，孔子年五十一南见老聃，是为定公九年。《水经注》孔子年十七适周，是为昭公七年。《索隐》谓僖子卒，南宫敬叔始事孔子，实敬叔言于鲁君，而得适周，则又为昭公二十四年。是四说者，宜何从？余曰：其昭公二十四年乎！案《曾子问》，孔子曰：'昔者，吾从老聃助葬于巷党，及堩，日有食之。'惟昭公二十四年夏五月乙未朔日有食之……见《春秋》。此即孔子从老聃问礼时也。"

应该承认，阎若璩讲究证据，比前人的说法前进了一步，但他的结论还存在三重扞格：一是孟僖子卒年即鲁昭公二十四年（公元前518年），南宫敬叔只有十三岁，孔子不可能委派如此年龄的少年去疏通鲁君。二是南宫敬叔父丧于二月，他不可能随孔子适周，五月见日食。《礼记·杂记下》云："大夫三月而葬，五月而卒哭。"其时孟僖子尚未下葬，南宫敬叔岂能未尽孝就千里迢迢地随孔子赴周？三是鲁昭公二十四年，东周王室发生王子朝之乱，周敬王出奔狄泉，成周洛邑动荡不宁，孔子不可能乘乱适周。那样既会危及孔子一行的性命，也可能找不到避乱的老子。

当代学人有关注鲁昭公二十四年周室不宁者，遂以日食发生年份为着眼点，将孔子适周见老子，提前到周乱之前的昭公二十一年（公元前521年），这一年也有日食，如《春秋》鲁昭公二十一年记载："秋七月壬午朔，日有食之。"但这种意见忽视了此时仅九岁、尚未师事孔子的南宫敬叔，也就谈不上与孔子适周的其他行为了。而且这一年的日食发生在下午五点半左右，与周人出殡在上午的礼制不合。为何不将年份后推？因为他们考虑到此后"鲁国无君"，似乎又观照到孔子让南宫敬叔沟通鲁君。《左传·鲁昭公二十五年》（公元前517年）记载：鲁昭公因季氏和郈氏斗鸡结怨，遂与郈氏发兵围季氏，被三桓击败，流亡到齐、晋边境，直至鲁昭公三十二年，客死于乾侯。确实在这八年中，鲁国存在着无君状态。那么，是否可以思考一下"鲁国无君，而孔子有君"的悖谬性命题呢？

关键是对于被季氏驱逐到国外的鲁昭公，孔子还认不认他是鲁君，在这里思考问题应有充分的证据和广泛的联想，不能只有一条筋。很重要的一条材料，是《左传·鲁定公元年》（公元前509年）记载："秋七月癸巳，葬昭公于墓道南。孔子之为司寇也，沟而合诸墓。"孔子为鲁司寇是在九年后，即鲁定公十年（公元前500年），如果他与鲁昭公没有深刻的认可和人事因缘，岂会拂逆大权在握的季氏，将已经远葬的鲁昭公重新开沟划回鲁公墓地的范围中。《孔子家语·相鲁》说得更清楚："先时，季氏葬昭公于墓道之南，孔子沟而合诸墓焉。谓季桓子曰：'贬君以彰己罪，非礼也。今合之，所以掩夫子之不臣。'"可见孔子坚持周礼标准，对于被季氏驱逐的鲁昭公，依然认可其为国君，并指责季氏逐君贬君的行为乃"非礼"。此举拂逆了权倾鲁国的季氏，孔子如果与鲁昭公没有特殊的因缘，是很难如此果断的。

进而言之，在对各家之说进行深入的史源学和文献学辨析、勘谬和排查的基础上，就可以确认孔子适周问礼于老聃，是在鲁昭公三十一年（公元前511年），孔子41岁，南宫敬叔20岁。《春秋》该年记载："三十有一年春王正月，（鲁昭）公在乾侯。……十有二月辛亥朔，日有食之。"这一年，晋定公拟出兵纳鲁昭公归国，季氏也相当卑恭地到乾侯迎接昭公，即是说，鲁昭公获得国君礼节上的尊重，只因为大伙要除掉季氏，"众从者胁公，不得归"。孔子应是此时派南宫敬叔向鲁昭公请准，以鲁国使者的名义而适周，由于鲁昭公终不得归鲁，客死于晋国边境的乾侯，依然是国君不君的状态，所以不记载鲁昭公的明确谥号，泛称为"鲁君"，此乃儒门常用的"春秋笔法"。

又由于鲁昭公流亡在外，靠晋、齐周济度日，只能赠予"一乘车，两马，一竖子俱，适周问礼"。这是相当寒碜的赠予，对于名人孔子和三桓子嗣南宫敬叔，正常国君起码要赠予五辆、十辆车，甚至派武士随行护卫。参看《史记·孔子世家》孔子告辞，老子赠言："吾闻富贵者送人以财，仁人者送人以言。吾不能富贵，窃仁人之号，送子以言，曰：聪明深察而近于死者，好议人者也。博辩广大危其身者，发人之恶者也。为人子者毋以有己，为人臣者毋以有己。"孔子以一车、二马、一竖子（童仆），风尘仆仆见老子，可能对国君有怨言，老子才会有如此赠言。当然，人们也可以《逸礼·王度记》所云"天子驾六马，诸侯驾四，大夫三，士二，庶人一"，以孔子尚是未为大夫的"士"，聊以塞责。但他既然请准为鲁国使者，应该有"准大夫"的礼仪。

二　动用人文与科技结合的研究手段

至为关键者，孔子赴洛阳问礼于老聃时，曾随老聃参加出殡，遭遇日食。《礼记·曾子问》记载孔子曰："昔者，吾从老聃，助葬于巷党，及堩，日有食之，老聃曰：'丘。止柩，就道右，止哭以听变。'既明，反而后行。曰：'礼也。'反葬，而丘问之曰：'夫柩不可以反者也，日有食之，不知其已之迟数，则岂如行哉！'老聃曰：'诸侯朝天子，见日而行，逮日而舍奠。大夫使，见日而行，逮日而舍。夫柩不蚤出，不暮宿。见星而行者，唯罪人与奔父母之丧者乎？日有食之，安知其不见星也！且君子行礼，不以人之亲痁患。'吾闻诸老聃云。"从这则记载"柩不蚤出，不暮宿"，可知周人出殡是在上午、中午之间。《仪礼·既夕礼》记述入葬之日，"厥明，陈鼎五于门外"，举行郑重而简单的祭奠哭踊礼仪之后，"主人拜送，复位，杖，乃行"，可知按照周制，葬礼是在上午举行。因为葬礼之后还有虞祭，《礼记·檀弓下》云："日中而虞。葬日虞，弗忍一日离也。"疏曰："虞者，葬日还殡宫安神之祭名。"《释名·释丧制》又云:"既葬,还祭于殡宫曰虞。谓虞乐安神,使还此也。"既然将尸体下葬后,紧接着就有将灵魂迎回祖庙的虞祭之礼,必须在当日中午举行,那么孔子从老聃助葬途中所遇到的日食,应发生在上午十时左右,才能符合周朝礼制。古人的葬礼必须遵从严格的礼制,如《孟子》所云:"丧祭从先祖",这是不能随意处置的。这是以礼解经必须遵循的。

那么,就不妨以现代天文学来进行检验。查《夏商周三代中国十三城可见日食表(食分食甚)》及 Five Millennium Canon of Solar Eclipses:-1999 to +3000(2000 BCE to 3000 CE),可知在洛阳可见的日食的准确时间是,鲁昭公三十一年(公元前511年)周历十二月初一(公历11月14日)上午九点五十六分前后,按周制上午出殡,适遇日食。《春秋经》用的是周历,记载该年"三十有一年……十有二月辛亥朔,日有食之",是真确无误的。向下推到鲁定公五年(公元前505年)公历2月16日下午十五点十五分前后也有日食,但按周制出殡,不能遭遇日食。

必须补充说明,之所以于此顺带提及鲁定公五年,是为了全面扫描从孔子17岁到他52岁当鲁司寇、周游列国之前这30多年间的所有可能存在的时间缝隙,以便对孔子适周问礼于老聃的真实年限作进一步的"无缝确认"。在前面的分析排除鲁昭公三十一年以前的种种可能性之后,还要进而排除鲁昭公三十一年以后的种种可能性,确认孔子适周问礼于老聃,只能发生在鲁昭公三十一年的唯一性。这是严密的研究必须下的功夫。南宫敬叔此年二十岁,在孟僖子卒后,他十三岁拜孔子为师,三年孝满,鲁昭公已被季氏驱逐出境,他不可能如期继承为大夫,到鲁定公继位后,才得以为大夫。一任大夫,他就迅速露富。《孔子家语·曲礼子贡问》云:"南宫敬叔以富得罪于定公,奔卫。卫侯请复之,载其宝以朝。夫子闻之曰:'若是其货也,丧不如速贫之愈。'……敬叔闻之,骤如孔子,而后循礼施散焉。"此记载得到《礼记·檀弓上》的印证："南宫敬叔反，必载宝而朝。夫子曰：'若是其货也，丧不如速贫之愈也。'丧之欲速贫，为敬叔言之也。"以上言及南宫敬叔之富，至于车马，《孔子家语·致思篇》记载孔子曰："季孙之赐我粟千钟也，而交益亲。自南宫敬叔之乘我车，而道加行。故道有时而后重，有势而后行。微夫二子之贶财，则丘之道殆将废矣。"可见南宫敬叔为大夫之后，车马甚多，如果此时鲁君只赠予"一车二马一竖子"，他是否领受就很难说。由此可知，孔子派南宫敬叔向鲁君请准适周而发生的许多事情，不可能发生在南宫敬叔在鲁定公初年为大夫之后。只能发生在鲁昭公三十一年，南宫敬叔未为大夫、尚无车马之资之时。

尚需注意者，鲁昭公三十一年，东周洛邑政局略为安定。从鲁昭公二十二年始，周景王崩，周王室内乱，晋立周敬王，居于狄泉，尹氏立王子朝，把持成周。直到鲁昭公二十六年，周敬王才在晋师的帮助下入主成周，王子朝奔楚，因而孔子不可能在鲁昭公二十三年至二十六年之间适周，而鲁昭公三十一年王子朝奔楚五年后，孔子进入成周，则具有相对稳定的政治环境。孔子说："危邦不入，乱邦不居。"他不可能带着一个二十岁的贵族弟子和一个"竖子"（童仆），驾着二马拉的轺车（汉画像石呈现的是轺车，轻便的四向远望的小马车，如《史记·季布列传》云："乃乘轺车之洛阳。"《汉书·平帝本纪》云："征天下通知逸经古记者，在所为驾，一封轺传，遣诣京师。"），闯进战火纷飞的险地，必然等到战祸远去之后才到成周访学。

然而，孔子适周问礼于老聃之事，为何在《论语》中是缺席的？《论语》在众弟子为孔子庐墓守心孝的最初编纂中，遵循严格的价值标准，对众弟子忆述的材料作了论衡、取舍、润色的处理，而留下编纂者认为最符合他们所理解的"真孔子"、最符合"孔子之道"的条目。因而并非《论语》不载者，历史上就不存在，比如《史记·仲尼弟子列传》所载"子贡一出，存鲁，乱齐，破吴，强晋而霸越。子贡一使，使势相破，十年之中，五国各有变"这桩儒门大事，《论语》就只字不提。至于孔子适周问礼于老聃，众弟子中只有南宫敬叔随行，而南宫敬叔的材料，《论语》并无采纳。尽管《公冶长》篇记述："子谓南容，'邦有道，不废。邦无道，免于刑戮'。以其兄之子妻之。"朱熹注："南容，孔子弟子，居南宫。名绦，又名适。字子容，谥敬叔。孟懿子之兄也。"但从孔子对南容品行的嘉许，及对三桓子弟南宫敬叔的称扬和贬责来看，二者与孔子的关系不可同日而语，大概并非同一人。南宫敬叔在《论语》编纂中并无话语权，《论语》也言不及老子，这都是编纂者遵循颜回、曾子路线理解"真孔子"所致，并非《论语》不载者，历史上就不存在，大量的战国秦汉文献及出土简帛已经证明这一点。对于文献记述与历史存在的关系，我们应该心存几分辩证思维，切不可像清人毛奇龄所嘲讽的："六经无髭髯字，将谓汉后人始生髭髯，此笑话矣。"汉以前的人有无胡子，与掌有文献记载权力的人是否注意到它、是否记载它，这并不是一回事。只有进行如此全息性的研究，包括孔子及南宫敬叔的生命信息、鲁国政治中之鲁君流亡和周室动乱平息的信息、古代天文学信息，及周人丧礼信息，在学术方法高度综合中严密地进行排除和聚焦、辨析和缀合，最终加以编年学定位，才可能廓清先秦诸子开幕期的老孔会面这个千古之谜。由此可以考订，孔子于鲁昭公三十一年（公元前511年）赴洛阳问礼于老聃，而在周历十二月初一（公历11月14日）上午九点五十六分前后，按周制随葬出殡，适遇日食。老子传授给孔子的道与礼，经孔子改造为以仁与孝为核心的礼，开启了春秋战国诸子百家争鸣的源头。也可以说，这是先秦诸子百家争鸣的开幕式。

三　荀子、韩非、李斯师门聚会

另一个具有里程碑意义的聚会，是荀子、韩非、李斯师门聚会，是战国晚期诸子百家属于闭幕式的后一次聚会。但是它的材料却零碎得难以缀合。只是《史记·老子韩非列传》记载韩非"与李斯俱事荀卿，斯自以为不如非"。《李斯列传》记载李斯"乃从荀卿学帝王之术。学已成，度楚王不足事，而六国皆弱，无可为建功者，欲西入秦。辞于荀卿"。那么，韩非、李斯是多大年纪、在什么地方、以什么方式、当了多少年荀子的学生呢？两千年来，人们找不出材料加以证明。战国晚期三大思想巨擘聚首于楚，乃是思想史上大事，有必要对之进行还原研究，恢复它的历史现场。

这需要从梳理荀子生平入手。荀子五十岁在齐襄王时代才游学稷下学宫，"最为老师""三为祭酒"，在孟、庄之后已是首屈一指的学术大家。其间他曾游秦见应侯与秦昭王，不能说他无意于用秦。《荀子·强国》篇记述秦相"应侯问孙卿子"；《儒效》篇记述秦昭王与荀卿答问；《新序·杂事第五》又记载"秦昭王问孙卿"，都透露了他曾经干谒秦国最高当局，时间约在齐王建八年（公元前257年，秦昭王五十年）前后。秦与齐是敌国，由此他在稷下受谗而难以立足，就离齐赴楚，被楚春申君聘为兰陵令，时在春申君相楚八年（公元前255年）。荀子在楚又受冷箭，辞楚归赵，再应春申君招请，已是两年后了。此时荀子作《疠怜王》之书，以答谢春申君，见于《战国策·楚策四》，而《韩非子·奸劫弑臣》篇也收录此文。一个令人迷惑不解而长期引起纷争的问题是：此文的著作权属谁？过去人们纠缠于一真一伪的简单思维，老虎咬天，无从下口，令人想到邯郸淳《笑林》有"执竿入城"的笑话："鲁有执长竿入城门者，初竖执之，不可入，横执之，亦不可入，计无所出。"关键在于知道"转身"，一经转身，问题就迎刃而解，鲁人的长竿就可以透过城门，直达城池的深处。如果考虑到荀、韩之间的师生关系，就有三种解释的可能性：一是这篇《疠怜王》乃韩非所作，《战国策》把它误安在荀子的名下；二是韩非抄录老师文稿，而混入自己的存稿中；三是荀子授意门下弟子韩非捉笔，而弟子有意保存底稿，留下一个历史痕迹，而荀子修改后将它寄出。仔细校勘《战国策·楚策》和《韩非子·奸劫弑臣》篇略有文字差异的《疠怜王》文本，觉得上述第三种解释较为合理。原因有五。

一是《楚策》本比《韩非子》本删去一些芜词，文字更为简洁。而且改动了一些明显带法家倾向的用语。如将"人主无法术以御其臣，虽年长而美材，大臣犹将得势，擅事主断，而各为其私急。而恐父兄豪杰之士，借人主之力，以禁诛于己也"，改成"夫人主年少而矜材，无法术以知奸，则大臣主断国，私以禁诛于己也"。改掉了"御其臣""得势、擅事"等法家惯用词语。

二是《楚策》本在修改《韩非子》本时，增加了"春秋笔法"。把"劫杀死亡之主""劫杀死亡之君"中的"杀"字都改作"弑"字，把弑齐庄公之崔杼称"崔子"的四处删去二处，改为直称其名"崔杼"二处。这些都可以看作起草者有法家倾向，改订者为儒家老师，精通"春秋笔法"。

三是文中采用的一些历史事件为荀子所熟知，而对韩非而言并非直接的材料，当是老师口授、弟子笔录的。比如李兑在赵国掌权，围困沙丘百日，饿死主父（赵武灵王），乃荀子青年时代在赵国所知。尤其是淖齿在齐国受到重用，竟把齐闵王的筋挑出悬在庙梁上，使他宿夕而死。此事发生在荀子到稷下之前几年，此前未见史载，当是荀子初到稷下所听到的宫廷秘闻。这对于荀子是第一手见闻，对于韩非是第二手材料，说明此文经过荀子口授。

四是该文用"疠怜王"的谚语作主题，乃是儒家的命题，而非法家的命题。《四部丛刊》影印元至正刊本《战国策》鲍注："疠（癞也）虽恶疾，犹愈于劫弑，故反怜王。"也就是说，当国王比起生恶疾，还要难受，还要危险。只有儒家想当王者师，才会如此说三道四；法家是王之爪牙，甚至国王"头顶生疮，脚下流脓",也要当国王的狗皮膏药。这样的主题岂是崇尚君王权威的韩非所敢说、所能说？实在是老师大儒如荀子，方能出此狂傲之言。

五是《楚策》此文之后，还增加了一篇赋。曰："宝珍隋珠，不知佩兮。袆布与丝，不知异兮。闾娵子奢，莫知媒兮。嫫母求之，又甚喜之兮。以瞽为明，以聋为聪，以是为非，以吉为凶。呜呼上天，曷惟其同！"又引《诗》曰："上天甚神，无自瘵也。"赋为荀子创造的文体，引《诗》述志是儒者包括荀子常用的手法。因此，当都是荀子改订时所加。这五条理由可以证得，这篇《疠怜王》的答谢书，是一篇由荀子授意、韩非捉笔，最后由荀子改订寄出的文章。

过去有学者想证明《疠怜王》的《韩非子》本与《战国策》本是一真一伪，其实这两个文本都是真的，只是过程中的真、不同层面的真。顽固的真伪之辨，应该转换为深入的原委剖析，才可以解开研究的死结，打破研究的僵局。《韩非子》中的文本，是被授意起草时的真；《战国策》的文本，是荀子改定后寄出时的真。真所谓"赠君一法决狐疑，不用钻龟与祝蓍"，判决狐疑的方法，是要转变思想方法，如实地承认万事万物存在的多种可能性，而不是一根筋到底的一种可能性。

其实，在刘向编纂《战国策》百余年前，韩婴的《韩诗外传》卷四就指称这篇《疠怜王》出自荀子之手。《韩诗外传》记载："客有说春申君者曰：'汤以七十里，文王百里，皆兼天下，一海内。今夫孙子（荀子）者，天下之贤人也，君借之百里之势，臣窃以为不便于君。若何？'春申君曰：'善。'于是使人谢孙子，去而之赵，赵以为上卿。客又说春申君曰：'昔伊尹去夏之殷，殷王而夏亡；管仲去鲁而入齐，鲁弱而齐强。由是观之，夫贤者之所在，其君未尝不善，其国未尝不安也。今孙子、天下之贤人，何谓辞而去？'春申君又云：'善。'于是使请孙子。孙子因伪喜谢之：'鄙语曰：疠怜王。此不恭之语也，虽不可不审也，非比为劫杀死亡之主者也，夫人主年少而放，无术法以知奸，即大臣以专断图私，以禁诛于己也，故舍贤长而立幼弱，废正直而用不善。故春秋之志曰：楚王之子围聘于郑，未出境，闻王疾，返问疾，遂以冠缨绞王而杀之，因自立。齐崔杼之妻美，庄公通之，（崔杼帅其党而攻庄公，庄公请与分国）崔杼不许，欲自刃于庙（崔杼又不许），庄公走出，逾于外墙，射中其股，遂杀而立其弟景公。近世所见，李兑用赵，饿主父于沙丘，百日而杀之。淖齿用齐，擢闵王之筋，而悬之于庙，宿昔而杀之。夫疠虽臃肿疕疵，上比远世，未至绞颈射股也，下比近世，未至擢筋饿死也。夫劫杀死亡之主，心之忧劳，形之苦痛，必甚于疠矣。由此观之，疠虽怜王，可也。'因为赋曰：'旋玉瑶珠不知佩，杂布与锦不知异，间姝子都莫之媒，嫫母力父是之喜。以盲为明，以聋为聪，以是为非，以吉为凶。呜呼！上天！曷维其同！'诗曰：'上帝甚蹈，无自瘵焉。'"可见韩婴、刘向根据战国秦汉简帛所得出的结论，是一致的。这种一致性，就是返本还原所要揭示的真知，在揭示的真知中显示原创性。

如果以上对《疠怜王》为韩非捉刀、荀子修订寄出的考证可以相信的话，一系列的问题就可以迎刃而解了。荀子由赵取道于韩，准备到楚都陈郢应春申君再次聘请时，韩非已在荀子门下，他们结缘于韩国首都新郑，时在公元前253年；李斯在六年后，即秦庄襄王卒年（公元前247年），辞别荀子离楚入秦，由吕不韦的举荐而为秦王政所用。即是说，韩非、李斯师事荀子，共计六年，公元前253—前247年。此时荀子六十多岁，韩非四十多岁，李斯二十余岁。其时楚国首都已迁至东北的陈城（或称陈郢，今河南淮阳县），他们聚首的地方是在楚国的新都陈郢，其地离韩都新郑和李斯故乡上蔡都在二三百里路程之内，交通颇便。

那么，他们师徒相聚的方式何如？李斯年仅二十余，正是从师问学的年龄，较常在荀子身边。这又为《荀子》书中李斯、荀子的问答所证实。《荀子·议兵》篇记载"李斯问孙卿子曰：'秦四世有胜，兵强海内，威行诸侯，非以仁义为之也，以便从事而已。'孙卿子曰云云"。《荀子·强国》篇杨倞注引李斯问荀卿曰："当今之时，为秦奈何？"孙卿曰："力术止，义术行，秦之谓也。"李斯进入秦国之前，《史记·李斯列传》又记载李斯向荀子告别请教："今秦王欲吞天下，称帝而治，此布衣驰骛之时而游说者之秋也。"因此，二十余岁的李斯是经常随师请教的。韩非从师的方式与李斯有明显的差异。韩非年逾四十，又是韩王之弟，属于政治上相当敏感的人物，必须常住韩都，经营当官的机会，不然就可能被长久边缘化。他们师生相处的时间并不长。韩非未必常在身边，而且韩非师事荀子时，已经是相当成熟的法术家或思想家，因而荀子对他的影响不是体系性的，而是智慧性。并且荀子是三晋之儒，异于邹鲁之儒，出礼入法，在稷下十余年浸染了某些黄老道术及其他学派的学术。比如作为齐国稷下学派文汇的《管子》成分就相当复杂，《汉书·艺文志》把它列入道家，属于"知秉要执本，清虚以自守，卑弱以自持，此君人南面之术也"之学派；《隋书·经籍志》把它列入法家。稷下学术的多元混杂状况，当然为荀子所取材。荀子由此增强了提倡君主"贵为天子，富有天下，名为圣王，兼制人，人莫得而制"（《荀子·王霸》）的威权专制的政治取向，他入秦观风俗吏治，交接秦相应侯，不排除有几分用秦之心，授徒也用帝王之术。因此在这些方面荀子与韩非并不隔膜，反而深化了韩非的"归本于黄老"。这样就可以顺理成章地解开儒家宗师荀子为何培养出两个法家巨擘的秘密了：一是因为韩非已是成熟的法家；二是因为他们的师生关系发生在荀子长期当稷下祭酒之后。这可以称为先秦诸子百家争鸣的闭幕式。

尚可补充的是，《史记·春申君列传》记载："楚考烈王无子，春申君患之，求妇人宜子者进之，甚众，卒无子。赵人李园持其女弟，欲进之楚王，闻其不宜子，恐久毋宠。李园求事春申君为舍人，已而谒归，故失期。还谒，春申君问之状，对曰：'齐王使使求臣之女弟，与其使者饮，故失期。'春申君曰：'娉入乎？'对曰：'未也。'春申君曰：'可得见乎？'曰：'可。'于是李园乃进其女弟，即幸于春申君。知其有身，李园乃与其女弟谋。园女弟承间以说春申君曰：'楚王之贵幸君，虽兄弟不如也。今君相楚二十余年，而王无子，即百岁后将更立兄弟，则楚更立君后，亦各贵其故所亲，君又安得长有宠乎？非徒然也，君贵用事久，多失礼于王兄弟，兄弟诚立，祸且及身，何以保相印江东之封乎？今妾自知有身矣，而人莫知。妾幸君未久，诚以君之重而进妾于楚王，王必幸妾；妾赖天有子男，则是君之子为王也，楚国尽可得，孰与身临不测之罪乎？'春申君大然之，乃出李园女弟，谨舍而言之楚王。楚王召入幸之，遂生子男，立为太子，以李园女弟为王后。楚王贵李园，园用事。李园既入其女弟，立为王后，子为太子，恐春申君语泄而益骄，阴养死士，欲杀春申君以灭口，而国人颇有知之者。春申君相二十五年，楚考烈王病。朱英谓春申君曰：'世有毋望之福，又有毋望之祸。今君处毋望之世，事毋望之主，安可以无毋望之人乎？'春申君曰：'何谓毋望之福？'曰：'君相楚二十余年矣，虽名相国，实楚王也。今楚王病，旦暮且卒，而君相少主，因而代立当国，如伊尹、周公，王长而反政，不即遂南面称孤而有楚国？此所谓毋望之福也。'春申君曰：'何谓毋望之祸？'曰：'李园不治国而君之仇也，不为兵而养死士之日久矣，楚王卒，李园必先入据权而杀君以灭口。此所谓毋望之祸也。'春申君曰：'何谓毋望之人？'对曰：'君置臣郎中，楚王卒，李园必先入，臣为君杀李园。此所谓毋望之人也。'春申君曰：'足下置之，李园，弱人也，仆又善之，且又何至此！'朱英知言不用，恐祸及身，乃亡去。后十七日，楚考烈王卒，李园果先入，伏死士于棘门之内。春申君入棘门，园死士侠刺春申君，斩其头，投之棘门外。于是遂使吏尽灭春申君之家。而李园女弟初幸春申君有身而入之王所生子者遂立，是为楚幽王。"荀子洞察战国晚期的政治阴谋，对"相楚二十余年矣，虽名相国，实楚王也"的春申君的处境，洞若观火，准确地预测了他为国舅李园所诛杀的"疠怜王"的危险结局。

随着古典学研究的深入和问题意识的增强，诸子迷津，触目皆是。深刻返本还原的古典学研究，于此大有作为焉。先秦诸子与我们远隔两千余年，许多材料蒙上厚厚的历史烟尘，专题探讨又遭遇了材料的有限性甚至碎片化的困境，厘清一些历史谜团谈何容易，简直就如《诗经》所云："战战兢兢，如临深渊，如履薄冰。"但先秦诸子又是我们的文化根子所在，不渡过迷津，就难以到达我们文化发生的原本。迎难而上，勉力而为，也许就是我们的返本还原研究的宿命。

这里不妨考察一下《论语》所不载孔子赴周问礼于老聃这桩公案，是因为孔子适周问礼的随行弟子唯有南宫敬叔，其回忆材料未被《论语》采录。因而《述而》篇所谓"子曰：述而不作，信而好古，窃比于我老彭"，历代都有人拿这句话做文章，以分离"老彭"为老聃、彭祖二人的方法，聊补《论语》没有述及老聃的遗憾。王弼注《论语》就是采取这种手法，说是"老彭"指老子、彭祖二人。王弼注影响不可小觑，晋常璩《华阳国志》说："孔子曰：'述而不作，信而好古，窃比于我老彭。'则彭祖本生蜀，为殷太史。"直到清代，还可以见到王士禛的称述："窃比于我老彭……欲自比于老子之侧，盖谦词也。考《曾子问》，记孔子问诸老聃者屡矣，《家语》亦云孔子问《礼》于老聃，此孔子欲自附于老聃之侧之验也。旧说以为彭祖，彭祖，六经所不载，圣人所不道，岂孔子之愿比者哉！"姚鼐又云："子曰'述而不作，信而好古，窃比于我老彭'，老彭者，老子也。"这千余年间颇有些古人围绕老子、彭祖兜圈子，甚至今人也不乏误入王弼注的圈子者。想不到略早于王弼的何晏在《论语集解》就引包咸曰："老彭，殷贤大夫。"使人感到孔子亲昵地称呼"我殷人的老彭"，是别有深意的。既然要正本清源，就要把本源清理到底。这就要回到《大戴礼记·虞戴德》载孔子回答鲁哀公问"教人"，曾经拿出商初人物事迹予以解答："否，丘则不能。昔商老彭及仲傀，政之教大夫，官之教士，技之教庶人。扬则抑，抑则扬，缀以德行，不任以言，庶人以言，犹以夏后氏之祔怀袍褐也，行不越境。"这就是朱熹《论语集注》所谓"老彭，商贤大夫，见《大戴礼》，盖信古而传述者也"的依据了。返本还原，是为了破除遮蔽，获得真知卓识。没有真知卓识，是谈不上真正的创新的。

至于《论语》"不载"老子，存在着材料整理上的裂缝，本身就是一种值得追问的编纂价值选择，属于另一个命题。老彭的命题和老聃的命题，不宜混淆。老聃就是老聃，不是老彭。由于老聃职位不显，孔子尚未为大夫，他们春秋晚期在洛阳的会面，没有达到官方文献同步记载的政治级别，就如孔子为中都宰，《春秋》《左传》均无记载，唯有当上鲁司寇才够级别一样。这无疑会给那些没有考虑官方文献内涵价值选择的疑古者，留下了质疑孔子是否确实问礼于老子的文献裂缝。有如杜预注《春秋左传》鲁隐公十一年传例曰："凡诸侯有命，告则书，不然则否"；"史不书于策，故夫子亦不书于经。传见其事，以明《春秋》例也"。有疑古者甚至认为老子在庄子后，那么孔子就无从见老子，所有战国秦汉记述这两位学术大佬会面的文字都成了古人在作伪，由此留下了中国文明史上千古浩叹的一个"超级疑难"。幸好伟大的太史公不受汉代已经抬头的"世之学老子者则绌儒学，儒学亦绌老子"的门派之见束缚，通过"䌷史记石室金匮之书"及实地调查所得，在《史记·孔子世家》及《老子韩非列传》中以相当篇幅记述了此番"老孔会"的文化盛事。如此独具只眼地为一些不见于先秦官方文献记载的文化巨人立传,太史公由此成为中国思想文化史上不可替代的功臣。

经过这番返本还原研究,我们就可以用熟悉的、真确的甚至亲切的姿态,与先秦诸子进行深度的文化对话,追问他们为我们民族注入何种智慧,他们在创立思想时有何种喜怒忧愁,在中华民族数千年发展中他们提供的思想智慧有何种是非得失,在现代大国文化建设上这些古老的思想智慧如何革新重生。这种文化解释能力,是与现代大国安身立命的根基联系在一起的。诚如《淮南子·泰族训》所云:"根深则本固,基美则上宁。"或如《晋书》所云:"基广则难倾,根深则难拔。"这是人文学者追求的文化自觉应有的要义之一。又有所谓"酒逢知己千杯少,话不投机半句多",既然经过返本还原研究,与先秦诸子机锋相投,那就会有说不完的心里话。老聃、孔丘甚至商初的贤者老彭等古人的智慧之所以能够长久流传下来,并且融入新的学理体系,就足以证明这种智慧是真正的文化思想精华。中华民族五千年凝聚的经验和智慧,与时俱进,支持着文明史奋勇前行。在人生路上,或者在国家发展的进程中,无论风雪雨晴,都有一批高智慧的圣贤时时光临你的心灵,这将是为人在世享受不尽的莫大福分,增添了我们的文化自信。有志于与当代世界进行平等的深度的文明对话的学者,应该舒展大眼光、建立大魄力、诠释大命题,为中国文化自立于世界民族文化之林,贡献独树一帜的文化智慧,竭尽俯仰无愧于天地古今的能力。能力微薄又何妨,总之要"竭尽"就是。

2016年6月至2019年6月修订,

2021年2月8日再修订

第二编

先秦诸子的文化本根

先秦诸子发生学

引 言

先秦诸子的研究，是对中国文化根本的研究。根本的研究，须从根本入手，清理现代大国文化的本源和根脉。《淮南子·缪称训》云："根本不美枝叶茂者，未之闻也。"[①] 我反复谈论先秦诸子还原，就是要原原本本地深入探究诸子的发生学和生命本质，这是大国文化的根本所在。在这里需要念一部"本"字经，探究原本、本质、本源。

那么，研究先秦诸子，首先的着力点应该在哪里？我觉得，首先的着力点应该是它的发生学，就是探明：（一）诸子到底是谁？（二）他们的知识来源何处？（三）他们在什么情境下展开思想？（四）他们为何把书写成这个样子？研究先秦诸子的发生学，就是从起源上通解中国文化史的原创时代或"轴心时代"。"轴心时代"是德国哲学家雅斯贝尔斯的说法。早在两千五百年前，世界上一些重要的文明、一些古老智慧的民族，于此前后都出现了很多影响深远的重要思想家。中国的孔孟、老庄、孙武、韩非，都是思想原创期的巨人。我们有责任通解思想原创期，或轴心时

[①] （汉）刘安等编著，高诱注：《淮南子》卷十《缪称训》，上海古籍出版社1989年影印本，第107页。

代的巨人文化，通解诸子的民族、部族、家族，通解诸子的思想及生命体验，与他们的生存形态的原初关联。只有这种原原本本的研究，才能够触摸到诸子的体温，感受到他们思想发生的真实过程，为我们民族的文化生命清理它最初的思想根系。研究先秦诸子发生学宗旨，可以概括成两句话，一是触摸诸子的体温，二是破解诸子文化的DNA。两千年来诸子学史和经学史在注疏诠释上做了许多基本性的工作，这方面的成果可谓汗牛充栋。但受到崇圣或疑古思潮的影响，在发生学上依然存在许多缺陷、疏略、误区和盲点。因此，我们必须以发生学、过程性，作为根本的切入口，研究诸子的生命形态和思想生成。

研究一门学问，首先要叩问这门学问的本质，同时也叩问前人对这个本质的认识，他们有哪些进展、哪些局限、哪些偏离、哪些迷失。这就是回到原本，把归本阐释作为研究的首要任务。祝允明（枝山）有《苏武慢》十二首，其一曰："树上菩提，台端明镜，不是浊铜枯杪。可惜尘埃，等闲斤斧，都把那些忘了。霎时间、返本还原，这个法儿谁晓？"[1] 返本还原，脚踏实地，是大国文化打根基的事业。失掉根本，最是研究的大忌。我们为什么要把发生学首先作为研究的着力点呢？这是源于对先秦诸子本质的认识，就是说，从本质上来看，诸子是什么。如果研究诸子学说，总是急不可待地把他们和西方的一些哲学家相联系，这当然可以收到比较之功，拓展视野，但也容易造成诸子纸片化、脱根化，脱离诸子本有之根，把诸子看成纸片人。先秦诸子不是读了西方的哲学史，不是读了苏格拉底、柏拉图、亚里士多德的书，或者读了康德、尼采、海德格尔、萨特、哈贝马斯的书，才写他的文章的。诸子的原创另有知识来源、问题渠道、思想方式，这是别人无以代替的。忽视这一点，就忽视了中国思想原创

---

[1] 饶宗颐初纂，张璋总纂：《全明词》，中华书局2004年版，第417页。

的专利权。

端正一个现代大国与世界对话的姿态,应是最关键的思想逻辑的一个出发点。在我看来,诸子的本质有两点值得重视。第一点,诸子是在充满动荡的大转型的时代,在应对国家、家族、个人的生存危机的时候,对中华民族及其所属的列国的出路和命运,进行道义关怀和理性思考,由此而印证天道、世道和人道的思想成果,这是诸子学的本质。第二点,诸子是以自己的切身体验,把人类最原始的生存智慧、最原始的民俗信仰,转化为思想,因而转化出来的思想具有原型性和仪式化的特征。原型思想,是原创性的思想,是常解常新的。因此是可以生长的思想,存在古今相通的潜在可能性,加以解释之后,又具有中外共享的普泛性。所以这种原型思想的原则,有如马克思在一封书信中所说的"向现实本身去寻找思想"[①] 那样,而不是把一种现成的思想套在现实本身。

基于对先秦诸子本质的这种认识,对其发生学的研究,就必须掌握三个关键点:第一个关键点,深入对先秦诸子生命的验证。诸子书是古老智者的生命痕迹,应该在生命体验中,尽量还原出有血有肉、能歌能哭,可以与今人进行生命交流的诸子来。第二个关键点,就是以多种方法的综合,深化对诸子的文本和多种材料作出内在脉络的清理,探究其知识来源。从国族、家族、民俗沉积、文化流动中,通过多重互证,解读和指认诸子文化的DNA。第三个关键点,就是在深化清理大国文化根基的基础上,发现诸子以生命拥抱文化的深层意义,揭示中国智慧的独特风貌和原创的专利权。这三个关键点上,蕴含着诸子生命和思想的运作机制。

一 对先秦诸子的生命验证

发生学的第一个关键点,是深化对先秦诸子的生命验证。研

---

① 《马克思恩格斯全集》第40卷,人民出版社1982年版,第15页。

究先秦诸子的发生学,必须接近和把握先秦诸子的生命形态,尤其是他的学术生命形态。学术形态,必须在生命形态中获得验证和说明。我们可以充分地利用各种资料,包括历史文献、出土文物、口头传统,以及文化人类学的资源,用多维的方法,包括历史考证、简帛释证,还有民族学、家族制度、姓氏制度(姓氏制度很重要,因为先秦的姓氏制度,和汉以后相沿至今的姓氏制度是不一样的)、民俗学、礼学制度、年代学诸多研究方法,尽可能地透过历史的烟尘,包括材料的聚散、解释的龃龉所形成的碎片,去追问诸子是谁,这是发生学的第一关键点。就是说,书是人写的,有人的生命痕迹。我们吃鸡蛋,还要考究下蛋的母鸡。种豆得豆,种瓜得瓜,只有知道这个豆和瓜的种子的性质,才能知道在这样的土壤、水分、阳光中,它长出来的是什么样的瓜、什么样的豆。清初艾衲居士编《豆棚闲话》引古语云:"种瓜得瓜,种豆得豆"①,分明见天地间阴阳造化俱有本根。

具体到庄子。朱熹尝了《庄子》这枚鸡蛋,从其中的滋味,朱熹就感觉到:"庄子自是楚人,想见声闻不相接。大抵楚地便多有此样差异底人物学问。"② 司马迁离庄子更近,他这样评议《庄子》这只下蛋的母鸡:"庄子者,蒙人也,名周。周尝为蒙漆园吏。"③ 汉人明明知道,蒙地属于宋国,但司马迁偏偏就吝惜那个"宋"字,没有说庄子是"宋蒙人"。但宋国人怎么有楚国的思想?清末民初的学者刘师培,写了一篇《南北文学不同论》,就把老子、庄子归为南方的学术,把这个荀子、韩非归为北方的学术。他说,庄子是宋人,思想是楚国的思想,理由是宋国离楚国比较

---

① (清)艾衲居士编:《豆棚闲话》第四则《藩伯子破产兴家》,清嘉庆三年(1799)宝宁堂刻本,第1页b。
② (宋)黎靖德编,王星贤点校:《朱子语类》卷一二五《庄子》,中华书局1986年版,第2989页。
③ (汉)司马迁:《史记》卷六十三《老子韩非列传》,中华书局1982年版,第2143页。

近。朱自清的《经典常谈》，总结前人的研究结果，也说庄子是宋人，思想是楚国的思想。这使我们有很多迷惑，宋国人怎么有那么深的楚国情结？太史公写《史记》的时候，庄子不显，因为西汉前期是黄老的天下，将老子和黄帝结合在一起，阐发为帝王术。司马迁的父亲司马谈讲《论六家要指》，认为道家"其为术也，因阴阳之大顺，采儒墨之善，撮名法之要，与时迁移，应物变化，立俗施事，无所不宜"①，讲的是黄老道术，而不是魏晋以后的老庄道家。所以庄子在《史记》里就没有专传，甚至也不是合传，只是列入《老子韩非列传》中作为附传，对庄子的祖宗脉络，就没有交代清楚，只交代他在蒙地做过漆园吏，漆园吏就是种漆和制漆的地方作坊里的小官吏。

《史记》没有记载清楚庄子的祖宗脉络，两千年来人们也只顾读庄子潇洒美妙的文章，却对大树一样的庄氏家族谱系的根没有很用心。我们都满足于当魏晋时候的陶渊明，"好读书，不求甚解，每有会意，便欣然忘食"②。这就给庄子与《庄子》书的生命联系，留下了两千年未解的三个谜：第一个谜，是《史记》中特意交代，《庄子》中也讲过两次，楚威王派使者去请庄周到楚国当大官，庄子拒绝了，说你们庙堂上供祭祀用的那头牛，吃着好饲料，披着五颜六色的彩衣，但是要屠宰它做祭祀的贡品时，它连当野猪的资格都得不到。再看河沟里的乌龟，曳尾于涂，拖着尾巴在泥泞里打滚，但它自由自在，你说我是当那头牛好呢，还是当这只乌龟好？派来的使者心照不宣，就回去了。

人们可能会说，这是"庄周寓言"，都是随意编造的。这就有意无意地把庄子看歪了。寓言允许想象，但一旦涉及身世，就要有底线，不能胡编乱造，不然就有骗子之嫌。楚威王聘请过庄周，

---

① （汉）司马迁：《史记》卷一三〇《太史公自序》，中华书局1982年版，第3289页。
② （晋）陶渊明撰，逯钦立校注：《陶渊明集》卷六《五柳先生传》，中华书局1979年版，第175页。

即便添油加醋也无妨,如果根本没有此事,就是招摇撞骗了。《史记》专门提到庄子"与梁惠王、齐宣王同时"①,齐、魏这二位以好客驰名的国君都没有聘请庄子,偏偏没有好客名声的楚威王聘请他,还郑重地派两个大夫请他,并委任重要的实职,这种破格之举,为列国罕见。可见庄子与楚国定有特殊的因缘。楚国在楚威王时是一等强国,有什么理由去聘请宋国一个芝麻大的小吏?你既无政绩,学问也无安邦治国的效能,更不是弟子如云。孟子游说诸侯,凡出行,"后车数十乘,从者数百人,以传食于诸侯,不亦泰乎"②?与孟子同时的庄子,是没有这番派头的。庄子回绝楚王使者,理由是不当祭祀的牺牲,宁可在河沟泥泞里打滚。这是什么话啊,略有社会阅历的人,听话要听音,都可以感觉到这话里包含着杀机,而且这种杀机与祭祀亡灵有关。庄子拒绝楚王之聘,透露了许多扑朔迷离的消息,庄子与楚国因缘很深,因缘中包含的痛苦或恐惧也很深。

第二个谜,《庄子》,是一部博学、多智、富有才华的书。《史记》专门点出"其学无所不窥,然其要本归于老子之言"③。这也是很有深意的,他提醒人们去思考,庄子"无所不窥"的学问从何而来?知识来源,是发生学的根本性问题。当时列国实行贵族教育,连图书也藏在官府,庄子作为宋国蒙地一个穷得借粟下锅的"涸辙之鱼"般的穷人,从何获得属于贵族特权的教育资源呢?人们常说,孔子一个大的贡献,就是把官学变成私学,有教无类,但是孔门再传弟子并没有招收庄子为徒,而孔门所谓"三千弟子,七十二贤",却没有人写出一部《庄子》这样的

---

① (汉)司马迁:《史记》卷六十三《老子韩非列传》,中华书局1982年版,第2143页。

② (清)焦循撰,沈文倬点校:《孟子正义》卷十二《滕文公章句下》,中华书局1987年版,第427页。

③ (汉)司马迁:《史记》卷六十三《老子韩非列传》,中华书局1982年版,第2143页。

书啊！

第三个谜，庄子既然是漆园吏，是地方上种漆树、最多还制造一点漆器的小作坊的记账先生，从《庄子》来看，他对这行园艺和工艺并无多少专业知识。那么，就凭这种卑微的身份，又有什么资格去跟那些诸侯、将相打交道呢？现在一个普通老百姓，要找市长，可能门卫就把你挡住了。那个时候可是等级森严的军事时代，你有什么身份去找魏王，找魏、宋等国的将相级别的高官？而且还穿得破破烂烂，衣冠不整，说话傲气无顾忌，门房不阻挡你，卫兵也不把你赶跑或拘捕，这份道性是哪里来的？

这些千古之谜如果不破解，我们读《庄子》，就不知道谁在对我们说话了。中国是把姓氏置于人名之前的国家，可见古代以姓氏规范的家族文化，是植入子孙血脉的文化基因。这就需要从先秦时代的家族制度、姓氏制度入手，考证庄子的家族之根，认清庄子是谁，才能进一步触摸到他的体温、分析庄子文化的 DNA。关键在于对庄氏家族的姓氏来源，建立一个可靠的证据链。最明确地记述庄氏来源的文献，是南宋郑樵《通志·氏族略》，其中说："生有爵，死有谥，贵者之事也，氏乃贵称，故谥亦可以为氏。庄氏出于楚庄王，僖氏出于鲁僖公。康氏者，卫康叔之后也。宣氏者，鲁宣伯之后也。"[①] 其后又具体解释："庄氏：芈姓。楚庄王之后，以谥为氏。楚有大儒曰庄周，六国时尝为蒙漆园吏，著书号《庄子》。齐有庄贾，周有庄辛。"[②] 郑樵特别标示，庄氏是楚庄王的后代，也就是说，楚庄王的直系子孙是楚国的国王，旁系或者庶出的子孙，到了孙子这代，就可以用祖宗的谥号作自己的姓氏。郑樵，是 12 世纪福建莆田人。年轻时就在家乡的夹漈

---

① （宋）郑樵撰，王树民点校：《通志二十略·氏族略第一》，中华书局 1995 年版，第 7 页。

② （宋）郑樵撰，王树民点校：《通志二十略·氏族略第四》，中华书局 1995 年版，第 161 页。

山搭建草堂，闭门苦读三十年书，谢绝人事。接着出外访书十年，遇藏书家必借住，读尽乃去。自称："樵生为天地间一穷民而无所恨者，以一介之士，见尽天下之图书，识尽先儒之阃奥，山林三十年，著书千卷。"① 其所著包括"集天下之书为一书"② 的这部《通志》。因此郑樵言之凿凿地说庄氏出自楚庄王，应是有唐以前的谱牒作根据。这种判断，可以在唐宋人的姓氏书中得到印证：庄子是楚庄王的支系后裔。

楚庄王是春秋五霸之一，是楚国最杰出的政治家，他有一个著名的故事：三年不鸣，一鸣惊人；三年不飞，一飞冲天。他曾经兼并了汉水流域的许多小国，把势力范围拓展到黄河洛水流域。在洛阳郊区举行阅兵式，问东周的九鼎轻重。"问鼎中原"，是和楚庄王有关的成语。所以楚庄王的后代用他的谥号作姓氏，是非常光荣的事情。我们再回过头来看《史记》，它在《西南夷列传》中记述云贵川一带的蛮夷部族历史，其中写了一个叫庄蹻的将军："始楚威王时，使将军庄蹻将兵循江上，略巴、黔中以西。庄蹻者，故楚庄王苗裔也。蹻至滇池，方三百里，旁平地，肥饶数千里，以兵威定属楚。欲归报，会秦击夺楚巴、黔中郡，道塞不通，因还，以其众王滇，变服，从其俗，以长之。"③ 庄蹻率领军队去经略楚国西部的巴蜀黔中，一直进军到云南滇池一带。由于秦军占领了楚国西部，回不来了，所以在那里当起滇王。《史记·西南夷列传》说庄蹻是"故楚庄王苗裔也"，印证了庄氏是楚庄王的苗裔之说。经过这番梳理，我们获得了一些直接或间接的证据，构成了一条证据链：《史记》庄子传认为庄子是蒙人而隐去"宋"字，明确记述楚威王派二大夫迎聘庄子——《通志·氏族略》明

---

① （宋）郑樵：《夹漈遗稿》卷三，商务印书馆1936年《丛书集成初编》本，第17页。

② （宋）郑樵：《夹漈遗稿》卷三，商务印书馆1936年《丛书集成初编》本，第18页。

③ （汉）司马迁：《史记》卷一一六《西南夷列传》，中华书局1982年版，第2993页。

确记载庄氏出自楚庄王，战国有庄周——《史记·西南夷列传》记述庄蹻是楚庄王苗裔。尤其是《通志》的说法，不是泛泛而论，具有专指性质。

然而，庄子距离楚庄王已经二百多年，足有七八代以上，已经是相当疏远的旁系贵族的后代。那么，为何庄子出生在宋国蒙地呢？这家疏远的贵族，为何流亡异国呢？这就要从楚威王（前339—前329）继位初年派使者迎聘庄子往上推，考察楚国发生什么事件，导致这个家族逃亡。上推四十二年，就遇上楚悼王任用吴起实行变法，引人注目的是这场变法，废除贵族世卿世禄制度，对已传三代的封君取消爵禄，降为平民；将贵族迁到新开拓的边境，充实广虚之地；裁减冗官，选贤任能；削减官吏的俸禄，厚赏战斗人员。这使得楚国国力大增，"于是南平百越；北并陈蔡，却三晋；西伐秦。诸侯患楚之强"①。但是吴起变法严重地损害了三代以上的疏远贵族的既得利益，这也包括庄氏家族在内。这些贵族恨透了吴起，到楚悼王一死，就发动叛乱，追杀吴起，吴起逃跑到楚悼王的灵堂里，扑在楚悼王的尸体上。这些贵族们大闹灵堂，射死了吴起，也射中了楚悼王的尸体。按照楚国的法律，射中国王尸体是大逆不道，要灭族的。所以楚悼王的儿子楚肃王继位后，就灭了跟这个事件关联的七十个家族。庄氏家族受这个事件的牵连，逃亡到宋国荒远的蒙地住下来。过了十几年，这家疏远的流亡贵族，生下了庄周。

如果这番考证被认可，前面所讲的三个千古之谜，就可以迎刃而解。吴起之变已过去42年，楚国王位在悼王、肃王之后，又经过宣王，传到威王。当年被整肃的七十个家族的社会关系盘根错节，连庄氏家族的庄蹻都还在任将军。这些人不断在新继位的楚威王面前为那些被整肃的家族伸冤，散布要落实政策、平反冤

---

① （汉）司马迁：《史记》卷六十五《孙子吴起列传》，中华书局1982年版，第2168页。

案,把他们的优秀子弟征聘回国。这才出现《史记》记载的"楚威王闻庄周贤,使使厚币迎之,许以为相"①。庄子对家族悲剧未能忘怀,又顾忌楚国政局变幻,还是顺着自己心意,"自适其适"②,拒绝了楚国的聘请。庄子虽是流亡贵族之后,但还有不少关系在楚国,楚王还聘请他,这种身份足以使魏、宋等国的高层,对他刮目而视。庄子于学无所不窥的知识,也顺理成章地找到了贵族家世的文化血脉来源。

人文学者考证庄子的国族、家族身世,不只是为他填一张履历表,而是为了触摸思想者的体温,破解《庄子》的生命密码或文化DNA。既然把《庄子》当成庄子本人和他的学派的生命痕迹,我们就可以通过《庄子》的文化DNA的取样检测,反证庄子的国族、家族身世。上面以《史记》《通志》等文献作证,属于外证;《庄子》的文化DNA取样检测,属于内证。内外两个证据链的贯穿吻合,就形成相对周圆的证据环。

对《庄子》文本进行文化DNA的取样,需要我们架起精神现象学的显微镜。这就是从《庄子》文本中撷取他的心灵脉动的样本,考察他在遭遇世界时如何表达自我意识,实现他的个体性的生命形态、生存趣味和表达策略,集合所有这些环节、要素中所体现出来的精神丝缕,重建庄子自我诉求、自我认识和自我发展的主体同一性。《庄子·秋水》里,写了一个凤凰鸟和猫头鹰的故事。这只凤凰鸟叫作"鹓雏"。《山海经·南山经》说:南禺之山"有凤皇、鹓雏"。郭璞注:鹓雏,"亦凤属"③。唐人张鷟《朝野佥载》卷三说:"凤之类有五:其色赤者,文章凤也;青者,鸾

---

① (汉)司马迁:《史记》卷六十三《老子韩非列传》,中华书局1982年版,第2145页。

② 王叔岷:《庄子校诠》卷二《外篇·骈拇》,(台北)"中央研究院"历史语言研究所1999年版,第324页。

③ 《山海经(山经柬释)》卷一《南山经》,袁珂校注:《山海经校注》,上海古籍出版社1980年版,第19页。

也；黄者，鹓雏也；白者，鸿鹄也；紫者，鸳鸯也。"① 庄子这个故事很有名，说是有只凤凰鸟非甘泉不饮、非竹实不吃，高贵得很。猫头鹰抓了一个死老鼠，怕凤凰鸟抢它，就吓唬那凤凰鸟。李商隐诗云："不知腐鼠成滋味，猜意鹓雏竟未休。"② 元人王结《贺新郎》词云："腐鼠饥鸢徒劳吓，回首鹓雏何处。记千古南华妙语。"③ 使用的典故都来自《庄子》的这个故事。在这里庄子自比凤凰鸟，这是楚人的习惯，因楚人是崇凤的。西汉司马相如《子虚赋》，就把鹓雏、凤凰，与楚王并列："其上则有赤猿蠼蝚，鹓雏孔鸾，腾远射干。……楚王乃驾驯驳之驷，乘雕玉之舆，……左乌号之雕弓，右夏服之劲箭。"④ 楚人崇拜凤凰，有荆州出土文物为证，那里的博物馆藏有漆雕虎座立凤、虎座凤架鼓，丝绣图案也有凤斗龙虎纹样。

  关键在于庄子是如何讲故事的，如何讲，是对讲什么的精神因子进行编码。庄子说："南方有鸟，其名为鹓雏，子知之乎？夫鹓雏，发于南海，而飞于北海。"⑤ 这只凤凰是南方的鸟类，"生于南海，飞于北海"，跟庄氏家族的根系和迁移轨迹可以合璧。故事是对老朋友惠施讲的，惠施因为促成了魏惠王和齐威王在徐州（不是今徐州，是滕州东南的舒州）相会，互相承认称王，就当了魏国的相二十多年。魏惠王后元元年（前334），惠施当相不久，听说庄子要谋取他的相位，就在首都大梁搜查庄子三天三夜。庄

---

① （唐）张鷟撰，恒鹤校点：《朝野佥载》卷三，上海古籍出版社编：《唐五代笔记小说大观》，上海古籍出版社2000年版，第35页。

② （唐）李商隐撰，（清）冯浩笺注：《玉溪生诗集笺注》卷一《安定城楼》，上海古籍出版社1979年版，第115页。

③ （元）王结：《贺新郎·子昭见和再用韵》，唐圭璋编：《全金元词》，中华书局1979年版，第876页。

④ （西汉）司马相如著，金国永校注：《司马相如集校注》，上海古籍出版社1993年版，第5—15页。

⑤ 王叔岷：《庄子校诠》卷三《外篇·秋水》，（台北）"中央研究院"历史语言研究所1999年版，第633页。

子就跟惠施讲了这个猫头鹰用死老鼠来吓凤凰鸟的故事。此事离楚威王元年（前339）派使者迎聘庄子，遭到庄子拒绝，才过五年，惠施曾与庄子结伴濠梁观鱼，是知道庄子此事的。庄子的意思是：惠施老友，我是南方的凤凰鸟，楚国请我都没有应聘，还会谋你的死老鼠吗？以鸟自喻，是楚人的习俗。庄子的远祖楚庄王解释谜语"有鸟在于阜，三年不蜚不鸣，是何鸟也"，说是"三年不蜚，蜚将冲天。三年不鸣，鸣将惊人"①。屈原《九章·抽思》，自称"有鸟自南兮，来集汉北"，王逸注："屈原自喻生楚国也。"②《太平御览》卷九百一十五引《庄子》逸文，有老子叹曰："吾闻南方有鸟，名为凤，所居积石千里。天为生食。其树名琼枝，高百仞，以璆琳、琅玕为宝。"③ 因此庄子以"南方有鸟"的鹓雏自喻，属于楚文化的DNA。

提取的另一个样品，是《庄子·至乐》的著名故事"鼓盆而歌"。庄子的妻子死了，惠施去凭吊，看见庄子非常放松地叉着一双脚丫子，敲盆唱歌。以往解释"鼓盆而歌"，就觉得庄子对死亡很超脱，庆祝自然辩证法的胜利。但是从发生学上考察，"鼓盆而歌"是楚国的风俗。《明史·循吏·陈钢传》载："楚俗，居丧好击鼓歌舞。"④ 这种楚国风俗起源非常原始，在唐宋元明的笔记中都有记述，湖北中西部县份和江南许多省县的地方志，都有记载。现在南方农村，尤其是少数民族地区，还可以看到在办丧事时，敲锣打鼓、唱歌演戏的风俗。我们文学研究所的书记，籍贯湖北恩施——湖北的西部土家族居住的地方。我问他：你们家乡还

---

① （汉）司马迁：《史记》卷四十《楚世家》，中华书局1982年版，第5册，第1700页。

② （宋）洪兴祖撰，白化文等点校：《楚辞补注》卷四《九章第四·抽思》，中华书局1983年版，第139页。

③ （唐）欧阳询撰，汪绍楹校：《艺文类聚》卷九十《鸟部上·凤》，上海古籍出版社1982年版，第1558页。

④ （清）张廷玉等：《明史》卷二八一《循吏传》，中华书局1974年版，第7210页。

"鼓盆而歌"吗？他说：还"鼓盆而歌"啊，就是人死了之后，找一个道士敲锣打鼓唱歌。湖北神农架地区的《黑暗传》，就是丧礼时请歌师"打丧鼓"唱出来的。它以生动通俗的七言句子，歌唱着天地开辟、人类起源，盘古、女娲、伏羲，甚至"四游八传神仙歌"。这就是以地方志、民俗志为原始材料，考察行为发生学。

《孟子·滕文公上》："丧祭从先祖。"① 有两种仪式是不能随便改动的，一是祭祖仪式，另一个是丧事仪式，这两种仪式必须要遵从祖宗的制度，要不然鬼神不认领。庄子作为一个楚人，死了老婆，按照祖宗的制度和风俗，应该怎样办？他应该去请一个巫师，召集亲友，来给他老婆敲锣打鼓唱歌。但是庄子很穷，请不起巫师；流落异邦，举目无亲，所以只好独自敲起盆，唱起歌。惠施是宋人，后来在魏国当官，他不懂楚国风俗，就说：你跟人家结婚生子，现在人家死去了，不哭还鼓盆而歌，太过分了吧。庄子就给他讲了一个道理，他说天地间，开始时本来没有生，也没有形，也没有气，后来在混混沌沌之间变出气来，气聚合起来就是生，气散了就是死，这就像春夏秋冬四时运转，大化流行。他根据楚国的风俗，提炼出天地运行、生命聚散的哲理。把原始的风俗信仰仪式转化为原创思想，这是先秦诸子的一大创造。因此，庄子丧妻，鼓盆而歌，也蕴含着楚文化的DNA。

还可以从《庄子·应帝王》提取浑沌的故事，作为分析的样品。浑沌是中央之帝，天地中心最高的神。南海之帝叫作"倏"，北海之帝叫作"忽"，他们经常在浑沌的地盘上会面，受到浑沌很好的招待。倏和忽就商量怎样报答浑沌的大恩大德，他们说："人都有七窍，用来看、听、吃东西和呼吸，浑沌却没有七窍，我们就试着给他凿出七窍吧。"他们"日凿一窍，七日而

---

① （清）焦循撰，沈文倬点校：《孟子正义》卷十《滕文公章句上》，中华书局1987年版，第328页。

浑沌死"①。"浑沌"是楚人的信仰。所谓"三苗",高诱注《淮南子》《吕氏春秋》,说是浑沌、穷奇、饕餮,在中原人看来属于凶残的怪物。三苗左洞庭、右彭蠡,在《禹贡》的荆州、扬州之间,江州、鄂州、岳州、长沙、衡阳皆古三苗地。在楚人看来,浑沌却是本土部族的祖先,并且由此衍化成一种族源信仰。浑沌信仰,讲究顺乎自然,融入自然,如果用人工的斧凿,比如知识、技巧、名利的斧凿为之开窍,就可能使混融一体的自然丧失生命。

儵、忽,作为南海、北海之帝,它们的词义是迅速得如闪电般奄忽。儵忽,应是楚国方言,中原文献罕见,而《楚辞》中反复出现。《天问》说:"雄虺九首,儵忽焉在?"《九章·悲回风》说:"据青冥而摅虹兮,遂儵忽而扪天。"《招魂》说:"往来儵忽,吞人以益其心些。"《远游》说:"神儵忽而不反兮,形枯槁而独留。……视儵忽而无见兮,听惝怳而无闻。"《九辩》说:"愿寄言夫流星兮,羌儵忽而难当。"有时"儵"与"忽"二字似断还连,如《九歌·少司命》:"悲莫悲兮生别离,乐莫乐兮新相知。荷衣兮蕙带,儵而来兮忽而逝。""儵忽"一词在先秦时代的《楚辞》六篇中出现了七次。"儵忽"又演变为"倏忽",《战国策·楚策四》记载庄子的本家庄辛对楚襄王说:"蜻蛉其小者也,黄雀因是以俯噣白粒,仰栖茂树,鼓翅奋翼,自以为无患,与人无争也。不知夫公子王孙左挟弹,右摄丸,将加己乎十仞之上,以其类为招。昼游乎茂树,夕调乎酸咸,倏忽之间,坠于公子之手。"②其中寓言的意味,类乎《庄子·山木》螳螂捕蝉,异鹊在后,而庄周执弹更在其后。属于先秦典籍的《吕氏春秋·仲秋纪·决胜》也出现"倏忽"一词:"怯勇无常,倏忽往来,而莫

---

① 王叔岷:《庄子校诠》卷一《应帝王第七》,(台北)"中央研究院"历史语言研究所1999年版,第303页。
② 何建章注释:《战国策注释》卷十七《楚策四》,中华书局1990年版,第571页。

知其方。"① 但《吕氏春秋》材料来源复杂，吕不韦编书的门客也来自列国，如李斯就当过他的门客。从来源明确的多条证据看，"儵忽"应是楚方言。也就是说，《庄子》浑沌寓言，是以楚方言讲楚人信仰，因此楚文化 DNA 的印记甚深。

检索《庄子》书，可以发现有十几个楚国故事。庄子笔下的楚人，都是很神奇悟道的。这是庄子的祖辈、父辈告诉他的那个遥远的失落了的故乡故事，带有乡愁情结，"月是故乡明"。唐人崔颢《黄鹤楼》诗云："日暮乡关何处是？烟波江上使人愁。"《北史·庾信传》说："（庾）信虽位望通显，常有乡关之思，乃作《哀江南赋》以致意。"② 这种乡关之思，在流亡异地的庄氏家族中传承，在《庄子》书中凝聚成异样精彩的乡关故事。

第一个故事"郢匠挥斤"，见于《庄子·徐无鬼》。郢，是楚国的首都，郢都一个名叫"石"的工匠，拿着一把大斧头，运转起来像风一样快，"运斤如风"啊，能够把别人鼻子尖上像苍蝇的翅膀那么薄的白泥巴砍掉。这个挥斧头之人很了得，这受斧头之人也很了得，郢匠简直不是用眼睛，而是听着风声挥舞斧头的。讲述故都工匠的神技，足以使庄子傲视向他请教这个故事的宋元君。

第二个故事"痀偻承蜩"，驼背老人用竹竿抓蝉，见于《庄子·达生》。这是孔子在楚国的林野中看见的。孔子看见这位身体有缺陷的老人，用竹竿抓蝉，就像随手捡来一样，就问他是不是"有什么道"？老人说，是有道的。用竹竿去抓蝉，杆子顶上放两个石头丸子，掉不下来，那么他去粘蝉，十有七八能粘下来；如果放三个石头丸子都掉不下来，再去粘蝉，十个能粘下九个；如果杆子顶上放五个丸，都掉不下来，再去粘蝉的话，就像随手拈来一样容易了。自己伸出手臂，就像枯枝一样，虽然天地之大，

---

① 许维遹：《吕氏春秋集释》卷八《仲秋纪·决胜》，中国书店 1985 年影印本，第 11 页 a。

② （唐）李延寿：《北史》卷八十三《文苑传》，中华书局 1974 年版，第 2794 页。

万物之多，但我只知道蝉的翅膀。用世界上万物来换蝉的翅膀，我都一点也不分心，还有什么理由抓不到蝉呢？孔子称赞，这是"用志不分，乃凝于神"①。这位楚国老乡不是以敏捷的身手，而是以精神的力量把庄子粘住了。

第三个故事，是"汉阴抱瓮丈人"，见于《庄子·天地》。汉阴，就是汉水的南面。有个老人，凿出隧道，抱瓦瓮到井里，吭哧吭哧地打井水来灌溉菜园子。子贡问他为什么不用桔槔打水，那样不是用力少、见效大吗？老人忿然作色，嘲笑说："我听老师讲过：'有机械者必有机事，有机事者必有机心。'"② 这是会破坏内心的纯白而使心神不定，道也就丧失了。孔子说，这就是"浑沌氏之术"③。这是与《应帝王》篇的浑沌故事一脉相通的。浑沌而称"氏"，可见是从三苗部族首领传下来的。其旨趣就是不要用机巧的东西，破坏自然的混沌状态，不要用机巧的心妨碍道的本原。这种楚人故事，蕴含着相当本色的楚文化DNA。

然而，庄氏家族流亡到宋国，《庄子》书又是怎么样讲宋国故事呢？庄子笔下的宋人都是很笨拙，甚至是机心巧诈的。这是因为庄氏家族未能融入宋国社会，宋国并没有坦诚接纳他们。以庄子的智慧才华，才当个小作坊的记账先生，连衣食温饱都保证不了，所以他对宋人是有心理隔阂的。

《庄子·逍遥游》说：宋人准备了一批商朝老祖宗的"章甫"帽子而到南方的百越之地去卖，但是越人断发文身，根本就不戴帽子。《逍遥游》还有一则故事，宋国有个家族，发明了一种使手不皲裂的药膏，世世代代都涂上药膏去漂洗棉絮。有个客人想用

---

① 王叔岷：《庄子校诠》卷三《外篇·达生》，（台北）"中央研究院"历史语言研究所1999年版，第677页。
② 王叔岷：《庄子校诠》卷二《外篇·天地》，（台北）"中央研究院"历史语言研究所1999年版，第444页。
③ 王叔岷：《庄子校诠》卷二《外篇·天地》，（台北）"中央研究院"历史语言研究所1999年版，第450页。

百金买他们的药方,他们就开家族会议讨论,觉得世世代代漂洗棉絮,就得那么几两金,现在一出手卖药方,就得到一百两金,何乐而不为?结果,那位客人拿着药方游说吴王。碰上越国侵犯吴国,吴王就任命他当将军。冬天打水仗,用药使士兵的手不皲裂,把越人打得大败,他因而受到吴王的裂土封爵。而宋国这班老兄,还在那里洗他的破棉絮。宋人因封闭狭隘,只看到一点蝇头小利,不懂得如何使自己的专利权发挥更大的作用。

还有一个宋国使者曹商的故事,见于《庄子·列御寇》。曹商为宋王出使到秦国,带着几辆车去,由于得到秦王的欢心,回来时车子增加到一百辆。回到宋国就去见庄子,说:"住在贫穷狭窄的巷子里,困顿窘迫地编织草鞋,一副蓬头垢面的模样,这是我曹商所短缺的。一旦使得万乘之主醒悟,得到百辆车子,这就是我曹商的特长了。"庄子说:"秦国的国王有病找医生,能够把他的疮里的脓挤出来,可以得一辆车。如果给国王舔痔疮,就可以得五辆车,治病的手段越肮脏,得到的车子越多。大概你是经常去舔痔疮吧,不然怎么得到这么多的车子呢?你给我走开吧!"这个故事叫作"吮痈舐痔",就是阿谀奉承,卑躬屈膝,干着舔痔疮这种恶心的勾当。从这则故事中,可以窥见庄子在宋国穷愁潦倒的生存困境,而逢迎巴结的曹商小人得志,还要跑到庄子面前显摆,这是对人格尊严的侮辱。这则故事收入《庄子》杂篇,从叙事口吻看,是庄子后学记述的,但后学能从庄子口中听到这个故事,可见庄子对宋国曹商式的人物,是何等深恶痛绝!也就是说,居留在宋国的庄子,与宋国得势人物之间,具有排异性。

实际上,先秦诸子对宋人,都没有太多的好感。这是什么缘故?宋国是一个不太大的"大国",又是不太小的"小国",国力介于大国、小国之间,作为周初安置殷遗民,延续商朝香火的地方,地位比较特殊。宋国夹在晋、楚、齐这些大国的中间,常有亡国的危险,所以它不接受客卿,也不敢把权力交给他人,害怕大权旁落。只要清理《左传》的材料，就会发现，宋国掌权人物，都是自己的公族。金代李汾《感寓述史杂诗五十首》其一赋"苏客卿秦"云："游说诸侯获上卿，贾人唇舌事纵横。可怜一世痴儿女，争羡腰间六印荣。"① 可见游士客卿也是以唇舌求富贵的，朝秦暮楚，宋人自会提防。还有齐威王、宣王，建稷下学宫，若邹衍、田骈、淳于髡，皆号客卿，此类客卿制度，也不是宋国财力能够支持的。

诸子在列国之间流动着，从孔、孟以下，多受过宋人的冷遇或恶遇。游动列国间的诸子，对宋人的封闭性很是反感。孟子的"揠苗助长"，是宋人；韩非子的"守株待兔"，也是宋人。庄子在宋国待了一辈子，以旷世的才华，仅当了个漆园吏，甚至要借粟度日，卖草鞋充当补贴，实在是斯文扫地。因此，庄子对宋人，连他们古里古气的章甫帽、"洴澼絖"的衣服，直至曹商舐痔的做派，都是鄙视或蔑视的。

然而宋国的蒙地，是一个相对偏僻的沼泽地，是大夫宋万弑宋闵公（前682）的蒙泽之地。庄氏家族流亡宋国，落脚于此荒野之地。这倒是给庄子的灵感，提供了许多来自自然生态的资源。对于庄子出生的宋国蒙地，进行自然地理学、人文地理学的分析，应能触及庄子灵感得以发生的根源。沼泽地上，草木蒙茸，虫鱼繁生，最宜做梦。在这个地方，庄子做了很多梦，成为先秦诸子中写梦最多、最好的一人。在诸子中，庄子的祖师爷老子《道德经》五千言，没有"梦"字。与庄子同时代的《孟子》三万四千字，一个"梦"字也没有。《论语》中有一个"梦"字，就在《述而》篇，孔子感叹："甚矣！吾衰也！久矣吾不复梦见周公。"② 孔子做的是政治梦。朱熹说："'梦周公'，'忘肉味'，'祭神如神

---

① （金）李汾：《感寓述史杂诗五十首并引·苏客卿秦》，（金）元好问编：《中州集》卷十，中华书局1959年版，第494页。
② 杨树达：《论语疏证》卷七《述而篇第七》，上海古籍出版社1986年版，第155页。

在'，见得圣人真一处。理会一事，便全体在这一事。"① 清人纪晓岚《阅微草堂笔记·滦阳续录三》说："有念所专注，凝神生象，是为意识所造之梦，孔子梦周公是也。"② 古人绘有《孔子梦周公图》《庄生梦蝴蝶图》。但是庄子写了十一个梦，他思考着，到底做梦的时候是真的呢，还是醒过来的时候是真的呢？这真实的分界、生命的分界在哪呢？庄子做的是生命体验的梦。最有名的是"蝴蝶梦"，《庄子·齐物论》说："昔者庄周梦为胡蝶，栩栩然胡蝶也。自喻适志与！不知周也。俄然觉，则蘧蘧然周也。不知周之梦为胡蝶与，胡蝶之梦为周与？周与胡蝶，则必有分矣。此之谓物化。"③ 到底是庄周梦蝴蝶呢，还是蝴蝶梦庄周？万物就在这种如沐春风的境界中，相互化入化出，实现人与自然的生命交流。明代杂剧《霸亭秋》说："一枕梦周公，周公不见了。庄生扑蝴蝶，蝴蝶吱吱叫。"④ 这里存在一种"吱吱叫"的生命呼唤，庄子由此开了一个传统，用梦来体验生命。

湿地风物，使庄子潜入自然，他不是厌烦了城市而回归自然，而是他的生命本来就与自然浑然一体，处于浑沌未凿的生生不息的状态。庄子写了很多稀奇古怪的大树，写了很多活泼精灵的动物。《庄子》草木虫鱼繁茂，简直是一部博物志，一部"诗化了的博物志"。庄子作为流亡家族的孩子，小时候没有邻居伙伴一块玩，就"独与天地精神往来"⑤。这个"独"字连着庄子的生命形

---

① （宋）黎靖德编，王星贤点校：《朱子语类》卷三十四《论语十六·述而篇》，中华书局 1986 年版，第 862 页。

② （清）纪昀著，汪贤度校点：《阅微草堂笔记》卷二十一《滦阳续录三》，上海古籍出版社 1980 年版，第 516 页。

③ 王叔岷：《庄子校诠》卷一《内篇·齐物论第二》，（台北）"中央研究院"历史语言研究所 1999 年版，第 95 页。

④ （明）沈自徵：《霸亭秋》，（明）沈泰辑：《盛明杂剧初集》卷十二，《续修四库全书》集部第 1764 册，上海古籍出版社 1995 年版，第 454 页。

⑤ 王叔岷：《庄子校诠》卷五《杂篇·天下第三十三》，（台北）"中央研究院"历史语言研究所 1999 年版，第 1344 页。

态，他独自一人在深林河沟里来回逛荡，或者在街头上痴迷地看风景。他呆呆地看人家杀猪、燎猪毛，连藏在肥猪腋下的虱子也难逃一劫。或者到摊子上看着老头耍猴，说上午给三个橡栗，下午给四个橡栗，猴子不高兴了；改口说上午四个橡栗，下午给三个橡栗，猴子就兴高采烈。他有时去河沟里去看鱼群从容出游，或者到深林里看螳螂捕蝉，黄雀在后。就如庖丁解牛，开头所见无非全牛，三年之后未尝见全牛。牛刀用了十九年矣，解牛数千，刀刃如新。三刀两刀，就撂倒那么大的牛，皮肉像一堆泥土那样摊在地上。然后提刀四顾，踌躇满志。庄子精神的震撼感，是小孩看大人三刀两刀宰掉一头庞然大物的感觉，大人难得有这种感觉。

《庄子·则阳》讲了一个蜗牛角上的战争故事，说是蜗牛有两个角，左角是触国，右角是蛮国，经常为争夺土地开战，伏尸数万，追逐败军十五日才收兵回来。蜗牛有两个角，恐怕博学如孔夫子都不知道，因为那时候博物学的知识不发达，没有上过生物课，怎么知道蜗牛有两个角呢？蜗牛的角，平时都缩在蜗牛壳里，要看到蜗牛伸出角来，得等待很长时间。蜗牛两个角左右摆动，就设想是触国和蛮国在打仗，旷日持久，伏尸数万。这是小孩子的想象，大人可能看不见蜗牛有角，看见了也不会把两个角的左右摆动，想象成两个国家在打仗。所以庄子是以天真无邪的赤子之心，体验自然，激活自然的生命，"独与天地精神往来"，自得其乐地跟天地精神玩耍，玩得你中有我、我中有你。庄子的这种思维方式，是河沟里的鱼、草丛里的蝴蝶、树林里的猴子教给他的，不是从家门到校门从书本里学来的。从小在河沟、草丛、深林逛荡的童年记忆、体验和经历，影响到他终生的哲学、文学思维方式。如果没有这种记忆、体验和经历，长大了之后才到河沟、草丛、深林里面去摸爬滚打，就乐趣顿消，很难感受乐趣了。

通过先秦姓氏制度的考证，获知庄子是楚庄王疏远的旁系后代,这有助于揭示《庄子》所蕴含的文化 DNA。即便是蒙泽的草木虫鱼,庄子也是以楚人自由无拘束的想象进行体验的。这与中原以礼加以节制的想象方式存在根本差异。《庄子·人间世》与《论语·微子》,都记述了楚狂接舆的"凤兮歌",虽有"凤兮凤兮,何德之衰"的重叠,但《庄子》却多出了"方今之时,仅免刑焉。福轻乎羽,莫之知载;祸重乎地,莫之知避。已乎已乎!临人以德。殆乎殆乎!画地而趋。迷阳迷阳,无伤吾行。吾行却曲,无伤吾足"。[①] 可见庄子从国族上,对楚国充满乡愁,但从政治上,觉得楚国"方今之时,仅免刑焉",甚至要躲避"伤吾行""伤吾足"之祸。因此,他拒绝楚威王之聘,是出自政治的考量。宋人王应麟《困学纪闻》卷十说:"《庄子》'楚狂之歌'所谓'迷阳',人皆不晓。胡明仲云,荆楚有草,丛生修条,四时发颖,春夏之交,花亦繁丽。条之腴者,大如巨擘,剥而食之,其味甘美。野人呼为'迷阳',其肤多刺,故曰:'无伤吾行,无伤吾足'。"[②] 可见楚国迷阳草多刺,可以刺伤人脚阻碍道路。《庄子·则阳》写士人游楚,楚王没有接见,他们评议说:"夫楚王之为人也,形尊而严。其于罪也,无赦如虎"[③],因而主张"其穷也使家人忘其贫""其于物也,与之为娱矣;其于人也,乐物之通而保己焉。故或不言而饮人以和,与人并立而使人化。父子之宜,彼其乎归居,而一闲其所施。其于人心者,若是其远也。"[④] 这里是否透露了庄子穷而忘贫、娱乐万物,归来过"父子之宜"生活的心愿呢?读《庄子》,自然会感受到庄子胸襟的超旷,但他对政治并

[①] 王叔岷:《庄子校诠》卷一《内篇·人间世第四》,(台北)"中央研究院"历史语言研究所 1999 年版,第 167 页。

[②] (宋)王应麟著,(清)翁元圻等注,栾保群、田松青、吕宗力校点:《困学纪闻》(全校本)中册,上海古籍出版社 2008 年版,第 1300 页。

[③] 王叔岷:《庄子校诠》卷四《杂篇·则阳第二十五》,(台北)"中央研究院"历史语言研究所 1999 年版,第 997 页。

[④] 王叔岷:《庄子校诠》卷四《杂篇·则阳第二十五》,(台北)"中央研究院"历史语言研究所 1999 年版,第 998 页。

非毫不介怀,他对魏国的文侯、武侯、惠王对待士人的态度,观察得很细。如果完全无意于政治仕途,你为何对宋国邻近的魏国历代的政治观察得那么细?这样来分析庄子,是可以触摸到他的体温、把握到他文化上的 DNA。这就是发生学的第一个关键点,对诸子的生命进行验证,弄清楚诸子是谁,为何把书写成这个样子。

二 多方法综合探究诸子知识来源

发生学的第二个关键点,就是以多种方法的综合,深化对诸子的文本和多种材料内在脉络的清理,探究其知识来源。从国族、家族、民俗沉积、文化流动中,通过多重互证,解读和指认诸子文化的 DNA。对于解读文化 DNA,在前面对庄子的考察中已经颇多涉及。这里着重讨论以多种材料、多种方法进行互证。先秦两汉文献记述时就存在着价值选择,经历两千年存存废废、集合散佚的颠踬,存在许多缺失的环节,存在许多碎片化的想象,缺乏足够的完整性。历史留下来的空白,远远大于历史留下来的记载。不妨设想,春秋从周平王东迁洛邑(前770),到周敬王末年(前476),几近三百年。经孔子整理过的《春秋经》,一万八千字,记述二百四十二年的历史。其后有《左传》,十八万字,加起来也就是二十万字,就交代了二三百年的春秋时期,平均一年八百多字,一天也就是两个字。战国时期材料略多,因缺乏《春秋》《左传》这样的编年史,年代也就更加纷杂。在如此多事之秋,应有多少人物事件没有记载下来?没有记载下来的人和事,并不等于不存在。尤其是关系到中国文化命脉的先秦诸子,他们起自士的阶层,官位多是不高,其生平行事就很难进入按照官本位的价值观进行记录的官方文献的视野。因此诸子的生命还原和知识探源,就成为学术史上难题中的难题。

历史记载的某种空白处,换用另一种价值观来透视,也许存在更深刻的历史潜流。因此能够在历史记载中发现有价值的裂缝，并以穷搜极索得来的材料碎片加以缀合，破解空白，弥补裂缝，反而能够发现更深刻的存在。清朝学者毛奇龄，在《经问》中说，认为古书没有记载的东西，就不存在，这是最不通的。他说儒家《诗》《书》《礼》《乐》《易》《春秋》六经中，无"髭髯"这两个字，不等于中国人的胡子是到汉代才长出来的。你什么时候关注它，什么时候记载它，跟它存在不存在不是一回事。过度的疑古学者犯了一大忌，他说尧、舜是孔子以后假托编造出来的。实际情形是，尧、舜作为古代部族的领袖，早就在民间口头传统中，口耳相传了一两千年。司马迁在《史记·五帝本纪》的结尾，以"太史公"的形式提出这个话头："学者多称五帝，尚矣。然《尚书》独载尧以来；而百家言黄帝，其文不雅驯，荐绅先生难言之。孔子所传《宰予问五帝德》及《帝系姓》，儒者或不传。"① 孔子系统地谈论这些口传材料，弟子将之记述在案。但是，记述在案的文献，比起口头传统就少了许多，太史公用自己"读万卷书，行万里路"的见闻，证实了这一点："余尝西至空桐，北过涿鹿，东渐于海，南浮江淮矣，至长老皆各往往称黄帝、尧、舜之处，风教固殊焉，总之不离古文者近是。予观《春秋》《国语》，其发明《五帝德》《帝系姓》章矣，顾弟弗深考，其所表见皆不虚。《书》缺有间矣，其轶乃时时见于他说。非好学深思，心知其意，固难为浅见寡闻道也。余并论次，择其言尤雅者，故著为本纪书首。"②《史记》这第一篇"太史公曰"，联系上中国土地上久远的口头传统值得人们深思。

先秦诸子的一大创造，就是他们发现并且激活了远比书面传统久远浩瀚的民间传统，以此孵化出具有原型性的原创思想，引发春秋战国时期思想爆炸式的大突破。没有民间口头传统的参与，

---

① （汉）司马迁：《史记》卷一《五帝本纪》，中华书局1982年版，第46页。
② （汉）司马迁：《史记》卷一《五帝本纪》，中华书局1982年版，第46页。

典重沉闷的王官知识结构，是很难出现这种千古未见的"道术为天下裂"①的局面的。孔子整理《尚书》，截断源流而另开源流，从尧、舜开始谈道统，把尧、舜当作垂拱而治的仁德之政的典范。儒家祖述尧、舜，道家到了战国前中期，则由老子上溯黄帝，形成黄老道术。黄老道术走向鼎盛，与齐国临淄的稷下学派关系极大。《史记·孟子荀卿列传》说："自驺衍与齐之稷下先生，如淳于髡、慎到、环渊、接子、田骈、驺奭之徒，各著书言治乱之事，以干世主，岂可胜道哉！……慎到，赵人。田骈、接子，齐人。环渊，楚人。皆学黄老道德之术，因发明序其指意。"②老子加上黄帝而形成的这个学派，将所学的黄老道德之术转向"言治乱之事，以干世主"，变成《汉书·艺文志》所说的"历记成败存亡祸福古今之道，然后知秉要执本，清虚以自守，卑弱以自持，此君人南面之术也"③。这股潮流能够掀起轩然大波，与富庶大国的倡导支持是分不开的。田齐取代姜氏之齐后，齐威王在其父桓午（公元前375年卒）大墓建成，祭祀时作《陈侯因齐敦》，铭文释读如下："唯正六月癸未，陈侯因曰：皇考孝武桓公恭哉，大墓克成。其惟因齐扬皇考，昭统高祖黄帝，侎嗣桓文，朝问诸侯，答扬（厥）德。诸侯寅荐吉金，用作孝武桓公祭器，以蒸以尝，保有齐邦，（世）万子孙，永为典尚。"④齐威王以"高祖黄帝"来增加田氏的政治权威，受到威王、宣王资助的稷下先生，当仁不让地推动了曾是田齐故乡陈国的老子与齐威王推崇的黄帝相结合的潮流。作为稷下文献集成的《管子》，十分尊崇黄帝，如《任法》篇说："黄帝之治天下也，其民不引而来，不推而往，不

---

① 王叔岷：《庄子校诠》卷五《杂篇·天下第三十三》，（台北）"中央研究院"历史语言研究所1999年版，1298页。

② （汉）司马迁：《史记》卷七十四《孟子荀卿列传》，中华书局1982年版，第2346—2347页。

③ （汉）班固：《汉书》卷三十《艺文志》，中华书局1964年版，第1732页。

④ 中国社会科学院考古研究所：《殷周金文集成》，中华书局1988年版，第594页。

使而成，不禁而止。故黄帝之治也，置法而不变，使民安其法者也。"① 黄、老联手，使形而上的道，衍化出气、理、法、术等术语，谈论刑名治国、谈养生与用兵。以上讲的是一种学术潮流如何借助国家兴衰而形成风气。

至于对杰出的思想家的返本探源，也是解读他们思想创造和知识来源的重要环节。应该看到，历史的存在和历史的记载是两回事，价值观、时代聚焦、思潮演进，都会对记载的选择发生影响。比如说，先秦文献没有记载屈原，近代学者就依据西方理论，认为屈原是"箭垛式的人物"，出现了"屈原否定说"，否定屈原的存在。但是如果先秦文献中多记屈原，屈原就是达官贵人，不是诗人了。屈原当左徒，是个近臣，不是重臣。重臣靠政绩、战功来支撑，在官本位的官方文献上容易留名；近臣如政治秘书之类，靠君王的信任来支撑，一旦受到疏远，就没有多少势力。近臣连文章、策略都在不署名的形态发挥作用，官方文献自然不会记载。屈原受疏远尤其受流放后，掌握话语权的子兰、子椒、上官大夫也不会记载他，恨不得他的行踪在文字上销声匿迹。我们如果相信屈原不见于战国官方文献，就说不存在屈原这个人，那就等于相信了子兰、子椒、上官大夫的话语权。不被官方记载的屈原潜入了民间，忧愤作诗，是以诗来实现他的生命价值的。

司马迁的《屈原列传》是怎样发生的？西汉王朝的创建者刘邦及一同举义的丰沛列侯，都是楚人，因此汉初楚风颇盛，屈原之音不绝。《史记·屈原贾生列传》说："自屈原沉汨罗后百有余年，汉有贾生，为长沙王太傅，过湘水，投书以吊屈原。"② 而且载录了贾谊的《吊屈原赋》："共承嘉惠兮，俟罪长沙。侧闻屈原

---

① 黎翔凤撰，梁运华整理：《管子校注》卷十五《任法第四十五》，中华书局2004年版，中册，第901页。

② （汉）司马迁：《史记》卷八十四《屈原贾生列传》，中华书局1982年版，第2491页。

兮，自沉汨罗。造托湘流兮，敬吊先生。"① 贾谊在汉文帝时英年早逝，到"孝武皇帝立，举贾生之孙二人至郡守，而贾嘉最好学，世其家，与余通书"②。司马迁是从贾谊的孙子那里得到贾谊的辞赋文章的，因而将贾谊的精神脉络与屈原相对接的。《史记·酷吏列传》记载："长史朱买臣，会稽人也。读《春秋》。庄助使人言买臣，买臣以《楚辞》与助俱幸，侍中，为太中大夫，用事。"③朱买臣、严助与司马谈同时，司马谈、司马迁父子，知道汉武帝好辞赋，因而以《楚辞》作为人才标准，已经纳入职官晋升体制。

楚国郢都被秦将白起攻占之后，屈原的后学宋玉、唐勒之辈，随楚襄王迁徙到寿春，寿春也就成为西汉前期的《楚辞》整理研究中心。《汉书·地理志》记载："寿春、合肥受南北湖皮革、鲍、木之输，亦一都会也。始楚贤臣屈原被谗放流，作《离骚》诸赋以自伤悼。后有宋玉、唐勒之属慕而述之，皆以显名。汉兴，高祖王兄子濞于吴，招致天下之娱游子弟，枚乘、邹阳、严夫子之徒兴于文、景之际。而淮南王（刘）安亦都寿春，招宾客著书。而吴有严助（即庄助，避东汉明帝刘庄之讳，而改庄为严）、朱买臣，贵显汉朝"。④"（刘安）招致宾客方术之士数千人，作为《内书》二十一篇。"这就是《淮南子》。"安入朝，献所作《内篇》，新出，上爱秘之。使为《离骚传》，旦受诏，日食时上。"⑤ 司马谈、司马迁父子是得见刘向的《离骚传》的，如《太平御览》卷二百三十五所述："《汉书》曰：司马喜生谈，谈为太史公（如淳曰：《汉仪注》），太史公，武帝置位在丞相上。天下计书先上太史

---

① （汉）司马迁：《史记》卷八十四《屈原贾生列传》，中华书局1982年版，第2493页。

② （汉）司马迁：《史记》卷八十四《屈原贾生列传》，中华书局1982年版，第2503页。

③ （汉）司马迁：《史记》卷一二二《酷吏列传》，中华书局1982年版，第3143页。

④ （汉）班固：《汉书》卷二十八下《地理志下》，第1668页。

⑤ （汉）班固：《汉书》卷四十四《淮南衡山清北王传》，第2145页。

公，副上丞相，序事如古《春秋》。迁死，宣帝以其官为令，行太史公文书而已）。"① 太史公爵位不会在丞相之上，但在保存文书版本上应在丞相之先。因而《史记》引用了不少《离骚传》的话。

司马迁年轻时曾经漫游全国许多地方，考察历史遗迹，搜集地方的和家族文献，采访民间父老。《史记·太史公自序》说：他"年十岁则诵古文。二十而南游江、淮，上会稽，探禹穴，窥九疑，浮于沅、湘；北涉汶、泗，讲业齐、鲁之都，观孔子之遗风，乡射邹、峄；厄困鄱、薛、彭城，过梁、楚以归"。② 这个行踪非常弯曲，"南游江、淮"，是去过屈原家乡和从政的地方，以及屈原材料整理研究的中心；"窥九疑，浮于沅、湘；北涉汶、泗"，则到过屈原流放、沉江的遗址，由南折向北，又有与屈原行踪重叠之处。司马迁距离屈原才一百五十年，在上古生活封闭、节奏缓慢的情形下，他完全可以接触到与屈原有关的建筑、遗迹、书面或口头材料。太史公曰："余读《离骚》《天问》《招魂》《哀郢》，悲其志。适长沙，观屈原所自沉渊，未尝不垂涕，想见其为人。"③ 他的《屈原列传》是搜集中央和地方的档案、文献，亲自进行实地调查，因而得出屈原是一个真实而伟大的文化存在的结论。我们是相信这个离屈原才一百五十年的伟大历史学家的判断呢，还是相信离屈原两千余年的学者根据与屈原不搭界的理论所作出的否定性判断？这对于头脑清醒的人而言，是不言而喻的。

司马迁著《史记》，依恃着汉武帝时期天下郡国文书，先上太史公的国家制度，"紬（缀集）史记石室金匮之书"④，"网罗天下

---

① （宋）李昉等撰：《太平御览》卷二三五《职官部三十三·太史令》，中华书局1960年版，第1112页。

② （汉）司马迁：《史记》卷一三〇《太史公自序》，中华书局1982年版，第3293页。

③ （汉）司马迁：《史记》卷八十四《屈原贾生列传》，中华书局1982年版，第2503页。

④ （汉）司马迁：《史记》卷一三〇《太史公自序》，中华书局1982年版，第3296页。

放失旧闻"①，并且进行了许多遗址、遗迹的实地调查，从而对先秦官方文献少记或失记的诸子身世行事，呕心沥血地作出了前无古人的记述。太史公所搜集的材料，如果埋藏在地下，将是简帛极品。父子两代编撰这么一部大书，不可能没有纰漏，但从整体而言，它是一部信史，应该获得足够的尊重。疑古的前人，说老子在庄子之后，又说《孙子兵法》为孙膑所著，都是挑战太史公书的。但是湖北荆州郭店竹简出土了三种《老子》，山东临沂的银雀山同时出土了《孙子兵法》和《孙膑兵法》，历史给博学的先生开了个玩笑，证明《史记》的记载具有难以动摇的历史真实性。许多历史现场，还要回到太史公。

《左传》在吴楚柏举之战中诚然没有记载孙武，这里涉及历史存在与历史记载的悖谬。《左传·定公四年》（鲁定公四年，即公元前506年）记述吴楚柏举之战，不见孙武的名字。吴国联合蔡国、唐国攻打楚国，顺着淮河上去，突然抛弃自己的船只，与楚军在柏举对峙。吴王阖闾的弟弟夫概不听阖闾的意见，带着五千人以迅雷不及掩耳之势，打乱了楚军的阵脚。等到逃跑的楚军一半渡过河去，剩下的一半丧失斗志时带兵出击，从而大败楚军。又乘溃退的楚军在做饭，追上去把他们的饭吃掉，继续追击。只用了十一天，千里奔袭，打了五仗，攻入楚国的首都。对于这场出奇制胜、以少胜众的著名战役，《左传》提到伍子胥、太宰嚭，记述了吴王阖闾、王弟夫概，以及楚国领军的令尹、司马，唯独不见孙武的影子。这就授给怀疑的先生以把柄，认为历史上没有孙武此人。历史记载中，为什么孙武缺席？这就需要辨明《左传》的材料来源。《左传》采用的是官方材料，官方记载是以官本位的价值尺度，来选择和剪裁史事的。因此功劳簿是只记国王、王弟和伍子胥一类的重臣。官低一级，矮人一等，仰着头看的史官，

---

① （梁）萧统编，（唐）李善注：《文选》卷四十一司马迁《报任少卿书》，上海古籍出版社1986年版，第1865页。

也就看不见孙武了。这是等级森严时代的历史记载的惯例，历来如此。倒是我们的疑古先生步古史官的后尘，依然不愿把仰着头看，改为平视，也就认为历史上无孙武其人了。孙武只是一个军事专家，一个参谋，是个客卿。孙武直到死都是吴国的客卿，而非一二品大员，与辅助吴王阖闾上台的重臣伍子胥在官阶上难以并肩。东汉袁康《越绝书》卷二记载：吴国首都"巫门外大冢，吴王客齐孙武冢也，去县十里。善为兵法"。① 我们虽然把孙武、孙膑区分为吴孙子、齐孙子，但是从吴人看来，孙武还是齐孙武，只不过是"吴王客"。因此官方史籍未予记载，是可以想知的。

然而诸子书的价值尺度不同，它不是以官位，而是以真才实学和历史作用衡量人物，也就不会忘记孙武了。战国末年的《尉缭子》说：有提十万之众，而天下莫敢当者，是谁呢？是齐桓公；有提七万之众，而天下莫敢当者，是谁呢？是吴起；有提三万之众，而天下莫敢当者，是谁呢？是孙武子。柏举之战，吴军就是以三万之众，大败楚军二十万之众的。《韩非子·五蠹》里面也讲，"境内皆言兵"，国家境内到处都在谈论用兵，"藏孙、吴之书者家有之"②。兵家、思想家的书，都把孙武放在非常重要的位置。《史记》将孙武、吴起合传，是突破以官职论人物高低的价值框架的。

其实只要对《左传》文本进行细读，也可以感受到吴楚柏举之战，与春秋许多战争存在实质性的差异。从夫概的言论和战法来看，处处闪动着孙武的影子。孙武作为客卿参谋，不一定就在阖闾的身边，他可能处在前锋，时时为夫概出谋划策。比如夫概分析楚军主将不仁失众，就符合《孙子兵法》的"知彼知己，百

---

① 张仲清校注：《越绝书校注》卷二《越绝外传记吴地传第三》，国家图书馆出版社2009年版，第46页。

② （清）王先慎撰，钟哲点校：《韩非子集解》卷十九《五蠹》，中华书局1998年版，第452页。

战不殆"(《谋攻篇》),夫概主张速战速决,也符合"其用战也胜,久则钝兵挫锐"(《作战篇》),"攻其不备,出其不意"(《计篇》)。夫概的速战提议得不到阖闾的允许,就说:"所谓'臣义而行,不待命'者,其此之谓也。今日我死,楚可入也。"这些话与孙武操练女兵时说的"将在军,君命有所不受"如出一辙。夫概追击楚军可谓"其疾如风",但追到清发水(今湖北涢水)时,却主张等对方半渡,才发起攻击,夫概的理由是:"困兽犹斗,况人乎?若知不免而致死,必败我。若使先济者知免,后者慕之,蔑有斗心矣。半济而后可击也。"这也是孙武"穷寇勿迫"(《军争篇》),以及"所谓古之善用兵者,能使敌人前后不相及,众寡不相恃,贵贱不相救,上下不相收,卒离而不集,兵合而不齐"(《九地篇》)思想的运用。其后穷追猛打,十一天就攻占郢都,确实做到了"凡战者,以正合,以奇胜。故善出奇者,无穷如天地,不竭如江河","激水之疾,至于漂石者,势也。鸷鸟之疾,至于毁折者,节也"(《势篇》)。这个柏举之战,实现了孙武"夫兵形象水,水之形,避高而趋下。兵之形,避实而击虚。水因地而制流,兵因敌而制胜。故兵无常势,水无常形,能因敌变化而取胜者,谓之神"(《虚实篇》)的大智慧。可以说,柏举之战是孙武军事思想和谋略的一次大演习。《左传》没有记载孙武,但它所记载的柏举之战,却处处有孙武。孙武处在夫概的前锋位置,其后夫概率先回吴国称王,被阖闾回师打败而流亡楚国北部的堂谿。孙武作为客卿,当是吴王夫差侵略齐国,士人不愿开罪父母之邦,因而在吴国当了27年客卿之后,在伍子胥赐剑自尽之前,全身而退,像神龙见首不见尾一样,留下了《越绝书·记吴地传》所说"巫门外大冢,吴王客孙武冢也,去县十里。善为兵法"的历史遗迹。

《史记》记孙武,除了大力渲染他操练女兵而斩吴王的二爱姬,对孙武的身世仅是寥寥数语:"孙子武者,齐人也。以兵法见于吴王阖庐。"① 并没有交代他的祖宗脉络。大概先秦文献少载孙武身世，太史公远游吴越也只是探访了春申君故城，及"上会稽，探禹穴"，并未找到孙武后人及其家族谱牒。到齐地，虽然知道孙武死后百余岁有孙膑，但孙膑可能出自孙武祖父传下的另一支，说"膑亦孙武之后世子孙也"②，可能也是未见孙氏谱牒的臆测之词。既然孙子身世材料散失，那么我们研究《孙子兵法》又如何触摸孙武的体温？年富力强的孙武，此前并无战争经历的记载，为何他见吴王阖闾，就拿出了《十三篇》。银雀山竹简已出现"十三篇"一词，可知《史记》所载，具有可靠性。十三篇的《孙子兵法》一出手，竟然成为千古的兵家圣典，原因何在？

摆在我们面前的问题，是如何看待、解释和弥补历史记载的这个空白。《老子·第五章》说："天地之间，其犹橐籥乎！"天地之间就像一个大风箱，你把住它的把，鼓动它的皮囊，推移它的活塞，才能鼓出风来；要这个风箱有意义，能发挥鼓风的功能，它的中间应该是空的，不能是实心的。有空白，风箱才能打出气来，空白的意义具有关键性。研究先秦诸子的发生学，必须注意这种历史失载的有意义的空白，甚至要建立一种"空白的哲学"。研究先秦诸子发生学，有必要从文献处入手，在空白处运思，致力于破解空白的深层意义，这就是"哲学的文献学"的妙用。空白对于方法的会通，提出更高的要求。我们面对空白，要尽可能寻找蛛丝马迹，从缀合可能搜得的材料碎片上，进入先秦诸子的生命本质。这就要动员文献学、考古学、姓氏学谱系学、文化人类学、人文地理学等多学科的材料，交叉使用各种方法，寻找钥匙打开诸子的生命密码。

---

① （汉）司马迁：《史记》卷六十五《孙子吴起列传》，中华书局1982年版，第2161页。

② （汉）司马迁：《史记》卷六十五《孙子吴起列传》，中华书局1982年版，第2162页。

清代学者孙星衍自认是孙武的真后裔,进而追溯"孙子盖陈书之后。陈书见《春秋传》,称孙书。《姓氏书》以为景公赐姓,言非无本。又泰山新出《孙夫人碑》,亦云与齐同姓"[1]。关于孙武家世,还可以参看《新唐书·宰相世系三下》:"孙氏出自姬姓。……又有出自妫姓。齐田完字敬仲,四世孙桓子无宇,无宇二子:恒、书。书字子占,齐大夫,伐莒有功,景公赐姓孙氏,食采于乐安。生凭,字起宗,齐卿。凭生武,字长卿,以田、鲍四族谋为乱,奔吴,为将军。三子:驰、明、敌。明食采于富春,自是世为富春人。"[2] 孙氏出自田完家族。陈宣公二十一年(前672),陈国发生了宫廷斗争,田完担心受到牵连,逃到齐国,当了齐桓公的工正。这个家族经过了十代的发展,势力强盛,最终在田太公十八年(前387)获周天子允列为诸侯,取代了姜子牙的齐国,变成了田齐。孙武是田完家族的七世孙,《左传·鲁昭公十九年》(前523)记载了孙武的祖父孙书。这年秋天齐国讨伐东夷部族的莒国,莒国的国君逃到纪鄣(今山东省日照市西南的安东卫故城),就派孙书攻打纪鄣。城里有位老寡妇,因为丈夫被莒国的国君杀死了,就住在这个小城邑里,天天纺织麻绳,到了麻绳长度和城墙高度相等时,就收藏起来。等到孙书军临城下,她就把麻绳扔出城外。陈书获得麻绳,夜里就派军队攀着麻绳登城。登上六十人,麻绳断了。这六十人和外面攻城的军队,击鼓呐喊,把莒国的国君吓蒙了,不知进来多少人,就打开西门逃跑了,齐军就开进城来。因为这项战功,齐景公赐陈书姓孙。所以《孙子兵法》说,"兵以诈立,以利动,以分合为变者也。故其疾如风,其徐如林,侵掠如火,不动如山,难知如阴,动如雷震,掠乡分

---

[1] (清)孙星衍:《孙子兵法序》,(春秋)孙武撰,(三国)曹操等注,杨丙安校理:《十一家注孙子校理》,中华书局1999年版,第333页。

[2] (宋)欧阳修、宋祁:《新唐书》卷七十三下《宰相世系三下》,中华书局1975年版,第10册,第2945页。

众，廓地分利，悬权而动。先知迂直之计者胜，此军争之法也"①，就与纪鄣战例的经验有关。而且《孙子兵法》第十三篇《用间》就很独特，专门写反间计和信息情报，内奸、暗线，对于打仗时了解敌情有特殊的重要性。哪本兵书把反间计作为专门一章来写？就是《孙子兵法》。信息时代的战争，空中的情报卫星，低空的预警机，都是关键。孙武实在有先见之明，知道信息的高度重要性，纪鄣城的老太太比照城墙的高度纺麻绳，实际上这个内线把情报数据化了。

《孙子兵法》的家族记忆，渗透得相当广泛。田氏家族，发展到四五代之后，已经是非常强势的政治军事家族。比如田常弑君，就是这个家族的六世孙所为。考察《孙子兵法》的家族文化基因时，我们绝对不要忘记，另外一位与孙武同辈而年长的一个大军事家，叫司马穰苴，《史记》卷六十四是《司马穰苴列传》。司马穰苴就是田穰苴，"司马穰苴者，田完之苗裔也"②；因为他当了大司马，由官爵得氏，称作司马穰苴。司马穰苴是一个杰出的将才，身后"齐威王使大夫追论古者《司马兵法》而附穰苴于其中，因号曰《司马穰苴兵法》"③。孙武虽然没有看到《司马穰苴兵法》，但作为家族年长的军事名人的司马穰苴，以其军事思想和行军谋略，深刻地影响了这个家族的子弟。齐景公时期受到了晋国和燕国的威胁，常打败仗，晏子就建议齐景公，起用田穰苴，说他"文能附众，武能威敌"。齐景公担心田氏家族的势力已经很大，再起用一个将军，那还得了。田穰苴接任将军时，可能是为了消除齐景公的戒心，就说：我本来卑贱，如此破格提拔，实在

---

① （春秋）孙武撰，（三国）曹操等注，杨丙安校理：《十一家注孙子校理》卷中《军争篇》，中华书局1999年版，第142—145页。

② （汉）司马迁：《史记》卷六十四《司马穰苴列传》，中华书局1982年版，第2157页。

③ （汉）司马迁：《史记》卷六十四《司马穰苴列传》，中华书局1982年版，第2160页。

是"人微权轻",请求派一位宠臣来做监军。结果景公就派了宠臣庄贾来做监军,大概也是庄子那个家族流落到齐国的。本来约定次日午时到军门会合,商量出兵的事宜,但庄贾倚宠卖宠,应酬亲戚朋友的酒席,直到晚上才来。司马穰苴就问军法官,这该怎么处理,军法官说"当斩",司马穰苴就下令将庄贾推出去杀掉,"三军之士皆振栗"。要斩宠臣,那可不得了,齐景公闻知后马上派使者骑马持节来制止,司马穰苴说:"将在军,君令有所不受。"遂斩庄贾,连闯法场的使者的跟班也杀掉了①。

司马穰苴杀齐景公宠臣庄贾时说的话,跟孙武杀吴王的两个宠姬时说的话除"君命"变作"君令"之外,是一模一样的。《史记》卷六十四《司马穰苴列传》里的这句话,在卷六十五《孙子吴起列传》里又出现了同样的话,似乎《史记》用语重复,实际上它们属于同一个家族的军事思想。"将在外,君命有所不受",是《孙子兵法》中一个大的道理,因为孙武这个军事世家觉得,将军跟国王的关系,是战争中的最重要的关系之一。"将听吾计,用之必胜,留之;将不听吾计,用之必败,去之。"② 在孙武向吴王阖庐上"十三篇"时,在第一篇中就有言在先。就是说你给不给我这个权力,在战场上我能不能够指挥,假如国君在朝廷里听风是雨,指手画脚,使将军在战场上不能随机应变、出奇制胜,对于"凡用兵之法:将受命于君,合军聚众,交和而舍,莫难于军争"③ 而言,会是极大的掣肘。"将在外,君命有所不受",这是说给吴王阖庐听的:听我的就能打胜仗,我就留下来,不听我的,就会打败仗,我就离开。孙武为什么杀了两个宠姬,

---

① (汉)司马迁:《史记》卷六十五《司马穰苴列传》,中华书局1982年版,第2157—2158页。

② (春秋)孙武撰,(三国)曹操等注,杨丙安校理:《十一家注孙子校理》卷上《计篇》,第11页。

③ (春秋)孙武撰,(三国)曹操等注,杨丙安校理:《十一家注孙子校理》卷中《军争篇》,第134—135页。

好像是血淋淋的，其实这是君命有所不受，就是要行使作为一个将军的权力的象征性事件。孙武是从齐国来的客卿，住在富春江附近，观察着吴、越、楚诸国的动向。他不是重臣伍子胥，成了吴国的左膀右臂。你不接受我这一套，自有其他国家可以选择，是鸟择林，不是林择鸟，所以要突出强调"将在军，君命有所不受"的原则。在《史记》卷六十四和卷六十五同时出现的这句话，是一个军事家族的信条，它把孙武和司马穰苴串联在一起了。

进而考察司马穰苴的治军和作战思想，也作为家族文化基因，植入《孙子兵法》。司马穰苴"文能附众，武能威敌"，跟《孙子兵法》"令之以文，齐之以武"（《行军篇》）的治军思想，是相通的。而司马穰苴带军队、士卒住下来时，就去检查伙食，看看井和灶弄好了没有，有没有生病的，亲自过问和操持。自己领到军粮资给，就跟士兵平分军粮，尤其照顾病弱者。这与《孙子兵法》里"善养士卒"的思想是一致的。《地形篇》还讲到，将帅对待士兵像自己的婴孩，就可以和他们赴汤蹈火；将帅对待士兵像自己的爱子，就可以和他们同生共死，都与司马穰苴的治兵原则存在着渊源关系。家族记忆、长辈成功的典范，就成为《孙子兵法》字里行间里的精神气脉。

孙书和司马穰苴的治军与作战，发生在孙武的少年时期，童年的记忆和经验，影响到人的终生。如此一个政治军事世家，平时的家教、庭训和讨论，也是润物细无声地成为渗透子弟心田的家学。分析《孙子兵法》文本可知，这个军事家族关注的战争，涵盖齐国跟邻国的战争，也拓展到齐、晋、秦、楚四个大国之间决定着存亡兴衰的重要战争。这就使得《孙子兵法》成为春秋中后期百余年间战争的血的经验和智慧的结晶，成为一个元气深厚、正在上升，而又纠结着几大家族势力争斗的军事世家的经验和智慧的升华。"春秋无义战"被转化为"春秋出奇书"。

比如齐鲁长勺之战（鲁庄公十年，公元前684年），曹刿在战前"问何以战",触及民众衣食、祭祀诚信、断狱以情等战前准备问题,于交战之后讨论制胜原因,又说:"夫战,勇气也,一鼓作气,再而衰,三而竭。彼竭我盈,故克之。"① 长勺之战是齐桓公时期齐国被鲁国打败的一场战争,十二年后田完才奔齐。但齐鲁常互相挑衅,因此田氏或孙氏家族是不会不对此战役进行研究的。如曹刿首先"问何以战"一样,《孙子兵法》开头的《计篇》也讨论:"故经之以五事,校之以计,而索其情:一曰道,二曰天,三曰地,四曰将,五曰法。道者,令民与上同意也,故可以与之死,可以与之生,而不畏危。"② 至于讨论战争中勇气的作用,"一鼓作气,再而衰,三而竭"。这种以气论战的思想,在《孙子兵法》中也很醒目,孙武讲战争,非常重视气,《军争篇》云:"故三军可夺气,将军可夺心。是故朝气锐,昼气惰,暮气归。故善用兵者,避其锐气,击其惰归,此治气者也。……无邀正正之旗,勿击堂堂之阵,此治变者也。"③ 孙氏家族不可能无视曹刿论战中的"气论",这种气论曾经在一百多年前,使鲁国把握战机,挫败了正在崛起的春秋五霸之首齐桓公。

《史记·秦本纪》记载:秦穆公三十二年(前628)冬,"郑人有卖郑于秦曰:'我主其城门,郑可袭也。'缪公问蹇叔、百里傒,对曰:'径数国千里而袭人,希有得利者。且人卖郑,庸知我国人不有以我情告郑者乎?不可。'缪公曰:'子不知也,吾已决矣。'遂发兵,使百里傒子孟明视,蹇叔子西乞术及白乙丙将兵"。④《史记·晋世家》接着记载:"十二月,秦兵过我郊。(晋)襄公元年(前627)春,秦师过周,无礼,王孙满讥之。兵至滑,

---

① 杨伯峻编著:《春秋左传注》(修订本)第1册,中华书局1990年版,第183页。
② (春秋)孙武撰,(三国)曹操等注,杨丙安校理:《十一家注孙子校理》卷上《计篇》,第2—3页。
③ 孙武撰,曹操等注,杨丙安校理:《十一家注孙子校理》卷中《军争篇》,第148—152页。
④ (汉)司马迁:《史记》卷五《秦本纪》,中华书局1982年版,第190—191页。

郑贾人弦高将市于周,遇之,以十二牛劳秦师。秦师惊而还,灭滑而去。晋先轸曰:'秦伯不用蹇叔,反其众心,此可击。'……四月,败秦师于殽,虏秦三将孟明视、西乞术、白乙丙以归。"①这就是秦人"千里而袭郑、灭滑",被晋师及姜戎在殽打败、三帅被擒的战例。应该说,这场远征而损兵折将的大国战争,也在孙氏家族讨论之列。《孙子兵法·军争篇》分析:"是故卷甲而趋,日夜不处,倍道兼行,百里而争利,则擒三将军。……五十里而争利,则蹶上将军。"②原因即在于"不知诸侯之谋者,不能豫交;不知山林、险阻、沮泽之形者,不能行军;不用乡导者,不能得地利"③。

总而言之,《孙子兵法》固然出自旷世天才对战争谋略和军事哲学的远见卓识,但这种远见卓识并非无源之水、无本之木,而是深深地扎根于一个强势上升的政治军事家族的经验、智慧和文化基因,又广泛地汲取春秋时期列国战争成败得失的丰沛源泉。对于《孙子兵法》大智慧的发生学,不能空泛地视之为纸上谈兵,而应该充分地发掘上述三个维度的思想文化与战争实践的丰富资源和转化提升的思想方法。孙氏家族的军事家学是一个非常的存在。百年后的孙膑也是军事史上闪闪发光的人物。魏国是战国初期大量继承晋国遗产的强国,但孙膑竟在齐威王四年(前353)围魏救赵,大败魏军于桂陵;其后齐威王十六年(前341),大败魏军于马陵,使魏国实力猛然衰落。《史记·孙子吴起列传》记载后一次战役:"魏与赵攻韩,韩告急于齐。齐使田忌将而往,直走大梁。魏将庞涓闻之,去韩而归,齐军既已过而西矣。孙子谓田忌曰:'彼三晋之兵素悍勇而轻齐,齐号为怯,善战者因其势而利

---

① (汉)司马迁:《史记》卷三十九《晋世家》,中华书局1982年版,第1670页。
② (春秋)孙武撰,(三国)曹操等注,杨丙安校理:《十一家注孙子校理》卷中《军争篇》,第137—139页。
③ (春秋)孙武撰,(三国)曹操等注,杨丙安校理:《十一家注孙子校理》卷中《军争篇》,第140—141页。

导之。兵法，百里而趣利者蹶上将，五十里而趣利者军半至。使齐军入魏地为十万灶，明日为五万灶，又明日为三万灶。'庞涓行三日，大喜，曰：'我固知齐军怯，入吾地三日，士卒亡者过半矣。'乃弃其步军，与其轻锐倍日并行逐之。孙子度其行，暮当至马陵。马陵道狭，而旁多阻隘，可伏兵，乃斫大树白而书之曰'庞涓死于此树之下'。于是令齐军善射者万弩，夹道而伏，期曰'暮见火举而俱发'。庞涓果夜至斫木下，见白书，乃钻火烛之。读其书未毕，齐军万弩俱发，魏军大乱相失。庞涓自知智穷兵败，乃自刭，曰：'遂成竖子之名！'齐因乘胜尽破其军，虏魏太子申以归。孙膑以此名显天下，世传其兵法。"①

前面孙膑引述的"兵法"，是《孙子兵法》；后面说的"世传其兵法"，是《孙膑兵法》。有些博学的老先生，把二者弄混了，甚至考证《孙子兵法》是孙膑写的。山东临沂银雀山汉墓竹简，有《孙子兵法》和《孙膑兵法》。竹简本《孙膑兵法·八阵篇》有云："孙子曰：知〔智〕不足，将兵，自侍〔恃〕也。勇不足，将兵，自广也。不知道，数战不足，将兵，幸也。夫安万乘国，广万乘王，全万乘之民命者，唯知'道'者，上知天之道，下知地之理，内得其民之心，外知适（敌）之请（情），陈则知八陈之经。见胜而战，弗见而诤。此王者之将也。"② 这是与《孙子兵法·计篇》"经之以五事"：道、天、地、将、法，而以"道"居首，是一脉相承的。唐人杜佑《通典》卷一百六十一说："战国齐将孙膑谓齐王曰：'凡伐国之道，攻心为上，务先服其心。今秦之所恃为心者，燕、赵之权。今说燕、赵之君，勿虚言空辞，必将以实利以回其心，所谓攻其心也。'"③《太平御览》卷二百八十

---

① （汉）司马迁：《史记》卷六十五《孙子吴起列传》，中华书局1982年版，第2164—2165页。
② 张震泽：《孙膑兵法校理》上编《八阵》，中华书局1984年版，第64—65页。
③ （唐）杜佑撰，王文锦等点校：《通典》卷一六一《兵十四》，中华书局1988年版，第4155页。

二则谓此语出自《战国策》。"凡伐国之道，攻心为上"①，包含着深刻的战略思想，《资治通鉴》卷七十记载："汉诸葛亮率众讨雍闿，参军马谡送之数十里。亮曰：'虽共谋之历年，今可更惠良规。'谡曰：'南中恃其险远，不服久矣；虽今日破之，明日复反耳。今公方倾国北伐以事强贼，彼知官势内虚，其叛亦速。若殄尽遗类以除后患，既非仁者之情，且又不可仓卒也。夫用兵之道，攻心为上，攻城为下，心战为上，兵战为下，愿公服其心而已。'亮纳其言。"② 马谡为诸葛亮所采纳的"攻心为上"，源自孙膑。

从孙武的柏举之战（前506），到孙膑的桂陵之战（前353），相隔一百五十三年，大概相隔五代人。孙武是"以田、鲍四族谋为乱，奔吴"③ 的。《史记·司马穰苴列传》记载，穰苴打败晋国和燕国，凯旋归来，"景公与诸大夫郊迎，劳师成礼，然后反归寝。既见穰苴，尊为大司马。田氏日以益尊于齐。已而大夫鲍氏、高、国之属害之，谮于景公。景公退穰苴，苴发疾而死。田乞、田豹之徒由此怨高、国等。其后及田常杀简公，尽灭高子、国子之族"④。孙武离开齐国南下，大概在司马穰苴病死，属于孙武祖辈的田乞怨恨高氏、国氏的时候，因而年纪很轻，他出现在史书上的最早编年是吴王阖庐三年（前512），他劝阖庐不要急于攻打楚国郢都："民劳，未可，且待之。"⑤ 这是《史记·伍子胥列传》的记载，六年后，才发动柏举之战。孙武有三子，孙明一系留在富春江一带，"自是世为富春人"。另外二子孙驰、孙敌，是否回归齐国临淄北的乐安，并无交代。孙膑可能是留在齐国的孙氏后

---

① （唐）李昉等撰：《太平御览》卷二八二《兵部十三·机略一》，中华书局1960年版，第1312页。

② （宋）司马光：《资治通鉴》卷七十《魏纪二》，中华书局1956年版，第2222页。

③ （宋）欧阳修、宋祁：《新唐书》卷七十三下《宰相世系三下》，第2945页。

④ （汉）司马迁：《史记》卷六十五《司马穰苴列传》，中华书局1982年版，第2158—2159页。

⑤ （汉）司马迁：《史记》卷六十六《伍子胥列传》，中华书局1982年版，第2175页。

裔，或是孙书的七世孙，但说"膑亦孙武之后世子孙也"，缺乏证据。

三 发现诸子以生命拥抱文化的深层意义

诸子发生学的第三个关键点，就是在深化清理大国文化根基的基础上，发现诸子以生命拥抱文化的深层意义，揭示中国智慧的独特风貌和原创的专利权。发生学既是知识的发生，又是意义的发生，没有新的意义发生，也就谈不上诸子学。我们探讨诸子知识发生时，已经对诸子作多维研究方法的会通，来直接解读诸子的本质、生命和意义。今日中国处在对待传统文化，尤其是诸子思想文化的认知态度，进行根本性转型的时代。在大国文化建设的新境界上，重读诸子书，就有必要既在批判中有兼容，又在兼容中有批判、承传中有超越、超越中有承传，把现代意识、科学精神和原创精神结合起来。我们对诸子的文化态度，跟清以前的人、清人，甚至跟民国时候的人，都会出现诸多根本性的不同。当把握世界的的角度和方式发生了变化，被发现和把握到的世界就大不相同。诸子作为原型思想储量极丰的世界，它永远处在不断的发现过程中。

重要的是，我们要以博大的胸怀、敬重的态度、实事求是的思想方法、深耕细作的工作方式，直指本原，激活生命，深入地把握古代哲人的原创意义，以揭示尽可能充分的古今共享、中外互通的智慧。不能简单地采取崇圣非圣，或对诸子划阶级成分的态度，停留在浮面地套用或左或右的条条框框的方法，也不能抱残守缺，不辨是非地拘守老师大儒的成见。比如说，清以前的人，是崇拜圣人的，他们大体采用注疏来表述思想，注解经书讲求"注不违经"，疏讲经注又讲究"疏不破注"，一环套一环，纹丝不动地把自己的思想装入圣贤设计好的框套中。并没有想到要用另一个创造性的思想体系，与圣贤进行寻根究底的对话。不解放自己，又何从解放前人？

清代学术，按王国维的说法，清初顾炎武他们的学术，特点是大，乾嘉学术的特点是精，道光、咸丰以后学术的特点是新。有清一代的学术，都是在发现前代的短处时，适应时代情境而求变化和深化的。清代学术确实有许多超迈前人的建树，文字训诂、版本校勘、经籍汇注、群书辑佚，都取得了巨大的成绩。尤其对于乾嘉诸老，今人仰脖子久矣，简直把脖子都仰酸了。我们当然要尊重清学，继承清学，但并不是说，清学就止于至善，没有缺陷和短板。发现前代学术的缺陷和短板，才能开拓现代学术的存在和发展的空间。清学的缺陷在于对传统文化的深层意义缺乏系统性的创新发掘。这也难怪，第一，他们回避民族问题，不敢讲民族问题。这是因为他们的统治者是少数民族。乾隆年间编《四库全书》，把所有的"胡"字都改掉，至今研究少数民族的问题不能以《四库全书》的版本为依据。清人避开说"胡"话，因为讲华夷问题，容易招来"文字狱"的横祸。吕留良讲了，即便人死了，还要剖棺断尸，因此清人对民族问题噤若寒蝉。但是中华民族这一共同体的发生和形成，不讲民族问题，就无法讲清楚。第二是民间问题，口头传统的问题。在清人看来，只有经史足以凭信，民间口头传统的知识，多是假托或不雅驯，为缙绅所不言。但是人类会开口说话，根据牛津大学一个研究室对语言基因变异的研究，人类十二万年前就会说话了。人类有文字才五千年，殷墟甲骨文三千三百年，长期以来文字掌握在极少数的贵族、巫史的手中，绝大多数人不懂文字，不能写作。因而在漫长的年代，尤其是没有文字的年代，或有文字但还被贵族、巫史垄断的年代，大量文学、文化现象，存在于民间，流传于口耳之间。如果只看经史文献，就只是看到橱窗里的水果，只有结合民间传统来看，才能发现水果从下种、发芽、成树，直至开花结果这一完整的生命过程，过程有时候比结果更重要。第三个问题，就是这一百年的考古发现，清人没有我们幸运，能够在出土文物文献渐多的时候，对上古经籍的真伪和成书过程进行科学的把握。所以对于前代学术，要有理性分析，继承他们丰厚的成果，同时看出他们的严重的缺陷。如果看不到缺陷，就找不出自己的原创空间。学术不是靠整天仰脖子的，千里之行始于足下，只有迈开自己的步伐，才能在学术史上留下自己的脚印。

"五四"以后的学术前辈，多是今人的老师或师爷，许多人出自他们的门庭，这就更需要今人培养脱离他们窠臼的自觉性。民国学术开始跳出崇圣的思路，在吸收外来思潮和知识中，实现中国学术的现代转型。他们在推开传统、创立新学科、化解板结的知识结构、重开学术局面和模样上，都有出色的表现。但是民国学者热衷疑古，通过怀疑来打开创新的大门。这就会使一种倾向掩盖另一种倾向：过度疑古。他们在颠覆传统的时候，依恃自己对宋元以后版本的丰厚知识，误以为战国秦汉的书籍也是一样的版本形态，结果把汉人整理战国典籍留下的某些痕迹，统统斥为古人作伪，弄得伪书满目，在相当程度上瓦解了传统知识的真实的权威性，使包括诸子在内的知识系统碎片化了。这就使诸子发生学的研究、古籍生命的还原研究，留下不少偏斜凌乱的症结。如今我们要用现代大国的心态来辨析历史文化的根脉，就要恢复对它们应有的尊重，如实地摸清楚我们文化根子的生生不息的生命力。如果采取这么一种心态，就会有许多疑难问题和文化史公案浮出水面。

《论语》是儒家深刻影响中国思想文化的核心经典，也是孔子和他的弟子们留下生命痕迹最多的一部经典。应该如何考察《论语》的本质意义和生命痕迹？《论语》不是孔子亲自写的，而是孔子的弟子和再传弟子回忆编纂的，这一点大家没有异议。那么这必然引导出两个问题：第一，既是弟子回忆，就必然包含着弟子对老师的理解和选择，同样一堂课，一百个人做笔记，就是一百个样子。这是记忆心理学的常识。第二，既然是弟子和再传弟子编纂，谁负主编责任就成了一个关键。因为孔夫子以后逐渐出现"儒分为八"的局面，儒家八派潜伏期的思想选择的差异，就会在《论语》编纂中留下痕迹。《韩非子·显学》把问题提得相当尖锐："世之显学，儒、墨也。儒之所至，孔丘也。墨之所至，墨翟也。自孔子之死也，有子张之儒，有子思之儒，有颜氏之儒，有孟氏之儒，有漆雕氏之儒，有仲良氏之儒，有孙氏之儒，有乐正氏之儒。……故孔、墨之后，儒分为八，墨离为三，取舍相反不同，而皆自谓真孔、墨；孔、墨不可复生，将谁使定后世之学乎？"① 韩非是站在旁观者、反对者的立场上讨论儒、墨的，所说的儒家八派可能是他对战国晚期儒学态势的概括，不一定都适合《论语》编纂时期。但他已经看到"取舍相反不同，而皆自谓真孔、墨"的现象，负《论语》编纂责任的弟子对材料是有所取舍的，甚至取舍中出现"相反不同"，这不能简单地看成心术不正，因为编纂者认为他们这样处理，是由于他们最知"真孔子"、最能传承孔子的道统。

孔学是孔子及其弟子门人共同智慧的结晶，是一个充满内在张力的思想文化共同体。弟子中谁来牵头编《论语》，是带有他自身价值观的。"零价值"是在制造圣人，价值相对性是把圣贤如实地看作平常人，尽管是充满智慧的平常人。《论语》是何时启动编纂的？《汉书·艺文志》中说："《论语》者，孔子应答弟子时人及弟子相与言而接闻于夫子之语也。当时弟子各有所记。夫子既卒，门人相与辑而论纂，故谓之《论语》。"② 班固著《艺文志》，取材于刘向、刘歆，他们认为《论语》启动编纂，是在"夫子既卒"时，也就是众弟子为孔子庐墓守心孝的三年（二

---

① （清）王先慎撰，钟哲点校：《韩非子集解》卷十九《显学第五十》，中华书局1998年版，第456—457页。

② （汉）班固：《汉书》卷三十《艺文志》，中华书局1964年版，第1717页。

十五月）间，过了这段时间，是不能以"夫子既卒"来界定时间的。

但是柳宗元在《论语辩》中提出："孔子弟子，曾参最少，少孔子四十六岁。曾子老而死。是书记曾子之死，则去孔子也远矣。曾子之死，孔子弟子略无存者矣。吾意曾子弟子之为之也。何哉？且是书载弟子必以字，独曾子、有子不然。由是言之，弟子之号之也。然则有子何以称'子'？曰：孔子之殁也，诸弟子以有子为似夫子，立而师之。其后不能对诸子之问，乃叱避而退，则固尝有师之号矣。今所记独曾子最后死，余是以知之。盖乐正子春、子思之徒（二人曾子弟子）与为之尔。或曰：孔子弟子尝杂记其言，然而卒成其书者，曾氏之徒也。"① 柳宗元的说法，为二程、朱熹等宋儒所接受，如朱熹《论语序说》引程子曰："《论语》之书，成于有子、曾子之门人，故其书独二子以'子'称。"② 柳氏、二程、朱熹的判断，是有根据的。因为《论语·泰伯》记述了曾子临终的两段话，其中一段是曾子言曰："鸟之将死，其鸣也哀；人之将死，其言也善。"③ 这是《论语》中时间最晚的材料。

曾子比孔子小四十六岁，又比孔子多活了十岁，卒于鲁悼公三十五年（前432），距离孔子的卒年鲁哀公十六年（前479年），将近五十年，已进入了战国的前期，是绝对不能说成"夫子既卒"的。汉儒与宋儒在《论语》编纂年代上，存在五十年的裂缝，裂缝中隐藏着《论语》编纂过程的何等秘密？从《论语》的结构体例和文字安排中寻找生命痕迹，发现汉儒的说法也是有根据的，而且是更深层次的根据。

---

① （唐）柳宗元：《柳宗元集》卷四《议辩·论语辩二篇·上篇》，中华书局1979年版，第1册，第110—111页。

② （宋）朱熹：《论语集注·论语序说》，《四书章句集注》，中华书局1983年版，第43页。

③ 杨树达：《论语疏证》卷八《泰伯篇第八》，上海古籍出版社1986年版，第183页。

汉人认为《论语》编纂在"夫子既卒"时启动，也就是第一次编纂发生在众弟子庐墓守心孝的鲁哀公十六至十八年（前479—前477）。证据之一，《论语》中材料最多、最鲜活、最有现场感的，是谁？是子路、颜回。子路、颜回先孔子一二年而死，众弟子回忆孔子时，也就七嘴八舌地回忆起这两位师兄，而且毫无顾忌。由于颜回、子路活着时，孔子还健在，他们也就没能开门授徒、自立门庭，没有私家弟子。如果五十年后，靠别人的弟子去回忆，是做不到子路、颜回材料最多、最鲜活、最有现场感的。如果只是曾子弟子一次编成，那无论如何不可能使他们的材料比曾子的材料多上几倍。

　　证据之二，是《论语·先进》"四科十哲"的名单中没有曾子。孔门分四科，"德行""言语""政事""文学"，德行：颜渊、闵子骞、冉伯牛、仲弓。言语：宰我、子贡。政事：冉有、季路。文学：子游、子夏。这十个哲人的名单非常重要，汉代以后，陪同孔子一块受祭。孔子晋升文宣王之后，十哲之首的颜回晋升为公，其余就封了侯，曾子以下只能当伯。注《孝经》的唐玄宗为此作《追谥孔子十哲并升曾子四科诏》。宋儒程颢对此相当恼火，说："曾子传道而不与焉，故知十哲，世俗之论也。"① 在十哲名单中，弟子均称字，如颜渊、仲弓、子贡之类。同辈或是晚辈对长辈的才称字，老师对弟子则称名不称字，因而显然不是孔子定的名单。朱熹也看出如此称呼的特别处，他在一封答疑的书信中说："非孔子之言，故皆字而不名，与上文不当相属。"但又是谁定的这些名单呢？你说是曾子的弟子编的，十哲没有曾子，怎么能说是曾子的弟子编的呢？难道曾子的弟子这么糊涂，竟然在十哲名单中遗漏了自己的老师？后世讲孔门孔学，顺序是孔、孟、颜、曾，把亚圣孟子拉进来，七十子中颜回之后就轮到曾子，

---

① （宋）朱熹：《论语集注》卷六《先进第十一》，《四书章句集注》，中华书局1983年版，第123页。

曾子在弟子中传道统排在第二。结果十个人的名单也没有曾子，这怎么交代过去啊！说是曾子弟子编《论语》，那么"参也鲁"，说曾参是很愚鲁的，也是曾子弟子编进去的吗？在上述答疑的书信中，朱熹还说："或曰：《论语》之书出于曾子、有子之门人。然则二子不在品题之列者，岂非门人尊师之意欤？四科皆从于陈蔡者，故记者因夫子不及门之叹而列之。"① 朱熹虽然提出这个问题，但他并没有深究四科十哲的名单出自谁手。因此"十哲无曾"，也没有有子，是一个悬而未决的大公案。它说明《论语》这个名单，在有子、曾子弟子参与编纂之前，就已经存在，是第一次编纂留下的痕迹。

证据之三，是要确认第一次编纂另有负责者。汉人认为《论语》编纂在"夫子既卒"时启动，除前述刘向、刘歆、班固这些文献学家、史学家之外，经学家郑玄在《论语序》中说，《论语》乃"仲弓、子游、子夏等撰"，他们是第一次编撰的负责者。西晋傅玄的《傅子》卷三沿袭了这个说法，突出仲弓："昔仲尼既殁，仲弓之徒追论夫子言，谓之《论语》。其后，邹之君子孟子舆拟其体著七篇，谓之《孟子》。"（《文选·刘峻〈辩命论〉》李善注引）②《论语·崇爵谶》则突出子夏："子夏六十四人，共撰仲尼微言，以当素王。"六十四人，应是众弟子庐墓守心孝的人数，以后就再也不能聚集如此众多的人数了。孔子卒时，仲弓四十二岁，子夏二十九岁，因此第一次编纂当是仲弓牵头，子游、子夏协同。子夏传经，可能在两汉时期影响更著，因而纬书就突出子夏了。

从分析十哲名单中，可以发现仲弓是第一次编纂的牵头人。

---

① （宋）朱熹：《答程允夫》，《朱熹文集》卷四十一，明嘉靖十一年（1532）福州府学本。

② （南北朝）刘峻：《辩命论并序》，萧统编，李善注：《文选》卷五十四，上海古籍出版社1986年版，第6册，第2348页。

孔门四科中，最重要的是"德行科"，这是第一科，是有作为掌门人传道统的资格的。言语科、政事科、文学科的人选尽管能干，也难以掌门传道统。德行科有四人，其他各科只有二人。德行科四人，第一是颜渊，没有问题，孔子生前就着力培养他当掌门人，但颜渊先孔子两年就死了。第二个是闵子骞，也没有问题。是个大孝子，现在济南还有一条街命名为"闵子骞路"，临沂费县还有他的家庙。我有一次做田野调查，开车的司机问我：闵子骞是谁啊，是个名人吧？听我说他是孔子的高足后，司机说，他的庙就在前面二百米。我们进去看，是保存得相当完好的家族庙宇，有明朝皇帝的御碑，有彩绘的壁画。闵子骞年岁较长，孔子夸奖他："孝哉闵子骞，人不间于其父母昆弟之言。"① "季氏使闵子骞为费宰。闵子骞曰：'善为我辞焉。如有复我者，则吾必在汶上矣。'"② 第三个是冉伯牛，《论语》中只有他一条材料，说冉伯牛得了麻风病临死的时候，孔子去看他，伸手从窗户握住他的手说："亡之，命矣夫！斯人也而有斯疾也！斯人也而有斯疾也！"③ 仅凭这么一条材料就列入德行科，不知采用的是何种标准？但是如果知道冉伯牛是仲弓（冉雍）同一家族的父辈，就明白他列名十哲的玄机。第四个是仲弓，在四人中唯一健在而且年富力强，足备承传道统。仲弓当过鲁国三桓的最大家族季氏之宰，季氏宰前有子路，后有冉有。但冉有、子路都列入政事科，唯独仲弓列入德行科。

德行科有仲弓，是十哲公案中的公案。《荀子·非相》中说："帝尧长，帝舜短；文王长，周公短；仲尼长，子弓短。"④ 又《非十二子》中说："案饰其辞而祇敬之曰：此真先君子之言也。

---

① 杨树达：《论语疏证》卷十一《先进篇第十一》，第249页。
② 杨树达：《论语疏证》卷六《雍也篇第六》，第136页。
③ 杨树达：《论语疏证》卷六《雍也篇第六》，第137页。
④ （清）王先谦撰，沈啸寰、王星贤点校：《荀子集解》卷三《非相篇第五》，中华书局1988年版，第73页。

子思唱之，孟轲和之，世俗之沟犹瞽儒，嚾嚾然不知其所非也，遂受而传之，以为仲尼、子游为兹厚于后世，是则子思、孟轲之罪也。……圣人之不得执者也，仲尼、子弓是也。……上则法舜、禹之制，下则法仲尼、子弓之义。"①《儒效》还提到："非大儒莫之能立，仲尼、子弓是也。"②《荀子》书的子弓，根据清人汪中、俞樾和近人钱穆的考证，确认就是仲弓，荀子把孔子和仲弓并列为圣人。《荀子·非十二子》等篇，对孔门弟子多是不太恭敬，甚至指责子思、孟子是"罪人"，是派性十足的。荀子唯一推崇的就是仲弓，因此他是承传仲弓学脉的，《论语》第一次编纂，从仲弓、子夏通向汉儒。根据皇侃《论语义疏叙》的描述，《古论语》的篇章顺序与《鲁论语》《齐论语》存在差异："《古论》分《尧曰》下章'子张问'更为一篇，合二十一篇，篇次以《乡党》为第二篇，《雍也》为第三篇，内倒错不可具说。"③按照《古论语》篇章顺序，《学而》第一、《乡党》第二，讲了孔子之学和孔子日常礼节之后，紧接着就是《雍也》第三，介绍仲弓，可见仲弓在启动《论语》编纂时，发挥了举足轻重的作用。如果进一步分析《论语》文本中有关仲弓的条目，还可以发现仲弓有时就是颜回第二，这都是第一次编纂遗留下来的生命痕迹。

从《论语》的篇章和条目蕴含的生命信息来分析，《论语》的第二次编纂，发生在众弟子庐墓守心孝三年（《礼记·三年问》："三年之丧，二十五月而毕"）。④结束后，鲁哀公十八年（前477），子张、子游、子夏推举有若出来主持儒门的一二年间。

---

① （清）王先谦撰，沈啸寰、王星贤点校：《荀子集解》卷三《非十二子篇第六》，第94—97页。

② （清）王先谦撰，沈啸寰、王星贤点校：《荀子集解》卷四《儒效篇第八》，第138页。

③ （南朝）皇侃：《论语义疏序》，（魏）何晏撰，（南朝）皇侃义疏：《论语集解义疏》，商务印书馆1936年《丛书集成初编》本，第3—4页。

④ （清）朱彬撰，饶钦农点校：《礼记训纂》卷三十八《三年问第三十八》，中华书局1996年版，第843页。

《孟子·滕文公上》说："昔者孔子没，三年之外，门人治任将归，入揖于子贡，相向而哭，皆失声，然后归。子贡反，筑室于场，独居三年，然后归。他日，子夏、子张、子游以有若似圣人，欲以所事孔子事之，强曾子。曾子曰：'不可，江、汉以濯之，秋阳以暴之，皓皓乎不可尚已！'"① 孟子这段话给我们传达了三个讯息：一，子贡的人望很高，在二三子中，子贡从政经商，能言善辩，有纵横气，而受到某种程度的排斥，但在一般弟子中，他的人缘甚佳。孔子临终，急切等待子贡回来，并称自己是"殷人"，子贡组织众弟子按照殷礼为孔子庐墓守心孝，三年的住宿、饮食、祭祀仪式的经费，大概都是子贡筹措的，因此大家离开时，向子贡揖别。二，子夏、子张、子游以有若似圣人，是推举他出来主持儒门事务的，不然曾子不会说出那么重的话加以反对。三，曾子当时二十九岁，门庭尚未宏大，他的反对不足以阻止子张、子游、子夏的推举。只是说明了曾子、有子的门人参与《论语》编纂，不可能发生在同一次或同一时期。

这次推举行为，是由子张发动的。《论语·宪问》记载："子张曰：'《书》云，高宗谅阴，三年不言，何谓也？'子曰：'何必高宗，古之人皆然。君薨，百官总己以听于冢宰三年。'"②《礼记·檀弓下》也记载同一件事："子张问曰：'《书》云：高宗三年不言，言乃欢。有诸？'仲尼曰：'胡为其不然也？古者天子崩，王世子听于冢宰三年。'"③ 高宗就是殷王武丁。按照殷礼，众弟子守心孝三年，是不与闻政事的；三年孝期满，就要重新启动儒门，子张按夫子遗训提出此事。子张、子游、子夏都是三十岁左右，有必要推举年纪略长的师兄，子游就提名有若。《礼记·檀

---

① （清）焦循撰，沈文倬点校：《孟子正义》卷十一《滕文公章句上》，中华书局1987年版，第393—394页。
② 杨树达：《论语疏证》卷十四《宪问篇第十四》，第369页。
③ （清）朱彬撰，饶钦农点校：《礼记训纂》卷四《檀弓下第四》，第140页。

弓上》记载，子游曰："甚哉！有子之言似夫子也。昔者夫子居于宋，见桓司马自为石椁，三年而不成。夫子曰：若是其靡也！死不如速朽之愈也。死之欲速朽，为桓司马言之也。南宫敬叔反，必载宝而朝。夫子曰：若是其货也！丧不如速贫之愈也。丧之欲速贫，为敬叔言之也。"① 子游说"有子之言似夫子也"，与孟子说"子夏、子张、子游以有若似圣人，欲以所事孔子事之"，是可以相互印证的。这就是他们推举有若主持儒门的理由。《礼记·檀弓下》记载："有若之丧，悼公吊焉，子游摈由左。"② 可知，有若由于曾经主持过儒门，对鲁君颇有影响；有若之丧，七十子只有子游临场为相，筹措丧礼，可见他们交情之深。子游、子张后来是儿女亲家，此时关系已是很紧密，他们的联手，力量可观。

由于儒门人事出现变动，初编成的《论语》有必要进行修订、补充和再度编纂。这就出现了《论语·学而》第二章的记述："有子曰：'其为人也孝弟，而好犯上者，鲜矣；不好犯上，而好作乱者，未之有也。君子务本，本立而道生。孝弟也者，其为仁之本与！'"③ 以及其后还有二则"有子曰"。《颜渊》篇还有一则有若对鲁哀公之言的对答："百姓足，君孰与不足？百姓不足，君孰与足？"④ 这里依然称作"有若"，没有称"有子"，大概是第一次编纂留下而没有改订的痕迹。第二次编纂，子张是重要的负责者，因而《论语》在快要终篇处插入了《子张》篇。何晏《论语集解叙》说："《古论》……分'尧曰'下章'子张问'以为一篇，有两《子张》。"⑤ 两《子张》篇实际上是一个《子张》篇，

---

① （清）朱彬撰，饶钦农点校：《礼记训纂》卷三《檀弓上第三》，第108页。
② （清）朱彬撰，饶钦农点校：《礼记训纂》卷四《檀弓下第四》，第126页。
③ 杨树达：《论语疏证》卷一《学而篇第一》，第3页。
④ 杨树达：《论语疏证》卷十二《颜渊篇第十二》，第283页。
⑤ （魏）何晏：《论语集解叙》，（魏）何晏撰，（南朝）皇侃义疏：《论语集解义疏》，商务印书馆1936年《丛书集成初编》本，第2页。

因《尧曰》篇太短，分出《子张》篇后半部分缀于《尧曰》篇的后面，绳子不牢而脱落《子张问》。今本《子张》篇很特别，整部《论语》二十篇中，只有记述孔子行为礼节的《乡党》和《子张》，没有"子曰"或"孔子曰"。而且《子张》篇二十五章，分属子张、子夏、子游、曾子、子贡五人，这五人是庐墓守心孝三年期满后依然留在鲁国的孔门大弟子。可见《子张》篇成于这个时期。还需补充一句，第二次编纂虽然加入有子、子张，但依然保留第一次编纂的旧人子游、子夏，使《论语》的宗旨、体例、模样得以延续。

　　至于《论语》第三次编纂，则是曾子去世（鲁悼公三十五年，公元前432年）以后不久的事。为什么还要再编一次呢？这说明《论语》自始就是作为孔门传衣钵的核心典籍的，各个学派都想在其篇章中表达自己的话语权。经过近半个世纪的教学和著述，此时曾门已经在孔学发祥地鲁国发展壮大，俨然是孔门道统的传人，因而对传衣钵的典籍进行修订定稿，也属顺理成章。这一点，曾子的弟子门人，可能比曾子本人更上心。曾氏家族本是在鲁国经营多代的相当殷实的家族，这给曾子学派的发展提供了坚实的物质和人脉的支撑。《左传·昭公元年》（前541）记载："叔孙（豹）归，曾夭御季孙以劳之。且及日中不出。曾夭谓曾阜曰：'且及日中，吾知罪矣。鲁以相忍为国也。忍其外，不忍其内，焉用之？'阜曰：'数月于外，一旦于是，庸何伤？贾而欲赢，而恶嚣乎？'阜谓叔孙曰：'可以出矣。'叔孙指楹，曰：'虽恶是，其可去乎？'乃出见之。"① 这是叔孙豹参加晋、楚诸国的弭兵会盟期间，由于季氏对莒国用兵，几乎危及叔孙豹的生命；叔孙豹归国后，季氏来谢罪，经过疏通，叔孙豹还顾及门面，出而相见。曾夭是季氏宰，曾阜是叔孙氏的家臣，他们是

---

① 杨伯峻编著：《春秋左传注》（修订本）第4册，中华书局1990年版，第1211页。

曾子的曾祖和祖父，此事发生在曾子出生前三十五年。曾氏出自夏民族分封的鄫国，与莒国、鲁国存在复杂的曲折婚姻。鄫国亡后，其世子曾巫为鲁大夫，成为鲁国曾氏的始祖。到子孙辈，成了鲁国三桓的家宰或家臣。这在源于鲁史的《春秋》及其三传中不乏记述。曾子出自亡国贵族后裔，其先辈不算显赫，但也不甚寥落。如此一个殷实家族在鲁国经营数代，亲朋故旧定然不少，具有一定实力，因而曾点一次游春，就可以"冠者五六人，童子六七人"，虽称不上冠盖如云，却也是足够风光的。孔门弟子中，谁能若此？在众弟子纷纷离开鲁国之后，曾子在鲁地开宗立派，得到一批相当殷实的亲朋故友子弟的支持和加入，设帐开坛都左右逢源，最终发展成为一个实力深厚的学派，也就在情理之中了。

《论语·泰伯》记载："曾子曰：'可以托六尺之孤，可以寄百里之命。临大节而不可夺也。君子人与？君子人也。'"① 这里是否暗示着对孔子孙子孔伋（子思）的托孤抚育？在孔门，提到托孤，谁的心里都会明白，是子思托孤。因为孔鲤死时，孔子垂垂老矣，自然会想到年仅十岁的孔伋的托孤问题。七十子可托之人不少，比如子贡，衣食无忧，但可能带着子思到处经商从政，此非孔子所愿；子游、子夏、子张也可托付，但他们在鲁地缺乏家族根基，很可能将子思带到南国魏、陈，难免漂泊不定；唯有曾子对孔学理解纯正，家族久居于鲁，曾祖、祖父曾是三桓臣宰，根基殷实，是托孤的最佳选择。孔子托付孔伋于曾家，可以得到放心的荫庇。可见曾子云"可以托六尺之孤，可以寄百里之命"，并非空泛之论，是有所指、有所担当的。这则曾子之言，很可能是第三次编纂时，子思为了感谢曾家，特地安排的。

---

① 杨树达：《论语疏证》卷八《泰伯篇第八》，第186—190页。

曾门第三次编纂的基本原则，首先是对原本的框架不作另起炉灶的颠覆，而是进行必要的有限的修订和调整。因为原本是将近半个世纪前师伯们编定的，得到孔门广泛的认可而流传，另起炉灶，就等于割断学脉。因而第一次编纂时大量采录的子路、颜回的材料保留下来了，当时拟定的"四科十哲"名单也保留下来了，连"参也鲁"这样的话，也不作改动。在《论语》篇题上，这次编纂有所变动的，也许只有《宪问》篇，司马迁所见是《古论语》，其《仲尼弟子列传》说："子思问耻。孔子曰：'国有道，穀。国无道，穀，耻也。'子思曰：'克伐怨欲不行焉，可以为仁乎？'孔子曰：'可以为难矣，仁则吾弗知也。'"① 由于孔伋（子思）参与了第三次编纂，而他的字与原宪同为"子思"，有必要改回原宪称名，以免产生混淆，遂有如今的《宪问》篇题。这一编纂原则，就像古典建筑维修那样，"修旧如旧"，保留其古老所带来的权威性。这也就造成《论语》文本在三次编纂中留下了不同编纂者的生命痕迹，有如考古地层学特别关切的"历史文化地层叠压"的现象。

其次，既然总体框架不予打破，编纂的主要精力就集中在增补上。补编的理由，是原本的材料不够齐全、有残缺，有价值选择上的偏颇。补编所要解决的问题，它的核心宗旨，其实只需借鉴一个问题：孔门最能传道统的是曾子。曾门编撰《礼记》中包括《学记》《大学》《曾子问》在内的许多篇章，编撰"孔子为曾子陈孝道"的《孝经》，都是为了说明最能传孔子道统的是曾子。因而就在《论语·学而》要紧处的第四章，出现了："曾子曰：'吾日三省吾身。为人谋而不忠乎？与朋友交而不信乎？传不习乎？'"②

---

① （汉）司马迁：《史记》卷六十七《仲尼弟子列传》，中华书局1982年版，第2207页。

② 杨树达：《论语疏证》卷一《学而篇第一》，第6—8页。

这就在颜回讲"仁"、讲"安贫乐道"的基础上，增加了曾子讲自省、讲忠信、讲传习，使儒学更加讲究"正心"之学，讲究内在素质，采取"不待言心而自贯通于动静之间"（顾炎武：《日知录》卷一）的反求诸己的自省方式。从而与《大学》的格物、致知、诚意、正心、修身、齐家、治国、平天下的思想行为方法相衔接，并为之提供了身心兼修方式的原点。从儒学演变趋势而言，曾子"吾日三省吾身"章的设立，实际上是《论语》中曾子路线的确立。

除多为上述的独语式的"曾子曰"之外，还有一些"曾子曰"可以和其他篇章构成对比式，而形成相互呼应的互文关系。《里仁》有一章："子曰：'参乎！吾道一以贯之。'曾子曰：'唯。'子出，门人问曰：'何谓也？'曾子曰：'夫子之道，忠恕而已矣。'"① 还有一段话，是子贡跟孔子对话，就是《卫灵公》第三章也讨论同一命题："子曰：'赐也！女（汝）以予为多学而识之者与？'对曰：'然，非与？'孔子曰：'非也。予一以贯之。'"② 隔了二十章之后，《卫灵公》第二十四章又记载："子贡问曰：'有一言而可以终身行之者乎？'子曰：'其恕乎！己所不欲，勿施于人。'"③ 子贡（端木赐）是七十子中智商最高的一人。但他对孔子的理解只是博学多闻，而对孔子"一以贯之"之道的精髓感到茫然。在这一关键点上，曾子显然高出子贡许多，他无须像子贡那样要不断地点拨才知道，他是内心透亮，而且直抵"一以贯之"的忠恕之道的本原的。如此聪明绝顶的子贡，在对孔子思想精华的把握上，离曾子尚差一个档次，至于谁能传承孔子道统，岂非不言而喻？

除上述的独语式、对比式之外，还有一种属于根源式的增添。

---

① 杨树达：《论语疏证》卷四《里仁篇第四》，第104页。
② 杨树达：《论语疏证》卷十五《卫灵公篇第十五》，第374页。
③ 杨树达：《论语疏证》卷十五《卫灵公篇第十五》，第399页。

《论语·先进》最后一章，是"子路、曾皙、冉有、公西华侍坐"章。这是《论语》近五百章中，写得最有宇宙气象、令人感到春风拂面的一章。这里展示了孔子教学方式的一个现场，夫子让弟子首先发言，然后逐一作出评点。孔子让四人各言其志，莽撞的子路抢先说，可以使处于大国威胁下的小国，鼓起勇气，知道对付的方法；冉有经过催促才发言，说三年就可以使不大的国家富足起来；随之公西赤谦卑地说，愿意学习做祭祀、会盟的小司仪。这三位都不是等闲之辈，子路、冉有名列十哲，公西赤是孔子极其欣赏的礼仪专家。这番论学，有一个人很独特，坐在那弹琴，在孔子催问下，自认为"异乎三子的意见"，并且说出："莫（暮）春者，春服既成，冠者五六人，童子六七人，浴乎沂，风乎舞雩，咏而归。"孔子浩然长叹说："吾与点也。"①

在人生志趣上，不是孔子启发曾点，而是曾点感动了孔子。子路、冉有、公西华离开后，孔子又把曾点留下来，评议他们三个人言论的长短得失，如此处置，曾点的位置简直就是一个副导师。这是曾门编纂的一个家族神话，旨在证明曾子学派根红苗壮。这一章应是第三次编纂时增补的，因为行文三次称孔子为"夫子"，两次在叙述文字中，一次是曾点曰："夫子何哂由也？"② 如此称呼孔子为"夫子"，不是春秋人的口气，是战国人的口气。这只要比较一下《论语·公冶长》"颜渊、季路侍。子曰：'盍各言尔志'"章，其用语简约，一路称孔子为"子"，就可以了解春秋文章与战国文章，存在着很大差异。因此《先进》篇"子路、曾皙、冉有、公西华侍坐"章，为曾门在战国前期所补入。曾点"浴沂咏归"的情怀，拓展了人与自然交往的清旷胸襟，在儒门的典重拘谨中透出几分潇洒。清人袁枚还发现："《论语》称陈成子、鲁哀公，都是孔子亡后二人之谥法，可见《论语》之传述，

---

① 杨树达：《论语疏证》卷十一《先进篇第十一》，第272页。
② 杨树达：《论语疏证》卷十一《先进篇第十一》，第273页。

亦去圣人亡后百十年后，追述其言。"① 称呼的变异，印证了中国前期曾门有关一次编纂，而且《论语》是抄在竹简上的，日后传承又有转抄，补入个别谥号，不足为奇。

《论语》在春秋战国之际五十年间的三次编纂，使《论语》成为一个充满复调和张力的思想共同体，虽多短章，犹存渊深，明白晓畅而滋味久长。在渊深的深处，跃动着孔子、七十子，尤其是编纂者的生命脉搏。开头的编纂确立了孔学的颜回路线，由仲弓、子夏，通过荀子，通向汉儒；最后的编纂增加了孔学的曾子路线，通过子思、孟子，通向宋儒。中国儒学的汉学、宋学两大学派，在《论语》五十年间的编纂中，已经埋了深厚的源头和线索。

《论语》编纂还有一次子贡学派的《齐论语》。它的主要特点是增加了《问玉》《知道》两篇。何晏《论语集解序》引用刘向的说法，称《鲁论语》二十篇，《齐论语》二十二篇，"其二十篇中，章句颇多于《鲁论》"，"《齐论》有《问王》《知道》，多于《鲁论》二篇"，《问王》篇实际就是《问玉》篇。从子贡的年岁推测，《齐论语》的修纂在公元前456年前后，早于曾门公元前432年前后的编纂二十余年。《问玉》毫无疑义是子贡"问玉"。《孔子家语·问玉》篇对此记载说："子贡问于孔子曰：'敢问君子贵玉而贱珉何也？为玉之寡而珉多欤？'孔子曰：'非为玉之寡故贵之，珉之多故贱之。夫昔者君子比德于玉，温润而泽，仁也；缜密以栗，智也；廉而不刿，义也；垂之如坠，礼也。叩之，其声清越而长，其终则诎然乐矣。瑕不掩瑜，瑜不掩瑕，忠也；孚尹旁达，信也；气如白虹，天也；精神见于山川，地也；珪璋特达，德也；天下莫不贵者，道也。诗云：言念君子，温其如玉，故君子贵之也。'"至于《知道》的确切内容，直到2017年于南

---

① （清）袁枚：《随园诗话补遗》卷三，（清）袁枚著，顾学颉点校：《随园诗话》，人民文学出版社1982年版，第638页。

昌汉代海昏侯刘贺墓考古发掘传来新消息，有失传 1800 年之久的《齐论语》残简，才有了着落。海昏侯墓的"智道"残卷说："孔子智道之易也，易易云者，三日。子曰：此道之美也，莫之御也。"这可以参看《孔子家语·颜回篇》记载："孔子谓颜回曰：'人莫不知此道之美，而莫之御也，莫之为也何居？为闻者盍曰思也夫。'……颜回谓子贡曰：'吾闻诸夫子，身不用礼，而望礼于人；身不用德，而望德于人，乱也。夫子之言，不可不思也。'"又《礼记·乡饮酒义》载孔子曰："吾观于乡，而知王道之易易也。"是说孔子观看乡饮酒之礼有尊贤尚齿之法，从而知道王者教化之道很容易施行。因而子贡是以仁、智、义、礼、乐、忠、信、天、地、德、道为核心理念，智的位置很靠前，这是值得注意的；子贡又知王道之易于施行，这是他的行动纲领。

考证《论语》编纂过程的突破点，在于确定编纂最初启动于何时。只有认清最初，才可能顺理成章地识别其后的历次编纂植入了何种生命密码，是如何造成历史文化地层叠压的。汉人多指认《论语》编纂最初启动于"夫子既卒"的时候，唐代陆德明《经典释文》也坚持此说，并补充了原因："夫子既终，微言已绝，弟子恐离居已后，各生异见，而圣言永灭，故相与论撰，因采时贤及古明王之语合成一法，谓之《论语》。"① 这里讲的是道统传承在弟子离散后可能出现的危机，要维持这个思想学术共同体的精神联系，是具有庐墓守心孝时不可不编纂《论语》的迫切性的。子思《坊记》最早提到《论语》书名，而引"《论语》曰：三年无改于父之道，可谓孝矣"②。这则"子曰"，二见于《论语》，一在《学而》篇，一在《里仁》篇，子思率先将之与《论语》书名相联系，隐含着他对《论语》编纂动机的认识。庐墓守

---

① （唐）陆德明撰，黄焯注：《经典释文》，中华书局 1983 年缩印本，第 15 页下栏。
② 廖平：《坊记新解》，《续修四库全书》经部第 107 册，上海古籍出版社 1994 年版，第 169 页。

心孝三年，不是三日、三月，而是二十五月，众弟子要做到"尊师如父"无改于师之道，编纂《论语》当是最好的选择。《礼记·曲礼上》郑玄注说："'从于先生'者，谓从行时。先生，师也。谓师为先生者，言彼先己而生，其德多厚也。自称为弟子者，言己自处如弟子，则尊师如父兄也。"① 那么如何尊师如父呢？《论语·为政》说："子曰：生，事之以礼；死，葬之以礼；祭之以礼。"②《孟子·滕文公上》则把孔子之言移到曾子口中："曾子曰：生，事之以礼；死，葬之以礼，祭之以礼，可谓孝矣。"③ 因此孔子丧后，众弟子是按照殷礼为孔子守丧的。如果我们能够在"以史解经"的基础上，进一步"以礼解经""以生命解经"，当会更深入地揭示《论语》的编纂过程，尤其在庐墓守心孝期间最初启动编纂过程的内在生命体验。

为何对《论语》的发生学提出两千年都没有认真深入地清理的问题？因为我们要清理现代大国文化的根本和脉络，念好"本"字这部经，既不要颠覆什么，也不制造什么思潮，而是实实在在、原原本本地考察我们的文化根子，考察文化根子的思想史意义。这里既需要尊重的态度，又需要平等的精神，还需要科学的方法，把孔子和他的弟子当成正常人，或杰出的平常人来对待。应该"古今双赢"：还古人以古人应有的伟大，同时给现代人留下充分的原创空间。现代大国文化态度下的先秦诸子发生学，应以从容的、博大的、明澈的眼光，透过历史的灰尘，看取诸子的意义本质和生命本质，不拔高也不扭曲，不涂饰也不遮蔽。我们不借祖宗的魔咒、魔杖去打鬼，但是也没有必要给祖宗戴上假面具，去顶礼膜拜。我们要在古今沟通、中外交融的文化语境中，站稳脚

---

① （汉）郑玄注，（唐）孔颖达疏：《礼记正义》卷二《曲礼上》，（清）阮元校刻：《十三经注疏》上册，中华书局1980年版，第1238页上栏。
② 杨树达：《论语疏证》卷二《为政篇第二》，第43页。
③ （清）焦循撰，沈文倬点校：《孟子正义》卷十《滕文公章句上》，中华书局1987年版，第323页。

跟，挺直腰杆，创造我们厚重丰沛的思想史界碑和精神家园，创造我们生机勃勃的现代思想文化。能不能从发生学和更多的学理角度，去做到这一点，实在是对中国现代学术界的创造性能力的重要试金石。

2009年5月29日国家图书馆"文津讲坛"的讲演，其后又在多所高校作讲演，2014年2月15日修改，2021年2月10日再修订

先秦诸子开幕式与闭幕式

一　现代大国学术应该敢于面对重大的关键问题

随着古典学研究的深入和问题意识的增强，诸子迷津，触目皆是，引发人们深入探讨的兴趣。深刻的古典学研究，自应该迎难而上，施展作为。先秦诸子与我们远隔两千余年，许多材料蒙上厚厚的历史烟尘，专题探讨又遭遇了材料有限性甚至碎片化的困境，厘清一些历史谜团谈何容易，简直就如《诗经》所云："战战兢兢，如临深渊，如履薄冰。"但先秦诸子又是我们的文化根子所在，不渡过迷津，就难以到达我们文化发生的本原。迎难而上，勉力而为，也许就是我们的返本还原研究的宿命。本人的《老子还原》《庄子还原》《墨子还原》《韩非子还原》着手破解的千古疑难就有38个，正在撰写的《论语还原》所要破解的千古疑难为数更是可观。每破解一个千古之谜，我们就向诸子的原本生命和真实本质走近了一步。经过这番返本还原研究，我们就可以用熟悉的、真确的甚至亲切的姿态，与先秦诸子进行深度的文化对话，追问他们为我们民族注入何种智慧，他们在创立思想时有何种喜怒忧愁，在中华民族数千年发展中他们提供的思想智慧有何种是非得失，在现代大国文化建设上这些古老的思想智慧如何革新重生。这种文化解释能力，是与现代大国安身立命的根基联系在一起的。诚如《淮南子·泰族训》所云："根深则本固，基美则上宁。"① 或如《晋书》所云："基广则难倾，根深则难拔。"②这是人文学者追求的文化自觉应有的要义之一。又有所谓"酒逢知己千杯少，话不投机半句多"，既然经过返本还原研究，与先秦诸子机锋相投，那就会有说不完的心里话。在人生路上，或者国家文明发展的进程中，无论风雪雨晴，都有一批高智慧的圣贤时时光临你的心灵，这将是为人在世享受不尽的莫大福分。

孔子到成周洛阳向老子问礼，这是先秦诸子百家争鸣和思想原创拉开帷幕的重大历史性事件，由此展开了中国思想文化史上一片耀眼夺目的神光。如今洛阳还有"孔子问礼处"的古建筑遗存。然而，春秋战国时期有两次重要思想家的聚会：一次是春秋晚期，孔子到洛阳向老子问礼，这是启动以后三百年中"百家争鸣"的关键；另一次是战国晚期，韩非和李斯拜荀子为师，这给三百年的"百家争鸣"画上了一个句号。这两次聚会，可以看作诸子百家争鸣的开幕式和闭幕式，把广阔的中国大地变成了东方的"雅典学园"。但是不仅孔子何时会老子，而且荀子与韩非、李斯如何成为师生，以往都是阴影模糊或争论不休的糊涂账，都是尚未破解的千古之谜。意大利文艺复兴的艺术家拉斐尔因受任装饰梵蒂冈使徒宫，而在1509—1510年间创作了巨幅的《雅典学园》壁画，描绘了57个思想家、科学家、文学家、神学家，难道我们春秋战国诸子百家的后人，就疑神疑鬼、畏畏缩缩，不能绘出那幅东方思想文化上黎明时分数量逾100的思想家的创世纪的壁画吗？

《论语》不载"老孔会"年代信息，《述而篇》所谓"述而不作，信而好古，窃比于我老彭"，很难说指的是老子、彭祖之类，而应该排除古人一再重复的迷误，确认指的是商朝初期的智者老彭，如何晏《集解》引包咸曰："老彭，殷贤大夫。"这有《大戴

---

① （汉）高诱：《淮南子注》卷二十，上海书店出版社1986年版，第364页。
② （唐）房玄龄等：《晋书》卷五，中华书局1974年版，第134页。

礼记·虞戴德》作证："（鲁哀）公曰：'教他人则如何？'子曰：'否，丘则不能。昔商老彭及仲傀，政之教大夫，官之教士，技之教庶人。扬则抑，抑则扬，缀以德行，不任以言，庶人以言，犹以夏后氏之袾怀袍褐（穿着褐色粗衣，怀抱美玉）也，行不越境。'"孔子亲昵地称呼他是"我殷人的老彭"，是别有深意的。既然《论语》"不载"老子，老彭与老聃无关，这就存在材料整理上的裂缝，本身就是一种值得追问的编纂价值选择。由于老聃职位不显，孔子尚未为大夫，他们在春秋晚期的这次会面，没有达到官方文献同步记载的政治级别，就如孔子为中都宰，《春秋》《左传》均无记载，唯有当上鲁司寇才够级别一样。这就给那些没有考虑官方文献内含价值选择的疑古者，留下了质疑孔子是否确实见过老子的文献裂缝。有疑古者甚至认为老子在庄子后，那么孔子就无从见老子，所有战国秦汉记述这两位学术大佬会面的文字都成了古人在作伪，由此留下了中国文明史上千古浩叹的一个"超级疑难"。幸好伟大的太史公不受汉代已经抬头的"世之学老子者则绌儒学，儒学亦绌老子"的门派之见束缚，通过"䌷史记石室金匮之书"及实地调查所得，在《史记·孔子世家》及《老子韩非列传》中以相当篇幅记述了此番文化盛事。如此独具只眼地为一些不见于先秦官方文献记载的文化巨人立传，太史公由此成为中国思想文化史上不可替代的功臣。

历史上曾经存在过的事件，是不容闭目无睹的。源自战国简帛的《礼记·曾子问》、《庄子》、《吕氏春秋·当染》、《孔丛子·记义》及《韩诗外传》，都言之凿凿地记有孔子问礼于老子之事。太史公之后的《新序》、《说苑·反质》、《潜夫论》、《论衡·龙虚》及《知实》，边韶《老子铭》《孔子家语·观周》，多次提及"孔子师老聃"，"孔子观周"或孔子曰"吾闻诸老聃"。这些材料虽然芜杂，但多是录自战国秦汉简帛，汉代祠堂墓穴画像石、画像砖也不乏对此事的展示。尤其是孔子自言"闻诸老聃"，《礼记·

曾子问》四见,《孔子家语》四见,《白虎通义》一见,从不同角度泄露了孔子适周问礼、问《易》、问五帝德与帝姓系于老子。一个历史事件存在来自四面八方的如此繁多的古老材料,实属罕见。其中当然存在着传闻异辞,或流派偏见,但老、孔会面是言之凿凿,并不因后来的圣人之徒为保护"道统之纯粹"就可以一笔勾销。这就有必要深度缀合文献材料碎片,沟通其内在的生命脉络,从历史编年学上确定孔子适周问礼于老子的年份,破解这个千年留存的"超级难题",以便去妄存真地走近生机勃勃的历史现场。

二 破解"老孔会"的超级难题

启用史源学,考索史料的原本性、真确性、完整性、变异性,及其直接、间接的可能性,于此有正本清源的功能。《史记·孔子世家》以正史方式郑重记载,孔子派南宫敬叔向鲁君请准作为鲁国特使适周问礼于老子,"鲁南宫敬叔言鲁君曰:'请与孔子适周。'鲁君与之一乘车,两马,一竖子俱,适周问礼,盖见老子云。辞去,而老子送之曰:'吾闻富贵者送人以财,仁人者送人以言。吾不能富贵,窃仁人之号,送子以言,曰:聪明深察而近于死者,好议人者也。博辩广大危其身者,发人之恶者也。为人子者毋以有己,为人臣者毋以有己。'"《史记·老子韩非列传》又记载:"老子者,楚苦县厉乡曲仁里人也,姓李氏,名耳,字聃,周守藏室之史也。孔子适周,将问礼于老子。老子曰:'子所言者,其人与骨皆已朽矣,独其言在耳。且君子得其时则驾,不得其时则蓬累而行。吾闻之,良贾深藏若虚,君子盛德容貌若愚。去子之骄气与多欲,态色与淫志,是皆无益于子之身。吾所以告子,若是而已。'孔子去,谓弟子曰:'鸟,吾知其能飞;鱼,吾知其能游;兽,吾知其能走。走者可以为罔,游者可以为纶,飞者可以为矰。至于龙,吾不能知其乘风云而上天。吾今日见老子,其犹龙邪!'"

问题在于《史记·老子韩非列传》并没有标示此事发生的年份，而《史记·孔子世家》将此事定为孔子年十七，孟僖子病且死，告诫其子嗣孟懿子及南宫敬叔师从孔子学礼之后，而居于"孔子盖年三十"之前。其实南宫敬叔少孔子二十一岁，即便孔子三十岁，也不可能派一个九岁孩子向鲁君请示。从史源学上考索，这是太史公误用《左传·鲁昭公七年》（公元前535年，孔子十七岁）的记载："（鲁昭）公至自楚。孟僖子病不能相礼，乃讲学之，苟能礼者从之。及其将死也，召其大夫"，遗嘱送"孟懿子与南宫敬叔师事仲尼"。其实，"病不能相礼"的"病"字，作"担忧"解，指孟僖子因鲁昭公参加楚灵王章华台落成典礼归国，担忧不知使用何等礼仪。因为半年期，他作为相礼的副使（"介"），随鲁昭公经过郑国到楚国，在郑伯慰劳时及在楚国郊劳的场合，都不知道使用什么礼节，对于这次辞楚归国的礼节，只好请教知道礼仪的人以应急。但是，孟僖子死，是十七年后（鲁昭公二十四年，公元前518年）的事情，这在《春秋》中有明确记载。孟懿子、南宫敬叔是四年后，即鲁昭公十一年孟僖子与泉丘女子私奔而生。孔子十七岁时，孟懿子、南宫敬叔还没有出生。太史公一人著成如此大书，对《左传》记载不够清晰的历史细节未及深究，未能将两个相距十七年的事件明晰分疏，造成了孔子见老子年份的混乱。这一混乱被东汉桓帝时边韶作《老子铭》坐实为大错："孔子以周灵王二十年生，到景王十年，年十有七，学礼于老聃。"郦道元《水经注》卷十七沿袭此说："至周景王十年，孔子年十七，遂适周见老聃。"尽管这些都是周秦汉晋的古老材料，但其史源采用中已经出现以讹传讹的错误。近世学者或以为唐以前碑刻和地理名著值得珍视，力主"孔子年十七问礼于老子"，这是史源学上的失察。

又添混乱的是《庄子》外篇、杂篇有六处记老、孔会面问学，除证明"其要本归于老子之言"的庄子及其后学，知道历史上曾经存在过"老孔会",对孔子求学于老子津津乐道,以张扬"道为儒师"之外,其《天运》篇称:"孔子行年五十有一而不闻道,乃南之沛,见老聃。"众所周知,孔子自称"五十以学《易》","五十知天命",《庄子》却偏偏说"孔子行年五十有一而不闻道",显然是对儒学的揶揄嘲讽,是以"重言"方式贬孔扬老,因而不可将其所讲年岁当真,不然就可能陷入《庄子》所设的陷阱。更何况鲁定公九年(公元前501年),孔子五十一岁出任中都宰,在很短时间就连升为司空、司寇。到了五十岁还是一介布衣的孔子,岂会放下公务,而南之沛问玄虚之道于老聃?后人无法弥合孔子见老聃之年份裂缝,只好说孔子多次见老聃,其实是并没有绕开《庄子》布下的迷魂阵。

孔子见老子,必须满足三个条件,一是孔子赋闲有长途旅行的时间;二是孟僖子卒后,南宫敬叔拜孔子为师,孝期满后得以随行;三是据《礼记·曾子问》记载,这一年发生日食。这些条件清代学问家阎若璩多少是看到了,而且特别强调第三个条件,孔子随老子参加一次出殡,遇上日食。阎若璩《尚书古文疏证》卷八云:"有以孔子适周之年来问者,曰:《孔子世家》载适周问礼,在昭公之二十年,而孔子年三十。《庄子》,孔子年五十一南见老聃,是为定公九年。《水经注》孔子年十七适周,是为昭公七年。《索隐》谓僖子卒,南宫敬叔始事孔子,实敬叔言于鲁君,而得适周,则又为昭公二十四年。是四说者,宜何从?余曰:其昭公二十四年乎!案《曾子问》,孔子曰:'昔者,吾从老聃助葬于巷党,及堩,日有食之。'惟昭公二十四年夏五月乙未朔日有食之……见《春秋》。此即孔子从老聃问礼时也。"

应该承认,阎若璩讲究证据,比庄子、边韶向着孔子见老子的历史现场走近一步。但他的结论还存在三重扞格:一是孟僖子卒年即鲁昭公二十四年(公元前518年),南宫敬叔才十三岁,孔子不可能指派如此年龄的少年去疏通鲁君。二是南宫敬叔父丧于二月，南宫敬叔不可能随孔子适周，五月见日食。《礼记·杂记下》云："大夫三月而葬，五月而卒哭。"其时孟僖子尚未下葬，南宫敬叔岂能未尽孝就千里迢迢地随孔子赴周？三是鲁昭公二十四年，东周王室发生王子朝之乱，周敬王出奔狄泉，成周洛邑动荡不宁，孔子不可能乘乱适周。那样既会危及孔子一行的性命，也可能找不到避乱的老子。

当代学人有关注鲁昭公二十四年周室不宁者，遂以日食发生年份为着眼点，将孔子适周见老子，提前到周乱之前的昭公二十一年（公元前525年），这一年也有日食，如《春秋》鲁昭公二十一年记载："秋七月壬午朔，日有食之。"但这种意见忽视了此时仅九岁、尚未师事孔子的南宫敬叔，也就谈不上其他与孔子适周的行为了。而且这一年的日食发生在下午五点半左右，与周人出殡在上午的礼制不合。为何不将年份后推？因为他们考虑到此后"鲁国无君"，似乎又观照到孔子让南宫敬叔沟通鲁君。《左传·鲁昭公二十五年》（公元前517年）记载：鲁昭公因季氏和郈氏斗鸡结怨，遂与郈氏发兵围季氏，被三桓击败，流亡到齐、晋边境，直至鲁昭公三十二年，客死于乾侯。确实在这八年中，鲁国存在着无君状态。

关键是对于被季氏驱逐到国外的鲁昭公，孔子还认不认他是鲁君。很重要的一条材料，是《左传·鲁定公元年》（公元前509年）记载："秋七月癸巳，葬昭公于墓道南。孔子之为司寇也，沟而合诸墓。"孔子为鲁司寇是在九年后，即鲁定公十年（公元前500年），如果他与鲁昭公没有深刻的认可和人事因缘，岂会拂逆大权在握的季氏，将已经远葬的鲁昭公重新开沟划回鲁公墓地的范围中。《孔子家语·相鲁》说得更清楚："先时，季氏葬昭公于墓道之南，孔子沟而合诸墓焉。谓季桓子曰：'贬君以彰己罪，非礼也。今合之，所以掩夫子之不臣。'"可见孔子坚持周礼标准，对于被季氏驱逐的鲁昭公，依然认可其为国君，并指责季氏逐君贬君的行为乃"非礼"。此举拂逆了权倾鲁国的季氏，孔子如果与鲁昭公没有特殊的因缘，是很难如此果断的。

进而言之，在对各家之说进行深入的史源学和文献学辨析、勘谬和排查的基础上，就可以确认孔子适周问礼于老子，是在鲁昭公三十一年（公元前511年），孔子41岁，南宫敬叔20岁。《春秋》该年记载："三十有一年春王正月，（鲁昭）公在乾侯。……十有二月辛亥朔，日有食之。"这一年，晋定公拟出兵护送鲁昭公归国，季氏也相当卑恭地到乾侯迎接昭公，即是说，鲁昭公获得国君礼节上的尊重，只因"众从者胁公，不得归"。孔子应是此时派南宫敬叔向鲁昭公请准，以鲁国使者的名义而适周，由于鲁昭公终不得归鲁，客死于晋国边境的乾侯，依然是国君不君的状态，所以不记载鲁昭公的明确谥号，泛称为"鲁君"，此乃儒门常用的"春秋笔法"。

又由于鲁昭公流亡在外，靠晋、齐周济度日，只能赠予"一乘车，两马，一竖子俱，适周问礼"。这是相当寒碜的赠予，对于名人孔子和三桓子嗣南宫敬叔，正常国君起码要赠予五辆、十辆车，甚至派武士随行护卫。参看《史记·孔子世家》孔子告辞，老子赠言："吾闻富贵者送人以财，仁人者送人以言。吾不能富贵，窃仁人之号，送子以言，曰：聪明深察而近于死者，好议人者也。博辩广大危其身者，发人之恶者也。为人子者毋以有己，为人臣者毋以有己。"孔子以一车、二马、一竖子，风尘仆仆见老子，可能对国君有怨言，老子才会有如此赠言。当然，人们也可以《逸礼·王度记》所云"天子驾六马，诸侯驾四，大夫三，士二，庶人一"，以孔子尚是未为大夫的"士"，聊以塞责。但他既然请准为鲁国使者，应该有"准大夫"的礼仪。

三 动用人文与科技结合的研究手段

至为关键者，孔子随老子参加出殡时，遭遇日食。《礼记·曾子问》记载孔子曰:"昔者,吾从老聃,助葬于巷党,及堩,日有食之,老聃曰:'丘。止柩,就道右,止哭以听变。'既明,反而后行。曰:'礼也。'反葬,而丘问之曰:'夫柩不可以反者也,日有食之,不知其已之迟数,则岂如行哉!'老聃曰:'诸侯朝天子,见日而行,逮日而舍奠。大夫使,见日而行,逮日而舍。夫柩不蚤出,不暮宿。见星而行者,唯罪人与奔父母之丧者乎?日有食之,安知其不见星也!且君子行礼,不以人之亲痁(shan,疟疾)患。'吾闻诸老聃云。"从这则记载"柩不蚤出,不暮宿",可知周人出殡是在上午、中午之间。《仪礼·既夕礼》记述入葬之日,"厥明,陈鼎五于门外",举行郑重而简单的祭奠哭踊礼仪之后,"主人拜送,复位,杖,乃行",可知按照周制,葬礼是在上午举行。因为葬礼之后还有虞祭,《礼记·檀弓下》云:"日中而虞。葬日虞,弗忍一日离也。"疏曰:"虞者,葬日还殡宫安神之祭名。"《释名·释丧制》又云:"既葬,还祭于殡宫曰虞。谓虞乐安神,使还此也。"既然将尸体下葬后,紧接着就有将灵魂迎回祖庙的虞祭之礼,必须在当日中午举行,那么孔子从老聃助葬途中所遇到的日食,应发生在上午十时左右,才能符合周朝礼制。古人的葬礼必须遵从严格的礼制,如《孟子》所云:"丧祭从先祖",这是不能随意处置的。在这里应该遵循"以礼解经"的原则。于此,不妨以现代天文学验之,查《夏商周三代中国十三城可见日食表(食分食甚)》及 Five Millennium Canon of Solar Eclipses: -1999 to +3000(2000 BCE to 3000 CE),可知在洛阳可见的日食的准确时间是,鲁昭公三十一年(公元前511年)周历十二月初一(公历11月14日)上午九点五十六分前后,按周制上午出殡,适遇日食。《春秋》用的是周历,记载该年"三十有一年……十有二月辛亥朔,日有食之",是真确无误的。向下推到鲁定公五年(公元前505年)公历2月16日下午十五点十五分前后也有日食,但按周制出殡,不能遭遇日食。

必须补充说明，之所以于此顺带提及鲁定公五年，是为了全面扫描从孔子17岁到他52岁当鲁司寇、周游列国之前这30多年间的所有可能存在的时间缝隙，以便对孔子适周问礼的真实年限作进一步的"无缝确认"。在前面的分析排除鲁昭公三十一年以前的种种可能性之后，还要进而排除鲁昭公三十一年以后的种种可能性，确认孔子适周问礼于老子，只能发生在鲁昭公三十一年的唯一性。这是严密的研究必须下的功夫。南宫敬叔此年二十岁，在孟僖子卒后，他十三岁拜孔子为师，三年孝满，鲁昭公已被季氏驱逐出境，他不可能如期继承为大夫，到鲁定公继位后，才得以为大夫。一任大夫，他就迅速露富。《孔子家语·曲礼子贡问》云："南宫敬叔以富得罪于定公，奔卫。卫侯请复之，载其宝以朝。夫子闻之曰：'若是其货也，丧不如速贫之愈。'……敬叔闻之，骤如孔子，而后循礼施散焉。"此记载得到《礼记·檀弓上》的印证："南宫敬叔反，必载宝而朝。夫子曰：'若是其货也，丧不如速贫之愈也。'丧之欲速贫，为敬叔言之也。"以上言南宫敬叔之富，至于车马，《孔子家语·致思篇》记载孔子曰："季孙之赐我粟千钟也，而交益亲。自南宫敬叔之乘我车，而道加行。故道有时而后重，有势而后行。微夫二子之贶财，则丘之道殆将废矣。"可见南宫敬叔为大夫之后，车马甚多，如果此时鲁君只赠予"一车二马一竖子"，他是否领受就很难说。由此可知，孔子派南宫敬叔向鲁君请准适周而发生的许多事情，不可能发生在南宫敬叔于鲁定公初年为大夫之后。只能发生在鲁昭公三十一年，南宫敬叔未为大夫、尚无车马之资之时。

尚需注意者，鲁昭公三十一年，东周洛邑政局略为安定。从鲁昭公二十二年，周景王崩，周王室内乱，晋立敬王，居于狄泉，尹氏立王子朝，把持成周。直到鲁昭公二十六年，周敬王才在晋师的帮助下入主成周，王子朝奔楚。因而孔子不可能在鲁昭公二十三年至二十六年之间适周，而鲁昭公三十一年孔子进入成周，则具有相对稳定的政治环境。孔子说："危邦不入，乱邦不居。"他不可能带着一个二十岁的贵族弟子和一个"竖子"，驾着二马拉的轺车（汉画像石呈现的是轺车，轻便的四向远望的小马车，如《史记·季布列传》云："乃乘轺车之洛阳。"《汉书·平帝本纪》云："征天下通知逸经古记者，在所为驾，一封轺传，遣诣京师。"），闯进战火纷飞的险地，必然等到战祸远去之后才到成周访学。

  然而，孔子适周问礼于老子之事，为何在《论语》中是缺席失载的？《论语》在众弟子为孔子庐墓守心孝的最初编纂中，遵循严格的价值标准，对众弟子忆述的材料作了论衡、取舍、润色的处理，而留下编纂者认为最符合他们所理解的"真孔子"的条目。因而并非《论语》不载者，历史上就不存在，比如《史记·仲尼弟子列传》所载"子贡一出，存鲁，乱齐，破吴，强晋而霸越。子贡一使，使势相破，十年之中，五国各有变"这桩儒门大事，《论语》就只字不提。至于孔子适周问礼于老子，众弟子中只有南宫敬叔随行，而南宫敬叔的材料，《论语》并无采纳。尽管《公冶长篇》记述："子谓南容，'邦有道，不废。邦无道，免于刑戮'。以其兄之子妻之。"朱熹注："南容，孔子弟子，居南宫。名绦，又名适。字子容，谥敬叔。孟懿子之兄也。"但从孔子对南容品行的嘉许，及对三桓子弟南宫敬叔的称扬和贬责来看，二者与孔子的关系不可同日而语，并非同一人。南宫敬叔在《论语》编纂中并无话语权，《论语》也言不及老子，这都是编纂者遵循颜回、曾子路线理解"真孔子"所致，并非《论语》不载者，历史上就不存在，大量的战国秦汉文献及出土简帛已经证明这一点。对于文献记述与历史存在的关系，我们应该心存几分辩证思维，切不可如清人毛奇龄所嘲讽的："六经无髭髯字，将谓汉后人始生髭髯，此笑话矣。"汉以前的人有无胡子，与掌有文献记载权力的人是否注意到它、是否记载它，这并不是一回事。只有进行如此全息性的研究，包括孔子及南宫敬叔的生命信息、鲁国政治中之鲁君流亡和周室动乱平息的信息、古代天文学信息，及周人丧礼信息，在学术方法高度综合中严密地进行排除和聚焦、辨析和缀合，最终加以编年学定位，才可能廓清先秦诸子开幕期的老孔会面这个千古之谜。由此考订，老孔会发生在鲁昭公三十一年（公元前511年）周历十二月初一见日食之前后，这是先秦诸子百家争鸣的开幕式。

四 先秦诸子百家争鸣的闭幕式

诸子百家闭幕式的后一次聚会，也是一个应该破解的千古难题。《史记·老子韩非列传》记载韩非"与李斯俱事荀卿，斯自以为不如非"。《李斯列传》记载李斯"乃从荀卿学帝王之术。学已成，度楚王不足事，而六国皆弱，无可为建功者，欲西入秦。辞于荀卿"。那么，韩非、李斯是多大年纪、在什么地方、以什么方式、当了多少年荀子的学生呢？两千年来，人们找不出材料加以证明。战国晚期三大思想巨擘聚首于楚，乃是思想史上大事，有必要恢复它的历史现场。

梳理荀子生平，他五十岁在齐襄王时代才游学稷下学宫，"最为老师"，"三为祭酒"，在孟、庄之后已是首屈一指的思想学术大家。其间他曾游秦见应侯与秦昭王，不能说他无意于用秦。《荀子·强国篇》记述秦相"应侯问孙卿子"；《儒效篇》记述秦昭王与荀卿答问；《新序·杂事第五》又记载"秦昭王问孙卿"，都透露了他曾经干谒秦国最高当局，时间约在齐王建八年（公元前257年，秦昭王五十年）前后。由此他在稷下受谗，为楚春申君聘为兰陵令，时在春申君相楚八年（公元前255年）。荀子在楚又受冷箭，辞楚归赵，再应春申君招请，已是两年后了。此时荀子作《疠怜王》之书，以答谢春申君，见于《战国策·楚策四》，而《韩非子·奸劫弑臣》篇也收录此文。一个令人迷惑不解而长期引起纷争的问题是：此文的著作权属谁？过去人们纠缠于一真一伪的简单思维，老虎咬天，无从下口，令人想到邯郸淳《笑林》有"执竿入城"的笑话，说"鲁有执长竿入城门者，初竖执之，不可入，横执之，亦不可入，计无所出"。关键在于知道"转身"，一经转身，问题就迎刃而解，鲁人的长竿就可以透过城门，直达城池的深处。如果考虑到荀、韩之间的师生关系，《疠怜王》的著作权就有三种可能的解释：一是韩非所作，《战国策》把它误安在荀子的名下；二是韩非抄录老师文稿，而混入自己的存稿中；三是荀子授意门下弟子韩非捉笔，而弟子有意保存底稿，留下一个历史痕迹，而荀子修改后将它寄出。仔细比较《战国策·楚策》和《韩非子·奸劫弑臣》篇略有文字差异的《疠怜王》文本，觉得上述第三种解释较为合理。原因有五。

一是《楚策》本比《韩非子》本删去一些芜词，文字更为简洁。而且改动了一些明显带法家倾向的用语。将"人主无法术以御其臣，虽年长而美材，大臣犹将得势，擅事主断，而各为其私急。而恐父兄豪杰之士，借人主之力，以禁诛于己也"，改成"夫人主年少而矜材，无法术以知奸，则大臣主断国，私以禁诛于己也"。改掉了"御其臣""得势、擅事"等法家惯用词语。

二是《楚策》本在修改《韩非子》本时，增加了"春秋笔法"。把"劫杀死亡之主""劫杀死亡之君"中的"杀"字都改作"弑"字，把弑齐庄公之崔杼称"崔子"的四处删去二处，改为直称其名"崔杼"二处。这些都可以看出起草者有法家倾向，改订者为儒家老师，精通"春秋笔法"。

三是文中采用的一些历史事件为荀子所熟知，而对韩非而言并非直接的材料，当是老师口授、弟子笔录的。比如李兑在赵国掌权，围困沙丘百日，饿死主父（赵武灵王），乃荀子青年时代在赵国所知。尤其是淖齿在齐国受到重用，竟把齐闵王的筋挑出悬在庙梁上，使他宿夕而死。此事发生在荀子到稷下之前几年，此前未见史载，当是荀子初到稷下所听到的宫廷秘闻。这对于荀子是第一手见闻，对于韩非是第二手材料，说明此文经过荀子口授。

四是该文用"疠怜王"的谚语作主题，乃是儒家的命题，而非法家的命题。《四部丛刊》影印元至正刊本《战国策》鲍注："疠（癞也）虽恶疾，犹愈于劫弑，故反怜王。"也就是说，当国王比起生恶疾，还要难受，还要危险。只有儒家想当王者师，才会如此说三道四；法家是王之爪牙，甚至国王"头顶生疮，脚下流脓"，也要当国王的狗皮膏药。这样的主题岂是崇尚君王权威的韩非所敢说、所能说。实在是老师大儒如荀子，方能出此狂傲之言。

五是《楚策》此文之后，还增加了一篇赋。曰："宝珍隋珠，不知佩兮。袆布与丝，不知异兮。闾姝子奢，莫知媒兮。嫫母求之，又甚喜之兮。以瞽为明，以聋为聪，以是为非，以吉为凶。呜呼上天，曷惟其同！"又引《诗》曰："上天甚神，无自瘵也。"赋为荀子创造的文体，引《诗》述志是儒者包括荀子常用的手法。因此，当都是荀子改订时所加。这五条理由可以证得，这篇《疠怜王》的答谢书，是一篇由荀子授意、韩非捉笔，最后由荀子改订寄出的文章。

过去有学者想证明《疠怜王》的《韩非子》本与《战国策》本一真一伪，其实这两个文本都是真的，只是过程中的真、不同层面的真。顽固的真伪之辨，应该转换为深入的原委剖析，才可以打破研究的僵局。《韩非子》中的文本，是被授意起草时的真；《战国策》的文本，是改定后寄出时的真。真所谓"赠君一法决狐疑，不用钻龟与祝蓍"，判决狐疑的方法，是要转变思想方法，如实地承认万事万物存在的多种可能性，而不是一根筋到底的一种可能性。

刘向编纂《战国策》以前百余年，韩婴的《韩诗外传》卷四就指称这篇《疠怜王》是荀子所作。《韩诗外传》说："客有说春申君者曰：'汤以七十里，文王百里，皆兼天下，一海内。今夫孙子（荀子）者，天下之贤人也，君借之百里之势，臣窃以为不便于君。若何？'春申君曰：'善。'于是使人谢孙子，去而之赵，赵以为上卿。客又说春申君曰：'昔伊尹去夏之殷，殷王而夏亡；管仲去鲁而入齐，鲁弱而齐强。由是观之，夫贤者之所在，其君未尝不善，其国未尝不安也。今孙子、天下之贤人，何谓辞而去？'春申君又云：'善。'于是使请孙子。孙子因伪喜谢之：'鄙语曰：疠怜王。此不恭之语也，虽不可不审也，非比为劫杀死亡之主者也，夫人主年少而放，无术法以知奸，即大臣以专断图私，以禁诛于己也，故舍贤长而立幼弱，废正直而用不善。故春秋之志曰：楚王之子围聘于郑，未出境，闻王疾，返问疾，遂以冠缨绞王而杀之，因自立。齐崔杼之妻美，庄公通之，（崔杼帅其党而攻庄公，庄公请与分国）崔杼不许，欲自刃于庙（崔杼又不许），庄公走出，逾于外墙，射中其股，遂杀而立其弟景公。近世所见，李兑用赵，饿主父于沙丘，百日而杀之。淖齿用齐，擢闵王之筋，而悬之于庙，宿昔而杀之。夫疠虽臃肿疕疵，上比远世，未至绞颈射股也，下比近世，未至擢筋饿死也。夫劫杀死亡之主，心之忧劳，形之苦痛，必甚于疠矣。由此观之，疠虽怜王，可也。'因为赋曰：'旋玉瑶珠不知佩，杂布与锦不知异，闾娵子都莫之媒，嫫母力父是之喜。以盲为明，以聋为聪，以是为非，以吉为凶。呜呼！上天！曷维其同！'诗曰：'上帝甚蹈，无自瘵（zhài，多指痨病）焉。'"

如果以上材料对荀子委托韩非捉刀而后自行修订寄出的考证可以相信的话，那么一系列的问题就可以迎刃而解了。荀子由赵取道于韩，准备到楚都陈郢应春申君再次聘请时，韩非已在荀子门下，他们结缘于韩国首都新郑，时在公元前253年；李斯在六年后，即秦庄襄王卒年（公元前247年），辞别荀子离楚入秦，由吕不韦的举荐而为秦王政所用。即是说，韩非、李斯师事荀子，共计六年，公元前253—前247年。此时荀子六十多岁，韩非四十多岁，李斯二十余岁。其时楚国首都已迁至东北的陈城（或称陈郢，今河南淮阳县），他们聚首的地方是在楚国的新都陈郢，其地离韩都新郑和李斯故乡上蔡都在二三百里路程之内，交通颇便。

那么，他们师徒相聚的方式何如？李斯年仅二十余，正是从师问学的年龄，经常在荀子身边。这又为《荀子》书中李斯、荀子的问答所证实。《荀子·议兵》篇："李斯问孙卿子曰：'秦四世有胜，兵强海内，威行诸侯，非以仁义为之也，以便从事而已。'"孙卿子曰云云。《荀子·强国》篇杨倞注引李斯问荀卿曰："当今之时，为秦奈何？"孙卿曰："力术止，义术行，秦之谓也。"李斯进入秦国之前，《史记·李斯列传》又记载李斯向荀子告别请教："今秦王欲吞天下，称帝而治，此布衣驰骛之时而游说者之秋也。"因此，二十余岁的李斯是经常随师请教的。韩非从师的方式与李斯有明显的差异。韩非年逾四十，又是韩王之弟，属于政治上相当敏感的人物，必须常住韩都，经营当官进入枢要的机会，不然就可能被长久边缘化。他们师生相处的时间并不长。韩非未必常在身边，而且韩非师事荀子时，已经是相当成熟的法术家或思想家，因而荀子对他的影响不是体系性的，而是智慧性。并且荀子是三晋之儒，异于邹鲁之儒，出礼入法，在稷下十余年浸染了某些黄老道术及其他学派的学术。比如作为齐国稷下学派文汇的《管子》成分就相当复杂，《汉书·艺文志》把它列入道家，属于"知秉要执本，清虚以自守，卑弱以自持，此君人南面之术也"之学派；《隋书·经籍志》把它列入法家。稷下学术的混杂状况，当然为荀子所取材。荀子由此增强了提倡君主"贵为天子，富有天下，名为圣王，兼制人，人莫得而制"（《荀子·王霸》）的威权专制的政治取向，他入秦观风俗吏治，交接秦相应侯，不排除有几分用秦之心，授徒也用帝王之术。因此在这些方面与韩非并不隔膜，反而深化了对韩非的"归本于黄老"认识。

这样就可以顺理成章地解开儒家宗师荀子为何培养出两个法家巨擘的秘密了：一是因为韩非已是成熟的法家；二是因为他们的师生关系发生在荀子长期当稷下祭酒之后。

荀子致春申君的《疠怜王》一函的深刻在于它对"相楚二十余年矣，虽名相国，实楚王"的春申君的命运，做了令人不寒而栗的预示。如《史记·春申君列传》记述："楚考烈王无子，春申君患之，求妇人宜子者进之，甚众，卒无子。赵人李园持其女弟，欲进之楚王，闻其不宜子，恐久毋宠。李园求事春申君为舍人，已而谒归，故失期。还谒，春申君问之状，对曰：'齐王使使求臣之女弟，与其使者饮，故失期。'春申君曰：'娉入乎？'对曰：'未也。'春申君曰：'可得见乎？'曰：'可。'于是李园乃进其女弟，即幸于春申君。知其有身，李园乃与其女弟谋。园女弟承间以说春申君曰：'楚王之贵幸君，虽兄弟不如也。今君相楚二十余年，而王无子，即百岁后将更立兄弟，则楚更立君后，亦各贵其故所亲，君又安得长有宠乎？非徒然也，君贵用事久，多失礼于王兄弟，兄弟诚立，祸且及身，何以保相印江东之封乎？今妾自知有身矣，而人莫知。妾幸君未久，诚以君之重而进妾于楚王，王必幸妾；妾赖天有子男，则是君之子为王也，楚国尽可得，孰与身临不测之罪乎？'春申君大然之，乃出李园女弟，谨舍而言之楚王。楚王召入幸之，遂生子男，立为太子，以李园女弟为王后。楚王贵李园，园用事。李园既入其女弟，立为王后，子为太子，恐春申君语泄而益骄，阴养死士，欲杀春申君以灭口，而国人颇有知之者。春申君相二十五年，楚考烈王病。朱英谓春申君曰：'世有毋望之福，又有毋望之祸。今君处毋望之世，事毋望之主，安可以无毋望之人乎？'春申君曰：'何谓毋望之福？'曰：'君相楚二十余年矣，虽名相国，实楚王也。今楚王病，旦暮且卒，而君相少主，因而代立当国，如伊尹、周公，王长而反政，不即遂南面称孤而有楚国？此所谓毋望之福也。'春申君曰：'何谓毋望之祸？'曰："李园不治国而君之仇也，不为兵而养死士之日久矣，楚王卒，李园必先入据权而杀君以灭口。此所谓毋望之祸也。'春申君曰：'何谓毋望之人？'对曰：'君置臣郎中，楚王卒，李园必先入，臣为君杀李园。此所谓毋望之人也。'春申君曰：'足下置之，李园，弱人也，仆又善之，且又何至此！'朱英知言不用，恐祸及身，乃亡去。后十七日，楚考烈王卒，李园果先入，伏死士于棘门（原指秦宫门。古代帝王外出，在止宿处插戟为门，称'棘门'。棘，通'戟'）之内。春申君入棘门，（李）园死士侠刺春申君，斩其头，投之棘门外。于是遂使吏尽灭春申君之家。而李园女弟初幸春申君有身而入之王所生子者遂立，是为楚幽王。"

2020 年 1 月 22 日最终修订

《论语》三加一次编纂之秘密的发明

　　《论语》编纂过程和成书过程是一个问题的两个方面，但编纂过程更强调编纂者的主动性，及其在《论语》篇章结构和语言方式上留下的生命痕迹。两千年来，对于《论语》编纂成书存在诸多异说。汉人倾向于"孔子既卒"即众弟子庐墓守心孝的鲁哀公十六年（公元前479年），就启动《论语》编纂。柳宗元以后，尤其是宋儒主张有子、曾子弟子编纂，那已经在鲁悼公三十五年（公元前432年）曾子卒以后，前后相差近五十年。自从清人崔述《洙泗考信录》怀疑《论语》有战国游说家言杂入以后，近代疑古学者甚至认为《论语》存在着汉人假托，甚至刘歆伪造的可能。说法纷纭，各有所据，或各有说辞，其弊在于未能将《论语》编纂与流传作为一个过程，各执己说，标准互异，只论真伪，疏略于对出现这些现象之原委的考究和追问。更没有采取新的眼光和方法，将《论语》视为古人的生命痕迹，实行以史解经、以礼解经、以生命解经，从而发现一部"活的《论语》"。

　　应该认识到，《论语》是孔门传道的无二要典，在儒学经籍中具有直接展示孔子论学风采和论道言论的特殊品性。因而它的编纂过程，就不能视为随便处置的行为。孔子卒后，七十子后学总有些人，为及时认定孔子之道的真实本质和内容形式，滋生了紧迫感。孔子曰："父在，观其志。父没，观其行。三年无改于父之道，可谓孝矣。"事师如父的七十子在为孔子三年守心孝的时日，必须思索如何"可谓孝矣"。因此及时启动对先师言行的追忆,及时启动《论语》的编纂,兹事体大,关系到众弟子对待孔子传道遗训的态度和责任。那种认为儒门后学几十年、一二百年后才搜集散简编成《论语》的说法,低估了七十子急切认定和传承孔子之道的孝心和负责任的态度。子思作的《坊记》(收入《礼记》)最早提到《论语》,特别提到:"《论语》曰:'三年无改父之道,可谓孝矣。'"实际上是提醒人们,以孝传道是《论语》编纂的原动力。既然《论语》是孔门传道书,自认为最知"真孔子"、最能传孔子之道的弟子后学,都会在重新编纂中加入自己的回忆和理解。子思引《论语》首先提孝,应是在参与曾门重编《论语》和编成《孝经》的前后。"夫孝,德之本也",以礼解释《论语》编纂的过程,这是一个重要的切入口。

一 以礼解经发现《论语》启动编纂的契机

《论语》一万六千字,篇幅远超过春秋战国之际的私家著作《老子》和《孙子兵法》的五六千字。编纂如此一部大书,存在着它必然会编纂的历史契机和心理契机,这是我们以史解经、以礼解经、以生命解经的极好典型。既然《汉书·艺文志》称"夫子既卒",弟子编纂《论语》,这个时间段只能标定于众弟子于庐墓守心孝三年期间启动编纂。因而必须从孔子丧礼入手,考究启动《论语》编纂的契机。

《礼记·檀弓上》记下孔子的临终交代,孔子说:"赐(端木赐,即子贡),尔来何迟也?夏后氏殡于东阶之上,则犹在阼也。殷人殡于两楹之间,则与宾主夹之也。周人殡于西阶之上,则犹宾之也。而丘也殷人也。予畴昔之夜,梦坐奠于两楹之间。夫明王不兴,而天下其孰能宗予,予殆将死也。"① 既然孔子有此明确

---

① 《礼记·檀弓上》,《十三经注疏》,第1283页。

的交代，那么众弟子必须按照殷礼处理其丧事，方能达到孔子所说"生，事之以礼；死，葬之以礼，祭之以礼"① 的为孝标准。而且孔子生前，就向弟子演示过殷人的丧礼。《孔子家语·曲礼子贡问》记载："孔子在卫，司徒敬子卒，夫子吊焉。主人不哀，夫子哭不尽声而退。璩伯玉请曰：'卫鄙俗，不习丧礼。烦吾子辱相焉。'孔子许之。掘中溜而浴，毁灶而缀足，袭于床。及葬，毁宗而躐行，出于大门。及墓，男子西面，妇人东面，既封而归。殷道也，孔子行之。"② 孔子对殷人丧礼的示范，还被弟子作为通则予以记述，后录入《礼记·檀弓上》："幼名，冠字，五十以伯仲，死谥，周道也。绖也者，实也。掘中溜而浴，毁灶以缀足，及葬，毁宗躐行，出于大门，殷道也。学者行之。（郑玄注：学于孔子者行之，效殷礼）""孔子之丧，二三子皆绖而出。群居则绖，出则否。"③ 这些话的意思是，对于一个人幼小时称呼其名；二十岁行过冠礼以后，则称呼其字；五十岁以后只称呼其排行，或伯或仲，或叔或季；死后称其谥号。这是周朝的制度。绖是有实际内容的，那就是表示内心的哀戚。在正寝的中央掘坑来沐浴尸身，把灶拆毁，用其砖来拘束死者之脚；到了出葬的时候，毁掉庙墙而凌越行神之位，不经中门就直接把柩车拉出大门。这是殷代的制度。跟着孔子学习的人，往往效法殷制。孔子丧礼的时候，大弟子们以麻带系在头部或腰部出门，群居时系麻带，单独外出就不系麻带了。这里所遵行的，就是殷人的治丧礼仪。"孔子善殷"，《孟子》引古《志》有云"丧祭从先祖"④，在其丧礼上众弟子必须遵循殷人先祖之礼制。

就历史契机而言，孔子初丧，众弟子庐墓守心孝三年，如此

---

① 《论语·为政篇》，《十三经注疏》，第 2462 页。
② 王国轩、王秀梅译注：《孔子家语·曲礼子贡问》，中华书局 2011 年版，第 504 页。
③ 《礼记·檀弓上》，《十三经注疏》，第 1285—1286 页。
④ 《孟子·滕文公上》，《四书章句集注》，第 252—253 页。

大规模聚首可能是最后一次，时间不短，机会难逢。他们的庐墓守心孝，就是遵循孔子为殷人的古制。顾炎武《日知录》卷十五云："太甲之书曰：'王祖桐宫居忧'，此古人庐墓之始。他国庶子无爵而居者，可以祭乎？孔子曰：'祭哉！'请问其祭如之何，孔子曰：'向墓而为坛，以时祭。若宗子死，告于墓而后祭于家。'此古人祭墓之始。"①

另外，是浓得几乎化不开的心理契机。不难推想，大批弟子在孔子墓前筑庐守心孝三年，在这不是三月或三日的不算短的时间里，会形成一种群体守孝、情绪互相感染凝聚的肃穆而悲痛的心理场域。弟子中不乏礼仪高手，安排众人于丧葬、斋戒、祭祀等礼仪的程序，也许有"先撞钟，是金声之也。乐终击磬，是玉振之也"② 之类的仪式，营造着一种何等庄严肃穆的场面。

既是《礼记·祭统》云"凡治人之道，莫急于礼；礼有五经，莫重于祭"，将祭祀置于首重的地位；又要使祭祀"自中出生于心"，出自诚敬的内心深处。《礼记·祭义》又述及祭祀之前的斋戒及祭祀中的心理情态，认为："斋之日，思其居处，思其笑语，思其志意，思其所乐，思其所嗜。斋三日，乃见其所为斋者。祭之日，入室，僾然必有见乎其位。周旋出户，肃然必有闻乎其容声。出户而听，忾（xì叹息）然必有闻乎其叹息之声。"③《礼记·玉藻》又说："凡祭，容貌颜色，如见所祭者。"④ 这就是说，通过礼仪程序，不断地追思亡人的音容笑貌、志趣言行，达到了《论语·八佾》所说的"祭如在，祭神如神在"的精神效应。这是孔门独具的超越生死阻隔的精神对话方式。正是这形成了众弟子如闻其声、如睹其人地回忆孔子生前言行的极好心理契机，也

---

① （清）顾炎武：《日知录集释》卷十五，岳麓书社1994年版。
② 《朱子语类》卷五十八，中华书局1986年版。
③ 《礼记·祭义》，《十三经注疏》，第1592页。
④ 《礼记·玉藻》，《十三经注疏》，第1485页。

就是《论语》大量忆述材料涌现的心理契机。从心理发生学的意义上说，《论语》编纂的启动，是七十子庐墓守心孝而祭祀的精神结晶。

那种认为众弟子似一盘散沙，庐墓守心孝时只是随意记录回忆片段，并无汇总编集，以至在不知多少年后由某门某派几位后学搜集编撰的说法，很难说对于众弟子视师如父，"三年无改于父之道，可谓孝矣"① 的心理状态，具有"同情的理解"。

二　第一次编纂由仲弓牵头：公元前 479 年

既然子贡是葬礼的组织者，那么主持《论语》编纂，是同一个人，还是另有其人？在庐墓守心孝期间最初启动编纂中，仲弓的角色非常值得注意。东汉郑玄在《论语序》中说："（《论语》乃）仲弓、子游、子夏等撰。"② 晋代傅玄承袭郑玄的说法而突出仲弓，在《傅子》中说："昔仲尼既殁，仲弓之徒，追论夫子之言，谓之《论语》。其后邹之君子孟子舆，拟其体著七篇，谓之《孟子》。"③ 也属汉代材料的，还有《论语崇爵谶》，这部两汉之际的谶纬书透露："子夏等六十四人，共撰仲尼微言。"④ 所谓弟子六十四人共撰，只能发生于众弟子在孔子墓前结庐守心孝的三年间，其后弟子分散，不再有如此大规模的聚集。由于后来子夏系统在战国秦汉传经有成，其后学将其作用加以夸大也未可知。

在篇章结构上，仲弓（冉雍）是六位上了篇题的弟子之一，尤其在《古论语》中，《雍也》位于三鼎甲。皇侃《论语义疏叙》描述："又此书遭焚烬，至汉时合壁所得，及口以传授，遂有三本，一曰《古论》，二曰《齐论》，三曰《鲁论》。既有三本，而

---

① 《论语·学而》《里仁》，《四书章句集注》，第51、73页。
② 《论语注疏·解经序》引郑玄《论语序》，《十三经注疏》，第2454页。
③ 《文选》卷五十四刘孝标《辩命论》李善注引《傅子》，中华书局1977年版，第748页。
④ 《文选》刘歆《移让太常博士书》李善注引，中华书局1977年版，第611页。

篇章亦异，古论分《尧曰》下章'子张问'更为一篇，合二十一篇，篇次以《乡党》为第二篇，《雍也》为第三篇，内倒错不可具说。《齐论》题目，与《鲁论》大体不殊，而长有《问王》《知道》二篇，合二十二篇，篇内亦微有异。"皇侃比较了《论语》在汉代流传的三种版本的异同，其中透露了《古论语》的篇章顺序是《学而第一》《乡党第二》《雍也第三》。这是什么意思呢？在描述了孔子思想言行和礼节之后，接着就是以冉雍（仲弓）命名的篇章，意味着仲弓在《论语》的最初编纂中，拥有举足轻重的话语权，而将自己回忆记录的材料置于第三篇首章。《雍也》由第三移到第六，居于《公冶长》篇之后，如果是仲弓主持《论语》编纂时所为，那就显得他相当老到，将孔子的女婿公冶长放在自己的前面，冲淡了他编纂时篇章政治学的主观色彩，能够获得同门之间更广泛的认同。不过，这应是后来的编纂者所做的调整。可见《论语》最初编纂形成的篇章结构，在后来两次编纂中，存在着适应新的价值取向的调整和变动。

编纂是一种潜藏着价值取向的行为，这是编辑学的常识。仲弓编纂《论语》，自然认为自己是最知"真孔子"，最能继承孔子的真精神。仲弓编纂时，在《雍也》设置了这样的头条："子曰：'雍也可使南面。'"《卫灵公》以"南面"形容舜帝政治："子曰：无为而治者，其舜也与？夫何为哉，恭己正南面而已矣。"①因而"南面"一词联系着儒家治理天下的政治理想。这就是朱熹为何注《雍也》首章曰："南面者，人君听治之位。言仲弓宽洪简重，有人君之度也。"② 早期儒家使用"南面"，多与圣王治世相关，孔、孟、荀皆如此。

仲弓编纂的生命痕迹，也散见于其他篇。《颜渊》第一章是："颜渊问仁。子曰：'克己复礼为仁。一日克己复礼，天下归仁焉。

---

① 《论语·卫灵公》，《十三经注疏》，第 2517 页。
② 《论语集注》卷三，《四书章句集注》，第 83 页。

为仁由己，而由人乎哉？'颜渊曰：'请问其目。'子曰：'非礼勿视，非礼勿听，非礼勿言，非礼勿动。'颜渊曰：'回虽不敏，请事斯语矣。'"第二章，则是："仲弓问仁。子曰：'出门如见大宾，使民如承大祭；己所不欲，勿施于人；在邦无怨，在家无怨。'仲弓曰：'雍虽不敏，请事斯语矣。'"①结尾处"仲弓曰"与第一章结尾处"颜渊曰"，除切换名字之外，其余八个字"虽不敏，请事斯语矣"一字不爽。这可以看作编纂者仲弓把阅了第一章之后，衔接第二章时，精心而为的明证。这多少可以窥见其"颜回第二"情结，其宗旨，都在于表达颜回、仲弓同样在推拥孔子的"仁"的核心思想。朱熹称此为孔子告"颜渊、仲弓问仁规模"②，高出其他同门问仁很大的档次。

尤其是《先进》篇"四科十哲"的名单，十哲均称字，显然不是孔子之言。十哲无有子、曾子，也非有子、曾子的弟子所为。而最为要紧的第一科德行科，前面的三位在孔子之前就去世了，德行科唯一存世而能传道统者，唯有仲弓。子路、仲弓、冉有，是依次当过季氏宰的，但冉有、子路，名列政事科，唯独仲弓列入德行科。德行科的第三人冉伯牛，就令人颇生疑窦。《论语》中对他的具体记载，只有《雍也》所说："伯牛有疾，子问之，自牖执其手，曰：'亡之，命矣乎！斯人也而有斯疾也，斯人也而有斯疾也！'"只要参阅《史记·仲尼弟子列传》"索隐"引《家语》，称仲弓乃"伯牛之宗族，少孔子二十九岁"③，就会明白，冉伯牛是仲弓（冉雍）同族父辈。东汉王充《论衡·自纪》篇云："鲧恶禹圣，叟顽舜神。伯牛寝疾，仲弓洁全。颜路庸固，回杰超伦。孔、墨祖愚，丘、翟圣贤。"④寻绎其上下文，似乎将冉

---

① 《论语·颜渊篇》，《十三经注疏》，第2502页。
② （宋）黎靖德编，王星贤点校：《朱子语类》卷四十二"论语二十四"，中华书局1986年版，第1070页。
③ 《史记·仲尼弟子列传》"索隐"，第2190页。
④ （东汉）王充：《论衡·自纪篇》，《诸子集成》（七），第288页。

伯牛当成仲弓之父。四科十哲，冉氏占三人，虽然这个家族贤者较多，但也需有人关注，才得以列入。

冉雍主持编纂的时间，是庐墓守心孝的三年间。《礼记·三年问》曰："三年之丧，二十五月而毕。"也就是从孔子卒的鲁哀公十六年（公元前479年）夏四月己丑，二十五个月就到了鲁哀公十八年夏五月。只要采取以生命解经的法则，从《论语》采用众多章节、生气勃勃地记录子路性格化的言论来看，其原始材料只能是在众弟子为孔子庐墓守心孝的三年间回忆记录的结果。颜回、子路先孔子一二年而死，斯人虽逝，音容宛然，此时将这两位大师兄与夫子一同追思和祭奠，能说的话尤多，能叙的情尤切，用语措辞也无所顾忌。就《左传》记述子路的二处，也是源自七十子的忆述，折射了七十子对子路刚直信义人格的钦佩。这就使得《论语》文字，于子路、颜回处，别具情感和辞采，或者别具生命气息。由于颜回、子路先孔子而死，并无多少私家弟子，若在五十年后曾子逝世时，采用别人弟子隔代回忆，时过境迁，人事邈远，难免音影隔膜，情感褪色。那时再由别人的弟子编录，也难以保证收录如此多的条目，进行如此栩栩如生的渲染。篇章也是有体温和色彩的，这些篇章的体温和色彩，见证了《论语》原初的编纂现场离颜回、子路之死不会太远，也只能是"夫子既卒"之时。

仲弓其人，在孔门二三子中，具有举足轻重的位置。清人汪中《荀卿子通论》说："《史记》载孟子受业于子思之门人，于荀卿则未详焉。今考其书始于《劝学》，终于《尧问》，篇次实仿《论语》。《六艺论》云：《论语》，子夏、仲弓合撰。《风俗通》云：穀梁为子夏门人。而《非相》、《非十二子》、《儒效》三篇，每以仲尼、子弓并称。子弓之为仲弓，犹子路之为季路。知荀卿之学，实出于子夏、仲弓也。"① 钱穆《先秦诸子系年》在汪中之

---

① 《荀子集解·考证下》，《诸子集成》（二），第15页。

外，又提供了一些考辨："荀子书屡称仲尼、子弓，杨倞注（见《荀子·非相》）子弓盖仲弓也。元吴莱亦主其说。俞樾曰：'仲弓称子弓，犹季路称子路。子路、子弓，其字也。曰季曰仲，至五十而加以伯仲也。'今按，后世常兼称孔、颜，荀卿独举仲尼、子弓，盖子弓之于颜回，其德业在伯仲之间，其年辈亦略相当，孔门前辈有颜回、子弓，犹后辈之有游、夏。子曰：'雍也可使南面。'则孔子之称许仲弓，故其至也。"①

汪中、俞樾、钱穆指认《荀子》称仲弓为"子弓"，其三篇之文字如下：

一，《非相篇》：帝尧长，帝舜短；文王长，周公短；仲尼长，子弓短。

二，《非十二子篇》：案饰其辞而祗敬之，曰此真先君子之言也，子思唱之，孟轲和之，世俗之沟犹瞀儒嚾嚾然不知其所非也，遂受而传之，以为仲尼、子游为兹厚于后世，是则子思、孟轲之罪也。……圣人之不得势者也，仲尼、子弓是也。……上则法禹、舜之制，下则法仲尼、子弓之义。

三，《儒效篇》：通则一天下，穷则独立贵名，天不能死，地不能埋，桀、跖之世不能污，非大儒莫之能立，仲尼、子弓是也。②

以上所述，是《论语》第一次编纂，由仲弓牵头，子游、子夏协助。仲弓此时四十三岁，比子游、子夏年长十五六岁，而且在儒门已有威望，由他牵头是顺理成章的。《论语》作为孔门的传道书，不是一次编成的，接下来第二次编纂，是在有若短期主事儒门的时候。《礼记·杂记》孔子曰："三年之丧，祥而从政。"

---

① 钱穆：《先秦诸子系年》，九州出版社2011年版，第71页。
② 《荀子集解》卷三、卷四，《诸子集成》（二），第46、61、88页。

祥即大祥，守孝二十五个月后的祭礼，大祥祭后，即可以从政了。推举有若主事儒门，是在三年庐墓守心孝期满之后，即鲁哀公十八年（公元前477年）五月之后。

三 第二次编纂在有若主事时期：公元前477年

《孟子·滕文公上》如此记载对有若的推举：

> 昔者，孔子没，三年之外，门人治任将归，入揖于子贡，相向而哭，皆失声，然后归。子贡反，筑室于场，独居三年，然后归。他日，子夏、子张、子游以有若似圣人，欲以所事孔子事之，强曾子。曾子曰："不可。江、汉以濯之，秋阳以暴之，皓皓乎不可尚已！"①

只要坚持以礼解经，就会发现，三年丧后推举有若的行为，是七十子遵循殷礼、重启儒门的举措。首倡者应是子张，这是他遵循夫子教诲的结果。《礼记·檀弓下》记载："子张问曰：'《书》云：高宗三年不言，言乃讙。有诸？'仲尼曰：'胡为其不然也？古者天子崩，王世子听于冢宰三年。'"②《论语·宪问篇》也记载此言，略有变动："子张曰：'《书》云：高宗谅阴，三年不言。何谓也？'子曰：'何必高宗？古之人皆然。君薨，百官总己以听于冢宰，三年。'"③《檀弓下》的材料比较原始，《论语》同一条记载出现的差异，大约是编纂时讨论修订的结果。

重启儒家门庭的主张，是曾向孔子请教过此项制度的子张所提，而推举有若作为人选出来主事，则是子游的动议。《礼记·檀弓上》记载："有子问于曾子曰：'问丧于夫子乎？'曰：'闻之

---

① 《孟子集注》卷四，《四书章句集注》，第260—261页。
② 《礼记·檀弓下》，《十三经注疏》，第1305页。
③ 《论语·宪问》，《十三经注疏》，第2513页。

矣，丧欲速贫，死欲速朽。'有子曰：'是非君子之言也。'曾子曰：'参也闻诸夫子也。'有子又曰：'是非君子之言也。'曾子曰：'参也与子游闻之。'有子曰：'然，然则夫子有为言之也。'曾子以斯言告于子游。子游曰：'甚哉，有子之言似夫子也！昔者夫子居于宋，见桓司马自为石椁，三年而不成。夫子曰：若是其靡也，死不如速朽之愈也。死之欲速朽，为桓司马言之也。南宫敬叔反，必载宝而朝。夫子曰：若是其货也，丧不如速贫之愈也。丧之欲速贫，为敬叔言之也。'曾子以子游之言告于有子，有子曰：'然，吾固曰，非夫子之言也。'曾子曰：'子何以知之？'有子曰：'夫子制于中都，四寸之棺，五寸椁，以斯知不欲速朽也。昔者夫子失鲁司寇，将之荆，盖先之以子夏，又申之以冉有，以斯知不欲速贫也。'"① 此处子游曰："甚哉，有子之言似夫子也"，与《孟子·滕文公上》之"子夏、子张、子游以有若似圣人，欲以所事孔子事之"，用语相似，而且更具体，并非相貌相似，而是言论相似。

子游推举有若，遭到曾子反对。从曾子采用"江汉""秋阳"的比喻来看，他无疑是反对有若出来主持儒门。曾子当时不到三十岁，门庭初开，尚未做大，他的反对不足以左右整个儒门的选择。切不可与数十年后曾门崛起于鲁混同言之。子游推举有若，还在于他与有若关系密切、了解甚深。《礼记·檀弓下》的记载："有若之丧，悼公吊焉；子游摈，由左。"又载"有子与子游立，见孺子慕者，有子谓子游曰"云云②，可见子游与有若交往频繁，而且七十子同门中唯有子游为有若的丧礼当傧相。而且鲁悼公也来吊丧，反证出有若曾经主持儒门，才有如此哀荣。子游和子张后来是儿女亲家，此时关系已是非同一般，他们的联手，力量之大可想而知。

---

① 《礼记·檀弓上》，《十三经注疏》，第 1290 页。
② 《礼记·檀弓下》，《十三经注疏》，第 1300—1304 页。

这里还有必要考察一下有若的资格。有若在众弟子中虽然未必杰出，但也并非等闲之辈，是有一定的思想能力和智勇品质，而能刻苦自励的人。《荀子·解蔽》说："有子恶卧而焠掌，可谓能自忍矣。"杨倞注："有子，盖有若也。焠，灼也。恶其寝卧而焠其掌，若刺股然也。"① 可见有若有一种悬梁刺股、刻苦向学的"行忍性情，然后能修"的狠劲头。有若见于《左传》，在哀公八年（前487年）三月，吴国入侵鲁国，次于泗上，"微虎欲宵攻（吴）王舍，私属徒七百人，三踊于幕庭，卒三百人，有若与焉。……或谓季孙曰：'不足以害吴，而多杀国士，不如已也。'乃止之。吴子闻之，一夕三迁"②。可见有若是忠义勇武的敢死队成员，人以"国士"称之。有若见于《孟子》，则有孟子称"宰我、子贡、有若智足以知圣人。……有若曰：岂惟民哉。麒麟之于走兽，凤凰之于飞鸟，太山之于丘垤，河海之于行潦，类也。圣人之于民，亦类也。出于其类，拔乎其萃，自生民以来，未有盛于孔子也"③，可见有若又以智慧、知识驰名。

有若主事所带来的人事变迁，使在仲弓时期已编出初稿的《论语》存在重启第二次编纂的必要。这次编纂也留下了生命的痕迹。首先自然要突出有若，将他的位置放在孔子与七十子之间，发明了一个称谓："有子。"《论语》首篇《学而》共十六章，"有子"占了三章，尤其是继第一章"子曰：学而时习之"之后，第二章就是"有子曰：其为人也孝弟，而好犯上者，鲜矣。不好犯上，而好作乱者，未之有也。君子务本，本立而道生。孝弟也者，其为仁之本与"。第二章处在全篇十六章之"眼"的位置，以一个弟子而有此荣耀，格外引人注目。其余第十章为"有子曰：礼之用，和为贵。先王之道斯为美，小大由之。有所不行，知和而

---

① 《荀子·解蔽》，《诸子集成》（二），第268页。
② 《春秋左传注》，第1648—1649页。
③ 《孟子·公孙丑上》，《四书章句集注》，第234—235页。

和，不以礼节之，亦不可行也"，第十一章为"有子曰：信近于义，言可复也；恭近于礼，远耻辱也；因不失其亲，亦可宗也"。有子提出"和"与"信"的理念，影响深远。至于《颜渊》记述："哀公问于有若曰：'年饥，用不足，如之何？'有若对曰：'盍彻乎？'曰：'二，吾犹不足，如之何其彻也！'对曰：'百姓足，君孰与不足？百姓不足，君孰与足？'"这是国君之问，答语不凡，大概是孔子周游列国初归，鲁哀公向孔子频繁问政，顺便问及有若。或者是有若初主事，鲁哀公关切儒门前来问政的遗痕。但此章的称谓是"有若"，透露了一个消息，有若主事后的第二次修改，对于仲弓时期的初稿，并不想全盘推翻。同时由于子游、子夏作为第一次编纂的旧人，他们参与第二次编纂，使《论语》初稿的宗旨、面貌、体例得以延续。总之，"有子曰"在要害处出现，意味着有若在《论语》编纂过程中，曾一度具有举足轻重的话语权。

不妨对比一下对《古论语》颇有取材的《史记·仲尼弟子列传》，其中如此述及："有若少孔子四十三岁。有若曰：'礼之用，和为贵，先王之道斯为美。小大由之，有所不行。知和而和，不以礼节之，亦不可行也。''信近于义，言可复也。恭近于礼，远耻辱也。因不失其亲，亦可宗也。'"这里没有采用今本《论语·学而》篇居于文眼第二章的"有子曰"，而采用同篇第十、十一章的文字，使用的称谓是"有若曰"。可见《史记》取材的《古论语》介于仲弓牵头和有若主事的两个版本之间。《史记》称"有若少孔子四十三岁"，此若可信，有若与子游、子夏、子张的年龄相差无几，主事时的年龄是三十一岁，未免略嫌年轻。《史记索隐》引《孔子家语》云：有若，"鲁人，字子有，少孔子三十三岁"。古代是"四"字四横，"三"字三横，易误写。若此可信，有若主事的年龄是四十一岁。参以《左传》记载有若为敢死队员的行文，有若少孔子三十三岁是可信的，他比子游、子夏、子张年长十一岁至十五岁，正当盛年。

在第二次编纂中，子张留下的生命痕迹极其明显。《论语》编纂传播史上有一个常识，汉代有《论语》三家：鲁人所传为《鲁论》，齐人所传为《齐论》，孔壁所出为《古论》。何晏《论语集解叙》曰：《古论语》"分'尧曰'下章'子张问'以为一篇，有两《子张》，凡二十一篇，篇次不与齐、鲁《论》同"①。南朝梁人皇侃为何晏《论语集解叙》作"义疏"云："《古论》虽无《问王》《知道》二篇，而分《尧曰》后'子张问于孔子曰，如何斯可以从政矣'，又别题为一篇也。一是'子张曰士见危致命'为一篇，又一是'子张问孔子从政'为一篇，故凡《论》中有两《子张》篇也。《古论》既分长一《子张》，故凡成二十一篇也。"② 这一《子张》篇应是有若主事，子张参与编纂时所增。本来只有一个《子张》篇，由于《尧曰》篇过短，就分出《子张》篇的后半，附于《尧曰》篇之后，编绳不牢，散出另一个《子张问》篇。

于此有必要考察一下，何以子张的能量如此巨大，而且处处敢于出头。子张即颛孙师，少孔子四十八岁。《史记》说他是陈人，是指祖籍国。《左传·庄公二十二年》（公元前672年）记载："陈公子完与颛孙奔齐。颛孙自齐来奔（鲁）。"③ 陈完于齐桓公时奔齐，后裔于十世以后取姜氏齐而代之；与他一道出奔的颛孙，复奔鲁，为颛孙氏之祖。这一年离子张出生（公元前503年）已经一百七十年，按理应该有六代人了。这就难免家境衰落，因而《吕氏春秋·尊师》篇说："子张，鲁之鄙家也。颜涿聚，梁父之大盗也。学于孔子。"④ 鄙家鄙到何种程度？战国《尸子》卷

---

① （三国魏）何晏：《论语集解叙》，《十三经注疏》，第2455页。
② （南朝梁）皇侃：《论语集解叙义疏》，四库全书本。
③ 《春秋左传注》，第220页。
④ 《吕氏春秋·尊师篇》，《诸子集成》（六），第38页。

上说："子路，卞之野人；子贡，卫之贾人；颜涿聚，盗也。颛孙师，驵也，孔子教之，皆为显士。"① 何者为驵？清人赵翼《陔馀丛考》卷三十八如此考释："《辍耕录》云：今人谓'驵侩'曰'牙郎'，其实乃互郎，主互市者也。按此说本刘贡父《诗话》：驵侩为牙，世不晓所谓，道原云：本谓之'互'，即互市耳。唐人书'互'作'牙'，牙、互相似，故讹也。"② 即是说，子张出身贫贱，未入孔门时，也许跟随上辈当过牛马市场经纪人，难免沾染豪爽放达的江湖习气。因此《孔子家语》对之有如此评语："为人有容貌资质，宽冲博接，从容自务，居不务立于仁义之行，孔子门人友之而弗敬。"③

《论语·子张》篇也透露了子张豪爽放达的气质，在七十子中甚是突出。该篇首章云："子张曰：士见危致命，见得思义，祭思敬，丧思哀，其可已矣。"马建忠《马氏文通》卷九云："此'已矣'……决其不仅可为士也，且已足可为士矣。或谓'已矣'者，皆所以决言其事之已定而无或少疑也。"④《论语》一般强调"君子"人格类型，此章却特别强调"士"人格类型。春秋战国之际的"士"，有著书习礼的儒士，有为知己者死的勇士，有懂阴阳历算的方士，有为人出谋划策的策士。子张倡言"士见危致命，见得思义"，强调"义"而不及于"仁"，强调"见危授命"而未及以道节制勇，在过犹不及的极端，就可能导向"侠"。

《论语·先进》篇中孔子批评"师（子张）也过，商（子夏）也不及"，是可以与此相应合的。《论语》二十篇中，有多达十余处记载"子张问"，问及"仁""明""达"，又问"常行之行""善人之道""为政之道""为政之理"，尤其是"问求禄之法"，

---

① （战国）尸佼：《尸子》卷上，汪继培辑本。
② （清）赵翼：《陔馀丛考》卷三十八，清乾隆五十五年初刊本。
③ 《孔子家语·七十二弟子解》，第429页。
④ 马建忠：《马氏文通》卷九，商务印书馆1983年版。

与同门讨论"士之德行"、"与人交接"及"人之轻重"。他所问多是荦荦大端，似乎对雕虫小技没有太多兴趣，却又喜欢进行豁达痛快的交往和辩论。程颐已经看出子张、子夏的不同思想倾向，认为："大抵儒者潜心正道，不容有差，其始甚微，其终则不可救。如'师也过，商也不及'，于圣人中道，师只是过于厚些，商只是不及些。然而厚则渐至于'兼爱'，不及则便至于'为我'，其过不及同出于儒者，其末遂至杨、墨。"① 程颐之言看似委婉，却多少涉及儒门之子张，似乎出现了某些趋向墨家"兼爱"的苗头。《大戴礼记·千乘》一向被视为子张氏之儒留下的文献，其中有云："下无用，则国家富；上有义，则国家治；长有礼，则民不争；立有神，则国家敬；兼而爱之，则民无怨心；以为无命，则民不偷。昔者先王本此六者，而树之德，此国家之所以茂也。"② 如此概述"先王六本"之德，突出义、礼、神（鬼）、兼爱之类，就游离了孔子崇仁重德的本义，似乎在儒家的清醇中，勾兑上一点类似于后来墨家的浊酿。

通览《子张》篇，除了子张三章、子夏九章、子游三章，尚有曾子四章，子贡六章，共计组成五个单元。此外更无七十子其余人的材料。这事关《论语》第二次编纂的阵容，前三子为主力，兼顾后二子。在为夫子庐墓守心孝三年届满时，弟子向子贡泣别，子贡在庐墓守心孝三年，此时子夏、子张、子游推举有若主持儒门事务，因而在有若主事的短时间中，留在鲁国的主要孔门弟子，加上曾子本是鲁人，共计就是以上五子及有若。这足以证验《论语》第二次编纂就发生在此期间，才会出现如此篇章单元现象。

《论语》二十篇中，只有《乡党》篇和《子张》篇没有"子曰"或"孔子曰"。《乡党》篇记孔子日常礼仪行为，无"子曰"与"孔子曰"，孔子的话，只用"曰"字标示。而《子张》篇也

---

① （宋）程颢、程颐：《二程遗书》卷十七"伊川先生语三"，清康熙刻本。
② 《大戴礼记解诂》卷九，第153—157页。

无"子曰""孔子曰",就只能解释为它只收录有子主事时期居留鲁国的五大弟子的材料,而没有顾及其他了。《论语》称呼孔子,有"子""夫子""孔子"三种称谓,为何出现这种情形?略为统计,今本《论语》全书计有"子曰"398个,"孔子曰"只有32个,其中《季氏》篇占了14个。"孔子曰"多用于历史事件的叙述中,或孔门以外人士与孔子的对话,孔子弟子唯有"南宫适问于孔子曰""子张问于孔子曰""冉有、季路见于孔子曰"。其间奥妙何在?这些说明《论语》最初启动编纂时就定下一条体例,孔子与弟子接谈之言,皆用"子曰"。以后两次编纂也大体遵从。在师弟之间是"问于""见于"孔子曰,孔子是宾语,"曰"的是弟子,这属于语法上的需要。至于面对历史事件或社会人士,孔子算是局外人,以"孔子曰"而不用"子曰",以便推出一定的心理距离,潜入某种间离效应。而子张参与编纂时,离孔子初丧已有一些时日,就是这种时间距离使他数用"孔子曰"。至于直称"夫子曰",则是战国时人的用语习惯,它在《论语》中出现,应在曾子弟子第三次编纂《论语》的时候,其时已是战国初年。

四　第三次编纂乃曾门弟子所为:公元前432年后

对于后世影响极著者,是唐人柳宗元以称谓变异,揭示《论语》在曾子卒(鲁悼公三十五年,公元前432年)后,由曾门开展的第三次编纂。柳宗元在《论语辩》中首先发现:"或问曰:'儒者称《论语》孔子弟子所记,信乎?'曰:未然也。孔子弟子,曾参最少,少孔子四十六岁。曾子老而死。是书记曾子之死,则去孔子也远矣。曾子之死,孔子弟子略无存者矣。吾意曾子弟子之为之也。何哉?且是书载弟子必以字,独曾子、有子不然。由是言之,弟子之号之也。然则,有子何以称子?曰:孔子之殁也,诸弟子以有子为似夫子,立而师之。其后不能对诸子之问,乃叱避而退,则固尝有师之号矣。今所记独曾子最后死,余是以知之,盖乐正、子春、子思之徒,与为之尔。或曰:孔子弟子尝杂记其言,然而卒成其书者,曾氏之徒也。"① 柳宗元的判断得到二程、朱熹的赞同,比如程伊川认为:"《论语》之书,成于有子、曾子之门人,故其书独二子以'子'称。"② 只不过如《孟子》所说,曾子是坚决反对由有若来主持儒门事务的,按照情理,二子之门人编纂《论语》,只能是发生在不同时段的行为,不可能在同一次编纂中联合完成。

柳宗元的发现,是具有篇章学的文本依据的,对于拓展有关《论语》原始编纂情形的考察,具有重要价值。显而易见,《论语》所记史事,时间最晚的两条是曾子临终遗言。两章均见于《泰伯》,今本列为第三章、第四章:

> 曾子有疾,召门弟子曰:"启予足!启予手!《诗》云:战战兢兢,如临深渊,如履薄冰。而今而后,吾知免夫!小子!"
> 曾子有疾,孟敬子问之。曾子言曰:"鸟之将死,其鸣也哀;人之将死,其言也善。君子所贵乎道者三:动容貌,斯远暴慢矣;正颜色,斯近信矣;出辞气,斯远鄙倍矣。笾豆之事,则有司存。"③

这两条材料对于《论语》文本编成的历史编年学定位,是很关键的。曾子的临终遗言,只能是曾子死后由他最亲近的弟子如乐正、子春之辈忆述。《礼记·檀弓上》记载:"曾子寝疾,病。乐正子春坐于床下,曾元、曾申坐于足。"④ 曾子弥留之际,身边除曾子之子曾元、曾申外,侍疾的唯有忠诚的弟子乐正子春,因

---

① (唐)柳宗元:《柳河东集》卷四《论语辩》,上海人民出版社1974年版,第68—69页。
② 《论语序说》,《四书章句集注》,中华书局1983年版,第43页。
③ 《论语·泰伯》,《十三经注疏》,第2486页。
④ 《礼记·檀弓上》,《十三经注疏》,第1277页。

此是可以记录《论语》中曾子临终遗言的不二人选,被柳宗元列入《论语》编纂者名单,实在是事出有因。至于文中的孟敬子乃鲁国大夫仲孙捷,用了他的谥号,当是《论语》成书流布过程中,后学所改订。

然而《论语·先进》篇"四科十哲"的名单"德行:颜渊、闵子骞、冉伯牛、仲弓。言语:宰我、子贡。政事:冉有、季路。文学:子游、子夏",弟子皆称字,显然不合孔子的口吻。更要紧的是"十哲无曾",也无有子,显然不是《论语》第二、第三次编纂时存留的生命痕迹,而是仲弓牵头的第一次编纂留下的生命痕迹。因而抹杀仲弓,把《论语》说成曾门一次性编纂而成,是难以过关的。

宋儒面对这个关卡,焦虑莫名。朱熹《论语集注》卷六在注释"四科十哲"名单时,引程子曰:"四科乃从夫子于陈、蔡者尔,门人之贤者固不止此。曾子传道而不与焉,故知十哲世俗论也。"① 这里从"曾子传道而不与焉",指责"四科十哲"名单是"世俗论也",只作出价值判断,却未对材料来源进行发生学的清理。一个捉襟见肘的方法,就是把《先进》篇第二章"子曰:从我于陈、蔡者,皆不及门也",与第三章"四科十哲"的名单混为一谈,以"四科乃从夫子于陈、蔡者尔"来回避难题。但是朱熹已经看出,如此处理不妥,他在一封答疑的书信中说:"四科乃述《论语》者记孔氏门人之盛如此,非孔子之言,故皆字而不名,与上文不当相属。或曰:《论语》之书出于曾子、有子之门人。然则二子不在品题之列者,岂非门人尊师之意欤?四科皆从于陈蔡者,故记者因夫子不及门之叹而列之。"② 朱熹已经发现,四科十哲"非孔子之言,故皆字而不名,与上文不当相属",这就从篇章学的断句分章,将名单从"孔子之言"中剥离开来,又提到"四

---

① (宋)朱熹:《论语集注》卷六,《四书章句集注》,第123页。
② (宋)朱熹:《答程允夫》,《朱熹文集》卷四十一,明嘉靖十一年福州府学本。

科"的出现,"乃述《论语》者记孔氏门人之盛如此",向问题的症结走近了一步。但仅此为止,并没有透过篇章学揭示《论语》多次编纂过程的政治性行为,并没有追问编纂《论语》而胪列四科十哲者是谁。《论语》存在过一次不属于有子、曾子门人的原始编纂,这是无法回避的。

曾门在鲁国的崛起,有其特殊的历史机缘。在孔子丧期满后这五十年间,孔门弟子纷纷离开鲁国,风流云散。如《史记·儒林列传》所云:"自孔子卒后,七十子之徒散游诸侯,大者为师傅卿相,小者友教士大夫,或隐而不见。故子路居卫(此处误,子路死在孔子前),子张居陈,澹台子羽居楚,子夏居西河,子贡终于齐。如田子方、段干木、吴起、禽滑釐之属,皆受业于子夏之伦,为王者师。是时独魏文侯好学。后陵迟以至于始皇,天下并争于战国,儒术既绌焉,然齐鲁之间,学者独不废也。于威、宣之际,孟子、荀卿之列,咸遵夫子之业而润色之,以学显于当世。……及高皇帝诛项籍,举兵围鲁,鲁中诸儒尚讲诵习礼乐,弦歌之音不绝,岂非圣人之遗化,好礼乐之国哉?"① 鲁地本是儒学沃土,七十子的流散,为籍系于鲁的曾门发展腾出了宝贵的空间。

当然曾门的崛起,以曾子之学比较纯正作为内因。曾门不像子张那么张扬,并没有在《论语》篇题上做功夫,在篇章结构上沿袭第一、第二次编纂,没有另起炉灶。曾门弟子只在关键处插入他们回忆记录的一些"曾子曰",以此强调,最能传道统者为曾子。比如开宗明义的《学而》第四章:"曾子曰:'吾日三省吾身。为人谋而不忠乎?与朋友交而不信乎?传不习乎?'"这乃是儒门的"反省内求"、内外兼修的"正心"之学,是把《论语》的路线在颜回路线之旁,添加一条曾子路线的关键。比较一下《史记·仲尼弟子列传》对曾子的记载,也许相当有趣味,这则记

---

① 《史记·儒林列传》,第 3216—3217 页。

载只有34个字："曾参，南武城人，字子舆。少孔子四十六岁。孔子以为能通孝道，故授之业。作《孝经》。死于鲁。"如此篇幅，实在有点不称。《史记》记述七十子，多引录他们的嘉言，如子游录有弦歌治武城一则；子夏录有二则半，所谓半则是比较子夏、子张的"师也过，商也不及"；子张录有三则半。唯独如此多的"曾子曰"，一句也没有采录，连同居于今本《论语》全书第四章的"吾日三省吾身"都不采录，这是大可奇怪的事。难道太史公所见《古论语》是前两次编纂的稿本？这也可知曾门第三次编纂，作了不少的增补。

  曾门弟子重修《论语》宗旨，归根到底在于证明孔门弟子中最能够传道统者为曾子。他们所增补，不及全书的3%，但此宗旨实现得相当完满。《里仁》记述："子曰：'参乎，吾道一以贯之。'曾子曰：'唯。'子出，门人问曰：'何谓也？'曾子曰：'夫子之道，忠恕而已矣。'"《卫灵公》篇又讨论同一命题者："子曰：'赐也，女（汝）以予多学而识之者与？'对曰：'然，非与？'曰：'非也，予一以贯之。'"二者比较，可以发现，如此聪明的子贡对于孔子之道"一以贯之"懵然不明，只看到表象上的"多学而识"。而曾子则明显胜出一筹，一经孔子提起，就默然有悟于心，当然他是最能理解和继承孔学道统的了。

  曾门弟子编纂时还做了一项得意的事，就是文采光鲜地褒扬了曾子家族渊源，在彰显曾子家族文化基因之优越的同时，也蕴含着慎终追远之义。这主要指载有"四科十哲"名单的《先进》之末章"子路、曾皙、冉有、公西华侍坐"。曾点曰："莫春者，春服既成，冠者五六人，童子六七人，浴乎沂，风乎舞雩，咏而归。"夫子喟然叹曰："吾与点也！"这是《论语》近500章中最富有诗意的文字，渲染着孔子、曾点（皙）所思慕的诗意栖居而与春交融的人生境界。行文中三次当面直称孔子为"夫子"，透露战国时期的称谓习惯，与春秋晚期最初编纂《论语》，当面只称

"子"，背后方称"夫子"的惯例不合。因而是曾门弟子在战国初年所加无疑。

对于上述四子侍坐时曾点宣称一次郊游沐浴，竟然"冠者五六人，童子六七人"，两千年来人们并没有注意到，曾老爷子的春游虽然称不上冠盖如云，却也颇有派头，非殷实家族子弟不办。这就有必要追踪一下曾氏家世。《左传·昭公元年》（公元前541年）："叔孙（豹）归，曾夭御季孙以劳之。且及日中不出。曾夭谓曾阜曰：'且及日中，吾知罪矣。鲁以相忍为国也。忍其外不忍其内，焉用之？'阜曰：'数月于外，一旦于是，庸何伤？贾而欲赢，而恶嚣乎？'阜谓叔孙曰：'可以出矣。'叔孙指楹曰：'虽恶是，其可去乎？'乃出见之。"① 据明初宋濂《查林曾氏家牒序》的记载，曾夭、曾阜是曾子的曾祖和祖父，分别是季氏宰及叔孙氏家臣②。此事发生在曾子出生前36年。鲁国曾氏始祖曾巫，本是夏少康分封在鄫国的后裔，身为世子。《左传·鲁襄公六年》（公元前567年）记载："莒人灭鄫。"③ 曾巫就流落鲁国为大夫，生子曾夭、孙曾阜。由此可知，曾氏是在鲁国经营数代的相当殷实的家族，亲朋故旧定然不少，具有一定实力，因而曾点一次游春，就可以"冠者五六人，童子六七人"。曾子在鲁地开宗立派，得到一批相当殷实的亲朋故友子弟的支持和加入，设帐开坛都左右逢源，最终发展成为一个实力深厚的学派，即在情理中矣。

《论语·泰伯》篇记述："曾子曰：'可以托六尺之孤，可以寄百里之命，临大节而不可夺也。君子人与？君子人也。'"在孔门提及托孤，当然就是孔子之孙孔伋（子思）的托孤抚育。因为孔鲤死后，孔子垂垂老矣，自然会想到不满十岁的孔伋托孤问题。邢昺疏引郑玄注："此云六尺之孤，年十五已下"，就暗含着托子

---

① 《春秋左传注》，第1211页。
② （明）宋濂：《查林曾氏家牒序》，《翰苑别集》卷十，四部丛刊影印张缙刻本。
③ 《春秋左传注》，第947页。

思之孤。应该说，七十子可托之人不少，比如子贡，衣食无忧，但可能带着子思到处经商从政，此非孔子所愿；子游、子夏、子张也可托付，但他们在鲁地缺乏家族根基，很可能将子思带到南国、魏（当时尚属晋）、陈，难免漂泊不定；唯有曾子对孔学理解纯正，家族久居于鲁，曾祖、祖父曾是三桓臣宰，根基殷实，是托孤的最佳选择。可见曾子云"可以托六尺之孤，可以寄百里之命"，并非空泛之论，是有所指、有所担当的。这则"曾子曰"，可能是子思参与第三次编纂时，为感恩曾府，特意主张编入的。

子思参与第三次编纂留下的生命痕迹，还可以从《论语·宪问》篇求得。该篇首章云："宪问耻。子曰：'邦有道，谷；邦无道，谷，耻也。''克、伐、怨、欲不行焉，可以为仁矣？'子曰：'可以为难矣，仁则吾不知也。'"此章在《史记·仲尼弟子列传》作如此记述："子思问耻。孔子曰：'国有道，谷；国无道，谷，耻也。'子思曰：'克、伐、怨、欲不行焉，可以为仁乎？'孔子曰：'可以为难矣，仁则吾弗知也。'"可见太史公所见《古论语》使用了原宪的字作"子思曰"，应是孔伋（子思）参与曾门编纂《论语》时，为了避免与自己的字相混淆，改"子思问"为"宪问"。《雍也》篇又载："原思为之宰，与之粟九百，辞。子曰：'毋！以与尔邻里乡党乎！'"将原宪的姓与字，搭配为"原思"，异于《论语》通常称字的体例，大概原本也写作子思为孔氏宰，在孔伋（子思）参与第三次编纂时，搭配以姓，免得造成二"子思"的混淆。

经过详细的文献学和篇章学的多维度参证考究，启动了以史解经、以礼解经、以生命解经的综合方法论，推求原始，钩沉索隐，缀碎为整，已可以对《论语》的编纂年代和主要编纂者，得出如下返本还原性的结论。

（一）《论语》编纂时间是：从孔子死（公元前479年）至曾

子死（公元前432年）后数年。即是公元前5世纪前期到公元前5世纪后期春秋战国之际，历时半个世纪。孔门在半个世纪间，先后三次对此书进行有组织的实质性编纂，说明此书是儒门的"公器"和"重器"，七十子及其后学的中坚分子都想在孔学承传中，占据和承担正宗重任。即所谓"仁以为己任""任重而道远""士不可以不弘毅""临大节而不可夺也"。由此，孔门传道，以《论语》为衣钵。

（二）孔门参与回忆记录材料的弟子和再传弟子，虽然有六七十人以上，但直接参与论辩取舍的编纂决定者，有生命迹象可考的，依次有仲弓、子游、子夏，有子（或委托其门人）、子张（子游、子夏也继续参与），曾门弟子乐正子春、子思，可知姓名者共有七人。如此形成的《论语》思想，是孔子及其弟子、再传弟子集体创造的思想。如此形成的《论语》传本，是经过多次编纂的叠加型传本。七十子及其后学的杰出之士，在历次编纂中从各自不同的立场和角度寻找"真孔子"，注入真知灼见，形成精彩纷呈而又互动互补、互相博弈的学脉复合。它并非单线式，而是三线或多线纠缠，分中有合、合中有分，你中有我、我中有你，多元分驰又交融共构的思想文化共同体。这就是《论语》篇章学的"多棱镜效应"。《论语》思想具有丰富的张力，既以孔子为中心，又具有思想多维性，还由于篇章学上形式多样的设置、排列、组合、衔接、中断、呼应等所产生的联想、互释、叠加、曲变诸效应，遂使《论语》以儒家元典的身份，成为中国智慧的渊薮和源泉之一。

如果将此传经源流与《论语》三次大编纂相对接，那么第一次编纂便由仲弓、子夏，中经荀子一干人等，通向汉儒；第三次编纂却由曾门及子思，中经孟子，通向宋儒。从某种意义上说，汉、宋之争，是放大了的《论语》篇章政治学的博弈。中国儒学千古传承的两大学派——汉学与宋学，都在儒家核心经典《论语》

编纂成书的早期行程中，留下了最初的种子和根脉，这实在是中国思想史上值得深入探究的千古因缘。

五 另有一次编纂是子贡学派的《齐论语》编纂：公元前456年前后

子贡（公元前520—前456年），名端木赐，卫国（今河南鹤壁市浚县）人。孔门四科十哲之一，属于"受业身通"的弟子，智商极高，以儒术规范纵横术，孔子曾称其为"瑚琏之器"。瑚琏是古代祭祀时盛黍稷的尊贵器皿，夏朝叫"瑚"、殷朝叫"琏"，以此比喻一个人特别有才能，可以担当大任。对于《论语》的各种版本系统，何晏《论语集解序》引用刘向的说法，称《鲁论语》二十篇，《齐论语》二十二篇，"其二十篇中，章句颇多于《鲁论》"，"《齐论》有《问王》《知道》，多于《鲁论》二篇"，《问王》篇实际就是《问玉》篇。从子贡的年岁推测，《齐论语》的修纂在公元前456年前后，早于曾门公元前432年后的编纂二十余年。

《问玉》毫无疑义是子贡"问玉"。《孔子家语·问玉》篇对此记载说："子贡问于孔子曰：'敢问君子贵玉而贱珉何也？为玉之寡而珉多欤？'孔子曰：'非为玉之寡故贵之，珉之多故贱之。夫昔者君子比德于玉，温润而泽，仁也；缜密以栗，智也；廉而不刿，义也；垂之如坠，礼也。叩之，其声清越而长，其终则诎然乐矣。瑕不掩瑜，瑜不掩瑕，忠也；孚尹旁达，信也；气如白虹，天也；精神见于山川，地也；珪璋特达，德也；天下莫不贵者，道也。诗云：言念君子，温其如玉，故君子贵之也。'"

至于《知道》的确切内容，直到2017年于南昌汉代海昏侯刘贺墓考古发掘传来新消息，有失传1800年之久的《齐论语》残简，才有了着落。海昏侯墓的"智道"残卷说："孔子智道之易也，易易云者，三日。子曰：此道之美也，莫之御也。"这可以参看《孔子家语·颜回》篇记载:"孔子谓颜回曰:'人莫不知此道之美,而莫之御也,莫之为也何居?为闻者盍曰思也夫。'……颜回谓子贡曰:'吾闻诸夫子,身不用礼,而望礼于人;身不用德,而望德于人,乱也。夫子之言,不可不思也。'"又《礼记·乡饮酒义》载孔子曰:"吾观于乡,而知王道之易易也。"是说孔子观看乡饮酒之礼有尊贤尚齿之法,从而知道王者教化之道很容易施行。因而子贡是以仁、智、义、礼、乐、忠、信、天、地、德、道为核心理念,智的位置很靠前,这是值得注意的;子贡又知王道之易于施行,这是他的行动纲领。

《史记·仲尼弟子列传》对孔子众弟子,记述子贡最详,长达两千字:"端木赐,卫人,字子贡。少孔子三十一岁。子贡利口巧辞,孔子常黜其辩。问曰:'汝与回也孰愈?'对曰:'赐也何敢望回!回也闻一以知十,赐也闻一以知二。'子贡既已受业,问曰:'赐何人也?'孔子曰:'汝器也。'曰:'何器也?'曰:'瑚琏也。'卫公孙朝问子贡曰:'仲尼焉学?'子贡曰:'文武之道未坠于地,在人,贤者识其大者,不贤者识其小者,莫不有文武之道。夫子焉不学,而亦何常师之有!'又问曰:'孔子适是国必闻其政。求之与?抑与之与?'子贡曰:'夫子温良恭俭让以得之。夫子之求之也,其诸异乎人之求之也。'子贡问曰:'富而无骄,贫而无谄,何如?'孔子曰:'可也;不如贫而乐道,富而好礼。'田常欲作乱于齐,惮高、国、鲍、晏,故移其兵欲以伐鲁。孔子闻之,谓门弟子曰:'夫鲁,坟墓所处,父母之国,国危如此,二三子何为莫出?'子路请出,孔子止之。子张、子石请行,孔子弗许。子贡请行,孔子许之。遂行,至齐,说田常曰:'君之伐鲁过矣。夫鲁,难伐之国,其城薄以卑,其地狭以泄,其君愚而不仁,大臣伪而无用,其士民又恶甲兵之事,此不可与战。君不如伐吴。夫吴,城高以厚,地广以深,甲坚以新,士选以饱,重器精兵尽在其中,又使明大夫守之,此易伐也。'田常忿然作色曰:'子之所难，人之所易；子之所易，人之所难：而以教常，何也？'子贡曰：'臣闻之，忧在内者攻强，忧在外者攻弱。今君忧在内。吾闻君三封而三不成者，大臣有不听者也。今君破鲁以广齐，战胜以骄主，破国以尊臣，而君之功不与焉，则交日疏于主。是君上骄主心，下恣群臣，求以成大事，难矣。夫上骄则恣，臣骄则争，是君上与主有却，下与大臣交争也。如此，则君之立于齐危矣。故曰不如伐吴。伐吴不胜，民人外死，大臣内空，是君上无强臣之敌，下无民人之过，孤主制齐者唯君也。'田常曰：'善。虽然，吾兵业已加鲁矣，去而之吴，大臣疑我，奈何？'子贡曰：'君按兵无伐，臣请往使吴王，令之救鲁而伐齐，君因以兵迎之。'田常许之，使子贡南见吴王。说曰：'臣闻之，王者不绝世，霸者无强敌，千钧之重加铢两而移。今以万乘之齐而私千乘之鲁，与吴争强，窃为王危之。且夫救鲁，显名也；伐齐，大利也。以抚泗上诸侯，诛暴齐以服强晋，利莫大焉。名存亡鲁，实困强齐。智者不疑也。'吴王曰：'善。虽然，吾尝与越战，栖之会稽。越王苦身养士，有报我心。子待我伐越而听子。'子贡曰：'越之劲不过鲁，吴之强不过齐，王置齐而伐越，则齐已平鲁矣。且王方以存亡继绝为名，夫伐小越而畏强齐，非勇也。夫勇者不避难，仁者不穷约，智者不失时，王者不绝世，以立其义。今存越示诸侯以仁，救鲁伐齐，威加晋国，诸侯必相率而朝吴，霸业成矣。且王必恶越，臣请东见越王，令出兵以从，此实空越，名从诸侯以伐也。'吴王大说，乃使子贡之越。越王除道郊迎，身御至舍而问曰：'此蛮夷之国，大夫何以俨然辱而临之？'子贡曰：'今者吾说吴王以救鲁伐齐，其志欲之而畏越，曰待我伐越乃可。如此，破越必矣。且夫无报人之志而令人疑之，拙也；有报人之志，使人知之，殆也；事未发而先闻，危也。三者举事之大患。'句践顿首再拜曰：'孤尝不料力，乃与吴战，困于会稽，痛入于骨髓，日夜焦唇干舌，徒欲与吴王接踵而死，孤之愿也。'遂问子贡。子贡曰：'吴王为人猛暴，群臣不堪；国家敝以数战，士卒弗忍；百姓怨上，大臣内变；子胥以谏死，太宰嚭用事，顺君之过以安其私：是残国之治也。今王诚发士卒佐之徼其志，重宝以说其心，卑辞以尊其礼，其伐齐必也。彼战不胜，王之福矣。战胜，必以兵临晋，臣请北见晋君，令共攻之弱吴必矣。其锐兵尽于齐，重甲困于晋，而王制其敝，此灭吴必矣。'越王大说，许诺。送子贡金百镒，剑一，良矛二。子贡不受，遂行。报吴王曰：'臣敬以大王之言告越王，越王大恐，曰：孤不幸，少失先人，内不自量，抵罪于吴，军败身辱，栖于会稽，国为虚莽，赖大王之赐，使得奉俎豆而修祭祀，死不敢忘，何谋之敢虑！'后五日，越使大夫种顿首言于吴王曰：'东海役臣孤句践使者臣种，敢修下吏问于左右。今窃闻大王将兴大义，诛强救弱，困暴齐而抚周室，请悉起境内士卒三千人，孤请自被坚执锐，以先受矢石。因越贱臣种奉先人藏器，甲二十领，铁屈卢之矛，步光之剑，以贺军吏。'吴王大说，以告子贡曰：'越王欲身从寡人伐齐，可乎？'子贡曰：'不可。夫空人之国，悉人之众，又从其君，不义。君受其币，许其师，而辞其君。'吴王许诺，乃谢越王。于是吴王乃遂发九郡兵伐齐。子贡因去之晋，谓晋君曰：'臣闻之，虑不先定不可以应卒，兵不先辨不可以胜敌。今夫齐与吴将战，彼战而不胜，越乱之必矣；与齐战而胜，必以其兵临晋。'晋君大恐，曰：'为之奈何？'子贡曰：'修兵休卒以待之。'晋君许诺。子贡去而之鲁。吴王果与齐人战于艾陵，大破齐师，获七将军之兵而不归，果以兵临晋，与晋人相遇黄池之上。吴晋争强。晋人击之，大败吴师。越王闻之，涉江袭吴，去城七里而军。吴王闻之，去晋而归，与越战于五湖。三战不胜，城门不守，越遂围王宫，杀夫差而戮其相。破吴三年，东向而霸。故子贡一出，存鲁，乱齐，破吴，强晋而霸越。子贡一使，使势相破，十年之中，五国各有变。子贡好废举，与时转货赀。喜扬人之美，不能匿人之过。常相鲁、卫，家累千金，卒终于齐。"子贡终于齐，于此修纂《齐论语》。作为史学家，司马迁对于子贡改变历史的能力，推崇到高于孔门其他弟子的高阶，这是令人深思的。

2014年10月—2020年1月

《孙子兵法》的生命解读

《孙子兵法》存在着一些千古之谜。比如，孙武才三十多岁，未见以前有他的战争经历的记载，为什么一出手就写出兵法十三篇，成为千古兵家的圣典？吴楚柏举之战，吴军声东击西，以少胜多，以迅雷不及掩耳之势，十几日就打下楚国的首都，运用的显然是孙武的战略战术，为什么《左传》没有出现孙武的名字？《孙子兵法》蕴含着哪些家族文化基因，应该如何解读？《老子》《孙子兵法》《论语》是春秋战国之际最早的私家著作，能否对其著成的时间进行编年，它们之间存在哪些生命联系和差异？从宋襄公"蠢猪式"的战争观和战争行为，到《孙子兵法》称"兵者，诡道也"的战争观和战争行为，折射了兵学史和战争史的何种历史性的发展？这些都是研究《孙子兵法》必须解决的发生学和文化基因的问题，必须对之作出有血有肉的智慧和生命的还原。"还原孙子"，必须参照文献文本、考古资料与诸子身世，对之作为一个有血有肉的人所创造的智慧进行生命还原，这是诸子发生学的基本命题。

一 《孙子兵法》的家族基因

孙武是兵家之祖，自从有了孙武，兵家在春秋战国诸子中才自成一宗一派。也就是说《孙子兵法》是千古兵家第一书。从战国时代起，它就受到广泛的关注。《韩非子·五蠹》篇说："境内皆言兵，藏孙、吴之书者家有之。"以后历代的将帅将它列为必读书的首选。曹操作《孙子序》说："吾观兵书战策多矣，孙武所著深矣。"《唐太宗李卫公问对》记载唐太宗说："朕观诸兵书，无出孙武。孙武十三篇，无出虚实。夫用兵，识虚实之势，则无不胜焉。"这些驰骋疆场、精于用兵的帅才都高度推崇《孙子兵法》，可知这部兵书蕴含着第一流的人类智慧。

孙武是军事专家，族源出自齐国的田完家族。由于齐国的田氏、鲍氏、高氏、国氏等豪门巨族互相倾轧，为避不测之祸，迁徙到吴越之地的富春江一带。后世子孙，食邑于富春，自是世为富春人。根据族谱记载，这个家族出过一个重要的人物孙权，是孙武的后代。曾经为秦始皇统一中国出谋划策的尉缭，在他写的《尉缭子》中说："有提十万之众而天下莫当者，谁？曰：（齐）桓公也。有提七万之众而天下莫当者，谁？曰：吴起也。有提三万之众而天下莫当者，谁？曰：（孙）武子也。"可见他是把孙武看作春秋战国时期"天下莫当"的超一流军事高手。而以三万吴军大败二十万楚军，所言正是吴楚柏举之战。

但是孙武在吴王阖闾的幕下运筹帷幄，能力盖世，却职位不显，远不能与重臣伍子胥相比。终其身只不过是一个幕僚、客卿而已。东汉袁康《越绝书》卷二就说："（吴郡）巫门外大冢，吴王客齐孙武冢也，去县十里。善为兵法。"连墓碑上都只是标示"吴王客"，可知他并无显贵的职位，只不过是一个客卿。清代江南吴江顾万祺对于孙武的身世更是感到悲凉，他写一首《斗鸡坡》诗说："红粉宫中小队齐，花痕凝碧草萋萋。一从孙武归山后，不教三军教斗鸡。"因此吴楚"柏举之战"，虽然可以感觉到孙武出神入化的用兵谋略非常了得，但《左传》记述这场迅雷不及掩耳的战争时，取材官方文件，使孙武的名字遗憾地缺席。《史记·孙子列传》虽然写道"阖庐知孙子能用兵，卒以为将。西破强楚，入郢，北威齐晋，显名诸侯，孙子与有力焉"，但由于官方材料有限，只是这样交代孙武的身份："孙子武者，齐人也。以兵法见吴王阖庐"。至于孙武的家世和其行踪，就未免有点神龙见首不见尾了。《史记》写孙武，与写老子相似，都是在画龙。

《史记·孙子吴起列传》聚焦于孙武训练以吴王二宠姬为队长的宫中美人百八十人的队列，成为千古练兵令人难忘的景观。成语"三令五申"也出自孙武训练宫娥之事。尽管阖庐自称"尽观"十三篇，但他浑然以游戏态度对待宫娥练兵，并没有把十三篇开宗明义的"兵者，国之大事，死生之地，存亡之道，不可不察也"的战争严峻性存乎心中。孙武作为"客卿"不同于伍子胥，初见吴王时不能不以血的代价，以确知吴王是否对自己竭诚信任，是否将前敌指挥决策权赋予自己。对此，十三篇中已有明言："将听吾计，用之必胜，留之；将不听吾计，用之必败，去之。"在孙武看来，君臣嫌隙是用兵的大患，唯有"上下同欲者胜"。本是阖庐用练女兵试孙武，孙武却反而用练女兵试阖庐。如果阖庐过不了这一关，孙武是会拂袖而去的。但是他练女兵而斩阖庐之二爱妃，为阖庐所不悦，就明智地以客卿的身份保留自己的进退自由度。

清人魏源《圣武记》说的话，多少透露了孙武斩宫娥的动机："（司马）穰苴斩贵臣以肃骄军，孙武斩宠姬以厉女戎，商君千金徙木以市信，田单神师走卒以悚众，此皆仓卒受命，以他人未教之兵为己猝然之用，不得已为此欲速助长之法，用不测之威赏，以新万人之耳目，与淮阴置诸死地，事不同而意同，法不同而效同。"孙武斩宫娥，成了军法如山的一种象征。唐朝开元年间，张九龄为中书令。范阳节度使张守珪奏裨将安禄山屡屡打败仗，押送京师行刑。张九龄批示说："穰苴出军，必诛庄贾；孙武行法，亦斩宫嫔。守珪军令若行，禄山不宜免死。"实际上张九龄把孙武斩宫嫔和司马穰苴斩庄贾并列，已经暗藏着将当时女宠杨贵妃之祸和安禄山之患相并列了。近代蔡锷作《曾胡治兵语录》，在卷六"严明类"引录胡林翼的话："自来带兵之员，未有不专杀立威者。如魏绛戮仆，穰苴斩庄贾，孙武致法于美人，彭越之诛后至者，皆是也。"可见孙武斩宫娥，已经成为从严治军的经典案例。

孙武著述兵书的原始体制，作于吴阖庐九年（公元前506年）"西破强楚，入郢"之前的春秋晚期。他向吴王阖闾献上《兵法十三篇》，时年只有三十多岁，并无战争经历的记述，为何能够一出手就写出一部兵家圣典？这番兵学史上的奇迹，与孙武的家族存在着不解之缘。孙武是由陈国出奔到齐国的田完家族的七世孙，比起弑杀齐简公的田常晚一辈，虽是旁支，却是不折不扣出身将门巨族。田氏家族再过三代，就取代姜氏的齐国了。《左传·鲁昭公十九年》（公元前523年）记载，这年的秋天，齐国的高发率师讨伐东夷民族的莒国。莒共公逃奔到纪鄣城堡。高国就派孙书乘胜追击。莒国有个妇人，她的丈夫被莒国的国君杀掉了。这时已是老寡妇，寄居在纪鄣城堡，她纺出一根麻绳，长度刚好和城墙的高度相等。等到孙书的追兵一到，就把麻绳从城头垂到城外。有人把麻绳告知孙书，孙书安排军队夜间顺着麻绳登城。登上六十人，麻绳就断了。城下的士兵和登城的士兵，一齐鼓噪。莒共公害怕，就开启西门逃走。七月十四日，齐国的军队攻入纪鄣城堡。

这位孙书原名陈（田）书，是田完的四世孙陈（田）无宇的儿子，由于攻打莒国有功，被齐景公赐以姓氏"孙"。这就是孙武的父亲，纪鄣城堡战役之时，孙武十几、二十岁。《孙子兵法》最后写了《用间》篇，谈论间谍情报、里应外合的重要性，认为"三军之事，莫亲于间，赏莫厚于间，事莫密于间。……故明君贤将，能以上智为间者，必成大功。此兵之要，三军之所恃而动也"。用兵依照间谍情报而行动，孙子的这种军事思想非常独特，也非常具有前瞻性。追根溯源，不能说这种思想的发生，与其父亲得到纪鄣城堡内部的老寡妇的内应从而一举破城没有渊源关系。

考察《孙子兵法》的家族记忆时，绝不能忘记另一位与孙武同辈的大军事家司马穰苴，他也是田完之苗裔。《史记·司马穰苴列传》记载："司马穰苴者，田完之苗裔也。齐景公时，晋伐阿、甄，而燕侵河上，齐师败绩。景公患之。晏婴乃荐田穰苴曰：'穰苴虽田氏庶孽，然其人文能附众，武能威敌，愿君试之。'景公召穰苴，与语兵事，大说之，以为将军。"因抗击晋、燕的侵伐立有大功，被齐景公尊为大司马，因而后世以其官名为姓氏，把田穰苴叫作"司马穰苴"。田穰苴当将军伊始，说自己平素卑贱，"士卒未附，百姓不信，人微权轻"，请齐景公派个宠臣作为监军。齐景公同意派庄贾当监军，田穰苴就跟他约定，第二天中午在军门相会，商量行军事宜。但是庄贾恃宠卖宠，接受亲戚朋友的送行宴会，大吃大喝，直到晚上才姗姗来迟。田穰苴问军法官，应该如何处置，军法官说："当斩。"庄贾慌了手脚，派人向齐景公求救，齐景公派使者持节赦免庄贾，田穰苴说："将在军，军令有所不受。"就斩了庄贾，还斩了求情的使者随从和车马。

田穰苴"将在军，军令有所不受"，与孙武斩吴王阖闾的二宠姬时说的"将在军，君命有所不受"，如出一辙，同属田氏将门的治军原则。田穰苴的治军作风、作战谋略，也作为家族文化基因，深刻地植入了《孙子兵法》。比如田穰苴"文能附众，武能威敌"，也被孙子《行军》篇演绎为"令之以文，齐之以武"的治军原则；田穰苴亲自关照和处理"士卒次舍、井灶饮食、问疾医药"，与《地形》篇中"视卒如婴儿""视卒如爱子"如出一辙；田穰苴"必取于人"的实践性"先知观"，与《谋攻》篇的至理名言"知彼知己，百战不殆"相互映照，使整部《孙子兵法》摒弃了巫风迷思的纠缠，闪耀着深刻的实践理性的光彩。前人虽然没有注意孙武与田穰苴的家族渊源，但也有感觉到《孙子兵法》与田穰苴是有相通之处的。如宋人张预《十七史百将传》卷一说：

"孙子曰'令之以文,齐之以武',穰苴文能附众,武能威敌。又曰'法令孰行',穰苴斩庄贾以徇三军。又曰'不战而屈人之兵',穰苴士卒争奋而燕、晋解去是也。"至于司马穰苴的身世,《史记·田敬仲完世家》记载:"田常乃选齐国中女子长七尺以上为后宫,后宫以百数,而使宾客舍人出入后宫者不禁。及田常卒,有七十余男。"司马穰苴所谓"田氏庶孽",就是因为他属于这"七十余男"之列,他与孙武同属田敬仲完之后的同辈,而年纪长于孙武一二十岁。

田穰苴以后五代,田氏取代姜齐,再过二代,"齐威王使大夫追论古者司马兵法而附穰苴于其中,因号曰《司马穰苴兵法》",这已经是稷下先生做的事了。而田穰苴晚年,"已而大夫鲍氏、高、国之属害之,谮于景公。景公退穰苴,苴发疾而死"。大概是在这场政治危机中,孙武离开是非之地齐国,远赴吴越之地富春江一带。

二 混合着大地的血迹和老子之道的延伸

《孙子兵法》的大智慧,是蘸着血与火写出来的,并非空泛的纸上谈兵。据先秦子史典籍记载,春秋时代大国争霸,以及大国兼并小国的战争频繁。《孟子·尽心下》说:"《春秋》无义战。彼善于此,则有之矣。征者,上伐下也,敌国不相征也。"宋人王应麟《困学纪闻》卷六说:"《春秋》书'侵'者才五十八,而书'伐'者至于二百一十三。苏氏谓《三传》侵、伐之例,非正也。有隙曰侵,有辞曰伐。愚谓孟子曰'《春秋》无义战',非皆有辞而伐也。"亲历这种战争环境而出身将门的兵学天才孙武,在父亲孙书伐莒时已是十余岁的少年,家学承传,堂前商讨,案前凝思,列国杀伐和将门论学的交织,给兵学经典的形成注入了丰厚的经验和博大的智慧。

将门论学,比较关注的是与齐国有关的战争案例,以及近百年间晋、楚、秦等大国的重大战役。比如孙武以前百余年，即鲁庄公十年（公元前684年）的齐鲁长勺之战，曹刿论战说："夫战，勇气也，一鼓作气，再而衰，三而竭。彼竭我盈，故克之。夫大国难测也，惧有伏焉。吾视其辙乱，望其旗靡，故逐之。"在《孙子兵法·军争》篇中可以发现这种战争思想的某些投影，其中说道："三军可夺气，将军可夺心。是故朝气锐，昼气惰，暮气归。故善用兵者，避其锐气，击其惰归，此治气者也。以治待乱，以静待哗，此治心者也。以近待远，以佚待劳，以饱待饥，此治力者也。无邀正正之旗，勿击堂堂之阵，此治变者也。"所谓"避其锐气，击其惰归"，就是以气论战的著名原则。《左传》记载孙书讨伐莒国纪鄣城堡的战役，也是可以作为《孙子兵法·军争》篇所说的"兵以诈立""其疾如风""动如雷震"的战例。

《九地》篇所说"去国越境而师者，绝地也"，以及《军争》篇所说"倍道兼行，百里而争利，则擒三将军"，就会让人联想到离孙武百年的秦晋殽之战。《春秋穀梁传》鲁僖公三十三年（公元前627年）记载："夏四月辛巳，晋人及姜戎败秦师于殽。……秦越千里之险，入虚国，进不能守，退败其师。"《左传》同年记载："夏四月辛巳，败秦师于殽，获百里孟明视、西乞术、白乙丙以归"，这就是秦人越千里之险、三将军被擒的战争教训。

还有晋楚争雄，屡开战端而胜负轮替，也是将门论学不会轻易放过的话题。《计》篇所说"攻其无备，出其不意"，这些原则可以在城濮之战晋大胜楚之后，疏于防备，而在邲之战中败于楚；楚在鄢陵之战中，又因将帅醉酒误事，惨败于晋这一系列的战争教训中得到印证。可见孙武是直面战争年代一份极其丰富的因染血而显得沉甸甸的资源，展开他对军事原则和战争规律的深度探索，并将之提升到哲学的高度来思考的。循血迹以寻道，这使得《孙子兵法》形成了一种既踏实而不空幻，又深刻而不平庸的学理品格。

《孙子兵法》十三篇的行文不过六千余言，略长于《老子》，而且化韵体为散体。如果说《老子》言道妙以机趣，那么《孙子兵法》则述"诡道"以精诚。根据我的考证，《老子》成篇于孔子于鲁昭公三十一年（公元前511年）适周问礼于老子之后不久，《孙子兵法》成十三篇于鲁定公四年（公元前506年）吴楚柏举之战前不久，略晚于《老子》书。这是春秋末年诸子学术的双璧。《论语》则是孔子于鲁哀公十六年（公元前479年）死后，众弟子为他庐墓守心孝时开始编纂，中经有若时期的增补、修改、编纂，最终到曾子死（鲁悼公三十一年，公元前436年）后，由子思和曾门弟子第三次编定，这已经进入战国初前期了。

春秋战国之世，中国社会发生了长久、全面、激烈的震荡和变动，催化了整个民族的思想创造能力，推动中国文化在突破和超越中出现蓬蓬勃勃的思想原创，裂变为百家之学。率先开宗的堪称"春秋三始"：一是老子言道德五千言，开道家之宗；二是孔子聚徒讲学，开儒家之宗；三是孙武以《兵法》见吴王阖庐，开兵家之宗。

孙子把老子的"道"引进兵家，"道"是春秋时期的一个"关键词"。《老子》提出"人法地，地法天，天法道，道法自然"的纲领。《孙子》开宗明义就强调"兵者，国之大事，死生之地，存亡之道，不可不察也"，因而提出"经之以五事"的"道、天、地、将、法"作为全书的经纬，把"道"放在五事之首，形成整部兵法的"全胜之道"的核心思想。这与《老子》五千言，用了73个"道"字遥相辉映。

《老子》突出了以柔弱胜刚强的智谋方针："将欲翕之，必故张之；将欲弱之，必故强之；将欲废之，必固兴之；将欲夺之，必固与之。是谓微明；柔胜刚，弱胜强。"《孙子》则说："故善用兵者，避其锐气，击其惰归，此治气者也。以治待乱，以静待哗，此治心者也。以近待远，以佚待劳，以饱待饥，此治力者也"；"乱生于治，怯生于勇，弱生于强"。也注重战争行为和政治态势的辩证法转化。

论道重虚实相生，是《老子》为中国哲学和美学发明的一条重要的原理，用了古时冶炼业使用的风箱设喻"虚而不屈，动而愈出"。《孙子》奇正虚实之论，是中国古代兵学精华所在："凡战者，以正合，以奇胜"，"避实就虚""攻其所必救"。以虚实奇正论行兵作战，是中国思想的一大发明。

在人类原始信仰中，水是万物之源、生命之源。《诗经·国风》借水起兴抒情的诗歌，在四十篇以上。《老子》是从水中体验道体、道性的。所谓"上善若水""譬道在天下，犹川谷之于江海""天下莫柔弱于水，而攻坚强者莫之能胜"，全书散发着水文化的气息。《孙子》"兵无常势，水无常形""若决积水于千仞之者，形也"，以水的形态比喻兵态势，极具神韵。《论语》记述孔子的话："智者乐水。"又说："子在川上，曰：'逝者如斯夫！不舍昼夜。'"朱熹解释道："天地之化，往者过，来者续，无一息之停，乃道体之本然也。然其可指而易见者，莫如川流。故于此发以示人，欲学者时时省察，而无毫发之间断也。"顾炎武《日知录》则认为："日往月来，月往日来，一日之昼夜也。寒往暑来，暑往寒来，一岁之昼夜也。小往大来，大往小来，一世之昼夜也。子在川上曰：'逝者如斯夫！不舍昼夜。'通乎昼夜之道而知，则'终日乾乾，与时偕行'，而有以尽乎《易》之用矣。"《老子》《孙子》《论语》提供了以水言道的三种形态，是中国思想史的源头，荡漾着水光潋滟的无限光泽。

发现心灵上的儿童，或者发现儿童的心灵，是道家文化返璞归真的必然趋势。《老子》以婴儿喻道："载营魄抱一，能无离乎？专气致柔，能如婴儿乎？"《孙子》也说："视卒如婴儿，故可与之赴深谷，视卒如爱子，故可与之俱死。"老子是一个"纯"字谈论婴儿，孙子是以一个"爱"字拥抱婴儿。这种对天然心性的"恋婴"情结也感染了儒家。孟子说："大人者，不失其赤子之心者也。"张载阐释说："不失其赤子之心，求归于婴儿也。"这种说法与老子相通，即老子之所谓"常德不离，复归于婴儿"。朱熹却认为这种还淳反朴之意，未必符合孟子原意，因而解释道："大人之心，通达万变。赤子之心，则纯一无伪而已。然大人之所以为大人，正以其不为物诱，而有以全其纯一无伪之本然。是以扩而充之，则无所不知，无所不能，而极其大也。"走得更远一些的是李贽的《童心说》："夫童心者，真心也，……绝假纯真，最初一念之本心也。"他在自然人性上，解释赤子之心的本质。近代王国维甚至把叔本华的天才，也纳入"赤子之心"说："其赤子之说，又使吾人回想叔本华之天才论曰：天才者，不失其赤子之心者也。"（《叔本华与尼采》）并且以此评议李后主："词人者，不失其赤子之心者也。故生于深宫之中，长于妇人之手，是后主为人君所短处，亦即为词人所长处。故后主词，天真之词也；他人，人工之词也。"（《人间词话》）在这里，赤子之心就是天真，就是天才。把天才置于不受知识常见遮蔽的深度直觉状态，这是非常独特的。

在述学方式上，《老子》堪称独特，韵散交错，时或句式整齐，时或长短不拘的道术思想性的诗，或哲学诗，行文律动着一种抑扬顿挫的节奏之美。而孙子不是文章家，胜似文章家。《孙子兵法》是一流文章，一锤打下，落地有声，文字功夫已达到了无意为文而文采自见、高明而精微的境界。他还善用连喻，《九地》篇说道"将军之事，静以幽，正以治"，在比喻等待和把握战争机遇时还说："是故始如处女，敌人开户，后如脱兔，敌不及拒。"这些比喻或意蕴饱满，或辞采飞扬，说理多有力度，组合常语而能开拓深刻的意义，以简练的文句包容宏富的内涵，同时著述大概只有《老子》能与比肩。因此宋人李涂在《文章精义》中认为："《老子》《孙武子》，一句一语，如串八宝珍珑，间错而不断。"有趣的是，在中国告诉你应该怎样写文章的，是思想家，这是中国文明史的耀眼的一种风景。

三 《孙子兵法》是人类竞争发展的智慧学

《孙子兵法》首先是兵学圣典，但不仅仅属于兵学，而以其精辟的思想谋略成为人类竞争发展各个领域都可受启迪的智慧学。这部兵书词约理辟，无须浮辞而直指本原，务实之论多成智慧名言，以独到的思维方式和术语措辞使思想魅力得以千古保存。如"知己知彼，百战不殆""攻其不备，出其不意""不战而屈人之兵，善之善者也""用兵之法，十则围之，五则攻之，倍则分之，敌则能战之，少则能逃之，不若则能避之"等等，这都是蘸着战争中的血与火写出来的至理名言。连明代的抗倭英雄戚继光都赞不绝口："不战而屈人之兵，为第一着，为最上策也。"

孙子十三篇，是精心结撰之杰构，无随意述录之芜杂，得智慧运思之精警。先以兵道笼罩全书，再述战前的庙算以及物质、编制的准备，继之以战争中攻守、奇正、虚实、形势诸端的运用，其后为地形、战区、火攻、用间等具体战术，形成一个相当周圆有序的篇章学结构。正如曹操《注孙子序》所云："吾观兵书战策多矣，孙武所著深矣，审计重举，明画深图，不可相诬。"刘勰《文心雕龙·程器》也说："孙武兵经，辞如珠玉，岂以习武而不晓文也？"大到篇章结构，小到遣词造句，孙子十三篇都给人千锤百炼之感，有过目难忘的精神冲击。

孙子讲为将之道，在于"智、信、仁、勇、严"，把智慧放在第一位，把勇放在第四位，把仁放在中轴上，其序列出于实践而独具深意，有别于其他兵家。《孙子兵法》不是罗列战例，而是抽象地变成一种生存竞争的智慧。《孙子兵法》是最抽象的，也是最实用的。它能触动各种各样的思考，能穿透人类智慧的各个层面，是启动人的智慧发条。孙武是"中国式"的兵学智慧，其武道是

"止戈为武"。由于立足历史实践和历史理性,《孙子兵法》往往能够简捷地揭示战争的本质特征和实质性规律。它坦诚地告示:"兵者,诡道也。"战争面对的对手是一个活动着的,甚至是诡异莫测的变数。因此战争的过程,是一种以诡道破诡道的智谋和实力的较量,这就难怪曹操注解说"兵无常形,以诡作为道"了。

但通观《孙子兵法》,诡中有正,以正制诡,意在充分发挥以敌情为根据的自由精神的优势。因而这种诡道并非神秘主义的,而是全面地、多维度地论述和掌握兵学的"五事""七计",即俗称"诡道十二法"。它不是故作高深的鬼鬼祟祟,而是形成体系、能分能合,运用之妙存乎一心的谋略学。

探究兵道于兵事之外,有利于把兵事纳入人类生存的更深广的时空框架中来思考,在血与火的学问中化生出智慧与谋略的学问。《孙子兵法》之所以受到普适的尊崇,一个基本的原因是它在透彻的言兵中,蕴含着深厚的人类生存的关怀。既然以"诡道"概括兵学的本质特征,兵法也就以智为先,具有浓郁的重智色彩,这就使《孙子兵法》成为举世瞩目的智慧启示录。

孙子的奇正虚实之论,展现了活泼的中国智慧的辩证法神采,是中国很高的智慧。后世兵书记载,唐太宗曾俯首赞同李靖这番话:"若非正兵变为奇,奇兵变为正,则安能胜哉?故善用兵者,奇正在人而已。变而神之,所以推乎天也。"唐太宗本人则说:"朕观诸兵书,无出孙武。孙武十三篇,无出虚实。夫用兵,识虚实之势则无不胜焉。"奇正虚实,展示了把握变动复杂的军事形势,驾驭变化莫测的谋略,在举重若轻中克敌制胜。

毛泽东作为近代中国独立解放战争史上的旷世奇才,对古代的兵法,一是嘲笑宋襄公,二是赞许孙武子。他在著名的《论持久战》中说:"我们不是宋襄公,不要那种蠢猪式的仁义道德。"这里所指,是公元前638年发生在今天河南柘城县泓水上的宋楚之战。根据《左传·鲁僖公二十二年》的记载,这年十一月,宋襄公率领的军队已经在泓水北岸摆开阵列，而楚军还没有全部渡过泓水。宋国的司马建议："敌众我寡，应在它没有全部渡河的时候发起攻击。"宋襄公不予采纳。楚军渡过泓水，但还未布好阵列时，司马又建议发起攻击，宋襄公还是说："还不可以。"楚军摆好阵势后，宋军才发起攻击，结果吃了大败仗，连宋襄公也被射伤大腿。国人都埋怨宋襄公，宋襄公却说："君子打仗，对敌方的伤兵不再杀伤，不俘虏花白头发的人。古代行军作战，不把敌军阻挡在狭隘的地方。寡人虽然是亡国之余，但也不向未布成阵列的敌军发动攻击。"

尽管宋襄公的弟弟子鱼反驳他"君未知战"，宋襄公也因箭伤发作而搭上性命，但寻思起来，宋襄公恪守的是周朝"吉、凶、君、宾、嘉"五礼中的"军礼"。《礼记·檀弓下》就记载有孔子的话："杀人之中，又有礼焉。"还记载陈国的太宰嚭说："古之侵伐者，不斩祀，不杀厉，不获二毛。"这就是顾炎武《日知录》卷三所说："终春秋二百四十二年，车战之时，未有斩首至于累万者。车战废而首功兴矣。先王之用兵，服之而已，不期于多杀也。杀人之中又有礼焉，以此毒天下而民从之，不亦宜乎！"连《史记·宋微子世家》受这种成见的影响，也说："襄公既败于泓，而君子或以为多，伤中国阙礼义，褒之也，宋襄之有礼让也。"但是《韩非子》已经发表不同的看法："宋人大败，公伤股，三日而死。此乃慕自仁义之祸。"《淮南子·泛论训》则从战争史的角度作了评议："古之伐国，不杀黄口，不获二毛。于古为义，于今为笑。"以战争实践加以检验，宋襄公成了"蠢猪式的宋襄公"，是咎由自取。

从对宋楚泓水之战和宋襄公表现的评议中，我们不难领略到，《孙子兵法》界定"兵者，诡道也"，就一语破的、质朴无伪地揭示了一种新的战争形态的出现。宋襄公式的战争观是旧式的，孙武的战争观则反映了战争形态由春秋到战国的实质性历史演变。

毛泽东在《中国革命战争的战略问题》和《论持久战》等文章中，多处引用《孙子兵法》的话语来总结战争经验。"以逸待劳，以饱待饥""避其锐气、击其惰归""攻其不备，出其不意""知己知彼，百战不殆"等语句都以不同的方式出现在毛泽东的笔下。《中国革命战争的战略问题》说："中国古代大军事家孙武子书上'知彼知己，百战不殆'这句话，是包括学习和使用两个阶段而说的，包括从认识客观实际中的发展规律，并按照这些规律去决定自己行动克服当前敌人而说的；我们不要看轻这句话。"《论持久战》又说："战争不是神物，仍是世间的一种必然运动，因此，孙子的规律'知己知彼，百战不殆'，仍是科学的真理。"中华人民共和国成立初期，还为中共中央军委题词："知己知彼，百战百胜。"还在1939年8月，毛泽东曾对身边精通《孙子兵法》的高参郭化若说：应深刻研究孙子所处时代的社会政治经济情况、哲学思想，以及孙子以前的兵学思想，然后对《孙子兵法》本身作研究，才能深刻地理解《孙子兵法》。又说，要为了发扬中华民族的历史遗产去读孙子的书，要精滤《孙子兵法》中卓越的战略思想，批判地接受其战争指导的法则与原理，并以新的内容去充实它。《孙子兵法》穿透了两千年的历史时空，显示了它的智慧达到了高度超越的哲学深度。

其实毛泽东来自战争实践的战略战术思想，都有与《孙子兵法》不谋而合或一脉相通之处。从游击战的"敌进我退、敌驻我扰、敌疲我打、敌退我追"十六字诀，到"诱敌深入""牵着敌人鼻子走"战略方针的提出，以及"集中优势兵力，各个歼灭敌人""不打无准备之仗，不打无把握之仗"，都是一种富有实效的生气勃勃的思想创造，却又可以在研究《孙子兵法》或演绎《孙子兵法》的古代战争故事中，找到它们的雏形或蛛丝马迹。毛泽东的创造在于注重实践，注重把孙子思想和古代战争案例智慧，融合在"尤好《左氏春秋》、孙吴《兵法》"的岳飞所说的"运用之妙、存乎一心"至理名言之中。这个"妙"字，指的是灵活性，就是"灵活机动的战略战术"，就是"你打你的，我打我的；打得赢就打，打不赢就走"。无论做什么事，要认识对手，先要认识自己，要战胜对手，先要战胜自己。力量的源泉在于自己，根本也在于自己，先把自己调整好，把自己做强大了才有实力与敌人较量。中国要和平崛起，走向世界，就要把自己做强，才有说话的分量。孙子和毛泽东都是大军事家，都有大智慧，只是他们的时代不同，面对的情境不同，表述方式也有所变化而已。毛泽东的战争经历比孙子丰富，格局也更加宏大，因此能够从根本上发展孙子的智慧。时势造英雄，关键是把握时势的精蕴和脉络。

《孙子兵法》作为超一流的智慧书，很早就渗透到营商领域。《史记·货殖列传》说："白圭，周人也。当魏文侯时，李悝务尽地力，而白圭乐观时变，故人弃我取，人取我与。夫岁孰取谷，予之丝漆；茧出取帛絮，予之食。太阴在卯，穰；明岁衰恶。至午，旱；明岁美。至酉，穰；明岁衰恶。至子，大旱；明岁美，有水。至卯，积著率岁倍。欲长钱，取下谷；长石斗，取上种。能薄饮食，忍嗜欲，节衣服，与用事僮仆同苦乐，趋时若猛兽挚鸟之发。故曰：'吾治生产，犹伊尹、吕尚之谋，孙吴用兵，商鞅行法是也。是故其智不足与权变，勇不足以决断，仁不能以取予，强不能有所守，虽欲学吾术，终不告之矣。'盖天下言治生祖白圭。白圭其有所试矣，能试有所长，非苟而已也。"这段话的大意是，白圭是周地人氏。正当魏文侯（公元前 472 年—前 396 年）的时候，李悝致力于最大限度地利用土地的潜力，而白圭却喜欢观测天时的变化，因而做到别人抛售他就收购，别人正需要取用的时候他就抛售给他们。收成好就收购粮食，把丝漆卖给农夫，蚕茧出来了就收取帛絮，把粮食卖给养蚕人。木星在卯宫方位，年成丰收；第二年反而收成很坏。到了木星在午宫方位，会发生旱灾；第二年反而会年成好。木星到了酉宫方位，年成丰收；第二年收成反而很坏。木星到了子宫方位，会发生大旱灾；第二年反而会收成好，有雨水。木星又到了卯宫方位，经过十二年，平均每年积存货物的财富利率是一倍。想增加钱币收入，就收售价格低廉的粮食；想使农夫增加产量，就收售良种。他能够不讲究饮食，强忍嗜好欲望，节俭衣服开支，和雇用的奴仆同甘共苦，但捕捉时机就像猛兽凶禽勃然迅疾地扑向食物一样。所以他说："我从事商业经营，就和伊尹、吕尚运筹谋略，孙武、吴起作战用兵，商鞅施行法制是一样的。因而如果一个人的智慧够不上权宜变化，勇敢够不上对事决断，仁德不能用来取舍，强毅不能有所坚守，即使想学我这套办法，最终也不会告诉他的。"大略说来，天下谈论经营致富的是以白圭做典范。可见，《孙子兵法》作为人类竞争图存的智慧，可以外溢为经商的谋略。而且这种外溢，还与古今沟通，兵学、法学沟通，多渠道并存。这样，哲与谋兼通，兵与商兼治，甚至可以启发各种技艺的竞争升级，显示了中国思想家融会贯通、触类旁通的大智慧。

2021 年 2 月 10 日第五次修订

借问庄子您是谁?

——杨义哈佛讲演整理稿

一 庄子的国族身份

上次在哈佛讲演"中国叙事学",还与学者们交谈了中国少数民族史诗。这次主要讲演先秦诸子还原的问题。我每次出国,都带上一本耐读的书,在牛津、剑桥、哈佛,都带过《庄子》,读来读去,大概是书读得深了,读到文字背后去了,于是发现生命的呼唤,发现"庄子是谁"?这是一个两千多年都没有解决的问题!

《老子韩非列传》交代:"庄子者,蒙人也,名周。周尝为蒙漆园吏,与梁惠王、齐宣王同时。其学无所不窥,然其要本归于老子之言。"就是说司马迁只讲庄子是蒙地人,并没有因为蒙地在宋国,就说他是"宋人"。《史记》对于先秦诸子都交代他们的国族,如"老子者,楚苦县厉乡曲仁里人也";"韩非者,韩之诸公子也";"孔子生鲁昌平乡陬邑,其先宋人也";"孟轲,邹人也";"荀卿,赵人",甚至连一笔提到的"慎到,赵人;田骈、接子,齐人;环渊,楚人,皆学黄、老道德之术,因发明序其指意"。唯独庄子没有提到他的国族,只说是"蒙人",这是经过经典细读和对读后,发现明显的不同之处。司马迁没有说庄子是"宋蒙人",省去一个"宋"字,可以理解为司马迁并没有简单地把庄子当成"宋人"对待。那么庄子的国族归属是什么?《史记·老子庄子申子韩非列传》结尾处讲了一个故事:"楚威王闻庄周贤,使使厚币迎之,许以为相。庄周笑谓楚使者曰:'千金,重利;卿相,尊位也。子独不见郊祭之牺牛乎?养食之数岁,衣以文绣,以入太庙。当是之时,虽欲为孤豚,岂可得乎?子亟去,无污我。我宁游戏污渎之中自快,无为有国者所羁,终身不仕,以快吾志焉。'"司马迁是一位历史叙事的高手,他在"庄子传"结尾的这段补叙,是大有深意的,不可轻易放过。

司马迁写《史记》的时候,庄子之学还未得势。那时是黄老的天下,黄帝和老子,而不是老子和庄子,老庄之学的天下是魏晋,所以司马迁就把"庄子传"放到《老子申子韩非列传》的中间,作为一个附传。庄子是谁?司马迁没有深入考究。《史记》中记载庄子是蒙地的一个漆园吏,蒙地在宋国,现在的商丘北,漆园吏是一个地方作坊的记账先生——这不说得很清楚了吗?但我就要问一问,第一,庄子的知识是从哪里来的?当时是贵族教育,学在官府,典籍也为官府守藏,民间无有。庄子写书在知识上是无所不窥,他认为"旧法世传之史尚多有",推重"惠施多方,其书五车",那么要同这样的对手辩论,也需要"学富五车",什么学问都要知晓。比如作为中国最重要经典的"六经",最早见于《庄子》,《天运》篇说:"孔子谓老聃曰:丘治《诗》《书》《礼》《乐》《易》《春秋》六经,自以为久矣。"《天下》篇说:"《诗》以道志,《书》以道事,《礼》以道行,《乐》以道和,《易》以道阴阳,《春秋》以道名分。"虽然我们可以考证出孔子见老聃之时,尚未治《易》和《春秋》,但庄子把"六经"放在一起说,说明他对这个经典系统是熟悉的。1993 年在湖北省荆门市郭店楚墓,与简本《老子》甲、乙、丙三种同时出土的《六德》也说:"观诸《诗》《书》,则亦在矣;观诸《礼》《乐》,则亦在矣;观诸《易》《春秋》,则亦在矣。"此墓属于战国中期,可见在庄子时代楚人已知"六经"。不过,这是当时楚太子属官的墓,在经籍存于官府的时代，庄子的知识来源就是一个大问题。

第二，庄子具备什么资格去跟那些王侯将相对话？比如去见魏王，穿得破破烂烂，魏王问他："何先生之惫邪？"他却回答得非常傲慢无礼："贫也，非惫也。……今处昏上乱相之间，而欲无惫，奚可得邪？此比干之见剖心征也夫！"魏王居然没有发怒，没有令人挡驾，或将他赶跑、拘留，似乎是乖乖地听着他高谈阔论。他有何种身份、资格做到这一点？

第三，楚威王派了两个大夫聘任庄子做官，不仅《史记》有所记载，《庄子》也有两次记载，一在《秋水篇》："庄子钓于濮水，楚王使大夫二人往先焉，曰：'愿以境内累矣！'庄子持竿不顾，曰：'吾闻楚有神龟，死已三千岁矣，王巾笥而藏之庙堂之上。此龟者，宁其死为留骨而贵乎，宁其生而曳尾于涂中乎？'二大夫曰：'宁生而曳尾涂中。'庄子曰：'往矣！吾将曳尾于涂中。'"一在《列御寇》篇："或聘于庄子，庄子应其使曰：'子见夫牺牛乎？衣以文绣，食以刍叔（菽），及其牵而入于太庙，虽欲为孤犊，其可得乎？'"这二则记载，与《史记》所记"楚威王闻庄周贤，使使厚币迎之，许以为相"，可资相互参照，底子相似，措辞相异。史书注重年代，强调是"楚威王"聘请；《庄子》记载则在职位上留有分寸，不说"许以为相"，只说"愿以境内累矣"。然而楚国那时是一流大国，区区一个宋国的漆园吏，不见有何政绩，写的文章也没有安邦定国的效能，楚王为什么要千里迢迢请你当大官呢？而庄子还偏偏不愿意去，说自己不愿当牺牲的牛，似乎这邀请还不能排除杀身之祸的潜在危险，宁愿当在河沟里拖着尾巴打滚的乌龟。那两个使者居然也心照不宣地说"还是当乌龟吧"，并无强迫他赴楚的意思，这里又蕴含着何种政治文化密码？

可能有人会说，庄子寓言都是编出来的，不足取信。但事关个人身世生涯，编撰寓言也要有底线，这是起码的常识，没有底线就是骗子。你说自己是干部子弟，或者联合国秘书长要请你任职，没有这回事，信口雌黄，那只算是低级的招摇撞骗；要是凭着一点儿底子或影子，添油加醋，"以天下为沈浊，不可与庄语"，托意于荒唐谬悠之说，以玩世滑稽、瑰丽纵横，甚至自我标榜一番，这倒不失人之常情。身世寓言的底线，是人格的体现。因此有必要对庄子的身世寓言进行生命痕迹的取证，透过幻象窥其底细。

那么，庄子到底是谁？根据我的考证，庄子是楚庄王的后代。宋人郑樵在《通志·氏族略》中两次讲到，庄氏出于楚庄王，战国时有庄周，"著书号《庄子》"。郑樵遍读唐以前的书，广搜博引，写成《通志》二百卷，《四库全书总目提要》中指出："南北宋间记诵之富，考证之勤，实未有过于樵者。"因此他说庄氏出于楚庄王，是以有唐以前的牒谱文献为据的。当然，"庄"是一个美谥，春秋战国之时，以"庄"为谥号的国君有十几个，但庄氏的出处具有特指性，特指和泛指是迥然有别的，"庄氏出于楚庄王，僖氏出于鲁僖公。康氏者，卫康叔之后也。宣氏者，鲁宣伯之后也"，这是记载得清清楚楚的。

郑樵毕竟是南宋人，距离庄子已经千余年，对他的说法有必要回溯到《史记》。《史记·西南夷列传》写云贵川等地的少数民族。这是司马迁的大贡献，他把边远民族写进了我们的正史，以后的史书都有"四夷传"，要不我们的少数民族就缺少了基本的正史记载。《西南夷列传》里面记载了一个人，庄蹻。庄蹻是楚国镇守西部的一个将军，他带兵到了云南滇池，后来秦国将军白起占了巴郡和黔中郡之后，阻断了他的归路，就变成了滇王。司马迁写道："始楚威王时，使将军庄蹻将兵循江上，略巴、蜀、黔中以西。庄蹻者，故楚庄王苗裔也。"班固《汉书·西南夷两粤朝鲜传》也沿用了这个说法。司马迁在这里无意中透露了破解庄子身世之谜的线索：楚国庄氏出自楚庄王，庄子与庄蹻一样是楚庄王之后，可能出自不同的分支。这一点跟《史记》"庄子传"中，称庄子为"蒙人"而不标示"宋"，结尾处补记楚威王派使者聘请庄子，在认证庄氏的国族上，是有着互动互补的潜在契合之处。二者又与《通志·氏族略》形成了一条有效的证据链。

楚庄王是春秋五霸之一，"三年不飞，飞将冲天；三年不鸣，鸣将惊人"，他将楚国的势力发展到靠近洛阳一带，在东周都城洛阳郊外搞阅兵仪式，问周鼎的小大轻重，征服北方几个小国。"问鼎中原"这个词就是这么来的。朱熹说："楚庄王盛强，夷狄主盟，中国诸侯服齐者亦皆朝楚，服晋者亦皆朝楚。"有一种记载，"楚庄王灭陈为县，县之名自此始"，中国有县的建制，是楚庄王的一个创造。其实，秦武公十年（公元前688年），伐邽、冀戎，就有"初县之"的说法，这比楚庄王灭陈为县早九十年。应该说中国之有县的建制，是秦、楚二国创造的。《国语·楚语上》记载楚庄王向申叔时问教太子之法，申叔时回答说："教之《春秋》""教之《诗》""教之《乐》""教之《语》"等等，这就从楚庄王开始形成了贵族教育的"申叔时传统"，推动了楚文明与中原文明的融合。楚庄王的直系传承王位，就是楚王，他的旁系在三代以后就可以用他的谥号作为姓氏。问题是从楚庄王到庄子，过了200多年，应是八代以上，庄氏家族已经是一个很疏远的贵族。

既然庄子是楚庄王之后，为何会居留在宋国？考证这个问题，要从楚威王派人迎接庄子的材料入手。在楚威王初年（公元前339年），庄子大概30岁，从这个时候往前推42年——要是过了100年或更长的时间就不用操心了，"新鬼大，旧鬼小"啊！——上推到40多年的时候，出了一个重大的事件：吴起变法。楚悼王用吴起变法，"南平百越。北并陈蔡，却三晋。西伐秦。诸侯患楚之强"，开发了江南地，使洞庭以南的地区都成了楚国的疆域。吴起"明法审令，捐不急之官，废公族疏远者，以抚养战斗之士"，三代以上的贵族是不能世袭的，要去"上山下乡"，充实新开发的土地。这把那些老贵族得罪透了。到了楚悼王一死（公元前 381 年），这些贵族就造起反来，攻打吴起。吴起是军事家，与孙武并称孙、吴，他就跑到了灵堂里，趴到楚悼王的尸体上。这些疏远的贵族大闹灵堂，吴起大呼"群臣乱王"，被乱箭射死，自然，也射到了楚王的尸体。按照楚国的法律，"丽兵于王尸者，尽加重罪，逮三族"。所以楚悼王的儿子楚肃王继位之后，灭了 70 多个家族。庄氏家族作为老贵族，应该就是受到此事的株连而逃亡的。要是我们对战国的地理形势比较了解的话，宋、楚之间，是墨子弟子们的根据地。比如墨家巨子孟胜，与楚国阳城君相好。阳城君参与射杀吴起事件而逃亡后，墨家巨子就为他守卫阳城封邑，自然也会将楚国同案要犯偷偷送到宋国。庄氏家族逃到宋国十几年之后，才生下了庄子。

经过以上的国族认证和家族流亡的考证之后，前面提到的庄子身世的三大谜团就迎刃而解。庄子为什么无书不窥？因为他出身贵族，接受的是楚国富有传统的贵族家庭文化教育；他为什么可以那么傲慢地和王侯将相说话？因为楚王可能还会请他回去主事，楚国可是大国啊！在吴起之变四十余年后，隔了两代国王了，庄氏家族以及那些疏远贵族的关系毕竟盘根错节，不断有人在楚威王耳边给这 70 多个家族喊冤叫屈，呼吁落实政策，主张将他们的贤子弟迎聘回来，委以重任。楚王因此"闻庄子贤"，才派二大夫到濮水迎聘庄子。濮水在楚、宋接壤之处，与庄子、惠施观鱼的濠梁，及墨家巨子活动的阳城相离不远，都在今天安徽西北部。好像庄子对他们家族的流亡路线还有几分留恋。

朱熹对庄子的身世有着很好的直觉，他一眼就看出，庄子自是楚人，大抵楚地便多有此样差异的人物学问。朱熹没有做专门的考证，但他对先秦学术流派是一清二楚的。透彻的直觉，往往比含混的"博学"离真实更近。

二 破解《庄子》的文化基因

一个人文学者不同于人事干部的地方，在于他破解庄子的家世，不只是为了填一份履历表，是为了更好地破解《庄子》书中的文化基因，而且通过破解《庄子》书中的文化基因，又可以反过来印证庄子的家族渊源。这就是知识发生学的研究，在循环论证中揭示庄子的真实生命。庄子和惠施是好朋友，惠施促成了魏惠王与齐威王互相承认称王之事，在魏国大梁为相，前后总共二十多年。刚当上梁相的时候，有人造谣，说庄子要谋取他的相位，所以惠施在大梁搜查庄子三天三夜。我们都知道庄子讲了一个猫头鹰和死老鼠的故事，猫头鹰叼着一只死老鼠，很宝贝，担心凤凰抢它的死老鼠。你看庄子是怎么讲的——南方有鸟，其名曰鹓鶵，发于南海，而飞于北海，这和庄氏家族的迁徙路线是一致的。楚人崇拜凤凰，《山海经·南山经》是把凤凰、鹓鶵并列为同类的。庄子以凤凰（鹓鶵）自拟，暗示着楚国聘请我，我都没有回去，还会来谋你那个死老鼠的职位吗？惠施，你可是老朋友，你应该明白的啊！庄子拿自己的身份经历，以寓言方式与惠施说话。

甚至连《庄子·逍遥游》所说的鲲鹏展翅，"鹏之背，不知其几千里也。怒而飞，其翼若垂天之云"，也联系着楚人崇凤的原始信仰。明人谢肇淛《五杂俎》卷九说："鲲化为鹏，《庄子》寓言耳。鹏即古凤字也。宋玉对楚王'鸟有凤而鱼有鲲'，其言凤皇上击九千里，负青天而上，正祖述《庄子》之言也。"这就在楚人崇凤的信仰上，将《庄子·逍遥游》与宋玉《对楚王问》关联在一起了。文字学上"鹏"字与"凤"字、"风"字相似，甚至相通，也得到甲骨文和出土简帛文献的支持。

《庄子》又有浑沌信仰。浑沌、穷奇、梼杌、饕餮，在中原之地被认为是四凶。如《左传·文公十八年》说：舜帝"流四凶族，浑敦、穷奇、梼杌、饕餮，投诸四裔，以御魑魅"。但在楚地，浑沌是三苗的祖先。庄子故事中，浑沌是中央之帝，倏和忽是南北之帝，觉得浑沌待他们很好，看到混沌没有七窍，便"日凿一窍，七日而浑沌死"。浑沌是楚人的信仰，倏和忽是楚国的方言，在先秦的书中，只有楚辞有倏忽。用楚国方言，写楚人的信仰，这蕴含着庄子刻骨铭心的乡愁。

《庄子》中写了楚国的十几个故事，在他的笔下，楚人都是非常神奇的。月是故乡明，爷爷奶奶讲的失落了的故乡故事，最能拨动人的心弦。有一个故事叫"郢匠挥斤"，楚国首都的一个工匠，拿着一把大斧头，"运斤成风"，可以将你鼻梁尖上像苍蝇翅膀一样薄的白泥巴砍掉，这个匠人很是厉害，那个挨斧头的人也很是厉害。第二个故事是汉阴抱瓮老人，汉阴就是汉水以南，有个老人不用桔槔，挖了一条隧道到地下打井水浇地。子贡就问他，为什么不用桔槔，这不是事半功倍吗？这个老人就讲，有机械就有机事，有机事就有机心，他不能用机械破坏自然的浑沌状态。孔子说这是浑沌氏之术。还有一个故事叫"痀偻承蜩"，就是驼背老人抓蝉。他说我的竹竿子上要能顶着两个石头丸子掉不下来，那十个蝉就能粘住五六个；要是能搁三个石头丸子在竹竿顶上掉不下来，那抓蝉时，十个里面能粘住八九个；要是能有五个石头丸子累在竹竿上不掉，那抓蝉就如探囊取物一样了。这是讲专心致志可以通天地之道、"与天为一"的神秘力量。苏东坡称赞吴道子画人物，"出新意于法度之中，寄妙理于豪放之外，所谓游刃余地，运斤成风，盖古今一人而已"。文天祥说："累丸承蜩，戏之神者也；运斤成风，伎之神者也。"这些都是用了庄子所讲的楚人故事作比喻。这些楚人故事，证明庄子道术联通着楚人信仰。信仰的联通，是生命之根的联通。

三 宋国蒙地与庄子的生命哲学

庄子居留在宋国蒙地，但他似乎对宋国相当隔膜，甚至反感，他笔下的宋人都很笨，甚至有些卑劣。庄子经常嘲讽宋人，加上经常与宋人惠施辩论，嘲讽就更加尖刻。宋人是殷商的后代，总有一点经商的智慧吧，但是庄子说："宋人资章甫而适诸越，越人断发文身，无所用之。"宋人拿着商朝老祖宗的"章甫"帽到越国去卖，但越人是断发文身的，根本不戴帽子。做买卖也不顾客户的需求，只能赔掉老本。嵇康《与山巨源绝交书》说："不可自见好章甫，强越人以文冕也。己嗜臭腐，养鹓雏以死鼠也。"用的就是《庄子》典故。

《庄子》还说："宋人有善为不龟手之药者"，但是只能"世世以洴澼絖为事"。"洴澼絖"就是漂洗棉絮，大概是用了宋国的象声词方言，有点向辩论对手惠施调侃的意味。有客人想用百金购买他们的偏方，他们就聚族商量："我们世世代代都在洴澼絖，一年的收入也不过数金。如今卖个方子，就可以拿到百金，不如成交了吧。"但那个客人拿着方子，游说吴王。越国来侵略，吴王就任命他当将军，冬天与越人水战，手不皲裂，大败越人，裂地而封他当大官。庄子评议说：一样能够制造不皲手的药，有人靠它封官，有人不免于"洴澼絖"，是他们使用的方式存在着差异的缘故。

其实，诸子都不太喜欢宋人。为什么？通览《左传》可以知道，宋国掌权的都是自己的公族，他们怕权力被游说之士夺走，因而不接受客卿。孔子经过宋国，受到宋司马桓魋伐树的威胁；孟子游历到宋，受到宋君不见的冷落。墨子阻止楚国对宋的入侵，归途过宋，守闾者不予接纳。庄子在宋国也只能当个芝麻大小的漆园吏，这么有才华的人，起码也应该在政府中成为管理图书、起草文件的大夫。秦国、楚国、齐国，都接纳客卿，宋国不接纳，诸子对它的保守姿态很反感，所以《孟子》的"揠苗助长"是宋人，《韩非子》的"守株待兔"也是宋人，这些都是讽刺宋人顽冥不化的死脑筋。

庄子没有融入当时宋国社会中，当地人不接纳他。他小时候，在沼泽地里孤独游逛而没有伙伴，"独与天地精神往来"。看见蜗牛的两个角，想象其中一个是触国，一个是蛮国，互相打仗，打了半个月，死了五万人云云——这是小孩子的想法。清人吴梅村有《满江红》词曰："鹬蚌利名持壁垒，触蛮知勇分旗鼓。只庄周为蝶蝶为周，都忘语。"我想，孔子这么博学，多识鸟兽草木之名，他都不知道蜗牛有两个角，当时的博物学还没有那么发达。你要盯着蜗牛看很长时间，它才会伸出两个角来，只有小孩子有这份耐心。庄子还到集市看耍猴，欣赏着耍猴人给猴子分配橡栗，说朝三暮四，猴子就生气，说朝四暮三，猴子就高兴。还有"庖丁解牛"，一个屠夫像和着乐舞那样挥舞着刀，出神入化，两三刀就干脆利落地将一头牛杀倒了，只有小孩子看时才觉得震撼，大人就没有这么强烈的感觉。庄子凭借自然界的草木虫鱼和民间卓绝的技艺，引发他的神思妙想，书写着"诗化的哲学，哲学化的诗"。

庄子的生命哲学，写得最独特的，一是关于死，二是关于梦。庄子老婆死了，他"鼓盆而歌"，这是楚人的风俗，即《明史·循吏列传》所说："楚俗，居丧好击鼓歌舞。"此类楚地风俗的记载在唐、宋、元朝的笔记，以及湖北等地的地方志中，可以找到不少，现在南方还有这种风俗，可谓流风久远。按照"丧祭从先祖"的规矩，庄子在亡妻丧俗上，应请巫师和亲友击鼓歌舞。但他既穷得请不起巫师，家族流亡异地请不来亲友，只好自己鼓盆而歌了。庄子的高明之处，是他能够从楚俗中，升华出哲理，"通天下一气耳"，气聚而生，气散而死，死者又回归自然。因此他说："大块载我以形，劳我以生，佚我以老，息我以死。"生生死死，来去潇潇洒洒。

先秦诸子写梦写得最好的是庄子，他写了十一个梦。《老子》《孟子》没有"梦"字，《论语》有一次写到梦，孔子曰："甚矣吾衰也！久矣吾不复梦见周公！"讲的是一个政治梦。《庄子》最有名的是"蝴蝶梦"："昔者庄周梦为胡蝶，栩栩然胡蝶也，自喻适志与！不知周也。俄然觉，则蘧蘧然周也。不知周之梦为胡蝶与，胡蝶之梦为周与？"庄子多悟鸟兽草木之灵。他用梦来思考生命的界限："梦为鸟而厉乎天，梦为鱼而没于渊。不识今之言者，其觉者乎？其梦者乎？"人与鸟、鱼、蝶，孰真孰梦，梦与醒的界限在哪里？在边界朦胧中，所谓"庄生晓梦迷蝴蝶"，他写了一个生命与梦的春天，给人一种轻盈的美丽，与物为春，逢春化生。庄子作品的诗意，就来自这种几分惊奇、几分超逸，混合着几分楚人乡愁的记忆，令人神往，构筑着一个中国人可以"诗意栖居"的精神家园。

说到庄子的诗性哲学，我想到他说的"大美无言"，美的本质即大美，是说不透的。一经言说，就成为具体的美。具体美就有价值考量，庄子的价值考量是相对主义的，"此亦一是非，彼亦一是非"，换着角度看事物，"横看成岭侧成峰"。如此考量之后，就上升到终极论，"独与天地精神往来"，终极于"天地精神"之上。

以此角度解读《庄子》，我们就会体验到，一个破落流亡的楚国贵族后代在宋地作楚思的活生生的情境。我们考证庄子身世，进行文化还原，就是为了恢复这些经典本身应该具有的生命。还原诸子生命，既是对诸子的尊重，也是对研究者能力的尊重。中国具有世界上第一流的思想文化之根的资源，如果我们的解释是陈陈相因，或随波逐流，就很难提升与一个现代大国相称的思想原创能力和文化解释能力。

2021 年 2 月 10 日第四次修订

诸子是怎样炼成的

——先秦诸子发生学引言

诸子经典还原，是要"以心印心"地激活民族文化之根的活力，做一个了解自己文化家底的明白人。《老子》在诸子中唯一存在母性生殖崇拜，因而属于与《周易》"乾坤文化"并峙的"坤乾文化"，这与老子出生的氏族及所处的陈楚文化存在深刻的联系。孔子"唯女子与小人为难养"的话，是在见南子之后说的，与"吾未见好德如好色者也"具有同样的历史针对性，告诫执政者不可沉溺于女色与小人。庄子是流亡宋国蒙地的楚国疏远贵族的后裔，其书散发着对楚国的乡愁，顾忌"政治楚国"而留恋"文化楚国"，在蒙泽湿地中创造了"诗的哲学"。孔子适周问礼于老子，及韩非、李斯师事荀子，是春秋战国近三百年间诸子百家争鸣的开幕式和闭幕式，在以史解经、以礼解经和以生命解经的方法综合中，考订"孔老会"和"荀韩李三人行"的具体年份和历史现场，可以使之储入民族文化的记忆，滋润现代思想创造的元气和魄力，激活中国文明史的内在精气神。

一　做一个了解自己文化家底的明白人

一个现代大国需要对自己的文化经典进行本质上和生命上的返本还原研究，这是现代大国建立自己文化根基的初始性工程。

初始，就是从解读原始经典入手，解读原始经典又从发生学入手。只有从开始处下足功夫，才能对文化生命之根本的把握做到一竿子到底。不知根本是如何发生的，就很难从文化基因的初始状态和原本意义上，把握一种文化的精髓，从而难以在根本上联通古人的生命智慧与今人的生命智慧。值得注意的是，中国古人讲究返本还原，总是频频回顾自己是从哪里来的初始过程。《楚辞·天问》开篇就说："曰：遂古之初，谁传道之？"王逸注曰："初，始也。言往古太始之元，虚廓无形，神物未生，谁传道此事也？"① 柳宗元《封建论》也追问："天地果无初乎？吾不得而知之也。生人果有初乎？吾不得而知之也。然则孰为近？曰：有初为近。"②《诗经·大雅·绵》之诗曰："绵绵瓜瓞，民之初生，自土沮漆。"③ 这些诗文都从天地、人类、国族的不同角度上关心初始，关心文明发生的原本依据。文明的初始关怀、现实关怀和终极关怀，是文明的"三大关怀"。而诸子还原对于我们而言，就是对自身文明初始的关怀，就是关注民族文化之根。俗话说，根有多深，树有多高。《老子》第五十九章说："有国之母，可以长久，是谓根深固柢。"魏征《谏太宗十思疏》说："求木之长者，必固其根本；欲流之远者，必浚其泉源。"④ 中华民族文化这棵参天大树，根深本固，枝繁叶茂，后人应该对自己的根子抱有感恩的情怀，最好的感恩是深度激活文化根子的生命。

经典是什么？

一　经典就是支持一个民族思想大树的粗壮的树根。经典对人类社会生活、精神生活的根本性问题，输送出取之不

---

① 《楚辞章句补注·楚辞集注》，岳麓书社2013年版，第83页。
② （唐）柳宗元：《柳宗元集》卷三，明翻刻南宋世采堂本。
③ 《诗经·大雅·绵》，《十三经注疏》，中华书局1980年版，第509页。
④ 《旧唐书》卷七十一《魏征传》，中华书局1975年版。又见（唐）吴兢《贞观政要》卷一《君道第一》，上海古籍出版社1987年校点明成化本。

尽用之不竭的思想养分和精神源泉，川泽不竭，滋润着思想、情趣、人生方式的精神家园。还原经典，就是要领略民族智慧的精华，以丰富我们的精神构成，提升我们的文化素质，凝聚我们作为一个文化共同体的人心。

二 经典就是支撑一个民族文化殿堂的大柱子。经典以其在重大知识领域的典范性、原创性、权威性思想，支撑起民族智慧的精神空间。此乃中国人安心立命之所。有多高大的经典支柱，就有多么轩敞的精神文化堂庑。还原经典，就是享有经典开拓的智慧空间，享有深邃的历史时空中的大智慧。

作为文化根子，作为文化支柱，诸子的思想已经深深地嵌入了我们的文化基因，还原诸子的生命意义，就是我们对自己灵魂、对自己精神家园负责任、求自觉的表现。由此既对诸子思想的方式，给出缘由；又对诸子思想的发生、存在和延续，给出理由。理由是文化自信的根据。通过寻找理由，缩短古今的精神距离，消解精神对话的隔阂，增厚现代人进行精神创造的文化内涵和生命元气。因此我们炼诸子，既是考究诸子对自己原形、原心的锤炼，也是锤炼我们自己的基因和灵魂。

那么，诸子如何炼，如何炼诸子，如何对诸子经典进行还原？
首先要从发生学入手，把研究对象作为一个发生和衍变的过程，注重历史过程中的内在本质和生命活动。对于诸子学而言，就是从发生学上清理那些最重要的原始经典的知识来源、文化基因、意义密码，看那些古代哲人智者是如何发掘原始知识，包括典籍的和民间口传的知识，又超越固有的知识框架，融入自己的生命性情，进而开展大规模的思想创造，从而廓清此中存在的许多被历史烟尘遮蔽了的千古之谜。就是说，要弄清这份非常丰厚的文化家底，做一个了解自己文化家底的明白人。如果连祖宗的遗产都是一笔糊涂账，时时聚讼纷纭，缺乏思想穿透力和识断力，道不清一个子丑寅卯，又如何去说服别人，如何踏踏实实又潇潇洒洒地创造现代大国文化呢？假如不深入诸子的生命和心灵中，对其情感经验的文化差异和表现形式作出深切的体验，就无法直接领悟其内在的本质，更无法对其智慧实行古今共享。禅宗讲究"以心印心"，如果连诸子的心在哪里，甚至他们的身在哪里，都模糊不清，那你又如何与他们进行心灵交流、智慧交流、生命交流？因此，现代大国应该责无旁贷地对自己的基本经典和文化伟人，给出一个原创性的、既根基牢靠又生趣盎然的说法，才能形成自己最为根本的文化软实力。在世界文化盛宴的 AA 制中，我们应该拿出自己非常体面、泽及天下的份子，不要满足于厚着脸皮大吃大喝，擦擦嘴巴就打起鼾来。我们也是文明人，对祖宗的传承负有责任，对人类文化的发展也负有责任。

我们之所以强调还原研究，强调从发生学入手，是由于在这些紧要处，学术思想领域对自己的文化家底还存在不少糊涂账。糊涂账不清，大智慧不来。试举两个典型案例。

（一）孔子说："唯女子与小人为难养也。"[1] 这句话已经成了当今汇集各种猜测、曲解而议论纷纭的话题。但孔子是在什么历史场合讲这句话的？他针对什么现象发出这种感慨？这句话的本义是什么？许多人都是望文生义，而模糊了孔子此言发生的历史针对性。

（二）历史学家吕思勉和哲学家冯友兰都认为，《老子》一书存在着女性生殖器崇拜，连接着原始信仰的思维脉络，以女性生殖器为崇拜的对象。比如《老子》第六章："谷神不死，是谓玄牝。玄牝之门，是谓天地根。"[2] 牝的原始字形是"匕"，郭沫若就说，这是女性生殖器形状，正如牡字去掉"牛"旁，与男性生殖器形状一样。这种"玄牝之门"，是天地的根源所在。如果不弄

---

[1] 《论语·阳货》，《四书章句集注》，中华书局1983年版，第182页。
[2] 《老子道德经》六章，《诸子集成》（三），中华书局1954年版，第4页。

清楚老子出生的氏族和地域文化渊源，就摸不到老子对天地之源的这种解释的深层奥秘，甚至不知谁在和你说话、说的什么话了。

　　文化规范着人们的行为方式，文化的根子在磨炼的过程中，已经深入人们的灵魂和血液，形成民族的文化血脉。血脉的作用是供给养分，排除废料，在循环不息中铸造着生命。不疏通文化血脉，就难以维持文化生命。中国文化，包括它的医学，都高度关注血脉和生命的深刻联系，古代有两个神医的故事，值得我们好好领会。一个见于战国古籍《鹖冠子》，记载了神医扁鹊的故事。魏文侯问扁鹊曰："子昆弟三人，孰最善为医？"对曰："长兄于病视神，神未有形而除之，故名不出于家。中兄治病，其在毫毛，故名不出于闾。若扁鹊者，镵血脉，投毒药，副肌肤间，故名闻于诸侯。"① 神医将血脉看作精神和肌肤之间的生命之要害，最高明的医生是治未病，最有名的医生则是治重病。《后汉书·方术列传》记载神医华佗，他对弟子吴普说："人体欲得劳动，但不当使极耳！动摇则谷气得销，血脉流通，病不得生，譬犹户枢，终不朽也。是以古之仙者，为导引之事，熊经鸱顾，引挽腰体，动诸关节，以求难老。吾有一术，名'五禽之戏'：一曰虎，二曰鹿，三曰熊，四曰猿，五曰鸟。亦以除疾，兼利蹄足，以当导引。体有不快，起作一禽之戏，怡而汗出，因以著粉，身体轻便而欲食。"结果弟子吴普练习"五禽戏"，活到九十多岁，依然"耳目聪明，齿牙完坚"。② 在这里，神医把血脉流通当作生命之户枢不朽的关键。文化生命体也是灌注着血脉的。我们研究先秦诸子，激活诸子所构成的文化血脉，就是为了使我们的文化体魄强健、耳聪目明。了解诸子其实就是了解"文化自我"，了解我们自己的文化DNA。对自己的文化根子都模模糊糊，又怎么能够以清明的脑筋、充沛的元气、踏实的脚步，承传文化血脉、创造文化未来？

---

①《太平御览》卷七百二十四"方术部五"引《鹖冠子》，四部丛刊三编宋本。
②《后汉书》卷八十二下《方术列传》，中华书局1973年版。

因此，我们必须把诸子书当成古代智者的生命痕迹来对待，以敏锐的感觉追问诸子生命的炼造过程：

（一）诸子到底是谁？

（二）他们的知识来源何处？

（三）他们在什么情境下展开思想？

（四）他们为何把书写成这个样子？

诸子炼造，重在"炼心"。这就要启动中国古典学"以迹求心"的综合有效的还原方法，找到经典的心之所在，才能做到"心心相印"。这可以称为"诸子心解"。于此必须遵循《老子》第十六章"致虚极，守静笃；万物并作，吾以观复。夫物芸芸，各复归其根。归根曰静，静曰复命"的心理状态，沉潜，澄明，宽阔，机警，这样才能采取公正、尊重、包容、理解的态度，以对待自己的根柢血脉。或如《老子》接着所言："容乃公，公乃全；全乃天，天乃道，道乃久。"当然，外来的学术方法也要认真借鉴，所谓认真，包含有选择和消化，化为己有，融合到中国古典学方法之中。巴黎有一处拉雪兹公墓，西方诗歌戏剧的鬼才王尔德的墓就在那里，墓碑额上浮雕着有翼的人面狮身的斯芬克斯像，牵引人们飞向诗人感伤的内心。纷至沓来的女性爱慕者，竞相在碑身上印上红嘴唇。王尔德说："一个吻，足以摧毁一个人的生命。"我们大可不必将王尔德墓碑上的红嘴唇，急急忙忙地贴在孔孟老庄的千锤百炼的心上，使这班老夫子心悸不已。我们不应满足于红唇一吻，而应启动全部三十二个牙齿和整副肠胃，对经典文本含英咀华，深度体验，在把握多种多样学科文献材料，包括出土文物文献材料的基础上，运用发生学、文化人类学、姓氏学、人文地理学以及考古民族学等方法，竭尽可能地从文献的蛛丝马迹上"以迹求心"，进入先秦诸子的生命本质，触摸诸子的体温，展示历史文化的生命状态与生命过程。

二 "乾坤文化"与"坤乾文化"

根据我的深入考证,孔子四十一岁时,在鲁昭公三十一年(公元前511年)曾经到洛阳向老子问礼,并且接触《周易》。四十七岁后开始研习《周易》,由此他把自己的思想引向探究天人之际的道,因而进入了"知天命"的年龄心理境界。孔子发现,《周易》是一种"乾坤文化",并且强化了"乾上坤下"的解释,认为乾卦的本质功能是"天行健,君子以自强不息";坤卦的本质功能是"地势坤,君子以厚德载物"。《周易》赞美乾卦:"大哉乾元!万物资始。"赞美坤卦:"至哉坤元!万物资生。"好像平起平坐,但它要求坤卦"乃顺承天",如"牝马地类,行地无疆,柔顺利贞"。① 因此,经过孔子及其后学解释的《周易》是以乾统摄坤、以刚统摄柔的。考察儒学,不应只是强调"儒者,柔也",应该重视它还有刚的一面。

然而王弼解《易》,趣味与孔子大相径庭,他是以老庄思想来注解《周易》的。有一则逸事说,王弼注《易》,刻木偶为郑玄像,每发现郑玄的错误,就呵斥郑玄木偶②。清人袁枚《续子不语》卷五则根据《太平广记》记载另一则逸事加以发挥:"当汉学盛时,晋朝王弼注《易》,骂郑康成为'老奴'。康成白昼现形,立索其命而去。元行冲(唐朝河南儒者)有言,今人宁道孔圣误,讳言郑、服非。亦怕康成作祟故也。"③ 这两则逸事互相打架,鬼趣味中洋溢着喜剧味,可见老庄系统与汉儒系统对《周易》的乾坤、阴阳、有无的解释,是存在着根本的冲突的。《封神演义》第九十三回,有一句诗:"变化无端还变化,坤乾颠倒合坤乾。"乾坤与坤乾的顺序倒转而重新编码,意味着宇宙模式的根本

---

① 《周易正义》卷一,《十三经注疏》,第14—18页。
② (明)陈继儒:《书蕉》卷上,《丛书集成初编》本。
③ (清)袁枚:《续子不语》卷五,岳麓书社1987年版。

性变化。它们都涉及"一阴一阳之谓道""乾道成男,坤道成女"的根源性智慧,但是对根源的追问,采取了不同的方向。在《礼记》那篇记述"大道之行也,天下为公"的《礼运》中,记载了孔子的话:"我欲观夏道,是故之杞,而不足征也,吾得《夏时》焉。我欲观殷道,是故之宋,而不足征也,吾得《坤乾》焉。《坤乾》之义,《夏时》之等,吾以是观之。"① 《易经》本来有三种,夏朝叫作《连山易》,商朝叫作《归藏易》,周朝叫作《周易》。孔子在宋国得到的《坤乾》,是商朝的《归藏易》。孔子是商朝的后代,但他没有从商朝的传统上解释和发挥"坤乾文化",而是转向周朝的传统,弘扬"乾坤文化"。这就是《中庸》子曰:"吾说夏礼,杞不足征也;吾学殷礼,有宋存焉。吾学周礼,今用之,吾从周。"② 由于孔子弘扬《周易》的"乾坤文化",因此胡适说,孔子是"爸爸的哲学",而不是"妈妈的哲学"。

但是,曾经受孔子请教的老子,显然是一种"坤乾文化",在宇宙发生和学理程序上,将坤置于乾的前面。在先秦诸子中,唯有《老子》带有母性生殖崇拜的特征,从母体角度沟通了生理学与宇宙哲学,沟通了人的生育与宇宙的发生。历史学家吕思勉就指出:"《老子》书辞义甚古;又全书之义,女权皆优于男权,俱足证其时代之早。"③ 哲学家冯友兰也认为:"《老子》在这里所说的'牝',就是女性的生殖器。它所根据的原始宗教,大概以女性生殖器为崇拜的对象。因为它不是一般的女性生殖器,所以称为'玄牝'。"④

《老子》母性生殖崇拜,最为明显的例证如下。

1. 《老子》第六章:"谷神不死,是谓玄牝。玄牝之门,是

---

① 《礼记·礼运》,《十三经注疏》,第1415页。
② 《礼记·中庸》,《十三经注疏》,第1634页。
③ 吕思勉:《先秦学术概论》下编第一章,上海世界书局1933年版,第24页。
④ 冯友兰:《中国哲学史新编》修订本第二册,人民出版社1983年版,第44页。

谓天地根。"牝的原始字形是"匕",作女性生殖器形状,正如牡字去掉"牛"旁,乃与男性生殖器形状一样。郭沫若对此有过精到的分析。玄是赤黑色,是天之色、水之色,天、水、女阴之色融为一体,玄深幽远,通向哲学的妙境。玄牝之门,也就是玄深神秘的女性生殖器之门,竟然是天地之根,是天地万物的总根源。这如果不是母性生殖崇拜,又作何解释?这是何其原始又何其具有震撼力的宇宙发生论。这也可以令人联想到奥地利精神分析学家弗洛伊德的话:"子宫是人类的第一个住房。人类十有八九还留恋它,因为那里安全舒适。"宇宙发生的奥秘,就这样匪夷所思地联结着人类出生的奥秘。与老子"玄牝"相对应,《论语·尧曰》用了"玄牡"一词,但它把"玄牡"的意义引向祭祀,"予小子履敢用玄牡,敢昭告于皇皇后帝",商汤王用黑色牡牛作牺牲,向光明伟大的天帝祷告。儒家的祭祀文化与道家的女性生殖崇拜,本是同源,但是在祭祀礼仪的介入中开始分道扬镳。

2.《老子》第二十八章:"知其雄,守其雌,为天下谿。为天下谿,常德不离,复归于婴儿。……知其荣,守其辱,为天下谷。为天下谷,常德乃足,复归于朴。"不仅在讨论雌与雄时,以"守"和"知",表明立场与视野;而且这里的"天下溪""天下谷",也是关乎女性生殖崇拜的。《大戴礼·易本命》说:"丘陵为牡,溪谷为牝。"① 《淮南子·坠形训》也说:"凡地形,……邱陵为牡,溪谷为牝。"高诱注:"邱陵,高敞,阳也,故为牡;溪谷,污下,阴也,故为牝。"② 这种说法,把与生命相关的性意识,泛化到了天地山川之中了。由"谿谷为牝",又可以反而解释何为"谷神不死",那就是女性生殖之神永存不灭。

3.《老子》第六十一章:"大邦者下流,天下之交,天下之牝(马王堆汉墓帛书甲本作'天下之牝,天下之交也')。牝常以

---

① 《大戴礼记解诂·易本命》,中华书局1983年版,第258页。
② 《淮南子·坠形训》,《诸子集成》(七),第59页。

静胜牡，以静为下。"① 这些话都语义双关，从神圣的生殖崇拜，转化出或发挥着致虚守静、以柔克刚的思想。老子主柔的思想，是从玄牝和水性、水德中衍化出来的。这又联通了《老子》第八章："上善若水。水善利万物而又不争。"

那么，《老子》的母性生殖崇拜，是怎样发生、怎样炼成的？女性生殖崇拜，又如何与水、豀谷相联系，而指向宇宙之发生？这就要深入老子出生的氏族，以及这个氏族活动的地域生存文化状况之中。地理与氏族，成为返本还原研究的基本维度。

1. 老子出生在一个母系部落，遗存有母性生殖崇拜的文化DNA。老子出生的陈楚之地，远离政治文化中心，在这种边鄙之地可能还活跃着母系氏族。《水经注》卷二十三记述老子家乡："老君庙东院中，有九井焉。又北，涡水之侧，又有李母庙，庙在老子庙北。庙前有李母冢。"② 不需避讳，老子是不知有父的，多么渊博的学者也无法考证出老子之父。他好像是天生的"老子"，而非"儿子"。但他是知有母的，李母庙就在老子庙的北面。老子应是出生在一个母系部落，才会如此。唐司马贞《史记索隐》在解释老子"姓李氏"时说："按：葛玄曰'李氏所生，因母姓也'。又云'生而指李树，因以为姓'。"③ 以往把这些话当成神仙家言，认为不足信。但神仙家就要编造自己无父吗？葛玄明明被葛洪称为"余从祖仙公"，而且有"洪传玄业"之说，又何必编造呢？而且刘安成仙，还要鸡犬升天，全家都飞升到天上。因此老子有母而不知有父，在神仙家编造和隐瞒上是找不出必然的理由的。老子"因母姓"，乃是出自母系氏族得姓的制度。

2. 《老子》书中，母是唯一，父是多，蕴含着母性氏族的群

---

① 《老子道德经》，《诸子集成》（三），第4、16、37页。
② （北魏）郦道元著，王国维校：《水经注校》卷二十三，上海人民出版社1984年版。
③ 《史记·老子列传》"索隐"，中华书局1959年版，第2140页。

体潜意识。《老子》第二十一章说:"道之为物,惟恍惟忽。……窈兮冥兮,其中有精,其精甚真,其中有信",性的激素,男曰"精",女曰"信"。继之又特别讲到:"自今及古,其名不去,以阅众甫。吾何以知众甫之状哉?以此。"① 众甫二字,马王堆帛书《老子》甲、乙本均作"众父",这种用语是否带点群婚制的信息呢?老子是否也因而知有母,而不知有父呢?这都是需要人们深思明察的。

　　人们也许会问:春秋晚期中国已进入相当高度的文明进程,难道还存在母系部落吗?事物的发展并非如此直截了当。上古中国是一个多元共构的并非都是同步发展的文化共同体,恰恰相反,非均质、非同步是其突出的特点。周室及其分封诸国的中心地区,经济文化比较发达,礼俗制度相对健全。而远离城邦的边鄙之地,则存在明显的原始性,中央政权和邦国的力量相当虚薄,依然活跃着许多氏族、部落和部落联盟。在这些边远地区,就很可能存在着母系氏族,或母系氏族的遗风。甚至20世纪的中国西南部还有母系遗风,那么二三千年前的属于陈楚边远之地的苦县赖乡,又怎么能排除有母系氏族或它的遗存形态而生存在山谷溪流之间呢?

　　3. 老子童年经验中的氏族群体的存在形态是"小国寡民",信仰思维尤多原始风貌。因而老子"小国寡民"的社会理想,融合着他的童年回忆,实质上是要复归社会生命之原始。如《老子》八十章所描述:

　　　　小国寡民。使有什佰之器而不用;使民重死而不远徙。虽有舟舆,无所乘之;虽有甲兵,无所陈之。使民复结绳而用之。甘其食,美其服,安其君,乐其俗。邻国相望,鸡犬

---

① 《老子道德经》,《诸子集成》(三),第12页。

之声相闻，民至老死，不相往来。①

目睹周道之衰，身在洛阳的老子反观自己的生命源头，苦县赖乡的氏族原始生存方式被他理想化、童话化了。老子体验到的"生命之原始"，脐带还是鲜红色而连着娘胎。掺杂着童年经验的理想社会想象，就涉及小国（原始氏族，或部族）的规模、器物和对待器物的态度，以及对待迁徙和战争的态度；重视淳朴风俗、君民安乐和衣食温饱，至于文字文化则宁可简朴原始；邻国（相邻氏族和部族）外交，尽量平淡相处，自然自足。这实际是以老子童年氏族生活记忆，辅以清虚无为的文化想象而成的"小国寡民"乌托邦，类乎陶渊明描绘的"桃花源"。"小国"就是小的氏族部落，其民甚寡，这包含着老子对童年所在母系氏族的生存形态的回忆和理想化。

4. 陈楚属太皞之虚，母性生殖崇拜的遗风至今犹存。陈国（河南淮阳）本是"太皞之虚"，伏羲女娲的故土，伏羲是他的母亲踩着神的脚印生下来的，至今每年三月还表演伏羲母亲踩着神的脚印的舞蹈，名为"履迹舞"。尤其是那里有一种陶器玩具叫作"泥泥狗"，每只有一个、两个、三个直到九个头，胸前都绘有色彩斑斓的女人阴部的图案，非常醒目，这是女性生殖崇拜的遗存。据说，这种泥泥狗是守护太皞陵的。这种至今犹存的母性生殖崇拜文化，发源甚早，与老子家乡的谷神、玄牝信仰源泉互灌，流脉相通。

从母性生殖崇拜到谷神信仰，老子所发掘的历史文化资源，在诸子中最称古老和原始。因为人类最早思索"我从何而来"，是先知来自母体，然后才知来自阴阳合媾的。来自母体，是第一命题；来自阴阳合媾，是第二命题。老子正是从原始人类的第一命

---

① 《老子道德经》，《诸子集成》（三），第46—47页。

题出发，直指宇宙的根本和人生的根本，在宏大的宁静中寻找着此世界生生不息的母体。老子的"玄牝为天地根"，就是老子式的女娲补天造人。何为"天地根"？河上公注为"元也"，王弼注为"始也"，关注的宇宙的初始。其实根是根柢、根蒂，都含有生育的意义，根也是生殖器。从这个原始点上，谈论天地万物的起源，是非常深刻的"道法自然"，即《老子》第二十五章云："人法地，地法天，天法道，道法自然。"① 章太炎《诸子学略说》谓："老子云，道法自然。太史论老庄诸子，以为归于自然。自然者，道家之第一义谛。"② 老子将"道"比成万物之母源，就占据了宇宙人类起源的第一命题，让人能切身体会到天地人鬼的起源之"道"，源源无穷，绵绵不断，它产生了万物，又推动万物的运行，极有象征意义地说明"道"的本质功能是浩荡无垠、无穷无尽的。从时间而言，它历久不衰，天长地久；从空间而言，它无处不在，无穷无尽。这就是《老子》所谓的"有物混成，先天地生，寂兮寥兮，独立而不改，周行而不殆，可以为天下母。吾不知其名，字之曰道"，这种根源于"天下母"的道，孕育着宇宙万物而生生不息。

三 "唯女子与小人为难养"的发生现场

孔子的思想极其博大，人们大谈他提倡的"仁"、提倡的"孝"、提倡的"内圣外王"，是如何高明。但《论语·阳货篇》的一句话："子曰：唯女子与小人为难养也，近之则不孙，远之则怨。"往往成为人们跨不过去的门槛。这种言论，在妇女解放和女性主义思潮中最受诟病，从而滋生出一些误解或曲解，成为近年来一再热议的话题。回头看历代《论语》的注疏，发现古代注家也曾经对这句圣人之言感到不安，进行种种排除，曲为回护，却

---

① 《老子道德经》，《诸子集成》（三），第 14 页。
② 章太炎：《诸子学略说》，收入郑振铎《晚清文选》卷下。

往往进退失据。宋人邢昺疏解说："此章言女子与小人皆无正性，难蓄养。所以难蓄养者，以其亲近之，则多不孙顺；疏远之，则好生怨恨。此言女子，举其大率耳。若其禀性贤明，若文母之类，则非所论也。"① 在邢昺进行"大率"和例外的分辨之外，朱熹则将女子界定为"臣妾"："此小人，亦谓仆隶下人也。君子之于臣妾，庄以涖之，慈以畜之，则无二者之患矣。"② 其实与其费尽心思地为这句话的"正确性"作辩护，倒不如考察一下它所产生的真实的历史现场，看孔子是在何种情境、针对何种问题说出这句话的。要与古人"以心印心"，先要弄清楚古人的心在哪里。

孔子一生在政治生涯中两遇女子，都是改变了他命运的坎子。《周易·序卦》云："坎者，陷也"③，就是陷阱。

1. 第一个陷阱出现在公元前498年，孔子在鲁国当司寇，时年五十四。《论语·微子篇》说的："齐人归女乐，季桓子受之，三日不朝，孔子行。"④ 对于此事，《史记·孔子世家》综合先秦文献描述孔子以大司寇行摄相事，把鲁国治理得极有起色。毗邻的齐国担心"孔子为政必霸，霸则吾地近焉，我之为先并矣"。于是选出八十个歌舞女子，送给鲁君。季桓子几次微服到鲁城南高门外观看女乐，又邀请鲁君终日游览，荒废政事。孔子等待观望，等到连祭祀的熟肉都不发，就上路到了边境。季桓子委派师己赶去"送行"，孔子就唱了一首歌："彼妇之口，可以出走；彼妇之谒，可以死败。盖优哉游哉，维以卒岁！"师己回去，如实告诉季桓子，季桓子喟然叹息："夫子罪我以群婢故也夫！"⑤《史记》既记述了孔子为政带来"男女别途"，又记述齐国馈赠"女子好者"八十人给鲁国，在孔子政治生涯出现转折中的负面作用。孔子离

---

① 《论语注疏》卷十七，《十三经注疏》，第2526页。
② 《论语集注》卷九，《四书章句集注》，第182页。
③ 《周易·序卦》，《十三经注疏》，第96页。
④ 《论语集注》卷九，《四书章句集注》，第183页。
⑤ 《史记·孔子世家》，第1918页。

鲁途中作歌，指责"彼妇之口""彼妇之谒"，而季桓子则感叹"夫子罪我以群婢故也夫！"在如此情境中，与其说孔子在抽象地谈论"女子"，不如说他在批评当政者"好女色"；与其说孔子在孤立地谈论"小人"，不如说他在针砭当政者"近小人"，甚至沦为小人。

2. 第二个陷阱出现在公元前495年，卫灵公四十年，孔子五十七岁。这个陷阱比第一个陷阱更加逼真。孔子周游列国，第二次入卫国，发生了"子见南子"事件。这次遭遇因由于小人。《史记》记载：

> （孔子）返乎卫，主蘧伯玉家。灵公夫人有南子者，使人谓孔子曰："四方之君子不辱欲与寡君为兄弟者，必见寡小君。寡小君愿见。"孔子辞谢，不得已而见之。夫人在绨帷中。孔子入门，北面稽首。夫人自帷中再拜，环珮玉声璆然。孔子曰："吾乡为弗见，见之礼答焉。"子路不说。孔子矢之曰："予所不者，天厌之！天厌之！"居卫月余，灵公与夫人同车，宦者雍渠参乘，出，使孔子为次乘，招摇市过之。孔子曰："吾未见好德如好色者也。"于是丑之，去卫。①

这就是孔子生涯中至今还被人议论纷纷的"子见南子"公案。《孟子·万章上》说：孔子离鲁初入卫，"于卫主（客居于）颜雠由。弥子（瑕）之妻与子路之妻，兄弟也。弥子谓子路曰：'孔子主我，卫卿可得也。'子路以告。孔子曰：'有命。'孔子进以礼，退以义，得之不得曰'有命'。"② 即是说，孔子去鲁，于鲁定公十三年，即卫灵公三十八年（公元前497年）第一次来到卫国，婉拒了子路的连襟弥子瑕提议他居住在他家中的提议，以便

---

① 《史记·孔子世家》，第1920—1921页。
② 《孟子·万章上》，《四书章句集注》，第311页。

通过南子谋取卿大夫之位。居卫期间，卫灵公按鲁国的薪俸把孔子供养起来而不用，还有监视举措。十个月后，孔子离开卫国，想到陈国，途中被拘于匡地，经过蒲乡返卫，住在蘧伯玉家，发出"美玉待沽"之叹。五十七岁、风尘仆仆的孔子，有着获得实权再大显治理国家之身手的强烈欲望。这才通过弥子瑕的线索，晋见南子。《吕氏春秋·慎大览》云："孔子道弥子瑕见釐夫人（南子）。"①《淮南子·泰族训》也说："孔子欲行王道，东西南北七十说而无所偶，故因卫夫人、弥子瑕而欲通其道。"高诱注："卫夫人，卫灵公夫人，南子也；弥子瑕，卫之嬖臣。"② 子路的连襟弥子瑕，是卫灵公的男宠，典型的小人一个。

会见南子的情景，有《艺文类聚》卷六七引鱼豢《典略》的记载："孔子返卫，卫夫人南子使人谓之曰：'四方之君子之来者，必见寡小君。'孔子不得已而见之。夫人在绨帷中。孔子北面稽首。夫人在帷中再拜，环佩之声璆然。"③ 南子所派使的这位人士，就是卫灵公的男宠弥子瑕。史料对这场会见的描述，带点豪华的喜剧味。

"子见南子"公案，起码涉及《论语》中五篇文字，散布在《雍也》《子罕》《卫灵公》《阳货》诸篇。材料分布的情形表明，众弟子对夫子见南子的事件印象深刻，却又觉得这并不是光彩的记录，因而把材料拆散处置。对历史现场记载或不记载、如何记载，都是人的生命行为。由于前人没有对这些材料碎片投以生命解经的眼光，没有将之进行缀合贯穿，因此就使得这桩公案音影模糊，如神龙见首不见尾。这五章是：

   1. 《论语·雍也》：子见南子，子路不说。夫子矢之曰：

---

① 《吕氏春秋·慎大览·贵因》，《诸子集成》（六），第176页。
② 《淮南子·泰族训》，《诸子集成》（七），第359页。
③ 《艺文类聚》卷六七引鱼豢《典略》，四库全书本。

"予所否者，天厌之！天厌之！"

  2.《论语·子罕》：子曰："吾未见好德如好色者也。"

  3.《论语·卫灵公》：子曰："由（子路），知德者鲜矣。"

  4.《论语·卫灵公》：子曰："已矣乎！吾未见好德如好色者也。"

  5.《论语·阳货》：子曰："唯女子与小人为难养也，近之则不孙，远之则怨。"

  面对公案材料的这种存在形态，需要做的是对经典的神圣存在进行日常化的处理，又要对事件材料的碎片化进行"缀碎为整"的贯通。贯穿起来看，公元前495年，卫灵公在位四十年，已经是一个老人家了，年纪不在五十七岁的孔子之下。孔子在外漂泊已经四年，在政治上得不到一展身手的机会，退而求其次，就想通过卫灵公的男宠弥子瑕，接上南子的关系。南子是一个不规矩的女子，与宋国公子宋子朝关系暧昧，流传有关他们二人"母猪公猪"的国际绯闻。孔子这番见南子的举措，引起子路的不满，由于子路早就看透了他这个连襟的卑下作风，颇是不悦，使得孔子只好对天发誓："予所否者，天厌之！天厌之！"

  这场惊动卫国和孔门的"子见南子"的喜剧，结果竟然是竹篮打水一场空。谚云："吃一堑，长一智。"更何况孔子在女子、小人上吃了两堑乎？《史记》记载："（孔子）居卫月余，灵公与夫人同车，宦者雍渠参乘，出，使孔子为次乘，招摇市过之。孔子曰：'吾未见好德如好色者也。'于是丑之，去卫，过曹。"① 孔子并没有由于谒见南子而被卫灵公委以政治重任，反而被卫灵公、南子用作驱车兜风、招摇过市的点缀，这对于当过鲁司寇、弟子盈门的孔子而言，简直就是一种不能容忍的"开涮"和"现眼"。

---

  ① 《史记·孔子世家》，第1920—1921页。

《史记》中孔子愤慨不已说的"吾未见好德如好色者也"，在《论语》中还加上"已矣乎"，也就是"罢了，罢了"，这个感叹词甚至可以透露孔子含有愤慨和悔恨意味的神态。孔子还要把同样的话，对子路说一遍："由（子路），知德者鲜矣。"这无非是由于见南子是通过子路的连襟弥子瑕的渠道，曾经引起子路反感的缘故。孔子因此事感到"丑"，感到讨厌和羞耻，再次离开卫国。

　　由此可知，孔子就是在见南子之后，依然得不到卫灵公委以政治重任，徒然在后车上充当一个招摇过市的陪客，愤而说出"唯女子与小人为难养也"的话的。他不仅感受到政治上被闲置，而且感受到人格尊严受到损伤。他自许为"德"的代表，而以"色"隐喻南子，卫灵公好女色远超过好以德治国的贤士。这引得孔子对如此女子、如此小人，大动肝火，痛陈在卫国，"好色"已经压倒了"好德"，并且为此感到羞耻，离开了卫国。在如此情境中，孔子对"女子与小人"做出申斥，又有什么可以大惊小怪的呢？他的本意是以此告诫执政者不能沉溺于如南子那样的女色和弥子瑕那样的小人。若不然，孔子三岁丧父，母亲含辛茹苦将他抚养成人，即便有些男尊女卑思想，也不会泛泛地说"女子难养"的。人们不要忘记，孔子言孝，在"能养"上还要加一个"敬"字呢。唯有回到真实而具体的历史现场，体验孔子在见南子之后的心理状态，才能明白《论语·卫灵公篇》"子曰：吾未见好德如好色者也"章，与《阳货篇》的"子曰：唯女子与小人为难养也"章之间相互呼应的历史针对性，才能发现孔子这些话的原本含义，指的是倡导贤明的德政、戒绝女色与小人对德政的腐蚀。还是那位墓碑上布满红嘴唇的王尔德说得妙语惊人："我们都在阴沟里，但我们中有人仰望星空。"被南子这种女子、弥子瑕这种小人开涮作弄的孔子，是掉到卫国腐败卑污的政治阴沟中了，但他依然是以高瞻远瞩的眼光仰望礼乐治世，直至"大道之行也，天下为公"的璀璨星空的巨人。

至于汉代的《盐铁论》卷二还板起道貌岸然的面孔吱吱咕咕地说什么："《礼》：男女不授受，不交爵。孔子适卫，因嬖臣弥子瑕以见卫夫人，子路不说。子瑕，佞臣也，夫子因之，非正也。男女不交，孔子见南子，非礼也。礼义由孔氏，且贬道以求容，恶在其释事而退也。"① 这实在是忘记了孔子关于"女子小人"的这番儆诫。既然卫灵公沉迷于女色与小人，如《论语·卫灵公》篇所记载，他还要向孔子请教行军布阵，孔子只好回答说："俎豆之事，则尝闻之矣。军旅之事，未之学也。"② 第二天就离开卫国了。孔子之言乃是针对他在卫国遭遇的特殊情境而发，指责为政者沉迷于女色和小人。既然卫灵公好色压倒了好德，就不能任贤使能，这时候来谈论军阵，在春秋晚期的列国政治中岂非自取灭亡？因此，要使这一系列的孔子之言落地生根，就必须返回发生于卫灵公四十年，即鲁定公十五年（公元前495年），孔子五十七岁时见南子之后的那个历史现场。而不可为了论证孔子超凡入圣，就将其言行无端抽离现场而普泛化，使之失去发生学的根据。

《论语》在春秋战国之际启动编纂之时，竹简书籍载体的价格不菲，不能篇幅过大，因而对于众弟子忆述夫子的大量材料只能严加选择取舍，而且还需将其背景材料删去，使不少章节成了"语录体"。只要我们综合使用以史解经、以礼解经、以生命解经的方法，把《论语》，以及《论语》外，篇幅是《论语》十倍以上的"子曰"材料，还有日益增加的出土简帛材料，进行深入的考辨、组拼、缀合，不少条目是可以系年的，是可以恢复其发生的历史现场的。这就是我们所有提倡返本还原的理由。只要我们对历史进行有事实根据的返本还原，就会发现，今人对孔子的一些指责，许多时候指向的不是本来的孔子，而是圣人之徒加在孔子脸上的涂饰。只有消解这类涂饰和包装，才能如实地分辨孔子

---

① 《盐铁论》卷二，上海书店出版社1986年版。
② 《论语·卫灵公》，《四书章句集注》，第161页。

的本质和权变、贡献与局限、精华与糟粕、短暂与永恒。我们谈论孔子的力量，才是真实的而非虚假的力量。

四 鹓雏、蝴蝶的身世隐喻和哲性玄思

对诸子其人的生命世界的研究，是诸子学还原研究的精髓所在。马克思有言："任何人类历史的第一个前提，无疑是有生命的个人的存在。"① 诸子文化史研究的第一前提，也应达成如此的理解。离开了这第一前提，离开了有生命的个人存在，历史只不过是一座冷冰冰的竖立着参差错落的墓碑的墓地。胡适整理国故，想在这里"打鬼"，我们则抱着尊重的同情，从典籍中发现原本的生命。回到司马迁写《史记》的年代，那是黄老的天下，把老子与黄帝对接，成为"君人南面之术"，而不是老庄的天下，把老子与庄子并列，"弃经典而尚老、庄，蔑礼法而崇放达"②，那是到了魏晋才出现的士林风尚。因此，在司马迁的时代，庄子地位谈不上显赫，司马迁只是把《庄子传》作为附传，插在《老子韩非列传》之间，总共写了281个字。甚是出格的是，"庄子传"里说庄子是"蒙人"，却不说是"宋蒙人"，而用了4/10的笔墨，也就是123个字，讲了这么一个故事："楚威王闻庄周贤，使使厚币迎之，许以为相。庄周笑谓楚使者曰：'千金，重利；卿相，尊位也。子独不见郊祭之牺牛乎？养食之数岁，衣以文绣，以入大庙。当是之时，虽欲为孤豚，岂可得乎？子亟去，无污我。我宁游戏污渎之中自快，无为有国者所羁，终身不仕，以快吾志焉。'"③ 动用这么多篇幅来讲一个故事，说明太史公感到这个故事在庄子人生中非常关键，隐含着深不可测的潜台词，如若不然，太史公

---

① 《马克思恩格斯选集》第一卷，人民出版社1992年版，第24页。
② （清）顾炎武著，（清）黄汝成集释，秦克诚点校：《日知录集释》卷十三，岳麓书社1994年版。
③ 《史记·老子韩非列传》附庄子传，第2145页。

岂会花费这么多的笔墨？

　　太史公有时惜墨如金，如《史记》说："庄子者，蒙人也，名周。周尝为蒙漆园吏，与梁惠王、齐宣王同时。"汉代学者离战国很近，他们都知道蒙地在宋国，但太史公偏偏吝啬一个"宋"字，偏偏不说庄子是"宋蒙人也"，似乎并不认可庄子的宋人身份。而偏偏又讲了一个楚威王求贤的故事，显示了庄子与楚国的关系非同一般。与庄子同时的梁惠王、齐宣王都喜欢接纳客卿，他们不去聘请庄子，反而没有好客声誉的楚威王，以千金重利、卿相尊位，跨国聘请一个居住在宋国蒙地的说不上有什么经邦治世能力和政绩的小小"漆园吏"、一个地方作坊的记账先生庄子。这令人猜不透他的葫芦里卖的是什么药。庄子回绝一流大国楚国的聘请，说出来的话也半咸半淡，令人难以辨出其中的滋味。庄子说当一只孤苦可怜的小猪，也比当楚国祭天的牺牲用牛来得好，话外之音似乎蕴含着他的家族身世的难言隐痛，存在着牺牲性命的精神忧虑。他宁可当河沟污泥中的乌龟，以便获得心志的愉快。

　　庄子的国族、身世，简直是一个千古之谜；我们看着庄子潇潇洒洒的身段风姿，却参不透他是何方神圣。在这样的状态中读《庄子》书，又怎能和他"心心相印"？这就需要我们从先秦家族制度和政治变乱中，寻找庄子的国族身份、生命遭际，及著成"其学无所不窥"的《庄子》的知识来源了。追踪诸子的家族身世，旨在破解他的文化 DNA，这是返本还原的根本性命题。为此，必须形成一系列证据链，包括文献记载的外在的证据链，及文本内在的文化基因证据链。

　　1. 庄子是楚国疏远贵族的后裔，出生于宋国蒙地。庄子到底是谁？朱熹不作考证，凭直觉就感受到："庄子自是楚人，想见声闻不相接。大抵楚地便多有此样差异底人物学问。"[①] 朱熹对先秦

---

　　① 《朱子语类》卷一百二十五，中华书局 1986 年版，第 2989 页。

列国的文化类型和学问方式是了然于心的,因而他对庄子学脉的直觉是不应轻率对待的。朱熹感觉到"庄子自是楚人",这就启发我们,应该把庄氏家族的渊源作为还原研究的根本入手之处。人们往往忽略了先秦的姓氏制度,与汉代以后存在着根本差异。假若对上古姓氏制度作进一步考察,庄子家族渊源的信息就可能浮出水面。宋代郑樵的《通志·氏族略》记载:"以谥为氏。……氏乃贵称,故谥亦可以为氏。庄氏出于楚庄王,僖氏出于鲁僖公,康氏者卫康叔之后也。"又在"庄氏"一条下作注:"芈姓,楚庄王之后,以谥为氏。楚有大儒曰庄周,六国时尝为蒙漆园吏,著书号《庄子》。齐有庄贾,周有庄辛。"① 这里说"蒙漆园吏",也没有安上"宋"字。郑樵以博学著称,对唐宋以前的文献无所不读,其考证应当有唐以前谱牒文献的根据。

如果对唐宋以后的材料还心存疑虑,不妨再回过头来细读《史记》,其《西南夷列传》如是记述楚国庄氏的渊源:"楚威王时,使将军庄蹻,将兵循江上略巴蜀黔中以西。庄蹻者,故楚庄王苗裔也。"② 这就印证了楚国庄氏是以楚庄王谥号作为姓氏的。因此,庄氏属于楚国贵族。然而,庄子的年代(约公元前370—前280年)距离楚庄王(公元前613—前591年在位)已经200余年,相隔七八代以上,只能说庄子是相当疏远的楚国公族了。楚庄王作为春秋五霸之一,曾向北扩张势力,攻破洛水附近的陆浑戎,观兵于周郊,问九鼎大小轻重于周室,是楚国最杰出的政治家。楚庄王的直系后裔就是楚国国王,旁系后裔到了孙辈,以他的谥号为氏,也是相当光荣的。

2. 庄氏家族是楚庄王之后,因吴起之变,避祸逃亡宋国。既然庄氏乃楚国疏远的贵族,又何以居留在宋国的蒙地?此事须从楚威王(公元前339—前329年在位)派使者聘请庄子当卿相入

---

① (宋)郑樵:《通志·氏族略》,浙江古籍出版社1988年版。
② 《史记·西南夷列传》,第2993页。

手。由此上推四十二年，即庄子出生前十几年，楚悼王（公元前401—前381年在位）任用吴起变法，"明法审令，捐不急之官，废公族疏远者，以抚养战斗之士"，"于是南平百越，北并陈、蔡，却三晋，西伐秦"，拓展了楚国的实力和国土。吴起改革弊政的重要措施之一，是"令贵人往实广虚之地，皆甚苦之"①。当时楚国的三代以上的疏远公族不能再世袭，而被充实到新开拓的国土上，甚至降为平民躬耕于野，因而对吴起积怨甚深。楚悼王死后，宗室众臣发生暴乱而攻打吴起，追射吴起并射中悼王的尸体。射中国王的尸体，属灭门重罪，因而在楚肃王继位后，"论罪夷宗死者"七十余家。属于疏远公族的庄氏家族应是受到牵连，仓皇避祸，迁居宋国乡野。

如果我们对战国政治局势和诸子分野非常熟悉，就会发现楚国被追捕的公族流入宋国，与墨家钜子颇有干系。《吕氏春秋·离俗览》记载："墨者钜子孟胜，善荆（楚）之阳城君。阳城君令守于国，……荆王薨，群臣攻吴起，兵于丧所，阳城君与焉。荆罪之，阳城君走。……（孟胜）因使二人传钜子于（宋地）田襄子。孟胜死，弟子死之者百八十。"② 庄氏家族在吴起之变后，应是从这条墨家钜子的通道，逃亡到宋国蒙地的。阳城在今安徽界首市境，一说在河南商水县西南，也是秦末起义军领袖陈涉的故乡。这就可以明白，《史记》为何说庄子是蒙人，前面不加"宋"字，因为庄氏是楚国疏远的流亡贵族，在宋国是一个客户。庄子家族渊源落到实处的指证，使我们可以真切而深入地解开他为何能够获得当时只有贵族才能享有的教育的权利，为何敢于衣冠不整地面对诸侯将相出言不逊，为何楚威王能够"闻"一个名不见经传的宋国蒙地的漆园吏庄周"贤"，为何楚国要请庄子去当大官，而他又以不愿当牺牲的牛作为拒绝聘任的理由。历史的疑难，

---

① 《史记·孙子吴起列传》，第2168页。
② 《吕氏春秋·离俗览·上德》，《诸子集成》（六），第243页。

由此在缀合材料碎片中迎刃而解。

3.《庄子》中的楚文化基因的取样分析。一旦进入《庄子》，我们就感到楚文化的气息拂面而来。其中的意象形态、想象方式、语言特征，多异于中原而显得楚风拂拂。《秋水》篇有个著名的故事："惠子相梁，庄子往见之。或谓惠子曰：'庄子来，欲代子相。'于是惠子恐，搜于国中三日三夜。庄子往见之，曰：南方有鸟，其名曰鹓雏，子知之乎？夫鹓雏，发于南海而飞于北海，非梧桐不止，非练实不食，非醴泉不饮。于是鸱得腐鼠，鹓雏过之，仰而视之曰：'吓！'今子欲以子之梁国而吓我邪？"①梁惠王后元元年（公元前334年），惠施由于协助和推动梁惠王和齐威王会盟徐州，互相承认称王，就当上了梁相，猜忌庄子图谋他的相位应在此时。庄子对惠施讲了这么一个寓言，其中的鹓雏是凤凰的一种，楚人崇凤，庄子自比凤凰，隐含着他的国族身份认同。庄子自称"南方有鸟"，这只南方的凤凰"发于南海而飞于北海"，是与庄氏家族的迁徙路线相对应的。五年前（公元前339年）楚威王初继位，曾派使者迎聘庄子，想委以重任，这件事惠施是知道的，因为就发生在庄子和他濠梁观鱼的旅途中。庄子这则寓言隐喻的意思，是说我这只凤凰，曾经拒绝楚国的聘用，难道还稀罕惠施你在大梁抓到的那只腐烂发臭的死老鼠吗？你真是瞎了眼睛。老朋友惠施是聪明人，对庄子的这番隐喻是心知肚明的。

《庄子·阳则》篇说："楚王之为人也，形尊而严；其于罪也，无赦如虎。"② 从庄子拒绝回楚任事来看，他对楚国政治残酷性是充满戒备和恐惧的。因此"以天下为沉浊，不可与庄语"，遂启用荒唐之言、谬悠之说，放飞思想，"上与造物者游，而下与外死生、无终始者为友"③。然而庄子写下了十几个楚国故事，多将

---

① 《庄子集解》"秋水第十七"，中华书局1987年版，第148页。
② 《庄子集解》"则阳第二十五"，第225页。
③ 《庄子集解》"天下第三十三"，第295—296页。

楚人写得有几分归真悟道的神采，令人梦魂萦绕。那可能是他的父母、祖父母告诉他关于那个失落了的遥远故乡的故事。《庄子》多乡愁。"月是故乡明"，失落了的那轮故乡月，牵系着庄子难以忘怀的乡愁，读来令人心尖儿发颤，激发出无穷的幻想。诸如郢匠运斤成风、汉阴丈人抱瓮灌圃、痀偻老人捕蝉，了不起的悟道之辈散布于楚国首都、腹地、边境。庄子的乡愁云蒸霞蔚，他在生存困惑抑郁不畅之时，把自己的性命安顿在"文化楚国"，而非"政治楚国"，他患了一种相互矛盾的政治恐惧症和文化依恋症。

庄子至为精诚的乡愁与天地之道相通，又牵连着浑沌氏之术，也就是楚国三苗先民的原始信仰。《庄子·应帝王》篇说："南海之帝为儵，北海之帝为忽，中央之帝为浑沌。儵与忽时相与遇于浑沌之地，浑沌待之甚善。儵与忽谋报浑沌之德，曰：'人皆有七窍以视听食息，此独无有，尝试凿之。'日凿一窍，七日而浑沌死。"[1] 东汉高诱注《吕氏春秋》《淮南子》，都以为浑沌与穷奇、饕餮这些被中原视为凶神恶煞之辈乃是楚地三苗之祖。因而以浑沌为中央之帝，是消解中原中心主义的，属于楚人的祖源信仰。儵忽成词，在《楚辞》中七见，而其他先秦文献则无，说明它是楚地方言。以楚地方言，写楚地三苗的祖源信仰，在奇异而潇洒的想象中隐含着刻骨铭心的国族记忆，从这里可以发现庄子从楚国母体文化中吸取养分的文化脐带。

4. 庄子将楚国原始丧礼风俗升华为"死亡哲学"。生存哲学与死亡哲学处在人生的两端，思考着人的生命的来由、本质和终极价值。《庄子·至乐》篇一开头就这样发问："天下有至乐无有哉？有可以活身者无有哉？今奚为奚据？奚避奚处？奚就奚去？奚乐奚恶？"[2] 他追问着生与死、为与据、去与就、哀与乐为何和

---

[1] 《庄子集解》"应帝王第七"，第75页。
[2] 《庄子集解》"至乐第十八"，第149页。

如何的问题，生命哲学意味极浓。庄子对生死大限是体悟得很透的，他认为："夫大块载我以形，劳我以生，佚我以老，息我以死，故善吾生者，乃所以善吾死也。"① 正因为他的生死体悟，透彻到了超出世俗的理解，所以庄子丧妻时"鼓盆而歌"的行为就很是惊世骇俗：

> 庄子妻死，惠子吊之，庄子则方箕踞鼓盆而歌。惠子曰："与人居长子，老身死，不哭亦足矣，又鼓盆而歌，不亦甚乎！"庄子曰："不然。是其始死也，我独何能无概然！察其始而本无生，非徒无生也，而本无形，非徒无形也，而本无气。杂乎芒芴之间，变而有气，气变而有形，形变而有生，今又变而之死，是相与为春秋冬夏四时行也。人且偃然寝于巨室，而我噭噭然随而哭之，自以为不通乎命，故止也。"②

庄子此则寓言蔑视中原丧礼体制，颇受儒者诟病，却与楚国的原始民俗根脉相连，可以作为对庄子的国族、家族进行文化基因分析的样本。据《明史·循吏列传》："楚俗，居丧好击鼓歌舞。"③ 丧礼往往是千古一贯的，不要以为见于《明史》，就只适合于明朝。而应该把《明史》的记载，与庄子鼓盆而歌相联结，作为楚地长久延续的原始风俗。不应该把这种楚俗，简单地看成明代才有的风俗。一种古老风俗千古流传，往往联系着民间的原始信仰，作为原型或仪式的形态潜入国族文化的基因。因而早在隋唐以后的史籍、笔记和地方志中，就对此类风俗记载甚多。如《隋书·地理志》载"蛮左"的丧葬习俗是："无缞服，不复魂。

---

① 《庄子集解》"大宗师第六"，第59页。
② 《庄子集解》"至乐第十八"，第150—151页。
③ 《明史》卷二八一，中华书局1974年版，第7210页。

始死，置尸馆舍，邻里少年，各持弓箭，绕尸而歌。"① 唐人张鷟《朝野佥载》卷二载："五溪蛮父母死，于村外阁（搁）其尸，三年而葬，打鼓路（踏）歌，亲戚饮宴舞戏，一月余日。"② 这种古俗到明清时期犹存楚地，说明庄子妻死鼓盆而歌出自家族风俗记忆。按照楚人的丧礼风俗，庄子死了妻子，应该请巫师、亲友来击鼓歌舞，但是庄子穷得请不起巫师，流亡异国又举目无亲，也就只好拿起盆子自敲自歌了。

这令人联想到《吕氏春秋·古乐》记载的"昔葛天氏之乐，三人操牛尾，投足以歌八阕"③，它是那么原始，浑然天籁，激动人心。操牛尾，是农耕文明初萌时对以牛耕地载重的祈祷；庄子鼓盆，盆是妻子盛饭的炊具，敲击饭盆，难道是呼唤亡妻回家一同执炊、进餐乎？这种丧事仪式，蕴含着古老质朴的真诚。不过，从庄子向惠子解释他为何"鼓盆而歌"来看，庄子已将古俗哲理化了。在反省人间生死哀乐之中，庄子提炼出一个"气"字，从而把溟溟漠漠之道与活活泼泼之生命，一脉贯通了。他认为："生也死之徒，死也生之始，孰知其纪！人之生，气之聚也，聚则为生，散则为死。……故万物一也，是其所美者为神奇，其所恶者为臭腐；臭腐复化为神奇，神奇复化为臭腐。"对生死一如的生命链条作了这种大化流行的观察之后，庄子得出结论："通天下一气耳。圣人故贵一。"④ 庄子看透了人之生死只不过是天地之气的聚散，通晓了万物皆化的道理，所以，在鼓盆而歌的行为中，便自然蕴含着见证天道运行的仪式。将原始民俗转化上升为哲学，这是先秦诸子，尤其是庄子创造思想的一大发明。他以鼓盆而歌的独特方式，提示了一种富有超越感的"死亡哲学"。在这里，原始

---

① 《隋书·地理志》，中华书局1973年版，第898页。
② （唐）张鷟：《朝野佥载》，《隋唐嘉话·朝野佥载》合刊本，中华书局1979年版，第40页。
③ 《吕氏春秋·古乐》，《诸子集成》（六），第51页。
④ 《庄子集解》"知北游第二十二"，第186页。

文化，包括民俗、信仰、仪式，都融合着人类的原始思维，作为一种诗性的智慧，从而使哲学诗化了。文明世界就是由人类的原始诗性智慧中，开始了它的发生学进程。返本还原研究，就是要重新拾回多少已经失去记忆的却蕴含在民俗之中的人类心灵历程。

5. 宋国蒙泽湿地的草木虫鱼，使庄子做着体验生命的梦。逃亡的家族是不幸的，而逃亡到宋国这块蒙泽湿地，则是庄子思想创造的不幸之幸事。这里使庄氏家族获得了避开政治迫害的生存避风港，也使庄子思想获得了一个有大树丰草、有蝴蝶、有鱼、有螳螂、有蜗牛、有猴子和猫头鹰的梦一般的滋生地。沼泽地上，草木蒙茸，虫鱼繁生，最宜做梦。在这个地方，庄子做了很多梦，就使他成为先秦诸子中写梦最多、最精彩的一人。在诸子中，庄子的祖师爷老子《道德经》五千言，没有梦字。跟庄子同时代的孟子，他虽然姓了一个与"梦"字同音的姓氏"孟"，但是《孟子》三万四千字，一个梦字也没有。《论语》有一个梦字，就是《述而》篇孔子感叹："甚矣吾衰也！久矣吾不复梦见周公。"[①] 孔子做的是政治梦。

但是庄子写了十一个梦，他思考着，到底做梦的时候是真的呢，还是醒过来的时候是真的呢？真实的界限、生命的界限在哪呢？庄子做的是生命体验的梦。最有名的是"蝴蝶梦"，《庄子·齐物论》说："昔者庄周梦为胡蝶，栩栩然胡蝶也，自喻适志与！不知周也。俄然觉，则蘧蘧然周也。不知周之梦为胡蝶与，胡蝶之梦为周与？周与胡蝶，则必有分矣。此之谓物化。"[②] 到底是庄周梦蝴蝶呢，还是蝴蝶梦庄周？万物就在这种如沐春风的境界中，相互化入化出，实现人与自然的生命交流。庄子由此开了一个传统，用梦来体验生命，产生了一种似真却虚、似虚还真的神秘的梦幻感。后来民间故事梁山伯、祝英台化蝶，无疑是与庄子蝴蝶

---

① 《论语·述而》，《四书章句集注》，第94页。
② 《庄子集解·齐物论》，第26—27页。

梦相通，或者是庄子式想象的美丽的放大和放飞。庄子的蝴蝶，若是看见梁祝化蝶，是会笑出声来的。西方的弗洛伊德未免有点煞风景，他建构了如此释梦的公式："梦是一种（被压抑的、被抑制的）愿望的（经过改装的）满足。"他由此潜入深层心理学的潜意识的秘密之境，他采取的是科学的思路；庄子则采取人文学的思路，在蝶梦、梦蝶中体验生命的存在和边界，使其思想成为"诗的哲学"或"哲学的诗"。由于哲学装上了诗的翅膀，庄子在空中飞，弗洛伊德却落入性的尘埃中。

五　先秦诸子百家争鸣的开幕式和闭幕式

炼诸子，需炼其大者。先秦诸子百家争鸣，是中国思想原始创造上的一场气势磅礴的戏剧。它的开幕式和闭幕式，规范着这场思想大戏的特质、趋势、规模，都应该成为中华民族永久的记忆。春秋战国时期有两次重要思想家的聚会：一次是春秋晚期，孔子到成周洛阳向老子问礼，这是启动以后近三百年中"百家争鸣"的关键；另一次是战国晚期，韩非和李斯拜荀子为师，这为近三百年的"百家争鸣"画上了一个句号。令人遗憾的是，作为先秦诸子百家争鸣的开幕式和闭幕式，这两次伟大的聚会，以往都是争论不休的糊涂账，或者尚未破解的千古之谜。不妨睁开眼睛看世界，梵蒂冈博物馆珍藏了拉斐尔的巨幅油画杰作《雅典学院》(*La Scuola d'atene*)，柏拉图和亚里士多德这两位思想巨人居于视野的中心，左、右墙壁上矗立着阿波罗和雅典娜二神的雕像，门庭上古希腊罗马以来的五十七位哲学家、神学家、艺术家、科学家荟萃一堂，对西方人类的智慧作出了无比崇高的赞美，一切都显得那么气度非凡、震撼人心。只要放眼看世界，就应该自省：中国学者难道就那么畏畏缩缩，只会疑神疑鬼、吹毛求疵，而没有足够的精神定性和思想魄力，以大手笔绘出全民族因之骄傲的先秦诸子百家争鸣的开幕式和闭幕式的气壮山河的画卷乎？这实在是发自历史深处的宏大的质疑。返本还原研究的重要性，于此可见一斑。

先秦诸子百家争鸣拉开帷幕的历史标志性的事件，是孔子适周问礼于老子。这次"老孔会"在《史记》的《孔子世家》和《老子列传》中，是以相当的篇幅加以展示的，可见一个卓越的历史学家透视古往今来的巨大眼光。

但是想不到两千年后，历史的现场还需重新打扫和清理。

（一）需要确定孔子向老子问礼的历史真实性。源自战国简帛的《礼记·曾子问》《庄子》《吕氏春秋·当染》《孔丛子·记义》《韩诗外传》，都记有孔子问礼于老子之事。《史记》在《孔子世家》《老子列传》中，以互见法认真记录老、孔会见的缘由、场面和告别赠言。《史记》之后的两汉的《新序》《说苑·反质》《潜夫论》《论衡·龙虚》《论衡·知实》及边韶《老子铭》，魏晋行世的《孔子家语·观周》，都多次提及"孔子师老聃""孔子观周"或孔子曰"吾闻诸老聃"。这些材料虽然芜杂，但多是录自战国秦汉简帛；汉代祠堂墓穴画像石、画像砖也不乏对这番盛举的展示。尤其是孔子自言"闻诸老聃"，《礼记·曾子问》四见，《孔子家语》四见，《白虎通义》一见，从不同角度泄露了孔子适周问礼、问《易》、问五行于老子之事。春秋战国时孔门七十子忆述之，秦汉间人反复谈论之，没有怀疑孔子适周向老子请教之事，他们毕竟离这个历史事件比较近。对历史现场的证据，距离近者优于距离远者。

（二）要追踪为何这场伟大的"老孔会"，后来被模糊化，直至被否定，被取消。原因是多种多样的，如下。

1.《论语》不载此事，可能出于七十子编纂时的价值选择，也可能由于随行弟子没有提供足以采信的回忆材料。《论语》强调一以贯之的道统，编纂的价值观浓于《礼记》一类解释礼制的材料，更浓于《孔子家语》一类孔府档案材料。价值观过浓，总会突出什么，遮蔽什么。老子的加入，无助于突出道统，编纂取舍中舍的可能性大于取的可能性。

2. 《春秋》《左传》无记载此事，是由于老聃职位不显，孔子尚未为大夫，没有达到官方文献同步记载的政治级别，就如孔子为中都宰不被记载，唯有当上鲁司寇才够级别进入记载之列一样。

3. 到了汉代，司马迁已经发现："世之学老子者则绌儒学，儒学亦绌老子。"① 绌与黜通假，抑退或贬下也。《礼记·王制》"不孝者，君绌以爵"，孔颖达疏："'一道德以同俗'者，道，履蹈而行，谓齐一所行之道，以同国之风俗。……尊上贤人，所以崇奖有德。简去不肖，所以绌退恶人。……司徒所掌教之事，既云上贤崇德，简不肖绌恶，总之于此。……论绌恶之事，谓乡人入学，不帅师教，屏退绌除也。"② 儒家屏退绌除老子的思想意识，在西汉前中期已经出现萌芽。

4. 宋以后的儒者重道统，对儒家宗师竟然向道家、道教的宗师老子请教之事产生了忌讳的心结。尽管韩愈《师说》云："圣人无常师，孔子师郯子、苌弘、师襄、老聃。郯子之徒，其贤不及孔子。"③ 程颐（伊川）也说："生知者，只是他自生知义理，不待学而知。纵使孔子是生知，亦何害于学？如问礼于老聃，访官名于郯子，何害于孔子？礼文、官名，既欲知旧物，又不可凿空撰得出，须是问他先知者始得。"④ 但谁又能保证在疑古之风渐扇之时，对于那些需要儒者放低身段去解释的材料，可以得到足够的尊重？

5. 《史记》虽然郑重其事地记述孔子见老子事，但它采用

---

① 《史记·老子韩非列传》，第2143页。
② 《礼记正义》卷十三《王制》，《十三经注疏》，第1342页。
③ （唐）韩愈：《师说》，《韩昌黎文集校注》卷一，上海古籍出版社1986年版。
④ （宋）程颢、程颐：《二程遗书》卷十五"伊川先生语一"，清康熙吕留良刻本。

《左传·鲁昭公七年》（公元前535年，孔子十七岁）的记载："（鲁昭）公至自楚。孟僖子病不能相礼，乃讲学之，苟能礼者从之。及其将死也，召其大夫"，遗嘱送"孟懿子与南宫敬叔师事仲尼"①。司马迁一个人撰述这么大的书，不可能把每个细节都考辨得毫无遗漏。在《孔子世家》中，就没有考辨《左传》连在一起叙述的孟僖子"病不能相礼"在鲁昭公七年，孟僖子"将死"在鲁昭公二十四年，二者时间上相距十七年。于是就把孔子见老子，有遵照孟僖子遗嘱来学礼的南宫敬叔随行，放在孔子十七岁到三十岁这个时间段里叙述。《史记》这种模糊化处理，到了东汉桓帝时派内官到老子家乡祭祀，边韶作《老子铭》就坐实为大错："孔子以周灵王二十年生，到景王十年，年十有七，学礼于老聃。"② 郦道元《水经注》卷十七沿袭此说："至周景王十年，孔子年十七，遂适周见老聃。"③ 尽管这些都是周秦汉晋的古老材料，但其史源采用中已经出现以讹传讹的错误。近世学者或以为唐以前碑刻和地理名著值得珍视，力主"孔子年十七问礼于老子"。

（三）面对原始材料本有的碎片化状况，以及两千年来的种种误判、曲解或遮蔽，如何考辨、校证"老孔会"的具体年份，重现"老孔会"的历史现场，就成了返本还原研究不容回避的重大难题。这需要启动史源学、历史编年学、以礼解经，甚至现代天文学的方法，各得其宜地运用多种解剖刀，考辨中有所排除、排除后又有所聚焦，二者交互为用。具体的操作程序，可以分成以下七个步骤。

1. 启动史源学，确定南宫敬叔受孔子委派沟通鲁君，及随行赴周的年份。这既不可能在鲁昭公七年（公元前535年），孔子十七岁，因为那时南宫敬叔尚未出生，也不可能在孟僖子死，南宫

---

① 《春秋左传注》，杨伯峻注，中华书局1990年版，第1294—1296页。
② （清）严可均：《全上古三代秦汉三国六朝文》，中华书局1958年版，第813页。
③ （北魏）郦道元著，王国维校：《水经注校》卷十七，上海人民出版社1984年版。

敬叔来学礼的鲁昭公二十四年（公元前518年），因为如《礼记·杂记下》云："大夫三月而葬，五月而卒哭。"① 孟僖子二月死，南宫敬叔不可能亡父没有下葬，就陪孔子去洛阳，使得孔子在五月与老子一道在出殡途中看见日食；南宫敬叔才十三岁，也不合沟通鲁君的年龄。

2.《庄子》外篇、杂篇有六处记老孔会面问学，其《天运》篇称："孔子行年五十有一而不闻道，乃南之沛，见老聃。"② 孔子自称"五十以学《易》""五十知天命"，《庄子》偏偏说"孔子行年五十有一而不闻道"，显然是对儒学的揶揄嘲讽，是以"重言"方式贬孔扬老，因而不可将其所讲年岁当真，不然就可能陷入《庄子》所设的陷阱。更何况鲁定公九年（公元前501年），孔子五十一岁出任中都宰，在很短时间就升为司寇。到了五十岁还是一介布衣的孔子，岂会放下公务，而南之沛问玄虚之道于老聃？

3.《史记·孔子世家》写孔子派南宫敬叔向鲁君请准以鲁国使者的身份适周，"鲁君与之一乘车，两马，一竖子俱，适周问礼，盖见老子云"③。如此寒碜的赐赠，意味着鲁君可能流亡在外，无力提供更多的资助。因而"孔老会"可能发生在鲁昭公二十五年（前517年），季氏驱逐鲁君之后。或者说，发生在鲁昭公二十五年至三十二年鲁昭公客死在晋、齐边境的七年之间。

4. 至为关键者，"孔老会"期间，孔子随老子参加出殡，半途遭遇日食。《礼记·曾子问》记载孔子曰："昔者，吾从老聃，助葬于巷党。及堩，日有食之，老聃曰：'丘。止柩，就道右，止哭以听变。'既明，反而后行。曰：'礼也。'反葬，而丘问之曰：'夫柩不可以反者也，日有食之，不知其已之迟数，则岂如行哉！'

---

① 《礼记·杂记》，《十三经注疏》，第1566页。
② 《庄子集解》"天运第十三"，第126页。
③ 《史记·孔子世家》，第1909页。

老聃曰：'诸侯朝天子，见日而行，逮日而舍奠。大夫使，见日而行，逮日而舍。夫柩不蚤出，不莫宿。见星而行者，唯罪人与奔父母之丧者乎？日有食之，安知其不见星也！且君子行礼，不以人之亲痁患。'吾闻诸老聃云。"① 在鲁昭公二十五年至三十二年客死在晋、齐边境的七年之间，《春秋》记载日食只有一次：鲁昭公三十一年（公元前511年）"十有二月辛亥朔，日有食之"②。这是公元前511年11月14日（周历十二月初一）发生的日全食。

5. 东周洛邑政局安定，也是孔子轻车简从适周的必要条件。从鲁昭公二十二年，周景王崩，周王室内乱，晋立周敬王，居于狄泉；尹氏立王子朝，把持成周。直到鲁昭公二十六年，周敬王才在晋师的帮助下入主成周，王子朝奔楚。其后，周室还要清除王子朝遗党的举措。孔子说："危邦不入，乱邦不居。"③ 孔子不可能在鲁昭公二十三年至二十六年之间适周而闯进战火纷飞的险地。而在平息王子朝之乱五年后的鲁昭公三十一年，孔子进入成周，在相对稳定的政治环境中，才可能从从容容地造访老子及其他周大夫。

6. 最后以现代天文学的数据进行校对。查《夏商周三代中国十三城可见日食表（食分食甚）》及 Five Millennium Canon of Solar Eclipses：-1999 to +3000（2000 BCE to 3000 CE），可知在洛阳可见的日食的准确时间是，鲁昭公三十一年（公元前511年）周历十二月初一（公历11月14日）上午9点56分前后。上午的这个时间点，准确无误地与周人出殡的礼制仪轨契合。周人出殡是在上午。《仪礼·既夕礼》记述入葬之日，"厥明，陈鼎五于门外"，举行郑重而简单的祭奠哭踊礼仪之后，"主人拜送，复位，杖，乃

---

① 《礼记·曾子问》，《十三经注疏》，第1400—1401页。
② 《春秋左传注》，第1510页。
③ 《论语·泰伯》，《十三经注疏》，第2487页。

行"①，可知按照周制，葬礼是在上午举行。葬礼之后还有虞祭，《礼记·檀弓下》云："日中而虞。葬日虞，弗忍一日离也。"②《释名·释丧制》又云："既葬，还祭于殡宫曰虞。谓虞乐安神，使还此也。"③ 也就是说，从早上到上午，先把尸体下葬，然后在中午举行"虞祭"，把灵魂招回宗庙。因此孔子从老聃助葬，在棺材上路的途中遇到日食，时间恰好是上午 10 时左右，与周朝的丧礼制度若合符契。那种只考虑出殡遇日食，而忽略周朝丧礼的时间和礼仪程序的限定所得出的结论，是不足凭信的。

7. 还需补充说明，鲁昭公被季氏驱逐到境外，鲁国处在无君的状态，孔子有可能派南宫敬叔请示鲁君乎？关键在于，孔子是依然认可这个流亡国君为"鲁君"。《春秋公羊传》鲁昭公二十五年（公元前 517 年）记载，鲁昭公与郈氏、臧氏谋去季氏。三家攻公，昭公出奔，次于阳州。齐侯唁公于野井，公以丧国者自居，应对有仪礼。孔子评曰："其礼与！其辞足观矣！"④ 孔子认为鲁昭公知礼，情感立场是站在鲁昭公一边的。甚至时人有"君子亦党乎"之说，把孔子疑为鲁昭公之党。语见《论语·述而》篇。《左传·鲁定公元年》（公元前 509 年）又记载："秋七月癸巳，葬昭公于墓道南。孔子之为司寇也，沟而合诸墓。"⑤ 鲁昭公客死在外，季氏泄私愤而乱礼，把鲁昭公远远地葬在墓道南，颇有一点将之开除出鲁国君墓地的意思，九年后，即鲁定公十年（公元前 500 年），孔子为鲁司寇，开了一条沟，把鲁昭公墓圈了回来。《孔子家语·相鲁》说："先时，季氏葬昭公于墓道之南，孔子沟而合诸墓焉。谓季桓子曰：'贬君以彰己罪，非礼也。今合之，所

---

① 《仪礼·既夕礼》，《十三经注疏》，第 1153—1155 页。
② 《礼记·檀弓下》，《十三经注疏》，第 1302 页。
③ （汉）刘熙：《释名》卷八，四库全书本。
④ 《春秋公羊传》昭公二十五年，《十三经注疏》，第 2329 页。
⑤ 《春秋左传注》，第 1527 页。

以掩夫子之不臣。'"① 可见孔子坚持周礼标准，对于被季氏驱逐的鲁昭公，依然认可为国君，并指责季氏逐君贬君的行为，为"非礼"。须注意的是，鲁昭公三十一年，晋侯准备出师护送昭公返鲁，季氏吓得穿麻戴孝光脚跪伏请罪，孔子是在这种情势中派南宫敬叔请准鲁君而赴洛邑"老孔会"的。但因鲁昭公受到一同流亡的臣子的挟持，非要驱逐季氏才回国，遂于翌年客死在晋国边境。既是国君不君，又死得非其时、非其地，因此孔子弟子记述此事时，就模模糊糊地称之为"鲁君"，没有明言"鲁昭公"，这属于从孔子学来的"春秋笔法"。

经过以上七个步骤，考订孔子适周问礼于老子，发生在周敬王九年、鲁昭公三十一年冬。四十一岁的孔子由二十岁的南宫敬叔陪同，"至周，问礼于老聃，访乐于苌弘，历郊社之所，考明堂之则，察庙朝之度。（在太庙看到阶前金人雕像背上的'金人铭'）于是喟然曰：'吾乃今知周公之圣与周之所以王也！'"② 从而确定了孔子的"吾从周"的思想方向，他的学养和知名度由此上升，弟子日众。如此结论，是在深度缀合文献材料碎片、沟通其内在的生命脉络的基础上得出的，它从历史编年学上确定孔子适周问礼于老子的真实年份，廓清了作为先秦诸子开幕式的"老孔会"时间上的千古之谜，从而去妄存真地走近历史现场的。

（四）作为先秦诸子百家争鸣闭幕式的历史标志性事件，是荀子接纳韩非、李斯为弟子，以"荀韩李三人行"的方式，为历时近三百年的思想大原创期拉上了帷幕。思想从意气风发的自由创造，到讲求实效的制度化践履。于是思想家的头脑换成了实行家的脚板，并且非常沉重地落实到帝王高坐龙位的屁股上。头脑、脚板、屁股的这种戏剧性的更换，即所谓思想的宿命乎？

从春秋晚期诸子百家开幕式的"老孔会"到战国末年的诸子

---

① 《孔子家语·相鲁》，中华书局 2011 年版，第 6 页。
② 《孔子家语·观周》，第 129 页。

百家闭幕式的"荀韩李三人行",中国思想展现了灿烂辉煌的原创能力的大爆发,历时近三百年。这是一个伟大的东方民族,蓬蓬勃勃,活力丰沛,生长成自己粗壮、绵长而多派系的文化之根的二百五十年。唐人李翱《答朱载言书》还感受到这近三百年的滚滚思想波涛,浩瀚无垠,溉沃着、激荡着中华民族共同体形成期的秦汉文明,即所谓"《六经》之后,百家之言兴,老聃、列御寇、庄周、鹖冠、田穰苴、孙武、屈原、宋玉、孟子、吴起、商鞅、墨翟、鬼谷子、荀况、韩非、李斯、贾谊、枚乘、司马迁、相如、刘向、扬雄,皆足以自成一家之文,学者之所师归也"①。这里的诸子排序,颠三倒四。不过最终通向荀韩李三人行,结束了思潮自由创造的先秦诸子,导向大一统格局中思想建设的综合。与此相随者,以思想家作为时代标志的历史时期,回归到思想史自身,而整个时代转换到以社会政治体制建构为标志的历史时期,出现了政治强进、思想衰替的潮流推移。因此,把荀、韩、李三家聚首称为先秦诸子年代的闭幕式,是名实相副的。

令人感慨系之者,对先秦各个思想家分门别类的研究,虽然不乏深刻的进展,但是对于处在压轴位置的"荀韩李三人行"的这个总枢纽,却始终未能被有效地打开,令人难以窥见三者间齿轮啮合、带动相互间思想传递和转动变向的秘密。

因此:1. 战国末年这场具有里程碑意义的闭幕式,令人有戏散台空的苍凉感。他们问学传习的场面,几乎尽失记载,或是"七宝楼台,拆碎不成片段"。《史记·老子韩非列传》只交代:韩非"与李斯俱事荀卿,斯自以为不如非"。《李斯列传》又记载:李斯"乃从荀卿学帝王之术。学已成,度楚王不足事,而六国皆弱,无可为建功者,欲西入秦。辞于荀卿"②。战国秦汉史籍

---

① (唐)李翱:《答朱载言书》,收入(清)董诰等编《全唐文》卷六百三十五,中华书局1983年版。

② 《史记·老子韩非列传》,第2146页;《李斯列传》,第2539页。

记载荀、韩、李三人关系的材料，仅存这么寥寥有限之语。那么，能否找到材料，证明韩非、李斯是多大年纪、在什么时间地点、以什么方式、当了多少年荀子的学生吗？两千年来，人们束手无策，找不出任何材料对此作出进一步的证明和展示。

2. 战国晚期三大思想巨擘聚首的这件思想史上的大事，如果任其湮没在历史尘埃深处，就可能造成对中国学术从战国中期到末期，进而转型为秦汉学术的内在肌理血脉上的"认知梗塞"。认知梗塞的表现，一是不能真切了解孟荀之间的学脉变异由何而来。严复《论八股存亡之关系》云："孟子言性善，荀子言性恶。孟子称尧舜，荀子法后王。孟子论孔子，推本于春秋；荀子言孔子，推本于礼。此其大端矣，若其小节，更仆难数。孟子既没，公孙丑、万章之徒，不克负荷，其道无传。荀子身虽不见用，而其子弟韩非、李斯等，大显于秦。秦人之政，壹听非、斯，汉人因之，遂有今日。汉世六经家法，强半为荀子所传，而传经诸老师，又多故秦博士，则其学必为荀子之学无疑。故先秦两汉皆兰陵之学，而非孔子之宗子也。"① 这种说法，只能得其大略，不能直抵本原，难以发见荀子之学复杂的二重性。刘向《孙卿书录》就说了不同的看法："唯孟轲、孙卿为能尊仲尼，兰陵多善为学，盖以孙卿也。长老至今称之曰：'兰陵人喜字为卿。'盖以法孙卿也。"② 在汉魏时期，东海兰陵出了萧望之、疏广、孟喜、王良、王朗、王肃等一批经师硕儒，并非偶然。而西汉所尚，是今文经学。

认知梗塞的表现，二是荀、韩之间，荀、李之间，韩、李之间，到底怎么了？为何这三维关系之间，存在着如此变化莫测的吊诡？宋太宗八世孙赵汝谈的思想眼光，曾经使朱熹"嗟异"，他常论"韩非、李斯皆有荀卿之才，惟其富贵利欲之心重，故世得

---

① 严复：《论八股存亡之关系》，收入郑振铎《晚清文选》卷下。
② （汉）刘向：《孙卿书录》，收入（清）严可均辑《全上古三代秦汉三国六朝文》，中华书局1958年版，第333页。

而贱之。惟卿独能守其身，不苟希合，士何可不自重哉"①！这种议论只触及个体命运的心理原因，而对学脉分合的内质分析，还是隔靴搔痒。康有为《孔子改制考》卷十四又说："韩非与李斯同学于荀子，而二人之败，其事同，其祸同。观《史记·李斯传》斯辞荀子之言，从可知矣。盖二人皆以急功名之故，遂严法酷令以投时君，时君说之，其祸中于人，亦反及于己。辩察之言，贤抗之行，非以为乱世，无怪其与李斯同也。"②这里接触到暴虐政治的"双刃剑效应"，但其真知灼见，只停留在现象界而未及本质。谭嗣同更是以激进姿态批判荀学对儒学的背离："荀乃乘间冒孔之名，以败孔之道。曰：法后王，尊君统。以倾孔学也。……一传而为李斯，而其为祸亦暴著于世矣。……故常以为二千年来之政，秦政也，皆大盗也。二千年来之学，荀学也，皆乡愿也。"③在儒家的传承，及儒家转向法家上，荀学内在的师承机制和学理机制起到何种作用？面对众声喧哗，到底有无可能找到一把合适有效的钥匙，开启"荀韩李三人行"这扇沉重的历史现场的大门，令人一窥里间学术流脉的奥秘？

（五）"荀韩李三人行"的核心是荀子。因而要解码三巨擘的精神联系，就必须以荀子为中心，对荀、韩、李行踪和生命过程进行清理，寻找三条生命曲线的关键性的分合点。只有找到三条生命曲线的交叉重合处，才能剖析其相互间的思想授受交换的机制、特点、方法和方式。

1. 梳理荀子生平，从编年学上寻找三人聚首的交叉点。荀子是赵人，五十岁在齐襄王之世才游学稷下，"最是老师"，"三为祭酒"。他在孟、庄之后，已是首屈一指的儒学大家了。"五十岁"游学稷下，意味着荀子的基本思想是在赵地完成的。三晋之

---

① 《宋元学案》卷六十九《沧洲诸儒学案》（上），中华书局1986年版，第2290页。
② 康有为：《孔子改制考》卷十四。
③ 谭嗣同：《仁学》二十九，《谭嗣同集》，中华书局1981年版。

地，本是法家的老巢，更何况荀子少年时代，亲历了赵武灵王具有明显法家色彩的"胡服骑射"的改革，因而他的思想不可能不与三晋法家进行潜在的对话，沾染法家的某些因子。荀子在稷下十年，其间他曾西游入秦，谒见应侯范雎（？—前255年），进言针砭秦国所推行的"霸道"驳杂而"无儒"，不能说他无意于在秦国推销帝王术。刘向《孙卿书录》就说："孙卿之应聘于诸侯，见秦昭王，昭王方喜战伐，而孙卿以三王之法说之，及秦相应侯皆不能用也。"应该说，此时的应侯已经有点自身难保了。齐、秦是敌国，荀子再回稷下，就难免受谗，幸有楚春申君聘之为兰陵令，时在春申君相楚八年（公元前255年）。这就是刘向所言："孙卿善为《诗》《礼》《易》《春秋》，至齐襄王时，孙卿最为老师。齐向修列大夫之缺，而孙卿三为祭酒焉。齐人或谗孙卿，乃适楚，楚相春申君以为兰陵令。"①

荀子在楚著述，倡言"汤以亳，武王以鄗，皆百里之地也，天下为一，诸侯为臣，通达之属莫不从服"②。为此他又受了冷箭，有人说春申君："汤以亳，武王以鄗，皆不过百里，以有天下。今孙（荀）子，天下贤人也，君藉之以百里势，臣窃以为不便于君。"于是春申君辞退荀子，荀子回到家乡赵国，再应春申君招请，已是两年后了。第二次由赵国邯郸赴楚应聘，途经韩国首都新郑，于此时存在着与韩国诸公子的韩非聚首论学的可能。但二人是否聚首，找不到历史记载。荀韩李三人聚首的线索，至此中断。但应该有如此敏感：线索中断处，也就是更深层的线索潜伏之处。

2. 荀、韩缔结师生之缘的材料之发见。其实，荀、韩文字交叉的材料出现的典籍并不偏僻，关键在于学者的眼光能否穿透材料，窥见其内蕴的生命脉动。把先秦文献及诸子书当作古人生命的痕迹

---

① 刘向：《孙卿书录》，收入（清）严可均辑《全上古三代秦汉三国六朝文》，第333页。

② 《荀子·王霸篇》，《诸子集成》（二），第132页。

来阅读，是返本还原的关键环节，是窥破诸子是怎样炼成的关键环节。如果把材料当成死材料，古人的生命也就随之在材料中死去了。在这里，生命的感觉非常重要。深刻的眼光是带着生命的刺激剂的，足可激活材料中隐藏着的生命。《战国策·楚策四》云：

> 客又说春申君曰："昔伊尹去夏入殷，殷王而夏亡。管仲去鲁入齐，鲁弱而齐强。夫贤者之所在，其君未尝不尊，国未尝不荣也。今孙（荀）子，天下贤人也，君何辞之？"春申君又曰："善。"于是使人请孙（荀）子于赵。孙（荀）子为书谢曰：
>
> "疠人怜王，此不恭之语也。虽然，不可不审察也。此为劫弑死亡之主言也。夫人主年少而矜材，无法术以知奸，则大臣主断国私，以禁诛于己也，故弑贤长而立幼弱，废正適而立不义。《春秋》戒之曰：'楚王子围聘于郑，未出竟，闻王病，反问疾，遂以冠缨绞王，杀之，因自立也。齐崔杼之妻美，庄公通之。崔杼帅其君党而攻。庄公请与分国，崔杼不许；欲自刃于庙，崔杼不许。庄公走出，逾于外墙，射中其股，遂杀之，而立其弟景公。'近代所见：李兑用赵，饿主父于沙丘，百日而杀之。淖齿用齐，擢闵王之筋，县于其庙梁，宿夕而死。夫疠虽痈肿胞疾，上比前世，未至绞缨射股；下比近代，未至擢筋而饿死也。夫劫弑死亡之主也，心之忧劳，形之困苦，必甚于疠矣。由此观之，疠虽怜王可也。"因为赋曰："宝珍隋珠，不知佩兮。袆布与丝不知异兮。间姝子奢，莫知媒兮。嫫母求之，又甚喜之兮。以瞽为明，以聋为聪，以是为非，以吉为凶。呜呼上天，曷惟其同！"《诗》曰："上天甚神，无自瘵也。"①

---

① 《战国策·楚策四》，上海古籍出版社1998年版，第565—567页。

这封书信，作于荀子第二次应春申君的聘请而离赵入楚的途中。非常难得的是《韩非子·奸劫弑臣篇》也收录此文，文字歧出者颇多。一个令人长期迷惑不解而引起纷争不已的问题是：此文的著作权属荀，还是属韩？某些博学的先生按照思维套路，遽尔断定韩非子是原作者，收入《战国策》是刘向编书时误判，因而那是"伪简"。还有一个理由，是《荀子》没有收录此篇。历史的存在，果真是如此干脆利落、界限分明吗？历史是一个充满生命涌动的多曲线的纠缠过程。没有多曲线纠缠的历史，是没有生命的。平心而论，《楚策》这封荀子书函，交代写作的缘由背景，是依据原简在秘府收藏的状况，经过"刘向父子部次条别，将以辨章学术，考镜源流"的郑重处理的，不应轻率斥之为"伪"。如果考虑到荀、韩之间的师生关系，《楚策》、韩书同时载录相似的竹简，起码存在三种可能性：一是韩非所作，《战国策》把它误安在荀子的名下；二是韩非抄录老师文稿备用，而混入自己的存稿中；三是荀子授意门下弟子韩非捉笔，而弟子有意保存底稿，留下一个历史痕迹，荀子则把韩非捉刀的初稿，修改成《楚策》中那份函件寄出。

尤可值得注意者，《韩诗外传》卷四也载有荀子此封书简，而且前面与《战国策》一样，也有一则交代背景的引言："客有说春申君者，曰：'汤以七十里，文王百里，皆兼天下，一海内。今夫孙子者，天下之贤人也。君藉之百里之势，臣窃以为不便于君，若何？'春申君曰：'善。'于是使人谢孙子。孙子去而之赵，赵以为上卿。客又说春申君曰：'昔伊尹去夏之殷，殷王而夏亡；管仲去鲁而入齐，鲁弱而齐强。由是观之，夫贤者之所在，其君未尝不善，其国未尝不安也。今孙子天下之贤人，何谓辞而去？'春申君又云：'善。'于是使请孙子。孙子为书谢之。"以下就是这封《疠怜王》书信。[①] 韩婴在汉文帝（前179—前158 年在位）时

---

① 《韩诗外传集释》卷四，中华书局1980年版，第154—157 页。

为博士，早于刘向在汉成帝河平三年（前26年）奉诏校中秘书一百多年。既然韩婴采录的荀子《疠怜王》书信及其引言，与《战国策》大体一致，又有何种理由说韩婴得见的材料，是刘向"误录"或"伪造"？因此应该将注意力放在考释《战国策》本与《韩非子》本的《疠怜王》并存的原委所在、玄机所在，才能逼出文字所蕴藏的生命信息。

3. 将《楚策》和《韩非子·奸劫弑臣篇》收录的两《疠怜王》文本的字句差异，进行仔细的比勘，发现上述给出的第三种解释，具有更充分的合理性。即是说，《疠怜王》书信，是荀子授意韩非捉笔，而韩非有意保存底稿，留下一个历史痕迹；荀子修改成《楚策》中那份函件，然后寄出。二稿并见，一是草稿，一是定稿。理由有五如下。

一是《楚策》本比《韩非子》本删去一些芜词，文字更为简洁，而且改动了一些明显带法家倾向的用语。比如将"人主无法术以御其臣，虽年长而美材，大臣犹将得势，擅事主断，而各为其私急。而恐父兄豪杰之士，借人主之力，以禁诛于己也"，缩写成"夫人主年少而矜材，无法术以知奸，则大臣主断国私，以禁诛于己也"。改掉了"御其臣""得势、擅事"等法家惯用词语。尤其是将"人主无法术以御其臣，虽长年而美材，大臣犹将得势，擅事主断"，改成"夫人主年少而矜材，无法术以知奸，则大臣主断国私"，可以更加准确地切中春申君乘楚考烈王"年少"，行其"虽名相国，实楚王也"的心病。这是只有荀子才能如此准确地为楚国政治状况把脉下药，韩非是做不到的。

二是《楚策》本在修改《韩非子》本时，增加了"春秋笔法"。把"劫杀死亡之主""劫杀死亡之君"中的"杀"字都改作"弑"字，把弑齐庄公之崔杼称"崔子"的四处删去二处，改为直称其名"崔杼"二处。这些都可以看作起草者有法家倾向，改订者为儒家老师，精通"春秋笔法"。其中将"故《春秋》记之曰",改为"《春秋》戒之曰",也强化了对乱臣贼子的警诫作用。

三是文中采用的一些历史事件为荀子熟知,对韩非是间接见闻,当是老师口授、弟子笔录的。比如李兑在赵国掌权,围困沙丘百日,饿死主父(赵武灵王),乃荀子青年时代在赵国所知。尤其是淖齿在齐国受到重用,竟把齐闵王的筋挑出悬在庙梁上,使他宿夕而死。此事发生在荀子到稷下之前几年,此前未见史载,当是荀子初到稷下所听到的宫廷秘闻。这些材料都带有荀子口授的痕迹。

四是《楚策》本用"疠怜王"的谚语作主题,并将之展示为"夫劫弑死亡之主也,心之忧劳,形之困苦,必甚于疠矣。由此观之,疠虽怜王可也",乃是儒家的命题和说法,而非法家的命题和说法。《四部丛刊》影印元至正刊本《战国策》鲍注:"疠(癞也)虽恶疾,犹愈于劫弑,故反怜王。"也就是说,当国王比起生恶疾的人,还要难受,还要危险。只有儒家以"王者师"自居,才会提出对国君如此说三道四的命题;法家是王之爪牙,甚至国王"头顶生疮,脚下流脓",也要当国王的狗皮膏药。这样的主题岂是崇尚君王绝对权威的韩非所敢说、所能说?实在是老师大儒如荀子,看透了春申君相楚,"虽名相国,实楚王也"的专横,甚至将这种专横用在对荀子去留的随意处置上,才会出此狂傲之言。

五是《楚策》此文之后,还增加了一篇赋。曰:"宝珍隋珠,不知佩兮。……呜呼上天,曷惟其同!"又引《诗》曰:"上天甚神,无自瘵也。"赋为荀子创造的文体,《荀子·赋》篇也存录此赋:"璇玉瑶珠,不知佩也。杂布与锦,不知异也。闾娵子奢,莫之媒也。嫫母力父,是之喜也。以盲为明,以聋为聪。以危为安,以吉为凶。呜呼上天!曷维其同。"[①] 继之引《诗》述志是荀子常用的手法。对于《楚策》引诗:"上天甚神,无自瘵也",清人王

---

① 《荀子·赋》,《诸子集成》(二),第319—320页。

念孙《读书杂志》云:"《菀柳》之诗曰:'上帝甚蹈,无自瘵焉。'毛传曰:'蹈,动也。'正义曰:'言王心无恒,数变动也。'此引诗上帝作上天,因与上文'呜呼上天'相涉而误。甚蹈作甚神,神者,慆之坏字。故《外传》引诗作'上帝甚慆'。"① 儒者引诗,多是断章取义,荀子引《诗经·小雅·菀柳》之句,则与《毛序》所云"《菀柳》,刺幽王也。暴虐无亲而刑罚不中,诸侯皆不欲朝。言王者之不可朝事也"②,有其呼应之处,而且对春申君处置荀子去留的反复无常,暗含褒贬。能做到这一点,非荀子不可,而韩非不能也。因此,当都是荀子改订时所加。

这五条理由可以证得,这篇《疠怜王》的答谢书,是一篇由荀子授意、韩非捉刀,最后由荀子改订的文章。韩非难得为老师起草文件,就存底稿以作留念;或者他存留未经荀子改动的初稿,存有坚持己见的意思也未可知。荀子因原稿是韩非起草,定稿已经寄出,所以也就没有将韩非初稿收入晚年编著成的《荀子》书中。

总之,《疠怜王》的《韩非子》本与《战国策》本,不应简单地判为一真一伪,而应该深入考察其内在生命脉络的异同、断续、增减,究其原委而如实地揭示出这两个文本都是真的事实,只是过程中的真、不同层面的真。《韩非子》中的文本,是授意起草时的真;《战国策》的文本,是改订寄出时的真。如果以上的考证可以相信的话,就会牵连出一系列的问题,并使之迎刃而解了。

(六)荀韩的这次文字合作,为我们提供了一个关涉战国晚期诸子活动的历史年轮的横切面。年轮是以其材质、纹理记录着树木生命生长过程,及其受土壤肥瘠干湿、外在气候冷热常变、突发灾变猛然侵袭的种种影响的痕迹。先秦文献留下的历史年轮,可以作为特殊的诸子档案,加以激活使用,从其年轮遗痕中辨认

---

① (清)王念孙:《读书杂志·战国策第二》,清道光十二年刻本。
② 《毛诗正义》卷十五之一,《十三经注疏》,第492页。

诸子交往、旅游、论学、聚合离散的轨迹。由上述《战国策》《韩非子》相关材料的生命解读中，可以考知荀子、韩非、李斯问学交往的一系列问题，它们依次为如下几点。

1. 荀子由赵国取道韩国首都，赴楚都陈郢（今河南淮阳）应春申君聘请时，韩非已在荀子门下捉刀拟稿，时为楚考烈王十年，也是春申君相楚十年（公元前253年）。这是"荀韩李三人行"之始。

2. 此时荀子六十多岁，已是天下第一大儒；韩非四十多岁，在韩国政治依然被边缘化；上蔡的李斯二十余岁，由掌管乡文书的郡小吏，向荀子求学。

3. 年逾四十的韩非，已经是相当成熟的法术家或思想家，因而荀子对他的影响不是体系性的，而是智慧性的。从他保存为荀子捉刀的初稿可以推知，他已经有自成体系的一套见解，他对荀子的接受是有一定限度的。他仰慕大儒声望，向荀子学礼法智慧和帝王术，把自己的法家体系做大。但四十余岁的韩王之弟，必须常住韩都，经营当官的机会，或者一步登天，或者长久受猜忌而被边缘化。因此，韩非是不常在荀子身边的，他对荀子生平和其时楚国的政治生态并不经心，所知有限。对荀子生平，得自道听途说，《韩非子·难三》说："燕子哙贤子之而非孙卿，故身死为僇。"燕王哙于公元前320—前312年在位，如果荀子二十岁在燕王哙末年见他，那么荀子在春申君相楚二十五年（公元前238年）被杀时已经94岁，还要退居兰陵著书，似乎难有如此高龄。《韩非子·奸劫弑臣》说："楚庄王之弟春申君有爱妾曰余，春申君之正妻子曰甲余，欲君之弃其妻也，因自伤其身以视君而泣。"① 楚庄王于公元前614—前591年在位，距离春申君400年，春申君黄歇又非王族，岂能与庄王配为兄弟。对能够决定荀子命运的大

---

① 《韩非子集解·难三》，第286页；《奸劫弑臣》，《诸子集成》（五），第73页。

人物都缺乏起码的常识，可见韩非并不常在荀子身边求学，或偶尔一来而已。

4. 李斯年仅二十余，正是从师问学的年龄，较常在荀子身边。《荀子·议兵》篇记载李斯问孙卿子曰："秦四世有胜，兵强海内，威行诸侯，非以仁义为之也，以便从事而已？"孙卿子曰："非女所知也。女所谓便者，不便之便也。吾所谓仁义者，大便之便也。彼仁义者，所以修政者也，政修则民亲其上，乐其君，而轻为之死。故曰：凡在于军，将率末事也。秦四世有胜，諰諰然常恐天下之一合而轧己也，此所谓末世之兵，未有本统也。故汤之放桀也，非其逐之鸣条之时也；武王之诛纣也，非以甲子之朝而后胜之也，皆前行素修也，所谓仁义之兵也。今女不求之于本而索之于末，此世之所以乱也。"① 李斯问秦事，说明他已经有意于用秦；荀子论秦政之本末，意思与他在此前后西行见应侯范雎的问答，可资相参。《史记·李斯列传》又记载：李斯"乃从荀卿学帝王之术。学已成，度楚王不足事，而六国皆弱，无可为建功者，欲西入秦，辞于荀卿"。

清人赵翼《陔馀丛考》云："《史记·李斯传》：斯少时从荀卿学帝王之术，而《贾谊传》河南守吴公治平为天下第一，故与李斯同邑而尝师事焉。然则李斯之师乃大儒，而斯之弟子又能以经术饰吏事，独斯则焚诗书，严法令，为祸于天下，何也？盖斯本学帝王之术，以战国时非可以此干世，乃反而为急功近名之术，以佐秦定天下。及功既成，自知非为治之正道，恐人援古以议己，故尽毁诸书，以灭帝王之迹，欲使己独擅名耳！"② 李斯的同乡门人吴廷尉向汉文帝推荐贾谊"颇通诸子百家之书"，被征召博士，一年中超迁至太中大夫。贾谊的生卒年为公元前200—前168年，如果吴廷尉推荐十八岁的贾谊时六十岁，那么他生于公元前243

---

① 《荀子集解·议兵》，《诸子集成》（二），第186页。
② （清）赵翼：《陔馀丛考》卷四十一，中华书局1963年版。

年前后，在秦统一中国时二十三岁，焚书坑儒时三十一二岁。李斯在秦统一中国到焚书坑儒这段时间指教的同乡弟子，在三十年后发现贾谊。这一点可以反证李斯传授的学术，并非只有焚书坑儒、以吏为师一路，对于"诵诗属书"也不隔阂，可见其来自荀子的学术存在复杂的构成形态，只不过运用之时讲究权变的有效性而已。

5. 荀、韩、李聚首论学之所，应在楚国的新都陈郢（今河南省淮阳）。楚失旧时郢都于秦后，退保于此，称为"陈郢"。如《史记·楚世家》云：楚顷襄王二十一年（公元前278年），"秦将白起遂拔我郢，烧先王墓夷陵。楚襄王兵散，遂不复战，东北保于陈城"；直到楚考烈王二十二年（前241年），"与诸侯共伐秦，不利而去。楚东徙都寿春，命曰郢"①。楚国迁都在陈，共计37年，适值韩非、李斯求学于荀子的时期。陈郢其地离韩都新郑，及李斯故乡上蔡，都在二三百里路程之内，交通颇便。此时楚国衰弱，春申君专权。《疠怜王》书函以后，荀子与春申君心存嫌隙，于是以授徒论学为乐。荀子是三晋之儒，异于邹鲁之儒，在稷下十余年浸染了某些黄老及其他学派的学术，学术涵濡弘博。荀子主张"以类行杂，以一行万"②，以礼法及帝王之术授徒，讲求政治实用性，与韩非、李斯并不隔膜，却也为韩、李通向法家留下了通道。

6. 李斯辞别荀子，离楚"至秦，会庄襄王卒（公元前247年）"，这是荀子与韩非、李斯师生之谊的终结。李斯入秦后，"乃求为秦相文信侯吕不韦舍人。不韦贤之，任以为郎"③。李斯因以得说秦王，被拜为长史，晋为客卿，官至廷尉，位列九卿，成为最高司法审判机构主官；秦兼并天下后，当了秦始皇的丞相。

---

① 《史记·楚世家》，第1735—1736页。
② 《荀子·王制》，《诸子集成》（二），第103页。
③ 《史记·李斯列传》，第2540页。

李斯在廷尉任上，与韩非分别十余年后，《史记·韩世家》记载："王安五年（前234年），秦攻韩，韩急，使韩非使秦，秦留非，因杀之。"①《史记·秦始皇本纪》记载：秦王政十四年（前233年），"韩非使秦，秦用李斯谋，留非，非死云阳"②。李斯是使韩非入狱并遗药促其自杀的主谋者之一。李斯结束了韩非的性命，却实践了他的法术，成效可观；赵高结束了李斯的性命，却终止了秦室的祚命，天崩地裂。李斯本人在秦二世二年（前208年）被赵高诬陷谋反，腰斩咸阳市。此时离李斯辞别荀子、结束弟子缘而入秦，已经近四十年了。质言之，韩非、李斯师事荀子，共计六年，从公元前253年至前247年，他们论学于楚，却喋血于秦。诸子百家的闭幕式就在这段时间拉上了帷幕，帷幕上是溅洒着斑斑血迹的。

诸子的炼成，是在春秋战国数百年间动荡不安的社会环境中，融合列国朝野之间文献的和口传的多元性资源，以生命换智慧、以意志求原创的奇迹性的成果。它们极大地丰富了中国文化的思想含量和智慧构成，其丰厚性和精深性及其相互间的千丝万缕的张力，蕴含着非凡的承续、更新和再生的能力，遂使中华文明饱经狂风骤雨依然保持着不可摧折的强大生命，屡创奇迹，为整个人类提供了继续前行的推动力。从"孔老会"的风尘仆仆，到"荀韩李三人行"的东海西秦暌隔和云阳、咸阳喋血，中国思想大原创始于正剧，终于悲剧，是在尘影血迹中造就其波澜壮阔的辉煌的。李白《把酒问月》诗云："今人不见古时月，今月曾经照古人。古人今人若流水，共看明月皆如此。"③ 尽管古代智者哲人的精魂已是与明月同辉，但是后人还是要把酒问月，探问"青天

---

① 《史记·韩世家》，第1878页。
② 《史记·秦始皇本纪》，第232页。
③ （唐）李白：《把酒问月（故人贾淳令予问之）》，《李太白全集》，中华书局1977年版。

有月来几时",历史不可能重复,因为创造历史的人不会放弃不断创造的能力。但历史又不能割断,割断了就是切除今人与母体文化联系的生命脐带。先秦诸子百家争鸣的开幕式和闭幕式,应该带着它们本有的生命热力存入民族的历史记忆,滋润着现代人的文化元气和创造活力。

进而言之,现代思想的创造,是在与传统的深度对话中放飞思想的,传统的深厚程度愈丰厚,反弹出来的思想愈见高度。《庄子·逍遥游》在畅言鲲鹏"水击三千里,抟扶摇而上者九万里"时,就语重心长地说:"且夫水之积也不厚,则其负大舟也无力。"① 唐人徐彦伯《汾水新船赋》明白了这层意思,翻出了以反为正的一笔:"水之积也厚,船之动也捷。"② 思想创造要形成大国风范,离不开对源远流长的传统文化,包括诸子文化的现代性解读。解读达到何种深度,这是对现代大国思想文化能力的严峻考验。这就要启动返本还原研究,揭示历史上一幕幕思想者的正剧、壮剧、悲剧中的文化基因和生命力度,由此探究原始,折中百家,疏通血脉,直抵中国文明史和中国智慧精神的本原的原因了。因为它可以为现代思想的创造激活源头活水,涵养浑然浩然的文化气魄。

> 2014 年 4 月 18 日澳门耶稣受难日假期初稿;
> 5 月 1—4 日劳动节、青年节假期修改。
> 2021 年 2 月 11 日最后修订

---

① 《庄子集解·逍遥游》,第 1—2 页。
② (唐)徐彦伯:《汾水新船赋》,收入(清)董诰等《全唐文》卷二百六十七,中华书局 1985 年影印嘉庆本。

第三编

历代思想文化的界碑式人物

《史记》人文世界及著述体例

《史记》是我年轻时就很喜欢的一本书，应该说，我接触文史，是从《史记》和《鲁迅全集》开始的。《史记》研究是我们进行文史研究的看家本领，尤其是研究文学的人，如果有丰富的历史知识，可以增加文章的厚重感。文史哲贯通与古今贯通一样，是我们提倡的大文学观、大文化观、大国学观的基本命题，是我们进入中国文明史的不二渠道。不读《史记》，就谈不上与中国历史、中国文化、中国文明有何等缘分，它属于民族必读书之列。今天，我主要讲《史记》一些很基本的问题。

一 《史记》的书名、宗旨、写作过程

我先讲《史记》的书名、宗旨和写作过程。先从《史记》的发生学讲起，再讲《史记》的文化学和文章学。

司马迁的《史记》是一部真正意义上的大书，是影响中国历史进程的需要大写的大书。这部书共一百三十卷，五十二万六千五百字，这是他在《太史公自序》中说的。在司马迁以前，中国还没有这么大的一本书，诸子书中，《老子》五千多字，《孙子兵法》六千字左右，《论语》一万六千来字，《孟子》三万四千字左右，包括《庄子》《荀子》《韩非子》，也就六七万字或十余万字。就史书而言，《春秋》约一万八千字，《左传》是先秦最长的一本

书，十八万字。《吕氏春秋》是集体写作，二十余万字。司马迁一个人写了五十二万字，在当时，没有大的魄力、智慧和才华是写不出来的。别看现在的鸿篇巨制很多，放在先秦两汉这个背景下，它就是一本很大的书。这本书长久地、深刻地影响了中国的思想文化形态。中国的书，对中国人的影响，除了《论语》，很难找到第二本有《史记》这样对我们的文化和文化心理影响这么深的书。我们现在老讲诸子影响很深，其实，《史记》的影响不在他们之下。在《史记》中，司马迁充分呈现了"究天人之际，通古今之变"的大思想家的风范。

《史记》是中华文明的一部必读书，它起码有三个方面可以称为文化典范。第一，《史记》是中国正史的典范，它建立了五种体例："本纪""表""书""世家""列传"，就像如来佛的五个手指一样，我们历朝正史的体例，都没有跳出它的手掌心，也就是纪传体的正史范式。这一点的影响是很深远的，可以说，我们历史的脉络是司马迁给我们开出来、埋下来的。第二，它是中国文章的典范，唐宋八大家以后，历代古文的写作都追随《史记》《汉书》，此二书是它们的标本，如果没有《史记》的榜样，就没有韩、柳、欧、苏的文章，我们现在看到的中国古代文章的模样，可能是另外一个样子。第三，它是中国人物行为的典范，全书写了四千多人，其中，写得最生动的有百十人。历千年而如在目前，他们的音容笑貌，他们的道德、智慧、行事的方式，深刻地影响了中国各个阶层人物的人生选择。所以，《史记》写了一系列有声有色的"中国故事"，久远地作用于世道人心，我们应该把它放到模塑中国精神这么一个高度去认识。

《史记》过去叫《太史公书》，司马迁用自己和他的父亲官名的尊称去命名这本书，这遵循着先秦诸子用姓氏命名其书的惯例，如《孟子》《庄子》《荀子》《韩非子》，司马迁和他们一样，用"太史公"来命名，所以，《史记》蕴含着诸子书写作的情结。司马迁自觉追求"究天人之际，通古今之变，成一家之言"，所谓"成一家之言"，过去编《四库全书》时，就把"著书立说成一家之言者"放进子部，所以，司马迁有一种非常浓郁的诸子写作的精神追求，他保留着一些先秦诸子的作风。《史记》以后的正史，这种思想家、文学家融在一起的自由写作的风度，几乎消磨殆尽了。我们说，中国正史是《史记》奠定了基础，而真正的规范化是在《汉书》，所以，后来史学家对《汉书》评价很高，那是因为它规范化了。

历代史书最具诸子风采的，当推《史记》。正因如此，班固批评司马迁有"三失"，也就是三个短处，他说："是非颇谬于圣人，论大道则先黄老而后六经"，批评司马迁的思想体系有问题，说他不是儒家的体系，而是黄老的体系。"序游侠则退处士而进奸雄"，批评司马迁在社会体制上追求游侠的功绩。"述货殖则崇势利而羞贫贱"，批评司马迁的财富论，也就是他的经济思想。这所谓的"三失"，后来的史家都没有做到，反而以正统的儒家思想遮蔽了自己，而认为是司马迁的弊端，实际上它就是先秦诸子思想自由的遗风。《史记》书名的确定，是东汉晚年汉桓帝时期的事了，这有碑刻的文字记载，经过二百余年的沉淀，才把它定名为《史记》。我们看"史记"这个词就知道，"史记"过去是一个通名，比如诸侯史记、各国史记；又比如，孔子到洛阳去之后，论史记旧文；《孔子世家》里面也讲，他因鲁史记作《春秋》；等等。到这个时候，《史记》就变成《太史公书》的专名了，历史书的通名变成专名，这就像孔子说的话，叫作"子曰"，"子"本是对有德行的男子的尊称，后来这个泛称变成孔子的专称，其他人只能加上姓氏，使用"孟子曰""荀子曰""韩非子曰"了。唐弢写书话，创造了一种文体形式，后来"书话"一名，就成了"唐弢书话"的专称，他的书名就叫《书话》，后来叫《晦庵书话》，对一种写作方式，打下了很深刻的个人印记。

《史记》是司马谈、司马迁父子两代搜集、积累和整理材料，由司马迁在42岁到55岁，用14年时间写成的，这是"十年磨一剑"的投入自己生命的力作。《资治通鉴》前前后后写了19年，而且司马光在洛阳成立了一个很重要的工作室，带了三个职位和辈分比他低的历史学家，先整理材料的长编，他本人又做了许多考订，自己动笔结撰，用了19年的苦功，才算告成。司马迁写《史记》，接触到后人难以接触到的许多文献材料，这是他得天独厚之处。按照汉武帝时候的制度，"天下郡国文书，先上太史公，副上宰相"，诸侯国或者郡县上来的文书，先呈报太史公，副本才交给宰相，以致到了东汉时的卫宏，说太史公比宰相的官还大，那是不对的，太史公是个下大夫，下大夫也就是现在处长、司长之类，是九卿之一的太常下面的一个官职，相当于七品官员。由于他处的位置非常关键，专管文书档案材料，历史材料来源很是丰富。我们后世的学者，尤其是疑古派学者，往往低估了太史公，比如说，考证《老子》，司马迁明明写老子在孔子之前，到民国年间，疑古学者非要考证出《老子》在庄子之后，甚至是《吕氏春秋》到《淮南子》之间的作品都不可。郭店楚简一出来，从战国中期的墓里出土的三个版本《老子》，可见，作为民间私人写作的《老子》从写成传播到这时，没有近二百年的时间不行，可见《老子》是春秋晚年的作品。又比如钱穆，令人尊敬的钱宾四先生，花了很大的力气，去考证《孙子兵法》是孙膑写的。1972年山东临沂的银雀山汉墓，同时出土了《孙子兵法》和《孙膑兵法》，使得"《孙子兵法》乃孙膑所作"的说法不攻自破。司马迁以朝廷藏书作"名山事业"，网罗文献而呕心沥血，其"信史"追求无可怀疑。我们不讲细节，细节上，经一个人之手写这么大的一部书，有一些毛病是可能的。但在大的历史框架和重要关节上，太史公是不会掉以轻心的，《史记》是经得起历史验证的。

司马迁搜集材料和处理材料的方法，调动了他那个时代最先进的方法和最大的可能性是非常值得我们注意的。一是司马迁接触到的皇家图书馆的典籍秘藏，当时的简帛和全国汇集来的遗文古事，而且他其实具有处理这些的方法和能力。司马迁十岁诵古文，从孔安国学古文《尚书》，从董仲舒学《春秋公羊传》，参用古文经学和今文经学，已经具有把古文献当作专家之学进行处理的卓越能力。不要低估了这方面的历史价值，司马迁的大眼光，就孕育于古文经学和今文经学的结合之中，这在他那个时代是独树一帜的。应该强调，这种专家能力具有关键作用，它能有效地对浩繁的材料进行钩沉发微，辨伪择善，组合贯通。况且司马迁通过古今文经学的贯通组合，超越了那些割裂古今文经学的前人，开辟了崭新的思想学术境界。司马迁所谓"厥协六经异传，整齐百家殊语"，就是搜集丰富的古籍文献，以杰出的专家能力，进行比勘、衡量和取舍，对其中的差异错杂之处加以协调和整齐，形成一个可靠、清楚、浑然一体的史学体系。

第二种材料来源，就是司马迁做了许多田野调查，他二十壮游，几年间跑了几万里路，在全国各地调查民间的传闻和考察历史的遗迹，以实地调查，印证和补充文献记载及其不足。所以，太史公对人文地理了然于心，他写战争的攻防态势、军队的调动路线，在地理方位上，毫不含糊。就考察各省山川形势，"足迹半天下"，于地理民俗了如指掌的清初大学者顾炎武，也在《日知录》中推崇《史记》的叙事："秦楚之际，兵所出入之途，曲折变化，唯太史公序之如指掌。……盖自古史书兵事地形之详，未有过此者。太史公胸中固有一天下大势，非后代书生所能几也。"司马迁不仅从民间实地获取材料，而且获得民间思想，改造了历史写作的形式。比如说，韩信的胯下之辱、漂母赐饭，这是小孩子的事情，小孩子钻裤裆，或者，小孩子饿了，河边漂洗衣服的老太太给他饭吃，这些故事，在过去的史书中是很难被写进来的。在司马迁的眼光中，民间生活支撑、影响着人生轨迹，进而支撑、影响着历史进程。韩信封为楚王后，受恩必报，赐给漂母，就是那个漂洗衣服的老太太一千金；韩信又不念旧仇，册封曾经让他钻裤裆的少年为楚中尉（当时楚中尉是诸侯国中俸禄二千石的军事长官），成为自己手下最重要的将军。韩信小时候很贫穷，受封后把他的母亲埋葬在高敞地，旁边可置一万户人家。这些资料是司马迁壮游时在淮阴采集的。就连陈胜、吴广的事迹，陈胜种地时所发的感慨，他动员揭竿而起时所说的"王侯将相宁有种乎"，都是实地采访所得。现在到安徽宿县的涉故台，还可以看到鱼腹藏书湾，篝火狐鸣处。这些来自大地的材料，把司马迁与民间道义和情绪连在一起了。不仅材料来自民间，他的历史观也因此带有深刻的民间性。

第三种材料来源是国家档案馆的收藏，也就是采纳"史记石室金匮之书"。这是太史公得天独厚之处，他掌握了国家级的材料总汇，在丰厚的材料中发现了中华文明的秘密。他不仅善于把握这些材料的关键点，而且善于剔出这些材料的深层意义，比如孔子赴洛阳问礼于老聃，对庄子国族的暗示和强调其外篇的重要性，对韩非子揭示他"归本于黄老"，都是眼光独到之处。这类档案材料，在后来历代王朝动乱和兴亡中，多被焚毁，不然太史公看到的这些简帛埋入地下，现在也成了出土文献了。而太史公点亮的材料要旨，启发了后世的精深研究。

第四种材料是从朋友，尤其是当时的王侯大臣的后人，或者事件的经历者那里获得的。这就像我们撰写现代小说史一样，如果小说家本人或者他的后人还存在，只要用心，是可以获得一些还带着体温的材料的。司马迁采访了王侯将相的后人。在汉初封的列侯里面，沛县出来的就有 32 个，刘邦后来把政权交给吕后，是有道理的，他爱江山胜于美人。实际上，刘邦跟戚姬的感情最深，戚姬和他一起随军转战，但是，江山交给戚姬是坐不稳的，当时樊哙都要杀戚姬，戚姬是压不住当年拉竿子上来的这批侯爷的。而且这些侯爷，都是不太懂规矩的，像屠狗的樊哙，还有赶车的夏侯婴，卖布的灌婴，作刀笔吏的萧何、曹参，这些人都是跟刘邦在丰、沛地方起事、附骥尾而封侯的人物。司马迁到了丰、沛，或者在长安采访这些侯爷的后人，很多"高祖功臣"攻城略地的材料，都是司马迁在与樊哙的孙子樊他广交往中获得的，这在《史记》列传的论赞里都交代得很清楚。

司马迁出生在陕西韩城，这个地方接近传说中大禹治水凿开的黄河龙门山，他的学问又称"龙门史学"。对《史记》撰述的思想情调产生重大影响的人生大事，也就是他人生的坎子，有两个最为关键，一个发生在他36岁时，一个发生在他48岁时。36岁时，也就是汉武帝元封元年，汉武帝去泰山封禅，当时司马谈在洛阳病危，司马迁从出使的云贵川赶回，接受临终遗言。司马谈握着儿子的手说，我死后，你必然当太史官，不要忘了我们所要写的著作，要扬名后世，以显父母，这才是孝之大者。司马谈还说，孔子作《春秋》，至今已四百余年，史记放绝，我很担心"废天下之史文"，你一定要把这件事做好，当时，司马迁满脸泪水，信誓旦旦要把它完成。所以，《史记》是司马谈父子生命的结晶，继承孔子作《春秋》的修史宗旨。

司马迁48岁时，李陵率五千步卒深入漠北，被匈奴八万大军包围，鏖战十几日，杀伤万余敌兵，但李广利和老将路博德的援兵未至，遂降匈奴。司马迁当过李陵的同事，当汉武帝问司马迁的看法时，司马迁说李陵"有国士之风"，兵败降敌出于不得已，还说李陵想寻找机会报汉，为他辩解，这事当时也就过去了，一年之后，汉武帝以"诬上"罪将司马迁处以宫刑，这是奇耻大辱的一个刑罚。本来汉武帝时有赎刑制度，比如"死罪入赎钱五十万，减死罪一等"。古代五刑是墨、劓、剕、宫、大辟，墨就是在脸上刺字，劓就是割鼻子，剕就是砍脚，宫刑是进行性阉割，还有大辟就是杀脑袋。宫刑是第二等重刑，据我初步考证，司马迁要赎他的罪，需要缴纳大辟的60%，即三十万钱赎金，相当于三千六百石粮食，当时的石比较小。太史公是中级官员，官俸一年有六百石，需要六年的薪俸，不吃不喝，才能赎这个罪，相当于现在百万以上的赎金。他没有当过可以"刮地皮"的州郡大员，没有当过可以劫掠或受重赏的将军，由于"家贫，财赂不足以自赎，交游莫救"，过去的朋友也不搭救，左右亲近不给他说话，陷入如此奇耻大辱的悲痛中，所以，《史记》中对世态炎凉的悲愤情绪，处处可见。这就使司马迁重新理解生命，酿成浓郁的发愤著书的情绪，他说"西伯拘（羑里）而演《周易》；仲尼厄而作《春秋》；屈原放逐，乃赋《离骚》；左丘失明，厥有《国语》；孙子膑脚，《兵法》修列；不韦迁蜀，世传《吕览》；韩非囚秦，《说难》《孤愤》。《诗》三百篇，大抵贤圣发愤之所为作也。"人生的坎坷，作为一种发愤著书的内在气质，弥漫于《史记》的字里行间。

由于具有这种生命体验和历史了悟，再加上他的旷世天才，所以，司马迁写的《史记》被鲁迅推崇为"史家之绝唱，无韵之《离骚》"。我更愿意从中国人的文化心理结构或精神谱系形成的角度来看《史记》，十几年前《光明日报》曾经让我开列十部最喜欢的书，我把《史记》列在第一位，我说过一段话：

> 更有意味的，是可以从《史记》中寻找到中国人行为方式的某些原型（archetype）。比如，讲尊师，也许想到张良的圯桥进履；讲重才，也许想到萧何追韩信；讲忍耐，可以想到韩信的胯下之辱；讲信义，可以想到季布的一诺千金。这些原型既涉及修身，也涉及治国。勾践的卧薪尝胆，项羽的破釜沉舟，韩信的背水一战，范蠡的扁舟五湖，蕴含着何等的意志、决心、气节、豪情和潇洒。再如焚书坑儒，指鹿为马，项庄舞剑以及冯唐易老，李广难封，又包含着多少残酷

的权术和悲哀的命运。人们寻找中国人的心理行为模式，多从经子典籍着眼，其不知史书也以历史的残迹在编织国民精神的网络！

所以，我认为《史记》对民族精神血脉的影响，除记录孔子嘉言的懿行《论语》之外，很难再找出第二部书，有它影响这么深，其影响不在老、庄、孟、荀之下。当然，知识分子可能受老庄影响多些，但从整个民族来说，在铸造中国人的行为方式上，《史记》所讲述的一系列"中国故事"，起到非常深刻久远的影响。

二　《史记》的体例

其次，讲《史记》的体例。《史记》是第一部完整形态的中国通史。所谓"通"有两层含义：一是纵向的通，贯通从黄帝至汉武帝三千年间的历史兴亡变动的轨迹，融合五帝、夏商周三代、春秋战国、秦汉等各个朝代，写了三千年，《春秋》十二公写了242年的历史，《左传》《史记》的视野远比《春秋》《左传》来得开阔宏大。中华民族发生的过程，和文化共同体形成的过程，通过《史记》，被有声有色地勾勒出来了。二是横向的通，囊括政治、军事、经济、文化、思想流派，展示自帝王将相、平民百姓、商人游侠刺客等社会各阶层，以及列国和边疆部族。可以说这是中国多元一统历史观的伟大尝试，或者说是历史观的伟大革命。

为什么《史记》能做到这一点呢？有两个根本性的原因：第一个原因，汉帝国是当时世界上第一流的强国，具有第一流的综合国力和思想魄力。刘邦建国是公元前202年，汉武帝上台是公元前141年，开国62年，就像我们现在中华人民共和国也有70多年了，在当时，只有稍微晚一点兴起的罗马帝国的国力，才能够跟它媲美。所谓"文章西汉两司马"，说的是司马相如的大赋，尤其是司马迁的真正意义上的大历史，是那个时代造就的，所谓"世必有非常之人，然后有非常之事；有非常之事，然后有非常之功"，这是司马相如的原话。朱自清在《经典常谈》中，讲到《史记》的规模和魄力的时候，说："他这样将自有文化以来三千年间君臣士庶的行事，'合一炉而冶之'，却反映了秦汉大一统的局势。"朱自清也认为是秦汉这个时代给司马迁这么一种魄力。第二个原因，它在全面考察和吸收先秦多种形式史书的基础上，进行高度的综合和开拓创新。先秦时代已有编年史《春秋》《左传》，也有国别史《国语》《战国策》，还有文告档案式的政治史《尚书》，此外《庄子》的《天下篇》和《荀子》的《非十二子》中也有思想史的雏形，各种史学因素先秦的思想家都尝试过了，但是，《史记》把它们综合起来，融合创新，创造出五体共构的形式。五种体裁，共构在一起，不是简单的一加一，必须以巨大的魄力和功力运转纷纭复杂的史料，使之纲目整然，纲举目张，各归其位，又多方互补、互动、互见，形成一个生机勃勃的有机整体。为什么说"五体共构"呢？因为它体例中有五种体裁，第一是十二"本纪"，写帝王的，第二是十"表"，第三是八"书"，第四是三十"世家"，第五是七十"列传"，加起来是一百三十篇。过去有人说这里面有什么神秘的数字，因为十二啊，八啊，十啊，三十啊，或者一百三十啊，这些数字，好像跟天地之道有关，我们不这么认为，而觉得要出色地打开中国文明史的辉煌画卷，非有"五体共构"的体例不可。

首先讲"本纪"。"本纪"十二篇是全书总纲。分别记载五帝、夏、商、周、秦列代的帝王世系和重大事件，这是秦以前的，再加上秦始皇、项羽、汉高祖、吕后、文帝、景帝和武帝，汉武帝也就是今上，编年记述了国家大事和兴亡的脉络。"本纪"体例有四个值得注意的关键点。

第一个关键点是，它从黄帝写起，不仅根据古文材料，而且进行实地考察，司马迁说，他曾经西到空同，空同就是现在甘肃、宁夏交界的崆峒山，北过涿鹿，涿鹿在今天的河北，东渐于海，南浮长江和淮水，那里的父老往往说起黄帝和尧舜。所以，司马迁把民间的民族记忆写进了历史，从而为华夏民族寻找到一个千古一贯的血缘上和人文上的始祖。顾颉刚说，《五帝本纪》把过去方位中的五帝变成了血脉上的、纵向的五帝。这一变是很重要的，为中华民族植下了文化共同体的根脉。因为中华儿女现在自称为炎黄子孙，就是以《史记》作为根据的，通过《五帝本纪》，把这个民族的生命的凝聚力，伸到遥远的发生学的境界上来了。

第二个关键点是《夏本纪》和《商本纪》，这两个本纪写得比较简略，主要勾勒了王位父子或兄弟相承的世系。我们的疑古学派曾经说过，东周以上无信史。但是，王国维根据殷墟甲骨文，考证出殷商十七世，三十一个王，约六百年，和他们远祖先公先王的世系，证明《殷本纪》，除有几处小的参差之外，基本上是可靠的，这就是不得了的发现。王国维甚至由这一点，上推《夏本纪》中夏代的世系，认为也是可靠的。《史记》记载周武王灭纣之后，封舜的后代在陈，封夏禹的后代于杞，封商的后代于宋，这都有谱牒的根据，所以，孔夫子去考察列国文献的时候，除了东周洛阳，他到了杞国、宋国，就是因为那里确实流传着很多上古典章制度和族源故事。

第三个关键点是，在《秦始皇本纪》和《（汉）高祖本纪》之间创设了《项羽本纪》，用来统率楚汉相争五年间波澜壮阔的政治、军事、外交斗争。《项羽本纪》主要写三个故事，一个是巨鹿之战，项羽在河北巨鹿这个地方，跟秦军的主力相遇，各路诸侯都不敢前进，皆作壁上观，而项羽军无不以一当十，消灭了秦军主力，这是项羽最大的战功。第二个故事是鸿门宴，范增设计要杀刘邦，但是项羽犹犹豫豫，没有杀成，这是他命运的转折。第三个故事就是垓下之围和乌江自刎，是他的悲剧命运的结局。对楚汉之争，我们从年龄和心理上来考察，项羽起兵时是 24 岁血气方刚的壮士，刘邦起兵时是 48 岁老谋深算的一个无赖。较力气，刘邦打不过项羽，但是，较计谋啊，项羽不行，鸿门宴上，刘邦稍一辩解，项羽就说是你的司马曹无伤说你要在关中称王啊，这把自己卧底的人都讲出来了，回去之后，刘邦一下子就把曹无伤杀了，这个小伙子不懂成败得失的要害所在。垓下之围的时候，项羽旁边就一个虞姬，他不是找将军、间谍、谋士商量事情，而是找自己的小老婆来商量，这就不是打仗的架势。刘邦不一样，选戚姬还是选吕后，他找张良商量。一个 48 岁出去打仗的人，和一个 24 岁打仗的人，他们是不同的。但总的来说，项羽被写成最有血性、最威猛、最有豪气的大男子，他 24 岁起兵，32 岁覆灭，征战了八年，身经大小七十余战。司马迁写人物，经常写身高，他写项羽身高八尺有余，根据出土的汉尺，一汉尺是 23.1 厘米到 23.2 厘米之间，那么项羽的身高应该是 1.85 米到 1.90 米之间，力能扛鼎。起事之时砍杀会稽守时，他一刀就把那人脑袋砍下来了，当时很能够把乱哄哄的场面镇住的。塑造这么一个西楚霸王的形象，实际上含有对汉初政治的褒贬，到了写汉代中期时已经没有这样磊落痛快的人了，汉以后也没有项羽这类"真正的汉子"了。

  第四个关键点，司马迁有一种历史实录、秉笔直书的精神。在司马迁死后，一百三十卷的《史记》，"十篇有录无书"，大概有些东西犯了忌讳，被抽掉了，像《景帝本纪》《今上（汉武）本纪》，是褚少孙后来补写的。给吕后做本纪，而不给汉惠帝做本纪，这也是司马迁独特之处，要是朱熹来做，可能是《孝惠本纪》，而不是《吕后本纪》了。《吕后本纪》写吕后称制掌权，毒杀赵王如意，把戚姬变为"人彘"，砍掉胳膊和双腿，使惠帝和两个少帝有名无权，诛贬刘姓诸侯王，展示了政治阴谋的残酷性。但在论赞里，也就是"太史公曰"中，司马迁却肯定了那个时期的社会政策，他说："孝惠皇帝、高后之时，黎民得离国之苦，君臣俱欲休息乎无为，故惠帝垂拱，高后女主称制，政不出房户，天下晏然。刑罚罕用，罪人是希。民务稼穑，衣食滋殖。"所以，当时的农业生产、衣食和温饱问题都能解决。吕后的残酷只是在宫廷斗争时，而对社会，她采取无为而治，这个政策，发展到后来文帝、景帝的与民休息，使国家的元气慢慢地恢复了。应该说在这一点上，司马迁对吕后的社会政策还是肯定的，并不是女人当政，什么事情都一塌糊涂，司马迁有史家的思想，能够实事求是。

其次讲十篇"表"和八篇"书"，这是司马迁非常独特的创造。十篇"表"排列了历朝的谱系学、年代学，八篇"书"展示了上古社会的文化和制度，这二者的创设，为我们历史的准确性和开阔性，设计了时间、空间的坐标。十表中，《十二诸侯年表》《六国年表》最为重要，春秋战国时期，各国的诸侯各有编年，复杂纷纭，如果不用表格排列得这样头绪分明，眉目清晰，作为中国文化思想轴心期的春秋战国的历史，就是一笔糊涂账。就凭这一点，司马迁就是中国思想文化的一个大功臣，庄子是在孟子之前还是之后？有这个年表，你再去考证，就有个框架在那里。当然后来汲冢魏墓出土的《竹书纪年》，订正《史记》失记魏惠王后元之误，但如果没有《六国年表》，也就看不出差误来，差误在哪啊？有了这个年表，才有订正的基础。八"书"是记述礼、乐、天文、历法、祭祀、财税的文化制度史。《河渠书》表明，水利是中国农业社会的命脉，它从大禹治水写起，记述李冰凿离堆，西门豹治漳水，秦修郑国渠，一直写到汉武帝在瓠子口堵黄河缺口。瓠子口就在今天的河南濮阳。《诗经》里的邶、鄘、卫三地，在春秋时期水草很丰美，当时都是湿地，黄河也没有泥沙淤积，也没水患。汉武帝时，黄河泛滥得很厉害，因为朝廷里面的权相、贵戚不愿花钱去堵，汉武帝从泰山封禅回来之后，在那里做了个

《瓠子歌》，发动十万官兵，每人背一捆柴，一下子就把缺口堵上了。司马迁实际参加这项壮举，他说，"余从负薪塞宣房"，宣房就是瓠子口，后来在上面盖了个宣房宫来镇水，"悲《瓠子》之诗而作《河渠书》"，显示了治理江河是中华民族的基本国策，救灾史是中华民族多难兴邦的凝聚力、生命力的极好证明。司马迁用他的切身体验领会到这一点，又用体例的方式写入正史，这一点，是非常了不起的。

《史记》八书，后来被班固的《汉书》继承为十志，因为书名已用"书"，篇名与书名不能重复，《汉书》底下不能再有"书"，所以叫作"志"。班固的贡献是增加了《艺文志》，记载国家图书目录，清理古代学术源流，为文献学术别立专史，这是《史记》没有的。因为秦始皇焚书之后，汉初政府收集起来的资料堆积如山，来不及清理，后来经过刘向、刘歆父子的清理，才有《汉书》的《艺文志》。对于《史记》的表与书的体例，傅斯年认为其乃"太史公书之卓越"所在，他说，"年代学（Chronology）乃近代史学之大贡献，古代列国并立，纪年全不统一，子长独感其难，以为十二诸侯六国各表，此史学之绝大创作也。我国人习于纪年精详之史，不感觉此功之大"，如果考察希腊年代学未经近人整理以前的状态，或者印度史的年代问题，就会发现，他们一个作家的生卒年代，一差就几百年，不像我们国家，曹雪芹哪年死的，差一年就可以养活很多致力于考证的人。然后知道，司马迁创作年表，实在史学思想的大成熟也；傅斯年又说："著史及于人事之外，至于文化中之中礼、乐、兵、历、天官、封禅、河渠、平准各为一书，斯真睹史学之全，人文之大体矣。……其在欧洲，至十九世纪始有如此规模之史学家也。凡上两事，皆使吾人感觉子长创作力之大，及其对于史学观念之真（重年代学及文化史）。希腊罗马史家断然不到如此境界。"傅斯年认为，司马迁将年代学和文化史，做成表和书，西方史学中到19世纪才有这样的规模，才达到这样的史学境界。傅斯年是史语所的所长，对于西方史学流派是很熟悉的，他的说法是可信的。

三 以人物为本位的史学体系

接下来讲《史记》以人物为本位的史学体系。这也是讲体例，只是独立出来这个问题。《史记》以人物为本位，在它的五体中，三十"世家"、七十"列传"占 2/3 以上的篇幅，也是全书写得最精彩、最有情致的地方。加上"本纪"也写人物，遂使司马迁成为历代史家中写人物的第一高手，给我们留下了一个丰富多彩的历史人物画廊。梁启超在《中国历史研究法》中说过这样一段话："史界太祖，端推司马迁。……其最异于前史者一事，曰以人物为本位。"《史记》以前的先秦古史，往往以史的编年网络把人物割裂开来，没有拿出专门的篇章，从头到尾写一个人。《史记》，写人物，写得有声有色，是人的意识觉醒的新的主题。中国古代最重要的历史体裁有三种：编年体，纪传体，纪事本末体。其中编年体是以年代为主人公的，纪事本末体是以大的事件为主人公的，而纪传体由司马迁开创，是以人物为主人公，以人物的生动描绘为基本特征的。它讲述了一批千古流传的"中国故事"，其中的人物事迹对后世小说戏剧的产生和发展，影响极为深远。

"世家"三十篇，主要记载西周以来，尤其是春秋战国时代势力膨胀的诸侯列国史，以及汉初主要王侯、外戚家世相传的历史。因此它的写法既重世系，又重人物，介于"本纪"和"列传"之间。秦汉以后实行郡县制，这种国中之国的现象基本消失，所以二十四史自《汉书》以后不再专列"世家"。一个值得注意的问题是，三十世家从哪里写起呢？西周初年分封诸侯，藩屏周室，当然以封姜子牙于齐、封周公元子伯禽于鲁最为重要。但是《史记》把齐、鲁两个世家排在第二、第三，把《吴太伯世家》排在第一，除年代顺序之外，另有深意。《春秋》《左传》以鲁国为中心,吴国国君长期被称作"子",吴是蛮夷之地,司马迁与《春秋》《左传》不一样,不是以鲁为中心。就像哥白尼发现太阳中心以后,看世界的维度就变了,所以,司马迁不是官本位,不认为中原独大。吴太伯和二弟仲雍,都是周太王之子,但周太王想传位给老三季历,因为他有个圣子姬昌,即周文王,老三这个长子能够振兴周族。为此太伯、仲雍就逃到蛮夷之地,把王位让出来,自号勾吴,按过去的记载,勾吴在无锡梅里,那里有全国最大的泰伯祠,近年考古则初步判定在镇江、丹阳一带。孔子对此大为感叹:"泰伯,其可谓至德也已矣。三以天下让,民无得而称焉。"这是《泰伯》篇的第一句话。在孔子和司马迁的时代,这种让德非常难得,把《吴太伯世家》放在第一,出于一种历史道德论的意识。另一重深刻的意义是,太伯奔吴,是华夏人士的夷蛮化;直到十九世的吴寿梦,楚大夫申公巫臣逃亡晋国,由晋出使吴,让他的儿子为吴行人,吴才开始"通于中国(中原)",这是吴国华夏化的过程。再过两世五个王,出现吴国阖闾,接纳楚国伍子胥、齐国孙武,伐楚而成大国,这时,吴国变成中原,称霸中国。人才、家族的跨地域流动和客卿制度,使华夏人士夷蛮化之后,又进入夷蛮华夏化的过程,这种双向对流,乃是中华民族共同体的历史进程的缩影。司马迁对中华民族形成的考察视野,是开放的,开放到中国文明史的脉络之中。

　　三十"世家"中,最能在破格中显出司马迁胆识的是《孔子世家》和《陈涉世家》。孔子无诸侯之位,不合世家的格式,但是他创私学,有弟子三千,周游列国,欲推行礼乐仁政,却累累然若丧家之狗,很不得意。晚年,他整理六经,开创了深刻影响中国思想文化的儒家主流学派。司马迁二十壮游的时候,到过曲阜,他说:"余读孔氏书,想见其为人。适鲁,观仲尼庙堂车服礼器,诸生以时习礼其家,余祗回留之不能去云。天下君王至于贤人众矣,当时则荣,没则已焉。孔子布衣,传十余世,学者宗之。

自天子王侯,中国言'六艺'者折中于夫子,可谓至圣矣!"在司马迁那个时代,虽然孔夫子刚刚有点位置,说他是素王,但那时黄老很重要,司马迁把老子放在列传里,把孔子放在世家里,就体现了一种了不起的非常深邃的大历史眼光。他为孔子立世家,实际上是在深刻理解中国历史的基础上,为中国思想文化立传。这不是一般人的眼光。又比如屈原,不见于先秦文献,以致现在还有一种屈原否定论,胡适说,屈原是箭垛式的人物,质疑屈原的真实存在。但司马迁到过屈原的家乡呀,到过楚国的首都,到过沅、湘,到过汨罗,到过淮南王的地方,这都是屈原出生地、当官的地方、流放地、沉江的地方和研究中心,司马迁距离屈原只有一百五十年。就像现在我到柳亚子的家乡吴江县去看,房子还在,亲戚还在。你是相信一百五十年后,实地考察的历史学家呢,还是相信两千年之后,根据某种外来观念推断出来的东西呢?这不言而喻的!屈原当时流落民间,没人记载,子兰、子椒掌握着话语权,就像我们当个普通学者,你让国家大事记给你记一笔,那可能么?司马迁经过调查之后,为一个在正史中无载的人写了传,这是不得了的。陈涉处在与孔子不同的历史动力的另一个侧面。一个种地服兵役的小头目,在大泽乡振臂一呼,"王侯将相宁有种乎",揭竿聚众率先反抗秦朝的暴政。称王不久就应者云集,"楚兵数千人为聚者,不可胜数"。他虽然没有最终成功,但他所安排的、派遣的侯王将相灭亡了秦,即"陈涉发迹,诸侯作难,风起云蒸,卒亡秦族。天下之端,自涉发难"。司马迁以世家的形式,高度肯定了这种民心民气爆发出来的历史推动力。汉初的时候,高祖虽也给陈涉设了看墓人,但是能将一个山大王、草寇立为世家,司马迁是具有高瞻远瞩的洞察历史潜流的原创精神的。

接下来讲第五种体例,就是七十列传。传的形式,在司马迁以前是解释经书的经传,把它转化为人物传,是司马迁的一个创造。清代赵翼在《廿二史札记》中讲过:"古书凡记事立论及解经者,皆谓之传,非专记一人之事迹也。其专记一人为一传者,则自迁始。"其实,列传七十篇并非都是一人一传,它根据历史人物的地位、重要程度和事迹材料的多少,采取五种构传的形式:第一,基本是一人一传的专传;第二,业绩相连、彼此相关的多人合传,比如屈原贾谊的合传,袁盎和晁错的合传;第三,行事同类、品质相近的一系列人物,或同代或异代而以类相属的"类传",如刺客、游侠、滑稽、货殖皆有类传;第四,边疆少数民族与邻国,及其与汉族关系的方域传,如匈奴、南越、东越、朝鲜、西南夷、大宛皆有传;第五,一篇司马迁作的自传,即《太史公自序》。

专传二十二篇,多是司马迁高度关注的人物。他的专传从伯夷写起,即《伯夷列传》。伯夷、叔齐的材料并不多,但"孔子序列古之仁圣贤人,如吴太伯、伯夷之伦详矣",因而把吴太伯列为三十"世家"的第一篇之后,又把伯夷列为七十"列传"的第一篇。这两个首篇表明,司马迁的历史道德意识来自孔子,他的《史记》是继承孔子作《春秋》的传统。这篇传记采取史论笔法,因伯夷叩马阻谏武王伐纣,以及不食周粟,采薇首阳山而饿死,就质疑天道。颜回那么短命、盗跖寿终,这难道就是天道么?这背后有作者发愤著书的心理,我司马迁受了这么大的侮辱,天不公道啊。

专传篇幅较大,能够腾出笔墨,另辟蹊径地揭示人物思想行为背后的生存哲学,往往以小见大,增加描写的深度。比如说《李斯列传》,写李斯年轻时候当郡小吏,看到厕所中的老鼠去吃屎,人、狗一来,害怕得不得了;看到粮仓里的老鼠整天吃粮食,还没有人和狗的骚扰,他就感受到一种老鼠的哲学,他说,人啊,贤不肖就像老鼠,看在哪个位置上。你现在当一个研究员,安排你当部长,放在那个位子上,就会别有风光。自处,就是一种自我选择,把自己置于有利位置。因此他看到秦将要并吞天下,李斯就告别荀卿，西入秦，找谁的门路呢？他也看谁是粮仓，做了吕不韦的舍人，以后又当了秦王政的客卿，如果他当时找了别人就倒霉了。后来又当了秦始皇的丞相，实施郡县制度，促成焚书坑儒，陪同秦始皇五次东巡，六度刻碑，颂扬秦德，显示大国威风。在秦始皇病死沙丘时——沙丘这个地方很不祥，赵武灵王也是死在这里——李斯顺从了赵高的阴谋，立胡亥而废太子扶苏。其实这个时候，他也是想做粮仓老鼠的，哪知最后掉到老鼠夹子里了，弄到自己腰斩于咸阳市，想与儿子"牵黄犬出上蔡东门逐狡兔"都不可得。哪部历史书把老鼠写成这样？唯有《史记》才有如此手笔。我们看鲁迅的《铸剑》，眉间尺戏弄老鼠，可能就是受这个影响。一代丞相，却有一只老鼠跟随了一辈子，功过荣辱都有老鼠哲学一以贯之。司马迁写人物，写到生存哲学这个高度上了。

列传显示司马迁的历史眼光是透彻而严峻的，不时散发着他受挫时的切肤之痛和命运意识。比如《伍子胥列传》写伍子胥在父兄被楚平王诛灭之后，他奔吴扶助吴王阖闾，打进楚国的首都，掘开楚平王的墓，鞭尸三百。其后他劝夫差先灭越而后北上，被赐剑自杀，演出了一场轰轰烈烈、又杀身灭国的历史大悲剧。太史公说，如果伍子胥当年跟随他的父亲伍奢一起去死，就像一只蚂蚁一样，当他逃跑在江上时，很困难地活着，什么时候忘过楚国的郢都呢？弃小义而雪大耻，名垂于后世，隐忍就功名，非烈丈夫谁能做到这一点啊，伍子胥就是我司马迁啊！司马迁受宫刑之后，体验到"人固有一死，死有重于泰山，或轻于鸿毛"的这样一种生命哲学，隐忍而著《史记》，打造史学的最高峰，是烈丈夫的行为啊，他与伍子胥的生死选择发生强烈的共鸣。

写李广，也有司马迁的情绪在里面。李广威震边疆，没有封侯。侯爵在西汉并非罕见之物，项羽乌江自刎，五将领争分其肢体，回去就封了五个侯，这侯就值一只胳膊或一条腿。武帝时，列侯因不能按时献金助祭宗庙，一次就罢免了一百多个侯，实际的侯可能有好几百。结果李广打了一辈子仗，连个侯的味道都没有闻到。李广是李陵的祖父，司马迁得祸的祸根，所以《李将军列传》中蕴含着司马迁的身世之感和命运体验，可能是所有列传中写得最好的之一，李广威震匈奴，使匈奴人对其所守边郡避不敢入，历代有多少"飞将军"的歌咏，竟然大小七十余战而不得封侯。把一个以奇兵和骑射驰名的天才军事家，写得越是虎虎有生气，越是令人有命运之感。太史公说："余睹李将军悛悛如鄙人，口不能道辞。及死之日，天下知与不知，皆为尽哀。彼其忠实心诚信于士大夫也？谚曰'桃李不言，下自成蹊'。此言虽小，可以谕大也。"这里写李广不善言辞的谨厚鄙人的一面，反衬他敏捷善射、意气自如地以奇兵胜强敌的一面，加深了人们对李广传奇性的印象。这种手法司马迁经常用，并不是大人物就要写得处处高大，像拍电视，要仰镜头，仰视 15 度还是 30 度，他不是这样。比如《留侯世家》写张良"运筹策帷帐中，决胜千里外"，张良的计谋不得了，韩信、戚姬被他轻轻一点，就栽倒了，不用大动干戈。司马迁在他的评传里却说："余以为其人计魁梧奇伟，至见其图，状貌如妇人好女。盖孔子曰：'以貌取人，失之子羽。'留侯亦云。"这种画龙点睛之笔，增加了叙事的滋味。

　　合传二十六篇，在列传中数量最大，组合的标准，煞费周章。管仲和晏婴，是齐国贤相合传；老子和韩非，孟子和荀子，是思想家合传；孙子和吴起，白起和王翦，是军事家合传；扁鹊和仓公，是名医合传；屈原和贾谊，是文学家合传。写得很好的是《廉颇蔺相如列传》，写将相和，极富政治哲学。蔺相如的完璧归赵、渑池会，以生命维护国家利益，写得极有声色，后世都演为戏剧，司马相如小名"犬子"，也是"慕蔺相如之为人，更名相如"，但司马相如"口吃而善著书"，与韩非子"为人口吃，不能道说，而善著书"相似，根据心理学原理，某一方面有生理缺陷的人，便转移智慧，我口头不行，手下行。蔺相如英姿勃勃地以言行对抗秦昭王，"拜为上卿，位在廉颇右"之后，又能以"先国家之急而后私仇"的态度谦让老将廉颇，感动得廉颇肉袒负荆请罪，结为刎颈之交。蔺相如死后，廉颇受排挤逃到魏国，又被仇人诬他"尚善饭，然坐顷三遗矢矣"，说他肠胃不济，这对老人来说是很忌讳的，再不能为国家效力，写出了英雄末路的苍凉感。

与苍凉感相异的是《卫将军骠骑列传》，叙写卫青、霍去病抗击匈奴的赫赫战功，有力地推动汉帝国成为一等强国。卫青由于其姊卫子夫得幸汉武帝生男，贵为皇后，而出任将军，七伐匈奴，他不是全凭裙带，而是屡立战功，"斩捕首虏五万余级"，收复河南地而置朔方郡。他的外甥骠骑将军霍去病风头更健，六伐匈奴，"斩捕首虏十一万余级，挥师登临翰海，封狼居胥山，迎降浑邪王数万人马，开辟河西酒泉之地"。汉武帝给他建府第，他说："匈奴未灭，无以家为也。"行文又对他性格作分析，由于自少骄贵，作战时，"天子为遣太官赍数十乘，既还，重车余弃粱肉，而士有饥者。其在塞外，卒乏粮，或不能自振，而骠骑尚穿域蹋鞠，事多此类"。士兵饿着肚子打仗，他却把食物扔掉了，这是公子哥儿的做法，与李广不一样，也和吴起不一样，吴起能给士兵医伤吸脓。《史记》的高明处，在于既看到人物性格的复杂性，又由此透视历史的多重性和世态的炎凉，写道"大将军（卫）青日退，而骠骑日益贵。举大将军故人门下多去事骠骑，辄得官爵，唯任安不肯"。司马迁曾作《报任安书》，如此议论是包含着他的人生感慨的。

四 史学精神的民间性和开放性

在汉帝国的总体魄力下，司马迁"读万卷书，行万里路"的工作方式，以及封建帝王的淫威使他蒙受奇耻大辱的刑罚而"发愤著书"的写作心态，都使《史记》增添了不少民间性和开放性的取向。将悲剧英雄项羽列入本纪，与帝王并列；将布衣圣者孔子、发难的农夫陈胜列入世家，与诸侯并列；将落魄文士屈原、贾谊列入列传，与将相并列。他们的材料多是司马迁田野调查所得，所见所感都激发了他对民间价值的认同。他常引用民间鄙语、谣谚来发抒对历史的认识，如《孙子吴起列传赞》云："语曰：'能行之者，未必能言；能言之者，未必能行。'孙子筹策庞涓明矣，然不能早救患于被刑。吴起说武侯以形势不如德，然行之于楚，以刻暴少恩亡其躯，悲夫！"这种民间性和开放性在《史记》中广泛存在，后来封建王朝设立国史馆集体撰史却有所欠缺。若从《史记》体例上看，则列传中的类传和方域传体现得最为集中和突出。

类传有刺客、循吏、儒林、酷吏、游侠、佞幸、滑稽、日者、龟策、货殖十篇。刺客、游侠与酷吏、佞幸相对抗，它们张扬的是一种社会秩序之外的反抗暴虐和讲究信义承诺的血性男儿精神，司马迁遭难无援，对这种精神在汉代的收敛和消失深有感慨。这就是礼失于朝而求之野的意思。朱自清说："至于《游侠》《货殖》两传，确有他们的身世之感。那时候钱可以赎罪，他遭了李陵之祸，刑重家贫，不能自赎，所以才有'羞贫穷'的话；他在穷窘之中，交游没有一个抱不平来救他的，所以才有称扬游侠的话。"（《经典常谈》）对于朱家、郭解等游侠的记述，主要是针对汉代风气的污浊、虚伪和趋炎附势，因而认为"今游侠，其行虽不轨于正义，然其言必信，其行必果，已诺必诚，不爱其躯，赴士之厄困。既已存亡生死矣，而不矜其能，羞伐其德，盖亦有足多者焉"。

《刺客列传》讲了六个刺客故事：曹沫劫齐桓公，专诸刺吴王僚，豫让刺赵襄子，聂政刺韩相侠累，荆轲刺秦王政，高渐离筑击秦皇帝。其中荆轲刺秦王的故事写得最出色，因为它不取小说书《燕丹子》中"天雨粟，马生角"等天人感应的怪异现象，而吸取当时在秦殿中以药囊砸荆轲的侍医夏无且的见闻，"始公孙季功、董生与夏无且游，具知其事，为余道之如是"，可见司马迁历史取材的严谨性。这就把"荆轲刺秦王"，写成了令人千古扼腕的悲剧。朱光潜说过："假如荆轲真正刺中秦始皇，林黛玉真正嫁了贾宝玉，也不过闹个平凡收场"，这就未免"庸俗无味"。比较起来，写得最有社会思想创新价值的，是主张商业经济的《货殖列传》，它主张因民欲而利导，各地物产相异，通商以乐民。在道德论上认为，"仓廪实而知礼节，衣食足而知荣辱"；在财富论上认为，"用贫求富，农不如工，工不如商"。因商致富的人物，秦以前写了陶朱公范蠡、子贡等七人，汉以后写了临邛卓氏、程郑等十二人。这里所体现出来的思想，与道家的清静无欲、儒家的言义轻利、法家的重本轻末，都大异其趣。他是最早主张以商富民、以富养德的历史学家。

方域传有匈奴、南越、东越、朝鲜、西南夷、大宛等六篇。《史记》的一大贡献，是在强调历史的纵向演进中，展示了历史的横向融合。他开辟了中国正史写四夷传的传统，显示了他历史视野的开放性。司马迁曾在三十五岁前后，以中郎将身份奉使到西南夷即现在的云贵川地区设郡置吏，为期一年左右。他的开放视野与汉武帝时期的国家形势有关。班固说过："武帝既招英俊，程其器能，用之如不及。时方外事胡越，内兴制度，国家多事，自公孙弘以下至司马迁，皆奉使方外。"（《汉书·东方朔传》）这番奉使，使他关注西南夷事务，顺理成章地把这个方域引进历史视野。当时的西南夷分为西路（川西）和南路（云贵），置为七郡，只有夜郎王、滇王接受中央政府的王印。同时，司马相如长司马迁三十四岁，属于司马迁父亲司马谈那代人，不仅写了《上林》《子虚》诸大赋，而且也曾出使西南夷有功。司马迁为之立专传，紧跟《西南夷列传》之后。

司马迁论匈奴，称"其先祖，夏后氏之苗裔也，曰淳维"，认同它为华夏系统。自冒顿单于崛起，匈奴成为汉王朝最大的边患，数窘汉高祖、吕氏，文帝、景帝时实行的是和亲政策。到武帝用卫青、霍去病为将之后，才把匈奴赶出塞北，打通河西走廊。匈奴丧失祁连山、焉支山后，有一首歌："亡我祁连山，使我六畜不蕃息；失我焉支山，使我妇女无颜色。"《史记》在《匈奴列传》的前面有《李将军列传》，后面又紧随着《卫将军骠骑列传》，以及为反对讨伐匈奴的公孙弘（平津侯、御史大夫）、主父偃而作的《平津侯主父列传》。这四篇列传构成一个关于匈奴问题的叙事单元，颇具结构匠心。写得同样令人精神为之一振的是《大宛列传》，博望侯张骞通西域，是中华民族发展史上的一件大事，它开拓了丝绸之路，使中国人的世界观念超越了《山海经》的怪异思维，而还原到西北方的一片广袤而神奇的土地上。李长之说："《大宛列传》是以张骞和大宛马为线索的一篇又威风又有趣的妙文。李广利虽为伐大宛的主帅，但文中写得他黯然，反不若张骞的开场之功。全文总在写李广利之封侯，实不值一文而已。"（《司马迁之人格与风格》）大宛在今乌兹别克斯坦的塔什干之东南。张骞本是派去联络大月氏（原居河西走廊，遭匈奴冒顿单于攻击，迁阿富汗和塔吉克斯坦一带），合击匈奴的。但被匈奴拘留十余年，娶妻生子，逃到大宛，再到大月氏后，大月氏新王已无报复匈奴之心。十三年后，张骞九死一生回到长安，向汉武帝讲述了大宛、大月氏、乌孙（今伊犁河到天山一带）、安息（伊朗境）、条枝（叙利亚）、大夏（阿富汗境）、康居（哈萨克斯坦境）等西域大国。尤其是大宛，"其俗，土著耕田，田稻麦。有蒲陶酒。多善马，马汗血，其先天马子也"云云。中国北方农业由种粟黍变为大规模种麦，与开通西域有关。其后汉廷送江都公主与乌孙和亲，又得大宛汗血马，名为"天马"。（司马迁未及见宣帝时设置西域都护府，监护西域三十六国）汉武帝为此曾作《天马歌》，见于《史记·乐书》，歌曰："天马来兮从西极，经万里兮归有德，承灵威兮降外国，涉流沙兮四夷服。"此歌宣扬了西汉国力强盛和丝绸之路的开拓。

汉代文化是楚风北上，又夹杂着齐风西进，同为楚歌的汉高祖《大风歌》也为《乐书》述及，后由小儿歌之，四时歌舞于沛郡的高祖原庙，现今那里还有"《大风歌》碑"。如果说，汉高祖《大风歌》唱出了汉朝的开国气象，那么汉武帝的《天马歌》就唱出了汉朝的盛世雄风。这几首诗的流传，司马迁有一半功劳。《大风歌》原来可能有几十句，司马迁把他变成三句，可这三句就打遍天下无敌手，要是一个很平庸的历史家可能原原本本地都写下来，全记下来就没这么苍凉而精粹了。再如项羽的《垓下歌》中军帐是军事要地，当时没人能进得去，司马迁到那里做实地调查，接触到了古战场附近的父老兄弟的传说、歌谣，并将其记录下来。这几首诗，著作权是他们的，但经过司马迁记录、整理，就流传下来了。比如《东方红》原来是陕北民歌，是这样唱的："东方呀那个那个红"，现在的《东方红》，是经过加工整理的，精神气象完全不一样。历史学家记录、整理资料，也在创造历史。这些歌诗分别与《高祖本纪》《大宛列传》互相呼应，这就是《史记》的"互见法"。在《史记》五种体例中，互见、互动、互补之处甚多，使《史记》结构具有建筑美，立体布局，相互勾连，又有烟波荡漾的苍茫感，气脉流贯，活力充盈，组合成一个充溢着司马迁杰出的器识和旷世才华的中华民族文明史的宏伟气象，一个史学上和文学上的"《史记》世界"。

2009 年 1 月 18 日初稿，
2021 年 2 月 11 日最终修订

陶渊明的菊、松、酒的人生三维境界

魏晋时代是一个文学觉醒和个性自由的时代。文学觉醒和个性自由的代表性人物，就是陶渊明。此时，古今文经学的时代已经终结。郑玄先是师从第五元先学习《京氏易》《公羊春秋》，属于今文经学派。后来他又跟张恭祖学习《周官》《左氏春秋》《古文尚书》，是属于古文经学派。郑玄是倾向于古文经学一边的。但是，郑玄并不遵守当时经学中师法、家法那一套，而以自己渊博的学识遍注古文经，注中并不专用古文经学家的释义，同时也采用了许多今文经学家的解释，即以古文为主，兼采今文，择善而从。郑玄囊括大典，综合百家，遍注群经，将今、古文界限打破，达到了经学的融合与统一。郑学的出现，使经学的发展产生了重要的变化，进入了一个"统一时代"。古今文经学在郑玄手中的终结，使文学思潮发生转型。

文学自觉浪潮迭起，先是曹丕的《典论·论文》，说"盖文章，经国之大业，不朽之盛事"；主张"文以气为主"。继之是谢灵运山水诗，开创了中国山水文学的新境界，当时有人说"谢诗如芙蓉出水"。再继之就是陶渊明诗文共一百四十几篇，引用《庄子》《列子》典故七十次之多，对老庄思想接受甚深，崇尚老庄的自然美学观，陶渊明以大思想家的姿态成就了中国田园诗歌的辉煌。还有一部《世说新语》彰显着魏晋风流，对魏晋名士的清谈、品题等行为，栖逸、任诞、简傲等性格，都有生动的描写。鲁迅称赞它"记言则玄远冷隽，记行则高简瑰奇"，是"一部名士底（的）教科书"，也为这股潮流增光添彩。

在这股潮流中，陶渊明几乎成了中国士人文化的一个品牌。凡是有中学文化程度的人，都读过他的《桃花源记》，知道他是我国历史上一位著名的诗人、隐士，田园文学的奠基者。有人或许还能吟得出他的一两句诗，如"采菊东篱下，悠然见南山"之类，讲得出他"不为五斗米折腰"的故事。但要再进一步对他说点什么，除非是对此专门研究的人，不然往往就不甚了了。但就是从上面举到的一点点例子，我们也可以感觉出，他在中国文化中的地位有多么突出。陶渊明诗的价值，植根于诗而超越了诗，它实际上代表着一种文化，一种采菊东篱、安逸田园、清风朗月的文化，并以此进入中国文明史。

陶渊明，字元亮，一说名潜，字渊明。私谥靖节。东晋浔阳柴桑（今江西九江）人。曾祖陶侃，曾做过晋朝的大司马，封长沙郡公。祖父、父亲都做过太守。但在陶渊明的少年时代，家族的显赫已经成为历史。就连日常生活所需，有时也困难。从很年轻的时候起，陶渊明思想就徘徊在入仕与归隐之间。所以他后来回顾这段生活，时而说"忆我少壮时，无乐自欣豫。猛志逸四海，骞翮思远翥"，时而说"少无适俗韵，性本爱丘山"。但总的来看，他是不怎么喜欢做官的。二十九岁那年，他曾做过江州祭酒的小官，但很快就因"不堪吏职"而辞职。此后一直在家隐居，直到中年以后，迫于家计又一度出门任职。先后在荆州刺史桓玄、镇军将军刘裕、建威将军刘敬宣等人的幕府中担任僚佐，目睹了当时政治斗争的实况。因不喜官场酬酢，又不堪行役之苦，请求到地方任职，四十一岁做了彭泽令，但做官只八十多天，就又辞职回家了。陶渊明一生最重大的事件，莫过于他这一次的辞官归隐。这件事被记载在萧统的《陶渊明传》里，因而对后世影响极大。

> 岁终，会郡遣督邮至，县吏请曰："应束带见之。"渊明叹曰："我岂能为五斗米折腰向乡里小儿！"即日解绶去职，赋《归去来》。征著作郎，不就。

这件事，很能见出他的性情，也很能见出他的文化立场。后世推崇陶渊明的人，多半只记住了"不为五斗米折腰"，而忽略了那后半句。按萧统的说法，陶渊明不肯做官的政治原因，在于"自以曾祖晋世宰辅，耻复屈身后代，自宋高祖王业渐隆，不复肯仕"。这说法是否道出了陶渊明辞官的隐衷，还需研究。但从文化立场上看，说陶渊明是既有纯朴自适的自然质性，又颇有些孤傲的精神贵族气的人，大约不会有什么问题。陶渊明生活在崇尚名士气度的魏晋时期，他能说出这样的话来，也可以说是一种时代精神使然。从中国社会精神的发展来看，这正是所谓"人的觉醒"时期，"觉醒"了的人，不再只满足于物质生活的欲求，而更注重精神和意志的自由，因而言语行止，往往都不免有一些惊世骇俗的地方。陶渊明的人生姿态，看上去很平和，但从骨子里却透出一种孤傲。认识这一点，对于了解陶渊明的诗文意趣至关重要。他的诗中最为人所称道的句子自然是"采菊东篱下"，但在这种冲淡飘然的姿态之外，他其实还有另一种更见出人生意气的东西，那就是所谓"啸傲东轩下"。陶渊明的爱菊，是素所闻名的，但他同样爱松，正所谓"青松在东园，众草没其姿。凝霜殄异类，卓然见高枝"，咏的虽是孤松，但说这是他的夫子自道，也未尝不可。他的品格，是菊、松合品，菊是其姿，松是其骨，是风清骨峻的一流人物。

虽然说陶渊明的隐居不仕可能有不满当时政治的因素，但他对农村生活的喜爱却也具有出自内心的真实。从根本上说，这与汉代以来田园经济的发展有很大的关系。陶渊明的田园诗给人一种印象很深的感觉，就是人与自然，尤其是与田园劳动之间的那种亲和关系。在他的笔下，不但农村生活的环境，是美好的，如山川草木、村庄院落："方宅十余亩，草屋八九间。榆柳荫后檐，桃李罗堂前。暧暧远人村，依依墟里烟。狗吠深巷中，鸡鸣桑树颠"，劳动本身也是美好的："种豆南山下，草盛豆苗稀。晨兴理荒秽，带月荷锄归"，人与人的关系是美好的："过门更相呼，有酒斟酌之。农务各自归，闲暇辄相思"，就连让人感觉难堪的"乞食"，似乎也都闪现出一种人性的光辉。

如果说陶渊明过分美化了农村生活，这并不公平，因为在他的诗中，我们读到了许多对于贫寒情状的真切描绘。与后来许多田园诗人不同，陶渊明是真正懂得什么叫贫困的，他也不讳言这种贫困，问题只在于，他并没有被这种贫困从精神上压倒。他的贫困在于物质，即便在饥寒之中，他也能坚持自己精神上的独立。在固穷守节这一点上，他其实是深受传统思想影响的。他的精神导师，融合着庄子和孔子。在他的诗集中，专门有一组诗"咏贫士"，在其他作品中，我们也随时都可以看到他对长沮、桀溺一类人物的追慕之情，甚至可以说，他有一种"沮溺情结"。然而，从根本说，陶渊明还是渴望着世间能出现孔子那样的人物，对于世人的"终日驰车走，不见所问津"，他深怀不满，却又无可奈何，自己也只能以固穷守节来自我宽慰，这是陶渊明的悲剧，也是他的时代的悲剧。

陶渊明的时代，正是佛教风行中国之时，士人中谈玄的风气也很盛。陶渊明的朋友中就有人隐居庐山，与高僧慧远共结白莲社，并写信招请陶渊明入山。但陶渊明却不为所动，对于生命，他是有着自己的思考的。除《形影神》《拟挽歌辞》《自祭文》这类直面人生终极问题的作品外，他的诗集中另外的许多作品也都涉及这一问题。可以看出，他并不相信什么超现实的未来世界，他的人生志趣，始终是与现实的世俗生活结合在一起的。他的处世哲学中写着"平常心"。我们在他的诗里常常会读到一些有关饮酒的描写，《读〈山海经〉》第五首说"在世无所须，惟酒与长年"，《拟挽歌辞》第一首说"但恨在世时，饮酒不得足"，诗集中篇目最多的一组诗，也被命名为《饮酒》。前两处的说法，虽不无一点幽默意味，但却也寓含着"深味"。与菊松一样，酒也代表了他人生精神的一个重要方面，这就是他对现世生活欢乐的迷恋，一种微醺自得的迷恋。他的许多诗都是这种微醺自得心态的表现。菊、松、酒，构成了陶渊明人生境界的三维。

陶渊明的诗歌风格，素称冲淡平和，他的散文与辞赋也独具一种朴素自然的情致。他的影响，在六朝时期似乎还不够鲜明，尽管钟嵘在《诗品》中称他"古今隐逸诗人之宗"，但仍未将他列入当时一流诗人的行列。到唐代以后，随着山水田园诗的兴盛，他的影响也越来越突出。清人沈德潜在其《说诗晬语》中称他是"六朝第一流人物，其诗自能旷世独立"，称其诗"不可及处，在真在厚"，评述他对唐诗的影响，又有这样一段话："陶诗胸次浩然，其有一段渊深朴茂不可到处。唐人祖述者，王右丞（维）有其清腴，孟山人（浩然）有其闲远，储太祝（光羲）有其朴实，韦左司（应物）有其冲和，柳仪曹（宗元）有其峻洁，皆学陶焉而得其性之所近。"这还是就山水田园诗内部立论，其实，唐以来的大诗人，如李白、杜甫、白居易、苏轼、陆游，无不表示对他的钦敬，而在艺术创作和人生态度上也受到他的深刻影响。苏轼以下，历代和陶的诗更是多至近千首，在整个中国文学史上都形成了一种独特的现象。直到近现代，还有不少作家从他的创作中汲取营养。陶诗文化代表着温润清逸的自然风、田野风，在历代燥热的或刻板的主流文化之旁，给人们的心灵带来几分清明和高旷、舒适和自由。

然而，人的性格是具有多重性的，有多重性才深刻。对于陶渊明的评价，20世纪30年代，朱光潜说，他眼中的陶渊明是个浑身静穆的人，不像屈原、阮籍、李白、杜甫，总是一副愤愤不平的样子，所以陶渊明伟大。鲁迅反对朱光潜的观点，认为"就是诗，除论客所佩服的'悠然见南山'之外，也还有'精卫衔微木，将以填沧海，刑天舞干戚，猛志固常在'之类的'金刚怒目'式，在证明着他并非整天整夜的飘飘然。这'猛志固常在'和'悠然见南山'的是一个人。倘有取舍，即非全人，再加抑扬，更离真实"。陶渊明的价值就在于重重冲突之中，以高洁的人格，执着地追求着美好的理想。这是他的菊、松、酒三维人生境界中，菊的一维的呈现，和松、酒二维的综合呈现。

陶渊明诗文不算多，但名诗名文不算少。其中《形影神》采取汉赋主客对答的方式，堪称独特。这是陶渊明集中表达有关生命问题的思考的三首诗作，诗前小序说：无论贵贱贤愚，没有人不劳劳碌碌以珍惜自己的生命，这样的生活态度实在有点不明事理。所以我要在这里详细地陈说"形""影"的痛苦，借"神"对自然之理的辨析来为他们解除困扰。关心这类事的人，可以一道获知这个道理。

首先是《形赠影》，是"形"对"影"所说的话：天地永远不会消失，山川永远不会改变；草木顺应着自然之道，霜冻和雨露或使它繁盛，或使它凋谢。人们常说人是最聪明睿智的，却反而不能如山川草木一样长存于世。刚才还见他活在世上，忽然就逝去永无归期。怎么突然之间就少了一个人，亲朋故旧怎能不把他思念？只剩下生平所用的东西在那里，抬头望见让人伤心流泪。我没有成仙升天的法术，最终也会是这样没有什么可疑。但愿您能接受我的劝告，有酒就喝，莫要随随便便放过好时机。这里假设形、影、神的对话，展开对生命意义与生存方式的思索，这主题可够严肃的。陶渊明的生存态度，在任性自然，但他也曾有他那一份对于生死的惘然和由之而生的低迷情绪。形、影、神的对话，其实就是他思想中的内在矛盾的一种展开。汉末魏晋诗人在乱世中咀嚼着自己的生命。《古诗十九首》里说："人生天地间，忽如远行客""人生非金石，岂能长寿考""生年不满百，常怀千岁忧。"曹植《杂诗六首》之一又从形影上关切生命，其诗云："形影忽不见，翩翩伤我心。"其四又说："南国有佳人，容华若桃李。朝游江北岸，夕宿潇湘沚。时俗薄朱颜，谁为发皓齿。俯仰岁将暮，荣耀难久恃。"西晋初年傅玄《杂诗》也忧郁地思考形与影："志士惜日短，愁人知夜长。……玄景随形运，流响归空房。"魏晋以降，人的生命忧患意识愈益浓郁，反复思考形与影，陶渊明的诗回应了这个时代主题。《形赠影》一开始，就以天地山川的长存、草木的荣枯，对照人生的短促，直面死亡这一生命存在的终极现实，表现出一种无可奈何的感伤意绪。对此，"形"的态度是，"愿君取吾言，得酒莫苟辞"，以遁入醉乡的欢乐和沉醉，逃避生命无常这一难以解决的问题。"形"所伤者，在身体的消失，故而这首诗中写得最动人的，就是人死后所留下的那种空缺感，那种"但余平生物，举目情凄洏"的情形。

其次《影答形》说的是，长生不老既无从去说，保持健康也常苦无方，确实想去昆仑、华山求仙问道，但仙境的道路邈远难通。自从和您相遇以来，我们的喜怒哀乐未曾有过差异。在树荫下休息时，好像暂时分开了，一走到日光下，又是形影不离。这种形影不离的情形既然不能永远保持，终归有一天，我们会一同黯然消失。身体消失，声名也会跟着消失，想到这一点，就止不住心中的激动。多做好事给后人留下你的爱，为什么不尽心竭力多做这样的事？虽说酒能消解人的忧愁，但与此相比难道不是还有点拙劣？值得注意的是，在《形赠影》中，陶渊明已借"形"之口，表达了对长生之术的一种看法，《影答形》一首，正面由此展开，指出长生求仙之术的渺茫、死亡的不可避免。与"形"相论所要注意的，主要在身体消失后所留下的空缺不同，"影"所不能忘怀的，主要是"名"的湮没。对一个人的存在来说，声名正像是与"影"一样的东西，但与"形影""憩荫若暂乖，止日终不别"的情形略有不同的是，"名"可以随着身亡而尽，也可以因"立善"而留存。身死名留，这看上去似乎是一种比及时行乐的饮酒更易接近永恒的东西，"影"所固持的就是这么一种意见。形体追求及时行乐，影子追求身后留名，这是许多仁人志士的精神期许。《论语·卫灵公》篇中孔子说："君子疾没世而名不称焉。"屈原《离骚》中说："忽驰骛以追逐兮，非余心之所急。老冉冉其将至兮，恐修名之不立。"从孔子到屈子，无不以身后的美名是慕。司马迁考察了历代人物的遭遇，在《报任安书》中说："自古富贵，其名磨灭不可胜纪。"因此他在《史记·伯夷列传》中强调时势造英雄的关键作用，说："君子疾没世而名不称焉。贾子曰：'贪夫徇财，烈士徇名，夸者死权，众庶冯生。'……伯夷、叔齐虽贤，得夫子而名益彰。颜渊虽笃学，附骥尾而行益显。岩穴之士，趣舍有时若此，类名堙灭而不称，悲夫！闾巷之人，欲砥行立名者，非附青云之士，恶能施于后世哉！"影子想用身后留名，超越形体生命有限性的悲哀。

最后《神释》，说的是自然造化没有什么私心，天地万物只是自然而然地森然显现。唯独人能处在天、地、人三才之中，这难道不是有了我的缘故？虽说和你们是不同的东西，但我们生来就相互依附。结托一体，善恶相同，怎能不对你们说一说这道理。三皇都是有名的大圣人，他们今天又在哪里？彭祖的寿命像是能长生不老，但大限到时想留也留不住。年老也罢，年少也罢，一样都是死，聪明也罢，愚蠢也罢，也没有什么分别。每天醉酒或许能够忘记这一切，但酒难道不正是促使寿命减少的东西？做好事常常让人高兴，但在死亡面前谁又能赞美你呢？过多地想这一切恰好会损害我们的生命，正确的态度应该是顺随自然的运行。放浪生命到大化之中，不因生而欣喜，也不为死而忧惧。到完结时就让它完结，不必再为此过多地顾虑。由此可知《形影神》三首虽是五言诗，但在结构上，所采用的却是汉赋的设为主客问答的形式。把赋的方式化为诗的方式，创造了谈玄论道的哲理诗。在组诗中，"形""影"都是宾，"神"的解说才是主。从语源学上说，"神"是一个会意字，从示申。"申"是天空中闪电形，古人以为闪电变化莫测，威力无穷，故称之为神。《周易·说卦》说："神也者，妙万物而为言者也。"神的本义指的是神灵，内化为人的精气神。形、影、神的对话结构所达到的，就是一种欲抑先扬、欲擒故纵的效果。就论辩的角度说，"形""影"的陈说，皆是反题，《神释》才是正题。这首诗一开始就从自然大化的运行说起，揭出死亡的自然性和必然性，批评"醉酒"说和"立善"说的愚痴，最终提出"纵浪大化"、任性自然的正面见解。这是与《庄子·大宗师》"同于大通""化则无常"的思想一脉相通的。就对生命意义的思考而言，这算是结束了，问题是否最终得到了解决，不同的人可能有不同的看法，这是一个永远也不会完结的话题。把生命的存在分为形、影、神三种形态，使之相互对话，表达着各自的欲望、追求和境界，在驳难、质疑和解释中把对生命的理解推向新的层次。奇特的想象，展示了对生命的关怀、困惑和省悟，是人的觉醒这个时代母题的诗的表达。对于读这三首诗来说，值得注意的除了陶渊明的达观，也许还有他的幽默——那一种即便在生死这样的大问题上也显露出来的精神的宽松与余裕。也许，这才是三首诗中最迷人的东西。

　　人与自然的关系，是陶渊明反复把玩的命题。陶诗在这方面值得注意的，有《归园田居（其一）》：

　　　　少无适俗韵，性本爱丘山。
　　　　误落尘网中，一去三十年。
　　　　羁鸟恋旧林，池鱼思故渊。

> 开荒南野际，守拙归园田。
> 方宅十余亩，草屋八九间。
> 榆柳荫后檐，桃李罗堂前。
> 暧暧远人村，依依墟里烟。
> 狗吠深巷中，鸡鸣桑树颠。
> 户庭无尘杂，虚室有余闲。
> 久在樊笼里，复得返自然。

  这首诗的意思是，我从小就没有顺应世俗的气韵，生性喜欢丘陵自然，不意误落进尘世的罗网，一离开家乡就是三十年。笼中的鸟儿留恋着旧日的山林，池中的游鱼思念着先前的水潭。他是要超越"笼中""池中"的狭隘领域，返回山林、水潭的自然领域。在南边的山野开一片荒地，让我保持住性情的淳朴，回归田园。方圆十余亩的宅地，八九间草屋，榆、柳遮覆着后檐，桃、李罗列在堂前，依稀望见远处的村落，正在袅袅升起炊烟。狗在深巷中吠叫，鸡在桑树上啼鸣。庭院间没有尘土、杂物，空空的房子宽敞悠闲。长期被关在笼中的生命，如今终于返回了自然。应该说，刚刚回到田园生活中的陶渊明，看待农村生活的一切，都带着一种欣喜的心情。反观三十年的官场生活，想起来就如同被关在牢笼里一般。如今再看看自己的土地院落，看看村庄周围的环境，就觉得处处都透着亲切适意，就连巷陌间的鸡鸣狗吠声，听起来都是那么悦耳。干净的居处，宽敞的房子，就像是他的心境，于闲寂中透着一种生活的诗意。这首诗在描写农村景物上，很有表现力。"暧暧远人村，依依墟里烟。狗吠深巷中，鸡鸣桑树颠"的意境勾勒，不但历历如画，而且与整组诗所要表现的那种淡远的格调非常和谐。这就是陶渊明的"诗意栖居"，他构筑的淳朴亲切的精神家园。这类诗篇以真诚的本性，开拓了描写质朴自然的田园村居生活的诗的可能性，以及远离世俗尘网樊笼的精神家园，给诗歌史上增添了滋味醇厚的"陶彭泽体"。

顺着人与自然关系的命题，为人们熟知而欣赏的陶诗中，《饮酒（其五）》很有名：

> 结庐在人境，而无车马喧。
> 问君何能尔？心远地自偏。
> 采菊东篱下，悠然见南山。
> 山气日夕佳，飞鸟相与还。
> 此中有真意，欲辨已忘言。

诗篇抒写了陶渊明居住在人间社会，门前却没有车马的喧嚣。请问您怎样做到这一点？只要内心远离尘俗，住地自然就会变得偏远。去东边的篱墙下采摘菊花，南山的美景悠然映入眼帘。山间的气象黄昏时最美好，飞鸟们结伴飞回它们的家园。这样的情境似乎寓含着人生的真谛，我想辨明它却找不到表达的语言。这一陶诗名篇，以清明玄远的态度吟味着人生哲学，吟味着物我相待相融的境界。隐居生活中最重要的，是内心的平静。内心平静了，即使居住在寻常人居住的地方，也不会受世俗社会的多少沾染。"心远地自偏"五个字，道出的正是隐居生活的真意。内心平静了，便会"心明如镜"。这时，世界与人的关系，就不是那种近代西方式的两元对立，而是古典中国特有的天人合一。"采菊东篱下，悠然见南山"的"见"，一度有俗本写作"望"，苏东坡《东坡题跋》中说："因采菊而见南山，境与意会，此句最有妙处。近岁俗本皆作'望南山'，则此一篇神气都索然矣。"晁补之接着解释说："东坡云：陶渊明意不在诗，诗以寄其意耳。'采菊东篱下，悠然望南山'，则既采菊又望山，意尽于此矣，非渊明意也。'采菊东篱下，悠然见南山'，则本自采菊，无意望山，适举首而见之，故悠然忘情，趣闲而累远，此未可于文字精粗间求之。"（《鸡肋集》卷三三）这里的关键分别，其实在于无心和有意，有意处，人境与自然仍是分离的；无心时，人境与自然则已然融为一体。宋人严羽《沧浪诗话·诗法》说："汉魏古诗，气象混沌，难以句摘。晋以还方有佳句，如渊明'采菊东篱下，悠然见南山'，谢灵运'池塘生春草'之类。谢所以不及陶者，康乐之诗精工，渊明之诗质而自然耳。"除其中有历史退化论的阴影之外，对陶诗的评点还是有真知灼见的。王国维《人间词话》的评议，则投入一种近代视野，说："有有我之境，有无我之境。'泪眼问花花不语，乱红飞过秋千去'（冯延巳《鹊踏枝》词），'可堪孤馆闭春寒，杜鹃声里斜阳暮'（秦观《踏莎行》词），有我之境也。'采菊东篱下，悠然见南山'（陶渊明《饮酒》诗），'寒波澹澹起，白鸟悠悠下'（元好问《颍亭留别》诗），无我之境也。有我之境，以我观物，故物皆著我之色彩。无我之境，以物观物，故不知何者为我，何者为物。古人为词，写有我之境者为多，然未始不能写无我之境，此在豪杰之士能自树立耳。"《人间词话》又说："'生年不满百，常怀千岁忧。昼短苦夜长，何不秉烛游'（《古诗十九首》），'服食求神仙，多为药所误。不如饮美酒，被服纨与素'（《古诗十九首》），写情如此，方为不隔。'采菊东篱下，悠然见南山。山气日夕佳，飞鸟相与还'（陶渊明《饮酒》诗），'天似穹庐，笼盖四野。天苍苍，野茫茫。风吹草低见牛羊'（斛律金所唱《敕勒歌》），写景如此，方为不隔。"王国维以"不隔"和"无我之境"来评价陶渊明的"采菊东篱下，悠然见南山"的审美境界。见的意思是呈现，呈现的是人与自然浑然一体的境界。

在陶渊明的诗文中，最驰名的莫过于《桃花源记》了：

> 晋太元中，武陵人捕鱼为业，缘溪行，忘路之远近。忽逢桃花林，夹岸数百步，中无杂树，芳草鲜美，落英缤纷；渔人甚异之。复前行，欲穷其林。林尽水源，便得一山。山

有小口，仿佛若有光；便舍船从口入。初极狭，才通人，复行数十步，豁然开朗。土地平旷，屋舍俨然，有良田、美池、桑竹之属，阡陌交通，鸡犬相闻。其中往来种作，男女衣着，悉如外人；黄发垂髫，并怡然自乐。见渔人，乃大惊；问所从来，具答之。便要还家，设酒杀鸡作食。村中闻有此人，咸来问讯。自云先世避秦时乱，率妻子邑人来此绝境，不复出焉，遂与外人间隔。问今是何世，乃不知有汉，无论魏晋。此人一一为具言所闻，皆叹惋。余人各复延至其家，皆出酒食。停数日，辞去。此中人语云："不足为外人道也。"既出，得其船，便扶向路，处处志之。及郡下，诣太守，说如此。太守即遣人随其往，寻向所志，遂迷，不复得路。南阳刘子骥，高尚士也。闻之，欣然规往。未果，寻病终。后遂无问津者。

　　嬴氏乱天纪，贤者避其世。
　　黄绮之商山，伊人亦云逝。
　　往迹浸复湮，来径遂芜废。
　　相命肆农耕，日入从所憩。
　　桑竹垂余荫，菽稷随时艺；
　　春蚕收长丝，秋熟靡王税。
　　荒路暧交通，鸡犬互鸣吠。
　　俎豆犹古法，衣裳无新制。
　　童孺纵行歌，班白欢游诣。
　　草荣识节和，木衰知风厉。
　　虽无纪历志，四时自成岁。
　　怡然有余乐，于何劳智慧。
　　奇踪隐五百，一朝敞神界。
　　淳薄既异源，旋复还幽蔽。
　　借问游方士，焉测尘嚣外。

愿言蹑轻风，高举寻吾契。

这里是前文、后诗的格式。文甚至比诗更出彩，文的意思是：晋太元年间（公元376—396年），有一个以打渔为业的武陵人，沿着溪水行走，忘记了道路的远近。忽然遇到了桃花林。夹着河岸数百步，中间没有一棵杂树，芳草鲜美，落花缤纷。渔人感觉很惊奇，又向前走，想走尽这一片桃林。林子的尽头就是溪水的源头，渔人在那里遇到了一座山。山石间有一个小口子，向里看时仿佛有一些光亮。渔人便丢下船从山口中钻了进去。开头的路极狭窄，只能走一个人。又走了数十步，一下子变得开阔豁亮起来。土地平坦宽广，房屋整齐，田间有道路交通，远远近近都可以听到鸡鸣狗叫声。其中有人往来耕种劳作，男男女女的衣着，都和外面的人相同。从老人到小孩，全都高高兴兴的。见到渔人很吃惊，问他来自何处，渔人就都一一作答。于是，就有人邀请他回家，为他杀鸡做饭，摆设酒席。村里人听说有这么一个渔人，都来打探消息。他们自己说，先世因为躲避秦灭六国的战乱，领着妻子儿女同乡人来到这一处与世隔绝的地方，不再出去，于是就和外面的人隔绝了。问他们现在是什么朝代，竟然连汉代都不知道，更别说魏晋了。这个人就替他们详细地介绍了他所了解的一切，都为世事的变化而感叹惋惜。其他人又都请他到自己家，都拿出酒食来招待他。停留了几天，渔人要辞别回去。这里的人对他说："不必要对外面的人说起这里。"渔人出来后，找到自己的船只，便沿着先前来时的路回去，一路处处都做了标记。到了郡中，去见太守讲述了这件事。太守就派人跟着他再去找，寻找先前留下的标记，竟然迷了路，不能再找到那条进去的路。南阳人刘子骥是一位志在高隐的人，听说这件事，高兴地计划着要前去，没有实现，不久就病死了。从此以后，就再也没有打听这条水上道路的人了。

诗的意思是：秦朝嬴氏扰乱了天地的自然秩序，贤德的人就只好避世居住。夏黄公、绮里季去了商山，那些人也离开了战乱之地。去的路渐渐湮没了，来的路也荒废了。相互招呼着努力耕作，太阳落下时就回到自己家里。桑树、竹林垂下了阴影，大豆、谷子按时栽培。春天的蚕茧抽出了长丝，秋天的收获不交王税。荒芜的道路妨碍着交通，鸡儿、狗儿呼应着鸣吠。祭祀时的俎豆还用着古时的方法，穿着的衣裳没时新的样式。小孩子们边走边放声唱着歌，老年人高高兴兴闲游访问朋友。草开花了，知道节气和暖了；树落叶了，知道秋风变得凄厉。虽然没有日历记载标志，但四季的变化自然形成一年的轮回。舒舒畅畅有享不尽的快乐，哪里需要绞尽脑汁去算计。奇异的踪迹隐没了五百年，一朝之间忽然敞开了这个神仙般的境界。里外的淳厚和浇薄既然不同，随即便又回复到先前那种隐蔽的状态。请问那些游于方内的世俗人，怎样才能测知那尘嚣外面的世界。我愿乘着一股清风，高高飞起，去寻找与我的志趣相投的一切。可以说，自从这一文一诗问世，桃花源就成了中国人一个恒久的梦想。它仿佛是中国农业社会生活的一种理想原型，吸引着一代代人们，从生活到文章去追摹怀想。在中国文学史上，由它所衍生出来的锦绣文章，也不知有过多少篇。桃源是一个梦，在陶渊明写它的时候就是如此。这个梦境的产生，既与陶渊明生活的那个动荡的时代有关，也与从老子开始就已存在的道家思想的"小国寡民"社会理念有关，但从根本处来说，还和中国古代发达的农业经济这一基本生产方式有关。《桃花源记》原是陶渊明为他的诗所写的一段序文，但千百年来它的影响早已超出了诗本身。它似乎在写一次探险，探到的却是一个大和谐；它似在写仙境梦境，但叙写中却使用了言之凿凿的年代、人物等史记笔法。它把处于两极的审美方式交融为一体。自然农业乌托邦的魅力再加上文章本身的清丽优美，倒使人们常常欣赏《桃花源记》的诗性智慧，而忽略附在后面的诗本身。然而，诗亦有诗的价值，比之《桃花源记》文，它更明确地表现了陶渊明的思想。但也就此而使它显得比《桃花源记》文更质实，从而减少了留给读者的想象空间和发挥余地。《桃花源记》可以说是陶渊明为中国人造的地上理想国，魅力独具，千古探寻。清人方东树《昭昧詹言》卷四说："《桃花源》，此诗叙一大事，本末曲折具备，而章法布置，抵一篇文字。句法老洁，抵史笔。议论精卓，抵论赞。起四句，作一总叙，而笔势笼罩，原委昭明，峥嵘壮浪。'往迹'以下，夹叙夹写。'奇踪'以下又总结。'借问'四句，收入自己，何等神完气足。以视小谢《孙权故城》，彼为板实无法，而没奈何矣。陶疏谢密，然谢实陶出，如此真谢之祖也。古人文之高妙，无不艰苦者。但阮公、陶公艰在用意用笔，谢、鲍艰在造语下字。初学人不先从鲍、谢用功，而便学阮、陶，未有不凡近浅率，终身无所知。以此求之，数千年不得数人，纷纷俗士，不足讥矣。"这里注意到陶渊明举重若轻的老到高妙的章句安排。近人梁启超《中国韵文里头所表现的情感》则注意陶渊明的审美倾向："陶渊明的《桃花源诗·序》，正是浪漫派小说的鼻祖。那首诗自然也是浪漫派绝好韵文。里头说的：……相命肆农耕，日入随所憩。桑竹垂余荫，菽稷随时艺。春蚕收长丝，秋熟靡王税。荒路暧交通，鸡犬互鸣吠。……童孺纵行歌，斑白欢游诣。草荣识节和，木衰知风厉。虽无纪历志，四时自成岁。怡然有余乐，于何劳智慧。……这是渊明理想中绝对自由、绝对平等、无政府的互助的社会状况。最主要的精神是'超现实'。但他和楚辞不同处，在不带神秘性。"清末民初况周颐《餐樱庑随笔》企图寻找桃花源的地点，却有点茫然："梁任昉《述异记》云：'武陵源在吴中，山无它木，尽生桃李，俗呼为桃李源。源上有石洞，洞中有乳水。世传秦末丧乱，吴中人于此避难，食桃李实者皆得仙。'按：此即渊明所记桃花源也。而曰桃李源者，任昉时代，距渊明未远，当别有所据。后人或云，陶此记属寓言，并无所谓桃花源者。今以任记证之,而知其非然矣。又据陶记,入桃源者,武陵捕鱼人,是谓源在武陵,而任记则云,源在吴中,第名武陵尔,亦与陶说异。"清初对沿革地理学有精深研究的顾祖禹在《读史方舆纪要》卷八十中则指明桃花源的方位:"桃源县,(常德)府西八十里。西南至辰州府三百七十里,北至澧州慈利县二百十里。汉临沅县地。后汉为沅南县地,仍属武陵郡。晋以后因之。隋唐为武陵县地。宋乾德中,析置桃源县,以桃花源名,仍属朗州。元元贞初,升为州。明洪武三年,复为县。未有城,编户三十一里。"一个理想国竟然依附在一个现实的地点上,就引起列代文人纷纷探寻。明朝都穆《南濠诗话》说:"陈后山(师道)曰:'陶渊明之诗,切于事情,但不文耳。'此言非也。如《归园田居》云'暧暧远人村,依依墟里烟。狗吠深巷中,鸡鸣桑树颠',东坡谓'如大匠运斤,无斧凿痕'。如《饮酒》其一云'衰荣无定在,彼此更共之',山谷(黄庭坚)谓'类西汉文字'。如《饮酒》其五云'结庐在人境,而无车马喧。问君何能尔。心远地自偏',王荆公(安石)谓'诗人以来,无此四句'。又如《桃花源记》云'不知有汉,无论魏晋',唐子西(唐庚)谓'造语简妙'。复曰'晋人工造语,而渊明其尤也'。后山非无识者,其论陶诗,特见之偶偏,故异于苏黄诸公耳。"这是为陶渊明的文采辩护。清代胡式钰《窦存》卷二《诗窦》说:"李太白《山中问答》诗,其境得陶之'桃花源'、其意得《饮酒》'结庐在人境'一章而约言之。李《将进酒》一诗,从陶《杂诗》'得欢当作乐,斗酒聚比邻。盛年不重来,一日难再晨'而畅言之。杜老《北征》诗'平生所骄儿'至'谁能即嗔喝'一段,从陶之《和郭主簿》诗'弱子戏我侧,学语未成音。此事真复乐,聊用忘华簪'四语而琐言之。若《羌村》云'娇儿不离膝,畏我复却去',乃又翻用之。又《羌村》云'群鸡正乱叫,客至鸡斗争。驱鸡上树木,始闻扣柴荆'四语,从陶'鸡鸣桑树颠''户庭无尘杂'

变化言之。杜'明年此会知谁健,醉把茱萸仔细看',从陶'未知从今去,当复如此不。中觞纵遥情,忘彼千载忧'、又'今我不为乐,知有来岁不。命室携童弱,良日登远游'、又'清歌散新声,绿酒开芳筵。未知明日事,予襟良已殚'诸诗而复约言之。至杜《喜晴及晦日寻崔戢、李封》等诗,置之陶集,几不别矣。略举数条,知李得陶超逸、杜得陶真挚如是,自余如右丞得其冲澹、苏州得其清赡、香山得其明畅,至于东坡之诙谐趣妙,又从陶之《责子》诗似嗔似戏而甚之者也。"这里从李白、杜甫、王维、韦应物、白居易的诗中,考察陶渊明诗的影响。至于李白《山中问答》诗"问余何意栖碧山,笑而不答心自闲。桃花流水窅然去,别有天地非人间",其中的"桃花流水""别有天地",是可以导向桃花源的境界的。更值得注意者,时年十九岁的王维《桃源行》其诗云:"渔舟逐水爱山春,两岸桃花夹古津。坐看红树不知远,行尽青溪不见人。山口潜行始隈隩,山开旷望旋平陆。遥看一处攒云树,近入千家散花竹。樵客初传汉姓名,居人未改秦衣服。居人共住武陵源,还从物外起田园。月明松下房栊静,日出云中鸡犬喧。惊闻俗客争来集,竞引还家问都邑。平明闾巷扫花开,薄暮渔樵乘水入。初因避地去人间,及至成仙遂不还。峡里谁知有人事,世中遥望空云山。不疑灵境难闻见,尘心未尽思乡县。出洞无论隔山水,辞家终拟长游衍。自谓经过旧不迷,安知峰壑今来变。当时只记入山深,青溪几度到云林。春来遍是桃花水,不辨仙源何处寻。"与王维的少年意气相比,韩愈质疑桃花源的心态未免有些苍老。韩愈《桃源图》诗云:"神仙有无何渺茫,桃源之说诚荒唐。流水盘回山百转,生绡数幅垂中堂。武陵太守好事者,题封远寄南宫下。南宫先生忻得之,波涛入笔驱文辞。文工画妙各臻极,异境恍惚移于斯。架岩凿谷开宫室,接屋连墙千万日。嬴颠刘蹶了不闻,地坼天分非所恤。种桃处处惟开花。川原近远蒸红霞。初来犹自念乡邑,岁久此地还成家。渔舟之子来何所，物色相猜更问语。大蛇中断丧前王，群马南渡开新主。听终辞绝共凄然，自说经今六百年。当时万事皆眼见，不知几许犹流传。争持酒食来相馈，礼数不同樽俎异。月明伴宿玉堂空，骨冷魂清无梦寐。夜半金鸡啁哳鸣，火轮飞出客心惊。人间有累不可住，依然离别难为情。船开棹进一回顾，万里苍苍烟水暮。世俗宁知伪与真，至今传者武陵人。"但是桃花源毕竟太诱人了，列代吟唱无休无止。宋代王安石《桃源行》："望夷宫中鹿为马，秦人半死长城下。避世不独商山翁，亦有桃源种桃者。此来种桃经几春，采花食实枝为薪。儿孙生长与世隔，虽有父子无君臣。渔郎漾舟迷远近，花间相见惊相问。世上那知古有秦，山中岂料今为晋。闻道长安吹战尘，春风回首一沾巾。重华一去宁复得，天下纷纷经几秦。"他感慨世间多秦政，赞叹"虽有父子无君臣"的桃源人生。苏轼《和桃花源诗》有小序说："世传桃源事，多过其实，考渊明所记，止言先世避秦乱来此，则渔人所见，似是其子孙，非秦人不死者也。又云杀鸡作食，岂有仙而杀者乎？旧说南阳有菊水，水甘而芳，民居三十余家，饮其水，皆寿，或至百二三十岁。蜀青城山老人村，有见五世孙者，道极险远，生不识盐醯，而溪中多枸杞，根如龙蛇，饮其水故寿，近岁道稍通，渐能致五味，而寿亦益衰。桃源盖此比也欤！使武陵太守得而至焉，则已化为争夺之场久矣。尝意天壤间，若此者甚众，不独桃源。余在颍州，梦至一官府，人物与俗间无异，而山川清远，有足乐者，顾视堂上，榜曰仇池。觉而念之，仇池，武都氏故地，杨难当所保，余何为居之？明日，以问客，客有赵令畤德麟者曰：'公何问此，此乃福地，小有洞天之附庸也。杜子美盖云：万古仇池穴，潜通小有天。神鱼人不见，福地语真传。近接西南境，长怀十九泉。何时一茅屋。送老白云边。'他日工部侍郎王钦臣仲至谓余曰：'吾尝奉使过仇池，有九十九泉，万山环之，可以避世如桃源也。'"小序作了考证，发了感慨后，继以诗云："凡圣无异居，清浊共此世。心闲偶自见，念起忽已逝。欲知真一处，要使六用废。桃源信不远，藜杖可小憩。躬耕任地力，绝学抱天艺。臂鸡有时鸣，尻驾无可税。苓龟亦晨吸，杞狗或夜吠。耘樵得甘芳，龁啮谢炮制。子骥虽形隔，渊明已心诣。高山不难越，浅水何足厉。不如我仇池，高举复几岁。从来一生死，近又等痴慧。蒲涧安期境（在广川），罗浮稚川界。梦往从之游，神交发吾蔽。桃花满庭下，流水在户外。却笑逃秦人，有畏非真契。"桃花源无须远寻，而是从自己的心态和耘樵方式做起，那么桃花源就可以变成一种触手可及的生活境界。元好问《寄题沁州韩君锡耕读轩》说："束带见督邮，甘以辞华轩。啸傲南窗下，且乐我所然。斜川今在亡，问津有遗编。行寻柴桑里，遂得桃花源。桃源无汉魏，况复义熙前。读书与躬耕，兀兀送残年。渊明不可作，尚友乃为贤。田家岂不苦，岁功聊可观。读诗有何味，有味不得言。遥知一尊酒，琴在已亡弦。"乐我所然，读书与躬耕，就可以获得桃花源的生活境界。这就是陶渊明《桃花源记》给中国人开拓的人生方式和思想方式了。这就应了俗语所说，不怕你不会写，就怕你不会想，心比天地宽。

在陶渊明所开拓的人生方式和思想方式中，《归去来兮辞》占有重要的位置，值得认真咀嚼和体验。他的《归去来兮辞·并序》写道："余家贫，耕植不足以自给。幼稚盈室，瓶无储粟，生生所资，未见其术。亲故多劝余为长吏，脱然有怀，求之靡途。会有四方之事，诸侯以惠爱为德，家叔以余贫苦，遂见用于小邑。于时风波未静，心惮远役，彭泽去家百里，公田之利，足以为酒，故便求之。及少日，眷然有归欤之情。何则？质性自然，非矫励所得。饥冻虽切，违己交病。尝从人事，皆口腹自役。于是怅然慷慨，深愧平生之志。犹望一稔，当敛裳宵逝。寻程氏妹丧于武昌，情在骏奔，自免去职。仲秋至冬，在官八十余日。因事顺心，命篇曰《归去来兮》。乙巳岁十一月也。"序言之后，正文说："归去来兮！田园将芜胡不归？既自以心为形役，奚惆怅而独悲？悟已往之不谏，知来者之可追；实迷途其未远，觉今是而昨非。舟遥遥以轻飏，风飘飘而吹衣。问征夫以前路，恨晨光之熹微。乃瞻衡宇，载欣载奔。僮仆欢迎，稚子候门。三径就荒，松菊犹存。携幼入室，有酒盈樽。引壶觞以自酌，眄庭柯以怡颜。倚南窗以寄傲，审容膝之易安。园日涉以成趣，门虽设而常关。策扶老以流憩，时矫首而遐观。云无心以出岫，鸟倦飞而知还。景翳翳以将入，抚孤松而盘桓。归去来兮，请息交以绝游。世与我而相遗，复驾言兮焉求？悦亲戚之情话，乐琴书以消忧。农人告余以春及，将有事乎西畴。或命巾车，或棹孤舟。既窈窕以寻壑，亦崎岖而经丘。木欣欣以向荣，泉涓涓而始流。羡万物之得时，感吾生之行休。已矣乎！寓形宇内复几时？曷不委心任去留？胡为遑遑欲何之？富贵非吾愿，帝乡不可期。怀良辰以孤往，或植杖而耘耔。登东皋以舒啸，临清流而赋诗。聊乘化以归尽，乐夫天命复奚疑？"

序言陈述了我家境清贫，仅凭耕种不能自给自足。满屋子要吃饭的小孩子，米缸里却没有一点粮食，一直未能找到维持生计的好办法。亲朋故友多劝我出仕做官，心里有了这个念头，便松了一口气，只是找不到做官的门径。恰逢天下多事，各方势力都重视施舍恩赐，网罗人心。我叔父看我家境贫苦，便举荐了我，于是就被任用为小地方的官员。当时政治风波尚未平静，我害怕去远地方，彭泽县离家只有百里，公田的秫米，也超出糊口所需，称得上丰润，所以我就要求去那里。到任没几日，心里却眷念起家乡来，有了思归的心绪。为什么会这样呢？我本性自然，不是能勉力政事的人，饥寒虽然迫切，但违背自己的本心却会很痛苦。从前虽然也曾做过小官，都是为了养家糊口而役使自己。想到这儿不禁慨然长叹，深为违背平生之志而惭愧。但还指望能有一季收成，然后就收拾行装乘夜悄悄离去。不久，嫁到程家的妹妹在武昌去世，我急于奔丧，自动弃官离职。从仲秋到冬天，在官八十多天。因这事做得顺心，就写了篇文章叫《归去来兮》。乙巳年（公元405年）十一月。这篇《归去来兮辞》是陶渊明人生选择和决断的见证，是他从"口腹自役"的生命不自由状态解脱出来，轻松自在地享受自然人生的乐趣的开始。他赋归的内在的原因，在于"质性自然，非矫励所得"，因而把"归去来"当成"顺心"之事，并在田园松菊、琴书农事中找回了自我。自其心其性来说，陶渊明无愧为自然之子。开头一篇小序，清楚地记述了他从违背自己到顺从内心的转变历程，娓娓吐诉，自然亲切，既具独立之欣赏价值，又可与后文交相辉映。正文出之以韵语，反复咏叹，精细描绘，正面表现田园生活之美。全篇三节。第一节，写归家途中的轻快心情和居家生活的闲暇乐趣；第二节，写亲戚邻里之间的交游和劳动的快乐；第三节，表明自己对于人生的根本看法和态度。每节开头均以感叹句开始，一唱三叹，回环往复，情浓意足。整篇文章无论在结构安排上，还是遣词造句上，都显得极具艺术匠心，却又不让人感觉到一点斧凿的痕迹。"云无心以出岫，鸟倦飞而知还"，就是这份洒脱自在，舒卷自如。陶渊明是这样的思想家，他把自己的思想化为自己顺从心性的行为，他的思想和行为是混融一体的。

应该说，这篇绝妙好辞是陶渊明四十一岁时完成的一个精神之旅，千古瞩目。苏轼《和归去来兮辞》称"子瞻谪居昌化（海南儋耳郡），追和渊明《归去来辞》，盖以无何有之乡为家，虽在海外，未尝不归云尔"。苏轼辞云："归去来兮，吾方南迁安得归？卧江海之顽洞，吊鼓角之凄悲。迹泥蟠而愈深，时电往而莫追。怀西南之归路，梦良是而觉非。悟此生之何常，犹寒暑之异衣。岂袭裘而念葛，盖得裯而丧褘。我归甚易，匪驰匪奔。俯仰还家，下车阖门。藩垣虽阙，堂室故存。挹我天醴，注之洼樽。饮月露以洗心，餐朝霞而眩颜。混客主以为一，俾妇姑之相安。知盗窃之何有，乃掊门而折关。廓圜镜以外照，纳万象而中观。治废井以晨汲，瀹百泉之夜还。守静极以自作，时爵跃而鲵桓。归去来兮，请终老于斯游。我先人之敝庐，复舍此而焉求。均海南与漠北，挈往来而无忧。畸人告予以一言，非八卦与九畴。方饥须粮，已济无舟。忽人牛之皆丧，但乔木与高丘。惊六用之无成，自一根之反流。望故家而求息，曷中道之三休。已矣乎，吾生有命归有时，我初无行亦无留。驾言随子听所之，岂以师南华而废从安期。谓汤稼之终枯，遂不溉而不耔。师渊明之雅放，和百篇之新诗。赋归来之清引，我其后身盖无疑。"苏轼谪居天涯海角，其赋归去来，已经没有陶渊明那种回归精神家园的欣慰，但他还是以"渊明之雅放"为师。晚明王屋可谓名不见于经传，但他对陶渊明感情极浓，每逢重九，都以词祭奠陶渊明。其《蝶恋花·九日》说："冒雨欲寻黄菊去。望里南山，济胜愁无具。聊且一尊酹节序，欹眠只许云知处。　醉唱陶公重九句。遥想当年，篱下悠然趣。不羡登高能作赋，晴明去劚山田芋。"《水调歌头·九日怀陶元亮》又说："见说陶彭泽，两月罢官归。归来四壁崩坏，伐竹自编篱。篱就疏疏密密，要好一时无力。添种菊离离，疏处种须密，密处不妨稀。　一朝烟，一朝雨，菊成围。看看九日来到，安得酒盈卮。篱下对花愁坐。有客携觞来过，醉问客为谁。明日幸留意，有酒再来持。"《贺新郎·重九》写得更是殷切："聊且一杯酒，吊渊明、篱边丛菊，门前高柳。久矣荒芜无存者，何况区区五斗。六十日、乌纱黄绶。归去来兮辞犹在，道从前、写敝千人手。更读破，万人口。　此身幸自无些垢。愿追随、篮舆竹杖，往来庐阜。只恐东林非当日，虚费芒鞋鼻纽。姑乐取、今朝重九。莫问人间谁非是，问此心不倍天心否。斯以外，复何有！"他对《归去来兮辞》的有口皆碑，说出了"道从前、写敝千人手。更读破，万人口"的话，可见这篇绝妙好辞的传播之盛了。

在陶渊明的文章中，描绘自身风貌的《五柳先生传》也是不可多得的奇文妙篇："先生不知何许人也，亦不详其姓字，宅边有五柳树，因以为号焉。闲静少言，不慕荣利。好读书，不求甚解，每有会意，便欣然忘食。性嗜酒，家贫不能常得。亲旧知其如此，或置酒而招之。造饮辄尽，期在必醉，既醉而退，曾不吝情去留。环堵萧然，不蔽风日，短褐穿结，箪瓢屡空，晏如也。常著文章自娱，颇示己志。忘怀得失，以此自终。"文后有赞曰："黔娄之妻有言：'不戚戚于贫贱，不汲汲于富贵。'其言，兹若人之俦乎？酣觞赋诗，以乐其志，无怀氏之民欤？葛天氏之民欤？"

文章告诉人们，先生不知是什么样的人，也不清楚他姓甚名谁，住宅旁边有五棵柳树，因此就以"五柳先生"为号。他为人安闲恬静，少言寡语，也不追慕荣华势利。喜好读书，不求深入理解，每读到会心的地方，便欢喜得连吃饭也忘记了。生性喜欢饮酒，家贫不能经常得到。亲戚朋友知道这种情况，有时就准备了酒请他去喝。去了就总是要将酒喝光，期望一醉方休，喝醉了就回去，竟然一点也不在意去留的礼节。家里总是四壁空空，破屋子遮挡不住风吹日晒，粗布衣上满是破洞、补丁，饭筐汤碗不时空着，但他却总是一副安闲自在的样子。常常写一些文章娱乐自己，辞句间颇能显示出他的心志。不在意世俗的得失，希望就这样度过自己的一生。文后有论赞说：战国时齐国的贤士黔娄的妻子曾说过这样的话："不因贫贱而忧伤哀愁，不为富贵而奔走乞求。"她的话，指的就是这一类的人吧？饮酒作诗，以使自己的心志得到快乐，他是上古帝王无怀氏治下的人呢，还是葛天氏治下的人呢？这篇《五柳先生传》是虚构以自明其志的作品。名曰"传"，其实却与普通的传记很不相同。一般传记多写人生实事，宛如用散文写下的履历表，事事有头有尾，有根有据，顶多于精彩得意处写得详细，于平淡庸常处写得简略而已。《五柳先生传》则不同，虽说是记人记事，却显得相当笼统概括。只因陶渊明注意的中心不在于这个人干了些什么，而在于这是一个怎样的人，他要突出表现的是五柳先生的人生态度和人格境界。这是一种挣脱了世俗生活的重重羁绊，沉醉于生命自在的天然、淡泊、适意的理想境界。从南朝梁萧统以来，人们已经习惯把《五柳先生传》看作陶渊明的生活"实录"，这里当然有陶渊明的影子，但是，他们并不完全重合。真实的陶渊明与五柳先生的形影之间还是有一段模糊的距离，真实的陶渊明还没有超脱得如此纯粹，多读几首陶诗就会看清。其实，与"桃花源记"是他的社会"乌托邦"一样，"五柳先生"表现的也只是他的一种人格理想。"五柳先生"是最适于生活在桃源里的。因此，文章的末尾，作者自问"无怀氏之民欤？葛天氏之民欤"？这种人格理想的社会生活意义如何，我们不想在此评说，最后只想说一句：五柳先生的任性率真，真美！南朝梁沈约《宋书》卷九十三《隐逸列传》以为，陶渊明"尝著《五柳先生传》以自况"，"其自序如此，时人谓之实录"。《晋书》几乎录陶氏此传全文。实际上，这是写意性的传记，是为自己的精神志趣作传。《帝王世纪》云，伏羲之后女娲氏，亦风姓也。女娲氏没，"次有大庭氏、柏皇氏、中央氏、栗陆氏、骊连氏、赫胥氏、尊卢氏、浑混氏、昊英氏、有巢氏、朱襄氏、葛天氏、阴康氏、无怀氏，凡十五代，皆袭庖牺之号"。自认是传说中渺茫无可稽查的无怀氏、葛天氏之民，实际上是对有史以来历朝王权政治的解构，把自己的精神志趣在解构中解放到随任自然的自由境界，以传说中渺茫无可稽查的史前时代建构文明史的起点，这里蕴含着陶渊明思想的要点。

2021 年 2 月 11 日修订

李杜诗学:原理与方法论

一 盛唐魄力与诗学新境界

诗是唐人最高的精神方式,诗蕴含着精深的思想表述力和思想感染力。唐诗高峰或嵯峨峭拔,奇峰绵延迭起,造成了诗性思维和诗学趣味在中国古代精神文化中占有一个崇高的、渗透于思想开发和情感体验的重要位置,它使得写诗吟诗的风气在一种经典化的水平上变得社会化了。鲁迅在 1934 年 12 月 20 日写给杨霁云的信中说:"我以为一切好诗,到唐已被做完,此后倘非能翻出如来掌心之'齐天大圣',大可不必动手。"尽管郭沫若盛赞鲁迅的旧体诗,认为七律《惯于长夜过春时》"惯于长夜过春时,挈妇将雏鬓有丝。梦里依稀慈母泪,城头变幻大王旗。忍看朋辈成新鬼,怒向刀丛觅小诗。吟罢低眉无写处,月光如水照缁衣","大有唐人风韵,哀切动人,可称绝唱",这也是以唐诗作为标的。应该说唐诗的全面崛起,是中国诗学发展史的一个划时代的成就,也为中国人的精神素质开拓出一种新局面。唐诗已经融入了中国人的神经,成为中国人生命中靓丽的一部分,也是中国文明史亮丽的一页。在中国人的精神构成中,忽略了唐诗,就等于忽略了它的一种精华。

唐朝薛用弱《集异记》卷二记载唐玄宗开元年间,王之涣、王昌龄和高适于雪天上旗亭小饮,因歌伎按乐唱他们的诗歌而演出了"旗亭画壁"的一幕，印证了诗在士人和市井间的广泛渗透。明朝杨慎《升庵诗话》卷十三说："唐人乐府多唱诗人绝句，王少伯（昌龄）李太白为多。杜子美七言绝近百，锦城妓女独唱其《赠花卿》一首，所谓'锦城丝管日纷纷，半入江风半入云。此曲只应天上有，人间能得几回闻'也。"① 民间传唱和文人以此相竞短长，造成了一种新的社会风气和成名方式，诗人的创作与歌伎的传唱，使诗的空气弥漫于整个社会。宋朝葛立方《韵语阳秋》卷四记载李杜前后的士人风习：

> 唐朝人士，以诗名者甚众。往往因一篇之善，一句之工，名公先达为之游谈延誉，遂至声闻四驰。"曲终人不见，江上数峰青"，钱起以是得名。"故国三千里，深宫二十年"，张祜以是得名。"微云淡河汉，疏雨滴梧桐"，孟浩然以是得名。"兵卫森画戟，宴寝凝清香"，韦应物以是得名。"野火烧不尽，春风吹又生"，白居易以是得名。"敲门风动竹，疑是故人来"，李益以是得名。"鸟宿池边树，僧敲月下门"，贾岛以是得名。"画栋朝飞南浦云，珠帘暮卷西山雨"，王勃以是得名。"华裾织翠青如葱，入门下马气如虹"，李贺以是得名。然观各人诗集，平平处甚多，岂皆如此句哉？古人所谓尝鼎一脔，可以尽知其味，恐未必然尔。杜子美云："为人性癖耽佳句，语不惊人死不休。"则是凡子美胸中流出者，无非惊人之语矣。②

诸如此类的记载带有掌故性质，某些也许经不起严格的历史学意义上考证，但是不少掌故包含着掌故创造者和掌故传播者的文化心理和民间智慧，久为流传，具有特殊的精神文化学的价值，

---

① （明）杨慎：《升庵诗话》，《历代诗话续编》，中华书局1983年版，第903页。
② （宋）葛立方：《韵语阳秋》，《历代诗话》，中华书局1981年版，第516—517页。

这是不应低估和忽视的。尽废掌故而谈诗，是会与某些深刻的精神现象失之交臂的。唐以后，此类掌故依然甚多，虽然已有变易。究其实，中国人自古就有崇尚诗歌的传统。孔子把"不学诗，无以言"和"不学礼，无以立"相并列，古所谓"登高能赋，可以为大夫"，主要也是指用赋诗的方式，达到在政治外交场合的文雅委婉、谈言微中的交流。由此，风雅情趣，诗骚传统，浸润中国文化和中国人的心灵数千年。因此，当人们听到《李太白集》卷首第一诗，即《古风》第一首发出"大雅久不作，吾衰竟谁陈"的伟大的质疑和呼吁的时候，感受到的应该是这里"吾衰"的"吾"指的是诗歌，它以主体意识代表一部漫长而曲折的精神文化史在做庄严而沉痛的发言。这里把《诗经》中"关雎麟趾王者之风"作为诗歌精神文化的原点，把楚辞、汉赋和建安风骨作为自身精神文化的主干，而反对那些把诗歌作为宫廷玩乐工具，缺乏自身独立和自由刚健生命的"绮丽不足珍"的诗歌堕落。李白这种傲视千古的姿态，实际上是想学习孔子开拓中国传统文化主流的巨大魄力，以忧患意识呼吁开拓中国诗学的崭新局面。

不言而喻，唐诗作为一部精神文化史，以及借助强盛的国力和众多的人才而崛起的艺术高峰，使得我们对它的研究，实际上是一种典型个案的"高峰分析"。李白、杜甫作为高峰中的高峰，对他们的研究，因而也就成了"双重高峰分析"的典型，其间的极端重要性也就不能不辨。高峰时代是某种精神文化发育得最充分、丰富、完整和精深的时代，作为时代标志的高峰之高峰，则是该时代中最有文化生命、才华内涵和形式创新能力的样本。双峰在盛唐是中国文化史一大奇观。从漫长的时间维度着眼，往前，它意味着对以往一部诗史和文化史极其丰富深刻的接受；往后，它意味着对以后一部诗史和文化史的极其丰富深刻的被接受。即古人之所谓"枕藉骚选，死生李杜"，李杜与生死相联系，成了生命的有机构成。这就有必要尽可能广泛地搜集各种历史文化和文学艺术的原始资料,看他们是如何体验和想象社会、历史和人的,又是如何点化诗史、文化史的形式材料来吸附和折射那些体验和想象的。进而言之,诗人又是如何以自己强大的创造性的心为熔炉,对前述的种种进行加温、熔化、分解、化合、造型并赋予生命于一个永恒的瞬间的。由此而探讨的李杜诗学,自然应该具有综合的品格,它应该是多维度的、立体的、以生命体验为内核的诗学。

　　杜甫有两句广为人知的诗,一句是自称"读书破万卷,下笔如有神";一句是称李白"笔落惊风雨,诗成泣鬼神"。两句都有"神"字,并非西方之所谓存在于彼岸世界的神,而是内在于自我的精气神。清人贺贻孙《诗筏》认为"神者,吾身之生气也",它是内在于人心灵的特殊生命体验,标志着这种诗学带有浓郁的对生命世界的体验沟通的意味。前一句诗讲的是对诗史和文化史的广泛吸收,以及把这些吸收转化为诗的生命的情景,但它省略了转化的心理过程。《诗筏》进一步解释:"神者,灵变惝恍,妙万物而为言。读破万卷而胸无一字,则神来矣,一落滓秽,神已索然。"[①] 这里强调了学而能化、消化众书众长而达到某种虚静的精神状态,脱离遮蔽,还精神创造以充分自由。学而不化,以人役己,没有自由;不学无术,己无可役,也谈不上自由之充分。因而这"破"字,既是"读破",又是"破蔽",如清人乔亿《剑溪说诗》所说:"何谓'破'?涣然冰释也。如此则陈言之务去,精气入而粗秽除,是以'有神'。"[②] 破蔽还真,使诗人在充沛的元气中滋养出旺盛的主体创造欲望,对现实有真见,对人生有透视,对历史有深知,对宇宙有参悟,纵笔所之,自有一种使茫茫风雨为之惊动、冥冥鬼神为之哭泣的力度。

---

　　① (清)贺贻孙:《诗筏》,《清诗话续编》,上海古籍出版社1983年版,第136页。
　　② (清)乔亿:《剑溪说诗》,(清)贺贻孙《诗筏》,《清诗话续编》,上海古籍出版社1983年版,第1069页。

这种充盈着生命、充溢着精神力度的诗学，体现了盛唐魄力和盛唐气象。或者说，李白、杜甫以盛唐气象和魄力改写或新创了中国诗学。韩愈《荐士》云："建安能者七，卓荦变风操。逶迤抵晋宋，气象日凋耗。"唐人观诗，讲究气象，他们主张在诗歌领域，重振建安风骨以后逐渐衰弊的诗歌特质。这就不仅如清人宋征璧《抱真堂诗话》引舒章的话所说，"'大'字是（杜）工部的家畜"①，而雄奇是李太白的绝招。太白写黄河，黄河的大小缓急竟然是那么随心所欲，可以是"黄河西来决昆仑，咆哮万里触龙门"（《公无渡河》），可以是"黄河之水天上来，奔流到海不复回"（《将进酒》），也可以是"黄河如丝天际来"（《西岳云台歌送丘丹子》），可以是"黄河捧土尚可塞"（《北风行》）——总之，"黄河落天走东海，万里写入胸怀间"（《赠裴十四》），在一种心理时空中对中华民族的母亲河可以任其擒纵伸缩，显示出创造主体的非凡魄力和气象。杜甫比李白更加脚踏实地，但他也经常用天地、宇宙、乾坤、古今、万里、百年等词语来包容自己的诗学魄力。或如清人施补华《岘佣说诗》所云："'百年'、'万里'、'日月'、'乾坤'，少陵惯用之字。"② 自称"腐儒"也就罢了，偏要来一个"江汉思归客，乾坤一腐儒"（《江汉》）。他要用乾坤来囊括万象，说是登上岳阳楼所看到的洞庭湖，使得"吴楚东南坼，乾坤日夜浮"（《登岳阳楼》）。他以乾坤描写天下纷乱，有道是"往者胡作逆，乾坤沸嗷嗷"（《送重表侄王砅评事使南海》）；又以此体验漂泊的身世，有道是"无家问消息，作客信乾坤"（《刘稻了咏怀》），"弟妹悲歌里，乾坤醉眼中"（《九日登梓州城》），"身世双蓬鬓，乾坤一草亭"（《暮春题瀼西新赁草屋》）。有时他的想象奇特得不可思议，竟把乾坤和眼睛、浮萍联系起来：

---

① （清）宋征璧：《抱真堂诗话》，（清）贺贻孙《诗筏》，《清诗话续编》，上海古籍出版社1983年版，第122页。

② （清）施补华：《岘佣说诗》，《清诗话》，上海古籍出版社1978年版，第993页。

"乾坤万里眼，时序百年心"(《春日江村五首》)，"日月笼中鸟，乾坤水上萍"(《衡州送李大夫七丈勉赴广州》)。这里的乾坤已经把外在的世界加以内在化了，从另一角度看，它也显示了心理时空的无限舒展具有丰富的内涵。这也是一个时代的精神文化探索宇宙胸襟、元气充沛的体现。

汉、唐两代，乃是中国历史上具有世界一流国力和魄力的时代。中华民族景仰汉唐，把汉当成自己的名，把唐当成自己的字。汉人的魄力转化为司马迁的《史记》百三十篇，"以究天人之际，通古今之变，成一家之言"；转化为司马相如的大赋，就有《西京杂记》卷二的传说："司马相如为《上林》、《子虚》赋，意思萧散，不复与外事相关，控引天地，错综古今，忽然如睡，焕然而兴，几百日而后成。……相如曰：'合綦组以成文，列锦绣而为质，一经一纬，一宫一商，此赋之迹也。'赋家之心，包括宇宙，总揽人物，斯乃得之于内，不可得而传。"汉人的宏大视境和魄力与唐人相通，也是把天地、天人、古今、宇宙等大时空境界容纳于心中而舒展自如。李白有一则传闻见于《唐语林》卷五，也以"乾坤"二字可资印证：

> 李白开元中谒宰相，封一板，上题曰："海上钓鳌客李白。"宰相问曰："先生临沧海，钓巨鳌，以何物为钓线？"白曰："风波逸其情，乾坤纵其志。以虹霓为线，明月为钩。"又曰："何物为饵？"白曰："以天下无义气丈夫为饵。"宰相竦然。①

给李白编造这样的狂言，不可当作信史，但既然有这样的编造，就可以作为精神文化史的材料来看唐朝大诗人的"乾坤纵其

---

① （宋）王谠：《唐语林》卷五，上海文明书局1915年《说库》本，第15b页。

志"的精神世界。尽管大时代能够赋予杰出的诗人以宏大的魄力，但是真正的诗人不会脱离真实的生命体验，扯高调门，徒作大言。心里乾坤，必须与其人的心性感受相搏斗、激荡、交融，才能获得真实的生命和感人的魅力。这种搏斗、激荡、交融，是要付出有时往往是非常沉重的生命代价的，包括生存境遇的代价和精神失落的代价。所谓"诗穷而后工"这种浮面的说法，究其本质，意味着追求和挫折可以换得深刻的聪明，人生和精神历程在经过痛苦的失落之后可以拥有刻骨铭心的内在富有。只有以刻骨铭心的内在富有作为时代魄力的精神内核，这种魄力才是动人心弦和历久磨难的。在那个富有青春气息和少年梦想的盛唐，李白曾经梦想"申管晏之谈，谋帝王之术，奋其智能，愿为辅弼"（《代寿山答孟少府移文书》），这里的"愿"字值得注意，好像别人求他似的，可见感觉良好、心高气傲。杜甫则"窃比稷与契"（《自京赴奉先县咏怀五百字》），要"致君尧舜上，再使风俗淳"。这里的"窃比"二字比较内敛，但本来也是没有疑惑的。盛唐人喜欢旅游，大概历览名山大川，有益于涵养精神气魄。苏辙主张文章须有浩然之气，认为"太史公（司马迁）行天下，周览四海名山大川，与燕赵间豪俊交游，故其文疏荡，颇有奇气"（《上枢密韩太尉书》）。这种由游览和交游来涵养诗文内在的"奇气"的做法，是汉唐相通的。李白"一生好入名山游"（《庐山谣寄卢侍御虚舟》），据说"凡江、汉、荆、襄、吴、楚、巴、蜀，与夫秦、晋、齐、鲁山水名胜之区，亦何所不登眺"（刘楚登《太白酒楼记》）。杜甫青年时代也漫游吴越，其后"放荡齐赵间，裘马颇清狂"（《壮游》），与诗人李白、高适同游梁宋，客居洛阳、长安。他的《望岳》诗写道"会当凌绝顶，一览众山小"，被称为尾句"只五字，雄盖一世"，可见名山之游滋养了他的眼界和魄力。

然而这类志向、抱负和胸襟，一方面受到青春梦破碎和官场手腕不足的困扰，另一方面受到盛世阴影或盛极致乱的压制和打击，使李杜二人在晚年都漂泊穷愁，面临着越来越严重的生存危机和精神失落。他们晚年都从历史人物身上寻找寄托，调适精神，维持某种残破的梦。择其大端而言，李白晚年加重了"谢东山情结"，杜甫晚年缠绕着"诸葛亮情结"。东晋的谢安辞官隐居东山，朝廷屡诏不仕，时人因言："安石不出，将如苍生何！"后来出山，官至宰辅，这就是"东山再起"的佳话。李白从翰林供奉的位置被"赐金放还"，实为人生一大挫折，但他在《梁园吟》中还维持着充沛的幻想："东山高卧时起来，欲济苍生未应晚！"后来加入永王李璘幕府，又在《永王东巡歌》中喷涌了一番虚幻的激情："但用东山谢安石，为君谈笑静胡沙。"充沛的幻想也好，虚幻的激情也好，都可以看作一种强大的生命力在骚动不安、磅礴激荡中的体现。杜甫的"诸葛亮情结"，既赞赏着"三顾频烦天下计，两朝开济老臣心"（《蜀相》）的君臣际遇，又推崇着"诸葛大名垂宇宙""万古云霄一羽毛"（《咏怀古迹五首》）的贤相风采，还渲染着"出师未捷身先死，长使英雄泪满襟"的悲剧情调。其间包含着景仰、失落和对历史人生充满感慨的探寻，也是历尽沧桑之后对生命意义的吟味和确认。正是由于有如此丰沛的生命激情，李白才在人生受挫时，发出"屈平词赋悬日月，楚王台榭空山丘。兴酣落笔摇五岳，诗成笑傲凌沧洲"（《江上吟》）这一类的生命狂笑，发出"大道如青天，我独不得出"（《行路难》）这一类的生命绝唱。他认为屈原的辞赋比起楚王的台榭，更具有流传千古的生命力。这里蕴含着诗人对永恒和短暂的生命体认的自信。也正是由于有如此深刻的对生命意义的体悟，杜甫在战火纷飞的岁月，高呼"安得壮士挽天河，净洗甲兵长不用"（《洗兵马》）；在自己屋漏难眠的秋夜，祈祷"安得广厦千万间，大庇天下寒士俱欢颜，风雨不动安如山"（《茅屋为秋风所破歌》）。杜甫用"安得……"句式的地方还有一些，但这两处称得上他的"一生二安得"，一者是和平的争取，一者是安居的普及，都涉及人民大众安身立命的根本，其中包含着何等博大的仁者之心。

生命是一个综合体，表现为意志、情绪、兴趣和理想。西方一位哲人说过，生命力就是紧迫感。生命力越强大，它受到压迫时产生的反抗力和爆发力也越巨大。李杜诗学既在反映盛唐气象中，表现出宇宙上下、黄河长江的大魄力，又在反抗盛唐阴影和盛唐衰变中，表现出"大道如青天，我独不得出""无边落木萧萧下，不尽长江滚滚来。万里悲秋常作客，百年多病独登台"大魄力。这些诗篇正是在正正反反的多重作用力的综合效应中，使"乾坤"一类词语为标志的宏大的心理时空得到充实，从而变得宏伟浑厚的。《沧浪诗话》说："论诗以李杜为准，挟天子以令诸侯也。"还是换用现代语言来说更好——对李杜诗学的探讨，既以这两位诗人及其作品为关注的焦点，但其讨论的过程和结果，往往超越了具体诗人诗作，透视出一系列精神文化现象和中国诗学的深层思维方式。双重高峰研究，由于获得经典作家和经典作品的权威性的支持，它往往力图追求超越个别性而探讨普遍性——这也是笔者多次强调进行"深度的经典重读"的用意所在。研究李杜，实际上就是研究诗的唐朝。

二 文化原点与悟性思维

要探讨中国诗学的深层思维方式及其连带着的一系列精神现象，首先有必要追溯它们的源头或文化原点。原始经典上对诗的解释，几乎进入人们的精神信仰者，是《尚书·尧典》中舜帝的话："诗言志，歌永言，声依永，律和声。"关键是对"志"字的解释。《说文解字·心部》："志，意也。"《左传·鲁昭公二十五年》说："是故审则宜类，以制六志。"杜预注："为礼以制好恶喜怒哀乐六志，使不过节。"孔颖达疏："此六志，《礼记》谓之六情。在己为情，情动为志，情志一也。"这些解释把"志—意—

情"三者沟通起来，形成了中国诗三位一体的本原性原理。当然，《左传·鲁襄公二十六年》也有"诗以言志"的说法，那是讲的赋诗言志，各人按照自己的意念对《诗三百篇》中的作品进行断章取义式的意义再创造。不过，这一说法不甚为人所注意。倒是较晚出现的《毛诗序》把三位一体的诗学本原性原理，从儒学角度发挥得相当充分：

> 诗者，志之所之也，在心为志，发言为诗。情动于中而形于言，言之不足故嗟叹之，嗟叹之不足故永歌之，永歌之不足，不知手之舞之，足之蹈之也。情发于声，声成文谓之音。治世之音安以乐，其政和；乱世之音怨以怒，其政乖；亡国之音哀以思，其民困。故正得失，动天地，感鬼神，莫近于诗。先王以是经夫妇，成孝敬，厚人伦，美教化，移风俗。①

这里相当系统有序地讲了诗的心志发生原理、诗与社会文化心理的相互感应作用，以及诗的社会教化的功利价值。它是儒家诗学的一个纲领，千百年来广泛深刻地影响了中国文化知识界写诗、释诗的心理。所谓文化，主要的并非从浩如烟海的古籍中煞费苦心地找出一条或几条偏僻生涩的材料，加以重新解释。所谓发现文化，基本的思路应是从习以为常、司空见惯的文化现象中，排除遮蔽，直指本原，透视深层，翻开底牌，采取"释常而得真"的方法，揭示其间的本质奥秘。正是遵循着"志—意—情"三位一体的本原性思路，晋朝陆机的《文赋》写道："伫中区以玄览，颐情志于典坟""诗缘情而绮靡，赋体物而浏亮"。所谓"玄览"，语出于《老子》："能无疵乎？"汉朝河上公注："心居玄冥之处，览知万事，故谓之玄览。"如果说，《毛诗序》对"志

---

① 《毛诗序》，《中国历代文论选》第一册，上海古籍出版社1979年版，第63页。

—意—情"诗学原理的解释,是以儒学解释原始体验,那么《文赋》主张心在宇宙中心,以玄览万物,并且强调了"诗缘情"的关键,就颇有一点援道济儒的味道了。无论是原始思维,还是儒道思维,中国诗学的本原性原理都是以心居中,志、意、情统一,由心来反映、统摄、混融世界万象,从而达到天人合一的境界的。这种由心及诗的心理学通道,显然与古希腊的模仿说通道不同。假如我们承认古希腊诗学受史诗戏剧的影响和启迪,主张人与世界分离而摹仿之,并以模仿说作为其诗学的核心遗产,那么古中国诗学则把人与世界视同你中有我,我中有你,彼此交融,是不主张做戏式的、多见人工斧凿痕迹的模仿的。即便是西方由此派生出来的"虚构"概念,不加解释和调整地套在中国诗学头上,也是难免有些错位的。因为中国诗学体现出来的神思和韵味,既是非虚构的,也是非非虚构的,而是虚中有实、实中有虚、虚实合构的。中西诗学之间确实是有许多可以相通的地方,但是对诗生成的特殊通道的第一关注,决定了它们各自不同的品格和特质。

诗道是精神领域别具滋味的茶道,需要以敏感的舌头品尝它醇厚的神韵,舔嘴咂舌,余香满口。苏东坡《煎茶》诗云:"活水还须活火烹。"内在的精神脉络是活的,外在的知音再难遇,也就遇上了,因而品味的方法也是活的。这就是说,对于这种以内在的生命深度作为诗的生成之关键的中国诗学,我们有责任寻找出一条贴切的诠释学的方法,来本色当行地解读出它的丰富多彩、深刻精微的妙处。还是看看刘勰的《文心雕龙·神思篇》是怎样说的吧:

> 古人云:形在江海之上,心存魏阙之下。神思之谓也。文之思也,其神远矣。故寂然凝虑,思接千载;悄然动容,视通万里。吟咏之间,吐纳珠玉之声;眉睫之前,卷舒风云

之色：其思理之致乎！故思理之妙，神与物游。神居胸臆，而志气统其关键；物沿耳目，而辞令管其枢机。……夫神思方运，万途竞萌，规矩虚位，刻镂无形，登山则情满于山，观海则意溢于海。我才之多少，将与风云而并驱矣。①

请注意，这里讲的不是模仿、不是虚构，而是讲"神思"，是"神与物游""我才与风云并驱"，是"思接千载"的"接"和"视通万里"的"通"。按照互文补足的道理，就是我心我才，与千载万里的事物瞬间"接通"。"接通"的方式最得要领的，是感悟，或可称为具有深度意义的直觉。严羽的《沧浪诗话·诗辨》说："大抵禅道惟在妙悟，诗道亦在妙悟。且孟襄阳学力下韩退之之远甚，而其诗独出退之之上者，一味妙悟而已。惟悟乃为当行，乃为本色。然悟有浅深，有分限，有透彻之悟，有但得一知半解之悟。……先须熟读《楚辞》，朝夕讽咏，以为之本；及读《古诗十九首》、乐府四篇、李陵苏武汉魏五言，皆须熟读；即以李杜二集枕藉观之，如今人之治经；然后博取盛唐名家，酝酿胸中，久之自然悟入。"② 应该强调，感悟的揭示，其在中国诗学上的价值不在意象、意境之下，因为意象、意境都是以感悟作为基本的思维方式或神髓的。甚至可以说，中国诗学不同于西方分析哲学的地方，在于它蕴含着感悟哲学。

悟性译成英文，或译为 power of understanding, comprehension，几乎把"悟"译成了"解"。这种拒译性，意味着中国诗学的特殊质素和神秘魅力。古代诗话之所以显得散漫、杂乱、零碎，一方面是由于欧阳修以《六一诗话》创造这种体裁的时候，自称"居士退居汝阴，而集以资闲谈也"，因而随意记录逸闻和感想，

---

① （汉）刘勰著，范文澜注：《文心雕龙注》，人民文学出版社1978年版，第493—494页。

② （宋）严羽：《沧浪诗话》，《历代诗话》，中华书局1981年版，第686—687页。

后人沿用这一体例，也就难免散乱；另一方面是由于古代诗人和诗话作者重感悟，感悟所得，往往如电光石火，璀璨尽管璀璨，毕竟多是星星点点。星星点点也弥足珍视，因为它们是悟性与经典的直接对话。它们往往把握住第一感觉，保留着对经典生命的第一印象。尤其是对于李杜诗学这种"双重高峰研究"，它们可以提供丰富的启发，使现代阅读和李杜诗学的本真生命进行简明的"接通"。比如，司马光的《温公续诗话》说："惟杜子美最得诗人之体，如'国破山河在，城春草木深。感时花溅泪，恨别鸟惊心'。山河在，明无余物矣；草木深，明无人矣；花鸟，平时可娱之物，见之而泣，闻之而悲，则时可知矣。"① 对于杜甫的《春望》一诗，它使阅读的悟性和诗作的悟性碰头，颇为精微地解读出一些极有滋味的言外之意。唐诗之所以能够以有若麻雀的鼻子那么短小的篇幅，却蕴含着有若沧海一样浩大的文化含量和精神含量，就是因为它以出色的悟性使有限的文字"接通"千载万里，给后世阅读者的悟性留下了广阔的"后设空间"。

进而言之，花鸟溅泪惊心，不仅是意在言外，而且已涉及悟性思维的另一个特征，即人把生命移植给外物。因为此花此鸟已经可以如人一般感伤时世、怨恨别离，带上了前者为国、后者为家的无限悲哀了。葛立方《韵语阳秋》卷四又说："老杜《雨》诗云：'紫崖奔处黑，白鸟去时明。'而'江碧鸟逾白，山青花欲燃'之句似之。《赠王侍御》云：'晓莺工迸泪，秋月解伤神。'而'感时花溅泪，恨别鸟惊心'之句似之。殆是同一机轴也。"② 所谓同一机轴，是指通过生命移植，自然物也具人性，也解人意，紫崖能奔走，山花欲燃烧，晓莺善于迸发眼泪，秋月懂得伤心劳神，整个自然界都和诗人一道多愁善感，悲欢与共，进行着精微的生命交流了。

---

① （宋）司马光：《温公续诗话》，《历代诗论》，中华书局1981年版，第277—278页。
② （宋）葛立方：《韵语阳秋》，《历代诗话》，中华书局1981年版，第519—520页。

这就是说,悟性在接通天人之间内在或精神渠道的过程中,表现出把人的生命向外界事物移植的功能。不过,这种功能可以表现为强势的,具有某种攻击性、侵略性;也可以是弱势的,具有明显的渗透性、亲和性。李白《陪侍郎叔游洞庭醉后三首》其三说:"刬却君山好,平铺湘水流,巴陵无限酒,醉杀洞庭秋。"杜甫的《剑门》诗说:"吾将罪真宰,意欲铲叠嶂。"这里的铲山、罪天、醉湖,都是把天地湖山当成有生命的存在或把自己的生命移植给它们,从而把内心的愤懑和忧虑发泄和泼洒到天地万象之上。这就是俗语所谓"不打不成交",在把天地万象当作对手,在生命对抗中实现生命的移植。至于亲和性的生命移植,当然是以李白《月下独酌》中的"举杯邀明月,对影成三人"最为驰名,他在抒写自己的孤独行乐、歌舞徘徊、醉醒交欢的过程中,招呼明月和身影,共享生命的悲欢。李白与月,因缘甚深,深到简直有点生死相许。洪迈《容斋随笔》卷三说:"世俗多言李太白在当涂采石,因醉泛舟于江,见月影俯而取之,遂溺死,故其地有捉月台。"传闻不足信,但反映了人们对李白与月的生死因缘的某种别具会心的理解。《襄阳歌》写纵酒行乐,有一句"清风朗月不用一钱买,玉山自倒非人推"。买卖赊借,乃是人间的交往交易行为,对于清风朗月,实在是关卿底事?但是说了不用买之后,还要一再地说要赊要借,这就在奇思妙想中注入了生命体验和关怀,好像人与天地做生意,还要讨价还价。《送韩侍御之广德》说:"暂就东山赊月色,酣歌一夜送泉明。"《陪族叔刑部侍郎晔及中书贾舍人至游洞庭五首》其二说:"且就洞庭赊月色,将船买酒白云边。"两次"赊月色"还不够,又去"借明月",《游秋浦白苛陂》说:"天借一明月,飞来碧云端。故乡不可见,肠断正西看。"这些赊赊借借,可以看作人与天地的生命契约,奇思妙悟,促成了生命的带亲和感的移植。由悟性而产生的生命移植带有浓郁的泛灵论色彩,视天地万象皆有灵性,这乃是李白之为

"谪仙人"灵性感觉或生命感觉的重要特征所在。

有些悟性思维,表面看来很无道理,仔细思之,深层蕴含着出乎意料的深刻的道理。这就是悟性未经理性整理,却如璞石包玉地包含着深层的理性内核的妙处,是悟性思维"无理之理""反常而合道"的地方。宋人魏庆之《诗人玉屑》卷十记载苏轼谈柳宗元的《渔翁》诗:"柳子厚诗曰:'渔翁夜傍西岩宿,晓汲清湘燃楚竹。烟消日出不见人,欸乃一声山水绿。回看天际下中流,岩上无心云相逐。'东坡云:以奇趣为宗,反常合道为趣,熟读之,此诗有奇趣。其尾两句,虽不必亦可。"① 清人吴乔《围炉诗话》卷一没有纠缠尾两句删存的问题,直接就"反常合道"发表意见:"子瞻云:'诗以奇趣为宗,反常合道为趣。'此语最善。无奇趣何以为诗?反常而不合道,是谓乱谈,不反常而合道,则文章也。"② 另一位清人贺裳的《载酒园诗话》卷一对《沧浪诗话》的一句话发议论:"'诗有别趣,非关理也。'然理原不足以碍诗之妙,……故必理与辞相辅而行,乃为善耳,非理可尽废也。"之后反转过来说:"诗又有以无理而妙者,如李益'早知潮有信,嫁与弄潮儿',此可以理求乎?然自是妙语。至如义山'八骏日行三万里,穆王何事不重来',则又无理之理,更进一层。总之诗不可执一而论。"③ 反常是诗人灵感的超越性,合道是悟性思维直通道理的微妙处。超越与直通,勾出了诗的真味,这就是三昧的境界。

李杜诗中,这种无理之理的悟性思维甚多。比如杜甫常以形容词居句首,鸠占鹊巢,无理之极。《陪郑广文游何将军山林十首》其五说:"绿垂风折笋,红绽雨肥梅。"《放船》诗说:"青惜

---

① (宋)魏庆之:《诗人玉屑》卷十,上海古籍出版社1978年版,第212页。
② (清)吴乔:《围炉诗话》卷一,《清诗话续编》,上海古籍出版社1983年版,第475—476页。
③ (清)贺裳:《载酒园诗话》卷一,《清诗话续编》,上海古籍出版社1983年版,第209页。

峰峦过，黄知橘柚来。"《晴二首》其一说："碧知湖外草，红见海东云。"《奉酬李都督表丈早春作》说："红入桃花嫩，青归柳叶新。"颜色是一种被感觉的东西，它一般用来描述事物，难以充当施动者的角色。从日常意义上说，杜诗的上述句式把颜色词居于句首，占据主语位置，未免超乎常理。吴乔《围炉诗话》卷六说了一则话头："人有问作诗之法者，仲默（何景明）指阶下花曰：'色而已矣。'其本领可知。"[①] 此话带点禅宗的机锋，留下妙趣供人参悟。以色代物，并如杜诗所写的颜色能垂、能绽，亦惜、亦知，可知、可见，或入、或归，能够施行种种主动的有生命的行为，简直是匪夷所思。但是，这种以颜色代替本物、颠倒句式的做法，意味着感觉优先的原则。感觉是人与世界打交道的第一回合，没有感觉，谁也无法与世界发生联系。因此，感觉优先，在句式表达上似乎有点新鲜奇异得超出常规，实际上意味着对认知世界心理过程的还原，还原出人与世界打照面的第一瞬间，还原出人对自然的生命移植。无理之理，或合理的反常，实在有悟性思维的意义深度和审美魅力在焉。

三 悟析互补与捣破成见

悟性既然是感觉至深、意义极隐的一种精神形态和思维方式，那么不对之进行分析和解密，就势必流于只可意会、不可言传的恍惚含糊的状态。其间所包含的哲学旨趣、历史意蕴、生命秘密和形式特征，就很难以清晰明了的语言表述，成为公共的精神财富。反而由于恍惚含糊，导致了各种歧义和误解。这就是悟性思维引导出的多义性的局限所在，它往往夹缠不清地使思维在原地打转，难以超越原地而进入新的思维境界。因此，必须探究"悟之后"，入于悟而得其神，出于悟而求其理。或者说，以感悟所得

[①] （清）吴乔：《围炉诗话》卷六，《清诗话续编》，上海古籍出版社1983年版，第669页。

的神韵趣味，和西方所长的分析哲学结合起来，援引分析哲学以济感悟哲学之不足。没有感悟，难窥东方韵味；没有分析，也难以把东方韵味加以深度的现代转化。清人宋荦《漫堂说诗》提出"悟后境"的说法："源流洞然，自有得于性之所近，不必模唐，不必模古，不必模宋、元、明，而吾之真诗触境流出，释氏所谓信手拈来，庄子所谓蝼蚁、稊稗、瓦甓无所不在，此之谓'悟后境'。悟则随吾兴会所之，汉魏亦可，唐亦可，宋亦可，不汉魏、不唐、不宋亦可，无暇模古人，并无暇避古人，而诗候熟矣。"①这里讲的是作诗的境界，作诗需洞悉源流，超越模仿，自出新创，与前述的解诗需在感悟之后辅以分析，不是一回事，但它们都追求某种出神入化之境，一者把学问化为灵性，一者把阅读中的感悟所得化为具有现代价值的理论思辨。因此，我们也不妨把"悟后"作为一种理论思维方式化用过来。"悟后"既不脱离感悟所得，包括前人的感悟所得，又不停滞于感悟，而是以感悟为思维起点，强化感悟之后的理论分析。因此，悟后思维是一种双构性思维，或综合性思维，是我们建立现代中国文学理论体系的一种具有基本价值的思维方式。

　　应该看到，面对李杜诗，这里的悟后思维包含两层意思，一是"悟后悟"，二是"悟后解"。先看"悟后悟"。古代诗话和笺注，除知识性的注解和源流的勾勒、掌故的记录之外，多是一些悟性的评点。但这类评点往往点到为止，并不刻意计较于从理论上说明说白、说深说透，又受当时正统文化观念的限制，它们所达到的意义深度和严密程度存在诸多不足，甚至误解。也就是说，古代诗话的价值明显小于诗作本身的价值。这就需要我们进行再度感悟，直接面对诗作本身。比如李白有两首《望庐山瀑布》诗，其一是长达 22 句的五言古诗，其中也写到了"挂流三百丈，喷壑

---

① （清）宋荦：《漫堂说诗》，《清诗话》，上海古籍出版社 1978 年版，第 416 页。

数十里。欻如飞电来,隐若白虹起。初惊河汉落,半洒云天里"。它甚至发出这样的赞叹:"仰观势转雄,壮哉造化功!"而且有这样的佳句:"海风吹不断,江月照还空。"最后又表示了这样的向往:"且谐宿所好,永愿辞人间。"但是,所有这些反反复复的描绘和抒写,都不及那首同题七绝:"日照香炉生紫烟,遥看瀑布挂前川。飞流直下三千尺,疑是银河落九天。"后者已经成了中国流传最广的唐诗名篇之一,前者则除专家之外,不甚为人所知。元好问《论诗三十首》有云:"笔底银河落九天,何曾憔悴饭山前?世间东抹西涂手,枉着书生待鲁连。"元氏在这里劈头就把《望庐山瀑布》七绝,作为李白才华的象征。这种才华是有气势、有速度的,而不是东涂西抹的,它甚至可以印证李白《古风五十九首》其十所赞扬的那位倜傥高妙的鲁仲连,有一种"明月出海底,一朝开光曜"的神采。但是,所有这些议论都没有在论诗绝句中明白讲出来,是我们从意象闪烁的字里行间体悟出来的,换一个人就可能换出另一种体悟。

其实,古代诗评对这首七绝议论尚多,而且各有角度、各有会心,时见驳难,不求系统。南宋魏庆之《诗人玉屑》卷十四引《苕溪渔隐丛话》说:"太白《望庐山瀑布》绝句……东坡美之,有诗云:'帝遣银河一派垂,古来惟有谪仙词。'然余谓太白前篇古诗云:'海风吹不断,江月照还空。'磊落清壮,语简而意尽,优于绝句多矣。"①"海风""江月"两句古诗是否"磊落清壮",姑且不论,以摘句来比拟另一首完整的诗,由此断言摘句简练,已经有点比拟不伦。另一位宋人葛立方《韵语阳秋》卷十三中对这两首诗的议论,与此相近,不过它提到徐凝的《庐山瀑布》诗,原诗是:"虚空落泉千仞直,雷奔入江不暂息。今古长如白练飞,一条界破青山色。"苏轼《戏徐凝瀑布诗》则是:"帝遣银河一派

---

① (宋)魏庆之:《诗人玉屑》卷十四,上海古籍出版社1978年版,第293页。

垂,古来惟有谪仙词。飞流溅沫知多少,不与徐凝洗恶诗。"苏轼嘲讽的这首诗,说来还是徐凝的得意之作,据《全唐诗话》卷三记载,徐凝与张祜以诗论胜负,在张祜列举自己的佳句之后,徐凝说:"美则美矣,争如老夫'今古长如白练飞,一条界破青山色。'凝遂擅场。"① 苏轼把徐凝的"得意之作"嘲为"恶诗",颇获后人的首肯,清人马位《秋窗随笔》对此表示赞同的意见之后,又引《芥隐笔记》说:"(徐)凝用《天台山赋》'瀑布飞流而界道',子瞻非不知有所自也,用古亦有善否耳。"② 后人的牵牵扯扯,并没有直击谪仙诗和徐凝恶诗的关键所在,急于下判断,疏于感悟后的分析。

然而,苏轼大体是凭着天才诗人的直觉,把唐人的两首七绝区分为"谪仙词"和"恶诗"的。而后代的一些诗话或者述而不作,或者以东坡的感觉为感觉,很少在感觉之后或感觉的背面,把问题引向深化。透过一层立论,徐凝诗对庐山瀑布的描绘只是拘泥于形似,它也写到天帝、青山,但没有将之化入自己的感觉,因此其中的动词"落""奔""飞""破"就缺乏灵动的气息。这就是恶诗有别于仙词之所在。李白诗用语更加平易,但寄意遥深,给人们提供了所指和能指之间丰富的想象余地。庐山香炉峰,省略了一个"峰"字,仿佛成了太阳照耀下天地之间的一个大香炉。日照青山间的雾气,青红相杂,自然成紫,这似乎带有一点印象派对光色精妙的敏感。这里是否夹杂着一点道家对紫气的幻觉,传说老子骑青牛出函谷关,可是有"紫气浮关",李白在《古风》之三六中可是也写道"东海泛碧水,西关乘紫云"。这些不宜过多猜测。但在如此奇丽、玄幻的境界中看高悬的瀑布,不足三千尺也有不止于三千尺的感觉,而且造成了一种精神的眩惑,怀疑是银河从九重天上飞泻下来。这里的照、生、看、挂以及飞流、疑

---

① 尤袤:《全唐诗话》卷三,《历代诗话》,中华书局1981年版,第137页。
② (清)马位:《秋窗随笔》,上海古籍出版社1978年版,第833页。

是等一连串动词，一气贯注，奇气横溢，令人仿佛感受到一种清新的灵气的沐浴，感受到唯此才有的精神的怡悦。这就是我们的"悟后悟"，是我们参照前人感悟，又超越前人的感悟的地方。它已经容纳了诗史掌故、道家文化、印象式光色理论等知识，并对诗学感悟所得进行思辨和分析了。

"悟后悟"之所以不可或缺，还有一个重要的理由，是古人解诗往往相沿成习地牵系着儒学的经学阐释系统，在按照儒家的价值系统发掘微言大义的时候，遮蔽了、曲解了或偏离了诗之为诗的本来意义。我们对于这种情形不能因循成见、陈陈相因，来个"矮子观场"，前人怎么说就怎么是，而要捣破成见的桶底，恢复历史的真相。杜甫有一首七绝《赠花卿》："锦城丝管日纷纷，半入江风半入云。此曲只应天上有，人间能得几回闻。"这是杜甫写得最有神采的七绝。明朝嘉靖年间的状元杨慎《升庵诗话》卷一说："花卿名敬定，丹陵人，蜀之勇将也，恃功骄恣。杜公此诗讥其僭用天子礼乐也，而含蓄不露，有风人言之无罪，闻之者足以戒之旨。公之绝句百余首，此为之冠。"① 明朝万历年间的状元焦竑沿袭他的说法，认为花卿恃功骄恣，杜公讥之，而含蓄不露，得风人言之无罪，闻者足戒之旨。公之绝句百余首，此为之冠。（仇兆鳌《杜诗详注》卷十引）两个状元算是高个子了吧，后人尽可以躲在他们阴影中来个"矮子观场"。清人沈德潜《说诗晬语》并非专论此诗，但其中为了说明"诗贵寄意，有言在此而意在彼者"的道理，评点了几首李杜诗，并且沿用了明人焦、杨二氏的看法：杜甫"刺花敬定之僭窃，则想新曲于天上"。② 只要不拘泥于儒家礼法，就不难理会到，把这首被称为杜甫绝句之冠的诗，过分地牵连着君臣之礼，认为在讽刺花敬定僭越非分，难免

---

① （明）杨慎：《升庵诗话》，《历代诗话续编》，中华书局1983年版，第644页。
② （清）沈德潜：《说诗晬语》卷下，《清诗话》，上海古籍出版社1978年版，第554页。

沾染上宋明儒者的道学气了。

要捣破成见的桶底,恢复历史的真相,就必须从诗的唐朝、音乐的唐朝的历史变迁上,拓展我们的视野。唐代音乐具有高度的开放性,除了用于朝廷礼仪和祭祀仪式的雅乐,以及被称为"清商乐"的中原音乐之外,多是西凉乐、龟兹乐、天竺乐、高昌乐、高丽乐等西域和外来的音乐。多元文化的交流和融合,造成了盛唐音乐奇观。唐玄宗时期"太常乐立部伎、坐部伎依点鼓舞,间以胡夷之伎"。可见胡乐已经侵入宫廷娱乐。又"教太常乐工子弟三百人为丝竹之戏",称为"梨园子弟",又号"皇帝子弟"(《旧唐书·音乐志》)。① 但是由于安史之乱,"渔阳鼙鼓动地来,惊破霓裳羽衣曲"(白居易《长恨歌》),用杜甫《观公孙大娘弟子舞剑器行》的诗句来说,"先帝(唐玄宗)侍女八千人",是盛唐繁华的象征,而"梨园弟子散如烟",则是盛唐败落的标志。于今,丝竹管弦之盛不见于长安,而见于成都,纷纷乐音融入江风,风流云散了。如此精美的乐曲,只应在天上(隐喻长安朝廷)才有,岂料漂泊到西蜀,却听到它了。这是对乐曲的赞美诗,其间隐含着对盛唐败落的咏叹调。明清古人为了证明此诗是对花惊定的讽刺,常引用《旧唐书·崔光远传》中的一段话:上元二年"段子璋反,东川节度使李奂败走,投(崔)光远,率将花惊定等讨平之。将士肆其剽劫,妇女有金银臂钏,兵士断其腕以取之,乱杀数千人,光远不能禁"。② 这段话记载花惊定讨平叛乱之功,并没有把将士劫掠的罪行直接记在花惊定的账上。而且杜甫同时还作有《戏作花卿歌》,赞扬"成都猛将有花卿,学语小儿知姓名",他扫平叛乱,把"子璋髑髅血模糊,手提掷还崔大夫",为此杜甫还讥讽朝廷用人不当,"既称绝世无,天子何不唤取守东都"?对于如此出色的将才,杜甫当不会由于一场歌舞

---

① 《旧唐书》第4册,中华书局1975年校点本,第1051页。
② 《旧唐书》第10册,中华书局1975年校点本,第3319页。

（庆功歌舞？），就轻易地嘲讽之。他可能在观看歌舞之余，对西蜀的胜利尚不能挽救盛唐的败落而感慨系之。杜甫又有《江南逢李龟年》诗："岐王宅里寻常见，崔九堂前几度闻。正是江南好风景，落花时节又逢君。"这和《观公孙大娘弟子舞剑器行》《赠花卿》一道，形成了一条以音乐为象征、怀念已经不可挽回地失落了的盛唐的精神线索。而写于成都的《赠花卿》，可以看作这股延续到中晚唐的借用音乐怀念盛唐风气的最早的开拓之作。由此可知，"悟后悟"乃是对古人原有的感悟的拓展、校正、超越、综合与深化，它既是处在当今社会文化语境中的今人和处在另一个遥远的历史文化语境中的古代诗话的对话，又是今人和古代诗人诗作超越历史误解的直接的对话。前一种对话具有启迪和遮蔽的双重作用，唯有加强后一种对话，才能化解遮蔽而深化启迪。

再看"悟后解"。这里强调一个"解"字，强调带有现代意识的分析思路和理论思辨的介入，因而与"悟后悟"虽有联系，却另有侧重。对古代诗歌任何有创造性的解释，都不应也不能排除现代思想文化语境中的现代人的创造性思维的介入，不应也不能排斥现代智慧对古代智慧的化用和提升。但是，前述的"悟后解"，面对的是古代诗话中比较零碎混杂的，或有所误读误解的意见。而"悟后悟"则更多的面对古代诗话中的积极成果，或某些不同程度地获得共识的意见。这类成果和意见相当精彩，却用语浑朴，未经透彻的解释，与现代话语系统有一定的疏离感和排异性。这就有必要对之进行某种"成见透底"式的分析，分析某些浑朴用语背后隐藏着的诗学原则。对前人的成见不能故步自封、照猫画虎，而应该以现代人的思想高度，打破成见的桶底，容纳现代人作出新的阐释的可能性。"成见透底"，关键是一个"透"字，读诗要有通透的心灵，解诗要有通透的说法。比如说，宋人严羽《沧浪诗话·诗评》说："子美不能为太白之飘逸，太白不能为子美之沉郁"；"少陵诗法如孙、吴，太白诗法如李广，少陵如节制之师"。① 这里的飘逸、沉郁，须用风格学的方法来展开分析；至于讲作诗的法式，却以古代著名的军事家来打比方，必须进行由兵法还原到诗法的研究。孙武、吴起不仅善用兵，而且著有兵书，《汉书·艺文志》载录《吴孙子兵法》八十二篇，《吴起》四十八篇，均属兵家权谋类，"权谋者，以正守国，以奇用兵，先计而后战，兼形势，包阴阳，用技巧也"。② 换为诗学语言，杜甫作诗，构思端正，正中出奇，讲究声律对仗、锤字炼句，以工力取胜，以节制为能，显示大家风度于工整严密的韵律之中。李广行军无部伍行阵，宿营人人自便，幕府精简文书案牍，与匈奴大小七十余战，每能出奇制胜，号曰"飞将军"。《史记·李将军列传》用一位官员的话说："李广才气，天下无双。"③ 用李广比喻李白，意味着李白诗才气逼人，奇思敏捷，神采飞扬，不斤斤计较于声律对仗的约束，以无法之法表现着自己的潇洒风流。李杜相较，驱遣诗笔各有擅长，李白举重若轻，杜甫举轻若重。古代诗话的感悟，好用比较思维，尤其好用比喻性联想，思维方式带有超逻辑的特点。因此，对其超逻辑背后的内在逻辑进行探究，对其跨物类、跨学科的联想进行"返回诗学"的追寻，成为"悟后解"思维的重要方法。

　　一些逐渐获得多多少少共识的术语，往往采取复合的形态。复合得好，复合得独特，也就引起人们的广泛关注，援用有之，质疑有之，渐渐地形成共识也有之。比如自晚唐《本事诗》和宋代欧阳修《新唐书》推崇杜甫诗为"诗史"之后，这个术语在谈论杜诗时，被广为采用，宋人重复之，明人辩驳之，清人阐发之，不一而足。明代王世贞《艺苑卮言》卷三说："沈休文云：'子建

---

① （宋）严羽：《沧浪诗话》，《历代诗话》，中华书局1981年版，第697页。
② 《汉书》第6册，中华书局1962年校点本，第1756—1758页。
③ 《史记》第9册，中华书局1959年校点本，第2868页。

"函京"之作,仲宣"灞岸"之篇,子荆"零雨"之章,正长"朔风"之句,并直举胸情,非傍诗史,正以音律取高前式。'然则少陵以前,人固有'诗史'之称矣。"① 沈约此言,见于他写的《宋书·谢灵运传》附录的"史臣曰",应该理解为"诗的历史",与评议杜诗为"诗史"并非一回事。但是既有始者,就有继之者,在意义正变之间,"诗史"终于作为一个引人注目的诗学术语沉积在杜诗上。其实"诗史"的写作,是杜甫的潜在追求,诗的一端关联着他的诗人祖父杜审言,史的一端关联着他的史家远祖杜预。这就使我们有必要分析杜诗是如何把作为家学传统和国学传统"诗"与"史"这样两个大文体概念结合在一起的,是如何把诗的灵性和史的凝重综合在一起的,在其不合而合、合而不合的对位和错位中,隐含着哪些诗学原则。由于中国是诗的大国、史的大国,加上杜甫是写诗大家,"三大"碰头,定可发掘出举世瞩目的诗学智慧。

再比如"沉郁顿挫",也是评论杜诗风格的通用术语。"沉郁"见于刘歆《与扬雄书》,谓"子云淡雅之才,沉郁之思"。"顿挫"见于陆机《文赋》"铭博约而温润,箴顿挫而清壮";《后汉书·郑孔荀传赞》也说:"北海天逸,音情顿挫。"注:"顿挫犹抑扬也。"把"沉郁顿挫"综合为一个词语,说来还是杜甫的《进雕赋表》:"臣之述作,虽不能鼓吹六经,先鸣数子,至于沉郁顿挫,随时敏捷,扬雄、枚皋之徒,庶可企及也。"后人以杜甫语论杜诗,这个词语也就逐渐成为论杜诗的专用语,为任何一个认真研究杜诗的人所不容回避。不回避还不够,顺口滑过去也过于粗心,现代诗学的责任要在见怪不怪之处追问一个"为什么",进行"成见透底"式的追问。沉郁是深刻的主题、盘曲的情感和独到的反思一类内容因素,浑融透射出来的风格。顿挫是起伏的

---

① (明)王世贞:《艺苑卮言》,《历代诗话续编》,中华书局1983年版,第991页。

情绪、抑扬的节奏、错综的语序和回旋转折的结构一类形式因素，纠结成的风格。二者摩荡碰撞，以感情为中轴，牵系着内容和形式，组成了杜诗抒情的共振机制。

我曾经说过：读书的设计是一个立体性、动态性的设计，围绕着某个问题、某种原有的优势的拓展，既可以在纵向上涉及古今，又可以在不同层面上涉及中外以及诸种学科。知今不知古，就罕能清理出事物的原理；知古不知今，就罕能悟透事物的意义和它们运行的曲线；知中不知外，就容易使自己的知识封闭起来；知外不知中，就容易使自己的知识失去根，变得虚浮空泛。古今中外在某一问题上进行互参，是读书深入以后应该追求的通则。略涉这种通则，就可以深入解读杜甫七言歌行《丹青引赠曹将军霸》。明末清初的文学家申涵光称赞"此章首尾振荡，句句作意，是古今题画第一手"（《杜诗详注》卷十三引）；叶燮称之为"变化神妙，极惨淡经营之奇"（《原诗》卷四）。① 此诗抒写的对象，是唐人张彦远《历代名画记》所说的"每诏写御马及功臣，官至左武卫将军"的曹霸。诗是这样开篇的："将军魏武之子孙，于今为庶为清门。英雄割据虽已矣，文采风流今尚存。学书初学卫夫人，但恨无过王右军。丹青不知老将至，富贵于我如浮云。"这是典型的中国人的思维方式，一开头就追根溯源，探究"我从何处来"，把史书立传的方式化用于诗中。正如魏武帝曹操说是汉相国曹参之后一样，这里说曹霸是曹操的子孙，这同时也为全诗展开了一个壮阔而苍莽的时空。在巨大的时空中，它思考着瞬间与永恒，思考着曹操霸业的短暂和文采的久传。又思考着才华与命运，思考着曹霸刻苦学书学画，却沦落为清贫的平民。而且把这近六百年的历史折叠在一起，把一个家族的远代祖孙的不同人生形态折叠在一起，又在其间几无痕迹地采用了《论语·述而篇》中孔

---

① （清）叶燮：《原诗》卷四，《清诗话》，上海古籍出版社1978年版，第609页。

子谈论为人处世之道的两句话"发愤忘食,乐而忘忧,不知老之将至"和"不义而富且贵,于我如浮云",这就形成了沉郁顿挫,令人感慨多端、心灵震荡的审美效应。

沉郁顿挫不仅体现于宏大的时空结构中,复杂矛盾状态的相互冲撞和相互阐释,而且体现于全诗多单元组合中,相互衔接的一波三折、转折回旋、高扬下坠,以及由此产生的振荡力量。这首七言歌行本来要写曹霸画马,但它欲擒故纵,不急于立即落笔,而是荡开笔墨,先写他画功臣肖像:"开元之中常引见,承恩数上南熏殿。凌烟功臣少颜色,将军下笔开生面。良相头上进贤冠,猛将腰间大羽箭。褒公鄂公毛发动,英姿飒爽来酣战。"曹霸为凌烟阁功臣着色添彩,尤其是描绘褒国公段志玄、鄂国公尉迟敬德毛发飞动,就像正在沙场酣战,其人物画的造诣已是非常高超。更有甚者,就是他的鞍马画:"先帝天马玉花骢,画工如山貌不同。是日牵来赤墀下,迥立闾阖生长风。诏谓将军拂绢素,意匠惨淡经营中。斯须九重真龙出,一洗万古凡马空。"诗人于此猛然发力,举鼎一掷,地动山摇。随之环顾四下茫茫,写此画引起的种种反应:"玉花却在御榻上,榻上庭前屹相向。至尊含笑催赐金,圉人太仆皆惆怅。弟子韩干早入室,亦能画马穷殊相。干惟画肉不画骨,忍使骅骝气凋丧。"这里采取对比的写法,御榻上的画马和赤墀下的真马屹然对照,真真假假,假竟是更高的真。画马放在御榻上,意味着皇帝对之爱不释手。又进行画家和管马养马人的对比,画家享有至尊赐金的殊荣,画马比真马价高,自然使管马养马人感到惆怅了。这样还不够,又对曹霸和其他画家进行比较。前面已经比较过他与众画工了,这里又把他与受过王维赏识、以鞍马画驰名的弟子韩干作比较。曹霸画马的高明,不只在于躯体丰满,而且在于骨骼清奇、神采飞扬,在于神似超过形似了。诗的沉郁顿挫,在左右开弓的对比中把人物的高才绝技渲染至极,然后把他的命运跌落至极:"将军画善盖有神,必逢佳士亦写真。即今飘泊干戈际,屡貌寻常行路人。途穷反遭俗眼白,世上未有如公贫。但看古来盛名下,终日坎(壈)缠其身。"这里呼应了开头的"为庶为清门"的说法,更进一层地写一代画杰的漂泊穷愁,他已经沦落到为寻常行路人画像、卖画度日了。结尾揭示了出众的才华和凄凉的命运之间的悖谬感,其间感慨悲凉的气氛,增加了全诗沉郁顿挫的分量。进而言之,沉郁顿挫是由多种诗学因素和诗学原则建构成的内涵丰富的风格,既体现在巨大时空结构中复杂矛盾要素的冲突摩荡,又体现在反复对比中折射出来的骚动不安,而且它还应该体现为深远的言外意、弦外音,体现为意义的隐喻性。马是初盛唐国力强劲的象征,"昭陵六骏"成了大唐开国武功的标志。许多诗人都吟咏骏马,如李白有《天马歌》:"天马来出月支窟,背为虎文龙翼骨。"杜甫如此写曹霸画马和沦落,是否也隐含着借那匹"一洗万古凡马空"的画幅和画人,来祭奠盛唐的沉落呢?这是值得深长思之的。

四 把握关键命题与形成新诠释学法则

以古人的感悟为悟后思维的关键所在,就是选择一些含有真知灼见的共识性命题,透视其深层的文化意义和思维方式,进行"破解成见"而又具有超越性和创造性的诠释——这种研究方法的关键在于把握命题,形成具有自己独特声音的话语。抛弃古人的感悟,谓之空疏和狂妄;拘泥古人的感悟,谓之短见和冥顽。我们必须以开阔的当代世界视野和充分的现代意识,重新深入地观照浩瀚渊博的古代智慧,把古今心灵加以沟通。同时应该看到,这是人文科学领域一项称得上"高、精、深"的工程,不可操之过急,不可囫囵吞枣,不可贪多嚼不烂,造成许多似是而非、半生半熟的"夹生饭"。当然这种现象一时也难避免,但明智的做法,大概要循序渐进,先行选择若干研究深入、有得于心的命题和术语，进行重点突破。这就是通观全局、选择关键词或关键命题逐一破解的研究策略。解决问题，宁可少一些，但是一定要彻底，即所谓"伤其十指不如断其一指"。20世纪初年，王国维选择了"意境"或"境界"这个关键词，提出"境界为上"或"境界为探本之论"的命题，然后对"造境/写境"和"有我之境/无我之境"等境界类型进行分析，又独具慧眼地以晚唐、五代、两宋至清朝的词学经验进行印证和深化。他采取的就是通观全局、全神贯注地破解一二关键词和关键命题的学术战略。其所达到的学术效果，为许多眉毛胡子一把抓的研究方式所望尘莫及。当然，受时代的局限，他的许多用语还难免古今夹生之嫌，但在中国现代文论话语体系尚未充分建立的时期，把全部的感悟和诠释的能力专注在一两个具有学术开发价值的亮点或焦点上，无疑是一种难得的智慧，一种有效的行为。这是不可不辨的。

　　类乎"意境"，我国传统诗话中存在着一些可以沿用和发挥的术语，比如前述的"感悟"（妙悟），以及"意象"之类。但是，在使用这些术语的时候，不能轻率用事，必须在古人的本义和现代语境相参照之中，界定其真实的意义，并且清理其源流，体验其意味，印证其神髓，区分其类型，深化和转化其内涵，使之能够兼容于现代思维而保持其韵味和活性。这是一种非常踏实细致、非常需要悟性感觉和理论穿透力的活计，切不可未经深思，就急急忙忙地用西方的流行说法来曲解中国固有智慧，或者闭着眼睛就廉价地把中国智慧装进外国的大口袋里。即以"意象"为例，多少年来我们把这个传统概念与西方的image进行通译，但是西方image倾于象（肖像、映象、物象），与中国人对意象的认识虽有所相通，却又存在不同的文化生成和文化基因。中国人说诗，开口就是"诗言志"，"志者，意也"——有"五经无双许叔重"之称的许慎在《说文解字》中如是说。中国"意象"二字，意在象先，意为统帅，象为载体。《周易·系辞上》谈论意与象的关系,用了两个"子曰",先是"书不尽言,言不尽意",随之发问:"然则圣人之意,其不可见乎?"最后才引导出"圣人立象以尽意"这句名言的。这个顺序不可忽视,顺序包含着文化生成的意义。由意到象,这里呈示了中国诗学的心灵通道,可以看作一种缩微性的人天关系模式。为了更准确地表达中国人对意象的认识,与其译之为 image,不如译之为 idea—image,以便突出"意"在意象中的关键和先导作用,以示其内在的、与西方相关概念的异质性。文化的本体性,蕴含着文化的异质性。

然而伟大的诗人虽然不脱离潜在的文化模式,但他总能够以自己对时代和人生的个性感受,给潜在模式增添富有光彩的新智慧。清人宋征璧《抱真堂诗话》说:"杜诗咏马,李诗咏月,各尽其变。"① 李白选择明月意象作为人与天对话的极妙搭档,把酒问月,与月同影共舞,望月思乡,欲上青天揽明月,无不清奇新颖地表达了盛唐的风流、豪放、忧郁和幻想。李白《月下独酌》诗说:"花间一壶酒,独酌无相亲。举杯邀明月,对影成三人。月既不解饮,影徒随我身。暂伴月将影,行乐须及春。我歌月徘徊,我舞影零乱。醒时同交欢,醉后各分散。永结无情游,相期邈云汉。"这是中国式的精神狂欢,比起西方酒神狂欢更带有内在性。孤独感存在于邀明月、伴清影之中,一化为三,但是月在高天、影在平地,交欢分散,随任自然,只能在邈远的银河仙境中"永结无情游"了。李白还有后来的苏轼以美妙绝伦的诗性智慧推进了起于六朝的文人玩月习尚转换为中秋佳节风俗。也就是说,诗人以个人的天才智慧,增添了民族的共同的文化想象和风俗趣味,进入了文明史的脉络。

李白的明月是个人的,杜甫的鹰马是唐朝的,这就是杜甫的思维联系着"诗史"。清人贺裳《载酒园诗话》又说:"咏物诗惟

---

① (清)宋征璧:《抱真堂诗话》,《清诗话续编》,上海古籍出版社1983年版,第122页。

精切乃佳，如少陵之咏马咏鹰，虽写生者不能到。"① 盛装骑马游春，是盛唐最具特色的画面，与宋元以后文人画的旷远山水趣味大异，可见这种马、鹰意象的选择，是带有唐人的时代特征的。当然，选择也不能排除个人趣味。杜甫不用海棠意象，引得后人议论纷纷。宋人葛立方《韵语阳秋》卷十六说："杜子美居蜀累数年，吟咏殆遍，海棠奇艳，而诗章独不及，何耶？……王荆公诗用此作梅花诗，最为有意，所谓'少陵为尔牵诗兴，可是无心赋海棠'。"②《古今诗话》对此作了这样的解释："杜子美母名海棠，子美讳之，故《杜集》中绝无海棠诗。"这就是意象迷思了。意象选择的个人性，往往渗入个人的阅历，比如杜甫在开元末年作《房兵曹胡马》，表现了一种凌云壮志；到安史之乱个人被贬官后作《瘦马行》，就变得满脸风尘了。写鹰的诗篇也不少，但更令人感兴趣的是一些诗中往往鹰、马对举，来一个天飞地驰。宋人黄彻《䂬溪诗话》卷二说："《杜集》及马与鹰甚多，亦屡用属对，如'老骥倦知道，苍鹰饥易驯'；'老骥思千里，饥鹰待一呼'；'老马倦知道，苍鹰饥著人'；'骥病思偏秣，鹰愁怕苦笼'；'放蹄知赤骥，捩翅服苍鹰'；'老骥倦骧首，饥鹰愁易驯'。"③ 鹰、马意象的分述与对举的频繁出现，是杜甫早年从盛唐气象汲取魄力的结果。但在后期较多转变为饥鹰、老骥的复合意象，说明诗人已经把自己在安史之乱中颠沛流离的人生阅历"复合"进去或渗透进去了，而且这些禽畜如同人一般可知、可思、可愁、可待，意味着诗人把自己的生命情感移植或转借出去，隐隐然来一个人与自然意象浑融感通了。

对于大量存在的古代诗歌，尤其是近体诗的格律规矩，在明

---

① （清）贺裳：《载酒园诗话》卷一，《清诗话续编》，上海古籍出版社1983年版，第225页。

② （宋）葛立方：《韵语阳秋》，《历代诗话》，中华书局1981年版，第611页。

③ （宋）黄彻：《䂬溪诗话》卷二，《历代诗话续编》，中华书局1983年版，第352—353页。

白古人的法则之后，重要的是化解古人的法则，建立新的诠释学法则。化解的方法就是把这些规矩绳墨当作在诗史发展的特定时期的特定现象，对之进行祛蔽、还原、解读、透视，考察其语言文字和历史文化的根源，审视其深层的语言哲学、时空意识和生命体验方式。这是因为现象可以千变万化，但根源、哲理、意识和思维方式，则是可以古今相参相贯的。欧阳修《六一诗话》说："陈公偶得杜集旧本，文多脱误，至《送蔡都尉诗》云：'身轻一鸟'，其下脱一字。陈公因与数客各用一字补之。或云'疾'，或云'落'，或云'起'，或云'下'，莫能定。其后得一善本，乃是'身轻一鸟过'。陈公叹服，以为虽一字，诸君亦不能到也。"① 古人诗篇短小，往往使出"吟安一个字，捻断数茎须"的锤炼功夫。《苕溪渔隐丛话·前集》卷十九，记述贾岛对"鸟宿池边树，僧敲月下门"诗句的"推敲"苦吟，说："余案刘公《嘉话》云：岛初赴举京师，一日，于驴上得句云：鸟宿池边树，僧敲月下门，始欲着推字，又欲着敲字，练之未定，遂于驴上吟哦，时时引手作推敲之势。时韩愈吏部权京兆，岛不觉冲至第三节，左右拥至尹前，岛具对所得诗句云云。韩立马良久，谓岛曰：作敲字佳矣。遂与并辔而归，留连论诗，与为布衣之交。自此名著。"洪迈《容斋续笔》卷八记载："王荆公绝句（《泊船瓜洲》）云：'京口瓜洲一水间，钟山只隔数重山。春风又绿江南岸，明月何时照我还。'吴中士人家藏其草，初云'又到江南岸'，圈去'到'字，注曰不好，改为'过'；复圈去而改为'入'，旋改为'满'，凡如是十许字，始定为'绿'。"② 这些知名的事例表明，古代诗作中蕴含着敏慧而深刻的语言哲学。由此产生了"一字师"的美誉和"诗眼"一类术语，说明一字用得高明，足以提升全诗的精神，点亮全诗的眼睛。根由于中国文字单字成义，尤其是古代诗中单字

---

① （宋）欧阳修：《六一诗话》，《历代诗话》，中华书局1981年版，第266页。
② （宋）洪迈：《容斋随笔》续笔卷八，吉林文史出版社1994年版，第248—249页。

之义具有相当的自足性，加上语句语法组织的自由度和词性变换的频繁性，诗句中的文字选择也就是诗人的灵性、功力和生命感觉的极好考验和体现。没有对中国文字的精微感觉，不可能成为杰出的中国诗人。

这种文字敏感，也传染了古人的诗话。他们看到了一个字的变动，可以改变整句诗的情调。文字竟然有染色的功能。《韵语阳秋》卷一说："老杜寄身于兵戈骚屑之中，感时对物，则悲伤系之。如'感时花溅泪'是也。故作诗多用自字。《田父泥饮诗》云：'步屧随春风，村村自花柳。'《遣怀诗》云：'愁眼看霜露，寒城菊自花。'《忆弟诗》云：'故园花自发，春日鸟还飞。'《日暮诗》云：'风月自清夜，江山非故园。'《滕王亭子》云：'古墙犹竹色，虚阁自松声。'言人情对境，自有悲喜，而初不能累无情之物也。"① 其实这里的"自"字，多占据了动词位置，既强化了其本是情态虚词的情感分量，也隐含着不少尚未说出来的动词因素。"自"字把诗人的感觉，尤其是落寞孤独的感觉赋予外物了。这就把虚词用活了，活在本自空虚，却蕴含着丰富的人的感觉和情态。正如宋人范晞文《对床夜语》卷二所说："虚活字极难下，虚死字尤不易。盖虽是死字，欲使之活，此所以为难。老杜'古墙犹竹色，虚阁自松声'及'江山有巴蜀，栋宇自齐梁'，人到于今诵之。予近读其《瞿塘两崖》诗云：'入天犹石色，穿水忽云根。''犹''忽'二字如浮云著风，闪烁无定，谁能迹其妙处。他如'江山且相见，戎马未安居'，'故国犹兵马，他乡亦鼓鼙'，'地偏初衣裌，山拥更登危'，'诗书遂墙壁，奴仆且旌旄'，皆用力于一字。"② 前面讲的无情物，这里提到的虚死字，都是指尚未进入诗的生命整体之前的孤立的物和字，或者被从诗的生命整体

---

① （宋）葛立方：《韵语阳秋》，《历代诗话》，中华书局1981年版，第484页。
② （宋）范晞文：《对床夜语》卷二，《历代诗话续编》，中华书局1983年版，第418页。

割裂出去的游离的物和字,再或者是被拙劣地拼凑在一起,不能形成诗之统一生命体的零散的物和字。正好拿古希腊亚里士多德说过的一句话来打比方:离开身体的断臂,将不再是一只手而是一堆肉。因此,"一字师"不能孤立为师,必须在诗的有机整体中赋予"一字"的意义和生命,始可为师。

李白、杜甫是具有第一流的生命辐射力的诗人,他们在把生命辐射给文字和外物的时候,无处不打上自己的印记。真正的写诗者,处在一种特殊的精神状态,外物和文字就是在这种特殊精神状态中组合成新的生命。大概出于对特殊精神状态和生命辐射的领悟,清人吴乔在《答万季野诗问》中如此分辨诗与文:"又问:'诗与文之辨?'答曰:'二者意岂有异?唯体制辞语不同耳。意喻之米,文喻之炊而为饭,诗喻之酿而为酒。饭不变米形,酒形质尽变。啖饭则饱,可以养生,可以尽年,为人事之正道;饮酒则醉,忧者以乐,喜者以悲,有不知其所以然者。'"①赵执信《谈龙录》对这番米、饭、酒的比喻甚为激赏,称道:"至哉言乎!"②依照这种分析,酒意或醉性,既是诗的存在形态,也是作诗的精神状态和思维方式。金代元好问《后饮酒五首》评论诗酒因缘说:"酒中有胜地,名流所同归。"但是尽管竹林七贤和陶渊明饮酒都很有名,可真正把醉态思维深刻地引入诗创造之中的,当推李白。当他"抽刀断水水更流,举杯销愁愁更愁"的时候,他创造了大气鼓荡、用字复沓回环的十一言长句:"弃我去者,昨日之日不可留,乱我心者,今日之日多烦忧。"(《宣州谢朓楼饯别校书叔云》)这就把古诗的造句规矩打破了,创造出前所未有的奇句。当他裘马换酒以销万古愁的时候,他对于句式的运用又是长短不拘,滔滔然奇句迭出:"君不见黄河之水天上来,奔流到海不复回。君不见高堂明镜悲白发,朝如青丝暮成雪。"(《将进酒》)开头两句

---

① (清)吴乔:《答万季野诗问》,《清诗话》,上海古籍出版社1978年版,第27页。
② (清)赵执信:《谈龙录》,《清诗话》,上海古籍出版社1978年版,第311页。

就显示了奇警飞腾、气势磅礴的想象力，第一句把空间极限地撑开，撑开到天海之间；第二句把时间极限地凝缩，凝缩到朝夕之间。语句开阖自如，情感气势淋漓，狂幻狂醉，狂欢狂愁，文字在簸荡奔泻中打上了诗人醉态思维的烙印。

与酒通过发酵使米的形质尽变有点类似，诗在特殊的精神状态中使语言发酵，出现词性变化、语序跳跃或颠倒错综。它以语言的非常态，体现生命的新鲜活跃或骚动不安，换言之，非常态的语言形式成了生命的证明。对杜甫《秋兴八首》其八的那句"香稻啄残鹦鹉粒，碧梧栖老凤凰枝"，《优古堂诗话》称之为"斡旋句法"，《诗人玉屑》卷三称之为"错综句法"。它把"香稻粒""碧梧枝"拆开而重新组合，本是主语的鹦鹉、凤凰成了宾语的限定词，本是宾语限定词的香稻、碧梧反而成了可以施动的主语。语序的颠倒错综，别开生面地表达了杜甫晚年回忆早年游览长安上林苑的似梦似幻的精神状态和凌乱纷杂的失落感，应该视为深刻的生命印记。

《诗人玉屑》卷十六又提到一种"离析句法"："杜子美善于用故事及常语，多离析或倒其句而用之。盖如此则语峻而体健，意亦深稳矣。如'露从今夜白，月是故乡明'之类是也。"[①] 这句出自题为《月夜忆舍弟》的诗，它把"白露"这样的农事节气和"明月"这样的自然意象加以拆卸，颠倒组合，使"白""明"这样的词语在特殊的位置上变换出动词性，从而在语序和词性的错综变化中浸入了或生发出凉秋月夜怀人怀乡的深挚的情感。诗的语言哲学，是超常规的语言形式和由此激发出生命意义的哲学，这种哲学不明说而有深味，是一种感悟型或滋味型的哲学。

在谈论诗的语言哲学的超常性的时候，我们已经不时地涉及这些语言方式中蕴含的时空组合的特点。诗的时空虽以自然时空

---

① （宋）魏庆之：《诗人玉屑》卷十六，上海古籍出版社 1978 年版，第 342 页。

为参照，但它本质上是一种心理时空，一种包容着各种意象组合、文化意义和情感波纹的心理时空。这种时空存在状态，在用典（用事）上体现得尤为明显。不管是对典故的明用暗用还是正用反用，它在借用历朝历代人物故实的过程中，都超越了时间空间的日常状态和秩序，出现了时间空间的大跨度跳跃或匪夷所思的颠倒错综。李白《留别龚处士》诗云："柳深陶令宅，竹暗辟疆园。"也许是诗人看到龚处士的住宅园林柳竹茂盛幽静吧，他竟然由此联想到五柳先生陶渊明的隐逸趣味，又对仗地且跳跃地联想到吴郡顾辟疆的花园，大概也顺带联想到王献之曾潇洒地游过这家名园，王徽之曾在空园种竹，声称"何可一日无此君"的雅趣。诗的用典就这样把时代参差、地域远隔的人物，连同他们的掌故和趣味，重新组合成一个富有诗意的心理时空。李白《行路难三首》其三又说："吾观自古贤达人，功成不退皆殒身。子胥既弃吴江上，屈原终投湘水滨。陆机雄才岂自保，李斯税驾苦不早；华亭鹤唳讵可闻，上蔡苍鹰何足道。"这里并列了四个历史人物：春秋末年辅助吴王阖闾、夫差实现霸业的伍子胥，被赐死弃尸于吴江；战国时代曾得到楚怀王信用的屈原，却落得投江殉难；晋朝富有才华的陆机，遇害时叹息"华亭鹤唳，岂可复闻乎"；秦朝贵为丞相的李斯，被腰斩之前，感慨不能再牵黄犬、擎苍鹰，出上蔡门逐狡兔。典故的运用，须有一条潜在的意义线索，即所谓"夫子之道，一以贯之"。这段诗中，时空涉及春秋、战国、秦、晋诸朝代，但都聚集于贤（有智慧）、达（有职位）者须功成而身退，不然，则由于政治上的无信义、多谗言、好倾轧，险象丛生，势必带来身家之祸。诗人在这么一种潜在的意义线索的贯穿下，建立了一个新的心理时空世界，错综组合着诸多时代的人物事件。这就是古代诗歌中用典的时空秘密，诗人成了心理时空的创造者。接着这段诗，诗人又创造出他的理想人物："君不见吴中张翰称达生，秋风忽忆江东行。且乐生前一杯酒，何须身后千载名。"这个典故见于《世说新语》："张季鹰（翰）辟齐王东曹掾，在洛，见秋风起，因思吴中菰菜羹、鲈鱼脍……遂命驾便归。俄而齐王败，时人皆谓见机。"又说："张季鹰纵任不拘，……或谓之曰：'卿乃可纵适一时，独不为身后名邪？'答曰：'使我有身后名，不如即时一杯酒。'"① 这里主张洞达人的生存意义，与其为倾轧残杀的王公贵族卖命，不如回家乡去品尝菰羹、鲈脍、酒，达致生命的自由，从而以道家思想和名士风度来提升人生的境界。在这种心理时空的建构中，诗人是以清静的自然人生对抗纷扰的社会人生的。典故在明用暗用、正用反用中，显得形态多姿，尤其反用，仿佛是今人与古人穿越时空的别具趣味的对话，新鲜活泼而带幽默感。杜甫《九日蓝田崔氏庄》诗云："老去悲秋强自宽，兴来今日尽君欢。羞将短发还吹帽，笑倩旁人为正冠。蓝水远从千涧落，玉山高并两峰寒。明年此会知谁健？醉把茱萸仔细看。"杜甫在唐肃宗乾元元年（公元758年），时年四十七岁，被贬为华州司功参军，在年渐老、位益微的情景中，参加重阳节宴会，大概只能强颜为欢。他在秋风萧飒、神志悲怆之际，精神穿越了四百余年，想到了晋朝的另一位"参军"。据《晋书·孟嘉传》记载："（孟嘉）后为征西（大将军）桓温参军，温甚重之。九月九日，温宴龙山，僚佐毕集。时佐吏并著戎服，有风至，吹嘉帽堕落，嘉不之觉。温使左右勿言，欲观其举止。嘉良久如厕，温令取还之，命孙盛作文嘲嘉，著嘉坐处。嘉还见，即答之，其文甚美，四坐嗟叹。"② 彼参军实在非此参军可比，杜甫在援引这个名士典故的时候，自顾年老发短，又无重臣青睐，就反用此典，以落帽为羞，请人为正冠以遮羞，从而渗入浓浓的人生苦涩味了。宋人杨万里《诚斋诗话》说："'羞将短发还吹帽，笑倩旁人为正

---

① （南朝）刘义庆著，徐震堮校笺：《世说新语校笺》，中华书局1984年版，第217、397页。

② 《晋书》第8册，中华书局1974年校点本，第2581页。

冠。'将一事翻腾作一联,又孟嘉以落帽为风流,少陵以不落为风流,翻尽古人公案,最为妙法。"① 典故反用具有双重功能,既错综了时空,又扭转意义,甜酸苦辣诸味混杂,在赋予人感慨之时增加抒写的活力。用典是近体诗具有形式的内容,对仗则是近体诗有意义的形式,后者也是与汉语单字成义、字分声调的特质相联系的。同时,中国思想如《周易·系辞上》所言"一阴一阳之谓道",阴阳相配,对偶乃成。不过,我们读古代诗话发现,近体诗的对仗方式多姿多彩,实际上是要充分发挥诗人的主观能动性,化解对仗可能出现的刻板性为表达的多样灵活性。比如《诗人玉屑》卷七就罗列了唐代上官仪的"诗有六对"的说法,区分出正名对、同类对、连珠对、双声对、叠韵对、双拟对;又说"诗有八对",即的名对、异类对、双声对、叠韵对、连绵对、双拟对、回文对、隔句对;此外还论及巧对、佳对、的对、奇对、借对。如此式样翻新,追求的乃是对仗中的无穷变化,追求对仗中的不对仗、对位中的错位、外在对偶中的内在参差,赋予对仗更多的流动感。这里也可以用得上《周易》中变的哲学,或其《系辞上》所说的"参伍以变,错综其数。通其变,遂成天下之文;极其数,遂成天下之象"。李白才气盛,向以超越格律对仗著称,但他也常以对仗妙句,增加诗篇的神采。《与夏十二登岳阳楼》写道:"雁引愁心去,山衔好月来。"从字面看来,此联不可谓对仗不妥帖,但仔细思量,动物的雁对静物的山,雁引去的是内在的无形的愁心,相对的却是山衔来的有形的好月。这一对仗的飘逸灵动,实在得助于形为对仗,而神含变异和流动。《秋登宣城谢朓北楼》有"两水夹明镜,双桥落彩虹"这样瑰丽奇幻的对句也就罢了,偏又来了"人烟寒橘柚,秋色老梧桐"这样苍凉深沉的对句。后者是一个活对,假若死抠起来,它是对得不算工整的,人

---

① (宋)杨万里:《诚斋诗话》,《历代诗话续编》,中华书局1983年版,第140页。

烟和秋色孤立看来是难以对应的，柚、橘是两种果树，梧桐是一种树木，对起来简直有点参差难合。但它的寒字、老字用得太独特、太妙了，也就使得那些参差隔膜的地方不合而合，甚至合得妙不可言了。

　　杜甫是讲究对仗的精审和大模样的，大模样中能够精审，非高手莫为。《阁夜》中"五更鼓角声悲壮，三峡星河影动摇"，《登高》中"无边落木萧萧下，不尽长江滚滚来"，对仗何等讲究推敲，而魄力又何其宏大。但他也常常改变花样，比如清人沈德潜《说诗晬语》卷下说："对仗固须工整，而亦有一联中本句自为对偶者。五言如王摩诘'赭圻将赤岸，击汰复扬舲'，七言如杜必简'伐鼓撞钟惊海上，新装玄服照江东'，杜子美'桃花细逐杨花落，黄鸟时兼白鸟飞'之类，方板中求活时或用之。"① 杜甫句中，以桃花和杨花、黄鸟和白鸟作当句对，但对偶中重复了花、鸟二字，应视为对偶的变体，变则显得不过分拘泥。又如杜甫的五言律诗《江亭》，那联"水流心不竞，云在意俱迟"，心和意的意义有所重叠，这类重叠可一不可二，不然就会落入"合掌"的窠臼。但这里的"水流"和"云在"，一写动，一写静；一写地，一写天，就使得心和意的意义粘连处被大幅度分离，形成了俯仰于天地间的清旷。更何况它的前一句是否定句，后一句是肯定句，语气上一推一挽，具有一种潜在的张力。无心与江水竞争奔流的速度，而有意与云彩共享情境的悠闲，在否定肯定之间，诗人与天地万象交流着生命信息。明人胡应麟《诗薮》内编卷五说："七言律，对不属则偏枯，太属则板弱。二联之中，必使极精切而极浑成，极工密而极古雅，极整严而极流动，乃为上则。"② 清人薛雪《一瓢诗话》说："发端断不可草率，对仗切不可齐整。要

---

　　① （明）沈德潜：《说诗晬语》卷下，《清诗话》，上海古籍出版社1978年版，第552页。
　　② （明）胡应麟：《诗薮》内编卷五，上海古籍出版社1979年版，第83页。

知草率发端,下无声势;齐整对仗,定少气魄。"① 这些话从"对不尽属"、对仗中蕴含不对仗的道理出发,我们可以用新的眼光诠释出"两极求三"、典重中求流动的哲学原理或诗学原理,它是深刻地贯穿于李杜诗学之中的。

五 诗人才性与民族精神情境、家族文化基因

李白比杜甫年长十一岁,这十一年在平平安安的岁月里,只不过是弹指之间的短暂一瞬,但在公元8世纪唐王朝由极盛忽乱到急衰的巨变历程中,它却划出了两个时代,弥漫着两种不同的民族精神氛围、两种不同的人生感受烙印。李白、杜甫的时代有所交叉重叠,但更本质的是他们的时代有所递变翻转。在某种意义上说,李白是大了半代人的杜甫,杜甫是小了半代人的李白。认清这一点很重要,它可以使人们进入当时情境,知人论世,窥见李杜关系的一些真实面目。比如,杜甫屡屡作诗赠李白、呈李白、怀李白、忆李白、梦李白,推崇"白也诗无敌,飘然思不群""笔落惊风雨,诗成泣鬼神";李白赠杜甫的诗感情却平淡得多,甚至作《戏赠杜甫》诗云:"饭颗山头逢杜甫,头戴笠子日卓午。借问别来太瘦生,总为从前作诗苦。"颇有些前人为这种"不公平"的现象愤愤不平,其实,考虑到李白在开元、天宝盛世就诗才敏捷,"斗酒百篇",诗风飘逸,有"谪仙人"之誉,与王维一道占尽了一时风流,而杜甫到了天宝末年才诗笔渐健,至德、乾元年间杰作迭出,广德、大历之际诗风达到炉火纯青。两相对比,李白明星早照,杜甫大器晚成,他们在天宝前期,也就是李白四十多岁、杜甫三十岁出头而交游于中原的梁、宋及鲁的时候,杜甫尚属后生晚辈,无论在诗的成就还是声誉上,与李白均非同一等级。因此李白对杜甫的调侃,以及杜甫对李白的尊崇,都是出

---

① (清)薛雪:《一瓢诗话》,《清诗话》,上海古籍出版社1978年版,第708页。

自身份所限和人情之常。盛世多俊才，乱世多苦思，才华类型各有所宜，从作为诗人的才性发挥而言，可以说时代没有亏待李白，也没有亏待杜甫。他们的性格，终究成了自己时代的性格和精神状态的极好象征。

即便以李杜二人对诸体诗歌的擅长程度而言，也是个人才性和诗歌发展的历史阶段交互作用的结果。五、七言绝句是诗歌中的轻骑兵，篇幅极小，格律上可以随意截取五、七言律诗的或前、或中、或后四句，简便灵活，适宜于明快清俊之才，在近体诗格律成熟的过程中，也较易得风气之先。因此在沈佺期、宋之问探索的基础上，在李白所处的开元、天宝盛世就出现不少精品，广为吟唱。清人管世铭《读雪山房唐诗序例》说："王维妙悟，李白天才，即以五言绝句一体论之，亦古今之岱、华也"；七绝则"摩诘（王维）、少伯（王昌龄）、太白三家，鼎足而立，美不胜收"，"少陵绝句，《逢龟年》一首而外，皆不能工，正不必曲为之说"。至于律诗，尤其是排律，容量较大，格律精严，需要积累功力和功夫，也需要复杂深邃的社会人生体验，不同程度地带有集大成的意味，这倒是比较适合杜甫的才性和阅历，适合于他那个时期的诗歌发展阶段。上引的《读雪山房唐诗凡例》虽然称赞对于七律"王右丞（维）精深华妙，独出冠时；终唐之世，与少陵分席而坐者，一人而已矣"，但它还是盛赞"七言律诗，至杜工部而曲尽其变。盖昔人多以自在流行出之，作者独加以沉郁顿挫。其气盛，其言昌，格法、句法、字法、章法，无美不具，无奇不臻，横绝古今，莫能两大"。又总括言之："杜工部有三体诗古今无两：七言古、七言律、五言长排也。"[①] 考虑到李杜的才性特长和诗体变迁选择，明人王世贞《艺苑卮言》卷四作了这样的判断："五言律、七言歌行，子美神矣，七言律，圣矣。五七言绝，太白

---

① （清）管世铭：《读雪山房唐诗序例》，《清诗话续编》，上海古籍出版社1983年版，第1553—1562页。

神矣,七言歌行,圣矣,五言次之。太白之七言律,子美之七言绝,皆变体,间为之可耳,不足多法也。"① 才性的差异受历史时代变迁的推移,造成诗人阅历和对世界感觉色调的变化,沉积为李杜诗风的不同。清人贺贻孙《诗筏》把英雄一词拆开,对二者的诗风差异作了极有特色的表述:"诗亦有英分雄分之别。英分常轻,轻者不在骨而在腕,腕轻故宕,宕故逸,逸故灵,灵故变,变故化,至于化而英之分始全,太白是也。雄分常重,重者不在肉而在骨,骨重故沉,沉故浑,浑故老,老故变,变故化,至于化而雄之分始全,少陵是也。若夫骨轻则佻,肉重则板,轻与重不能至于变化,总是英雄之分未全耳。"② 英者,华也,讲究清俊华贵,飘逸得有点举重若轻;雄者,鸟父(与鸟母相对)也,男性也,追求威武雄壮,沉郁得有点举轻若重。二者合而言之,显示英雄本色;分而言之,显示了英雄本色的不同侧面、不同情调。正因为李杜同流不同派,盛唐诗坛才能双峰并峙,显示出中国诗学智慧的多样性和开阔性,中国文明史在此双峰并峙中上了一个新台阶。

考察李杜的诗学风格和诗学能力的时候,除了要看到时代变迁在他们身上的投影,以及诗史历程为他们提供的不同舞台之外,也不应该忽视家族文化基因在他们身上的遗传。李白自称"陇西布衣"(《与韩荆州书》),简简单单的四个字蕴含着丰富的信息。这里既有家族文化基因的自白,也有自己社会身份和角色的认定,对其诗学风格发生着潜在的长远的作用。陇西属于边地,边地文化比起中原文化,尤其是庙堂文化,具有更多的野性活力;布衣文化比起贵族文化更多几分清新刚健,更不遵守刻板的教条和规矩。这就使他的诗创作带上比较充分的精神自由,才华往往超越

---

① (明)王世贞:《艺苑卮言》卷四,《历代诗话续编》,中华书局1983年版,第1006—1007页。

② (清)贺贻孙:《诗筏》,《清诗话续编》,上海古籍出版社1983年版,第135页。

格律而显得卓尔不群，有时露出《蜀道难》开头"噫吁嚱，危乎高哉！蜀道之难，难于上青天"，模仿了川江纤夫的号子声；接着是"其险也若此，嗟尔远道之人胡为乎来哉"一类"野调"（施补华《岘佣说诗》），更多的则是如杜甫所形容的"痛饮狂歌"和"飞扬跋扈"（《赠李白》）。这些都是"陇西布衣"的诗歌做派。

杜甫虽然也自称"杜陵布衣"（《自京赴奉先县咏怀五百字》），自称"少陵野老"（《哀江头》），但这是他在动荡时世中得不到归宿，或对社会现象采取批判态度时选择的一种平民立场。他对自己家世津津乐道，远溯晋朝镇南大将军当阳县侯，即他十三世祖杜预，曾作《祭远祖当阳君文》祭奠这位有"杜武库"和"《左传》癖"绰号的祖先，尤其是乃祖作《春秋左氏经传集解》的文化业绩。近则念念不忘他的祖父——诗人杜审言，他对友人和孩子反复夸耀"吾祖诗冠古"（《赠蜀僧闾丘师兄》），"诗是吾家事"（《宗武生日》）。这种家学渊源，使杜甫自少就耳濡目染，形成了讲究格律规矩的诗学思维习惯。王夫之《姜斋诗话》卷下说："近体，梁、陈已有，至杜审言而始叶于度。"① 明人胡应麟《诗薮》内编卷四又说："初唐无七言律，五言亦未超然。二体之妙，杜审言实为首创。五言则'行止皆无地''独有宦游人'；排律则'六位乾坤动''北地寒应苦'；七言则'季冬除夜''毗陵震泽'，皆极高华雄整。少陵继起，百代楷模，有自来矣。"② 这种家族精神文化遗产和心理情结作为一种文化基因，是会影响一个人终生的。知规矩，便费斟酌，求精确，便耽苦吟，这是自然而然的道理。因此，当我们读到杜诗"为人性癖耽佳句，语不惊人死不休"（《江上值水如海势聊短述》），读到"晚节渐于诗律细"（《遣闷呈路十九曹长》），就不能不说，这是杜甫精神文化情结的流露，

---

① （清）王夫之：《姜斋诗话》卷下，《清诗话》，上海古籍出版社1978年版，第18页。

② （明）胡应麟：《诗薮》内编卷四，上海古籍出版社1979年版，第67页。

而且已经化为他的诗性生命的追求。

若论写诗,顺着上述的家族文化基因往后延伸,就不难发现,李白是举着酒杯跳舞,当然不能把酒跳洒;杜甫却是戴着脚镣跳舞,难免要顾及脚下的沉重。李白带点道骨,杜甫终守儒术。李白在人间潇洒地走一回,甚至可以狂傲到"天子呼来不上船,自称臣是酒中仙";杜甫到底活得相当沉重、相当累,他常常忧时悯世,甚至被怀疑他"一饭未尝忘君"(苏轼语)。在杜甫体验沉重和化解沉重之际,他把一些难化而化的社会历史命题融化在典重精严的格律对仗之中,从而出现了以《秋兴八首》《阁夜》《登高》《登岳阳楼》为代表的律诗绝唱。李白的天才混合着少有拘束的野性,令人难以学,甚至不敢学;杜甫的才华却是严正大器,有规矩可循,因而格外受到严肃刚正的正统士人的青睐,这也是"李杜优劣论"经久不衰的一个原因。其实,一个博大的胸襟是应该把伟大诗人丰富多彩的智慧兼容起来的,能兼则心灵具有开放性,能容则主体具有充分的自信和深厚的元气。在兼容中求创造,才是具有经典性的创造。

前人喜欢以清丽飘逸形容李白诗的风格,以沉郁顿挫形容杜甫诗的风格,所谓风格是混合着内容与形式的作家个性徽号。即便是形式,也是带有内容性的。没有内容的形式是不可思议的,当然这里的内容或内容性是以情调、意味、气韵的方式渗透于形式的肌理中的,更准确地说,那是一种"内容味"或"内容味素",一经溶解,看似无形,尝则多味。比如说,前人引申《庄子》"彼节者有间,而刀刃者无厚"之言,认为李白诗达到了"无厚之厚"的境界(贺贻孙《诗筏》)。无厚不是薄,是厚在有形无形之间。这是他的《朝发白帝城》:"朝辞白帝彩云间,千里江陵一日还。两岸猿声啼不住,轻舟已过万重山。"写得何等自然、自在,使你感觉不到有格律形式的存在,但它却字字符合格律。这首诗也用典,出自郦道元《水经注》卷三十四:"自三峡七百里中，两岸连山，略无阙处，重岩叠嶂，隐天蔽日，自非亭午夜分，不见曦月。至于夏水襄陵，沿溯阻绝，或王命急宣，有时朝发白帝，暮到江陵，其间千二百里，虽乘奔御风，不以疾也。春冬之时，则素湍绿潭，回清倒影，绝巘多生怪柏，悬泉瀑布，飞漱其间，清荣峻茂，良多趣味。每至晴初霜旦，林寒涧肃，常有高猿长啸，属引凄异，空谷传响，哀转久绝。故渔者歌曰：'巴东三峡巫峡长，猿鸣三声泪沾裳。'"这段描写已经够精彩了，但李白诗却对之作了不着痕迹的化解。白帝城变成"白帝"，使你不感到突兀，却输入了一丝缥缈的仙风；渔者歌"巴东三峡巫峡长，猿鸣三声泪沾裳"化作平易清通的一句，使你感到没有用典的痕迹，别具几分明快。轻舟又怎么会在"万重山"上驶过？但它以出神入化的直觉就这么写了，还使你感到唯有这么写才能挥洒出那份轻快的心情。这就是"无厚之厚"的形式才能表现出来的内容韵味了。再看歌行体的《峨眉山月歌》："峨眉山月半轮秋，影入平羌江水流。夜发清溪向三峡，思君不见下渝州。"此诗以七绝的格式改造歌行，但又不完全遵守七绝的格律规矩，在变通中寻找自由。它大概是抒写年轻的诗人"仗剑去国，辞亲远游"的最初路程，以及对故乡风物的留恋。但它并不直说，而是空灵地借月言心，人月对语。秋月临山，江流月不流，我如流水东去，月在峨眉山伫望，成为永恒的故乡情的象征。末句以"君"称月，又何其亲切。全诗 28 个字，竟用了峨眉山—平羌江—清溪—三峡—渝州等 5 个地名，占去了 12 个字，并且错综其位置（渝州应在三峡的前面），却令人毫无累赘之感，反而由于地名的轮番闪过，令人觉得舟行如箭，又一一数点着沿途地名，别有一番思绪悠长的感慨。这种在短短的篇幅中敢于冒犯重复、化累赘为空灵的方法，简直是把形式搓揉于掌心，把意义和意味搓揉进去，并且达到了把厚重点化为单纯、点化出"无厚之厚"的境界了。

如果说，李白是使人们知道对当时称得上时髦的近体诗格律也不必亦步亦趋的人,那么杜甫就是使人们知道格律对于发掘汉语的表现潜能,具有极大妙用的人。杜甫不仅以家学基因的深厚功力,恪守格律的严密规矩,而且把这种规矩推向极致,出现了一些绝句四句两联、律诗八句四联都用对仗的格式,似乎只有其中一联或中间两联对仗还不过瘾。这就令人感到杜甫诗的格律,有若锦官城外诸葛武侯祠的柏树,行行矗立,气象肃穆森严。有这么一首小小的《绝句》:"迟日江山丽,春风花草香。泥融飞燕子,沙暖睡鸳鸯。"这里的四句均对仗,每句一景,景景拼合,勾勒出一幅精致明丽的江边春日图。图虽然小巧,却有如四扇微型屏风,处处落笔一丝不苟。又如这首五律:"禹庙空山里,秋风落日斜。荒庭垂桔柚,古屋画龙蛇。云气嘘青壁,江声走白沙。早知乘四载,疏凿控三巴。"开门见山就用了对句,空山落日,传达着禹庙的苍凉气氛。荒庭古屋给人几分荒芜感,但大禹驱驰龙蛇治水的壁画犹可辨认,他划定九州,任土作贡,使边远地方有橘柚水果可以进贡,则果实累累可见。壁画上的龙蛇好像是活的,它们嘘气成云,在它们的威慑下,江水也就驯服地沿着白沙岸奔流而去了。连续不断的对仗,展开了古与今、实与幻的广阔时空,最后一联依然用对句,感慨自己早就知道大禹不避山高水深、泥泞路滑,奔波四年,终于疏凿出长江通道,控制住三巴的水患的英雄传说了。同样面对巴山长江,李白《朝发白帝城》的那份不拘对仗的明快,在杜甫这里为联联皆对的格律形式转化为深沉了,令人在苍凉的境界里沉浸在一个民族对洪水神话的伟大回忆之中。格律形式的变化,潜在地作用着诗歌情调和旨趣的变化,这就是形式的内容性或内容味的奥秘之所在。

格律是写作近体诗的基本修养。不拘格律,容易袒露诗人的天真;恪守格律,则容易导致板滞,必须进行深度的化解,方可超越板滞,直趋蕴藉深沉,这就是老杜反复追求的"老成"之境。因为讲究格律,多少有点作茧自缚,需要付出艰辛的努力,才能咬破茧囊，飞扬而出。没有经过反复锤炼，也就不能逐渐达到老练和浑成的境地了。明人杨慎《升庵诗话》卷九说："庾信之诗，为梁之冠绝，启唐之先鞭。史评其诗曰绮艳，杜子美称之曰清新，又曰老成。绮艳清新，人皆知之，而其老成，独子美能发其妙。"①问题不仅在于杜甫能够看出庾信诗的老成之妙，写下"庾信文章老更成，凌云健笔意纵横"（《戏为六绝句》）的评议，而且在于对老成的体验，乃是杜甫在长期诗创作中反复领略到的一种生命体验，带有某种夫子自道的成分。杜甫在恭维另一位当朝人士的诗艺的时候，也写道："思飘云物外，律中鬼神惊。毫发无遗憾，波澜独老成。"（《敬赠郑谏议十韵》）这也印证老成是他心目中极高的诗学境界。能体验于彼者，必折射着此者于自身之体验，照人者自照于人，这是不可忽略的道理。杜甫暮年这样谈论庾信暮年："庾信平生最萧瑟，暮年诗赋动江关。"（《咏怀古迹五首》其一）注家以为："首章咏怀，以庾信自方也。"（仇兆鳌语）宋人陈师道《后山诗话》卷一引述黄庭坚的话："杜（甫）之诗法出（杜）审言，句法出庾信，但过之尔。"②这可以看作学杜者深知其间甘苦之言，唯应强调者，是它把庾信在杜甫诗艺形成中的重要性，竟然推举到与联系着他的家族文化基因的杜审言相并列的地位。这也令人联想到古人所谓"宋人学杜，得其老成而失其清新"的说法，似乎他们在勾勒着一条从庾信—杜甫—宋人的推重老成，但也逐渐落尽绮艳、刻意深沉的诗歌之路。

应该看到，杜甫不只是宋人心目中的杜甫，他的名声因宋人而大，他的本质却大于宋人心目中的杜甫。从前述引用的杜诗可知，杜甫讲老成的时候，总忘不了同时讲到"凌云健笔""思飘物外"，并列使用"纵横""波澜"一类词语。这一点非常有意

---

① （明）杨慎：《升庵诗话》卷九，《历代诗话续编》，中华书局1983年版，第815页。

② （宋）陈师道：《后山诗话》，《历代诗话》，中华书局1981年版，第303页。

味，意味就在于它充满活生生的辩证法。所谓"老成"，它的思维方式是以凝练、明净、收敛达到深刻的。而"凌云""思飘""波澜""纵横"，则采取相反的思维方向，大幅度地拓展想象的广度和力度，使诗歌蕴含着一种开阔的视野和强大的心灵震撼力。如此一纵一横的双坐标思维体系，使杜诗洋溢着内在的张力与活力。就是说，杜甫的老成，乃是一种可纵横、能波澜的老成，是把恪守格律和崇尚创造结合起来的老成。由此他创造了不少充满感觉、充满生命的句法："绿垂风折笋，红绽雨肥梅"（《陪郑广文游何将军山林》），颜色词居首，散发着直觉的鲜活性；"野流行地日，江入度山云"（《江阁对雨有怀行营裴二端公》），意象错综对接，化清浅为斑驳；"无名江上草，随意岭头云"（《南楚》），省去动词，保留对自然之物的感觉，流露出几分闲静旷远的心情；"星临万户动，月傍九霄多"（《春宿左省》），动词用得出格，形容词用得更出格，对宇宙间的动静消息体察得异常精微；"松浮欲尽不尽云，江动将崩未崩石"（《阆山歌》），重复用字于肯定否定、已然未然之间，以拗体笔法作对句，给人印象深刻。一般说来，杜甫的幻觉不是狂幻觉，而是微幻觉，因此句法和词序的错综调整，更适合于传达微幻觉的微妙与神韵。拗体律诗的句法词序和幻觉，力度明显加大，风格也就更加奇崛险峭。《白帝》就是这样的拗体："白帝城中云出门，白帝城下雨翻盆。高江急峡雷霆斗，古木苍藤日月昏。戎马不如归马逸，千家今有百家存。哀哀寡妇诛求尽，恸哭秋原何处村？"云出城中，雨倾城下，头两句有三字重复，调似民歌，极写城高、雨大。诗的格律也在执拗用词中被扭曲变形了。江峡在地，却说它们作雷霆斗；藤木在山，却说它们与日月同昏——这些都是借天写地，境界雄浑，气氛浓重得给人一种压迫感。随之欲擒故纵，使压迫感略为松动，说是战场上的马不如归田的马闲逸，但闲逸的马大概也是无主之马，因为连年的战争使得十室九空了。因此，压迫感的形似松动，却蕴含着更沉重、更凄凉的压迫感。连那些在战争中失去丈夫的可怜寡妇还受到诛求不已的掠夺,秋原上的恸哭声来自何村,抑或是云雨阴沉的天地与之同悲?这些诗句中,高江与急峡、古木与苍藤、戎马与逸马、千家与百家,四用当句对,而且两两对的方式不同,这简直是对诗人驱遣词语的能力的严峻挑战,非达到老成之境又如何做得到?杜甫是在恪守格律和挑战格律的张力中,锤炼着自己的老成境界的。这和李白俯视格律,又超越格律,从而达到"无厚之厚"的境界,互为映照,才力悉敌,殊堪并列为令人高山仰止的盛唐双峰。他们以不同的才性和风格,驾起了纵横双坐标,显示了中国诗学的博大精深和无限的生命力,蕴含着丰厚而精微的思想感染力。对李杜双峰的研究,必将揭示中国诗学的智慧、生命和神韵的奥秘所在,这是实践着建立中国诗学体系的学人责无旁贷的追求。这也启示人们,要创建现代中国诗学体系,应该借鉴于古人论诗的言论,但不能局限于古人的论诗言论,而应该把关注的重点投放在代表着更高的诗性智慧的李白、杜甫和其他大诗人的诗作之中。从诗的本体,升华出诗学的原型,重新定义了自己的生存策略。这就是诗学还原的思维方式,要回到诗学发生的原点,以大诗人的智慧与现代意识的遇合,赋予蕴含着精彩的思想感染力的现代诗学以充分的原创性,以诗学的原创性切入中国文明史的脉络。李杜诗学奠定了中国文明史的诗学格局。

1999年初稿,2017年11月修订

2021年2月12日最终修订

苏轼与士人文化范式

一 苏轼与宋诗格调

中国文化，宋代极盛。欧阳修之后，苏轼（东坡）主盟文坛，宋代文学局面又上新的台阶。苏东坡原名苏轼（1037—1101年），字子瞻，眉山（今属四川）人。苏轼所代表的进士文化成了金字招牌的文化，与科举考试录取制度密切相关。隋炀帝大业年间（605年）首次开进士科，被视为科举的开端。隋、唐时期，"进士科"只是科举各科之一，考的是诗赋。因为进士科考取最难，故此最为尊贵，地位亦成为各科之首，考上的人数往往只是明经科的1/10。当时曾有一种"三十老明经、五十少进士"的说法。自宋以后，进士一律要经过由皇帝主持的"殿试"一关复核和决定名次。北宋英宗时期，就确立每三年一试的规定。科举录取人数多达数百，如南宋理宗宝庆三年（1227年），进士录取人数多达900余人。这种制度延伸到明清时期，殿试分录取考生为三等称三甲。一甲三人依次为状元、榜眼、探花，称"进士及第"。二甲若干（清朝时一般为七人），称"进士出身"。三甲称"同进士出身"。苏轼和弟弟苏辙是在北宋嘉祐二年（1057年），同科登第。王国维推崇苏轼说："三代以下诗人，无过屈子、渊明、子美、子瞻者。此四子者，若无文学之天才，其人格亦自足千古。故无高尚伟大之人格，而有高尚伟大之文章者，殆未之有也。"自宋以后进士文化阶层形成，苏东坡成为进士文化人生的典范。为苏东坡祝寿的"寿苏会"在明清时期最盛，在农历腊月十九日东坡诞辰日举行。由此苏东坡已作为一种文化而存在，其旷世大才，其浩荡风华，表征着亦形塑着中华进士文化的精神形态。

与此同时，苏东坡亮出了"蜀学"的旗帜。北宋嘉祐治平年间（1056—1067年），儒学发展形成了王安石荆公学派、司马光温公学派、苏轼的蜀学学派。还有创建"关学"的张载，他有一条千古传诵的名言："为天地立心，为生民立命，为往圣继绝学，为万世开太平。"蜀学由苏洵开创，苏轼、苏辙兄弟加以发展，黄庭坚、张耒、秦观等文人学士参与，形成了蜀学的阵容，而与二程"洛学"（即理学）和王安石"新学"鼎足而三，共同构成当时中国学术的三大流派。蜀地偏于一隅，却于汉唐以来文学巨子荟萃，在中国思想文化史上地位独特。"三苏"就是以儒为宗，通过融通三教、兼采诸子来创立蜀学体系的。苏轼在给苏辙的祝寿诗中写道："君少与我师皇坟，旁资老聃释迦文。"一语道破苏氏蜀学的学术渊源是以儒为宗、兼融释道的。蜀中学者李石《苏文忠集御叙跋》："臣窃闻之，王安石以新说行，学者尚同，如圣门一贯之说，僭也。先正文忠公苏轼首辟其说，是为元祐学人谓蜀学云。"（《方舟集》卷十三）苏轼父子治儒家经学，又混杂诸子及纵横之学，在北宋古文运动中起到举足轻重的作用，而以文学成就著称。他们不同于传统的儒者，既是王安石新学的反对者，又是濂洛理学的否定者，在宋代思想史中保持着独立自由的品格与蜀地的学术特色。

苏轼诗早年揭示社会弊端和民间疾苦，后期笔锋略为内蕴，增加历史联想，触及社会制度和人性根源。苏诗最有精气神者，是写景或题画诗，尤其那些至能体现宋诗风范的理趣诗。写景不纯是写景，景中蕴含着襟怀和意兴；好以议论为诗，流泻出来的却是精神与境物瞬间相遇时的兴会。机锋感悟，富有禅宗意味；

是深度直觉，亦是一种冰雪聪明。无须借助典故，一语便可揭破妙理，令人心弦颤动。备尝风险莫测的宦海风波之后，苏诗有意契合陶渊明诗的田园风味。苏轼慕陶，使渊明诗增价；陶诗结缘东坡，反过来使苏诗进入淳朴清旷的境界，并成为一种淡泊而率真的文化象征。

苏轼对宋词最大的贡献，莫过于"以诗为词"：借用处在文学正宗地位的优势文体，把属于艳科末技的词，升格为一种新文体，开创了豪放词的大宗。东坡以后，世人言词，当会以老调俗趣为羞耻。他用诗解放了词，使之既可用于应歌侑酒，适于歌伎唱词，亦可用于士大夫文人的抒情言志。东坡词有两度高峰，一在密州，一在黄州。密州有山城高台，词意追求尚武报国和超越家人分离的缺陷。如《江城子·密州出猎》："老夫聊发少年狂，左牵黄，右擎苍，锦帽貂裘，千骑卷平冈。为报倾城随太守，亲射虎，看孙郎。酒酣胸胆尚开张，鬓微霜，又何妨。持节云中、何日遣冯唐？会挽雕弓如满月，西北望，射天狼。"苏轼因乌台诗案被贬为黄州（今湖北黄冈）团练副使，于元丰三年（1080年）二月到达，初寓居定惠院，五月迁临皋亭。面对惊涛裂岸的长江，更深一层思考生命的本质，包括对待人生荣辱的处世态度，透视历史烟云去把握永恒与瞬间。如《念奴娇·赤壁怀古》："大江东去，浪淘尽、千古风流人物。故垒西边，人道是、三国周郎赤壁。乱石穿空，惊涛拍岸，卷起千堆雪。江山如画，一时多少豪杰。遥想公瑾当年，小乔初嫁了，雄姿英发。羽扇纶巾，谈笑间、樯橹灰飞烟灭。故国神游，多情应笑我、早生华发。人间如梦，一尊还酹江月。"密州词勇，黄州词智，可见密州、黄州的亦山亦水，给东坡打开了何其壮阔的词学视境。这令人联想到宋代俞文豹《吹剑续录》所说："东坡在玉堂（翰林院），有幕士善讴，因问：'我词比柳词（柳永的词）何如？'对曰：'柳郎中词，只好十七八女孩儿执红牙拍板，唱杨柳岸晓风残月；学士词，须关西大汉执铁板，唱大江东去.'公为之绝倒。"

苏词体现了文人词的大智慧，但文人词和歌伎词的界限是相对的，这种智慧不排除甚至包含着他的部分创作使文人词与歌伎词合体。他为章府善琵琶的歌伎作的"琵琶歌词"，格调清婉、超旷而缠绵。《水龙吟·次韵章质夫杨花词》说："似花还似非花，也无人惜从教坠。抛家傍路，思量却是，无情有思。萦损柔肠，困酣娇眼，欲开还闭。梦随风万里，寻郎去处，又还被莺呼起。不恨此花飞尽，恨西园，落红难缀。晓来雨过，遗踪何在？一池萍碎。春色三分，二分尘土，一分流水。细看来，不是杨花，点点是离人泪。"这首词是当得起王国维《人间词话》所说"咏物之词，自以东坡《水龙吟》为最工"的。又有《卜算子·黄州定惠院寓居作》写道："缺月挂疏桐，漏断人初静。时见幽人独往来，缥缈孤鸿影。惊起却回头，有恨无人省。拣尽寒枝不肯栖，寂寞沙洲冷。"黄庭坚《跋东坡乐府》评这首词说："语意高妙，似非吃烟火食人语，非胸中有万卷书，笔下无一点尘俗气，孰能至此？"还有《定风波·三月七日沙湖道中遇雨。雨具先去，同行皆狼狈，余独不觉。已而遂晴，故作此词》说："莫听穿林打叶声。何妨吟啸且徐行。竹杖芒鞋轻胜马，谁怕？一蓑烟雨任平生。料峭春风吹酒醒，微冷，山头斜照却相迎。回首向来萧瑟处，归去，也无风雨也无晴。"其中的坦荡胸怀、从容意气，令人神往。

苏轼的存在，已经超出了个人意义。乌台诗案大难不死，在黄州贬所却奇迹般地找到了属于他自己的生命感觉，出现了一批光芒四射的名篇，这就构成了耐人寻味的"黄州东坡现象"。从乌台到黄州，东坡进入一个痛苦的再生过程。政治放逐，推开审美距离，重新审视文学，以救赎自我的方式深入文学本性，对此豁然有悟。贬谪使诗人承受磨难，在山川和历史的精神遇合中，产生沧桑感慨和精神深度，千古杰作由此而生。黄州也就成了闪亮的贬官文学的最好见证。

二　作为进士层群之文化典型的东坡风范

欧阳修之后的文坛盟主苏东坡，不仅是宋代文学精神的重要代表，而且深刻地影响了宋代文学局面，以及宋以后士人生存方式和精神趣味。苏东坡已经成了一种文化，他以文学上的旷世大才，代表着一种以才情浩荡，诗、文、词、书、画兼通，而又意趣旷达为标志的士人文化形态。东坡风范是介于晏殊和柳永之间的中层士大夫文人的文化风范，它比晏殊平易，比柳永清雅。宋以后进士阶层的形成，造成一个非常有文化势力的中层士大夫群体，苏轼成为这个层群的素质、才情、习俗、趣味的令人倾慕的典型。

唐宋散文八大家中，苏门父子占了三家。父亲苏洵（老泉，1009—1066年）三挫于科场，绝意于功名而潜心经史学术文章，27岁以后发愤杜门读书课子近二十年。他对二子取名，包含着"知子莫若父"的忧郁心境，《名二子说》写道：

> 轮、辐、盖、轸，皆有职乎车，而轼独若无所为者。虽然，去轼，则吾未见其为完车也。轼乎，吾惧汝之不外饰也！
> 天下之车莫不由辙，而言车之功者，辙不与焉。虽然，车仆马毙，而患不及辙。是辙者善处于祸福之间也。辙乎，吾知免矣！①

苏洵最得意的作品，当是苏轼、苏辙二子。尽管他写了不少政论、史论，自比贾谊，欧阳修喻之为荀卿子，在《几策》中剖析了宋朝"以大系小"的高度集权政策，造成"习于惠而怯于威"的病弱文化心理，批评对外贿赂苟安，祸乱势必越积越大的

---

① （宋）苏洵：《名二子说》，《嘉祐集》卷十五。

政治危机，均见解精切，下笔如老吏判狱，但都不及这篇《名二子说》，把苏轼喻为车前横木，他所持的人文风范使国家这部车子没有他就不完整，而身处探索前沿，难免锋芒毕露而获祸；又把苏辙喻为车轮印迹，不居车行之功，也不受覆车之祸，在祸福之间显得平平实实。这种设喻，深知世情物理，明察二子脾气个性，令人有智者预言之感。

进士风范首先是文采风范，一种文章巨公的风范。苏轼、苏辙兄弟于宋仁宗嘉祐元年（1056年）随父赴京应举，受主考官欧阳修的提挈，兄弟于次年中同榜进士。宋仁宗嘉祐二年（1057年）考进士时，主司欧阳修见苏轼文章连称："读轼书，不觉汗出，快哉，快哉！老夫当避路，放他出一头地也。可喜，可喜！"并高度褒奖苏轼"善读书，善用书"，预言苏轼文章"必独步天下"，"三十年后世人更不道着我"。① 眉山苏门之学，专精于政论、史论。尤其是苏轼在秘阁制科考试前后的五十余篇策论中，多以儒术统摄纵横家之雄辩，学在孟轲、贾谊、陆贽之间。史论如《留侯论》《贾谊论》，从历史人物事迹中翻新诠释出独特的政治人生哲学："君子之所取者远，则必有所待；所就者大，则必有所忍"，"能有所忍也，然后可以就大事"②。这似乎是回应"轼应外饰藏锋"的家训，行文以总揽千古、纵横豪爽的气势取胜。这类文章多为时论，虽为宋代重振的散文写作输入一股青春元气，所用依然是战国诸子文体，更多的是显示苏轼"有笔头千字，胸中万卷；致君尧舜，此事何难"（《沁园春·赴密州早行，马上寄子由》）的奋励用世的少年意气。

奋励用世的情结，使苏诗不乏关心民瘼、讥讽时政之作。尤其是熙宁年间，由于他与王安石变法政见不合，更多的看到激进的政治措施在腐败的官吏体制运作中产生的弊端。朝廷党争使他在七年

---

① （宋）欧阳修：《与梅圣俞（嘉祐二年）》，《欧阳文忠公集》卷一四九。
② 《经进东坡文集事略》卷七，文学古籍刊行社1957年版，第96—98页。

间外任杭州通判,又走马灯似地换任密州、徐州、湖州的知州,在为老百姓做一些实事之余,成为新政运作弊端的观察者,比如他写下《雨中游天竺灵感观音院》:"蚕欲老,麦半黄,前山后山雨浪浪。农夫辍耒女废筐,白衣仙人在高堂。"在即景言事中有深意藏焉。它讽刺了官民隔膜,尸位者不关心民间疾苦,而借用白衣观音作亵佛式的隐喻,也意味着诗人早年用世之志高于慕佛之心。

发生在元丰二年(1079年)的"乌台诗案",是宋朝文化史上一桩肮脏的文字狱。一班御史台(史载汉朝曾有数千野乌栖宿在御史台柏树,故称乌台)官员借北宋"谏议无言责"(《宋史·职官志总叙》)的畸形特权,投机党争,曲解苏轼一些讥讽时政的诗句而无限上纲,甚至把《王复秀才所居双桧》诗"凛然相对敢相欺,直干凌云未要奇。根到九泉无曲处,世间惟有蛰龙知",诬陷为对真龙天子的"不臣",使之系狱五个月,必欲置之死地①。还是那位已被阴谋家排挤退居金陵的王安石,超越政见分歧而上书说:"安有圣世而杀才士乎?"才保住了苏轼性命,结案贬为黄州团练副使。五年后苏轼离黄州途经金陵,罢相闲居的王安石骑驴来会,两人游山赏水,诵诗说佛,相得甚欢。王安石激赏苏轼如此人物"不知更几百年方有",苏轼也作《次荆公韵》:"骑驴渺渺入荒陂,想见先生未病时。劝我试求三亩宅,从公已觉十年迟。"诗写得很真率,荡漾着一种人格魅力,两人政见有距离,却不妨碍私谊上相互尊重,此若能成为一种社会风习,不知可以营造出何其清明的人文生态环境!

东坡风范同时也包括人生风范。有所谓人生"不如意事常八九",苏轼的政治生涯大起大落,但他都能以渊博的才学涵养和旷达的襟怀,出入于儒、道、佛三家,以痛苦激发自己璀璨的才华。宋神宗去世后,宋哲宗元祐年间(1086—1094年)高太后听政,起

---

① 参看叶梦得《石林诗话》,胡仔《苕溪渔隐丛话》后集卷三十,厉鹗《宋诗纪事》卷二十一。

用司马光而尽废王安石新法。苏轼被召回京后，迅速越级升为翰林学士，知制诰。他毕竟是讲究实际、崇尚权变又有思想的人，有思想就能看出随风倒的社会潮流中隐伏着弊端，因而对司马光旧党尽废王安石新法的"翻烙饼"式政治行为有所保留，主张"校量利害，参用所长"。由此受新、旧党的双重夹攻而请求外任，于元祐四年（1089年）以龙图阁学士身份出知杭州。其后又改知颖州、扬州。哲宗亲政以后的绍圣、元符年间，他以花甲之年一再被贬谪惠州和海南岛的儋耳。政治人生的急转直下的曲线，险夷无常，使苏轼选择和融合复杂多样的文化为独特的苏轼文化："初好贾谊、陆贽书，论古今治乱，不为空言。既而读《庄子》，喟然叹息曰：'吾昔有见于中，口未能言。今见《庄子》，得吾心矣！'……后读释氏书，深悟实相，参之孔、老，博辩无碍，浩然不见其涯也。"（苏辙《亡兄子瞻端明墓志铭》）① 多元文化在融通中的碰撞，使苏诗苏文波澜壮阔，笔力劲锐而感慨深沉，吐纳万境而旷然天真。

三 苏诗的忧患和理趣

苏轼诗今存两千七百余首，多写得真率大气、才情浩荡、开阖自如，其失在于有时过分随意。早年敢于揭示社会弊端和民间疾苦，后期笔锋略为内蕴，增加历史联想，触及社会疾苦的制度和人性的根源。比如荔枝几乎成了他倾心于岭南的象征物，有《惠州一绝》云："罗浮山下四时春，卢橘杨梅次第新。日啖荔枝三百颗，不辞长作岭南人。"但荔枝也触发他的历史感慨，联系着民间赋贡之害和官场阿谀之风，反而写了《荔枝叹》：

十里一置飞尘灰，五里一堠兵火催。
颠坑仆谷相枕藉，知是荔枝龙眼来。

---

① （宋）苏辙：《栾城后集》卷二十二。

飞车跨山鹘横海，风枝露叶如新采。
宫中美人一破颜，惊尘溅血流千载。
永元荔枝来交州，天宝岁贡取之涪。
至今欲食林甫肉，无人举觞酹伯游。
我愿天公怜赤子，莫生尤物为疮痏。
雨顺风调百谷登，民不饥寒为上瑞。
君不见，武夷溪边粟粒芽，前丁后蔡相笼加。
争新买宠各出意，今年斗品充官茶。
吾君所乏岂此物？致养口体何陋耶！
洛阳相君忠孝家，可怜亦进姚黄花。

这著名的"荔枝的叹息"，吐露了历史的病灶。全诗比照了上下千年的历史征象，东汉地方官员唐伯游上书罢废劳民伤财的交州荔枝之贡，已被人遗忘；唐朝李林甫为博取宫中美人一笑而使飞递荔枝道上惊尘溅血，是令人切齿痛恨的。到了苏轼的时代，竟有丁谓、蔡襄之流以武夷山的粟粒芽作为极品贡茶；洛阳以忠孝传家的枢密使钱惟演，也以牡丹名品"姚黄"去讨好皇上。在皇权至上的专制主义政治体制中，官员莫论其奸，更可怕的是即便其忠，都不顾民间饥寒，争相搜寻珍稀诱人的物品来讨好君主，以此作为他们当官的秘诀。作为一个曾因文字获祸，至此依然身为谪臣的人，对皇朝政治发出如此不留情面的针砭，他那副为民请命的骨头真可谓无怨无悔。

苏轼诗最有精气神者，还是那些写景或题画诗，尤其是那些至能体现宋诗风范的理趣诗。写景不纯是写景，景中蕴含着襟怀和意兴，好以议论为诗，流泻出来的却是精神与境物瞬间相遇时的兴会。写杭州西湖不用工笔，追求写意，《饮湖上初晴后雨》说："水光潋滟晴方好，山色空蒙雨亦奇。欲把西湖比西子，淡妆浓抹总相宜。"写海棠也不细写其枝叶花色，只写人花相恋相惜，

《海棠》诗云:"东风袅袅泛崇光,香雾空蒙月转廊。只恐夜深花睡去,故烧高烛照红妆。"这里重用"空蒙"一词,似乎空蒙是人与景物相互渗透、相互进入、彼此莫辨的状态。蜀地海棠最盛、最名贵,因而诗人家乡有"香海棠国"的雅号。他是把海棠当作故乡花来对待的,在海棠意象史上占有重要位置。在黄州作《寓居定惠院之东,杂花满山,有海棠一株,土人不知贵也》:

> 江城地瘴蕃草木,只有名花苦幽独。
> 嫣然一笑竹篱间,桃李漫山总粗俗。
> 也知造物有深意,故遣佳人在空谷。
> 自然富贵出天姿,不待金盘荐华屋。
> 朱唇得酒晕生脸,翠袖卷纱红映肉。
> 林深雾暗晓光迟,日暖风轻春睡足。
> 雨中有泪亦凄怆,月下无人更清淑。
> 先生食饱无一事,散步逍遥自扪腹。
> 不问人家与僧舍,拄杖敲门看修竹。
> 忽逢绝艳照衰朽,叹息无言揩病目。
> 陋邦何处得此花,无乃好事移西蜀。
> 寸根千里不易到,衔子飞来定鸿鹄。
> 天涯流落俱可念,为饮一樽歌此曲。
> 明朝酒醒还独来,雪落纷纷那忍触!

人花相对互许,这株飘零陋乡的海棠就是贬谪黄州的诗人苏轼自己,天涯流落,幽独清雅,觞歌共惜,物我移情。宋代魏庆之《诗人玉屑》卷十七说:"(苏轼)平生喜为人写(此诗),盖人间刊石者,自有五六本云。轼平生得意诗也。"[①] 其得意就得意

---

① (宋)魏庆之:《诗人玉屑》卷十七,上海古籍出版社1978年版。

在无情的草木瘴气中，发现了由鸿鹄衔籽飞来的故乡花知己，发现了天地间精神瞬间遇合的大欢喜。贬谪闲置的生涯使人走近自然，在任性逍遥中使主体生命意识与自然浑融一体。

人与自然的生命亲和，使苏诗品味出海棠知睡、牡丹知羞、龟鱼辨声、风解人意。即便画上的鸭子，也能感受到它温暖的感觉，这恰好应了他所谓"观士人画，如阅天下马，取其意气所到"（《跋汉杰画山》）的趣味。如《惠崇春江晚景》："竹外桃花三两枝，春江水暖鸭先知。蒌蒿满地芦芽短，正是河豚欲上时。"诗人不仅与禽鸟共享着暖春的消息，而且在禽鸟踪迹上体验到人生哲学，比如他早年写的《和子由渑池怀旧》：

> 人生到处知何似？应似飞鸿踏雪泥。
> 泥上偶然留指爪，鸿飞那复计东西！
> 老僧已死成新塔，坏壁无由见旧题。
> 往日崎岖还记否？路长人困蹇驴嘶。

再度到渑池而见僧死壁坏，由此升华出"雪泥鸿爪"的人生倏忽感，触及了人类普遍性的精神焦虑。以哲理带动和升华诗情，带有明显的宋诗重筋骨思理的特征。由于禅宗感悟的触发，苏轼颇写了一些意味发越的理趣诗。《题西林壁》写于庐山禅寺："横看成岭侧成峰，远近高低各不同。不识庐山真面目，只缘身在此山中。"横看侧看，远近高低，讲的是游览庐山的过程。由于立足点和视角的不同，看到的同一座庐山就呈现不同的形态。一旦进入庐山中心区域，就可能只见局部不见整体，也就不识其真面目了。如此游山的体验，成了一种精神之旅，体验到的是认识的相对性，要解决认识相对性中的片面性缺陷，唯有入乎其里、出乎其表的表里合观，这就是俗语"旁观者清"包含的道理了。

富有禅宗机锋意味的感悟，是一种冰雪聪明的深度直觉，不需夹带典故杂质，一语便可触动令人心弦颤抖的妙理。《琴诗》是无意做诗的诗："若言琴上有琴声，放在匣中何不鸣？若言声在指头上，何不于君指上听？"琴音是艺术，不孤立地存在于客观的琴身上，也不孤立地存在于主体的指头上，而产生于主体与客体按某种旋律碰撞而产生的第三者之中。两句假设和否定性反问的明白如话的诗行，却逼出了一个非主非客且亦主亦客的音乐妙理。当然，说这类理趣之诗多深度的直觉，除了直觉，还要有深度，还要有看得透彻的历史人生。《洗儿》诗便含有耐人咀嚼的感慨："人皆养子望聪明，我被聪明误一生。惟愿孩儿愚且鲁，无灾无难到公卿。"诗中辛辣地嘲讽了"聪明误"的历史悖谬。聪明所尚是独创，但在专制政治中独创往往成为异类，因而出现了愚鲁公卿的价值颠倒。三朝洗儿之俗起源甚早，唐代已盛行，宋孟元老《东京梦华录》卷五、吴自牧《梦粱录》卷二十记洗儿会仪式甚为庄重。宣城《梅氏家谱》记载，宋代梅尧臣58岁得子，三朝，欧阳修、范仲淹、富弼皆作"洗儿诗"以贺①。苏轼却把这种庄重的祝福仪式化作游戏笔墨，于无可奈何的讪笑中留下了反讽社会价值错乱的沉痛。

备尝了社会价值错乱、风险莫测的宦海风波，苏轼开始倾慕陶渊明诗的田园风味，称其诗"质而实绮，癯而实腴"②。从接受史而言，陶诗因东坡而成显学。苏轼流寓黄州，在《江城子》词中说："梦中了了醉中醒。只渊明，是前生。"十年后他出知扬州，和渊明《饮酒》诗二十首。晚年流寓惠州、儋州，决心尽和陶诗。苏辙在《追和陶渊明诗引》中引述东坡语："吾前后和其诗凡一百有九篇，至其得意，自谓不甚愧渊明。"③ 可以说，苏轼以自己

---

① 梅尧臣《宛陵集》卷五十九有《有依韵和答永叔洗儿歌》，欧阳修《文忠集》卷七有《洗儿歌》，注"为圣俞作"。
② 《苏轼佚文汇编》卷四《与子由书》："吾于诗人，无所甚好，独好渊明之诗。渊明作诗不多，然其诗质而实绮，癯而实腴，自曹、刘、鲍、谢、李、杜诸人，皆莫及也。"
③ 《东坡全集》卷三十一，四库全书本。苏辙《栾城集》录此文时略有改动。

诗人的权威性，使陶渊明作为一代大诗人的地位更加巩固，并且成为一种淡泊而率真的文化的象征，陶渊明又反过来使苏轼诗进入淳朴清旷、"极平淡而有深味"的境界。比如《和陶归园田居六首·其一》写道："新浴觉身轻，新沐感发稀。风乎悬瀑下，却行咏而归。仰观江摇山，俯见月在衣。步从父老语，有约吾敢违？"和陶诗于辗转岭海之间，成为苏轼晚年精神上的认同和寄托。但陶、苏之间存在着气质、阅历和社会文化语境上的差异，东坡"身行万里半天下"（《龟山》），性情外向而好与世周旋，即便写田园诗，也更多阅尽沧桑后的感慨和转移感慨后的旷达，更多欣赏民俗的趣味主义的诙谐。寻趣味于荒野，成为他精神的滋润品。《被酒独行遍至子云威徽先觉四黎之舍三首·其一》写道："半醒半醉问诸黎，竹刺藤梢步步迷。但寻牛矢觅归路，家在牛栏西复西。总角黎家三四童，口吹葱叶送迎翁。莫作天涯万里意，溪边自有舞雩风。"海南黎家风俗成了抚慰心灵和刺激灵感的"奇绝冠平生"的趣味所在。他在儋州筑桃榔庵，把陶渊明、柳宗元的诗文集"目为二友"①，一次拜访黎家兄弟，途中遇雨而向农妇借用斗笠、木屐，村童见他这副模样而哄笑，后世画家不烦一二十次地画成的《东坡笠屐图》，这已成为他朴野而幽默的趣味的极妙写照了。

四 旷世词风的开创

东坡词今存三百二十六首，兼备大词人多副笔墨的气象，豪纵超旷者有之，婉转清丽者有之，有所谓纵笔所之、无适不可的风范。他对宋词发展最引人注目的贡献，在于以具有天才的诗性智慧巨匠的能力，采取"以诗为词"的策略，借用一种处在文学正宗地位的优势文体，驾轻就熟地开发出当时还有艳科末技之讥

---

① 苏轼：《答程全父推官六首》其三，《东坡全集》卷八十四。

的词体的艺术表达的可能性。他用诗解放了词，从而使以往多用于应歌侑酒的歌伎唱词，在根本上转化为士大夫文人抒情言志的新诗体。他在37岁通判杭州开始写词，并与高龄词人张先（子野）结为忘年交之后。其《祭张子野文》有道："微词婉转，盖诗之裔。"由此引导出"词为诗裔"或诗词一脉的词学观念，并且把张先词好作题序的形式进一步推广，在题序由诗入词的过程中使词进一步诗化。况且苏轼当时已是诗文名家，以此修养写词，自然给词体带来独特的审美文化基因。这也印证了优势文体的智慧总要向新开拓的文体转移的"生命贯注"的通则。三年后他改知密州，这种文化基因的优势迅即爆发，使熙宁八年（1075年）成为真正意义上的苏词年。他用两副笔墨，以同一词牌作了两首词，其一是《江城子·乙卯正月二十日夜记梦》：

十年生死两茫茫，不思量，自难忘。千里孤坟、无处话凄凉。纵使相逢应不识，尘满面，鬓如霜。夜来幽梦忽还乡。小轩窗，正梳妆。相顾无言，惟有泪千行。料得年年肠断处，明月夜，短松冈。

其二是《江城子·密州出猎》：

老夫聊发少年狂，左牵黄，右擎苍。锦帽貂裘，千骑卷平冈。为报倾城随太守，亲射虎，看孙郎。酒酣胸胆尚开张。鬓微霜，又何妨。持节云中、何日遣冯唐？会挽雕弓如满月，西北望，射天狼。

二词展现了两个刚柔反差强烈的精神世界：一个是凄婉渺茫的梦境，一个是粗豪奔放的猎场。前者显示词人是性情中人，把真挚沉郁的情感赋予悼亡，明月孤坟，轩窗清泪，成为年年断肠的见证。其间有凄凉的惊讶、温馨的孤独,以及刻骨铭心的思念,对青春沉没的纪念已镂刻在不思难忘的潜意识之中。后者显示词人是以身许国的志士,千骑出猎,不仅要射猎场上的猛虎,而且要射西北国境上象征着侵略的天狼星。其间有牵犬擎鹰、锦帽貂裘的威武,也有酒胆霜鬓向往报国及早的焦灼。二者意义体系和表达体系的巨大反差,展示了东坡词内在空间和外在空间的博大和丰富多彩。尤其是后者,作者在《与鲜于子骏书》中说:"数日前猎于郊外,所获颇多,作得一阕,令东州壮士抵掌顿足而歌之,吹笛击鼓以为节,颇壮观也。"可见他把女儿腔换作壮士歌,视为得意笔墨。

把这种外向的豪纵和内向的深婉加以融合,另创一种天人同证、理趣超逸的晶莹境界的,是次年中秋在密州所作的《水调歌头》:

> 明月几时有?把酒问青天。不知天上宫阙,今夕是何年。我欲乘风归去,又恐琼楼玉宇,高处不胜寒。起舞弄清影,何似在人间。转朱阁,低绮户,照无眠。不应有恨,何事长向别时圆!人有悲欢离合,月有阴晴圆缺,此事古难全。但愿人长久,千里共婵娟。

本词作于中秋月明之夜,东坡携客登台欢饮达旦,却又是胞弟苏辙缺席的有缺陷的雅集。它以李白把酒问月式的飘逸姿态,把广寒宫神话与豪饮歌舞风流,以及月斜月落而引发的伤离念别的团圆意识如天风海雨般洒向心田,绽发出一株奇丽无比的艺术琼花①。格调始而清奇,明明题序中交代了"丙辰中秋",却偏要

---

① 陆游《跋东坡七夕词后》云:"昔人作七夕诗,率不免有珠栊绮疏惜别之意。惟东坡此篇,居然是星汉上语,歌之曲终,觉天风海雨逼人。学诗者当以是求之。"(《渭南文集》卷二十八)

问今夕何年、几时有月,似乎要把人带向一个物我两忘的时空。但那高寒的时空可慕不可去,格调转向人间性的执着,执着到染上了对月思亲的"无眠"的忧郁。随之站高一层,放眼天上人间,以旷达的格调超越"古难全"的缺陷而达到一种理趣之美。在旷达的理趣中,自然也就可以超越天上人间的时空限制,进入千里共明月的境界了。这首中秋词神游天地,追踪哲理,把文人雅兴与中国文化中的人伦团圆意识巧夺天工地嫁接起来,使人在千古吟诵中依然可以共享一种魅力独具的东方明月情韵。这种情韵使词体深度诗化或士大夫情感化了,或如两宋之际的胡寅所说:"及眉山苏氏,一洗绮罗香泽之态,摆脱绸缪宛转之度,使人登高望远,举首高歌,而逸怀浩气,超然乎尘垢之外,于是《花间》为皂隶而柳氏为舆台矣。"①

东坡词有两度高峰,一在密州,一在黄州。密州有山城高台,词意追求尚武报国和超越家人分离的缺陷;黄州面对长江,况且在乌台诗案之后,也就更深一层思考生命的本质,包括对待人生荣辱的处世态度,透视历史烟云去把握永恒与瞬间。密州词勇,黄州词智,可见密州、黄州的亦山亦水,给东坡打开了何其壮阔的词学视境。词在走万里路中,迈开双脚走向开阔。黄州时期他作《定风波·三月七日沙湖道中遇雨雨具先去同行皆狼狈余独不觉已而遂晴故作此词》:"莫听穿林打叶声。何妨吟啸且徐行。竹杖芒鞋轻胜马,谁怕?一蓑烟雨任平生。料峭春风吹酒醒。微冷,山头斜照却相迎。回首向来萧瑟处,归去,也无风雨也无晴。"又作《浣溪沙·游蕲水清泉寺》:"山下兰芽短浸溪。松间沙路净无泥。萧萧暮雨子规啼。谁道人生无再少?门前流水尚能西。休将白发唱黄鸡。"两首词使用了"平生""人生"这类词语,可知他当时精神焦虑的焦点围绕着生命处境和面对命运的态度。生命处

---

① 胡寅:《酒边词序》,收入施蛰存主编《词籍序跋萃编》,中国社会科学出版社1994年版,第169页。

境是有风有雨，暮雨啼鹃，萧瑟凄凉，但也阻挡不住斜阳相迎、兰芽浸溪的生命活力。词人用设问的方式点出自己面对命运的态度，谁怕风雨，难道生命被消磨得苍老了？回答是"一蓑烟雨任平生"，近乎老庄的超然，"门前流水尚能西"，近乎儒家的坚毅和通变，而莫听雨声，何妨吟啸，把风雨乍晴等量齐观视若"无"，就近乎禅宗的无欲无惧的本心明净了。东坡词的旷达，是一种浑融三教、运转圆通的驾驭命运的大智慧。旷达不是没有悲剧，而是一种化解悲剧沉重感而升华出智慧生命新境界的"超悲剧之美"。旷达大智慧与气壮山河的历史画卷打照面，便产生了千古绝唱《念奴娇·赤壁怀古》：

> 大江东去，浪淘尽、千古风流人物。故垒西边，人道是、三国周郎赤壁。乱石穿空，惊涛拍岸，卷起千堆雪。江山如画，一时多少豪杰。遥想公瑾当年，小乔初嫁了，雄姿英发。羽扇纶巾，谈笑间，樯橹（一作"强虏"）灰飞烟灭。故国神游，多情应笑我，早生华发。人生如梦，一尊还酹江月。

此词充满吞吐长江、评点千古的魄力之美。江浪如何能够淘尽千古人物呢？这显然是把大江历史化了，把汉末到北宋八百余年的历史时间行程投入大江急流之中，从而激发出"惊涛拍岸，卷起千堆雪"的惊心动魄的力量。它写的是"人道是"的周郎赤壁，不拘泥于历史地理学的考订而放开眼界，谛视深层的历史和人生的哲学。一场烈焰满江的历史大搏斗被写得何其举重若轻，风流倜傥的儒将，羽扇纶巾的谈笑，便化覆顶之灾为飞扬的灰烬，改变历史的行程，实在让文昌武弱的宋人倾慕不已。词人走进历史，又返回自身，自己年岁已长于当年的周郎，华发上鬓，功业何在？樽酒酹江月，既成了祭奠历史的仪式，也成了祭奠自己生命的仪式，于旷达中回荡着悲壮的音符。这就是他词学创造的大智慧所在了。

苏词体现了文人词的大智慧，但文人词和歌伎词的界限是相对的，这种大智慧不排除甚至包含着他的部分创作使文人词与歌伎词合体。黄州所作的《水龙吟·次韵章质夫杨花词》既是文人间的酬对，也是为章府善弹琵琶的歌伎作的"琵琶歌词"，格调清婉、超旷而缠绵。王国维《人间词话》因而评议："咏物之词，自以东坡《水龙吟》为最工。"词曰：

> 似花还似非花，也无人惜从教坠。抛家傍路，思量却是，无情有思。萦损柔肠，困酣娇眼，欲开还闭。梦随风万里，寻郎去处，又还被、莺呼起。不恨此花飞尽，恨西园，落红难缀。晓来雨过，遗踪何在？一池萍碎。春色三分，二分尘土，一分流水。细看来，不是杨花，点点是，离人泪。

这首杨花词曾赢得宋以后的诗话、笔记中一片赞词，甚至许之为"神品"，誉之为"压倒今古"。词写于柳絮飞坠的暮春时节章质夫出赴外任，却采取咏物词的方式，以杨花若明若暗、曲曲折折地隐喻人物的处境、情感和命运。但它隐喻的是外任的章质夫，还是贬谪黄州的苏轼，或是身世沦落的歌伎，然否莫辨，形成多义的朦胧。总之它凄婉绵密地写了"抛家傍路"的冷遇、"萦损柔肠"的苦思、"被莺呼起"的梦魂和"二分尘土，一分流水"的零落春色。费了如此多的笔墨写飘坠的杨花，却反转来说"细看来，不是杨花"，而是点点离人泪，这是因为全篇人与杨花合观，把人的性情感觉和生命的叹息移植于经风历雨、落水沾泥的杨花身上，已成为它最基本的抒情方式了。

五　黄州东坡现象

文学思想史不仅要"把握经典"，而且要"凿破经典"。"凿破"的意义在于揭示经典产生的本质。乌台诗案大难不死的苏轼在黄州贬所奇迹般地找到了属于他自己的生命感觉，不仅前述的诗、词，还有文、赋，都出现了一批光芒四射的名篇，这就构成了耐人寻味的"黄州东坡现象"。现象背后，东坡对生命价值和文学态度的重新认识，很值得注意。从乌台到黄州，东坡生命进入一个痛苦的再生过程，他深感"语言之间，人情难测"，因此闭门谢客，以避免言谈惹祸，甚至推托"不复作诗与文字"（《答濠州陈章朝请》）。经过一度的以退为进之后，他自感到"别来未一年，落尽骄气浮"（《子由自南都来陈三日而别》）。所谓骄浮之气，也就是他早年把文学与功名躁进之心联系得过紧，应该拉开适度的审美心理距离，以救赎自我和深入文学本性。对此豁然悟得之后，他叹息："长恨此身非我有，何时忘却营营？"（《临江仙·夜归临皋》）对朝政进言路断，他就修通返回我心的道路，于此，黄州一带山川和佛道学理起了内外多重的滋润作用。《黄州安国寺记》说："反观从来举意动作，皆不中道，……盍（何不）归诚佛僧，求一洗之？"于是在安国寺茂林修竹间"焚香默坐，深自省察，则物我相忘，身心皆空"，"一念清净，染污自落，表里翛然，无所附丽"。不过，他虽然自号居士，却只是借佛学消除烦恼，拓展智慧，不必夸言信仰精深，反能获得更多的精神自由。他与客辩论禅理，被讥为浅陋，却反嘲对方所论是"龙肉"，自己所奉是"猪肉"，"然公终日说龙肉，不如仆之食猪肉实美而真饱也"（《答毕仲举书》）。他对佛学的实用主义态度，使他既得佛学智慧，又能出入无碍，以一派清明心境，迎来光风霁月的无限灵感。他在东坡垦田五十亩，身耕妻蚕，村酒自醉，曳杖出行，旷然天真，赋《东坡》诗云："雨洗东坡月色清，市人行尽野人行。莫嫌荦确坡头路，自爱铿然曳杖声。"至此他可以说，已用"今我"取代"故我"（《答李端叔书》）了。

没有这种光风霁月的灵感，岂能写出境界空明的《记承天寺夜游》？这是一篇渣滓悉去的绝妙作品：

元丰六年十月十二日，夜，解衣欲睡。月色入户，欣然起行，念无与为乐者。遂至承天寺寻张怀民，怀民亦未寝，相与步于中庭。庭下如积水空明，水中藻荇交横，盖竹柏影也。何夜无月，何处无竹柏，但少闲人如吾两人耳。

苏轼是以才遣赋的高手，那些骈散结合、情理超然的赋体文字，融空明于苍茫，化忧郁为超逸，在人与宇宙大对话中把哲理的雄辩高度诗化了。对于那处张冠李戴的黄州赤壁，他进行了《念奴娇·赤壁怀古》词和前后《赤壁赋》的辐射型写作，赢得了旷世大才的文名。前《赤壁赋》写苏子与客在赤壁下由泛舟到纵舟，由清风明月的空明到水光万顷的苍茫，既是自然空间的拓展，也是精神空间的拓展。在遗世独立、飘然若仙的精神状态中，扣舷而歌，进入了苏轼念兹在兹的《庄子》《楚辞》的神妙之境。但此赋体现的宋人理性在于它不满足于精神浑融的朦胧美，而追求着精神探索的智性美，因而在如怨如慕、如泣如诉的洞箫悲音中引出赋体常见的主客问答的形式。它首先进入战船满江的历史，不是进入《念奴娇》词的周瑜世界，而是进入酾酒临江、横槊赋诗的曹操世界。在"一世之雄，而今安在"的迷惑中，思索着宇宙和人生的大小（空间）久暂（时间）："寄蜉蝣于天地，渺沧海之一粟；哀吾生之须臾，羡长江之无穷。"客的迷惑实际上暗示着苏子的迷惑，采取戏剧化的手法写主体的内在分裂，但它又采取抑客扬主的方式，反过一面或深入一层看世界，以庄子式的相对主义作"变与不变之辨"："自其变者而观之，则天地曾不能以一瞬；自其不变者而观之，则物与我皆无尽也。"且不妨以随缘自适的高旷心境，享受天地厚赐的清风明月。在这种高蹈旷达的宇宙意识中，人生自可获得一种潇洒从容的大自在，自可笑饮酣睡，

"不知东方之既白",而文章也可以在有意味的空白中给读者留出广阔的想象空间。此时的苏轼已超越了初至黄州时"多难畏人""开口得罪"的顾忌,进入了"任性逍遥,随缘放旷,但尽凡心,无别胜解"① 的精神境界。因而以前后《赤壁赋》把宋人的智性美表现得淋漓尽致,主客问答把玄理谈得意兴风发、声情并茂,散发着论辩的魅力,这很不容易。他把骈散兼杂的赋,写成了一首散发着宇宙生命感觉的"神曲"了。宋人王十朋到黄州寻访苏轼遗迹,赋有《游东坡十一绝》,触及其遭贬谪中所发生的精神超越和文学超越,其三云:"少年下笔已如神,文到黄州更绝尘。我宋人才盛元祐,玉堂人是雪堂人。"其五云:"再闻黄州正坐诗,诗因迁谪更瑰奇。读公《赤壁》词并赋,如见周郎破贼时。"② 贬谪使诗人在承担巨大的精神磨难中、在遥远而陌生的时空中与山川和历史的精神遇合,触发出平稳的书斋中难以想象的沧桑感慨和精神深度,于是千古杰作由此而生。黄州也就成了闪亮的贬官文学的见证地,从而使东坡词赋进入中华文明史的脉络。

六 苏辙绿叶扶花的成就

北宋三苏父子与汉末三曹父子均执一代文学的牛耳,但他们的文学处境却极不相同。三曹是汉末最有权力的政治集团,父子兄弟之间存在猜忌和倾轧,三人的文学成就各有千秋,独具格局。苏氏"门前万竿竹,堂上四库书",虽有书香,毕竟平民。他们上京应试,二子同擢高等,三人同得盛名,苏氏三杰由此综合成了一种文苑名牌。苏辙算不上大才,他与苏洵均名列唐宋八大家,得益于苏轼旷世大才的拉动。但苏轼一生政治生涯颠簸莫测,没有性格深隐恬静的乃弟与之形成互补关系,也许独木当风,刚而

---

① 苏轼:《与沈睿达二首》之二,《与子由弟十首》之三,《苏轼文集》卷五十八,卷六十,中华书局 2004 年校点本。
② 王十朋:《梅溪后集》卷十五,四库全书本。

易折，很难渡过那些政治风波和精神危机。乌台诗案中，苏辙上书朝廷，"乞纳在身官以赎兄轼"。苏轼感到有杀身之虞，即作诀别诗《狱中寄子由》："与君世世为兄弟，更结人间未了因。"苏辙认为，救苏轼的方法，不是张扬苏轼乃"天下之奇才"以激怒神宗，而是点出本朝未曾杀士大夫，若杀苏轼，就会留下杀士大夫从神宗始的话柄①。可见苏辙可以和乃兄互补处，是善于审时度势而调整人生策略的柔韧度。兄弟无话不谈，而在诗文往返唱和中，苏辙又善解人意地对其精神障碍进行疏导，比如苏辙曾为东坡命名的快哉亭作《黄州快哉亭记》，当可激励困境中东坡"一点浩然气，千里快哉风"（苏轼《水调歌头·黄州快哉亭赠张偓佺》）的精神转机。人在危难中需要精神拯救，苏轼远窜儋州时唱和陶诗进行自我拯救，同时随同浮海的少子苏过作诗得其家法，也起了协同拯救的作用。苏轼《和陶游斜川·正月五日与儿子过出游作》说："过子诗似翁，我唱而辄酬。未知陶彭泽，颇有此乐不？"苏过只是在苏轼晚年，即惠州、儋州时期协同拯救，而"惟我与兄，出处昔同"的苏辙却协同拯救终生，成为苏轼"但愿人长久，千里共婵娟"的精神呼应者。从某种意义上说，这是苏辙在文学史上最值得被感谢的绿叶扶花的"成就"，如此红花绿叶堪称中华文明史上独特的景观。

苏辙（1039—1112 年），字子由，晚号颍滨遗老。对王安石变法的态度与苏轼略同。元祐年间，身居要位，历任翰林学士知制诰、尚书右丞、门下侍郎。哲宗亲政后，出知汝州，贬居筠州，再贬至雷州安置。徽宗朝还归颍昌（今河南许昌）闲居十二年。苏辙最为可观的文字，当是《上枢密韩太尉书》。这本是干谒权贵，即当时掌军事重权的枢密使韩琦的书信，但它的篇章学策略出手不凡，如国手下棋，远远落一闲着，在你莫辨其妙之时，他

---

① 胡仔：《苕溪渔隐丛话》后集卷三十，人民文学出版社 1984 年校点本。

已下一步看十步，在收官紧气中高效地发挥意外的功能。书信开头看似在专心致志谈文论艺，认为"文者气之所形"，无非是曹丕《典论·论文》所谓"文以气为主"的阐发。但它讲文气注重于"养"，孟子善养浩然之气，司马迁游览交游，养成文章疏荡的奇气，因此为文的大要，是要有浩荡奇气充实其中。随之将笔墨由历史跳跃到自身，讲述自己为养气而出川求天下奇闻壮观，历览名山、巨川、京邑、宫阙和时贤，水到渠成地引出未见"才略冠天下"的韩琦的遗憾："且夫人之学也，不志其大，虽多而何为？辙之来也，于山见终南、嵩、华之高，于水见黄河之大且深，于人见欧阳公，而犹以为未见太尉也。故愿得观贤人之光耀，闻一言以自壮，然后可以尽天下之大观而无憾者矣。"全篇立意高远，落笔迂回曲折、奇警疏宕，把干谒的俗事化出清雅的趣味，荡漾着一股少年英气。如果就这样收笔，他也就不是苏辙，苏辙之为苏辙还要以谦逊态度承认自己"年少未能通习吏事"，愿得韩琦提挈以"益治其文，且学为政"。如此机敏周密、滴水不漏，是异于东坡的小苏气韵，难怪苏辙以"奇""稳"分析自家兄弟的风格："子瞻之文奇，吾文但稳耳。"① 也难怪清人刘熙载《艺概》卷一说"大苏文一泻千里，小苏文一波三折"了。雄奇和沉稳，构成了文学史的互补格局。

2019 年 6—8 月修订，
2021 年 2 月 13 日再三修订

---

① （明）唐顺之：《稗编》卷七十七引"栾城遗言"。

第四编

思想文化向民间的位移

中国根柢全在道教

鲁迅在1918年8月20日写给好友许寿裳的书信中说："《狂人日记》实为拙作，又有白话诗署'唐俟'者，亦仆所为。前曾言中国根柢全在道教，此说近颇广行。以此读史，有多种问题可以迎刃而解。"这句话经典地总结了道教对中国传统文化所产生的深刻影响。应该看到，道教渊源深远，它的黄帝学派托言轩辕黄帝，把根系伸到中华民族的人文始祖。道教体系最早的创始人即五斗米教（天师道）的张道陵，崇拜道家老子为祖师，宣称得到太上老君（老子）"授以三天正法，命为天师"，于是吸收了春秋战国时期的神仙方术的方仙道，又融合道家、阴阳家的"五行""阴阳"等思想而在汉代中后期形成黄老道。而且道教供奉的经典甚是可观，《周易参同契》是最早的丹经，被称为丹经之祖；《抱朴子》也是道教丹鼎派的基本经典。《黄庭经》和《上清大洞真经》则是上清经箓派的主要经典。《太平经》和《老子想尔注》也是道教早期的主要经典。汉唐时期道教已经埋下深厚的根基。到了两宋时期，出现了道教发展的兴盛时期，其特点是由民间转入朝廷，由零散上升为体制，具有显著的政治地位和广泛的信仰基础。宋代道教的政策制度、神明崇奉以及教理教义、方术科仪的流传，对当时朝廷和文人士大夫、市井百姓的精神世界以及审美意趣都产生了不可忽视的深刻影响，因此应做出专门考察。

宋代小说中许多与道教相关的故事，是在当时仙风炽热的社会环境中产生的。就高层而言，宋朝政府始终将道教视为巩固皇权、辅助教化、匡正人伦的重要治世工具。以国家的力量提倡道教，就使道教风气愈煽愈烈。

道教的造神举动，是为了神化宋朝得天下、坐天下乃是天意。《石林燕语》记载：

> 太祖皇帝微时，尝被酒入南京高辛庙，香案有竹杯筊，因取以占己之名位，以一俯一仰为圣筊。自小校而上至节度使，一一掷之，皆不应。忽曰："过是则为天子乎？"一掷而得圣筊。天命岂不素定矣哉！晏元献为留守，题庙中诗，所谓"庚庚大横兆，罄欬如有闻"。盖记是也。①

其后，宋太祖把弘扬道教作为国家的事业。《宋朝事实》记述了赵宋立国之后，将道教作为"护国救民"的统治工具，曰：

> 建隆初，太祖遣使诣真源祠老子，于京城修建隆观。现在阊阖门外，周世宗建曰太清观，帝命重修，赐今名自是斋修率就是观。自五代以来，道流庸杂，乾德五年，右街道录何自守坐事流配，乃诏莱州道士刘若拙为左街道录，俾之肃正道流。开宝五年闰二月，诏曰："冲妙之门，清净为本。逮于末俗，颇玷真风，或窃服冠裳，寓家宫观，所宜惩革以副钦崇。"②

《宋史》也有这样的记载：

---

① 《宋元笔记小说大观》，上海古籍出版社2007年版，第2506页。
② （南宋）李攸：《宋朝事实》卷七，中华书局1985年版。

时太祖求治，事皆核实，故方技之士必精练。乾德初，令太常寺考较翰林医官艺术，以翰（刘翰）为优，……被诏详定《唐本草》，翰与道士马志、医官崔煦、张素、吴复珪、王光祐、陈昭遇同议，凡《神农本草经》三百六十种，《名医录》一百八十二种，唐本先附一百一十四种，有名无用一百九十四种，翰等又参定新附一百三十三种。王怀隐，宋州睢阳人。初为道士，初，太宗在藩邸，暇日多留意医术，藏名方千余首，皆尝有验者。至是，诏翰林医官院各具家传经验方以献，又万余首，命怀隐与副使王祐、郑奇、医官陈昭遇参对编类。每部以隋太医令巢元方《病源候论》冠其首，而方药次之，成一百卷。太宗御制序，赐名曰《太平圣惠方》，仍令镂板颁行天下，诸州各置医博掌之。怀隐后数年卒。①

在这股道教潮流中，陈抟和吕洞宾，是宋代最有名的神仙。陈抟也以善于相人而著称，并对相术有着精到的论述，其《风鉴》有云：

人之生也，受气于水，禀形于火。水则为精为志，火则为神为心。精合而后神生，神生而后形全，形全而后色具。是知，显于外者谓之形，生于心者谓之神，在于血肉者谓之气，在于皮肤者谓之色。②

他认为人本身的形、神、气、色都是人生吉凶的外在表现，并且并非完全是与生俱来的，而是与日常行为、道德规范有密切的联系。他在论述形时讲道：

---

① （元）脱脱：《宋史》卷四百六十一，中华书局1985年版。
② 刘联群：《陈抟传奇》，四川人民出版社2003年版，第268页。

> 至于形，则载之而已。有厚焉，有薄焉。厚者吉，薄者凶。世人有遇时得志者，其始皆欲有为也；及其中则滞，末则卒，皆由度量浅狭，不能容载也。墙薄则易颓，酒薄则易酸，纸薄则易裂，人薄则易亡，水土薄则不足以致阴云之附。不度己短，专谈人过；侵削人物，以为己恩；面前说是，背后说非；不睦亲长，却奉外人；本性轻率，佯为沉重；改常弃旧，忘恩忽人；未贵先盈，未富先骄；未学先满，此大薄矣。若此者，不惟破相，又损其寿，殃及子孙。①

相人的目的是相命。算命也就成了宋代相当流行的占卜术，以人的生辰八字作为推算的依据。宋代异人徐子平在前人基础之上对算命术进行了改进，以阴阳学说为基础，利用五行相生相克的原理来推测吉凶。除此之外，测字、求签、测梦、卜卦、扶乩，也是宋代比较流行的占卜形式，成为道教常见的宗教活动之一。宋太宗重用为自己登基制造神话依据的道士张守真，并召见华山道士丁少微，赐封陈抟为"希夷先生"，修建上清太平宫等大型宫观八座。《闲窗括异志》则记述吕洞宾：

> 黄觉，旅舍见道士，共饮。举杯之际，道士以箸蘸酒，于案上写"吕"字，觉悟其为洞宾也，遂肃然起敬。道士又于袖中出大钱七、小钱三，曰：数不可益也。又与药寸许，岁旦以酒磨服之，可终岁无疾。如其言至七十余，药亦尽。作诗云：床头历日无多了，屈指明年七十三。于是岁卒。②

故事中疑似吕洞宾的道士身上具有明显的道教济世救人的色彩，并不企图以道术牟利，而是尽可能地帮助黄觉提高生活品质。

---

① 刘联群：《陈抟传奇》，四川人民出版社2003年版，第270页。
② （宋）鲁应龙：《闲窗括异志》，中华书局1985年版，第24页。

但当其用铜钱测算出黄觉寿数时也知命运不可违,因此馈赠药物的剂量也进行了相对的控制。善于占卜之道士不仅可以测算人生的福祸,也可预知国家的命运。

宋太祖以后,宋代出现过三次弘扬道教的热潮。宋真宗掀起了宋代第一次真正意义上的崇道热潮。大中祥符元年(西元1008)正月,宋真宗称有神人星冠绛衣降于宫殿中,并告知他次月三日应在朝元殿设道场一月,当降《大中祥符》三篇。次年正月三日,皇城司奏报:"左承天门南角,有黄帛摇曳于鸱尾之上。取视之,帛长二尺余,封一物如书卷,缠以青丝三道,即天书。帛上文曰:'赵受命,兴于宋,付于恒。居其器,守于正。世七百,九九定。'"① 此后宋真宗又制造了"大内天书""泰山天书"等神异事件,并于大中祥符二年下诏在全国范围内修建天庆观。宋真宗的崇道活动显著地提高了道教在宋代的影响力,全国有度牒的道士数量达到两万余人。《续资治通鉴长编》有云:"道教之行,时罕习尚,惟江西、剑南人素崇重。及是,天下始遍有道像矣。"宋真宗诏令天下州县建造神霄玉清万寿宫,殿中均供奉长生大帝君、青华帝君像。同年四月,宋真宗"讽道箓院上章,册己为教主道君皇帝"②,成为天地人三界的统治者。

"天书下降"事件是著名的造神运动,为了进一步扩大神灵护国的影响,宋真宗将天书下降日定为"天庆节",诏令在全国各地修建天庆道场并定期举办斋醮仪式。地方官员回应皇帝的号召,纷纷积极铸造神像,进献青词。崇道对于真宗来讲既是"神道设教"的重要手段,又是发扬本民族文化,震慑外族政权的有力武器。③真宗时期开始编撰的道教类书《云笈七签》在纪传部中将轩辕黄帝置于第一位,真宗本人所题的纪传部《先天纪叙》中则称:

---

① 《宋会要》瑞异一之二九至三十。
② 《宋史》卷二十一。
③ 详见卿希泰《中国道教史》,四川人民出版社1992年版,第558页。

> 思文圣祖，肇初生民，时属洪荒，政方朴略。储精曾宙，下抚于八纮；应运中央，茂宣于三统。先觉以化庶汇，总己以御众灵。涿鹿观兵，济人而定难，梁峰纪号，奉天而告成。顺拜峒山，所以尊乎冲妙；轻举冶谷，所以登乎紫清。俗畏其神，民习其教。九国承于世纪，三代继于大宗。①

可见宋代道教将黄帝视为神仙始祖，其用意在于从宗教神学的角度彰显华夏文明的世代相承，道教神仙系统即是华夏的神仙系统。因此北宋帝王的成神故事也具有明显世代传承性，几乎历代皇帝都有仙界的原型，体现出了"神权君授"的特征②。

宋代的第二个崇道高峰出现在宋徽宗时期。政和三年，徽宗自称见到神人下降，并作《天真降临示现记》颁行于全国。政和五年，道士林灵素向徽宗称：

> 天有九霄，而神霄为最高，其治曰府。神霄玉清王者，上帝之长子，主南方，号长生大帝君，陛下是也，既下降于世，其弟号青华帝君者，主东方，摄领之。已乃府仙卿曰褚慧，亦下降佐帝君之治。又谓"蔡京为左元仙伯，王黼为文华吏，盛章、王革为园苑宝华吏，郑居中、童贯及诸巨阉皆为之名。贵妃刘氏方有宠，曰九华玉真安妃"。③

于是宋徽宗开始狂热地崇奉道教，梦想把宋朝变成神霄仙境。政和六年（1116），在林灵素等人的建议下，朝廷开始"立道学，置郎、大夫十等，有诸殿侍晨、校籍、授经，以拟待制、修撰、直阁。始欲尽废释氏以逞前憾，既而改其名称冠服"。这种类似现

---

① （宋）张君房：《云笈七签》，华夏出版社1996年版，第2155页。
② 周德全：《道教与封建王权政治交流研究》，人民出版社2015年版，第421页。
③ 《宋史》卷四百六十二，中华书局1985年版。

今道教学院的机构专门为朝廷培养崇道的骨干。政和七年（1117）二月，宋徽宗又同林灵素等人编造了"青华帝君"下降的神异事件。《续资治通鉴长编拾补》有云："考之仙版，青华帝君实高上神霄玉清王之弟也。仰惟教主道君皇帝以神霄玉清之尊降神出明，应帝王之兴起，虽动而不失其所谓至静。虽为而实未尝为，故其通真接灵，淡然独与神明居者，若辛卯岁之梦兆；癸巳岁之示见，创见稀有，中外已悉，闻而知之。至于今日坐堂奥之上，而神飞玉京，来仙境之真，而迹凝禁御，则或未之闻也。"重和元年（1118），为进一步培养道教人才，宋徽宗"诏州县学兼养道流，增置士名，自元士至志士，凡十三品。岁大比，许襕襆就试"，并令天下儒生增学道经。

到了宣和年间（1119—1125），又出现了宫中降妖事件。《夷坚甲志》卷十二《宣和宫人》中有宫人被妖祟附体，京城有道术者都束手无策，最终请来了龙虎山程道士，其降妖过程如下：

  道士请以禁卫数百，执兵仗围其室三匝，隔门与之语，且投符使服。宫人笑曰："吾服符多矣，其如予何！"遂吞之。已而稍定，曰："此符也得。"道士遂启门。宫人詓詓不已，然既为符所制，不能出。道士以刀划地为狱，四角书"火"字，叱之曰："汝为何鬼所凭，尽以告我。不然，举轮火焚汝矣。"不肯言。取火就四角延烧，始大叫曰："幸少宽，我将吐实。"道士为灭去两角火。乃言曰："吾亦龙虎山道士，死而为鬼。凡丹咒法箓，皆素所习，故能皆之。不意仙师有真符，今不敢留，愿假数日而去。"道士怒曰："宫禁中岂宜久，此必速去。"即入奏曰："此鬼若不诛殄，必贻祸他处，非臣不可治。"遂缚草为人，书牒奏天讫，斩之。宫人即苏。①

---

① （宋）洪迈：《夷坚志》，中华书局1981年版，第102页。

这个故事发生在宋朝宫廷，惊动了宋徽宗，此时龙虎山程道士的做法则有忠君护国的意味。神霄派《高上神霄玉清真王紫书大法》也指出要"上卫帝王，下以为民"。这种皇室请地方道士前往驱邪的故事在宋之前是不多见的。故事中作祟之鬼自称生前也是龙虎山道士，但程道士没有因同门之情而手软，体现了其刚正不阿的英雄姿态。

南渡后的宋高宗也积极利用道教的影响力来维护局面，稳定并神化巩固自己的皇权，掀起了第三次崇道高潮。绍兴七年（1137），宋高宗全面恢复了天庆观供奉圣祖的旧制。《梦粱录》有云："高庙为康邸，出使将行，见四金甲神人，执弓箭以卫。"是指高宗称曾经在出使金国的途中受到了"四金甲人"，即紫微大帝手下的天蓬、天猷、翊圣、真武四员天将的护佑，因此在临安孤山建起四圣延祥观。同时还制造了崔府君"神马拥王舆"的故事，《梦粱录》有云："乃磁州崔府君，系东汉人也。朝廷建观在暗门外聚景园前灵芝寺侧，赐观额名曰显应，其神于靖康时高庙为亲王日出使到磁州界，神显灵卫驾，因此官建观宇，崇奉香火，以褒其功。此日内庭差天使降香设醮，贵戚士庶，多有献香化纸。"宋高宗杜撰出自己与神人的渊源并对其大加崇奉，成功地巩固了皇位。与北宋几位狂热崇道的皇帝相比，宋高宗对道教的扶植显得相对理性且具有更为浓厚的政治意味，也由此奠定了整个南宋时期的崇道基调。宋理宗时期，朝廷开始重视发展广泛流传于民间的世俗道教，其特点是以符箓斋醮为主要方术，突出教理教义与传统伦理道德的密切关系，推进诸如《太上感应篇》等劝善道书开始在民间流行。宋理宗还加强了对真武神的崇奉。崇奉道教即是崇奉神明，就离不开相关传说的制造与流传，可以说宋代自皇帝至文人都是道教神怪故事的创作者与推介者。

由此，宋代的道教管理制度及相关机构建设较前代又有长足的进展。宋代通过礼部属司之一的祠部来掌管道冠、童行籍帐、披戴文牒以及道官的选送。设置祠部郎中、员外郎各一人，吏二十一人，掌管功德寺观、度牒发放及管理、道释神祠加封及赐额等方面的事务。祠部之外还有鸿胪寺的属部宫观提点所和左右街道录院。神宗时设有建隆、醴泉、奉慈、中太一、万寿、集禧、崇真、资圣等八个宫观提点所。南宋时期则有东太一、西太一、万寿、佑圣、显应、佑圣延祥、三茅宁寿、开元、龙翔、景灵、德寿等十一个宫观提点所。提点所"掌殿宇斋宫、器用仪物、陈设钱币之事"①。道录院则掌管宫观神像、科仪制度、道门威仪以及各地天庆观主持人选。而地方上则有道正司，负责落实朝廷的宗教指令；了解地方道官的运行及人事变动情况，并推荐地方道士去道录院培训；勘验道士的度牒，并处理各种相关事务；组织日常道教活动，监督道士的行为规范。而各道观的内部管理也不尽相同。宋代的道教宫观大体上分为皇家宫观和普通宫观两类。皇家宫观一般供奉有本朝已故皇帝和太后的神御殿，政府则派遣祠禄官管理。皇家宫观并不隶属于当地道正司，而是由本宫观的提点所直接管理。而普通宫观则遍布各地，大小不一。宫观是当地的道教信徒的宗教活动场所，也是道士的居住场所，这种官员参与宫观管理的官制即是祠禄制度。

一系列道教文书记述了宋朝的帝位更迭，皇帝回归天国，沟通了人天与阴阳。《黑杀神降》一文说，开宝年间有神明附体于张守真，自称"玄天大圣玉帝辅臣"，并对宋太祖降语曰："天上宫阙成，玉锁开，十月二十日陛下当归天。"又讲："晋王（赵光义）有仁心，历数攸属，陛下在天亦自有位。"② 这就预言了太祖与太宗之间的皇位更替。《来和天尊》一文中，刑部尚书杨砺在梦中拜谒了宋真宗的仙界原形——来和天尊。其形象为"年甚少，

---

① （元）马端临：《文献通考》卷五十六，中华书局2011年版。
② 《宋元笔记小说大观》，上海古籍出版社2007年版，第641页。

睟穆之姿若冰玉焉"①。而宋仁宗的仙界原形则在《乐学士》一文中登场。故事中真宗朝学士乐史在梦中被一神人引道至天帝的宫殿，目睹了天帝命令"南岳赤脚李仙人"下界投胎为真宗子嗣的场景，故事中的赤脚仙人"气色和粹，似醺酣状"②，一派潇洒酒仙的风采。仁宗的驾崩也被神话渲染，在《南岳真人》一文中，相国庞籍被神人带至天庭，玉皇称南岳真人即将回归仙界，并令其陪同，之后凡间的庞籍就和仁宗先后病逝。《衡山僧》一文讲述的是一名衡山僧人梦见南岳神兵前往新天子处受职的场景，不久后便听闻仁宗驾崩的消息，这也是一种皇位更替的神话预兆。而在《会圣宫》一文中则称嘉祐八年三月二十九日夜，有一队"王者羽卫"出现在专供皇帝参加祭祀活动而居住的行宫——会圣宫附近，队伍最后二人身着天子服饰，且"张黄盖，乘马相次"③，之后消失在会圣宫门前。第二天人们发现"宫门大敞，诸侯殿门锁不钥而启"，描绘出一场神人迎接仁宗归天的神话，预示皇位即将更替。《后苑亭》一文中，仁宗将后苑里的一座亭子题名为"迎曙亭"，不久英宗赵曙就承继大统。文中还举了汉昭帝时"叶虫成字"与唐玄宗时"小儿拔晕"等事例来证明大事之前必有先兆的理念。

　　道教再度勃兴于唐末五代的内丹术，讲求内在的心性修炼，修内丹要求修炼者首先要调整好心理精神状态，这就需要通过积德行善、抛却俗世的牵挂，但又不完全脱离现实的一系列修炼。这种类似于佛教顿悟的修炼方法较之外丹术而言更加隐秘化、神秘化，从而在小说中呈现出更多的戏剧性效果。宋初高道陈抟是内丹思想的集大成者，他重视心性炼养，主张以宁静淡泊的姿态去体道修仙，并以睡仙、隐仙的形象示人。他曾言："臣爱睡，臣

---

① 《宋元笔记小说大观》，上海古籍出版社 2007 年版，第 642 页。
② 《宋元笔记小说大观》，上海古籍出版社 2007 年版，第 642 页。
③ 《宋元笔记小说大观》，上海古籍出版社 2007 年版，第 644 页。

爱睡，不卧毡，不盖被。片石枕头，蓑衣覆地。南北任眠，东西任睡。轰雷掣电泰山摧，万丈海水空里坠。骊龙叫喊鬼神惊，臣当恁时正鼾睡。"① 这既是一种对修仙悟道之绝妙境界的描述，也是一种用文学象征的手法，将陈抟的诗歌作品融入了诸多内丹修炼术语，显得深奥难懂，令人难以捉摸。"因此，道士们在传授道法时为了自神其教而故弄玄虚，这就使得许多道教典籍披上了晦涩深奥的外衣，让受道者去想方设法猜测，揭秘。"② 故事中神仙人物的一些神秘现象就是修炼内丹的外在表现。内丹思想借鉴了佛教的性空说，劝人看破俗世的功名利禄，追求和光同尘。宋代内丹道宗师张伯端在《悟真篇》中讲道："修行混俗且和光，圆即圆兮方即方。显晦逆从人莫测，教人争得见行藏"③ 以及"志士若能修炼，何妨在市居朝"。内丹修炼的最高境界便是达到"和光同尘""闹中取静"的状态，即便道行高深也要注意隐藏不露，以谦和卑下的姿态示人。如此一来，整个世俗社会都可被当作修道的场所，日常生活的每个细节也可被视为修道的过程。并且，宋代社会中一些名望很高的有道之士并非道士身份，但都逐渐获得了社会各个阶层的认同。很多神仙形象都注意自身体魄的强健，这正是道教内丹修炼思想对于探索生命自主之道、宣道"我命在我不在天"修仙观念的生动体现。《宋史·陈抟传》中称宋代内丹宗师吕洞宾"年百余岁而童颜，步履轻疾，顷刻数百里"，这便是当时人们对于内丹修炼效果的想象。

另一个值得注意的问题是修道人物以尸解成仙居多。葛洪说过："上士举形升虚，谓之天仙；中士游于名山，谓之地仙；下士先死后蜕，谓之尸解仙。"④ 可见尸解成仙与其他升仙方式的不同

---

① 邓子勉：《宋金元词话全编》，凤凰出版社2008年版，第168页。
② 蒋振华：《唐宋道教文学思想史》，岳麓出版社2009年版，第246页。
③ （宋）张伯端著，翁葆光等注：《悟真篇集释》，中央编译出版社2015年版，第51页。
④ （晋）葛洪、王明：《抱朴子内篇校释》，中华书局1980年版，第12页。

之处就在于要先经历死亡的过程，之后才形消成仙，乃是道教神仙理论中较低层次的成仙途径。对此，杜光庭也曾讲："夫神仙之上者，云车羽盖，形神俱飞；其次，牝谷幽林，隐景潜化；其次，解形托象，蛇蜕蝉飞。然而冲天者为优，尸解者为劣。"①

道教认为修道者成仙的品级高低与其德行等次以及能否严格持戒有关。《云笈七签》有云："夫学道，不受《大智慧道行本愿上品大戒》，无缘上仙也。"② 而上述这些成仙的人物都不太重视戒律，且不乏张道士这样的茹荤嗜酒，性格狂放之徒，自然无法举形飞升成为天仙。其次，《云笈七签》在论及尸解成仙时曾提到：

> 今向尘埃四会，交兵激合，三官驱除，疾贤害道，言神仙者致屙，寻淫利者富贵，志道求生者，亦何为波波于风火之中，束带以入乎牢市者哉！……施之而逝，可以尽子孙之近恋；隐之而游，可以登名山也。若夫道数兼备，方术斯明，役使百鬼，招召众灵，坐在立亡，分气散形。虽处三军而飙锋不能兵，虽行凶危而灾疠弗能干，虽入市朝而百害不能生者，可无复施尸化之迁耳。夫此之解者，率多是不汲汲于龙轮乐，安栖于山林者矣！③

可见，宋代道教认为尸解成仙既可躲避世间纷扰，又不妨碍家庭祭祀等世俗伦理，既可满足出世者归隐山水的愿望，也可给予入世者纵横四海的勇气。另外，尸解仙长存人间的生活状态符合民众对世俗生活的留恋心理。葛洪有云："彭祖言，天上多尊官大神，新仙者位卑，所奉事者非一，但更劳苦，故不足役役于登

---

① （宋）张君房：《云笈七签》，华夏出版社1996年版，第2526页。
② （宋）张君房：《云笈七签》，华夏出版社1996年版，第731页。
③ （宋）张君房：《云笈七签》，华夏出版社1996年版，第1891页。

天，而止人间八百余年也。"① 因此一些修道者并不十分向往天界的生活，他们更愿意留在人间以全"人道"。而对于普通道教信众来讲，先经历死亡的过程，然后获得重生，悠游自在地长存于凡间的山水之中才是比较契合实际的成仙模式。相比之下，天仙具有更为浓重的浪漫主义神话色彩，显得过于虚无缥缈，高不可攀。另外，宋代文言小说中的神仙故事根本上是经过文人的搜集整理而来，在展现仙道故事之神奇的同时也恪守了官方信仰的观念，即严格遵守阶层尊卑秩序，天地诸神皆由皇室成员或官吏担任，平民升为天仙则不被允许。

总体而言，宋代文言小说中的平民仙道人物虽没有天神云阶月地、宫阙楼阁的云霄仙境，也没有地祇掌控生死、赐福降灾的骇人权力。但如张白等士人出身的神仙，敢于突破原有的儒学背景，放弃追求功名，选择通过修道以遵循生命的本真。他们虽依然与地方仕宦为友，同时又保持傲骨，韬真自晦，纵情诗书，真实地反映出了饱受名利纠葛，目睹世事无常的宋代文人士大夫们隐于内心的自由渴望。如张道士等一批依靠技艺谋生的仙道则更具市井气息，充分迎合了时人内心中对于超越命运束缚，追求平安健康、富足安乐之生活的渴望。

这种道教故事堪称五花八门，丰富多彩。在《投辖录·赵诜之》中，皇室宗亲赵诜之进京赶考期间进入仙境，竟然收获了艳遇。故事内容如下：

> 徽考朝，有宗室诜之者，自南京来赴春试，暇日步郊外，过一尼院，极幽寂，见老尼持诵，独行廊下，指西隅谓之曰："此间有大佳处，往一观否？"生从其言。但废屋数间，芜秽不治。有碑一所甚高，亦复残缺。生试以手抚之，碑忽洞开

---

① （晋）葛洪、王明：《抱朴子内篇校释》，中华书局1980年版，第43页。

若门宇。生试入，视之则皆非世所睹也。楼观参差，万门千户，世所谓玉宇金屋者皆不足道。香风馥然，有妇人数十，皆国色也。见生迎拜甚恭，生恍然自失。引生登堂，若人间宫殿，金壁罗列粲然，多所不识。有女子西向而坐，方二十余，颜色之美，又大胜前所睹，群妇人皆列侍焉。问生曰："子岂非赵某乎？候子久矣。"生愈骇惧。遂命置酒，合乐妙舞更奏，服勤执事并男子，食前方丈，乐声嘐嘈，真钧天之奏也。至夜，遂相与共寝，亦极欢洽。生询其地，答曰："但知非人间即已，何劳固问，且勿为疑虑可也。"如是留几旬浃。女子忽谓生曰："外访子甚急，引试亦有日，子须亟归，时见思。"遂命酒作乐，酒罢曰："此中物虽多，悉非子所可携，玉环一、北珠直系一奉之，以为相思之资。环幸毋弃之，直系可货而用也。"众人送出门，各皆吁嗟挥泪，生亦不自胜情。既出，则身在相国寺三门下，恍如梦觉，但腰间古玉环与北珠直系在焉。亟归，即见同舍与诸仆惊喜曰："试期甚迩，郎君前何往乎，如是之久耶？"生具以事告。入试罢，与二三子再访，兰若曲廊，残碑宛然，无改如前，但扣之不复开矣。诵经之尼亦复无见，怅恨而返。已而下第，货其直系，得钱百余万，古玉环至今犹存。赵生自云。①

故事中赵诜之由一老尼引领至仙境，其言语颇具挑逗性，具有世俗社会淫媒的色彩。这就不同于机缘巧合地误入与志在求仙的寻访，而是从一开始就定下了艳俗的基调。故事结尾女仙相赠礼物还嘱咐可以将"直系"，后来赵诜之果然卖得一大笔钱，用物质收获来补偿难以再会的遗憾，这可视为宋代小说的一种以俗为雅的审美意趣。《青琐高议·朱蛇记》中龙王为报答李元的救子之

---

① 《宋元笔记小说大观》，上海古籍出版社2007年版，第3874页。

恩赠予"白金百斤",并解释道:"珠玑之类,非敢惜也。但白金易售耳。"① 这亦是一种世俗化的处理方式。

道教故事张扬降妖伏怪,尤其是树妖、蛇妖。《夷坚丁志》卷四《德清树妖》记载:

> 宋安国为浙西都监,驻湖州,其行天心法犹不废。德清民家为祟扰,邀宋至其居,治不效,更为鬼挫辱。宋忿怒,诣近村道观,斋戒七日,书符诵咒,极其精专,乃仗剑披发,入民居后大树下,禹步旋绕。忽震雷从空起,树高数丈,大十围,从顶至根折为两,又震数声,枝干无巨细,皆劈裂如筹,堆积蔽地。怪遂扫迹。

故事中驱邪的宋安国先是治理无效,为鬼所辱,他的伏妖是一个不怕挫折的过程。其后经过虔诚斋戒,精修道法而最终反败为胜,更凸显出坚韧不拔的英雄气概。《夷坚支戊卷》卷第九《同州白蛇》中,同州白蛇精伤人众多以至于惊动朝廷,徽宗钦命虚靖张天师前往除妖。然而张天师召请内外诸神询问蛇精藏身之处,竟无人敢讲。其中城隍神讲道:"彼物之灵,上与天通,言出于口,大祸立致。"当最终得知其所在之处后,便展开了场面宏大的降妖活动,原文如下:

> 去穴三里,结坛五层,其广数十丈。坛成,悉集一城吏民,使居于其上,而领众道士作法。初飞一白符,寂然无闻。次飞赤符,继以黄符。良久,风云勃兴,雷霆四起,青气黑烟,蔽满山谷,见者危惧。少顷烟散,张持法如初。俄白气瀚于天际,或黄或紫,如是者四五变。坛上人尽颠仆怖哭,

---

① 《宋元笔记小说大观》,上海古籍出版社2007年版,第1091页。

立待吞噬。张使人人口衔土一块，以御邪沴。遣取州印置前，语众曰："白蛇之神尽于是矣，必将自出。如越过五坛，虽吾亦不复有生理。苟不吾敌，则止于三层，邪不胜正，此邦当无忧也。"已而烈火从穴中发，渐及坛畔。大蛇呀然张口，势欲吞坛，矫首素空，高出望表，迤逦且近，引其身绕下层四五匝。张左手执州印，右手执玉印，端立对之。蛇缩恶挫沮，进退不可，躯干渐低摧，似若为一山所压，冲第三级而止。即飞剑杀之。其后累累而出，小者犹如柱，几数万条。张曰："首恶盖牝者，种类实繁，此难悉诛，然亦不可恕，择其为孽者去之足矣。"顾父老壮勇者，解所赍刀剑，斩其如柱如楹者二十余条。皆为法力所束，帖帖受剑。其余以符付神将驱出境外。①

故事展现出一种"魔道相争—道不胜魔—高道助阵—最终伏魔"的情节模式。故事开头地方神灵因失败而造成的沮丧怯懦之态，更凸显了蛇妖的非同寻常，制造出紧张的故事氛围，这才引出之后张天师的力挽狂澜，也凸显出道教力量是决定驱邪活动是否成功的关键。张天师开始做法后的场景也颇为恢宏磅礴，蛇怪"呀然张口，势欲吞坛，矫首素空，高出望表，迤逦且近，引其身绕下层四五匝"的气势十分阴森恐怖、惊心动魄。这篇小说并没有表达某种深远的宗教意旨，而是重在关注张天师是如何降服妖魔，消弭生灵涂炭的灾厄。但这样神异的艺术氛围也足以给陷于乏味困苦生活之中的读者带来其所需要的视觉刺激，提升对道教的崇尚。

降妖伏怪是一种硬实力，游戏人间是一种软实力。道教由此软硬兼施，风光无限，煞是好看。《夷坚三志己卷》第六《养皮

---

① （宋）洪迈：《夷坚志》，中华书局1981年版，第1119页。

袋》则以游戏人间的方式,展示道教神仙的法力:

> 婺州有野叟如散浪道人之状,自称"养皮袋",不知其姓名乡里。居彼累岁,昼夜未尝寝息。当涂张先生见之曰:"师行周天火运乎?"以首肯之。淳熙末,潘景珪叔玠家元种紫木樨一株,盛夏将槁。此叟谓曰:"俟六月六夜三更,为尔移此花。花若再活,必迁侍从。"已而花鲜泽如初,潘遂由浙漕京尹擢工部侍郎。叟性憎恶它道人,惟与汀州管生善,招之共处。绍熙三年正旦日,天未晓,管生为取溺器涤,叟大叫言:"汝劫我寨。"至斋时,倾饭于器中而攫食。
> 梅花门边一民家,启饭店,素敬信之。一日正寒,诣其店乞火,其人付以一束薪。因燎衣之次,搓草为索。索成灭火,以缚燎柴枝授之曰:"事已了,千万莫动著。"数日间,巷内遗火,至店壁下而止。叟明日过而笑曰:"先烧了好么。"郡牙兵司刘泽,亦待之尽礼。忽遗以布裈曰:"著取遮臀。"刘嫌其不洁,只以挂于浴堂前。是日晚,忤太守叶叔羽尚书,受杖十五。断讫,出府门,叟笑曰:"教汝遮了臀,汝不听,打得也好。"有刘韩二酒家,刘氏颇平直,韩氏徇利,酒更多酸。叟携竹竿倚于刘肆楼曰:"救汝救汝,动著时吃铁棒。"次日,一恶少为推吏所苦,挺刃致怒。吏走上楼,恶少随至,吏缘竿坠地,皆获免。又旬日,诣韩氏,取一勺小便出门首饮之,不留涓滴。观者堵立,叟曰:"吃此尿,胜似吃渠家酒。"自是无人往沽。①

故事中道人多次令人费解的举动都暗喻着当事人接下来所要遭遇的祸事,在情节惊险诡异之处,使读者的结果期待意识变得

---

① (宋)洪迈:《夷坚志》,中华书局1981年版,第1347页。

强烈而悬心，这也正是作者利用读者结果期待意识制造悬念，增强小说欲擒故纵的吸引力的绝佳之处。

又有《湖海新闻夷坚续志》前集卷二《术化月宫》，写的是神仙人物法术的潇洒和富有幽默感：

> 吉郡一仕宦子弟，遇道人与云："可与我杯酒，今夜同尔去游月宫。"子弟问云："月宫在何处？"曰："只在旧市。"灯后潜与同往，则俨然桂殿嫦娥，兔捣药，蟾吐光，且饮一觥而出。子弟识其处，而道人辞去。明日重来，乃一酒食店，天井内有树，则桂也；少年妇人居其间，则嫦娥也；人擂姜椒，则兔捣药也；犬卧灶傍，则蟾吐光也。因知道人乃幻术以化人眼耳。①

故事中道人只用一杯酒的功夫便将市井商铺变为月宫，普通树木变为月桂，俚俗妇人变为嫦娥，捣姜工人变为捣药月兔，百姓家犬变为吐光蟾蜍。瞬间将两个原本具有天壤之别的空间重叠在一起，游戏与享受兼备，展现出了一种具有戏术特色的空间转换手法，颇有奇妙之处。

神仙人物既潇洒，又雄强。雄强的潇洒，展示了无限的风光。宋代流行的诸如神霄派、天心派等符箓道派皆擅长使用法术祈福驱鬼，在申奏，立狱、考召，奏醮等三大环节中彰显雄强。《清平山堂话本》记载奚真人做法驱邪：

> 到明日，老妈同宣赞安排香纸，写了投坛状，关了门，分付邻舍看家，径到四圣观见真人。真人收状子看了，道："待晚，吾当治之。"先与宣赞吃了符水，吐了妖涎。天色将

---

① 董乃斌、黄霖：《古代小说鉴赏辞典》，上海辞书出版社 2004 年版，第 918 页。

晚，点起灯烛，烧起香来，念念有词，书道符灯上烧了。只见起一阵风。怎见得：

风荡荡，翠飘红。忽南北，忽西东。春开杨柳，秋卸梧桐。凉入朱门户，寒穿陋巷中。嫦娥急把蟾宫闭，列子登仙叫救人。风过处，一员神将，怎生打扮：

面色深如重枣，眼中光射流星。皂罗袍打嵌团花，红抹额销金蛮虎。手持六宝镶装剑，腰系蓝天碧玉带。

神将喝喏："告我师父，有何法旨？"真人道："与吾湖中捉那三个怪物来！"神将唱喏。去不多时，则见婆子、卯奴、白衣妇人，都捉拿到真人面前。①

文中奚真人通过焚香持咒、召请神将、捉拿妖魔、审问镇压，完成了整个建坛驱邪的过程，并用符水为奚宣赞祛除妖气，整体流程基本与当时流行的道教驱邪仪式相吻合。事实上，南宋时期一些具有较高声誉的道士经常出现在临安的各种宗教场所，是众多法事的实际操作者，与百姓有着密切的联系。他们的事迹在文人笔记中屡见不鲜。以天心派高道路时中为例，南宋笔记《张氏可书》称"路时中字可当，京师人也，行正一箓，能致已焚之词，役使鬼神，呼吸风雨，骇人耳目"。《夷坚志》中亦有关于路时中符箓治鬼的故事。而本篇话本中的奚真人在龙虎山学道，吃斋持戒，法术精湛，且所召来的天将亦尊称其为师父，是典型的高道形象。其真实身份虽难以考证，但很可能是话本作者直接取材自当时高道的做法活动，并利用顷刻捏合的本领进行了艺术再现。

驱邪和祈福，是一个铜板的两面。追求福禄寿，是人间的祈福心理。《福禄寿三星度世》讲述的是延寿司谪仙刘本道在人间与鹤、鹿、龟等上界神兽所化之妖怪之间的奇遇与纠葛。最后南极

---

① （明）洪楩：《清平山堂话本》，华夏出版社2013年版，第22页。

寿星出面将他们引归天庭。寿星最初作为古代星斗崇拜中的星宿之一，在秦代就开始立祠供奉，被认为是掌控国家命运的神祇。而民间信仰体系中的寿星则被视为主宰凡人福祸寿命的神。《尔雅·释天》有云："寿星，角亢也。"郭璞对其星象寓意做过如下解释："数起角亢，列宿之长，故曰寿。"① 南极寿星分别被道教和民间信仰接纳。寿星本身也不断被人们与凡间的长寿老人联系在一起，逐渐被人格化。我们所熟知的寿星是一个执杖，有仙鹤灵龟相伴，且具有高强法力的老神仙形象。其事迹在唐宋时期得到广泛传播。在宋代，寿星寺遍布全国，上至王公贵族，下至黎民百姓皆喜欢以寿星的画像及其相关器物作为祈求长寿的祥瑞之物。南宋洪咨夔讲道："南极仙翁，占太微元盖，洞府为家。身骑若木倒景，手弄青霞。芙蓉飞斾，映一川、新绿平沙。好与问，东风结子，几回开遍桃花。况是初元玉历，更循环数起，希有年华。长把清明夜气，养就丹砂。麻姑送酒，安期生、遗枣如瓜。欢醉后，呼儿烹试，头纲小凤团茶。"② 清人笔记《石里杂识》有云："宋孝宗尊养上皇于德寿宫，北贾献犀带一带十三銙，銙皆正透，有一寿星，扶杖立。上得之喜，不复问介，将以为元日寿卮之侑。"而《福禄寿三星度世》中所讲述的应是宋代民间关于寿星寺的传说，故事除了以奇异怪诞的情节吸引观众，所要表达的故事旨趣是成仙须以坚守道德伦理为前提，只要为人勤恳诚实，戒贪戒淫就有成仙的机会。同时还设定了一个精准的时代环境，即"大宋第三帝王，乃是真宗皇帝。景德四年，秋八月中"③，时届宋真宗崇道的高潮，显得真实生动，原本的仙人差异在小说中变得近在眼前，这就是道教思想与世俗文化的交融产物。

　　人鬼恋，化恶姻缘为好姻缘，是一种出乎意外的艳福。小说

---

① （晋）郭璞注：《尔雅》，上海古籍出版社2015年版，第98页。
② 唐圭璋编：《全宋词》，中华书局1965年版，第3540页。
③ 程毅中：《宋元小说家话本集》，齐鲁书社2000年版，第773页。

《金明池吴清逢爱爱》本事出自《夷坚志》之《吴小员外》，原本讲述的是吴家小员外与好友赵氏兄弟一行三人至金明池游玩。途中遇见一美貌女子，三人邀其饮酒，女子发现其父母归来，遂先行告退。第二年，三人故地重游，发现当年女子已死，都满心伤感。谁知傍晚该女子又再次出现，并告诉他们："我即去岁池上相见人也。员外得非往吾家访我乎？我父母欲君绝望，诈言我死，设虚冢相绐。我亦一春寻君，幸而相值。今徙居城中委巷，一楼极宽洁，可同往否？"① 三人遂与女子欢聚饮酒。吴小员外当天留宿并与女子相伴三个月，后来渐觉身形憔悴。赵氏兄弟怀疑是妖祟作怪，就请来皇甫法师除怪。法师对吴小员外讲："子当死，今归，试紧闭户，黄昏时有击者，无问何人，即刃之。幸而中鬼，庶几可活。不幸误杀人，即偿命。均为一死，犹有脱理耳。"② 吴小员外依计行事，不料砍倒的正是该女子，官府以命案论处，将一干人等尽皆逮捕。结果官府找到女子父母核实时，对方称女儿早已不在人世。官差开棺验尸时发现女子衣物犹在，而尸骸已不知所踪，吴小员外等人才得以释放。话本小说《金明池吴清逢爱爱》与上述故事情节基本一致，但结尾部分被加以充实和发挥。作者加上了"上元夫人赐玉雪丹"的环节，原文叙述如下：

> （吴清）梦见那花枝般多情的女儿，妖妖娆娆，走近前来，深深道个万福，道："小员外休得怅恨奴家。奴自身亡之后，感太元夫人空中经过，怜奴无罪早夭，授以太阴炼形之术，以此元形不损，且得游行世上。感员外隔年垂念，因而冒耻相从。亦是前缘宿分，合有一百二十日夫妻。今已完满，奴自当去。前夜特来奉别，不意员外起其恶意，将剑砍奴。今日受一夜牢狱之苦，以此相报。阿寿小厮，自在东门外古

---

① （明）冯梦龙：《警世通言》，人民文学出版社1956年版，第481页。
② （明）冯梦龙：《警世通言》，人民文学出版社1956年版，第483页。

墓之中，只教官府覆验尸首，便得脱罪。奴又与上元夫人求得玉雪丹二粒，员外试服一粒，管取百病消除，元神复旧；又一粒员外谨藏之，他日成就员外一段佳姻，以报一百二十日夫妻之恩。"①

之后吴清用玉雪丹救治身染怪病的褚公之女，二人最终结为连理，成就了一段佳话。这篇小说中，正是因为上元夫人的出现才使故事情节发生扭转。由先前诡异虚幻的人鬼之恋转变为了"鬼得善终，人得圆满"的大团圆结局。

追溯起来，上元夫人的形象应最早出现在《汉武内传》中，故事中她同西王母与汉武帝宴饮并向其讲述炼养长生之道。西王母称上元夫人乃是"三天上元之官，统领十万玉女名箓者也"。之后，两人分别授予汉武帝《五岳真形图》、《灵光生经》及《六甲灵飞十二事》。该故事意在宣扬早期道教炼养思想以及太阴炼形、尸解等成仙之法。东晋葛洪作有《上元夫人步玄之曲》："昔涉玄真道，腾步登太霞。负笈造天关，借问太上家。忽过紫微垣，真人列如麻。渌景清飙起，云盖映朱葩。兰宫敞琳阙，碧空起璃沙。丹台结空构，炜炜生光华。飞凤蹑蘙峙，烛龙倚委蛇。玉胎来绛芝，九色纷相挐。挹景练仙骸，万劫方童牙。谁言寿有终，扶桑不为查。"② 这些都是赞颂上元夫人的姿态华美与掌握炼养长生之伟力的。唐代李白也有《上元夫人》一诗："上元谁夫人？偏得王母娇。嵯峨三角髻，余发散垂腰。裘披青毛锦，身著赤霜袍。手提嬴女儿，闲与凤吹箫。眉语两自笑，忽然随风飘。"③ 诗中对上元夫人的状貌的描摹与前人基本无异，她依然是侍奉王母的神仙。李白虽未提及上元夫人的炼养之术，但其认知明显受到《汉

---

① （明）冯梦龙：《警世通言》，人民文学出版社1956年版，第487页。
② 钟来茵：《中古仙道诗精华》，江苏文艺出版社1994年版，第416页。
③ 《李太白集杜工部集》卷二十，岳麓书社1987年版，第191页。

武帝故事》之神仙形象的影响。唐代《博异志·张遵言》中四郎（太白星精）在调戏一美女时，美女怒道："我是刘根妻，不为奉上元夫人处分，焉涉于此，君子何容易乎！"① 可见上元夫人亦有赏罚惩戒世人的职能。宋代《湘山野录》中仆射相国王公因有忧民之心，上帝赐其一子，名为庆之。庆之年长之后独好谈"紫府丹台间事"，并对他人说："上元夫人命我为玉童，只是吾父未受相印，受，则吾去矣。"② 宋代传奇小说集《绿窗新话·封陟拒上元夫人》讲到上元夫人化为一仙女，希望与封陟结为连理，并以还丹驻颜之术相诱惑，可封陟坚决不从。后来封陟被泰山幽府锁走，上元夫人出面解救，并将其寿命延长一纪。此篇故事虽有风情化趋向，但总体不改神仙法力与人性功过奖惩的传统仙话套路。专门收录女仙传记的五代道书《墉城集仙录》中描述的上元夫人形象与《汉武内传》也大致相同。

宋代道教理论方面，《道德真经》是道教所尊奉的重要经典，在宋代得到了充分的研讨。两宋时期的相关解经名家二十余位，其中最为著名的当为道士陈景元的《道德真经藏室纂微篇》和宋徽宗的《御解道德真经》。陈景元从修炼者的角度提出将修道分为修"常道"与"可道"，主张去除欲望，坚守清虚已成仙。而宋徽宗关于《道德真经》的阐发则主要集中在治世方面，他主张儒道合一，矛盾调和以及无为而治。在宋代流行的还有张伯端所著的内丹道教的总结性经典《悟真篇》。自唐末五代时期开始，内丹道教逐渐兴起，相关仙道人物如钟离权、吕洞宾、陈抟、林太古等人的传说故事在社会上广泛流传。宋神宗时期，天台道士张伯端自称遇神人传授金丹仙方，遂著《悟真篇》。他主张性命双修，先修命，后修性。通过"返本归元"达到内炼成仙。宗教理论的转变也使得宋代小说中的道教故事显示出惩劝戒欲的思想特征。

---

① （唐）谷神子：《博异志》，中华书局1980年版，第28页。
② （宋）僧文莹：《湘山野录》，中华书局1984年版，第23页。

由这种自上而下的道士参与医书编撰并颁行天下的举动可知，宋代道士将外丹术与医药研制相结合，从而也使外丹术济世救人的社会文化精神得以延续。《太平惠民和剂局方》记载有"经进地仙丹"一味药方，并注曰："此方陶隐居编入《道藏》。"又有"伏虎丹"，注曰："此方乃建康府乌衣巷有一老人姓钟，平生好道，……一日忽有一道人至，言其困酒太过，教服此药，道人遂不见，服之果验，乃知仙方。"

《搜神秘览·道术》记述：

> 许懋侍禁，素好黄白术，凡以此而欲见者，未尝不接之。一日，有道人造谒，懋甚顾遇，终不言姓字。与之饮至晚，懋问曰："子有何术耶？愿一见教。"道人遂于怀中出一簇子，悬于壁间，唯画一药炉，童子执一扇而立。道人为懋曰："有水银略求少许，作一戏术。"懋因与之，道人遂倾于所画药炉中，及出一墨药糁之，则铿然有声。须臾，顾执扇者曰向西立，即西向，向东立，即东向。又云："下来，下来。"俄然，执扇者已离簇子，立于道人之傍。戒之曰："吾为少药，慎不可以惊动，汝频扇之可矣。"复上簇子，跪于炉前，纸扇频动，而炉中之火连焰相烛。懋惊异之，曰："先生一何神耶！今日得遇于先生，愿无惜以相传。"道人笑而言曰："夫黄白之术，促天地阴阳之数，非积功累行不可。苟求设，或得之其速，汝祸非吾敢传，后五十年当相寻于茅山之下，子得之矣。"①

可见神仙对于丹道传授往往持有严谨的态度，如《抱朴子内篇·金丹卷》中黄帝以九鼎神丹传玄子，并告诫说："此道至重，必以授贤，苟非其人，虽积玉如山，勿以此道告之也。受之者以

---

① （宋）章炳文：《搜神秘览》，《全宋笔记》第三编03册，大象出版社2008年版，第120页。

金人金鱼投于东流水中以为约，喋血为盟，无神仙之骨，亦不可得见此道也。"①

经后世道教的不断发展，到宋代时已衍生出门类众多的占卜手段。首先是相术，该方术主要是通过观察人的气色、面相进而预测其前程和命运。如《搜神秘览·麻衣道者》记述：

> 麻衣道者，不知其姓名、谁氏之子、乡里州县。常以麻辫为衣，蓬发，面积垢秽，然颜如童稚，双瞳凝碧，多在定州真定保塞。人识之，积久，未尝启口，惟缄默而已。见酒即喜抃，亦不至耽滥。人问其甲子修短，及卜前因未来，皆书画于纸。其言为接引世俗，明了本性，大抵戒人归于为善杜恶而已。乖睽分错，不可探索。人有言及邪秽戏之者，即以水洒沃，指目而去。好为禽鸟形状，溢满巾幅，复加毁裂，能自传其容，铸如也。常有赞颂，得其一曰："这见有情，忘我诸佛大恩，增长地狱，时时转多。不忍见，不忍见。三转净行，不及愚夫五欲乐。不忍见，不忍见。"亦不知其果何归哉。②

临安道观林立仙风炽盛，高道云集，法事频繁。进入南宋以后，统治者依然重视对道教的扶植，修建了众多道观。《梦粱录》有云："御前宫观，在杭城者六，湖边者三……凡宫中事务，出纳金谷日膳，道众修崇醮款，凡有修整宫宇，及朝家给赐银帛，殿阁贴斋钱帛，并皆主计给散，羽士俱沾恩甚隆，外观皆不及也。"③可见临安城内建有众多皇家宫观，以优厚的待遇供养道士进行国

---

① （晋）葛洪、王明：《抱朴子内篇校释》，中华书局1980年版，第14页。
② （宋）章炳文：《搜神秘览》，《全宋笔记》第三编03册，大象出版社2008年版，第131页。
③ （宋）吴自牧：《梦粱录》，中国商业出版社1982年版，第60页。

家所需的各种祭祀典礼及其他宗教需求。这种得天独厚的政治优待与经济支持是其他地区的宫观所难以获得的。此外，临安城内外还建有相当数量的道院供全国各地的高道来此访问居住。如《都城纪胜》所讲："凡道流，自御前香火太乙宫延祥观等，及诸宫观道馆之外，则有诸府第道堂（如灵应、希夷之类）道院皆系舍俗道人，及接待外路名山洞府往来高士，而时有神仙应缘现迹，异人自有纪载尔。"[①] 这些道教场所极大地便利了宗教文化的传播与法事活动的举办，使崇仙敬道的风气在市民之间广为流传，关于神仙灵应的传说故事也层出不穷。小说《西湖三塔记》中降妖除魔的奚真人自龙虎山归来之后在四圣观施散符水。而四圣观应是指位于孤山的皇家道观四圣延祥观，里面主要供奉的是紫微北极大帝手下的四员天将，分别为天蓬、天猷、翊圣、真武四位真君[②]。道教称他们居于北极驱邪院之中，亦在雷部诸神之列。而关于天界护法四圣的说法历来有诸多版本，以上诸神应是宋人较为认可的一种组合。宋代流行的诸如神霄派、天心派等符箓道派皆擅长使用法术祈福驱鬼。

宋代一波又一波的由皇帝主导的道教造神运动，深刻地影响了宋朝还有以后各个王朝的政治生态和民俗信仰，使道教造神成了中国文化的根柢所系。道教信仰，不少地方有其独特的神祇，如香港的王大仙祠，香火极盛。最显著而具有更普遍意义的是关公信仰和妈祖信仰，它们都是道教根柢的遗产，影响极其深远。凡有华人的地方，都有关帝庙。尤其在台湾诸地与福建莆田妈祖原庙，妈祖信仰极盛，成为海洋文化的一大奇观。这些都成了鲁迅透视历史，把握中国文化的根柢，进而解剖和改造国民性的重要命题。

---

① （宋）耐得翁：《都城纪胜》，中国商业出版社1982年版，第16页。
② 详见《中国古代道教宫观文化史料文献集成》，蝠池书院出版有限公司2013年版，第6633页。

新诠释学视角下的明代四大奇书

明代四大奇书在中国文化格局中创造了一种奇峰突起、奇观各异的现象。这就有必要从叙事智慧和叙事结构的角度,结合文本所由生的民间文化精神,通过细读的方式,重新解读这几部经典文学作品,以期借助新的诠释学视角获得更加新颖、细致的思想文化意义的理解。所谓新的诠释学视角,是指我们应该把这些章回小说当作大文学语境下的作品而非纯文学作品,回到作品本身的文化意义和文化智慧中,牵连着文明史进行体验和考察。这种新诠释学的还原研究,不是从某种文学概念出发,而是从作品本身的生成和变异的实际情形出发,考察民族文化心理对它的渗透和折射,把这些奇书当作一种生命的过程和文化的过程来进行解释和研究。

明代四大奇书的由来

明代的四大奇书,即《三国演义》、《水浒传》、《西游记》和《金瓶梅》,我们都很熟悉,但是应该怎么样解读,从中读出新的意义、新的生命、新的文明史脉络,却是一个需要更新眼光、更新读法的根本性问题。明末清初,我们的评点家包括金圣叹、张竹坡、毛宗岗都写过超越前人且别有滋味的一套读法。那么我们现在进入一个新的世纪、新的千年之后,应该怎么样去读这四大奇书？应该有个什么样的更好、更新、更妙的读法？这就需要运用大文化观、大文学观的思想方法，以及文学发生学的思想方法，将之融入文明史的过程中。我们应该把这些章回小说当作大文学语境下的作品而非纯文学作品，回到作品本身得以发生的文化语境中，回到作品本身含蕴深广的文化意义和文化智慧中，进行深入的体验和考察。这就是新诠释学的还原研究，不是从某种文学概念出发，而是从作品本身的生成和变异的实际情形出发，来考察民族文化心理对它的渗透和折射，实际上是把奇书当作一种生命的过程和文化的过程，当作文明史的个案来进行解释和研究的。

四大奇书实际上是反映中国民间精神文化的一种史诗性作品，而不是纯粹的文人舞文弄墨的作品。四大奇书是在清朝初年，也就是17世纪顺治康熙年间形成的一个观念。由于明代出版业的发达，到清初长篇小说已经很多了。书商印了很多各种版本的小说，也找了写手编了很多小说，出现了泥沙俱下、鱼龙混杂的状态，有必要对大量长篇小说的高低优劣进行甄别。又碰上明清易代，换了一个时代总要对前一个时代算算总账，因此就出现了四大奇书的观念。顺治刊本的《续金瓶梅》序言中写道，天下的小说独推三大奇书，即《水浒传》、《西游记》和《金瓶梅》。后来李渔对这一说法进行了修正。他在写《三国演义》序言的时候，就把编撰"三言"而声名极盛的冯梦龙拉出来作证，说冯梦龙曾经非常赏识四大奇书，这四大奇书就是《三国演义》、《水浒传》、《西游记》和《金瓶梅》。"四大奇书"的观念或话语就是这时出现的。这个观念的出现意味着一种新的文化视点和学术视点的诞生，因为要在学术上取得突破、文化上取得进展，往往以一个话语作为载体。"四大奇书"就是这样一个耀眼的话语。在明末清初的时候，金圣叹曾经搞过一个"六才子书"，就是把《水浒传》跟《庄子》、《离骚》、《史记》、杜甫诗以及《西厢记》这些富有文采的作品，跨文体组合成"六才子书"。换一个说法，就是"六才子书"是文史诗剧互混的,涵盖了我们两千年来最有才华的一些书,这样就提高了《水浒传》和《西厢记》的地位。小说和戏剧被纳入才子书系统,与四书五经一类"君子书"比肩而立,意味着它们获得了崇高的评价和独立的价值,而小说戏曲这类文体在过去是不入流的。清朝康熙年间张竹坡评点《金瓶梅》,叫作《第一奇书金瓶梅》,还在奇书中评议谁是第一。后来《金瓶梅》还出了一个满文版,序言中讲《三国演义》、《水浒传》、《西游记》固然是小说中的奇书,而《金瓶梅》尤其奇特。也就是说,在清朝初年即顺治、康熙年间出现了炒作奇书的这么一种现象。评论家和出版家各自对明朝的小说进行一个排行,最终排出我们今天所谓的明代四大奇书。

所谓"奇",按《说文解字》的说法,"奇"者,"异"也,就是新奇、奇异,与众不同,令人拍案惊奇。《庄子》讲过,知奇所美者为神奇,知奇所恶者为臭腐。也就是说把一本书列入奇书的范畴,就意味着它跟原来的文化格局不一样,创造了一种奇峰突起、奇气盎然的景观。中国文化如果有年轮的话,那么四大奇书是中国文化的一个巨大的年轮。原来我们的小说,从战国发端,到后来六朝的志怪、志人、杂史小说,到唐代的传奇都是文言小说的系统;而四大奇书除了用浅近的文言表述的《三国演义》,属于成熟形态的白话系统,这就等于重写了一部小说史,由重写小说史而重写思想文化史。

中国的小说史因为四大奇书的出现放出新的光芒,但是四大奇书绝对不只是属于明代一个朝代。它虽然成书出版于明代,但绝不是明代一代人的创造。应该说从唐朝中晚期到明朝中晚期,也就是说从公元8世纪到16世纪,这八百年都是它们的发生和形成期。它们是民间智慧和下层文人智慧融合成的一个文明史结晶。宋代说书四家,"说三分"衍变成《三国演义》,"说铁骑儿"衍变成《水浒传》,"说经"衍变成《西游记》,"说小说"衍变成

《金瓶梅》。四大奇书最早的片段在唐朝、宋朝就可以看到。比如说《三国演义》最早的信息,就出现在李商隐《骄儿诗》"或谑张飞胡,或笑邓艾吃"。此外,我们在敦煌变文《唐太宗入冥记》里能看到《西游记》的某些片段。到南宋以后,就出现一些有一定规模的本子。比如说《大唐玄藏取经诗话》,这是《西游记》最初的说书的本子。《三国演义》在宋代就有"说三分",后来元代出现了《平话三国志》。《金瓶梅》当然主要是文人写作了,但是它有些东西也来自宋人的话本,像《韩五卖春情》《戒指儿记》这类早期的话本。在这四本书中,《三国演义》与《水浒传》容纳了很多民间智慧,是经过了说书人长时期在勾栏瓦舍绘声绘色的说书,然后才由文人逐渐整理出来的。《西游记》也有人说它的故事是半民间的,后来经过吴承恩的整理和重新创造。《永乐大典》就保存了它的早期片段。《金瓶梅》则主要是文人创作。这四部小说反映了中国白话长篇小说的一个发生的过程、文化精神变化的过程、叙事智慧转型的过程。四部小说形成的形态不太一样,《三国演义》和《水浒传》是说书人起了很大的作用,属于说书讲故事的叙事智慧由书斋走向市场。到了《西游记》和《金瓶梅》,又由市场走回书斋。就是说明代四大奇书,在文人的智慧和民间的智慧之间,书斋和市场之间,但绕了一个圈子,圈子绕大了,就把小说的事业做大、做辉煌了。它们将自己的精神脉络,切入了文明史。

从民间精神透视《三国演义》与《水浒传》

四部奇书,尤其是前面的三部,绝对不是一种纯文学作品,而是一种大文学文本,与文明史相联系的文本。它是与民族民间文化同呼吸共患难的这么一种文学,是中国民族民间文化精神的史诗性的脚注。尤其是《三国演义》《水浒传》,说书人的心智和口才、对政治社会的体察和对世态人情的体验,都给小说的形成和拓展注入巨大的能量。可以说它源于说书，成于文人。说书必须向民间的市场开放，必须吸收民族民间的心理、智慧、趣味和善恶正邪是非的标准。要把民族民间的那种情绪和民心、民气鼓动起来，要与之息息相通，这样的作品才能够流传。那么在这八百年中，中国是一个什么样的情况呢？这八百年其实是我们的游牧文明和农业文明、礼乐文明强烈碰撞的八百年。中国文化一个很重大的问题，就是农业文明和游牧文明、南方的民族和北方的民族的问题。唐代北方有突厥，宋代北方有契丹（辽）和女真（金），后来蒙古族起来进入中原，建立元朝。北方游牧民族的铁骑逐渐使南方的朝廷招架不住，在这种情况下，老百姓那种反抗的情绪、民族的忧患，都融在说书人的情绪表演里面。我们可以把这两部长篇小说看作民族民间意气凝聚成的史诗性的作品。

史诗是一种宏观的叙事，是一个民族从总体上来把握自己的一种渴望，它是民族群体创造的必读之书。中国人饱尝了史诗的寂寞，又饱尝了史诗的狂欢。过去都说中国是史诗的贫国，因为汉族史诗非常罕见。有些研究者从《诗经·大雅》中找出《生民》《公刘》《绵》《皇矣》《大明》五首诗，说是周朝开国的史诗，但是五首诗加起来才三百多行。这自然因为早期文献著诸简帛，成本昂贵，必求简练，且儒家"不语怪力乱神"，抑制了大规模的神话史诗思维的形成和爆发。这就使跟世界上大规模的史诗像荷马史诗的一两万行、两三万行一比，显然是史诗的想象性思维不足了。华夏民族的史诗思维在早期没有得到充分的开拓和记录，然而史诗思维的潜在动力却存在于民族共同体的精神骚动和精神发育之中，一个历经五千年的多元共构的民族共同体，迟早都会爆发它的史诗能量，积蓄越久，爆发的能量越大。中国民族共同体本身就是滚雪球滚大的，原来在中原地区，后来越滚越大。汉族本来也是滚进了很多过去的百越民族，或者是北方的胡人，不是一个纯粹的种族。而边远的地区，山沟里面、高原上、草原上未滚进汉民族雪球之中的人数虽然有限，却还保持着它们本来的民族形态。所以中国是个多民族的、多元共构的这么一个历史文化共同体。进一步看这一千年，少数民族民间的史诗思维是非常发达的。《格萨尔》是至今在藏族地区，以及蒙古族、土族传唱的大型史诗。联合国教科文组织把2003年定为《格萨尔》的千年纪念。《格萨尔》这个史诗，整理出来有一百部左右，六十万诗行以上。现在国家拨了三百万元，准备编出四十卷的精选本。《格萨尔》六十万诗行，超过了世界上五大史诗的总和，五大史诗即古巴比伦的河流史诗《吉尔伽美什》、古希腊的海洋城邦史诗《伊利亚特》《奥德赛》、印度的热带森林史诗《罗摩衍那》和《摩诃婆罗多》。我们的《格萨尔》相当它们五个加起来的总和还要长。而我们中国藏族的《格萨尔》、蒙古族的《江格尔》、柯尔克孜族的《玛纳斯》这三大史诗都是很长的，分别表现为高原史诗、草原史诗和山地史诗的形态。也就是说，我们中国少数民族史诗的出现，丰富了人类史诗的容量和形态。而且这些史诗现在还是活的史诗，包括《格萨尔》《江格尔》《玛纳斯》这三大史诗。此外，我们南北少数民族中现在挖掘和收集的史诗有一百多种，这些多是活形态的史诗。还有艺人的说唱，还在表演和发展，所以我们这一千年少数民族地区史诗思维是非常发达的，是史诗的狂欢时代。

在汉族地区，要借助于两种文明，农业文明和游牧文明的碰撞，才会激发这个有五千年文明史的民族爆发出巨大的精神力量和想象力量。这种力量后来就通过民间说书和文人缀合整理，凝结在《三国演义》和《水浒传》这样的叱咤风云、揭竿而起的巨型作品中。所以我们在读这些小说的时候，不能仅读它的皮毛，而是要读到它的根本。要了解宋、元、明三代民间精神的实质和心理状态，是不可不读《三国演义》和《水浒传》的。而且不能把它当成纯粹的文人小说，不能看成文人的舞文弄墨，而是要读出它们的民族民间文化、民间精神的密码来，读出它们的民族民间思想文化的爆发和变态，这才是我们的真正的新阐释学的读法。

我们先来看看《三国演义》。《三国演义》绝对不是简单地把《三国志》加以小说化，把历史知识演绎成通俗故事，而是把三国时期的历史故事和虚构故事混杂在一起，在民族民间精神、民间文化、民间意气这个大染缸里面浸泡了几百年，泡透了这些故事的丝丝缕缕，由此以民族民间的精神、民间的智慧和民间的兴趣重新写了一部《三国志》，从本质上改造了《三国志》，使之进入文明史的精神过程。我觉得《三国演义》最突出的有三个要点：第一个要点是尊刘反曹，重新构建了三个政治军事集团的正统、闰位和篡位。陈寿的《三国志》把曹操当成正统，到北宋时期的司马光的《资治通鉴》，也还是曹操的正统。北宋时期的司马光就把北方当成正统，因为宋太祖陈桥兵变，黄袍加身，是受后周禅让，类似于三国曹丕受汉献帝的禅让，所以这种正统观是跟当时的政治形势紧密相连的。到了南宋朱熹那里，刘备变成正统了，因为朱熹的立场在南方，南宋时期北方面对金国的威胁，偏安于江南。《三国演义》以刘备为正统反对曹操，既是南方的立场，又在文学叙事上是深化了历史哲学，增加了作品的悲剧力度，对历史的因果关系做了重新解释。历史人物位置的翻跟斗，意味着对原来的历史架构的拆卸式的批判，要重新盖一座房子。历史叙事变成文学叙事，叙事的焦点和分量重新做了调整。《三国志》有65卷，魏国占了30卷，占了将近一半，吴国占了20卷，蜀国才占了15卷，也就是说蜀国占了不到1/4。而《三国演义》一共120回，有240个对句，有140个是写蜀国的，写刘关张、诸葛亮他们的，占60%。由1/4不到，到超过了一半以上，这个叙事的重心与焦点就变过来了。以南方为正统，以北方为篡位，这是当时的南宋时期的一种民族精神、民间意气的反映。而且这样一变，就给刘备这一方增加了很多伦理的力量、情感的力量、悲剧的力量。因为曹操挟天子而令诸侯，势力最大。如果以曹操为描写中心的话，就是挟天子而令诸侯，恃强凌弱，东征西讨，一股霸气而已。写刘备，写诸葛亮，写关、张、赵是在乱世里面行仁义。曹操的乱世哲学是"宁可我负天下人，不可天下人负我"。刘备则行仁义，在曹操的兵团追击时，不顾自己遭覆灭的危险，带了十万民众渡江。这个情景在"遗民泪尽胡尘里"的南宋民众看了之后，心弦要颤动的，因为南宋的统治者（比如高宗）哪里有过什么携民渡江，而是只身"泥马渡江"，把老百姓都抛弃给金人了。生灵涂炭、遗民泪尽，当时老百姓是这么一种愤愤不平的心理状态在发酵。所以说书人渲染这种民间情绪，是格外动人的。《三国演义》的尊"汉"，暗含了一种南宋时期的民族情感、民间情绪在里面。它这样把刘备作为正统，尊刘反曹，不仅是在正统这个问题上重新做文章，而且写诸葛亮和刘备，就灌注了一种有心扶汉、无力回天的危机感，增加了很多民间的抑郁不平的情绪，增加了很多为民请命的悲剧力量。

第二个要点，是《三国演义》把民间的精神原型仪式化了。所谓"仪式化"，就是把特定类型的行为特征变得显著而简约化，不断重复和强化它的本质内容，最终形成一定的形式而规范着世人的行为方式。我们过去总是觉得《三国演义》是浅显的文言文，好像它的艺术性不如其他的白话文作品高，那是只把白话文当成"活文学"的过时话语，必须加以改变。实际上对中国老百姓来说，《三国演义》由于对民间精神原型作了仪式化的处理，它的影响往往超过了我们的很多长篇小说。近世以来的戏曲里面留下的剧目，三国是最多的，像空城计、单刀会、失街亭、斩马谡、蒋干中计、草船借箭等，都是从《三国演义》里面来的。《三国演义》以一种仪式化了的民间心理形态，深刻模塑了中国民间的价值观和生存智慧。比如说桃园结义，把一种非血缘关系的人际关系变成了一种超血缘关系的，不求同年同月同日生，但求同年同月同日死，这是一种生死的结盟，在民间江湖社会相当流行。还有像三顾茅庐，把我们的礼贤下士、求贤若渴的精神仪式化了。这些都是把我们民间心理中最深层的东西写成仪式，所以讲起来使大家非常地震动。关羽在原来的历史书中是个名将，但也不是特别出色的百胜将军。但是经过《三国演义》的加工，创造出来一个儒雅绝伦、忠义盖世的形象，由凡人变成了神，跟孔夫子并列，孔夫子是文圣人，他是武圣人，而且他还是伏魔大帝。民间是非常信仰关羽的忠肝义胆的，到处都有关帝庙。《三国演义》太厉害了，它对中国人民间心理的塑造起着难以估量的作用，因而在民众教育中，必须重视和处理好这种"三国气质"。

第三个要点，《三国演义》是智谋书。俗话有"三个臭皮匠，顶个诸葛亮"，又有"事后诸葛亮""诸葛亮的锦囊妙计"，都是把诸葛亮作为智慧化身来看待的。现在我们讲商业的智谋管理学，还把《三国演义》或者《孙子兵法》拿来讲智谋。明清时代的农民起义，也拿着《三国演义》当兵书来读。清朝的康熙皇帝印了一千本《三国演义》，分发给满族、蒙古族的将领作为兵书来读。这种智慧是宋、元、明改朝换代的乱世中的战争智慧，用通俗易懂的民间口吻演绎出来，生动活泼，有血有肉。草船借箭还有点虚构的意思了，这当然是我们读史书读不到的。诸葛亮认为，"为将而不通天文，不识地利，不知奇门，不晓阴阳，不看阵图，不明兵势"，就是庸才。就是说天文地理都要懂，才能利用天时地利，克敌制胜，同时也把兵家的机敏和道家的玄秘融在一起了。我们中国的古典小说写智谋人物都有点方士化（道士化），都是有点神秘色彩。比方说《说唐》里的徐茂公、《封神演义》中的姜子牙，都是能掐会算的，除了正常的智慧之外，还要有一点这种玄秘的智慧，这才够得上神通广大。总之，解读《三国演义》，我们要把握住这三点：一个是悲剧性，尊刘反曹的正义感和悲剧性，一个是民间心理原型的仪式化，还有一个是神机莫测的智慧书。

这就是《三国演义》的三"奇"。因此我们不能仅仅从《三国演义》是不是白话文、它有什么样的人物性格等方面去评价这本书。它是写中国人的心，是把三国的故事在民间浸泡了几百年又捞出来给你看的，使你明目醒脾，开心益智，深刻地触摸我们这个文明。

《水浒传》更称得上是一种民心、民气和民间文化的结晶。就连它的书名的寓意也很明显。《水浒传》早期叫《忠义水浒传》，或者简单地称为《忠义传》。忠是对朝廷和民族国家，义是对江湖上的朋友，这两种伦理标准结合在一起，就有特殊的含义。忠义这两个字合成的特殊的含义，在两宋之交尤其明显。《宋史》中一再记载北方留下来的那些老百姓，把遗民中抗金的人叫作忠义人，或者叫忠义将，或者忠义首领，包含着对抗击金人、收复失地、揭竿而起、啸聚山林这么一种人的褒扬。也就是说，南宋时候的说书人，一讲忠义都是心照不宣的。《水浒传》里面留下了很多这种民间文化的痕迹。当然它写了很多性格，一百单八将，写了一批很真诚、很直率、很英勇的造反者。在性格上塑造得虎虎有生气，比如说武松、鲁智深、李逵。这是它的一个成功。但是它更深刻的地方是分析了一批非反社会的人。他本来不是反社会的，是社会逼得他不得不反，比如说林冲、宋江，这就出现了"逼上梁山"这个成语。它的深刻在这个地方，在一定的意义上来说，写这种非反社会的人格，正是写到社会的痛处。我们过去总觉得宋江是投降主义，他有投降的一面，但他不是一个反社会的人。越是没有反社会的人格，越是不得不反，那么这个社会的腐败和残酷，就到了不可容忍、不可救药的地步！这才是小说最深刻的地方。如果说都是写一些一碰就火冒三丈的人，好像这个社会只要把这批人安抚好就行了，反倒体现不出小说的深刻。宋江在上梁山之前叫孝义黑三郎，他遵从的伦理信仰是孝和义。孝是对他的家庭，义是对他的江湖朋友，这就是一种民间的生存哲学：在家靠父母,出门靠朋友。他处理晁盖等人劫生辰纲的时候,是"有仁有义宋公明,交结豪强秉至诚"。他看到县里要抓晁盖的秘密文件,马上去通风报信。这时他的义是大于忠的,江湖的义压倒了对朝廷的忠。后来梁山泊的谢函赠金落到阎婆惜的手中,他杀掉阎婆惜是为了保全自己的身家性命,这时孝大于两性的感情。在《水浒传》里面1/4(即25回)的篇幅都是宋江传,当然也包括宋江与李逵等人的合传。他带上山的是二十八个将,占了一百单八将的1/4。就是说他贯通了武松传、花荣传、李逵传,涉及柴进、孔明、孔亮这么一批人。最后在江州劫法场,他又碰到和搜罗了李俊、穆宏、戴宗、李逵、张顺这十几条好汉,一块上梁山。所以宋江的势力很大,这是他在江湖上用"孝""义"的伦理法则来凝聚的。上了山坐上了第一把交椅后,宋江就把聚义厅改成了忠义厅。这种忠不是原来意义上的忠,而是杂有反骨的一种忠;义也不是纯粹的义,而是绿林好汉化的义。宋江的忠义,是一种"山寨版"的忠义,把这些伦理原则作为他替天行道的内涵,这里面当然有政治上妥协的一面。但如果他没有这种妥协,就驾驭不了很多从朝廷里面投降过来的将领。同时他在人事上又有兼容的一面,用义来牵合江湖上的野性,所以他后来在打败童贯和高俅之后受招安,受招安后又打方腊,就有一种忠义的心理力量在起作用。而"孝""义"这种民间生存哲学是缺乏独立性的,它带有对主流哲学与官府哲学的依附性,对官方哲学进行改造和变通。这就是《水浒传》最深刻的地方,它写出了一种民间的生存哲学,写出了一种非反社会的人格。它以这种方法切入文明史的深处,对当时宋朝社会的谴责是很深刻的。

《三国演义》和《水浒传》的哲学,是与宋代的程朱理学相背离的。程朱理学认为,理是宇宙万物的起源,它将善赋予人便成为本性,将善赋予社会便成为"礼";而人在世界万物纷扰交错中,很容易迷失自己禀赋自"理"的本性,社会便失去"礼"。

如果无法收敛私欲，则偏离了天道，无法成为圣人。所以要修养、归返并伸展上天赋予的本性（存天理），以达致"仁"的最高境界；此时完全进入了理，即"天人合一"的境界。然后就可以"从心所欲而不逾矩"，这时人欲已融入天理中（灭人欲，不是无欲，而是理欲合一），无意、无必、无固、无我（从"毋"变成"无"），则无论做什么都不会偏离天道了。理是宇宙万物的起源，所以万物"之所以然"必有一个"理"；而通过推究事物的道理（格物），可以达到认识真理的目的（致知）。这种哲学在《三国演义》和《水浒传》的仁义哲学、忠义哲学的映照下，显得那样苍白无力。应该说，明清社会底层受《三国演义》《水浒传》哲学的影响远远大于程朱理学。只有看到这一点，才能进入真实的中国文明史的潜流和脉络。

《西游记》—《金瓶梅》：从文化神话到文人小说

《西游记》是一种文化神话，鲁迅称之为"神魔小说"。鲁迅在《中国小说的历史的变迁》中指出："当时的思想，是极模糊的。在小说中所写的邪正，并非儒和佛，或道和佛，或儒释道和白莲教，单不过是含糊的彼此之争，我就总结起来给他们一个名目，叫神魔小说。"这不是原始神话，而是带有很浓的文化味道的神话小说，其中的神已经在宋代说书四家的"说经"传统中变成了个性神和百物神了。我们的神话文化经过了很漫长的发展，到了明代产生的《西游记》已然不是原始神话文化，而是渗入了不少宗教和民俗信仰的因素。比如说大禹治水神话，在《西游记》里面，就不重新去表述大禹治水，而留下来的只有一块镇海神针铁，这是大禹用来镇水的，后来变成孙悟空的金箍棒了。原始的创世神话在这里已经是一个遥远的背景了。而这种神话文化是通过宗教思潮与民间文化思潮重生了的、留在记忆里的一种文化。它更多的是鸟兽虫鱼的百物神话，它里面的神和魔都是家常的，在我们十二生肖里看得到的。所有的生肖都在它那里变成神或魔了,尤其是猴子、猪和牛,这就把神魔的斗争家常化了,人情化了。另外,我们经过了宗教长时间的变化,经过三教合流,民间推算流年和吉凶的方法也渗透到小说里面,包括佛教和道教的世俗化。小说中很多东西是从民间的传说和宋人的戏文里面来的,包括它的九九八十一难。《周易》有八八六十四卦,到了宋时,蔡沈把它演变成九九八十一畴,开创一个"演范"派,就是用星相术士这么一种信仰来卜测人事、推断流年、预言吉凶。所以我们看《西游记》的结构形式,开头大闹天宫,像个龙头;后面像个龙身子,八十一难,十万八千里的取经行程,充满惊险,又散发着幽默。

我们过去总说,孙悟空是一个造反派,怎么后来就投降了,好像归顺了。实际上我们不能这样来看《西游记》。《西游记》更多的是写一种文化心理的历程,写一种"心"。《西游记》第一回的"灵台方寸山,斜月三星洞",就是一个"心"字。在这里,我们中国的三教,包括理学、道教和佛教都变成心学,讲究心性的修养,都向人心里来归拢。大闹天宫是人的野性的一种爆发。野性的爆发是一个境界,而九九八十一难的取经,是对取经者的理想、追求、意志、智慧、生命的坚定程度的一种磨炼和修炼。人性要修炼才能成熟,要爆发才能辉煌。大闹天宫写的是人性的爆发,八十一难写的是人性的磨炼和成熟。它刻画的是一种精神文化,所以是一种新的神话文化,而不是以前的那种原始神话。人和神话之间,隔着一层文化的雾。文化像重重的迷雾,具有折光的效应。

所以《西游记》是用神话的想象来隐喻人类的精神现象,隐喻心的"天路历程"。比如说孙悟空叫斗战胜佛,不像印度史诗中的猴王哈努曼那样是林中的仙子跟风神结合的产物,而是花果山的一块仙石(这里隐含着对石头的崇拜),这块石头三丈六尺五寸高,周长两丈四尺,三六五就是周天之数,对应着天,感应着天;

二十四时节，是地的数，对应着地，感应着地。孙悟空以天为父，以地为母。这个神秘的数字，实际上是讲孙悟空是以天地为第一，以天地为父母的。而且它写的是一种个性的神。就是说个性的描写渗透到孙悟空的肖像、形体和心理行为的方方面面。这就使这个战神非金刚化，不是怒目金刚，而是嬉皮笑脸、调皮捣蛋的一个喜剧性的战神。我们中国创造了这个战神，猴模猴样、猴腔猴心，散发着令人开心的喜剧趣味。连他能够识破妖魔的火眼金睛，连他吹一口气能化身百十的臭猴毛，也是跟他的猴性有关系：毛头毛身，红眼黄瞳，连他腰里面带着的瞌睡虫都是姓孙的。这个猴性还传给他的法宝和法术：一个跟头就能够翻十万八千里（印度的哈努曼猴王，也是一跳能够从印度半岛跳到斯里兰卡），这就是猴子的蹦跳性格，又增加了市井耍猴的翻跟斗游戏。金箍棒晃一晃碗来粗，要它小的时候，小得像绣花针，可以塞到耳朵里面。连武器都带有猴子的脾气，而且他这种个性使神话境界融合着人间的趣味。比如说孙悟空非常喜欢钻到人家肚子里面去，小个子跟大个子对打，不能把人家一口吞进肚子里，而是以小胜大钻到人家的肚子里面去。钻肚子这种战术，写了六次，各不一样。第一次是在黑熊怪的肚子里，他变成个金丹，让黑熊怪吞下去了。第二次是黄眉大仙，他变成一个熟的西瓜，让他吃下去了。第三次是铁扇公主了，他变成一个小虫子，钻到茶末里面，她就喝下去了。第四次也是变成这么个小虫，是在无底洞的老鼠精那里，但是她把他弹掉了。弹掉了之后他又变成一个桃子，然后让唐僧虚情假意地去让老鼠精来吃桃子，跑到人家肚子里面去发威。还有一次是不需要变化就钻到人家肚子里，当稀柿峒的红鳞大蟒把他吞下去，他用金箍棒在大蟒蛇的肚子上凿了一个窟窿。第六次是在狮驼山钻金狮大王的肚子，这次最有喜剧性，简直在人家的肚里肚外演了一场非常有趣的淋漓尽致的闹剧。猴子和狮子打架，给吃人的猛兽开一个玩笑，一个喷嚏吹出来后，还用一根绳子拉着狮子心肝当风筝来放，这样就把一种很残酷的战争变成了一场游戏。孙猴子跟人家打仗是玩着打，他是玩把戏的战神，打仗的场面完全是一场充满笑料和人情味的喜剧。任何一部神话小说，如果能够写出一个孙悟空，写出一个猪八戒，把野性和俗欲表现得那么透彻有趣，我觉得这就表现了人类最高的叙事智慧。它既有那么多的神奇，又渗透着人情与想象，由神话牵连着文明史，难怪会百读不厌，千古不朽。

《金瓶梅》是文人小说，它代表着中国小说一种新的变化，使小说从原来的历史演义、英雄传奇、文化神话的世界回到我们的身边，回到市井家庭的世界，抵近生活的原生态。所以鲁迅把它列为明代的人情小说，推崇它为"世情书"之最，《中国小说史略》第十九篇说："描摹世态，见其炎凉，故或亦谓之'世情书'也。诸'世情书'中，《金瓶梅》最有名。……作者之于世情，盖诚极洞达，凡所形容，或条畅，或曲折，或刻露而尽相，或幽伏而含讥，或一时并写两面，使之相形，变幻之情，随在显见，同时说部，无以上之……。至谓此书之作，专以写市井间淫夫荡妇，则与本文殊不符，缘西门庆故称世家，为搢绅，不惟交通权贵，即士类亦与周旋，著此一家，即骂尽诸色，盖非独描摹下流言行，加以笔伐而已。"《金瓶梅》采取的是骂尽诸色的调侃写实，是自然主义的写法。

在四大奇书中，后出的《金瓶梅》这一奇跟前面的三奇是不同的，它写作的文化心态和审美追求不同。前面三奇，尤其是《三国演义》《水浒传》，是勾栏瓦舍的说书人在大庭广众中，热情奔放、口若悬河地讲一个很古老的、带有传奇色彩的梦。而《金瓶梅》呢，是以一种冷静的、清醒的、有时候带有几分轻蔑的和嘲笑的眼光，由书斋里面看市井，看那个说书人的周围的世界。这个世界离说书人不远，但是说书人对它是很隔膜的。在这样一个人情世界里，它看出了市井生活和市井说书之间存在的悖谬。

也就是说，说书那一套离现实生活好像太远了。于是中国的叙事智慧就在四大奇书中，走向市场，又返回书斋。但是《金瓶梅》再也不是一个封闭的书斋了，它依然是有市场的信息和市场的因素来参与的，所以《金瓶梅》写得淋漓尽致，也卖得很好。它原是书斋和市场结合而成的书斋，未脱离市井的书斋。由于文化视角不一样，《金瓶梅》对说书人津津乐道的那种传奇性进行了戏拟，就是滑稽模仿，像《堂吉诃德》戏仿骑士小说一样，对说书人津津乐道的传奇进行了戏拟，开开玩笑。西门庆热结十兄弟，实际上是对桃园结义和梁山泊聚义的一种戏拟，因为这种结拜已经失去了结盟的生死与共的真诚，而是互相耍心计、拆台、奉承，占人妻子，夺人财产。原来那种在结义过程中的神圣感、庄严感，在这里被滑稽化了。戏拟式的嘲讽，是一种新的智慧，是一种优越、幽默，又无可奈何的智慧，暗含着人心不古、现世现报的感慨。所以戏拟者、讽刺者往往带有一种文化保守的色彩。整个社会在金钱和权势的支配下变得野兽化、市侩化了，于是出现了信仰的危机。西门庆的哲学是暴发户加淫棍的哲学。他说："咱只消尽这家私广为善事，就使强奸了嫦娥，和奸了织女，拐了许飞琼，盗了西王母的女儿，也不减我泼天富贵。"不仅是"有钱能使鬼推磨"，而且是有钱能把鬼奸污。钱是上帝，淫乱是百鬼。这种哲学比起猪八戒调戏嫦娥，被贬下凡间，误投猪胎，便宜多了。潘金莲的哲学是"一日主义"，随它明日街死街埋，路死路埋，倒在阴沟就是棺材，今天她也要享乐。女人的生命欲望极富侵略性，极富赌博性。《金瓶梅》写出了民间信仰的危机和它的世俗化变态，进入了文明史的阴暗面。

《金瓶梅》这个书名是从潘金莲、李瓶儿、庞春梅名字里各取一字而成。但《金瓶梅》全书的女性，包括妻妾、奴仆、丫头、倡优、三姑六婆，共有一百多女性，为什么唯独要取这三人的名字呢？因为这三人情欲最盛、死亡最惨，最能够充分地表达情欲与死亡的命题。《金瓶梅》的命题就是情欲与死亡。它还有一个隐藏着的意义，金瓶里面插梅，具有金屋藏娇的意义，却折枝插瓶，暗含了没有根子，好景不长。所以它探讨的是一种市侩化和野兽化的市井风。《水浒传》也写过情欲与死亡，比如武松杀嫂、宋江杀惜（杀阎婆惜）、石秀和杨雄杀潘巧云、梁山英雄攻陷大名府之后杀死卢俊义的夫人贾氏，也是写情欲和死亡的。但在这里是要把情欲置于死亡，把道德的崇高感还于自己。《水浒传》的情欲和死亡是外在的、附属的，而《金瓶梅》的情欲和死亡是内在的、主导的。它是《水浒传》同一个母题的反命题，因为《水浒传》写的英雄好汉，都是好酒不好色的。

小说蕴含的哲学，与儒者提倡的哲学，竟然是南辕北辙。明代大儒王阳明创立"心学"，主张"心外无物""心外无理"，提出了"知行合一"与"致良知"等基本理念。他继承了陆九渊"宇宙便是吾心，吾心便是宇宙"的本体论，提倡"心即理"的学说。即"天理、人理、物理只在吾心之中。人同此心，心同此理。往古来今，概莫能外"。在王阳明的心目中，"心者身下主宰，目虽视而所以视者，心也；耳虽听而所以听者，心也；口与四肢虽言动而所以言动者，心也"，"凡知觉处便是心"（《传习录》下）。"心"即"我的灵明"，"我的灵明便是天地鬼神的主宰"，"离却我的灵明，便没有天地鬼神万物了"（同上）。"位天地，育万物，未有出于吾心之外者"（《紫阳书院集序》）。"夫万事万物之理不外于吾心"，"心明便是天理"。"且如事父，不成去父上求个孝的理；事君，不成去君上求个忠的理；交友、治民，不成去友上、民上求个信与仁的理。都只在此心。心即理也"（《传习录》下）。"心"不仅是万事万物的最高主宰，也是最普遍的伦理道德原则。曾经有这么一个掌故："（阳明）先生游南镇，一友人指岩中花树问曰：'天下无心外之物，如此花树在深山中自开自落，于我心亦何关？'先生曰：'你未看此花时，此花与汝心同归于寂；你来看此花时，则此花颜色一时明白起来，便知此花不在你的心外。'"（《王文成公全书》卷三《传习录》下）心学体验虽然有其高明之处，但一接触《金瓶梅》中西门庆的市侩哲学、潘金莲的一日主义哲学，就会瞬间瓦解了。在某种意义上说，小说比起思想家的文集更能透露世俗的心理症结。

因此可以说，明代四大奇书，把中国宋、元、明这三代民族生存形态、民间文化心理、文人对社会文化生态的反思，写得非常深入，写到它的底了。水桶掉了底，甭提了，已经漏出了渣滓。我们要改造中国的国民心理，要弘扬我们的道德精神，不看这些书行吗？这些书难道仅仅是舞文弄墨吗？它涉及的是一个民族的心灵。所以应该说四大奇书，尤其是《三国演义》《水浒传》《西游记》，是中国民间文化精神的史诗性的作品，是认识一个民族的内在精神的一个通道。《金瓶梅》则是这个民族的内在精神通道的黑黝黝处的窥探和反思，我们要这样认识才不会对这些奇书的阅读流于肤浅，或作了误读。这就是新阐释学的读法的所在，新在叩问文明史的底细。

明代四大奇书的叙事智慧

从叙事学的角度来看，四大奇书有哪些值得注意的高招呢？从发生学上看，宋代有小说四家：说三分，衍化出《三国演义》；说铁骑儿，衍化出《水浒传》；说经，衍化出《西游记》；说小说，衍化出《金瓶梅》。这个衍化由宋到元明，历经数百年。《三国演义》《水浒传》《西游记》开始的时候是口传文学，口传文学的创作主体是带有群体性的，很多人在讲，口耳相传，它的文本是流动的，不断地滚雪球，带有再生性和再创造性。在民间是师徒相传，对台竞争，因为在勾栏瓦舍中，这边可能在讲石秀跳楼，那边可能在讲石秀杀嫂。谁能把观众争取过来，就要看谁讲得火爆煽情，讲得生动、有吸引力。通过唱对台戏，对台竞争，长久的流传，互相的借鉴，然后实行多元的整合，最后达到集中众人智慧的成熟。它能够提供很大的空间和激励，把那些最吸引人的、最精彩的智慧筛选进来，组合进来，滚雪球似的越滚越大，越滚越精彩，滚出了各种花样。同时又有文人，主要是下层的文人，在不同的阶段加以记录、整理、发挥、提高。它是一种民族集体智慧的创造，是长期竞争选秀的结果。竞争的原则就是优胜劣汰，竞争是生存的动态过程，竞争才能提高生存的质量。通过竞争，四大奇书出现了很多跟我们民族的深层智慧联结起来的叙事智慧，牵动着深层的思想文化脉络。

先看《西游记》。《西游记》师徒四众，加上一匹白马，这个组合结构照过去的讲法，就是金、木、水、火、土五行了。这里面包含很深的原则，因为四人特征各异，优势互补，隐藏着矛盾，又在互相的制约中合作到底，于是就产生出人物组合上的很多非常值得思考的命题。其中第一条原则叫"主弱从强"，就是第一把手比较懦弱，他代表着道德，代表着信仰，代表着理想，没有他就会失去方向，但是只有他也无法斩关夺将，寸步难行。跟随着他的几个徒弟很强，法力无边，破妖闯关。这样就是德、智、力的分家与合作。在《西游记》里，唐僧是信仰和意志的化身，但是他很懦弱。如果跟从他的人不是很强，他那身嫩肉早就给妖怪蒸熟吃掉了，或给女妖精当夫婿去了。然而这个外力不强的人，内心却无比坚定，又有一班法力强大的徒众帮着他除妖灭魔，二者之间就形成了一种叙事张力。主人的嫩肉成了一拨又一拨的妖怪垂涎三尺的美味，到处都是陷阱，只好让跟从的徒众变成除妖破灾的生力军，这样险象丛生，又逢凶化吉，就演出了连台好戏。这就是我国叙事权衡和设置主从人物的一种高超智慧。没有这种"主弱从强"的原则，《西游记》写不了这么长，写不了这么好看。《三国演义》和《水浒传》虽然少了一点魔幻，但叙事智慧也不差。《三国演义》里，刘备与他的那班智慧、武略高强的部属，也组合成"主弱从强"的人物结构。刘备也够懦弱了，他让徐州，又让荆州，老是走投无路，给人打得到处跑，站不稳脚跟，立足最晚。但是他是仁义的化身，代表着乱世中行仁政，带有一种道德的力量，也算得上一个明主。必须要有诸葛亮这个智慧人物和关羽、张飞、赵云这些武将来跟随他，才能帮他成就王业。主弱从强，主是道德，从是智慧和力量。德、智、力又分家又合作，这样才能够写成一种风生水起的戏剧性作品。《水浒传》中宋江跟吴用、林冲不也是主弱从强吗？主弱从强是一种具有非常高的智慧含量和文化含量的人物结构方式。我们中国的很多作品中都讲究这个，包括《封神演义》和《说唐》。不是说第一把手包打天下，往往是第一把手给折腾得很糟糕，但他的那股道德魅力和凝聚力量，搭救他跳出困境，成就宏图大业。这说明中国人的哲学里面，就"道"和"技"而言，还是以道德为尊，技术和力量只能是辅佐的因素。

　　第二个原则是对比的原则。《西游记》里边的四个师徒，一个是堕落凡胎的金身，一个是搅乱天国的野神，另外两个本是上界的天将。其中猪八戒是杂神中最杂的一个，杂到俗世的种种情欲、人的种种弱点都集于他一身了，又懒又馋又好色。猪八戒这个俗神遇上孙悟空这个野神，一野一俗相对照、相作弄，就使这个取经神话趣味横生，生色不少。比如说第三十二回平顶山莲花洞那次大灾难，孙悟空让猪八戒巡山，寻踪发现猪八戒在山凹里一个草坡上睡觉，孙悟空摇身一变，变作一个啄木虫，照猪八戒的嘴唇上猛然一啄，猪八戒就嘟嘟囔囔，骂那啄木虫一定不认我是个人，只把我嘴当一段黑朽枯烂的树，内中生了虫，寻虫儿吃的，将我啄了这一下也，等我把嘴揣在怀里睡罢。后来猪八戒又把一块石头当成唐僧、沙僧、孙悟空三人，对石头唱个大喏，作揖致敬，演习起怎样编造谎言："我这回去，见了师父，若问有妖怪，就说有妖怪。他问甚么山，我若说是泥捏的，土做的，锡打的，铜铸的，面蒸的，纸糊的，笔画的，他们见说我呆哩，若讲这话，一发说呆了，我只说是石头山。他问甚么洞，也只说是石头洞。他问甚么门，却说是钉钉的铁叶门。他问里边有多远，只说入内有三层。十分再搜寻，问门上钉子多少，只说老猪心忙记不真。此间编造停当，哄那弼马温去！"这些谎言被孙悟空听了告诉唐僧，使猪八戒的计谋全部露馅，只好再去巡山，被妖魔捉住。然后才展开激烈又风趣的降妖伏魔的战斗。《西游记》的对比原则，把本来是非常激烈的降妖或者非常惊险的一种历险，写得轻松诙谐，很有趣味，把漫长的单调的取经行程，化成一颗让你吃起来嘎巴脆的开心果。如果没有这种人格对比，没有两种性格的捉弄，就写不出这么精彩绝伦的连台好戏。

第三个原则是调节的原则。总是对比，老是磕磕碰碰，很容易散伙。因为如果唐僧被抓起来了，孙悟空一下子不知下落了，那猪八戒就可能回高老庄当女婿去了，所以需要有一个沙僧在师徒之间、师兄弟之间斡旋。沙僧的无用就是大作用，他讲话往往很在理，处理事情很妥当，把各方面协调好了，七抹八抹抹稀泥，各方协调起来才能够走到底。沙僧是个凝合剂和润滑剂，他发挥好了，把皱皱巴巴的地方抹平了、润滑了，小说情节才能运转起来。这么一种智慧结构是我们的说书人在长期的说书过程中找到和提炼出来的，经过我们的文人把它变成一个非常精彩、非常高明的叙事策略。我们过去都是从教科书里面来讲智慧，其实小说中的智慧比起刻板的教科书的智慧高得多。《西游记》师徒四人能够好戏连台，使漫长的取经过程不仅不单调，反而趣味横生，又在不散伙走到底的过程中激发出新的趣味，这就是智慧，而且是大智慧。

再看《水浒传》的叙事智慧，我们当然可以讲它的多层结构，不同人物传记互相勾连的结构。鲁迅在《门外文谈》中说："我们那里的乡下人，碰到明天要做一件紧要事，怕得忘记时，也常常说：'裤带上打一个结！'"不同人物传记互相勾连的结构，就是在裤腰带上打了一个又一个的大结。不过，在这里我只讲一个简单的问题——《水浒传》里很有讲究的人物组合。极端性人物性格的组合，可以在约束极端中生发出浓郁的喜剧性。比如说宋江跟李逵合传，铁牛李逵到哪去动不动就要撸袖子耍拳头。但是他跟宋江在一起，宋江一喝止，他就听话了。这就是绿林好汉的野性本能和江湖社会的规矩之间有碰撞，又有约束。就像孙悟空要有个紧箍咒，不约束野性，十万八千里的取经路是走不到底的。李逵的野性不断地暴露出来，他老是在宋江的旁边也闷得慌，因此他喜欢作为别人的伴当外出。兄弟们也知道他到外面是不好约束的，所以就跟他约法三章，比如他跟神行太保戴宗到蓟州去找入云龙公孙胜，就事先给他达成协议，只能吃素，不能喝酒。后来发现他偷偷地吃酒、吃肉，戴宗就使起神行法，使他收不了脚，逼他求饶，制伏了他的野性。吴用扮成一个算命先生，带他到大名府去赚取卢俊义出来，让他扮作一个不喝酒的哑道童。李逵担心"闭着这个嘴不说话，却是憋杀我"，怕吴用不带他，也只好让步，"我只口里衔着一文铜钱便了"，于是他在嘴里塞了一文铜钱，以免开口胡说乱道，这样就把他的赤子之心和童心也表达出来了。李逵上梁山之后回到沂水县去搬他的母亲一节，真真假假、假假真真，李逵变成假张大哥，李鬼变成假李逵，李逵又给人认出，认出来的时候有杀身之祸，不认出来的时候反而被当成假的张大哥受人拥戴。这里面既有真真假假，又有李逵勇猛莽撞的个性，还有梁山好汉之间的深情厚义，叙事心思细致，写得实在好。就只讲李逵的野性约束和真假错综，已经显示了《水浒传》叙事智慧是不拘一格的。

明代四大奇书的结构形态

一本书要有整体性，就要有顺序、有层次，要把各种因素、各种板块对接得天衣无缝，组配成一种有意义的形式。因为包括像《水浒传》这样的小说，在宋代的说书人那里就流传着《青面兽》《花和尚》《石头孙立》等故事。它们以各种形式散落在民间口头，但怎么样变成一个整体，这就是施耐庵、罗贯中他们的能耐了。没有这些文人的参与，故事的整体性和文化品位就会受损。我们既要强调说书人的作用，又要强调文人的参与作用，这是一个互动互补的过程。这样才能组合成《水浒传》的列传体结构。《三国演义》也是这样，有很多故事和细节都在流传。但是怎么样把它变成一个整体？《三国演义》是一个奇迹，在中国刚刚出现长篇章回小说的时候，它就能写成这么严密、宏大、气势非凡的结构。我觉着有几个东西在《三国演义》结构中起着很有意思的作用，一个是探听消息。因为《三国演义》写汉末大乱，十八路诸侯崛起，后来又三国鼎立，中间经过百十次的战争，是头绪错综，很紊乱的。讲蜀国不能忘记魏国和吴国，怎么把它们沟通起来呢？探听是使它互动的一个首选，探听就把分隔的局面变成一个整体。比如说刘备入川，他在建安十六年占了荆州之后，到建安十九年驱逐刘璋自领益州牧，这中间有三四年的时间，在多事之秋，三四年会发生很多事情。说书人的本子叫作《平话三国志》，他就照顾不过来，光写这边了，没有照顾着写别的地方。而《三国演义》靠探听就照顾了别的地方。比如说在刘备到了四川之后，刘璋在涪城设宴，派刘备到北方去防备汉中的张鲁，企图把他限制在边境上，把他边缘化。这时早有细作报入东吴。东吴听说刘备到四川去了，而且给人家派到边疆去了，就想夺回荆州，因为荆州本来是刘备从东吴借来的。他们要孙夫人尚香带着阿斗到东吴去看老太太，这样就出现了赵云和张飞截江夺阿斗的一场戏。然后东吴那边忽然又报曹操起兵四十万，要来报赤壁之仇。于是东吴迁都到秣陵，筑濡须坞来防备曹操。所有这一切都是通过探听联系起来的，从而把三个国家之间的气脉沟通起来，所以探听的效应很重要。

《三国演义》是把三国作为一个整体来创作的，而在创作的过程中，探听起着不可忽视的作用。探听是外在的形式，还有一种内在的形式，这就是伏笔。因为人间的事情是千头万绪、齐头并进的，每一个故事线索都是模糊的，并不是像写单个的故事那样，清清晰晰好像一件事情做到底。它实际上受到很多因素和参数的干扰。模糊的线索才表现生活的多彩；过分明显的线索是传奇小说的方法。如果有多条线索齐头并进的话，就必须花开两朵各表一枝。文字的描写只能够是线状的，而生活的存在是网状的。在这么一种情况下，必须要打断某些线条，让一些线条埋伏下来，像潜流一样，到另外一个地方再把它露出来。所谓隔年下种，这种子是今年秋天下的，明年春天才能发芽。但是你今年要不下一个种，明年那个芽就来得没有道理。这就是伏笔的作用。比如说魏延出现在《三国演义》第四十一回，当时刘备在新野溃败，带着十万百姓要进襄阳城，被襄阳城的太守拒绝了。魏延就在城里起事，要迎接刘备进城，但没有成功，他落荒而逃，逃到长沙。隔了十几回后，也就是在第五十三回的时候，关羽去取长沙，跟黄忠打仗，两个人互相谦让，太守韩玄认为黄忠不肯杀关羽，要把他杀头，这时候魏延就起来，把黄忠救出，把长沙献给关羽。诸葛亮这时断言魏延的脑后有反骨，要杀他，但最终在用人之际没有杀。后来魏延也成为蜀中的一员大将，建了很多战功，但是这个种子就埋下来了：脑后有反骨。到了一百零五回，也就是五十多回之后，诸葛亮死了，没有人约束魏延了，他就要掌握全部兵权去造反。造反的时候杨仪跟他对阵，诸葛亮留下了一个锦囊妙计，让杨仪、马岱按着密计在马后挥刀，砍下魏延的脑袋。这是诸葛亮留下来的妙计，他识破了魏延叛主的心思。这个事情三次出现，前后的跨度有六十多回，这个叫隔年下种法。

　　另外一种结构方式是数字的结构。数字的结构在《三国演义》里面起到很大的作用。数字可以把类似的行为加以归类，也可以把本来非连续性的东西加以连续性组合而成为一个叙事的板块。《三国演义》有些情节，比如"三顾茅庐""七擒孟获""六出祁山""九伐中原"，就是用数字来起结构的作用。小说把它组成一个板块，中间还有很多事情插进来讲，有的是连续讲，有的是插进来讲，以数字作为总枢纽灵活地控制着、操作着整个叙事程序，这也称得上我们古代的数码化的技术了，它起了很大的集成化、仪式化的作用。因而毛宗岗在《读三国志法》中说："三国一书，有横云断岭、横桥锁溪之妙。文有宜于连者，有宜于断者。如五关斩将、三顾草庐、七擒孟获，此文之妙于连者也。如三气周瑜、六出祁山、九伐中原，此文之妙于断者也。盖文之短者，不连叙则不贯串；文之长者，连叙则惧其累坠，故必叙别事以间之，而后文势乃错综尽变。"横云断岭强调的是断，横桥锁溪强调的是续，时间链条的断断续续，增加了叙事结构的弹性。

再一种是以小引大的葫芦形结构，大小之间以曲线衔接。应该说直线的东西是单调的，而且是凝固的；而曲线的东西是流动的，充满生命。人的微笑，以嘴唇下曲，嘴角上翘，以单纯的曲线表达生命的喜悦。曲线也包含着曲折，由小到大，风起于青𬞟之末，终至狂风暴雨袭来。《水浒传》很善于抓住一点很不起眼的事物，微妙地扩大事端。比如"三打祝家庄"，是《水浒传》里面写得最精彩的一场战役。但是它起因于时迁偷吃酒店的一只报时鸡，在抓贼、逃难、搬救兵中，点燃了三打祝家庄的熊熊战火。攻打曾头市的战役，是段景住在北方所盗的照夜玉狮子马被曾家五虎夺去，由此导致梁山水泊夷平曾头市，使它化为废墟，这都是由小事生大事。很多大事件都这样，开始的时候好像还没事，一点点风波，终于引发翻江倒海的巨澜。好比一只骆驼，要在它背上加草的话，一根草一根草地加，最后只要有一根草就能压趴这个骆驼。它总有个极限，到了极限的临界点，一根草就足以把庞然大物压倒。一马一鸡，就这样出人意料地引发流血遍野的战争。这实在是匪夷所思，令人联想到德国格林兄弟的童话《不莱梅音乐家》所说，耗尽气力的驴、不能再打猎的狗、无力再抓老鼠的猫和主人准备宰杀来做菜的公鸡，议定集体逃亡到不莱梅，去当自由自在的音乐家。途中遇到强盗的阻拦，它们于是决心联手反抗，采取叠罗汉的方式，驴子把前蹄搭在窗台，狗跳到驴子的背上，猫爬到狗的身上，公鸡飞上猫的头顶，发出信号，全体奏乐，驴叫、猫嚎、鸡鸣、犬吠，又撞碎玻璃，哗啦啦闯进屋里，吓得强盗以为妖怪来了，大难临头，落荒逃进森林。驴、猫、鸡、狗，可谓微不足道，却在合力发挥能力中，掀起轩然大波。这就是以小引大的结构性功能了。

《水浒传》中还有鸾胶续弦的叙事法，用这种叙事法描写的一场战争是在梁山泊攻打大名府救出卢俊义的战役之前，燕青打鹊求卦而巧遇石秀、杨雄。从卢俊义被吴用扮成算命先生赚到梁山，到宋江率师攻打大名府搭救卢俊义，《水浒传》从第六十一回到第六十三回的这三回，确实有点像以梁山泊和大名府为两个端点的充满张力的强弓。卢俊义回大名府后被奸夫淫妇诬陷流放，为燕青救出，又被追回判斩；梁山泊派石秀、杨雄取小路赴大名府打探消息，其间的小路何止千百条，就使燕青和石秀、杨雄这两条线索恰似从弓的两端引出的难以接续的弦。作品匠心独具地写燕青要到梁山泊去报信，但没有盘缠，就打鹊求卦，"若是救得主人性命，箭到，灵雀坠空"，不料找坠落的鸟时，碰到石秀、杨雄正在赶路，想劫走他们的包裹做盘。结果"不打不成交"，三个好汉在打斗中讲出姓名，便把从梁山泊和大名府的两端引出的弦接续上了。金圣叹把这种方法叫作"鸾胶续弦法"。据传东方朔写的《海内十洲记·凤麟洲》记载，有仙家"煮凤喙及麟角，合煎作膏，名之为续弦胶，或名连金泥。此胶能续弓弩已断之弦，连刀剑断折之金，更以胶连续之处，使力士掣之，他处乃断，所续之际终无所损也"。从大名府到梁山泊道路有千条百条，燕青怎么能够碰上杨雄和石秀呢？小说就设了这个圈套，叫作鸾胶续弦，把两条不搭界的弦，把一个死囚和一个义军的大本营，用这么微小不起眼的行为方式把它们连接起来，衍生出梁山泊的十几路人马，一齐扑向大名府，以小引大的叙事结构在这里调动得风风火火，别具匠心。

最后，我想借用《金瓶梅》来讲讲结构上的道和技的关系。这里蕴含着中国与西方解释叙事结构的根本性差异。西方的结构主义有机械主义的特征，它要把作者排除在文本之外，认为"作者死了"，这样才能对结构内部的各种要素和功能进行实验室那样的取样分析。但是从语源学着眼，中国人看结构与此大相径庭。结是绳子打结，构是盖房子。结构两个字是动词，动词后来即便变成名词，也还是带有不可忽视的动词性。动词性把结构看成一个过程，作者写下的第一笔就是结构的开始，最后的一笔才是结构的完成，从头到尾都是灌注着文意和文气的。整个结构是一种不可割裂的过程。这就使得结构的过程性，意味着结构是人和天地之道的一种精神契约。由结构之道衍生出结构之技，道与技之间充满一种内在的驱动力、对应的关系和张力。《金瓶梅》整个写的是西门庆这个家族的暴发和衰亡。西门庆的宅院和花园是全书的一个中心，但是小说在城东和城南，又分别设计了一个玉皇庙、一个永福寺。道家的玉皇庙和佛家的永福寺，阴阳两极对应，用佛、道两个寺庙把西门庆的花园和家族，包括翡翠轩、藏春坞为中心的寻欢作乐、放纵情欲的这些地方夹起来，像一个三明治一样。凡是热闹的事情都在玉皇庙上发生了；凡是冷清的事情都在永福寺发生了。张竹坡曾经评点说，"玉皇庙热之源，永福寺冷之穴也"（第四十九回夹批）。发生在玉皇庙的重要事情是西门庆热结十兄弟、官哥儿寄名、李瓶儿荐亡，生生死死都是非常热闹的。永福寺发生的重要事情是西门庆得梵僧淫药，导致纵淫无度，由于它是西门庆死后庞春梅改嫁的周守备家的香火院，遂成了潘金莲、陈敬济埋尸的地方，又成了西门庆的妻妾风流云散之后相遇，和普静禅师幻度孝哥儿的地方。这里的生生死死带有魔幻式的荒谬、阴森和悲凉。永福寺跟死亡、破落、冷冷清清这些情境联系在一起。一宅两寺庙，沟通了生与死、阳间和阴间、人世和方外、人欲和天理，把酒气财色熏天的一个社会和家族笼罩在带有宗教色彩的空幻世界里面。它的哲学的穿透力就是摆在那里发挥作用，像下象棋一样，下那么几个棋子，就形成一个哲学的结构、一种形而上者谓之道的结构。用家居环境、地理方位来做天理人情运行结构的谋略，应该说是《金瓶梅》一个很大的发明。后来的《红楼梦》也是设计好地点，把大观园和太虚幻境相对应，一路延伸到大荒山无稽崖青埂峰下无材补苍天、有意补情天的顽石身上，然后形成一个潜在的沟通天人的结构。

这种结构是一种内在的潜结构，而在这个结构上面可以实施很多结构的技巧。西方的结构主义的研究，比较多的是结构的技巧怎么实施、组合、关联。《金瓶梅》由此又设计了一个重要的空间，不断地重复这个空间，由于时间推动着这个家族的暴发和衰变，今非昔比，物是人非，就会产生一种重复中的非重复，产生很多悲凉感、沧桑感、幻灭感。比如说清河县有一条著名的街道叫作狮子街，《水浒传》中武松就是在这个地方打死西门庆。但是到了《金瓶梅》中，打死的不是西门庆，而是西门庆的一个替身叫李外传，西门庆苟活得非常滋润和风光。除了这次之外还在这条狮子街写了三起事件，分别发生在三个元宵节：第一个元宵节是西门庆为李瓶儿过生日，这是西门庆得意扬扬的花季；第二个元宵节是西门庆加官得爵，在狮子街设宴庆贺升迁，是西门庆鼎盛的见证；最后一个元宵节是李瓶儿这些人都死了，西门庆由于纵欲得了病，神情很恍惚了，在狮子街上，跟奴仆的妻子王六儿荒唐一番之后，昏昏沉沉地在街道上碰到了旋风和鬼影，凄凉渗入骨头缝，然后回到家里他又被潘金莲灌了梵僧药，最后油尽灯枯，死在潘金莲的肚皮上。狮子街写了四次，有搏杀，有狂欢；

有冷清，有烟火；有鬼影，有死里逃生，有纵欲身亡，同样的一个狮子街里面，写出不同的人生情景。重叠之处不重叠，重叠之处反重叠，就把西门庆家族发迹、鼎盛到最后破败、崩溃的整个过程勾勒成一条抛物线。用一个地点作为一个线索，将故事贯通起来，这就是结构之技。所以结构之道中蕴含着结构之技，生发着结构之技，结构之技又呼应着结构之道，技道浑然一体。因此，道技关系，蕴含着中国文化的深层秘密。

从对明代四大奇书的深度阐释中，我们可以认识到，分析中国的文学作品，要对自身的文化家底，对我们几千年文化原点上的最精髓的成分心中有数。因为很多文化枝叶，都从文化根柢上抽出新芽，以文化根柢上高明的智慧作为茁壮生长的养分。我们要能够从中国文化精神的角度，从中国文明史的内在脉络的角度，来看我们的文学作品。因为文化是一个民族的灵魂和旗帜，在全球竞争和合作中，文化就是我们的身份证。我们用什么来跟西方证明我们的身份？不是卡拉OK，也不是可口可乐，而是我们的文化精髓，包括经学、诸子学、佛学、道学。即便对唐诗宋词的体验，中国人绝对跟西方人的态度不一样、感觉不一样，那份精粹微妙，即使翻译成西方的语言，外国人也难以接触到那种散发着微妙气息和以心灵的眼睛体验到的三昧。这就是我们的文化精深宏博之处，这种以心灵的眼睛体验到的三昧，使得我们抵达文明史的深处。如果我们树立大文学、大文化、大文明的观念，从文化的深层脉络来看我们的文学作品，就可能通过见微知著、由表及里的不懈努力，建立起现代大国学术的话语体系、学理体系、知识体系和评价体系。将中国源远流长的第一流的文学、文化、文明的经验，转化成原创性的思想文化的智慧，从而以现代大国的思想智慧，来丰富人类的思想智慧。

2003年讲演，2021年2月13日最后修订

《红楼梦》文化的"天书—人书"之精华

学术研究，需要战略性的设计。从2008年的《老子还原》开始，我陆续写出了《庄子还原》、《墨子还原》、《韩非子还原》、《论语还原》上下册、《屈子楚辞还原》上下册、《兵家还原》六卷。这六大还原系列共500万字，使"还原"作为方法论已经受到了学术界的广泛关注。在诸子还原系列中，如果再考察几位诸子，比如写"孟子还原""荀子还原"也未尝不可，在这方面我已经准备了相当多的材料，但不如来一番战略转移，对中国古典文学的顶峰《红楼梦》，进行一次精神探险，洞悉其字里行间的文化精微，才算得上尽了一个中国研究者的历史责任。因此我撰述了《红楼梦精华笺证》三卷140余万字，从《红楼梦》与传统文化根子的关系、《红楼梦》与民俗信仰的关系、《红楼梦》的叙事秘法等方面，进行了缜密深入的探讨。如我在《笺红弁言》中所说：

《红楼梦》是横空出世的文化圣典、文学昆仑，是由洞察人心人性的如实描写、又出入于神话幻境的空幻、进而圣乎其文的旷世经典。为什么用了"文学昆仑"这个说法呢？昆仑是这个民族源头的神话所在，代表着中国神话文化的上可通天，下又发源黄河的祖源文化系统。用来形容《红楼梦》，就是要沟通了它的文化本源和文化血脉，揭示它是博大精深的中国文化绽放出来的奇葩，形成了"众书之书"。《红楼梦》原始名字是《石头记》，这在中国小说的命名上蕴涵最为深厚精湛，起码有三重意义，一是石头作记，二是石头留记，三是石头被记，呈现了元叙事的复调形态。因由了女娲炼石补天炼成的三万六千五百块石头，又多余出一块无材补天的顽石，它不去补地济世，却去补恨海情天。被一僧一道将这块巨大的多余顽石缩成扇坠大小的鲜明莹洁的美玉，携带到那昌明隆盛之邦，诗礼簪缨之族，花柳繁华地，温柔富贵乡。这块幻形入世的通灵宝玉，被贵族中国的异样子弟贾宝玉衔在口中来到人世，经历了家族的衰落、爱情的磨难、群芳的流散，尤其是刻骨铭心的绛珠还泪，在绝望的痛苦中超脱了悟遁入佛门。所谓"异样子弟"而不言叛逆子弟，是因为他朦胧觉醒，却找不到一条新路，遁入佛门乃是无路可走的无可奈何的替代。在这里，所有这些家族人世经历，以人书与天书结合的审美方式，记录成了"石上书"。"石头书"是何等结实而奇幻的想象。又不知过了几世几劫，空空道人将石上书抄录问世传奇。曹雪芹于悼红轩中，披阅十载，增删五次。于是从天上看人间的《石头记》，被修改成从人间看天上的《红楼梦》。天上看人间为"记"，人间看天上成"梦"。记是深切的，梦是玄幻的，玄幻因深切而根基牢固，深切因玄幻而哲思清奇。这就是甲戌本脂评所说："况又有'美中不足，好事多魔'八个字紧相连属，瞬息间则又乐极悲生、人非物换，究竟是到头一梦、万境归空"，这"四句乃一部之总纲"。作记者的石头，植根于中国古人自然崇拜中的石头崇拜，又是女娲炼石补天闰余一石为怡红公子衔在口中降生的命根子。好一个三百六十五块，又闰余一块，这种闰余的构设，是一种石破天惊的发明。石头崇拜，是中国文化的原始崇拜，联系着女娲炼石补天、大禹治水的启母石和天的长子雷公由石卵而诞生。做梦所在的红楼，是贾宝玉的居处怡红院绛芸轩，联系着绛珠仙子，也联系着曹雪芹在其中"披阅十载，增删五次"的悼红轩。因而所谓红楼之梦，是在悼红轩的曹雪芹、在绛芸轩的贾宝玉和弃置在青埂峰下的多余的石头一道书写的天人之书，一部充满玄思梦幻的人生忏悔录。

对于这部以"人书—天书"为审美本质的书，清人的《京都竹枝词》说："闲谈不说《红楼梦》，读尽诗书是枉然。"枉然的意思是徒劳无功，浪费时间，得不到任何收获。为什么写了这么一首极而言之的竹枝词？这是由于《红楼梦》一出，中国文学经典的格局发生了根本性的变化，只有重新从经典的顶端来审视和理解全部经典，才能认识中国文学的本体特征和根本意义。由于《红楼梦》对其他诗书的这种优势，导致到了近代就出现了成就斐然的一门叫做"红学"的显学。至于"红学"的得名，清人徐珂《清稗类钞》三十五《诙谐类》记载："曹雪芹所撰《红楼梦》一书，风行久矣，士大夫有习之者，称为'红学'。而嘉、道两朝，则以讲求经学为风尚。朱子美尝讪笑之，谓其穿凿傅会，曲学阿世也。独嗜说部书，曾寓目者几九百种，尤熟精《红楼梦》，与朋辈闲话，辄及之。一日，有友过访，语之曰：'君何不治经？'朱曰：'予亦攻经学，第与世人所治之经不同耳。'友大诧，朱曰：'予之经学，所少于人者，一画三曲也。'友瞠目。朱曰：'红学耳。'"① 红字比繁体的经字，少了"一横三曲"，这就由传统的经学转型为新生的"红学"。这条材料被均耀录入

---

① （清）徐珂：《清稗类钞》，中华书局1984年版，第1792页。

《慈竹居零墨》，发表在1914年第8期《文艺杂志》，广为传播，"红学"一词就成了《红楼梦》研究的专名。

五四新文化运动中，胡适创立了新红学，以自叙传来诠释《红楼梦》。百年新红学，解读着言说不尽的一部大书。难道《红楼梦》仅仅是一部自叙传吗？如此宏大的贵族家族文化，是一个人的自叙传能够囊括得了吗？一部自叙传就可以成为恒久的显学吗？所谓显学是社会文化上处于显赫地位的热点学科、学说、学派。如《韩非子·显学篇》所云："世之显学，儒、墨也。儒之所至，孔丘也。墨之所至，墨翟也。"秦汉以后的历史表明，儒家成为长久的显学，墨家却成了中断的显学。由此可知，显学的发展，必须归于正。反思起来，红学这种炙手可热的显学，假如显在版本和曹学，在满足于根基深厚之时，要避免显中有偏。这就要由偏归正，走上发展的正道。班固《东都赋》说："既闻正道，请终身而诵之。"追求研究志趣的正道，是终身践履的事业。《红楼梦》第四十九回香菱写了一首"精华欲掩料应难，影自娟娟魄自寒"的诗，众人看了笑说："这首不但好，而且新巧有意趣。"因此需要的不是掩饰、埋没《红楼梦》的精华，而是要阐释、发扬《红楼梦》的精华，故此有必要对《红楼梦》的精华作出探源溯流的笺证。

鲁迅在《〈绛洞花主〉小引》中说："《红楼梦》是中国许多人所知道，至少，是知道这名目的书。谁是作者和续者姑且勿论，单是命意，就因读者的眼光而有种种：经学家看见《易》，道学家看见淫，才子看见缠绵，革命家看见排满，流言家看见宫闱秘事……。在我的眼下的宝玉，却看见他看见许多死亡；证成多所爱者，当大苦恼，因为世上，不幸人多。惟憎人者，幸灾乐祸，于一生中，得小欢喜，少有偏碍。然而憎人却不过是爱人者的败亡的逃路，与宝玉之终于出家，同一小器。但在作《红楼梦》时的思想，大约也止能如此；即使出于续作，想来未必与作者本意大相悬殊。惟被了大红猩猩毡斗篷来拜他的父亲，却令人觉得诧异。"蔡元培在《石头记索隐》认为《石头记》是反清复明的政治小说，贾宝玉是影射康熙帝原来的太子胤礽，林黛玉是影射当时的诗人朱彝尊。清代"索隐派"的张维屏在《国朝诗人征略二编》中说它写"故相明珠家事"，王梦阮、沈瓶庵在《〈红楼梦〉索隐》中则说它写"清世祖与董小宛事"，都随之晚清的"政治小说"思潮，将《红楼梦》附会政治事象。王国维在1904年发表了《红楼梦评论》开始批评索隐派，进行拨乱反正，并以叔本华的生命意志带来虚无和痛苦的悲观主义哲学，来解释《红楼梦》，把"欲"看成是一切不幸和苦痛的根源，认为它是"悲剧中的悲剧"，归结于欲念的"解脱"。胡适1921年的《红楼梦考证》，认为《红楼梦》是曹雪芹的"自叙传"，俞平伯认同胡适的观点而写了《红楼梦辨》，并在1950年写《后三十回的红楼梦》时，又提出了"钗黛合一"论。在以后的"红学"中，何其芳提出了"典型共名"说，认为"少年男女和青年男女的互相吸引，互相爱悦，这却不是一个时代一个阶级的现象。因此，虽然他的时代和阶级都已经过去了，贾宝玉这个共名却仍然可能在生活中存在着"。研究上流派纷呈，反映了研究对象的文化蕴涵的丰富性，将研究切入文明史。

应该看到，《红楼梦》研究的新突破，确立新的方向和态度是根本。面对历史上复杂纷纭的《红楼梦》学派，探源溯流地笺证和阐释精华，是一个艰难而又富有诱惑力的学术文化工程。即便是谪仙人李白也感慨于"大道如青天，我独不得出"，但他还是呼唤着"多歧路，今安在？长风破浪会有时，直挂云帆济沧海"。李白讲究"独出",红学应该以"独出"的原创精神,直挂云帆,长风破浪,从正道上开拓出浩渺苍茫的学理沧海。因而要对《红楼梦》"抽挹精华,批导窾郤",揭示其天工人巧,解读其苦心孤诣。这就需要从细读文本出发,从三个方面用力:一是通解《红楼梦》与整个中国文化之根本的关系,也就是文化脐带的关系,比如与经学、子学、佛学的关系,并且对原始神话与诗化神话(由亚神话提升为超神话)进行疏解。值得注意的是,全书不去彰显地狱,却彰显太虚幻境,以始见于《庄子》的"太虚"来建构它的宇宙模式。这就超越了因果报应的地狱恐怖,而在诗化哲学中尽情咀嚼生存的价值。同时还要对晚明清初的小说戏剧的文化脉络作出清理,包括比高鹗续书早四十年的《儒林外史》范进与贾宝玉都中了第七名举人的微妙联系,"第七名举人",一者进入名利场,一者皈依佛门,这是以解构的方式来重构天人之学;还可以考察从女娲补天到红楼群芳的女儿情结的渊源、木石前盟与巫山瑶姬精魂为草的牵连,直至考察全书整体的环形结构完成了一个伟大的"中国圆"。二是通解《红楼梦》的重大关节与民俗信仰的关系,比如与清代几乎关系到王朝命运的天花禁忌、曹家的关系到家族荣衰的奶妈崇尚的关系,鬼神文化与世情书的关系,戏剧曲艺在政治社会结构上的边缘地位和在民间文化心理上的中心地位的关系,还通过刘姥姥进出大观园,检讨贵族世家衰落过程中农村对于城市的价值。三是通解《红楼梦》的深层叙事学的学理,这就是甲戌本眉批所言:"事则实事,然亦叙得有间架、有曲折、有顺逆、有映带、有隐有见、有正有闰,以致草蛇灰线、空谷传声、一击两鸣、明修栈道、暗度陈仓、云龙雾雨、两山对峙、烘云托月、背面傅粉、千皴万染诸奇。书中之秘法,亦不复少。"这种"叙事秘法"衍化出如文武张弛之道,文戏武戏转换法,对牛弹琴法,引而不发法,留白法,文化空间设置,布局落子的神机,影之影、镜中人的意象玄幻,称谓与身份错综,尤其是沟通小说与建筑、绘画、戏曲、音乐、兵书的多重智慧，灵活调动叙事的时间与空间，直指"天书—人书"互动互参的叙事精髓。《红楼梦》由此成为中国叙事原则集大成的经典。把握上述的三个基本点，就把握住了一般的红学研究鲜有把握的文化深层意蕴，这样才能在实质意义上建构现代中国《红楼梦》研究的学理体系和话语体系，发出中国原创的声音。这样才真正对得起《红楼梦》所谓"标题诗"的期待："满纸荒唐言，一把辛酸泪！都云作者痴，谁解其中味？"以荒唐言包裹着辛酸泪，泪里有社会史、家族史、人生史的百般辛酸，言中有神话学、宗教学、审美学的透顶荒唐，它们之间绵密精彩的结合，展示了贵族中国衰落崩溃时代的百科全书式的人文图册和人物画卷。这就把《红楼梦》的伟大，还原到"天书"与"人书"相结合的旷世无双的审美特质之中。读《红楼梦》不能止步于读故事，而要取精用弘地读文化，唯此才能读到它的精髓。

开拓一个新的学术发力点，既要审慎地选择研究的对象，又要审慎地反思研究者自我。应该说，我在《红楼梦》与传统文化的根子，包括儒道佛的精神联络上，在《红楼梦》与民间文化、民俗信仰上，在《红楼梦》的深层叙事学原理上，都有还算足够的储备，大概都可以讲出一般的红学家讲不透彻的话。比如我在第一回的笺证中就对"木石前盟"与"金玉良缘"作了如此剖析。

笺证：《红楼梦》的原始书名《石头记》，真是给书命名的一绝，意义精深幽邃。第一回就开宗明义，作者自云：因曾历过一番梦幻之后，故将真事隐去，而借"通灵"之说，撰此《石头记》一书也。这就将全书的基本意蕴，植根于中国古人自然崇拜中的石头崇拜，富有本体蕴涵和象征价值。其一，石头崇拜联系着中华民族治理洪水的神话传说，洪水神话关联着人类蒙昧时期的生存发展。宋代洪兴祖《楚辞补注》卷三解释《天问》"禹之力献功，降省下土四方，焉得彼涂山女，而通之于台桑"，引《淮南子》曰："禹治鸿水，通轩辕山，化为熊，谓涂山氏曰：'欲饷，闻鼓声乃来。'禹跳石，误中鼓，涂山氏往，见禹方作熊，惭而去。至嵩高山下，化为石，方生启。禹曰：'归我子。'石破北方而启生。"① 这种与民族原型传说大禹治水相联系的石头崇拜，隐含着生殖崇拜。河南嵩山南麓的万岁峰下至今犹存启母石。安徽省蚌埠市涂山之阳，也有启母石如慈祥的妇人端坐于山崖之上。

其二，另一个"从石头里蹦出来神奇生命"的著名神话故事，见于《西游记》第一回"灵根育孕源流出；心性修持大道生"："那座（花果）山正当顶上，有一块仙石。其石有三丈六尺五寸高，有二丈四尺围圆。三丈六尺五寸高，按周天三百六十五度。二丈四尺围圆，按政历二十四气。上有九窍八孔，按九宫八卦。四面更无树木遮阴，左右倒有芝兰相衬。盖自开辟以来，每受天真地秀，日精月华，感之既久，遂有灵通之意。内育仙胞。一日迸裂，产一石卵，似圆球样大。因见风，化作一个石猴。五官俱备，四肢皆全。便就学爬学走，拜了四方。目运两道金光，射冲斗府。"② 这块石头蕴含着天真地秀，日精月华。所谓"其石有三丈六尺五寸高"，是对应于周天之数。长沙马王堆帛书《五星占》第一章《木星》说："东方木，其帝大浩〔昊〕，其丞句〔芒〕，其神上为岁星。岁处一国，是司岁。岁星以正月与营室晨〔出东方，其名为摄提格。其明岁以二月与东壁晨出东方，其名〕为单阏。其明岁以三月与胃晨出东方，其名为执徐。其明岁以四月与毕晨〔出〕东方，其名为大荒〔落。其明岁以五月与东井晨出东方，其名为敦牂。其明岁以六月与柳〕晨出东方，其名为汁给〔协洽〕。其明岁以七月与张晨出东方，其名为芮□〔涒滩〕。其明岁〔以〕八月与轸晨出东方，其〔名为作噩〕〔作鄂〕。〔其明

---

① （宋）洪兴祖：《楚辞补注》，中华书局1983年版，第97页。
② （明）吴承恩：《西游记》，人民文学出版社1980年版，第3页。

岁以九月与亢晨出东方，其名为阉茂〕。其明岁以十月与心晨出〔东方〕，其名为大渊献。其明岁以十一月与斗晨出东方，其名为困敦。其明岁以十二月与虚〔晨出东方，其名为赤奋若。其明岁以正月与营室晨出东方〕，复为摄提〔格，十二岁〕而周。皆出三百六十五日而夕入西方。"① 这里以神秘的星占学的方式，表述周天之数。总结春秋战国时期医疗经验和理论知识，而成书于汉代的《黄帝内经素问》卷三说："黄帝问曰：余闻天以六六之节，以成一岁，人以九九制会，计人亦有三百六十五节，以为天地久矣。不知其所谓也。岐伯对曰：昭乎哉问也，请遂言之。夫六六之节，九九制会者，所以正天之度、气之数也。天度者，所以制日月之行也。气数者，所以纪化生之用也。天为阳，地为阴。日为阳，月为阴。行有分纪，周有道理，日行一度，月行十三度而有奇焉。故大小月三百六十五日而成岁，积气余而盈闰矣。立端于始，表正于中，推余于终，而天度毕矣。"② 中国古人是把天地大宇宙与人体小宇宙相互应合的。《古历纬》及西汉《周髀算经》卷上，皆言周天三百六十五度四分度之一。《周易乾凿度》也说："历以三百六十五日四分度之一为一岁，易以三百六十析，当期之日，此律历数也。"被英国李约瑟博士称为"中国科学史上的坐标"的北宋沈括《梦溪笔谈》卷八则把周天之数加以科学化，认为："历法，天有黄、赤二道，月有九道。此皆强名而已，非实有也。亦由天之有三百六十五度，天何尝有度，以日行三百六十五日而一期强为之度，以步日月五星行次而已。日之所由，谓之黄道。南北极之中度最均处，谓之赤道。月行黄道之南，谓之朱道。行黄道之北，谓之黑道。黄道之东，谓之青道。黄道之西，谓之白道。黄道内外各四，并黄道为九。日月之行，有迟有

---

① 《中国天文学史文集》编辑组编：《中国天文学史文集》，科学出版社1978年版，第1—2页。
② 姚春鹏译注：《黄帝内经》，中华书局2010年版，第54页。

速，难可以一术御也，故因其合散，分为数段，每段以一色名之，欲以别算位而已。如算法用赤筹、黑筹，以别正、负之数。历家不知其意，遂以为实有九道，甚可嗤也。"① 历代正史的《律历志》或《天文志》都重复周天三百六十五度有奇的说法。石卵所生的孙悟空，其石有三丈六尺五寸高，契合着周天三百六十五度。以此考察《红楼梦》女娲补天的五色石数目，实在是深刻契合中国传统的周天思维。在契合中出现闰余，是一种富有灵感的创造。

其三，石头崇拜又联系着对天地神灵的崇拜。谚曰："天上雷公最大，地上舅公最大。"雷公也是石卵所生。清初屈大均《广东新语》卷六《神语》云："雷州英榜山，有雷神庙。神端冕而绯，左右列侍天将，一辅髦者捧圆物色坕，为神之所始，盖鸟卵云。堂后又有雷神十二躯，以应十二方位，及雷公、电母、风伯、雨师像，其在堂复，则雷神之父陈氏鉷也。《志》称：陈时雷州人陈鉷无子，其业捕猎，家有九耳犬甚灵。凡将猎，卜诸犬耳。一耳动，则获一兽，动多则三四耳，少则一二耳。一日出猎，而九耳俱动，鉷大喜，以为必多得兽矣。既之野，有丛棘一区，九耳犬围绕不去。异之，得一巨卵径尺，携以归，雷雨暴作，卵开，乃一男子，其手有文，左曰雷，右曰州，有神人尝入室中乳哺，乡人以为雷种也，神之。天建三年，果为雷州刺史，名曰文玉。既没，神化大显，民因祀以为雷神。此事诞甚，然厥初生民，皆由气化，鳦卵吞于简狄，帝武感乎姜嫄，神圣之生，天必示之怪异，况雷于天地为长子。《易》曰：震，一索而得男。神生于霹雳，为天地始阳所孕，理诚有之。况雷与龙同体，其从龙而伏也则在山，从龙而起也则在田。雷者龙之声也，电者龙之光也。龙本卵生，故雷神亦卵生，卵不从天降而从地出，又所谓雷出地奋也。又雷

---

① （宋）沈括：《梦溪笔谈全译》，金良年、胡小静译，上海古籍出版社2013年版，第82页。

与风牝牡也,雷风相薄,雷之精入于风之血,故卵生焉。卵得乾之初气,故为雷子。其生于雷州,则以雷州乃炎方尽地,瘴烟所结,阴火所熏,旧风薄之而不散。溟海荡之而不开,其骇气奔激,多鼓动而为雷,崩轰砰嗑,倐忽不常,故雷神必生于雷州,以镇斯土而壁除灾害也。庙名灵震,创于陈,禋祀于伪南汉,赐王爵于宋,明初改称雷司,定祀上元,俾雷神子孙世守之。岁之二月,雷将大声,太守至庙为雷司开印。八月,雷将闭藏,太守至庙为雷司封印。六月二十四日,雷州人必供雷鼓以酹雷,祷而得雷公之墨,光莹如漆,则以治邪魅惊痫,及书讼牒得雷屑,或霹雳砧,则以辟婴儿惊以催产。霹雳砧一名雷公石,郁溪云:天地之初,雷起于地。中则起于水,过中则起于石。起于石,雷之最迅烈者,故曰介于石,不终日。介者,言乎雷起于石之介也。夏间雷雨骤发,多在午后,而皆不终日,是其验云。又邵子云:石为雷,而龙常生石中,龙之生即雷之生也。雷以石为胎,其起也破石而出,石迸散于人间,故为雷公之石也。"① 雷是天地的长子,又与龙攀上亲缘,龙生于石卵,雷也生于石卵。石头崇拜,对接着民族原始的图腾。因此《石头记》作为《红楼梦》的初始书名,意义极其深邃。陈独秀为上海亚东图书馆1921年版《红楼梦》作《〈红楼梦〉新叙》时,在题目中《红楼梦》书名之后,夹注说:"我以为用《石头记》好些。"其说良有以也。

这种石头崇拜情结联系着人类文明的早期进程,联系着人类文明的发生学。人类的史前文明,最初是以木石作为工具,进行采集和狩猎,以及保护自己的生存繁衍。木棍和石头,是人类脱离原始动物性而进入文明初阶的实用而具有象征性的符码。北京西南周口店的"北京人",就使用石器和木棍来猎取野兽、采集果子充饥的。冶金时代以前的"石器时代"绵延二三百万年,占人

---

① (清)屈大均著,李育中等注:《广东新语注》,广东人民出版社1991年版,第179—180页。

类历史的99%以上。对木石符码的进一步引申，又联系着《红楼梦》核心故事贾宝玉、林黛玉、薛宝钗的爱情与命运。所谓"木石前盟"是人类不忘文明初阶的见证。所谓"金玉良缘"，则是脱离文明初阶之后对财富积累的追求、对荣华富贵的趋慕。不可否认，《红楼梦》是借鉴过《金瓶梅》的，甚至可以说《红楼梦》是存在于大观园的诗意世界，跨出这个诗意世界就是芸芸众生的《金瓶梅》世俗世界，世俗大于诗意。但是《红楼梦》却借用这个诗意的世界，升华出极其精妙的形而上的哲理思辨，这是浑身沾满市井泥水的《金瓶梅》无法比拟的。从《金瓶梅》《红楼梦》二书来看，要了解社会心理形态和人的精神信仰，莫若读小说。

深入本根之后，还需进一步追踪本根的变异形态。梦幻是《红楼梦》的核心叙事形态，也是它描写变异的主要方式。在第一回笺证中，我又对关系到全书本旨的梦、幻二字进行佛典认证。

笺证：所谓凡用"梦"、用"幻"等字，是提醒阅者眼目，亦是此书立意本旨，第一回中的这种说法就将《红楼梦》与佛教理念关联起来，梦、幻二字就成了通向佛境的路径。梦幻是佛教的基本理念，最驰名者是《金刚经》的偈颂说："一切有为法，如梦幻泡影，如露亦如电，应做如是观。"即所谓"金刚六如"。在佛教其他典籍中，谈论梦幻，比比皆是。《摩诃般若波罗蜜经》认为"十喻"就是诸法的实相，即"如幻、如梦、如响、如光、如影、如化、如水中泡、如镜中像、如热时炎、如水中月，常以此法用悟一切"。《普曜经》中说："色如聚沫、痛痒如泡、思想如芭蕉、行亦如梦、识喻如幻、三界如化。一切无常，不可久保。"梦幻三昧，就是要超越对法相的执着，进入深层的三昧空性。应该看到，《红楼梦》是庄、佛兼修的。庄子禅悦，要旨是回归真性情的自适。《庄子·齐物论》说："昔者庄周梦为胡蝶，栩栩然胡蝶也,自喻适志与。不知周也。俄然觉,则蘧蘧然周也。不知周之梦为胡蝶与,胡蝶之梦为周与?周与胡蝶,则必有分矣。此之谓物化。"[1] 这是在思考梦与觉的生命边界,边界的模糊就是空幻。《红楼梦》的"梦幻"立意本旨,融合了佛禅、老庄的空幻与物化,蕴含着自我个性的朦胧觉醒。因此甲戌本对"那红尘中有却有些乐事,但不能永远依恃,况又有'美中不足,好事多魔'八个字紧相连属,瞬息间则又乐极悲生、人非物换,究竟是到头一梦、万境归空",做出侧批说:"四句乃一部之总纲。"尽管是梦幻,又难以忘怀"背恩""负德""无成""潦倒"之罪,忏悔意识弥漫满纸,也是《红楼梦》的一项拂之不去的宗旨。既是梦幻,又要忏悔,忏悔与梦幻纠缠,使得梦幻不能超脱,忏悔不能安神,充满茫茫渺渺、无际无涯的悲哀。

梦幻现实,是《红楼梦》人间故事的存在形态。这种梦幻人生交织着现实人生的描写,若真若幻,似幻还真,联系着全书的"天书—人书"本质,在第三回贾宝玉、林黛玉初次见面中,这种若真若幻,表现得淋漓尽致、精彩微妙。

笺证:第三回叙写宝黛初次见面,叙写"天上掉下了个林妹妹",这是《红楼梦》中压轴性的大文章,关联着西方灵河岸上三生石畔的宿命性姻缘,在会心别具处掀起了令人心悸的大波澜。其实,第三回的叙事法是层层推进的:一是写了贾母将林黛玉搂入怀中,"心肝儿肉"叫着大哭的煽情;二是写了"凤辣子"风风火火的"传神第一笔"的狂欢、八面讨好的玲珑,至此还有可能写出"更上一层楼"的新花样吗?这就考验着曹雪芹审美创造力的极限了。想不到其笔锋一转,却从贾宝玉、林黛玉的眼光对视中迸发出璀璨的火光。林黛玉一见贾宝玉,就吃一大惊,心想:"好生奇怪,倒像在那里见过一般,何等眼熟到如此!"这里写灵

---

[1] (清)王先谦:《庄子集解》,中华书局1987年版,第26—27页。

根深处的心理。甲戌本侧批说："正是。想必在灵河岸上三生石畔曾见过。"① 这就把绛珠还泪的诗化神话加以锁合了，锁合中带有神秘感。戚蓼生本夹批说："写宝玉只是宝玉，写黛玉只是黛玉，从中用黛玉一惊宝玉之面善等字，文气自然，笼统要分开不得了。"② 林黛玉一见宝玉而大惊、心中所想而不说出，毕竟带有几分女儿的矜持和孤傲。行文不急于直写，而插入贾宝玉向母亲请安、换衣服，出来后笑道："这个妹妹我曾见过的。"甲戌本眉批说："黛玉见宝玉写一'惊'字，宝玉见黛玉写一'笑'字，一存于中，一发乎外，可见文于下笔必推敲的准稳，方才用字。"③ 贾宝玉脱口说出，是一种淘气和率性，他还要辩解笑说："虽然未曾见过他，然我看着面善，心里就算是旧相识，今日只作远别重逢，亦未为不可。"如此表现，自与女儿态不同，二者反应相似而表现形态迥异，这就是曹雪芹的心细如发、把文字拿捏得非常准确的地方了。宝玉的音容笑貌是在原猜想宝玉惫懒、混闹、不驯服的黛玉眼中看出，黛玉的容貌风姿又是从就算惫懒、混闹、不驯服的宝玉的眼中看出，对看就是心灵对撞，眼神中有话。甲戌本眉批说："不写衣裙妆饰，正是宝玉眼中不屑之物，故不曾看见。黛玉之举止容貌，亦是宝玉眼中看、心中评。若不是宝玉，断不能知黛玉是何等品貌。"④《红楼梦》写林黛玉，没有描头画角的肖像描写，运笔如月光水影，摄取人物的神韵。对于林黛玉而言，贾宝玉看成什么样最重要；对于贾宝玉而言，林黛玉看成什么样，也同样最重要。这种肖像描写，并非客观静态的匠人画

---

① （清）曹雪芹著，脂砚斋评，邓遂夫校：《脂砚斋重评石头记》（甲戌校本），作家出版社2000年版，第124页。
② 朱一玄编：《红楼梦资料汇编》，南开大学出版社2012年版，第131页。
③ （清）曹雪芹著，脂砚斋评，邓遂夫校：《脂砚斋重评石头记》（甲戌校本），作家出版社2000年版，第126页。
④ （清）曹雪芹著，脂砚斋评，邓遂夫校：《脂砚斋重评石头记》（甲戌校本），作家出版社2000年版，第126页。

像，而是宝黛之间的互看、互评，在主客观融合中油然而生出倾慕之情，赋予肖像描写以生动形态了。而且宝玉见面就给黛玉起了个"颦儿"的表字，率真处也不嫌唐突。值得注意者，回答贾宝玉问读书，林黛玉说："不曾读，只上了一年学，些须认得几个字。"这与她回答贾母问读何书说："只刚念了《四书》。"话音才落就有差别，值得寻味，似乎她对宝玉并不期以读圣贤书而走经济仕途，潜藏着朦胧的感觉。于此二人对看、对评中，还有陡起狂澜，问及林黛玉无玉，贾宝玉登时发作起痴狂病，摘下通灵宝玉狠命摔地。害得贾母搂了宝玉说："何苦摔那命根子！"只好以林黛玉捐玉葬母的谎言，收拾残局。对"那命根子"的这番描写，是全书的一个高潮，令人记住了通灵宝玉就是命根子，它是关联着女娲炼石补天的神话的，天书与人书于此碰撞融合。还应注意者，顽石美玉可以自天而降，而绛珠还泪，却草木无凭，并不在人间留下一个纪念灵物，从而造成了奈何天上缺其一角。要知道，这一点并非随意而为，关联着曹雪芹的亦真亦假、似有还无的梦幻立意。在黛玉看宝玉"外貌最是极好，却难知其底细"的后面，作者以戏谑之笔揭示底细，假托后人有"批宝玉极恰"的《西江月》词二首："无故寻愁觅恨，有时似傻如狂。纵然生得好皮囊，腹内原来草莽。潦倒不通世务，愚顽怕读文章。行为偏僻性乖张，那管世人诽谤。""富贵不知乐业，贫穷难耐凄凉。可怜辜负好韶光，于国于家无望。天下无能第一，古今不肖无双。寄言纨绔与膏粱：莫效此儿形状。"这是一种插入式的批评和干预，跳出了原本的叙事层面。其中用了"草莽""愚顽""乖张""无能第一""不肖无双"一类词语，抒发着忏悔意识和反讽情绪。忏悔自己"不通世务"，我行我素，一事无成；反讽"世人诽谤"，俗眼无识，不知"此儿"保存真性情的"形状""草莽"之类是未受文明异化的自然人性。这就是《红楼梦》的吊诡，字面义与言外意相互参差，相互对质，增加了思维的骚动感和多义性。

民俗信仰是一种穿透社会各阶层的精神现象。这是一种乡土社会中植根于传统文化，经过民间反复浸染而不断调适，牵扯到神明、鬼魂、祖先、圣贤及天象的信仰和崇拜。民俗信仰，使信仰变成民俗，也就具有广泛的渗透性。《红楼梦》第二十一回别具深意，借助天花恐怖，深刻地触及清朝前中期的民俗信仰，我的"笺证"所言如下。

笺证：《红楼梦》的事件往往牵涉清朝前中期的风俗惯例或民俗信仰，包括当时的流行疫情恐怖。在清朝顺、康、雍、乾时期，天花是一种关乎皇朝气运的可怕的恶性传染病，甚至危及大清国本。清朝皇帝中顺治、同治死于天花，康熙、咸丰虽然侥幸活命，却在脸上留下了麻子瘢痕。顺治之子玄烨（后来的康熙皇帝）出生不久就被抱到紫禁城西华门外"躲避天花"，这就是今日北京的福佑寺。天花流行使顺治生的8个阿哥，有4个早亡，6个格格死得只剩一个。康熙生的35个皇子，有15个早亡，25个公主死了13个。这种浓重的阴影，在曹雪芹写《红楼梦》时期尚未消散，因此第二十一回凤姐的女儿巧姐出天花，贾府的禁忌仪式十分郑重："凤姐听了，登时忙将起来：一面打扫房屋供奉痘疹娘娘，一面传与家人忌煎炒等物，一面命平儿打点铺盖衣服与贾琏隔房，一面又拿大红尺头与奶子丫头亲近人等裁衣。外面又打扫净室，款留两个医生，轮流斟酌诊脉下药，十二日不放家去。贾琏只得搬出外书房来斋戒，凤姐与平儿都随着王夫人日日供奉娘娘。"隔房是为了避免性行为冲犯了痘疹娘娘，这关系到东方神秘的民俗信仰，认为性行为是肮脏的、不洁的、亵渎神灵的。可笑的是，贾琏把这种民俗信仰简直视为无物，他只信仰性的神圣，搬出外书房来斋戒，却按捺不住淫火中烧，就拿多姑娘泄欲，放纵到了丑态百出的地步，"谁知这媳妇有天生的奇趣，一经男子挨身，便觉遍身筋骨瘫软，使男子如卧棉上，更兼淫态浪言，压倒娼妓"。

庚辰本夹批说："如此境界，自胜西方、蓬莱等处。"① 贾琏把淫乱当成仙境，那管什么痘花娘娘的禁忌，连称多姑娘"你就是娘娘，我那里管什么娘娘"！在这里，淫乱袭击了天花绝症的禁忌，淫乱成了贾府中压倒性的主题。对于此事写得露骨的淫乱文字，庚辰本反复作眉批说："一部书中，只有此一段丑极太露之文，写于贾琏身上，恰极当极！己卯冬夜"；"看官熟思：写珍、琏辈当以何等文方妥方恰也？壬午孟夏"；"此段系书中情之瘕疵，写为阿凤生日泼醋回及'夭风流'宝玉悄看晴雯回作引，伏线千里外之笔也。丁亥夏。畸笏"。② 由此推想"秦可卿淫丧天香楼"原文，写此类淫乱丑态当是更加淋漓尽致，令"看官熟思：写珍、琏辈当以何等文方妥方恰也"？《红楼梦》之文，雅到极致，俗也到极致，荤素兼陈，总是纵笔直书，勾魂摄魄，物无遁形，写得好看极了，竟然以性本能袭击民俗信仰的禁忌，以人间反常的伦理直逼天书容纳的极限。

由此可知，《红楼梦》不是静态而是动态地写民俗信仰，王熙凤与贾琏对天花恐怖存在着截然相反的心理状态，这就成了写民俗信仰的旨趣，到底是写人。人生、人性、人心，及由此通向的冥冥中的命运，是《红楼梦》的终极着力处。

《红楼梦》写民俗信仰，联系着这个钟鸣鼎食家族的兴衰命运。比如"奶妈崇尚"在全书的位置就非常扎目，因为它联系着曹雪芹家族繁华和衰败的命运，第八回"笺证"所说如下。

笺证：第八回"贾宝玉大醉绛芸轩"，而实际上，宝玉这次醉闹绛芸轩的重点是闹他的奶妈李嬷嬷。宝玉问知从宁国府捎给晴雯吃的豆腐皮包子，被李嬷嬷拿回家给孙子吃；又问知早上泡的

---

① （清）曹雪芹著，脂砚斋评，邓遂夫校：《脂砚斋重评石头记》（庚辰校本），作家出版社2006年版，第429页。

② （清）曹雪芹著，脂砚斋评，邓遂夫校：《脂砚斋重评石头记》（庚辰校本），作家出版社2006年版，第430页。

枫露茶，被李嬷嬷喝掉了，就把茶碗打得粉碎，怒斥"他（她）是你那一门子的奶奶，这么孝敬他？不过是仗着我小时候吃过他几日奶罢了。如今逗的他比祖宗还大了。如今我又吃不着奶了，白白的养着祖宗作什么！撵了出去，大家干净"！奶妈的倚老卖大，蛮横吃掉喜欢的茶点，还强行规劝宝玉走"正路"，都使宝玉气不打一处出。但宝玉也对之无可奈何，其中一个重要的原因，是这种奶妈文化实际上是作家曹府世代获益的文化传统——曹雪芹的曾祖母孙氏就是康熙的奶妈。追溯起来，曹雪芹的六世祖曹锡远，明末任沈阳中卫指挥使，沈阳沦陷之际被俘，沦为后金包衣（即家奴）旗人。曹雪芹五世祖曹振彦跟随努尔哈赤、皇太极、多尔衮征战，多立战功，官至两浙都转运盐使司盐法道。曹雪芹曾祖父曹玺跟随多尔衮平定山西姜瓖叛乱，其妻孙氏为康熙的奶妈。康熙登基后，任命奶妈孙氏的丈夫曹玺做江宁织造监督一职，从此曹家三代四人担任此职，长达65年。曹玺儿子、曹雪芹的祖父曹寅也由于这层奶兄关系，官至朝廷三品大臣，其女儿又做了郡王王妃。曹寅是曹雪芹祖父，出任苏州织造、江宁织造。康熙后四次南巡皆住在曹寅家。曹寅为人风雅，喜交名士，通诗词，晓音律，主编《全唐诗》，著有戏曲《虎口余生》与《续琵琶》。曹寅有两个儿子曹颙、曹頫，曹頫是曹雪芹的父亲，曾补放江宁织造。雍正五年（1727年），曹頫被参劾骚扰驿站，被降旨交部严审革职。曹頫受审查期间秘密转移家财，事发被抄家，曹家因此彻底败落了。曹府之盛起于康熙朝的奶妈文化，曹府之败源于雍正朝奶妈文化的失宠，这近百年的曹氏家族的盛衰荣枯，离不开奶妈文化这个结子。因此，《红楼梦》反反复复地写贾宝玉的奶妈李嬷嬷倚老卖老，实际上联系着曹家发迹的奶妈传统，这是一种恒久的家族记忆。

《红楼梦》是叙事学的高手，它叙写人生、人性、人心，有其精到的叙事秘法。这种叙事秘法的运用，可大可小，要点在于自然而适宜。第三十九回写贾母与刘姥姥之间的见面招呼，就寥寥数语，四两拨千金，颇得其妙，成了千古罕见的画龙点睛之笔。"笺证"所说如下。

笺证：切不可看轻称谓，一个称谓就可以给人物关系定位，定位于尊敬或者亲切。第三十九回刘姥姥晋见贾母，陪笑纳福说："请老寿星安。"己卯本夹批说："更妙！贾母之号何其多耶？在诸人口中则曰'老太太'，在阿凤口中则曰'老祖宗'，在僧尼口中则曰'老菩萨'，在刘姥姥口中则曰'老寿星'，（者）[看]去似有数人，想去则皆贾母，难得如此各尽其妙。刘姥姥亦善应接。"①刘姥姥根据民俗信仰尊称贾母为"老寿星"，恭祝她如神仙那样长寿健朗纳福，非常得体。贾母回称刘姥姥说："老亲家，你今年多大年纪了？"己卯本夹批又说："神妙之极！看官至此必愁贾母以何相称，谁知公然曰'老亲家'。何等现成，何等大方，何等有情理。若云作者心中编出，余断断不信。何也？盖编得出者，断不能有这等情理。"②"老亲家"则是广泛流行民间的儿女姻亲的双方父母的亲切称呼，雅俗咸宜，可以立竿见影地拉近双方的距离。就在这简单的"老寿星""老亲家"称呼上，也可以看出《红楼梦》以煞费苦心的叙事秘法达到自然无间的状态，体贴人心的深细，运用语言的精准，以体贴式的用语，契入人物的心坎。

《红楼梦》的叙事秘法渗透到它的行文肌理，往往言在此、意在彼，曲尽小儿女心中的敏感神经。敏感的神经之所以敏感，在于它纤细绵密，牵连着人物神经的细微处，在无理之理中，达到妙不可言的境界。第四十九回"笺证"所言如下。

---

① （清）曹雪芹：《脂砚斋重评石头记》（己卯本），上海古籍出版社1981年版，第611—612页。

② （清）曹雪芹：《脂砚斋重评石头记》（己卯本），上海古籍出版社1981年版，第612页。

笺证：文心总是隐隐显显，人心总是弯弯曲曲，故此有"心曲"一词，指人的内心深处或心事。心曲是容易搅乱，也难以参透的，如《诗经·秦风·小戎》云："言念君子，温其如玉。在其板屋，乱我心曲。"西晋张协《杂诗十首》有云："感物多所怀，沉忧结心曲。"南宋范成大《送严子文通判建康》诗云："人谁可与话心曲，天忽遣来同里居。"人谁可与话心曲，是对知心者的寻找和呼唤。第四十九回宝玉用了一个弯弯曲曲的典故，要黛玉解释，就是在寻找知心者。什么是知心？有如旧题汉代李陵《答苏武书》所说："人之相知，贵相知心。"《五灯会元》卷一五记载："相识满天下，知心能几人？"知心是一种深度的精神契合。《红楼梦》第四十九回贾宝玉对林黛玉说："我虽看了《西厢记》，也曾有明白的几句，说了取笑，你曾恼过。如今想来，竟有一句不解，我念出来你讲讲我听"；"那《闹简》上有一句说得最好，'是几时孟光接了梁鸿案'。这句最妙。孟光接了梁鸿案这五个字，不过是现成的典，难为他这'是几时'三个虚字问的有趣。是几时接了。你说说我听听"。黛玉听了，觉得表面上讨论文句意义，却知道话中另有文章，就笑着解释说："谁知他竟真是个好人，我素日只当他藏奸。"这就把话头转向薛宝钗，把说错了酒令起，连同送燕窝病中所谈之事，细细告诉了宝玉。宝玉方知缘故，因笑道："我说呢，正纳闷是几时孟光接了梁鸿案，原来是从小孩儿口没遮拦就接了案了。"黛玉的解释，是对接着四十二回"蘅芜君兰言解疑癖"，黛玉、宝钗消除了互相猜忌，彼此敬重，痛悔"你（宝钗）素日待人固然是极好的，然我最是个多心的人，只当你心里藏奸。从前日你说看杂书不好，又劝我那些好话，竟大感激你。往日竟是我错了，实在误到如今"。这是一层意思，是黛玉知道宝玉的话中另有文章，就以自己的话中文章加以打岔。实际上这是黛玉"顾左右而言他"，离开话题，回避难以答复的问题。这就需要对照"举案齐眉"故事的原始出处，《后汉书·逸民列传·梁鸿传》说：梁鸿"为人赁舂，每归，妻为具食，不敢于鸿前仰视，举案齐眉"。东汉书生梁鸿读完太学后回家务农，同县财主的状肥丑而黑、力举石臼的女儿孟光愿嫁给他，婚后入霸陵山中隐居，以耕织为业，后到吴地皋伯通家打短工。孟光从不摆富家千金的架子，给梁鸿送饭时，总是把托盘举得跟眉毛一样高，以表示尊重。这是孟光举案，梁鸿接案，表达妻子对丈夫的敬重。《红楼梦》中宝玉反把孟光接了梁鸿案，变成了梁鸿举案、孟光接案，显然是反用典故。再看宝玉提到的元代杂剧家王实甫《西厢记》第三本《张君瑞害相思》，写到张生读了崔莺莺的回书，就猜测"'待月西厢下'，着我月上来；'迎风户半开'，他开门待我。'隔墙花影动，疑是玉人来'，着我跳过墙来"。疑惑之际，红娘却唱出："从今后休疑难，放心波玉堂学士，稳情取金雀鸦鬟。他人行别样的亲，俺根前取次看，更做道孟光接了梁鸿案。别人行甜言美语三冬暖，我根前恶语伤人六月寒。我为头儿看：看你个离魂倩女，怎发付掷果潘安。"这里也颠倒了举案、接案的人物关系，变成了与《后汉书·梁鸿传》不同的"孟光接了梁鸿案"，却没有宝玉杜撰了而且加以强调的"是几时"三个虚字。这就形成了一个弯弯曲曲的典故链条：《后汉书·梁鸿传》—《西厢记》红娘唱词—贾宝玉杜撰《西厢记》唱词—林黛玉以顾左右的方式引导到与薛宝钗关系的解释—贾宝玉在这些颠倒错综中的真实本意。这五项关系的差错对接，需要翻开牌面看牌底，以脑筋急转弯、由表层意思探求深层意思来解读，表面上是追究而得知黛玉、宝钗的关系，深层却蕴含着探问黛玉如何接过宝玉我齐眉举起的案，即有短脚盛食物的木托盘。随之才顺理成章地转到宝玉劝解黛玉为孤单而垂泪，"每天好好的，你必是自寻烦恼"，又何必"哭一会子，才算完了这一天的事"？其实宝玉所言《西厢记》中"是几时孟光接了梁鸿案"，是为了黛玉解开这个心结。《论语·学而篇》云："子曰：不患人之不己知，患不知人也。"知心贵之要在理解，在理解中寻找知心的钥匙。知人要出诸真诚，"(《西厢记》)他也问的好，（现今）你也问的好"，黛玉说此话时对宝玉内心的真诚，已经心领神会了。《红楼梦》活用掌故、颠倒掌故，以此沟通了宝玉、黛玉之间弯弯曲曲的诗性心灵。在礼教制度中，少年儿女表达爱情，是何等艰难。这段"是几时孟光接了梁鸿案"的弯弯曲曲的话，成为解读宝黛爱情的经典案例。

《红楼梦》的叙事秘法，妥帖精致，千娇百媚，牵动了全书与传统文化的根子与民俗信仰的深层联系，使三者互动互补、互为表里，成就了堪称"中国文学昆仑"的现代性阐释，凸显了《红楼梦》"天书—人书"混融一体的审美文化品格。显学不是轻易得来的，只有在多种维度，尤其是本质维度上，达到了清人的《京都竹枝词》所说"闲谈不说《红楼梦》，读尽诗书是枉然"的境界，才能使"红学"成了久传不衰的"显学"。达到了这种境界，就令人联想到杜甫的《望岳》诗所云的"会当凌绝顶，一览众山小"了。

那么，"绝顶"与"众山"的视境是如何形成的？在《红楼梦》流传中贡献颇巨的程伟元以他的方式，交代了《红楼梦》后四十回，而不是脂砚斋评点中透露的"后三十回"的离奇命运。程甲本《红楼梦》程伟元序说："《红楼梦》小说本名《石头记》，作者相传不一，究未知出自何人，惟书内记雪芹曹先生删改数过。好事者每传抄一部，置庙市中，昂其值，得数十金，可谓不胫而走者矣。然原目一百廿卷，今所传只八十卷，殊非全本。即间称有全部者，及检阅，仍只八十卷，读者颇以为憾。不佞以是书既有百廿卷之目，岂无全璧？爰为竭力收罗，自藏书家甚至故纸堆中无不留心，数年以来，仅积有廿余卷。一日偶于鼓担上得十余卷，遂重价购之，欣然翻阅，见其前后起伏，尚属接笋，然漶漫不可收拾。乃同友人细加厘剔，截长补短，抄成全部，复为镌板，以公同好，《红楼梦》全书始自是告成矣。书成，因并志其缘起，以告海内君子。凡我同人，或亦先睹为快者欤？小泉程伟元识。"这则序言告白，后四十回有曹雪芹残稿的某种依据。高鹗的序言也说："予闻《红楼梦》脍炙人口几廿余年，然无全璧，无定本。向曾从友人借观，窃以染指尝鼎为憾。今年春，友人程子小泉过予，以其所购全书见示，且曰：'此仆数年铢积寸累之苦心，将付剞劂、公同好，子闲且惫矣，盍分任之？'予以是书虽稗官野史之流，然尚不谬于名教，欣然拜诺，正以波斯奴见宝为幸，遂襄其役。工既竣，并识端末，以告阅者。时乾隆辛亥冬至后五日，铁岭高鹗叙并书。"高鹗次年又作程乙本引言七条说："第一，是书前八十回，藏书家抄录传阅几三十年矣，今得后四十回合成完璧。缘友人借抄争睹者甚伙，抄录固难，刊板亦需时日，姑集活字刷印。因急欲公诸同好，故初印时不及细校，间有纰缪。今复聚集各原本详加校阅，改订无讹。唯识者谅之。第二，书中前八十回抄本，各家互异；今广集核勘，准情酌理，补遗订讹。其间或有增损数字处，意在便于披阅，非敢争胜前人也。第三，是书沿传既久，坊间缮本及诸家所藏秘稿，繁简歧出，前后错见。即如六十七回，此有彼无，题同文异，燕石莫辨。兹唯择其情理较协者，取为定本。第四，书中后四十回，系就历年所得，集腋成裘，更无它本可考。唯按其前后关照者，略为修辑，使其有应接而无矛盾。至其原文，未敢臆改，俟再得善本，更为厘定。且不欲尽掩其本来面目也。第五，是书词意新雅，久为名公巨卿赏鉴。但创始刷印，卷帙较多，工力浩繁，故未加评点。其中用笔吞吐虚实掩映之妙，识者当自得之。第六，向来奇书小说，题序署名，多出名家。是书开卷略志数语，非云弁首，实因残缺有年，一旦颠末毕具，大快人心，欣然题名，聊以记成书之幸。第七，是书刷印，原为同好传玩起见，后因坊间再四乞兑，爰公议定值，以备工料之费，非谓奇货可居也。壬子花朝后一日，小泉、兰墅又识。"由此可见，高鹗对《红楼梦》后四十回作了精心的修改润色，从中透露了《红楼梦》版本的流变。进而言之，按照程伟元、高鹗的说法，对于后四十回的考察又多了一些维度，对其中的精彩和败笔也提供了更多的思考可能性。

对于贾宝玉出家后的情景，己卯本在第十九回贾宝玉到花袭人家，"袭人见总无可吃之物"之后夹批说："补明宝玉自幼何等娇贵。以此一句留与下部后数十回'寒冬噎酸齑（jī，腌菜），雪夜围破毡'等处对看，可为后生过分之戒。叹叹！"曹雪芹写贾宝玉出家后流落狱神庙，甚是落魄潦倒。而高鹗续书第一一九回"中乡魁宝玉却尘缘，沐皇恩贾家延世泽"，却换了一种写法。宝玉中了第七名举人，贾兰中了一百三十名。这些都是好消息，但是更值得注意的是，成书比高鹗续书早四十年的《儒林外史》写范进中举，中的也是第七名举人。穷得在街头手拿草标、卖鸡换米救命的范进，竟然传来"捷报贵府老爷范讳高中广东乡试第七名亚元。京报连登黄甲"。范进欢喜狠了，痰涌上来，迷了心窍，拍手笑说："噫！好了！我中了！"他被丈人胡屠夫一巴掌打晕过去，醒来后又说："是了。我也记得是中的第七名。"范进由此做了老爷，就是天上的星宿，官员乡绅赠银送房，周旋于炙手可热的名利场中。贾宝玉中了第七名举人，却悬崖撒手，离开名利场而皈依佛门，成了"反面翻了一个跟斗的范进中举"。高鹗续书中如此写，是否心藏深意？

《红楼梦》第一二〇回，已经到了全书的结穴处，先行结穴的是贾宝玉，是对通灵宝玉幻形入世、重归大荒的结穴。贾政扶贾母灵柩南归后回来，船行到毗陵驿（江苏常州），那天乍寒下雪，泊在一个清净去处。贾政在船中写家书，写到宝玉的事，便停笔。抬头忽见船头上微微的雪影里面一个人，光着头，赤着脚，身上披着一领大红猩猩毡的斗篷，向贾政倒身下拜。这是对王夫人跪拜之后，又对贾政跪拜，拜别人间肉身的赋予者。贾政尚未认清，急忙出船，欲待扶住问他是谁。那人已拜了四拜，站起来打了个问讯——这是拜谢父母养育之恩、尽了生为人子之礼。贾政才要还揖,迎面一看,不是别人,却是宝玉。贾政吃一大惊,忙问道:"可是宝玉么?"那人只不言语,似喜似悲。以此八个字写宝玉辞别父亲,也辞别人世俗缘,颇为得体而滋味浑厚。贾政又问道:"你若是宝玉,如何这样打扮,跑到这里?"宝玉未及回言,只见船头上来了两人,一僧一道,夹住宝玉说道:"俗缘已毕,还不快走?"说着,三个人飘然登岸而去。贾政不顾地滑,急忙来赶。见那三人在前,那里赶得上。只听得他们三人口中不知是那个作歌曰:"我所居兮,青埂之峰。我所游兮,鸿蒙太空。谁与我游兮,吾谁与从。渺渺茫茫兮,归彼大荒。"是宝玉作歌,却写成"只听得他们三人口中不知是那个作歌",增加了一层空幻,有助于把思绪伸展到太空、大荒的茫茫渺渺之境。贾宝玉的结穴,联结着大荒山无稽崖青埂峰的女娲补天遗下一块无材补天、幻形入世的顽石神话,这是人书回归天书的结穴。鲁迅在《坟·论睁了眼看》中说:"《红楼梦》中的小悲剧,是社会上常有的事,作者又是比较的敢于实写的,而那结果也并不坏。无论贾氏家业再振,兰桂齐芳,即宝玉自己,也成了个披大红猩猩毡斗篷的和尚。和尚多矣,但披这样阔斗篷的能有几个,已经是'入圣超凡'无疑了。至于别的人们,则早在册子里一一注定,末路不过是一个归结:是问题的结束,不是问题的开头。读者即小有不安,也终于奈何不得。然而后或续或改,非借尸还魂,即冥中另配,必令'生旦当场团圆'才肯放手者,乃是自欺欺人的瘾太大,所以看了小小骗局,还不甘心,定须闭眼胡说一通而后快。赫克尔(E. Haeckel)说过:人和人之差,有时比类人猿和原人之差还远。我们将《红楼梦》的续作者和原作一比较,就会承认这话大概是确实的。"鲁迅《〈绛洞花主〉小引》又说:"《红楼梦》是中国许多人所知道,至少,是知道这名目的书。谁是作者和续者姑且勿论,单是命意,就因读者的眼光而有种种:经学家看见《易》,道学家看见淫,才子看见缠绵,革命家看见排满,流言家看见宫闱秘事……。在我的眼下的宝玉,却看见他看见许多死亡;证成多所爱者,当大苦恼,因为世上,不幸人多。惟憎人者,幸灾乐祸,于一生中,得小欢喜,少有偏碍。然而憎人却不过是爱人者的败亡的逃路,与宝玉之终于出家,同一小器。但在作《红楼梦》时的思想,大约也止能如此;即使出于续作,想来未必与作者本意大相悬殊。惟被了大红猩猩毡斗篷来拜他的父亲,却令人觉得诧异。"后人谈论《红楼梦》的思想倾向,紧紧地抓住大红猩猩毡斗篷不放,可见这副行头的象征性意义,成了全书的聚焦点,是结穴处的穴位所在。"白茫茫旷野,并无一人",衬托着这大红猩猩毡斗篷格外鲜亮。以红白色彩的高度反差,来刺激人们的审美感觉,也是文学家有意使用的手法。唐朝元稹的《行宫》绝句说:"寥落古行宫,宫花寂寞红。白头宫女在,闲坐说玄宗。"这里使用的是以红花、白发来映衬唐朝的黄昏。杜牧《念昔游三首·其三》诗云:"李白题诗水西寺,古木回岩楼阁风。半醒半醉游三日,红白花开山雨中。"诗中以雨中红白山花绽开,怀念诗人李白。南宋杨万里《瓶中红白二莲五道·其一》诗云:"红白莲花共玉瓶,红莲韵绝白莲清。空斋不是无秋暑,暑被花销断不生。"以红白两色莲花插瓶,是一种审美选择。晚明袁宏道《瓶史》却反对这种红白配色说:"插花不可太繁,亦不可太瘦。多不过二种三种,高低疏密,如画苑布置方妙。置瓶忌两对,忌一律,忌成行列,忌以绳束缚。夫花之所谓整齐者,正以参差不伦,意态天然,如子瞻之文随意断续,青莲之诗不拘对偶,此真整齐也。若夫枝叶相当,红白相配,此省曹墀下树,墓门华表也,恶得为整齐哉!"即便讥讽大红猩猩毡斗篷的鲁迅,在他小说《药》中,还在烈士夏瑜的草根还没有全合,露出一块一块的黄土,煞是难看的坟头上,安放一圈红白花的花环,"花也不很多,圆圆的排成一个圈,不很精神,倒也整齐"。他在《呐喊·自序》交代了用意:"既然是呐喊,则当然须听将令的了,所以我往往不恤用了曲笔,在《药》的瑜儿的坟上平空添上一个花环。"在《故事新编》的《采薇》中,又写到伯夷、叔齐来到首阳山,"这确是一座好山。既不高,又不深,没有大树林,不愁虎狼,也不必防强盗:是理想的幽栖之所。两人到山脚下一看,只见新叶嫩碧,土地金黄,野草里开着些红红白白的小花,真是连看看也赏心悦目"。虽然含有嘲讽的口气,但还是以红红白白的小花点缀伯夷、叔齐的栖身山峦。红白映衬,装点着色彩人生,也为《红楼梦》的结穴增添了色彩。色彩中孕育着生命,生命中绽放着色彩。

贫穷破败的老中国农村充满了苦难,与城市相对而言,农村既不等同于落后和愚昧,也不是所谓"田家乐"的乐园,在贵族中国坍塌的过程中,城市无法拯救乡村,乡村也拯救不了城市。但是《红楼梦》既然要写贵族中国的败落坍塌,就自然而然从正面检讨农村的价值。在第一一九回"沐皇恩贾家延世泽"中,插叙了巧姐与乡下的因缘,展示了乡村救了城市,乡村是城市避难的空间。巧姐、平儿随刘姥姥到乡下,乡里有个极富的人家,姓周,家财巨万,良田千顷。只有一子,生得文雅清秀,年纪十四岁,延师读书,新近科试中了秀才。那日他母亲看见了巧姐,心里羡慕,自想:"我是庄家人家,那能配得起这样世家小姐?"这是另一种功名富裕,属于农村世俗社会。刘姥姥知道周家母亲的心事,拉着她说:"你的心事我知道了,我给你们做个媒罢。"周妈妈笑道:"你别哄我,他们什么人家,肯给我们庄家人么?"刘姥姥道:"说着瞧罢。"刘姥姥的心中,古朴宁静的乡下比起那"昌明隆盛之邦,诗礼簪缨之族,花柳繁华地,温柔富贵乡",更能经受狂风骤雨,更接地气而有生命力。于是行文又接上衰败了的"昌明隆盛之邦,诗礼簪缨之族,花柳繁华地,温柔富贵乡"的种种烦恼。这不是用贾政,而是用贾琏来连接的。贾琏在边疆看到贾赦病情有起色,就赶回京中,恰遇巧姐、平儿从刘姥姥家坐车回来，受家人阻挡，贾琏大骂家人说："你们这班糊涂忘八崽子，我不在家，就欺心害主，将巧姐儿都逼走了。如今人家送来，还要拦阻，必是你们和我有什么仇么？"说罢就撵走贾芸。贾琏心里愈敬平儿，打算等贾赦回来要扶平儿为正。这是俗笔，要给平儿一个名分。贾琏东奔西跑，心劳日拙，竭力拼凑和弥补贾府残局的碎片。他在一定程度上顶上了凤姐的角色，心劳日拙地修补着贾府的"伪团圆"。团圆本是月圆月缺引起的一种美好的家族伦理意识。元人曾瑞《哨遍·古镜》套曲说："残云刮地西风卷，寒光皎洁明盈室，素魄团圆照满天。似银汉冰盘转，鉴窥星斗，照耀山川。"这里以月比喻轩辕黄帝开始铸造的古镜，期盼人世如镜如月团圆。这份心情使得苏轼在《虞美人》词中说："持杯遥劝天边月，愿月圆无缺。持杯复更劝花枝，且愿花枝长在、莫离披。持杯月下花前醉，休问荣枯事。此欢能有几人知？对酒逢花不饮、待何时？"但苏轼还是感到这份心情把握不住，又作《水调歌头》词说："明月几时有，把酒问青天？……人有悲欢离合，月有阴晴圆缺，此事古难全。但愿人长久，千里共婵娟。"对于这种把握不住的团圆，贾琏还要强行把握，就使团圆变"伪"了。农村或许能够拯救巧姐，但终究不能拯救贾府。拯救个人易，拯救体制就难上加难了。至于巧姐的归宿，《红楼梦》第六回的甲戌本回前批语说："此回借刘妪，却是写阿凤正传，并非泛文，且伏'二进''三进'及巧姐之归着。"至于巧姐的归宿何在？甲戌本眉批又说："老妪有忍耻之心，故后有招大姐之事。作者并非泛写，且为求亲靠友下一棒喝。"到了第四十一回板儿把柚子当球踢着玩，庚辰本夹批又说："柚子即今香团之属也，应与'缘'通。佛手者，正指迷津者也。以小儿之戏暗透前后通部脉络，隐隐约约，毫无一丝漏泄，岂独为刘姥姥之俚言博笑而有此一大回文字哉？"这些文字断断续续，朦朦胧胧，泄露春光，似乎与巧姐结为夫妻的是刘姥姥的孙子板儿，而不是周姓乡绅的秀才儿子。《红楼梦》的续补之间存在着如此多的矛盾，留下如此多的谜团，引起世人长期的猜测和阐释。

根据清代赵烈文的《能静居笔记》的记载："曹雪芹《红楼梦》，高庙（按指乾隆）末年，和（和珅）以呈上，然不知其所指。高庙阅而然之，曰：'此盖为明珠家事作也。'后遂以此书为明珠遗事。""红楼"二字在明珠的儿子纳兰性德诗词中反复出现。比如他有一阕词说："别绪如丝睡不成，那堪孤枕梦边城。因听紫塞三更雨，却忆红楼半夜灯。"他还有一阕《金缕曲·亡妇忌日有感》："此恨何时已。滴空阶、寒更雨歇，葬花天气。"又用了"葬花"这个词语。纳兰性德的《饮水词》在当时社会上享有盛誉，曹雪芹是深得其中的妙处的。在康熙朝的政治脉络中，康熙不愿意看到明珠党人做大，所以每次都是尽力平衡明珠和索额图的势力。明珠处在两个相权之间的斗争中，导致这个簪缨家族的崩溃。其实，曹雪芹写的是曹寅家族。《红楼梦》的"因缘"与"意会"，如果我们假设曹雪芹的祖父（曹寅）为了迎接康熙帝南巡在南京建了一个华丽的私家庭园"随园"的事确系事实，而且曹雪芹也的确是在这个庭园中长大的。另一个"因缘"是恭亲王府花园，它原是和珅的园子。如果我们假定曹雪芹在北京时期，曾经探访什刹海的王府花园的事实都是真的，那么最有可能的是，作者对大观园的设想是以两个庭园作为参照物的，一个是南方那个他度过了少年时代的曹家庭园，一个是他在北京那段不幸的日子中所得以探访的后海包括和珅宅邸花园在内的王府花园。同时《红楼梦》受惠于戏剧文学——尤其是《西厢记》和《牡丹亭》——的花园建筑与爱情寄托，还有"金陵十二钗"、副钗、又副钗的豪华阵容。这四五个维度再加上《红楼梦》描写天花恐怖这个几乎关系到清朝国本的疫情，以及八旗子弟紫云英厌倦"铁网山打围"而象征的骑射精神的衰退，就使得《红楼梦》不能简单地看作曹雪芹的"自叙传"，而应该看作对整个贵族中国命运的观照和反思。贵族中国已经到了它必然崩溃、不配有更好的命运的历史坎子。《红楼梦》的"意会"在于中国传统贵族的文明到了盛极难继，必然到腐烂崩溃的历史时代。《红楼梦》感受到中华文明转型的时代气息，已经到了换一种社会方式和人生方式，开始新生活的时候了。

按照这个思路，《红楼梦》一百二十回计有八十四万字，而我的笺证计有五十余万字，这都是我以大文化的眼光阐释《红楼梦》的收获。《红楼梦》的文明史价值，在于揭示了贵族中国无可奈何花落去的文明史印证。

2019年1—6月修改，2021年2月14日改订

第五编

思想文化的边缘活力与外来挑战

《格萨尔》:中国文学与世界文化的瑰宝

文明史必须考量边缘的活力。审视藏区,《格萨尔》是边缘活力的重要的标杆。《格萨尔》是中国最长的史诗,同时也是世界最长的史诗,而且它还是一部正在民间口耳相传的活态史诗。据统计,这部史诗的长度有 60 万行,甚至 100 万行。经过 20 年的收集和研究,云集了很丰富的成果,而且它作为长江黄河的源头的一种文明形态,对于丰富我们中华文明的多元一体的构成具有非常重要的意义。它也彻底地改变了过去所谓中国是史诗穷国的这么一种偏见,由于《格萨尔》和少数民族地区的其他史诗《江格尔》《玛纳斯》的收集和整理,中国将是世界上资源最丰富的史诗大国。这里面有非常丰富多彩的对神话的想象、英雄的描绘,还有世俗生活的展示。我们为此更加热爱中国文明,要热爱首先要了解,了解的热爱才是一种深刻的爱。

一 世人瞩目的《格萨尔》英雄史诗

《格萨尔》诞生千周年活动,被列入 2002—2003 年度联合国教科文组织的参与项目。这在《格萨尔》发展历史上是一个重要的里程碑。我国是一个统一的多民族的大家庭,中华民族的文化形成一个多元一体的构架,但是由于地理交通以及历史、文化观念等诸多方面，外界对我国丰富多彩的民族文化缺少了解，尤其是对史诗的蕴藏情况知之甚少。中华人民共和国成立以后，我国在史诗的收集整理方面，尤其是在《格萨尔》收集方面取得了巨大成就。这就使人们彻底改变了过去的误解和偏见，甚至于可以说，更换以崇敬的目光重新审视和看待这个被雪山环绕的相对来说处于封闭状态的民族，和这个伟大的民族所创造的伟大的史诗《格萨尔》。人们惊奇地发现，中国不但有史诗，而且有世界上最长的史诗，有活形态的，至今在人民群众中广泛流传的深受藏族人民喜爱的史诗。因此，140多个国家和地方的代表一致赞同把《格萨尔》作为2002—2003年度联合国教科文组织参与项目，也就是顺理成章的事情。2002—2003年，全世界一共有47个项目列入教科文组织的参与项目，而中华人民共和国仅此一项。在47个项目中，包括彼得格勒建城300周年、法国著名的大作家大仲马诞生300周年、雨果诞生200周年等项目。在纪念彼得格勒建城300周年的时候，包括胡锦涛主席在内的世界主要国家的领导人都前往参加，可见《格萨尔》是与这样一些重要的项目相并列的，这是很高的学术地位。这不但扩大了《格萨尔》的世界影响，提高了它的学术地位，也为我们国家争得了荣誉。

要研究和保护藏族文化，首先要理解和认识藏族文化。早在20世纪80年代初期，著名的文艺理论家、中国社会科学院的副院长周扬说，只有首先认识它的价值和意义，才能谈到学习、保护和研究的问题，比如说一个珍贵的含金量很高的矿石，对我这样一个不懂地质学的人来说，也就是一块石头。我会把它拿来砌墙、铺路，甚至弃之路旁，但是，到了李四光这样杰出的地质学家的手里，就成了无比珍贵的宝藏，才能充分发挥它的价值，可以提炼出铀，建设核电站，为和平建设服务，造福全人类。

中华文明是一个复合的文明，是多民族共同创造的多元共构的一种文明。这个文明形态的原创力、兼容力和传承能力在世界上都是第一流的。《格萨尔》的原创精神，它对各种文化因素的兼容精神，还有它历千年传承下来的生命力，都使得它成了中华文明的精神特质的非常突出的体现。我给《格萨尔》界定为江河源文明，那么作为江河源文明的一个典型，它意味着什么？一是高山文明，有高山的原始性、崇高感、神秘感和尚武精神；二是江河源地带处于古代丝绸之路的一侧，是蒙、藏这两个民族的接合部；三是东亚和中亚、印度文明的接合部。这些地域文化要素互相交融，在交融中把自己变得博大，甚至使得一向被视为史诗贫国的中国彻底翻身，使世界史诗地图都要重新描绘。我曾经说过一句话，公元前的那个一千年，世界上最伟大的史诗是荷马史诗，公元后的第一个千年，世界上最伟大的史诗是印度史诗，而公元后的第二个千年，历史将会证明，世界上最伟大的史诗是以《格萨尔》为代表的中国史诗。我觉得这种世界性的价值，就足够我们为它骄傲了。

我们要讲中华文明和中国文化的整体性，就绝对不能忽视像《格萨尔》这样的少数民族的伟大创造。而且少数民族的文化的和审美的创造是非常精彩的。我提出过"重绘中国文明地图"这样一个命题，就是有感于少数民族几千年的大量的文化创造。这些文化创造应该进入中国文学史的整体结构之中，进入文学史的主流写作之中，那样写出来的文学史既讲汉族的文学史，也讲少数民族的文学史，二者互动互补，融合无间，这样的文学史才能够展示中华民族和中国文学的完整的发展过程。

史诗是早期人类的一种带有民族群体性的想象，《格萨尔》在整个藏民族，甚至还包括蒙古族、土族等少数民族的一个共同的创造，而且它在一千多年的流传中吸取了丰富多彩的民间智慧，形成了世界上规模最大的史诗，因而对于人类的文学史的价值，是无可估量的。考究起来，《格萨尔》产生在古代藏族氏族社会开始瓦解、奴隶制国家政权逐渐形成的历史时期，即公元前 200 余年至公元6世纪之间；吐蕃王朝建立之后（7世纪初叶至9世纪）得到进一步发展；直至吐蕃王朝崩溃、藏族社会处于大动荡时期，乱世呼唤英雄，这使得英雄史诗在藏族社会由奴隶制向封建农奴制过渡的历史时期（10世纪至12世纪初叶）得到广泛兴盛和流传。于是在11世纪前后，随着藏传佛教的复兴，藏族僧侣开始参与《格萨尔》的编纂、收藏和传播，从而在最早的手抄本中形成了史诗《格萨尔》的基本框架。手抄本的编纂者、收藏者和传播者，主要是宁玛派（俗称红教）的僧侣，一部分是"掘藏大师"，他们所编纂、传抄的《格萨尔》，初称为"伏藏"抄本。这就形成了人类史诗的一种序列：第一，世界上最伟大的史诗在公元前的一个千年是荷马史诗，公元后的第一个千年是印度史诗，公元后的第二个千年就应该是以《格萨尔》为代表的中国史诗。无论在它的规模的宏伟上还是在它的想象力的绚丽上，《格萨尔》在世界上都是第一流的。第二，《格萨尔》还是一种活形态的史诗，至今还活在数以百计的歌手的口中。所以在其他的史诗已经变成了化石、变成了文本之后，还存在着这么一种大规模的活形态的史诗，这对于我们研究史诗的发生学、形态学、文化学、艺人学，包括艺人在演唱中能够演唱十几部、几十部的那种精神的迷幻状态，都会提供很多非常有价值的现实的材料。所以它将会对世界史诗的理论的发展提供一个新的契机，或者说经过深入的研究，中国可能会产生世界上非常有价值的史诗理论，这些问题都会对人类的文学史贡献一些实质性的智慧。

《格萨尔》以神话或半神话的形态，讲述了一个英雄代表民众、拯救民众的伟大故事。在很久很久以前，天灾人祸遍及藏区，妖魔鬼怪横行，黎民百姓遭受荼毒。大慈大悲的观世音菩萨为了普度众生，向阿弥陀佛请求派天神之子下凡降魔。神子推巴噶瓦发愿到藏区，做黑头发藏人的君王，即格萨尔王。为了让格萨尔能够完成降妖伏魔、抑强扶弱、造福百姓的神圣使命，史诗的作者们赋予他特殊的品格和非凡的才能,把他塑造成神、龙、念(藏族原始宗教里的一种厉神)三者合一的半人半神的英雄。格萨尔降临人间后,多次遭到陷害,但由于他本身的力量和诸天神的保护,不仅未遭毒手,反而将害人的妖魔和鬼怪杀死。格萨尔从诞生之日起,就开始为民除害,造福百姓。5岁时,格萨尔与母亲移居黄河源头之畔。8岁时,岭部落也迁移至此。12岁时,格萨尔在部落的赛马大会上取得胜利,并获得王位,同时娶森姜珠牡为妃。从此,格萨尔开始施展天威和神勇,南征北战,东讨西伐,降伏了入侵岭国的北方妖魔,战胜了霍尔国的白帐王、姜国的萨丹王、门域的辛赤王、大食的诺尔王、卡切松耳石的赤丹王、祝古的托桂王等,先后降伏了几十个"宗"(藏族古代的部落和小邦国家),在降伏了人间妖魔之后,格萨尔功德圆满,到地狱救出母亲郭姆、王妃森姜珠牡,一同返回天界,规模宏伟的史诗《格萨尔》结局于此。史诗因此囊括三个主要部分:第一,降生,即格萨尔降生部分;第二,征战,即格萨尔降伏妖魔的过程;第三,结束,即格萨尔返回天界。三部分中,以第二部分"征战"内容最为丰富,篇幅也最为宏大。最驰名的是四大降魔史——《魔岭大战》《霍岭大战》《姜岭大战》《门岭大战》,此外还有十八大宗、十八中宗和十八小宗,每个重要故事和每场战争均构成一部相对独立的史诗。深入分析就可以知道,格萨尔英雄从天而降,他的降生方式,就带有整个民族的想象和基因、他的事业的目的性和对成功的把握。接着是格萨尔赛马称王,现在赛马依然是游牧民族很重要的竞技体育项目和节日比赛项目,所以赛马本身就是格萨尔留存下来的一种风俗。在游牧民族中,马是人的生命的一部分。格萨尔从一个受欺负的小孩跟着他母亲到遥远的黄河源头放牧,这是英雄的磨难,没有磨难出不了真英雄,后来格萨尔通过赛马成为一个王者,娶最美丽的妃子,跟整个藏族的选举民俗、军事体制一块儿成长。同时,史诗里面对高山、圣湖、骏马的崇拜,还有它里面涉及青稞、骡马、人、茶,都是以藏族的日常生活方式融合着各种各样的宗教仪式。比如出征前,"以禋祀祀昊天上帝",禋,通"烟",祭时先积柴,再加牲体、币帛等祭品于柴上烧之,使烟升起,表示告天。祭天神,让天神来保护他们出征,在庄重的仪式映衬下南征北讨,彰显了游牧民族的尚武精神。格萨尔的整个成长过程、降妖伏魔过程,伴随着藏民族的风俗,甚至包括一些原始的苯教、巫术的一类事象。藏族还有原始色彩崇拜,推崇白色讨厌黑色,这些东西都渗透到整个《格萨尔》的每个枝节、脉络和细胞里面。所以,格萨尔是在这么一个大的藏族文化环境中纵横驰骋的超级英雄,他的思想、他的行为、他的成功、他的失败、他的婚姻、他的交往、他的是非标准,甚至包括他跟人家打仗的方式都离不开藏民族的民俗信仰,民俗信仰就像一个大海,他是海中一条很强壮的鱼龙。所以,通过格萨尔的南征北战、东征西讨,从这些活动的各个侧面中展示了藏族非常特殊的民俗信仰,以及他们非常特殊的生存环境。这就使得《格萨尔》成为藏族民俗的大全,或者说是藏族民俗的百科全书。只不过要认识到,这种民俗大全是一种具有活泼泼的生命的大全,不是一般的辞典性的条目,而是通过英雄的行为来体现出来的。它是跟整个英雄的成长过程和降妖伏魔的意志发扬融为一体的,它由此创造了别具特色的文明史篇章。

《格萨尔》里有大段的"刀赞",是否表现了藏族对刀的崇拜?不只是有刀赞,还有弓赞、马赞、鞍赞、盔甲赞等,表现了游牧民族的尚武精神。就像我们古代的越国赞美莫邪宝剑、赞美越王剑那样,他是把这些武器当作一种民族精神的象征来赞赏。因为越国当时也是边缘之地的文化,也是带有卧薪尝胆、报仇雪耻、发愤图强的血性文化。所以藏族的刀赞之类的赞颂里面就包含它跟中原正统文化不同的战争观,中原民族往往是"耀德不观兵",就是说把德看得比"兵"更高,把"德"看得比兵和战争之类的东西更有价值，应该以德来统帅、驾驭战争。但是在游牧民族里面，它认为对人的价值的判断就是看你在战争中的勇敢精神、威武的姿态和视死如归的气势，对这些礼赞有加。根据史诗的记载，在这些游牧民族中，你要是背上中剑是非常耻辱的事情，面对面地战死了，才会成为家族的荣耀。这种文化的观念跟中原以柔克刚的观念是存在差异的，而且也是互补的。所以赞美刀，既是对刀的称赞，也是对刀所象征的那种尚武精神的赞许。

《格萨尔》作为一个民族的共同创造，里面包含很多精彩的想象，以及很多藏颂词，它所展示的一些民俗，既影响着藏族人民的日常生活，也在自觉和不自觉之中影响他们的作家的传授。因为藏族作家大多是用藏文来写作的，只有一部分用汉文来写作。我相信《格萨尔》流传千年，不断吸取民间的营养，又不断地给民间输入营养的这么一个互动过程，会对这个民族的每个作家产生影响，只要他对自己民族的文化有比较多的了解，被这种文化熏染，是无可逃避的。也像我们的汉族作家无法逃避唐诗宋词对我们的影响，无法逃避《西游记》《红楼梦》等的影响，因为虽然它不是直接影响你，但是已经作为一种你的文化基因存在着。

自20世纪下半叶以来，国际上一些有识之士已经开始注意到，在经济全球化、科学技术高度发展的情况下保护文化的多样性，保护濒临灭亡的语种和文化的重要性和紧迫性，坦率地说，我们却在"文化大革命"，在"破四旧"、在"革命"的名义下对中华民族的优秀文化传统来了一个史无前例的大扫荡、大破坏。在这一浩劫中《格萨尔》被打成"大毒草"，遭到了严重的破坏。这不但是《格萨尔》的不幸，也是中华民族的不幸。这个历史的沉痛教训我们应该深刻汲取，再不能做这样的蠢事了。正因为这样，经过这次浩劫以后，痛定思痛，我们才更深刻地认识到包括《格萨尔》在内的我国各民族的优秀文化的重要性，以更高的使命感和责任感保护这些民族文化遗产。这与全世界所进行的保护文化多样性这一总的趋势是相吻合的、相一致的。而在整个抢救世界文化遗产的过程中，《格萨尔》所取得的成就是最突出、最引人注目的。至于从哪方面研究，首先我想应该看史诗的原著，遗憾的是可能很多学者不懂藏文，而现在还没有完善的汉文译本。

不懂藏语，可以进行《格萨尔》史诗的研究吗？在目前来说《格萨尔》研究的专家，恐怕是应该懂得藏文的，因为它被翻译成中文的部分还是比较有限。但是随着翻译的增加，可能会有更多的人利用别人翻译过的材料，就像大学教外国文学的课程不可能把所有的外国文学都读懂，他可能利用大量的翻译材料对《格萨尔》的成就做出研究。我也是不懂藏文的，但我是民族研究所的所长，全国《格萨尔》研究领导小组的组长，我一再说我不是少数民族文学的研究专家，我不过是以对中华文明、中国文化这么一个宏观的视野，来看待民族文学中的具体问题，看《格萨尔》，看维吾尔族的《福乐智慧》。有幸的是，专门的研究者对我的意见很感兴趣，因为他们专门研究《格萨尔》的人可能看不到的问题，我也看到了。我从整个中华文明的发展过程中就能看得出来一些新的问题，比如我提出《格萨尔》是"江河源文明"的一个典型，现在《格萨尔》研究界的很多研究人员都用了这个概念，就因为我从整个中华文明的架构上看待《格萨尔》文明，我觉得走近《格萨尔》，认识《格萨尔》，享受《格萨尔》的智慧是可以用多种多样的方式，而且我们将来作为中华文明的文化学者，如果不知《格萨尔》，我觉得这是他知识上很重大的欠缺，因为格萨尔已经成为多民族文化的很重要的标志。就像我们搞古典文学的人对《楚辞》都读不懂，那是一个很大的缺陷。所以我们如果懂藏文的话，就能进入更深的层面。如果你不懂藏文，也可以通过其他的形式去接近这个伟大的文化存在。

开展《格萨尔》研究的制度保证，就是成立了全国《格萨（斯）尔》工作领导小组，这是经中宣部批准，由文化部、国家民委、中国文联和中国社会科学院共同组成，这一机构从1983年建成到现在已20年了，现任组长是杨义教授，设立办公室统一领导全国《格萨（斯）尔》工作。西藏、四川、青海、甘肃、云南、内蒙古、新疆七个省和自治区都有各自的《格萨（斯）尔》领导小组和办公室。这7个省份包括了我国西部12个省份的大部分，也等于半个中国，可见我们格萨尔流传范围是很广的，我们的工作范围也是很大的。此外，我们中国社会科学院有《格萨（斯）尔》研究中心，有中国《格萨（斯）尔》学会，一些民族院校和地区也成立了《格萨（斯）尔》研究所或者研究中心，如：西藏大学建立了我国第一个《格萨尔》研究所，他们以记录、整理和研究著名的说唱艺人扎巴和他的说唱本为重点。西藏自治区社会科学院有《格萨尔》研究室，青海文联下面有《格萨尔》研究所，尤其值得一提的是，西北民族大学专门成立了《格萨尔》研究院，这是我国第一个《格萨尔》研究院，说明他们对《格萨尔》这一学科的重视，他们还与甘肃省甘南藏族自治州玛曲县合作，建立了《格萨尔》研究基地。"玛曲"藏语就是黄河的意思，这是我国2000多个县里唯一以母亲河命名的县，《格萨尔》在黄河源头地区广泛流传。另外，在黄河源头的果洛藏族自治州、长江源头的四川甘孜藏族自治州，都成立了《格萨尔》学会和《格萨尔》研究中心。

二 史诗比较溯源

在世界文学史上，思想性、艺术性最高，流传最广，影响最大的是荷马史诗《伊利亚特》和《奥德赛》。《伊利亚特》共24卷，15693行。《奥德赛》也是24卷，12110行。与之齐名的有印度史诗《罗摩衍那》和《摩诃婆罗多》。《罗摩衍那》全书分为7篇。旧的本子约有24000颂，按照印度的计算法，一颂为两行，共48000行。最新的精校本已缩短到18550颂，37100诗行。《摩诃婆罗多》是一部内容十分丰富的长诗，分成18篇，有10万颂，就是20万诗行。在《格萨尔》被发掘整理之前，被认为是世界上最长而享有盛誉的史诗。它们加上最古老史诗的古巴比伦的《吉尔伽美什》，被称为世界五大史诗。仅就篇幅而言，《格萨尔》比上述世界五大史诗的总和还要多，堪称世界史诗之最。

《格萨尔》的结构，不同于世界上一些著名的史诗，有她自己独特的结构艺术。三大部分中，序篇有《天界篇》《英雄诞生》《赛马称王》等分部本；主体是四部降魔史，即《魔岭大战》《霍岭大战》《姜岭大战》和《门岭大战》，以及十八大宗、十八中宗、十八小宗等部。这是整部史诗的主体部分。最后是结局部分《地狱救母》《安定三界》。民间艺人在说唱时，常用三句话来概括史诗的全部内容："上方天界遣使下凡，中间世上各种纷争，下面地狱完成业果。"所谓"上方天界遣使下凡"，指的是诸神在天界议事，决定派天神之子格萨尔到世间降妖伏魔，抑强扶弱，拯救黎民百姓出苦海。所谓"中间世上各种纷争"，指的是格萨尔诞生后南征北战直到升天的全过程，构成了格萨尔的全部英雄业绩，也是史诗的主体。所谓"下面地狱完成业果"，是说格萨尔完成使命，拯救坠入地狱的母亲和爱妃，以及一切受苦受难的众生，然后返回天界。英雄史诗《格萨尔》，通过主人公格萨尔一生不畏强暴、不怕艰难险阻，以惊人的毅力和神奇的力量征战四方的英雄业绩，热情讴歌了正义战胜邪恶、光明战胜黑暗的斗争。惩恶扬善、除暴安良、降妖伏魔、抑强扶弱、维护公理、主持公道、造福百姓、铲除人间不平、伸张社会正义的主题思想，像一根红线，贯穿了整部史诗。正因为《格萨尔》反映了人民的疾苦，表达了人民的心声，在深受苦难的藏族人民当中引起强烈共鸣。这是《格萨尔》这部古老的史诗世代相传、历久不衰的重要原因。

我们一直在思考人类文化生态的保护和可持续发展的问题。因为作为一种神话性的史诗，作为一种原始性的信仰，它可能会随着工业文明城市化的过程发生变异，甚至消失。所以在这方面，我们要有一种忧患的意识，要用我们自觉的行为保护我们文化发展的多样性。现在高科技的手段发展很快，可以进行现场录像、做成光盘，把这些原始的材料加以保存。我当民族文学研究所所长伊始，就着手成立少数民族文学研究资料中心，做的就是这项基础工作。同时可以通过教育体制，使一些少数民族的非常优秀的歌词、传说，成为少数民族的小孩学习必备的一种知识。对于《格萨尔》这样的超大型史诗，可以作为进入人类非物质遗产的名录加以有效的保护。我们要有这样的意识，通过保护多姿多彩的少数民族民间文化，建立良好的文化生态的环境。我相信，经过坚持不懈的努力，我们在习得少数民族文学方面会有丰盛的收获，也会创造出很多保护少数民族民间文化的有效的方式，并且使文化遗产其中的一些精髓能够世代相传下去。

保存已有的史诗问题不大，但是《格萨尔》是一种活的史诗，在活形态的传播过程中有不断的创造和丰富，在现代文明的冲击下，这个问题是否最突出？应该看到，《格萨尔》艺人对《格萨尔》传唱要有一种类似于信仰的精神状态，所以将来《格萨尔》的传播要随着藏族和相关民族的发展而推进，它也会在民族现代化的进程中发生很大的变化。它作为一部宏大的史诗，就像荷马史诗、印度史诗一样被记录下来了，就物化了。同时它有很多的因素和成分转变成了民族歌舞，转变成民族的各种文化的表达形式，将来多种多样的形式转移不可避免，甚至势在必行。我在印度尼西亚访问的时候，巴厘岛的人信印度教的《罗摩衍那》，那里还存在很多印度教的神庙，《罗摩衍那》史诗的很多因素都变成了他们的歌舞，甚至像折子戏那样表演，这种现象拓展了史诗的传播。歌手是需要对史诗抱有信仰的虔诚，当然了，藏民族这种信仰条件现在还存在着，但是有些地区逐渐面临着怎样向前走的问题，他们的子女到上海、深圳打工了，回来再让他唱《格萨尔》

可能就不太容易有那么浓郁的信仰境界了。但是现在的藏族地区对于喇嘛教的信仰，或者是对《格萨尔》崇拜的状态，还是在相当多的老百姓中存在着，所以活史诗的形态还有它存在的社会基础和文化土壤。

那么，现在世界文化界对《格萨尔》的了解有多少？重视程度如何？国外学界、文化界在《格萨尔》研究和发扬方面都做了哪些工作？应该看到，世界对《格萨尔》的了解越来越多，势头喜人，但是我们对这个问题还不应该估计过高，因为比起荷马史诗、印度史诗，他们对《格萨尔》史诗的了解还处在很小的范围和很初级的范围，我们只有这样看，才能够知道我们的责任在哪儿。因为现在《格萨尔》经典且完整的版本，我们都还没有完全整理出来，汉文的翻译和英文的翻译也还有待时日，或者说还没有列入可以执行的计划。外国了解《格萨尔》的少数藏学家或者人类学家，通过他们的介绍，会不断扩大了解的范围，但是与荷马史诗那样作为人类的经典相比，我们还有很大的差距。使全世界能够认识到《格萨尔》的伟大价值，包括以《格萨尔》为代表的中国少数民族丰富多彩的史诗的价值，有朝一日能够达到像荷马史诗和印度史诗的认识的阶段，这个过程还是很漫长的。我们只有这样认识，才能明白自身的责任，才能在对我们的工作高兴的同时，激发出"雄关漫道真如铁，如今迈步从头越"的自觉意识。《格萨尔》的研究在目前的外国藏学研究中占有重要的位置，而且在19、20世纪初，西方的一些传教士、考古学家、民俗学家在藏区发现了《格萨尔》，对其进行了很多介绍、翻译和研究的工作。尤其是在法国、德国、俄罗斯、蒙古都做了不少工作。应该说我们作为一种科学研究的《格萨尔》学，在20世纪80年代兴起的时候受到了他们的很多启发。当然因为我国是《格萨尔》的故乡，大量的艺人、歌手、早期抄本是在我们国内，现在我们又在国家层面把《格萨尔》的搜集、整理、研究，列为文化建设中的重点项目。我们借助国家的支持和学者的努力，很快就在《格萨尔》的研究上形成规模。包括我们中国社会科学院民族文学研究所对这部史诗的研究，也成为这个研究所里最有成绩的领域之一。我在国外交流的时候，比如说我在哈佛大学讲演的时候，他们有些学者就非常关注中国的史诗问题。在我讲演《中国叙事学的原理和方法》一个半小时之后，听众强烈要求我再讲一个小时的中国少数民族史诗。我把《格萨尔》的情况，包括《格萨尔》宏大的规模，那种包含着整个民族的创造智慧以及它那种百科全书式的内涵向他们做了介绍，有些人大吃一惊，闻所未闻。外国的人文学者或者外国的文化界的人士，只要一接触到《格萨尔》真实的情况，就会对这个民族的那么伟大的创造感到钦佩。

《格萨尔》早就有不完整的英文译本，那是从俄国人和法国人的记录本中转译的，这种转译本在英美世界的人文学者中引起了很大的反响，出版了一些研究的文章。但是至今在我们国内的《格萨尔》文本的翻译，包括研究《格萨尔》论文的翻译还是很零碎的。我们在美国的一个口承传统的刊物上发表了一些介绍《格萨尔》研究的文章，还有些其他的介绍，但是，还没有精通英文的学者专门做这个工作。因为我们现在的大量整理过程还是藏文，如果藏文翻译成汉文，那么汉译英的队伍将是很大的规模。所以现在的整个整理工作还是在藏语的阶段，我觉得随着藏译汉文献的增加，加上将来整个民族的英文水平普遍的提高，藏译英、中译英这种专门的人才会出现，我们期待着！

2002年我们在青海召开《格萨尔》国际学术讨论会，那个大会是我主持的，因为我是全国《格萨尔》领导小组的组长。我主持大会的时候改变了大会的议程，特地请了三个《格萨尔》神授艺人当场表演。本来让他们一个人唱十分钟到十五分钟，其中一个艺人唱着唱着就进入迷幻的状态中回不来了，一连唱了半个多小时，我只好请当地文化部门的朋友让他停止，他也停不下来，后来请联合国教科文组织的代表给他献哈达，他还是停不下来，到半个多小时以后才慢慢地醒过来。史诗的表演、歌唱和艺人在进行这种表演时的精神状态，使得满堂会议代表都感到大开眼界，对于这种独特的史诗文化具有的生命魅力，都感到兴奋和震惊。我今年在剑桥大学当客座教授，我跟他们讲的其中一个题目就是"中华文明的多元起源和它的发展动力"，其中很重要的一个内容也是讲《格萨尔》，他们都惊奇于人类文化中有《格萨尔》是个奇迹。因为现在的《格萨尔》完整的本子还没有整理出来，大量的文献还是用藏文来记录的。我相信随着这些文献比较充分的整理，甚至将来有可能把它们翻译成汉文和英文，让世界上更多的人能够来认识《格萨尔》，研究《格萨尔》，享受《格萨尔》的智慧。那样世界上肯定会有更多的有识之士，承认《格萨尔》在人类的文学史上杰出的地位。

那么，国外对史诗的研究和保护措施，有哪些是我们可以借鉴的？首先，他们的研究方法比较先进，他们的观念也比较新颖，他们把《格萨尔》作为史诗，视野比较开阔，首先认识《格萨尔》的价值和意义，把《格萨尔》与荷马史诗、印度史诗进行比较研究是外国学者，在这方面给我们很多启示，也开阔了我们的视野。其次，他们对资料的保存和使用比我们科学。比如说，美国国会图书馆，不但专门有藏文图书，而且有《格萨尔》专架，所收集的资料并不全，但这个意义很重大。国会图书馆的负责人介绍说，美国国会图书馆的经费并不困难，但容量有限，能够进入国会图书馆是一个很高的荣誉，说明它的学术价值和地位，说明它的受重视程度。相对来说，我们的资料很多，但是都分散在各个单位、各个地区，至今还没有能够统一地收集保存，更看不到科学的管理和合理的使用。这些方面，我觉得都值得向国外的图书馆和科研机构学习。实际上，我们的投入费用是很大的，资料很丰富，问题在于管理和使用方面。

200多年前，英国、印度、俄国以及其他一些西方国家的传教士、探险家和考察人员，来到我国藏族地区，他们惊奇地发现，在这被雪山环绕的对他们来说十分偏僻、十分遥远而又十分神秘的地方，竟然有《格萨尔》这样一部长的史诗在群众中流传。还有很多艺人在群众中说唱，他们有人因为不了解《格萨尔》说唱艺人，甚至把他们当作"巫师"和"神汉"。因而从民族学、人类学、宗教学等多种角度，对它进行研究，最后才认定它是伟大的史诗，才认识到它文学的本质，称它为东方的荷马史诗，给予高度评价。既肯定它的文学本质，又把它作为研究古代藏族社会历史的一部百科全书，多方面、多角度地进行研究。据说，现在世界上至少有20多个国家和地区的专家学者在研究《格萨尔》。世界上第一个《格萨尔》研究所是建立在法国的法兰西学院，第一部关于《格萨尔》的专著，是由法国的法兰西学院著名的东方学家史泰安撰写，第一部英文本、俄文本、法文本（缩译本）也出自外国人之手，而不是我们自己。所以在这方面，我们在相当一段时间内在学术研究方面落后于别的国家。所以才有人发出这样的感慨：敦煌在中国，而敦煌学却在国外，同样的原因，中国是《格萨尔》的故乡，但《格萨尔》学却在国外兴起。到了现在研究《格萨尔》已经成为一个国际性的学科，方兴未艾，大家公认它是藏学领域乃至民间文学领域的一门显学。

中国少数民族三大英雄史诗有藏族史诗《格萨尔》、蒙古族史诗《江格尔》和柯尔克孜族史诗《玛纳斯》，那么其他民族是否还有史诗？其实，我国南方少数民族地区也存在很多史诗，一般称之为创世史诗或神话史诗，这是因为像《格萨尔》《江格尔》《玛纳斯》这样的史诗产生在英雄时代，表现的是英雄的尚武精神，他的主人翁都是半人半神的英雄。而相对来说，南方一些少数民族处于原始社会末期、氏族社会，社会发展更为迟缓一些，因此他们更多地保存创世故事和神话故事，所以称之为创世史诗和神话史诗。由于这些史诗篇幅比较小，流传的范围也比较窄，所以像你们所说的那样很少为国人所了解。但是南方的一些长篇叙事诗（如《阿诗玛》），不但记录整理成文，而且翻译成汉文，又改编成电影，所以得到广泛流传。从这一点来说，翻译成汉文是很重要的，因为我们是一个以汉族为主体的多民族的大家庭，56个民族都有不同的语言和文字，但是汉族作为主体民族，各个少数民族都在学习它、使用它，很多少数民族把汉语称为第二母语，把汉语作为桥梁和媒介，学习和了解其他兄弟民族的文化，包括史诗和神话。

三 《格萨尔》史诗的魅力

《格萨尔》史诗在叙事上有什么特色？《格萨尔》作为人类至今发现的最长的史诗，也就是说它的长度超过了世界上五大史诗的总和，世界上五大史诗包括古巴比伦的《吉尔伽美什》、荷马史诗《伊里亚特》和《奥德赛》、印度史诗《罗摩衍那》和《摩诃婆罗多》，我们藏族、蒙古族创造出来的史诗《格萨尔》（蒙古族叫《格斯尔可汗传》）在史诗形态上和外国古代这些史诗都显示了很大的不同。像荷马的史诗就是一种海洋城邦史诗，跨海作战，海上漂泊；印度的史诗是热带森林史诗，森林中修道，森林中历险；《格萨尔》是高原史诗、草原史诗，所以它展示了世界屋脊和非常绚丽的雪域风光和人文景象，比如说它通过赛马就能够得到王位，就能够娶最好、最漂亮的妃子，这跟宗法社会婚姻制度和王位的继承制度是有很大不同的。高原的气势使整个史诗出现了一种崇高感，高山上的那种原始性、神奇性、神秘性，以及对神山、神湖的崇拜，都使它带有一种高山的性格。我曾经讲过一句话，《格萨尔》属于中国文明中的江河源文明，因为我们过去对中华文明的了解开始的时候更多的是了解黄河文明，后来我们在长江上游发现了三星堆，祭祀坑里出土了大量青铜面具，还发现了长江中游很多楚国文物，长江下游的非常古老的良渚文明、河姆渡文明。这样把长江文明和黄河文明相并列，相联系起来看中华文明，我们对中华文明的理解就发生了质的飞跃。现在如果我们再把少数民族创造的边疆文明以及在西北西南广大地区的其他文明，包括江河源文明都计算下来的话，我们对中华文明的博大、辉煌和它智慧的丰富性的理解，将会进入一个更高的境界。至于我们要理解《格萨尔》的特点，首先要把它当成一种高原史诗，一种区别于海洋城邦史诗、热带森林史诗的高原史诗、草原史诗，它带有高原民族、草原民族的很鲜明的印记，深刻地影响了他们的想象方式和叙事方式。

《格萨尔》是一部口耳相传的活体史诗，那么到底有没有什么实物的东西记载着关于格萨尔王的传说呢？《格萨尔》除了艺人的说唱，还有一些古时候的手抄本、木刻本，有200多种。还有很多采风留下来的记录本，以及很多录音带，录音有7000个小时，如果要整理出来，都是好几千万字。现在也有汉译本几十本了。但是，它们大概都集中在《英雄诞生》《赛马称王》《霍岭大战》这些重要的情节，《霍岭大战》是格萨尔降妖伏魔故事最多、最精彩的，另外还有普及读物《格萨王全传》。这些或者是直接翻译的，或者是间接转述的，把它主要的概况大致介绍出来。因为格萨尔作为天神之子降生到人间，为人间降妖伏魔，使世界回到和平，大家都安居乐业的情态，消灭了这些妖魔和人间的纠纷之后，到地狱里面救出他的母亲和爱妃，最后返回天国。如果我们有心收集这方面的材料，大体都已经具备了。另外，如果我们要到青海去，还有格萨尔的庙宇、雕像，还是可以找到他留下来的头盔、弓箭等这些带有传说性的文物。

《格萨尔》对于西藏周边文化有什么样的影响？20世纪下半叶，国际学术界提出了"喜马拉雅山多民族文化圈"这样一个概念，由此进行族群研究，这个提法是有道理的。大家知道，喜马拉雅山是世界上最高、最大的山系。在它的周边地区居住着很多民族，他们分别使用不同的语言，信仰各种宗教，也有人把他们称作喜马拉雅山山民。但是，作为喜马拉雅山山民主体的是我国的藏族，他们使用的是藏语言文字，信仰的是佛教而不是印度教和伊斯兰教，更少有人信仰基督教和天主教。因此，作为喜马拉雅山主体的是藏族文化，而《格萨尔》是喜马拉雅山文化最鲜明、最典型的代表，它与印度的两大史诗相互交融、相互影响，也成为连接和沟通中印两个伟大民族的文化桥梁。再举一个小的例子，随着登山运动的发展，大家对被称为登山民族的夏尔巴人有了更多的了解，也关心他们的命运。实际上，夏尔巴被认为不是另外一个民族，而只是藏族的一个分支，在吐蕃王朝时代即唐朝时代，随着吐蕃王朝军队的南征，他们从我国的东部藏区到喜马拉雅山南部地区。后来由于吐蕃王朝崩溃，本土的国力衰弱，无力顾及流落到南部地区的同胞兄弟，但是一千多年来，在极其艰难的条件下，他们执着地保存自己的民族文化、自己的语言文字。"夏尔巴人"至今还认为自己是从东部藏区流落到那边的人。他们现在还在使用藏语言，信仰佛教，与我们本土的藏民有着密切的联系。《格萨尔》在包括夏尔巴在内的喜马拉雅山南部居民当中，有着广泛的流传，成为他们文化生活中的一个重要内容。

　　为什么代表中原文化的汉族没有创造出影响深远的民族史诗呢？应该说汉民族是具有世界上第一流的文化智慧的民族，但是这种文化智慧用在哪一个方面，是在每个民族自己的经验和价值中去实现的。汉民族在远古的时代也是充满着神话和各种想象，包括在《山海经》等典籍留下来的《夸父逐日》《后羿射日》《精卫填海》《愚公移山》等这些神话，在中国的古代文献中也是相当丰富的。但是，中华民族作为一个大陆的民族，生存不易，比较务实。所以在它的文化模式形成的时期，也就是儒家文化逐渐成为主流文化的时期，它的务实的理性精神压到了那种虚幻的想象。他们更多地追求一种立德、立功、立言的"三不朽"的历史价值，比如史诗比较发达的印度，他们的历史实在性就很模糊。有时候这本书是什么时候出来的，这个作家是哪个时代的，中国人考证差一年还是两年，都争论不休；印度可能相差好几百年，因为他们缺乏历史编年的意识。所以印度和周边的一些国家，它的历史编年都靠玄奘写的《大唐西域记》所记载的事件年代去推断他们的年代。这样看起来，中国是一个很重历史的国家，我们把自己的智慧用在历史的创造上，而不是用在神话的创造上。

中国比较著名的其他民族史诗都有哪些？和这些史诗相比，《格萨尔》有什么特点呢？中国少数民族有三大史诗，《格萨尔》在蒙古族叫《格斯尔》，另外还有蒙古族的《江格尔》、柯尔克孜族的《玛纳斯》，这三大史诗中，以《格萨尔》最长、最雄伟、最绚丽。其他两部大型史诗都是一二十万行。如果要讲特点的话，《格萨尔》更多的是高原史诗，它带有高原的原始性、崇高感和神秘感。像《江格尔》这类史诗应该说是草原史诗，草原的辽阔赋予了它的性格，同时我们中国的其他的少数民族居住在西南地区，比如说彝族、纳西族、苗族等其他少数民族也还存在大概二百种中短篇的史诗，或者是英雄叙事诗。它们的形态跟高原史诗、草原史诗又不同，是一种山地史诗。它们中的很多想象都是山地上劳作着的山民的思维特征，和游牧民族的那种强悍、豪放相比，它更多的是充满机智和幽默感的，智慧形态是非常丰富的。

有一个问题需要解释一下：我们中国社会科学院文学研究所编的《不信神的故事》，是上承20世纪60年代文学研究所何其芳所长主持编撰的《不怕鬼的故事》的一个学术行为。《不怕鬼的故事》当时在中国经济困难时期和国际上的反华浪潮中鼓舞了整个民族的那种不怕鬼、不信邪的大无畏精神。当然影响是很大的，曾经做过高考的作文题目。《不信神的故事》主要是针对法轮功这种邪教的，鼓舞中国人民首先要相信自己的命运，把握自己的命运，在一种诚实的、坚持不懈的奋斗中实现我们民族的振兴。这讲的是我们要自己掌握自己的命运，而不是让一些歪门邪说搞乱我们的头脑，放弃我们自己的宗旨和奋斗。至于《格萨尔》里面的神话想象，它是从古老的年代开始，少数民族地区的人民创造力和奋斗精神的一种表达，比如说《格萨尔》扶善灭恶、战胜恶魔、保护老百姓，追求建立一种老百姓都能够享受幸福生活的抗争精神和奋斗精神，和那种把自己的命运完全被动地交给神去主掌，是两种根本不同的精神状态。所以，《格萨尔》通过一种神话想象形态，表达了一个民族的非常善良的美好的愿望，它跟愚昧的有神论，更不用说与弄神弄鬼是存在本质不同的。

  毫无疑问，藏族同胞在创作《格萨尔》时所表现出来的旷世才华，我是非常钦佩，也非常引为骄傲的。因为我们汉族在春秋战国时期过早地进入了理性化的文化阶段，出现诸子百家的文化，而且我们的史学又非常发达。孔夫子不语怪力乱神，这就抑制了我们民族神话和史诗的想象能力和采风兴趣。相对来说，汉民族是个更加勤劳务实的民族，汉族诗人创造了许多精美凝练的诗词歌赋，但是篇幅也是相对短小的。这样藏族的《格萨尔》创造，就弥补了以汉族为主的中国文明中史诗的弱项。20世纪中国学者接受了西方的文学观念之后，就觉得人类的童年时代都应该是个史诗的时代。他们就在早期的诗歌中，就是我们最早的诗歌总集《诗经》里面挖空心思地找，才找出《大雅》中《生民》《公刘》《绵》《皇矣》《大明》，作为周朝的开国史诗。这些诗篇从周族始祖后稷诞生、经营农业，公刘迁豳，太王（古公亶父）迁岐，王季继续发展，文王伐密、伐崇，直到武王克商灭纣，可以说是把周朝开国的每个重大的历史人物和事件都写到了。因此它们是带有史诗性质的。它们总共338行，跟荷马史诗、印度史诗一比较，它们的史诗思维还是比较拘束的，应该说不是完全的英雄史诗。这里还有一个原因，中国文字是记录在简帛上的，成本很贵，必须简练。这不同于口头传统。一旦发现了《格萨尔》，还发现了其他民族地区大量存在的史诗，我们再来谈中国史诗的话，底气就非常充足了。所以，中原的文化、汉族的文化和边疆的文化、少数民族的文化，在这种互动、互补中把中华民族的文化做大了、做辉煌了。因此我觉得藏族出现《格萨尔》既是藏族的骄傲，也是整个中华民族的骄傲。

史诗按照黑格尔的经典语言来表述，"是展示民族历史的博物馆"。一部优秀的史诗应该能够反映一个民族文化的历史，当然它不同于《史记》这样的信史，而是用文学艺术的形式形象地反映一个民族发展的历史。《格萨尔》作为反映古代藏族社会历史的百科全书，通过《格萨尔》的确可以从更广的范围内、更深的层次上了解藏民族发展的历史。印度学者曾经说过，如果你不了解印度两大史诗你就不能轻言了解了印度，反过来说，只有更深刻地了解了两大史诗，才能更深入地、更全面地了解印度。我们也可以这样说，如果你不了解《格萨尔》，你就不能轻言已经了解了藏族文化、了解了创造灿烂辉煌的藏族文化的藏族人民。你只有全面地、深入地了解《格萨尔》，才能更深入地了解藏族文化和创造了藏族文化的藏族人民。

四 《格萨尔》之路

经过中华人民共和国几代《格萨尔》工作者的共同努力，尤其是改革开放以来四十多年的努力，《格萨尔》搜集、整理、出版、研究的状况已经有了全面的根本的改变。在英国召开的第十届国际藏学会议，有450多位专家学者参加，可谓盛况空前，是国际藏学领域的一次大检阅。与会者公认我国的藏医、藏药和《格萨尔》研究在国际藏学领域无可争议地处于领先地位。但是应该看到，我们在学术研究、翻译、运用现代媒体高科技等方面现在还有很多差距，也有很多困难，我们希望以千周年活动为契机，认真解决这些困难、克服这些障碍。以便开创《格萨尔》工作的新局面，继续在国际藏学领域保持它的领先地位，在学术文化领域为我们祖国争取更大的光荣。

国内有很多《格萨尔》藏戏团，他们以演《格萨尔》题材的藏戏为主要，如同内地演"三国"戏、"水浒"戏、"红楼"戏一样，比如说，果洛藏族自治州只有 14 万人、6 个县，却有群众自发组织的 20 多个藏戏团，甘孜州的色达县、德格县都有好几个《格萨尔》藏戏团，活跃了农牧区的文化，而这些藏戏团都是群众自发组织起来的，经费上有不少困难，艺术上有待提高。希望用各种方式帮助他们、支持他们，不断提高、不断发展，至少是要坚持下去，而不要放任自流甚至自生自灭。至于国外对《格萨尔》藏戏研究还没有听说过，不过有一点值得注意的是，英国和美国的青年人以《格萨尔》为题材编写了交响音乐，现在只能听到他们录制的光盘。

藏区的德格印经院是德格土司创办的。德格土司自称是英雄格萨尔的后代。德格地区被认为是格萨尔的故乡，因此他们历来对《格萨尔》的收集整理都比较重视。德格印经院主要还是以刻印《大藏经》和各种典籍为主，《格萨尔》一共只刻印了七部，而且篇幅都比较小。从这一点说明，在政教合一的农奴社会僧侣贵族文化占主导地位，民间文化还不能进入主流文化。所以在德格印经院里《格萨尔》所占的比例是很小的。

早在 1958 年，在毛泽东广泛开展采风运动的号召鼓舞下，我国就开始在西藏、青海、甘肃、四川、云南以及内蒙古、新疆等省、自治区开展了大规模地搜集整理《格萨尔》活动，取得了很大的成绩，并以此作为民族民间文学的重要成果，向国庆 10 周年献礼。我国学术界和各民族的读者，也第一次比较详细地了解到在孕育了中华民族几千年文明历史的伟大的母亲河——黄河、长江的源头，在雄伟的青藏高原、辽阔的蒙古草原，藏族人民、蒙古族人民和其他兄弟民族同胞共同创造了《格萨（斯）尔》这样一部伟大的英雄史诗。1960 年，毛主席亲切接见蒙古族著名《格萨尔》说唱艺人琶杰，给各民族的说唱艺人和民族、民间文化工作者以极大的鼓舞，同时也提高了广大民间艺人的社会地位。"文化大革命"结束之后，国家更是投入大量人力、物力进行抢救。从 1983 年开始，在"六五"、"七五"和"八五"计划期间，连续三次将《格萨（斯）尔》的搜集整理和学术研究列为国家重点科研项目，取得了巨大成绩，受到国务院、国家科委、国家民委及有关部门的表彰。"九五"期间，又将编纂出版 40 卷藏文《格萨尔》精选本的工作列为中国社会科学院院级重点项目。并以此为龙头，带动整个《格萨（斯）尔》事业向前发展。就藏文本来讲，这一时期最突出的一个成绩是记录整理了民间说唱艺人的《格萨尔》说唱本，到目前为止，共记录了几十位优秀艺人说唱的 300 多部《格萨尔》分部本，有 5000 多盒磁带。除去内容大体相同或相似的分部本（即异文本），有 120 多部。这是一份十分珍贵的文化财富，当前正在组织力量，陆续整理出版。已正式出版 100 多部藏文本《格萨尔》，总印数达 400 万册，按藏族总人口计算，平均每个成年人就有一本《格萨尔》，这在藏族出版史上是空前未有的壮举。

对《格萨尔》的状况在国内除藏族以外，汉族人知道有《格萨尔》在 20 世纪 30 年代，那时候叫"藏三国"，在民间流传着。大概在 20 世纪三四十年代有些专家在国内做了一些研究，把格萨尔认为是《宋史·吐蕃传》里面某一个藏族的领袖，认为他就是格萨尔的原形。还有人认为康藏地区有一个土司的家族，认为他们是格萨尔的后人，而且还建了庙宇，已经传了 49 代了等像这样一些比较初步的历史学探讨。规模比较大的是在五六十年代，我们开始一些民间的采风，因为民间文学当时是受到政府的重视的，尤其是青海地区，有一个民间文学研究会，大概调查整理了大量的材料，手抄本、木刻本，还收集了很多唐卡（藏画），还有一些文录。用汉文印的《格萨尔》的各种本子和相关的材料，也有70多首了，到"文化大革命"后就终止了。到80年代以后，《格萨尔》的抢救、整理、研究才开始形成全国性的规模，列入了国家的五年计划，还成立了全国的《格萨尔》研究小组，在北京还成立了研究室。

西藏、新疆、青海、甘肃、内蒙古、四川、云南7个省份都成立了办公室，而且我们还联席开了五次全国性的和国际性的《格萨尔》讨论会。民族文学研究所专门有藏文室，藏文室主要的成绩就是研究《格萨尔》，藏文室也是《格萨尔》领导小组的常设办公室，主要的成绩也是研究《格萨尔》。降边嘉措和杨恩洪教授他们都出了好几本《格萨尔》研究方面的书。所以我们在2008年就出了一套史诗研究的丛书，就是说我们以《格萨尔》《江格尔》《玛纳斯》的研究作为一个龙头，在民族文学研究所已经形成了学者的阵容。我们对史诗的研究已经成为民族文学研究所一个最有成绩的部分。

《格萨尔》的收集整理主要是田野工作，从20世纪20—50年代开始到现在经过几代人的努力，我们《格萨尔》工作者的足迹走遍半个中国。就社会科学领域来讲，就我们中国社会科学院的几十个所来讲，我可以毫不夸张地说，我们《格萨尔》工作者是最艰苦的，我们深入最基层，到农村和牧区去，在孕育着我们中华民族的母亲河——黄河源头、长江源头，在喜马拉雅山周边地区，在天山南北，在内蒙古草原到处都留下了我们的足迹。20多年来，就我们《格萨尔》研究教室和我们民族研究藏学的同志来说，没有一年不到藏族地区进行学术考察。7、8、9三个月是草原的黄金季节，那儿的很多学术文化活动都在这一季节里开展，到了冬天大雪封山后就很难进去，也很难找到牧民群众。

在收集整理取得巨大成绩的基础上，要加强学术研究，培养硕士研究生和博士研究生，不但让他们懂得藏文和汉文，而且要他们懂得外语，首先是英语。同时，还要掌握先进的研究方法，要有多方面的知识。在这方面我们做了一些工作，但与形势的发展和学科建设的要求还有很大的差距，还有很多困难和问题需要解决。没有高水平的科研人员，就很难保持学科优势，产生高水平的研究成果。党中央、国务院特别提出了人才培养，提出了人才战略。就我们《格萨尔》学科建设来讲，我也完全拥护中央的这一战略决策，应该重视和加强对人才的培养，使我们的事业后继有人、兴旺发达。

社会转型很快，史诗的生存前景，包括艺人、听众和史诗传承的状况，都不容过分乐观。如果不对《格萨尔》进行认真系统的整理研究，是否面临《格萨尔》"人亡艺绝"的前景，口传艺人培养的可能性有多大？这个问题就很重要。《格萨尔》之所以流传到现在，既是藏民族的光荣和骄傲，是我们对祖国的一个贡献，同时也是我们藏民族的一个悲哀，为什么说是我们藏民族的光荣和骄傲呢？因为我们创造了《格萨尔》这样一部伟大的史诗，贡献给祖国、贡献给全人类。另外，藏族社会长期停滞不前，一直到中华人民共和国成立前后，还处于政教合一的封建农奴时代，处于部落社会状态。全国藏族地区完整形态的部落社会就有300多个，封建农奴制度相当于内地的春秋战国时代，这就使藏族社会落后了其他兄弟民族将近2000年，这就是藏族人民的悲哀和不幸。中华人民共和国成立以后藏族人民与全国各族人民一道实行跨越式、超常规的发展，进入了社会主义时代。这样，史诗赖以存在的部落社会和经济文化条件不复存在，史诗也不大可能像过去那样在群众中广泛流传，所以我们要加紧抢救工作，进行收集整理。把《格萨尔》这样一部伟大的史诗完整地保存下来。政教合一的政治制度已经不复存在，部落社会也在逐渐消亡，藏族社会在飞速发展和进步。但是，我们不能让《格萨尔》这样一部伟大的史诗随之消亡，而要把它保存下来，并不断地弘扬，成为建设藏族新文化的一份养料和一个重要的组成部分。说唱艺人在这样的情况下，也会减少并最终消亡。就像在希腊半岛和印度大地没有行吟诗人一样，这是不可避免的。因此，如何培养新的说唱艺人，就成了一个严峻的问题。

我们已经把《格萨尔》史诗的整理工作列入中国社会科学院的重点项目，国家财政拨款有三百万元，可能这是人文科学中跟夏商周断代工程等相并列的最大的工程。现在清史的修撰工作也是新上来的很大的项目。我们经过最近十几年的工作，精选本已经出版了12卷，另外还有艺人的说唱本，西藏地区曾经出过8卷扎巴老人的本子，我们跟西藏自治区社会科学院合作的桑珠本也出了十几本了。所以在艺人本和精选本上已经形成了规模，因为扎巴和桑珠是现代最杰出的《格萨尔》的说唱艺人。我们还在继续做精选本和桑珠本，这两个都要编到40卷或者40卷以上，因为我们还要精益求精，在编撰这些书的时候，组成编辑组和学术委员会，是把它当成国宝工程去做的。各级政府给予了我们很大的支持，我们的工作也在抓紧进行。我们的专家像降边嘉措和杨恩洪都是六十多岁的专家了，他们大概把一生最宝贵的时间都献给了《格萨尔》事业，现在面临着后继乏人的问题，包括藏文的整理、记录的人才还有把藏文翻译成中文的人才，甚至把藏文、中文翻译成英文的人才这些方面我们还是比较缺乏的，还是需要我们用很大的努力才能培养的。因为如果有一批学者藏汉英几种文字非常精通，我们《格萨尔》的整理、研究和传播工作将会走上一个更新的阶段。

尽管《格萨尔》是一部深受群众欢迎的伟大史诗，但是，由于种种原因，在历史上相当长的时间内从未有计划、有组织、有系统地进行搜集整理，一直在民间自发地流传，自生自灭，妨碍了《格萨尔》本身的保存和传播，使它不能在更大范围内发挥作用和影响。有人将敦煌学和《格萨尔》学加以比较。这两个学科的确有一定的可比性，早在20世纪30年代，我国著名的国学大师陈寅恪先生曾发出这样的感慨：敦煌学是辉煌学，又是伤心学。中华民族创造了灿烂辉煌的敦煌艺术，但是，长期的封存废弃，被湮没在历史的尘埃之中；偶然重见天日，敦煌的宝库即被帝国主义分子掠夺和盗窃，大量珍贵文物或者被毁坏，或者流失到国外。敦煌学的故乡在中国，敦煌学的研究成果却出在国外。这是我们中华民族学术史上一段屈辱的历史。中华人民共和国成立以后，这段屈辱的历史被彻底洗刷，敦煌学揭开了崭新的篇章。《格萨尔》的命运也大体如此。藏族人民创造了伟大的英雄史诗《格萨尔》，但是，在政教合一的封建农奴社会，在思想文化领域，神权占统治地位，劳动人民创造的文化受到压制和排斥。那些才华出众的民间流浪艺人被当作乞丐，遭到歧视。在科学意义上，进行《格萨尔》研究的第一批专著，产生在国外；研究《格萨尔》的第一个学术机构在国外建立；第一批向国外介绍《格萨尔》的英文版、法文版和俄文版等各种外文译本，出自外国学者之手。喜马拉雅山南麓的小小的山国——不丹王国，早在20世纪60年代，在联合国教科文卫组织的资助下，出版了30集的《格萨尔》丛书，是当时国际上最完善的一套整理本。我国在很多方面都处于落后状态。中华人民共和国成立以后，广大藏族人民与全国各族人民一样获得翻身解放，劳动人民成了社会的主人，同时也成了文化的主人。中华人民共和国的成立，使《格萨尔》这部古老的史诗获得了新的艺术生命力。党和国家对《格萨尔》的搜集整理和学术研究非常关心和重视，尤其是改革开放以来，取得了巨大成就。这是一项跨世纪的文化建设工程，这种搜集整理和学术研究工作，规模之大，时间之长，参加人数之多，成就之显著，涉及面之宽，影响之广，在藏族文化史上是一个前无古人的壮举，在我国多民族文学发展的历史上也不多见。所有这一切，充分体现了党和国家对保护和弘扬藏族优秀文化传统的高度重视和对藏族人民的亲切关怀。

《格萨尔》的工作在近期首先要把精选本和艺人本善始善终高质量地完成，给我们的研究者提供一个可靠的基础。其次，《格萨尔》汉文的翻译和英文的翻译要逐渐地列入计划，在人才、资金和组织上要逐渐到位。再次，研究工作现在在相当的程度上还处于介绍的阶段，但是《格萨尔》这么丰富的文献资源和口传资源完全应该对人类的史诗理论提出一些新的命题、新的学理、新的建树。在所有这些问题中，人才问题是关键，资金问题是基础，组织问题是保障，只要把这些问题做好了，《格萨尔》研究的潜力将能够充分地被挖掘出来。它能够给中国的学术一个大大的惊喜。概括地讲，《格萨尔》整理研究的道路任重而道远，我们已经取得巨大的成就，但是我们还有更艰苦的工作要做，否则将会半途而废。

今天在世界大文化背景下，站在超越《格萨尔》史诗的高度上对其进行了整体观照和解析，也让我们明白了《格萨尔》史诗研究的任重道远。在新的文化启示下，既给我们提出了一些新的任务，也提出了一些新的思路，还让我们思考到一些新的课题。我们的《格萨尔》领导小组和少数民族文学研究所将会吸取大家的鼓励，把《格萨尔》的整理、研究和传播工作做得更好，做得更使它与一个国宝的地位相称，使它进入中国文明史的脉络。

2003 年 12 月 23 日初稿，
2021 年 2 月 14 日最终修订

《蒙古秘史》:展示蒙元时代的中国文明史的血脉和魂魄

中国的能力表现在它的思想文化创造力无穷无尽,漠北江南,不知什么时候就涌现出一部惊天动地的杰作,令人拍案称奇。13世纪前中期(1240年7月)中国多民族文学出现了一部伟大的以汉字写蒙古语的书《蒙古秘史》,它不仅在蒙古族文学史,而且在整个中华文学、文化、文明史上都是一部掷地有声的奇书。它从1240年成书至今,已阅760年沧桑,但仍然令人越来越强烈地感受到它是一部读不透、说不尽的具有持久文化思想生命力的书。解读这部伟大的史诗性经典,就是解读蒙元时代的中国文明史的血脉和魂魄。

这部书以比较重要的身份进入文学史,是一位博学的文史学者,也就是文学研究所第一任所长郑振铎先生的功劳。郑振铎在20世纪30年代写作出版的《插图本中国文学史》,第一次在文学史著中对此书进行认真的论列,该书第五十一章谈论元代散文时,认为《元秘史》即《蒙古秘史》为最可注意的伟大的白话文作品,其"天真自然的叙述,不知要高出恹恹无生气的古文多少倍!我们如果拿《元史太祖本纪》等叙同一的事迹的几段来对读,便立刻可以看出这浑朴天真的白话文是如何的漂亮而且能够真实地传达出这游牧的蒙古人的本色来了"。所谓"本色",就是思想文化精神的根本色彩。

这部奇书的命运，它的流布和接受的过程，也充满传奇性。因为它事涉民族的天机和隐秘，是蒙古王室世代相传的金匮之书，包括英雄先祖的全部功过得失，以祖传家训的方式为蒙古族后世帝王训谕劝谏，因而在蒙古族入主中原的元代秘而不传，又因文字变化妨碍在本族中的流传。到明清两代，虽然收入或列名于一些大型类书、丛书，但已经远离民间。到清中叶翻印出版时，它已成为一部高深的学问书了。《四库全书总目》在清代乾隆年间集中反映中原儒者的正统观念和视角，包括华夷之辨的观念与经史高于文学的观念，它把此书附录于《四库未收书目提要》，指出此书纪年有"以鼠儿兔儿羊儿等，不以支干"的特点，又说"此依旧钞本影写，国语旁译，记元太祖、太宗两朝事迹，最为详备。案明初宋濂等修撰元史，急于蒇事，载篇虽存，无暇稽求。如是编所载元初世系，孛端叉儿之前，尚有一十一世。《太祖本纪》述其先世，仅从孛端叉儿始，诸如此类，并足补正史之纰漏。虽词语俚鄙，未经修饰，然有资考证，亦读史者所不废也"。这种以单纯地寻找史料的态度，而不是以发掘伟大的民族思想文化精神的态度来对待如此奇书，实在是绝大的误读。

对于一部奇书，关键不仅在于承认它的存在，而且在于你怎么去读解。应该说《蒙古秘史》是蒙古民族在精力最旺盛、元气最充沛的时代，把内蕴的精力和元气转化为历史记述的伟大奇书，是蒙古族创世纪式的回忆、想象和纪录。因此这部成书于13—14世纪史诗性的历史著作《蒙古秘史》，语言简洁明快，音韵节奏感强，历史脉络充满强烈的震荡感，散发着浓烈的草原生命诉求和生活气息。《蒙古秘史》从成吉思汗二十二代先祖孛儿帖赤那及其妻豁埃马兰勒写起，到窝阔台汗十二年（1240）为止，共记载了蒙古民族约五百年叱咤风云的盛衰成败的历史。由此，《蒙古秘史》作为蒙古族文学史上第一部由文人创作的书面文字经典作品，

1989年被联合国教科文组织列为世界名著。对比基督教《圣经》第一卷，即开头五十章，叙写创造天地、创造人，以及人类始祖及其最初子孙的世系，不是取名创世记（Genesis）吗？《蒙古秘史》就是蒙古族这个狩猎游牧民族的"创世记"，是他们的起源、发生、创始的记述，是他们的Genesis。原因在于13—14世纪，蒙古草原出现了不少围绕着成吉思汗勋业的英雄叙事诗，如《征服三百泰亦赤兀惕人的传说》《成吉思汗的两匹骏马》等，也就是说成吉思汗及其子孙创世的成功，使这个民族爆发出作为伟大民族的充分的文化自信和巨大的精神力量，从而用秘史的形式追述自己的来源和记录自己精神的历程。《蒙古秘史》十二卷（或十五卷），二八二节，因记载蒙古族勃兴初期史料和洋溢着浩瀚博大的狩猎游牧文化精神而驰名。它从成吉思汗的二十二代先祖孛儿帖赤那、豁埃马兰勒写起，直到成吉思汗的儿子窝阔台汗十二年（1240）为止，共记载了蒙古民族约500年盛衰成败的历史，今译为30万字。它吸收远古以降蒙古民间文化精粹，开蒙古书面文化先河，乃是研究蒙古史、元史、世界中世纪史的经典文献，充满大气磅礴的史诗气息。这部书如同许多民族最初进入文字时代都要记录自己的民族起源和史前世系一样，如日本民族最早的书面作品《古事记》就记录他们的古代神话、传说、歌谣、历史故事和帝王家谱，作于8世纪，可以和蒙古族的这部《秘史》相对应、相参照。和《古事记》是用古汉语叙事、用汉字标音的日语记录韵文相似，《蒙古秘史》是用汉字拼写的蒙古语文本。这也可以看出汉文化，尤其是它的史传文化对本土多民族和异域民族的巨大辐射功能。在这种意义上说，《蒙古秘史》是蒙古族充沛淋漓的创造精神与中原史传文学影响的综合结果，从中可以体验到多元文明的相互撞击、相互推动和相互融合。1989年6月，联合国教科文组织在巴黎召开的执委会第131次会议上，就纪念《蒙古秘史》成书750周年通过决议，号召会员国对该书举行广泛的纪念活动。

联合国教科文组织认为，该书在人类文化发展史中留下了印迹，并且在世界文化史中享有崇高的地位。

这是一部内涵丰富厚重、充满草原强者气息的书，精神脉络嵌入了漠北草原历史的深处。它是蒙元朝开国初期的史诗性的实录，围绕着伟人成吉思汗、窝阔台汗父子传奇经历的民族崛起的足迹，包容着大量社会变迁史、文化风俗史、宗教信仰史和审美精神史的资料，保存了蒙古族及中亚诸民族神话、传说、宗教信仰和仪式、故事、寓言、诗歌、格言、谚语的资料。《蒙古秘史》的内容涉及蒙古民族古代游牧狩猎社会的生产生活的各个方面，最吸引人的有三个亮点：一是蒙古族的苍狼白鹿族源；二是阿阑豁阿的团结哲学；三是一代天骄成吉思汗弯弓射大雕的雄姿。首先，《蒙古秘史》记载：蒙古族始祖孛儿帖赤那和豁埃马兰勒（汉译为苍狼和白鹿）奉上天之命降生到人间，然后共同渡过腾汲思，在斡难河源头、不儿罕山前开始繁衍生息，生下了巴塔赤罕，即成吉思汗的二十一代远祖。苍狼白鹿的族源，象征着这个富有野性和强悍生命力的民族，具有喝母鹿奶汁长大的苍狼那样高洁优美和坚强凶猛的品格。这是从一个民族的本原上展示民族发生学的视野。

其次是在民族发展上起关键作用的团结哲学。阿阑豁阿在丈夫朵奔蔑而干死后寡居，却又生了三个儿子，一个名叫不忽合塔吉，一个名叫不合秃撒勒只，一个名叫孛端察儿蒙合黑。前夫朵奔蔑而干生前所生下的两个儿子，别勒古讷台、不古讷台，暗中议论自己的母亲阿阑豁阿："咱俩的母亲没有丈夫，却又生下了这三个儿子。家里只有巴牙兀惕部人马阿里黑。这三个儿子是他的儿子吧？"这种背后议论被他们的母亲阿阑豁阿觉察到了。春天煮腊羊肉会餐时，阿阑豁阿让五个儿子别勒古讷台、不古讷台、不忽合塔吉、不合秃撒勒只、孛端察儿蒙合黑并排坐下，给予每人一支箭杆，让他们折断。一支箭杆有什么难折断？它们全部被折断抛弃了。阿阑豁阿又将五支箭杆捆在一起，让他们五人轮流着来折，成捆的五支箭杆都没能被折断。于是，母亲阿阑豁阿说："我的儿子别勒古讷台、不古讷台，你们俩怀疑我这三个儿子是怎么生的，是谁的儿子？你们的怀疑也有道理。但是，你们不明白情由。每夜，有个黄色的（神）人，沿着房屋的天窗、门额透光而入，抚摩我的腹部，那光透入我的腹中。那（神）人随着日、月之光，如黄犬般伏行而出。你们怎么可以轻率地乱发议论？这样看起来，由那（神）人所出的儿子分明是上天的儿子。你们怎能与黎民百姓的行径相比拟而加以议论？将来做了普天下的君主时，要明白这个道理。"阿阑豁阿又教训自己的五个儿子，说："我的五个儿子，你们都是从我的肚皮里生出来的。如果你们像刚才五支箭般的，一支一支地分散分开，你们每个人都会像单独一支箭那样被任何人很容易地折断。如果你们能像那束捆在一起的箭那样齐心协力，任何人也不容易对付你们！"兄弟五人自此团结协力，把其他部族的札儿赤兀惕氏人掳来，有了马群、食物、属民和奴婢。蒙古族领袖从母亲那里学到智慧，无论如何都要团结一致，与破坏团结的行为斗争，拧成一股力量统一蒙古草原。

最后是展示了成吉思汗一生雄才大略，以秋风扫落叶之势统一蒙古高原，进而开拓了中华民族巨大的发展空间的惊心动魄的历史，彰显了成吉思汗及其部将的意志、战略和魄力。行文中生动地呈现了成吉思汗年幼时杀死异母弟别克帖儿，又曾被泰赤乌人俘虏但得到赤老温一家私自释放，成吉思汗曾经遭受过不少挫折，如妻子孛儿帖曾被蔑儿乞人掳走，又如成吉思汗曾投靠札木合，并在十三翼之战被札木合打败并退守深山。坚强的意志使挫折成为崛起的前奏，1202年秋，成吉思汗集中兵力，消灭了其宿敌塔塔儿部。1203年秋，成吉思汗袭击并打败了一直与自己争战不休的王汗。1204年，成吉思汗征服乃蛮部，占据了水草丰美的东部草原——呼伦贝尔草原。蒙古草原上只剩下乃蛮部还有力量能够与成吉思汗对抗，败于成吉思汗之手的各部贵族先后会集于乃蛮汗廷，企图借助太阳汗的支持夺回自己失去的牛羊和牧场。1206年，铁木真在斡难河（今蒙古鄂嫩河）源，召开忽里台（大聚会），即大汗位，号成吉思汗（成吉思意为大海，引申为伟大的意思），建立大蒙古国。成吉思汗崛起后，东征西讨，开疆拓土，奠定了建立元朝的基础。元朝版图之大可以说是空前的。我国现代的版图，虽然确定于清代，但是轮廓却是形成于元代，受益于成吉思汗宏伟的创业精神。成吉思汗及其子嗣的西征行动，将我国的三大发明，逐渐传到西方，间接地影响了欧洲的文艺复兴。这一份对人类文化的贡献，揭开现代世界的序幕，其功绩则绝非亚历山大所可比拟。马克思在《马克思印度史编年稿》中谈到成吉思汗时曾说："成吉思汗戎马倥偬，征战终生，统一了蒙古，为中国统一而战，祖孙三代鏖战六七十年，其后征服民族多至720部。"这里概述了成吉思汗叱咤风云的功绩。

在气势淋漓、枝叶婆娑的描述中，成吉思汗军团艰难地崛起，以秋风扫落叶的气势统一了蒙古高原和欧亚大陆。在一场场惊心动魄的历史悲壮剧中，极有艺术力度地描绘了成吉思汗及其部将铜头铜臂、叱咤风云的野性和意志，以及他们彻底扑灭对手的战略和魄力。《竹书纪年》云："至（周）穆王时，戎狄不贡，王乃西征犬戎，获其五王，又得四白鹿、四白狼，王遂迁戎于太原。"《史记·周本纪》记述周穆王征犬戎，"得四白狼，四白鹿以归，自是荒服者不至"。这是从中原文化视角，隐晦曲折地透露了北方狩猎游牧民族对狼和鹿的图腾崇拜。《蒙古秘史》中两位民族始祖的名字分别意为"白鹿"和"苍狼"，这鹿与狼缔婚，以奶汁哺育后代的故事，象征着这个富有野性强悍生命力的民族，是具有喝母鹿奶汁长大的苍狼的高洁优美而又凶狠坚强的双重品格。这个传说可以同罗马城的始祖罗慕路斯和勒莫斯兄弟是被扔进河水淹不死，而喝狼奶长大的传说相媲美。

值得注意的是，"苍狼""白鹿"双祖源，是一种具有主体的坚定性和开放的好奇心的性格，由此滋养着创造的欲望和冲动。成吉思汗统一蒙古草原后推出的《成吉思汗法典》，作为世界上第一套应用范围最广泛的成文法典，建立了一套以贵族民主为基础的蒙古贵族共和政体制度。立国后，实行千户制，建立护卫军，歼灭西夏，攻破金国，西征花剌子模。成吉思汗又让塔塔统阿使用畏兀儿文字母拼写蒙古语，教太子诸王学习，这就是所谓的"畏兀字书"。《蒙古秘史》最初就是用这种畏兀字书写成的。行于汉人、契丹、女真诸亡国者只用汉字，用汉字注解《蒙古秘史》。在中国，由于蒙古人采取"信仰自由"和"兼容并包"的政策，伊斯兰教乘机往东发展，大批穆斯林迁居来华，这就为穆斯林民族的形成奠定了基础。自忽必烈以后，元朝统治者主要提倡喇嘛教，西藏人八思巴被尊为"大宝法王""大元帝师"。成吉思汗最钦佩的两个人，是耶律楚材和丘处机。耶律楚材给成吉思汗进言，要学习汉族文化，特别是学习儒学，大汗都虚心接受，这对蒙汉两族的融合起了重要的作用。成吉思汗十年，公元1215年，蒙古军攻占燕京，成吉思汗看中耶律楚材才学，任其为辅臣。这位"长髯人"之后随成吉思汗西征，屡立奇功，备受器重。窝阔台汗三年，公元1231年，耶律楚材被任命为中书令（宰相），成为一代传奇宰相，采用汉族以儒教为中心的传统思想和制度治理中原，积极恢复文治，实施以儒治国，实行封建赋税制度，提拔重用儒臣，反对屠杀，这也保存了中原无数人的性命与中原农业文明。蒙古接受汉文化，自耶律楚材始。他的一系列做法，为之后忽必烈建立元朝奠定了基础。丘处机与成吉思汗谈治国，又谈养生，提议"敬天爱民"，并进言减少杀戮。耶律楚材和丘处机一儒一道，他们都劝谏成吉思汗实行仁政，而大汗都虚心接受，为大元朝改良统治方式而创造繁荣富强提供了条件。耶律楚材重儒、佛，丘处机是道教宗师，他们从不同的角度巧妙地劝诫成吉思汗息战、戒杀、尊生、节制、敬天、保民，使得成吉思汗的思想发生了重大变化。这一点反映了蒙古统治者的思想文化史的结晶，拓展了蒙元的大国抱负，使之融入了中华文明史的进程。这就如孙中山评价所说："亚洲早期最强大的民族之中元蒙古人居首位。"

《蒙古秘史》一书出现的时代与汉族地区的《三国演义》《水浒传》相前后，可见元明之际的东西征战和南北撞击，迸发出中华民族何等气壮山河的生命活力。《蒙古秘史》那种大刀阔斧的叙事结构，血气蒸腾的人物品格，韵散错综的综合文体形式，本色酣畅、多用比喻、粗犷而不事雕章琢句的语言风格，都反映了一个草原狩猎游牧民族在迅速崛起时能够给文学创作增加了何等磅礴大气的力量之美。只要我们理解到，古代农业文明与狩猎游牧文明的长期碰撞和融合，乃是解释中国古代文明史，甚至诸多民族的古代文明史的一个关键，此书的重大价值就不言而喻了。因而在近百余年来就逐渐形成了一门国际性的学科——"蒙古秘史学"。联合国教科文组织执委会就纪念《蒙古秘史》成书750周年所作决议，称《蒙古秘史》以"独特的艺术、美学和文学传统及天才的语言，使它不仅成为蒙古文学中独一无二的著作，而且也使它理所当然地进入世界经典文学的宝库"。此论眼光阔达，殊为公允。因此，我们举行《蒙古秘史》的760年祭，乃是对中华文明为多民族所共创的文明的气势之美和不竭的力量源泉，借一个具体的伟大个案所作的祭奠。要了解蒙元时代的思想文化走向，了解中原思想文化的吸引力和少数民族文化边缘的活力的综合效应，就应该把《蒙古秘史》当作必读的经典。《蒙古秘史》是中华文明史的一个重要的里程碑。

2020年1月17日修订

2021年2月14日最后修订

西学东渐四百年祭

——从利玛窦、《四库全书》到上海世博会

一 四百年祭之三维度

2010年是意大利来华传教士利玛窦逝世400周年，也就是以利玛窦东来为标志的西学东渐400年祭。这是中华民族在严峻的挑战中磨炼和提升文化生命力的400年，是中国文明史在多元文化的介入中曲折前行的400年。这是中华民族在西方文明的碰撞中，虽然中间插入一个清朝康乾盛世，实际上在世界竞争中走了一条"W"形的曲线而逐渐衰落，终至中华人民共和国成立和改革开放全面复兴的400年。历史将自己的意义写在举世瞩目的沧桑巨变中，历史不会忘记，中国是在上海世博会的灿烂阳光下进行这"西学东渐400年祭"的。400年一头连着利玛窦来华，一头连着代表中国崛起的上海世博会开幕，构筑起一座巨大的历史拱门，展示了中华民族艰难曲折又可歌可泣的历程，敞开了中华民族元气充沛又鹏程万里的天空。有意思的是，行程中间有一座界碑，是出现在康乾盛世的《四库全书》。利玛窦遭遇《四库全书》，这一历史事件告诉人们，400年变迁的一个关键是中西文化的对撞、互渗、选择和融合。

利玛窦的价值在哪里？在于他是这400年之始携西学入华、进行中西文化对话的标志性的第一人。利玛窦1582年8月7日进入澳门，1610年5月11日病逝于北京，万历皇帝御准葬于北京阜成门外二里沟坟地（今北京行政学院内）。碑铭是"耶稣会士利

公之墓","利先生讳玛窦,号西泰,大西洋意大里亚国人。自幼入会真修。万历壬午年(万历十年,1582)航海首入中华行教,万历庚子年(万历二十八年,岁抄已是1601)来都,万历庚戌年(万历三十八年,1610)卒。在世五十九年(1552—1610),在会四十二年"。碑文采取汉文与拉丁文并列的方式,象征一位天主教传教士沟通中西文化的身份。

因此在今天澳门研讨会上探讨"利玛窦遭遇《四库全书》",实际上是纪念以这位先驱者为标志的西学东渐四百年,反思中西文化碰撞融合400年。400年前,利玛窦在澳门两年(1582—1583),这被墓碑称为"航海首入中华",然后在中国内地传教交友27年,传播基督教文化,学习儒家文化,剃发去髭,换上僧袍,又改穿儒服,愿当中国子民。1592年利玛窦在南昌着手把"四书"译成拉丁文,并加注释。他由此熟悉中国传统文化、中国人的思维和行为方式,证明基督教与儒家有相通之处,盛赞孔子为"中国哲学家之中最有名"者,使其"同胞断言他远比所有德高望重的人更神圣"。正是遵从这么一条入乡问俗、调适传教的温和的文化路线,利玛窦在肇庆被称为"利秀才",在南昌被称为"利举人",在北京被称为"利进士",他的中文修养渐趋精深,获得越来越多的体面的认同。他翻译"四书"早于王韬1862年在香港协助英华书院院长理雅各(James legge)将四书五经译为英文270年,成为中西文化缔缘的先驱者。

澳门在16、17世纪是中西文化交流的"圣城",由于葡萄牙国王握有天主教保教权而被视为"东方梵蒂冈",是中国人看取西方希腊、希伯来文化,尤其是文艺复兴早期文化的一个有历史关键意义的窗口。钱钟书说:"我常想,窗可以算是房屋的眼睛。"刘熙《释名》说:"窗,聪也;于内窥外,为聪明也。"[①] 门是让

---

① (汉)刘熙:《释名·释宫室》。

人出进的，窗打通了大自然与人的隔膜，把风和太阳逗引进来，窗可以说是天的进出口。窗口也可以放进小偷和情人。1582年澳门窗口就放进了一个中西文化初恋期的情人利玛窦，为中国文化注入了一种异样的色彩。

在考察利玛窦与《四库全书》遭遇之前，有必要介绍一下他300年后的一位澳门邻居，也就是清朝末年杰出的维新改良思想家郑观应。郑氏历尽商海风波之后，1884年也就是利玛窦离开澳门进入中国内地301年后，以32岁盛年退居澳门郑家大屋（距离利玛窦学习中文的圣保罗学院一公里），思考中国的前途和拯救的方法，写成《盛世危言》。书中对利玛窦颇存好感，称说"明季利玛窦东来，徐光启舍宅为堂，有奏留其教之疏，实为华人入教之鼻祖。而明史称其清介，亦未因入教而受贬也"。这里提到利玛窦的搭档徐光启，是晚明松江府上海县人，60岁后"冠带闲居"故里，试验农业，著《农政全书》，身后归葬之地称徐家汇。他是得风气之先的上海文明的先驱者，徐氏之汇，汇向今日上海世博会所张扬的"理解、沟通、欢聚、合作"的精神理念。郑观应《盛世危言》从商业富国的理念出发，主张"设博览会以励百工"，是从民族振兴的角度倡导上海办世博会的第一人。

《盛世危言》专设《赛会》章，给中国人的脑筋增加一根世博会的历史的、壮观的弦，它交代："溯赛会之事，创之者英京伦敦，继之者法京巴黎，嗣后迭相举赛，萃万国之精英，罗五洲之珍异……美人赛会于芝加哥，其气象规模尤极天下之大观，为古今所未有……此会拥九州万国之珍奇，备海澨山陬之物产，非此不足以扩识见，励才能，振工商，兴利赖。"写《赛会》之时，适逢1893年美国以"纪念哥伦布发现新大陆400年"为主题，举办芝加哥世博会，盛况空前，其大道乐园启发了后来的迪斯尼乐园，爆米花、蓝带啤酒、麦片、口香糖刺激着饮食时尚。其时美国的GDP已超过英国居世界第一，面对一流大国的气象规模，郑观应心存忧患，反省"中国之商务衰矣，民力竭矣，国帑空矣"，进而警醒国人，"欲富华民，必兴商务；欲兴商务，必开会场；欲筹赛会之区，必自上海始"。以上海为中国率先举办的世博会的最佳选址，是一个卓见，郑观应提示的世博会之弦，牵引着中国振兴的百年之梦。有意思的是，有美国学者名为"华志建"者，把1893年芝加哥世博会和2008年北京奥运会相比拟，认为那届世博会把世界的眼光聚焦到美国，而这届奥运会使美国人看中国的目光，就像当年欧洲人看美国崛起一样，既震惊又怀疑。这样的话用在上海世博会，不是更有可比性吗？

这样，我们就清理出思考"西学东渐400年祭"的三个维度：一是利玛窦—徐光启—上海；二是利玛窦—郑观应—世博会；另一个维度就是利玛窦遭遇《四库全书》，由于祭典的主题是东西文化的碰撞融合，这第三个维度具有更深刻的文化内涵和历史教训，它将引领我们走进中国历史命运的深处。

二 把正史的眼光与皇帝的趣味一道反思

那么，历史是怎样记载利玛窦这个文化初恋情人的呢？收入《四库全书》史部正史类的《明史》，在《神宗本纪》中只记利玛窦一句话："（万历二十八年十二月）大西洋利玛窦进方物。"① 记载是记载了，但是与午门受俘、灾民为盗、群臣请罢矿税并列，并不特别打眼，反而有几分冷漠。冷漠的语言背后，却隐藏着这位传教士文化情人带来的令人眼睛发亮的定情物（信物）和嫁妆。

1601年1月27日，利玛窦以"大西洋陪臣"的身份，依靠澳门资助，进贡的方物有天主像、圣母像、天主经、《万国舆图》、大小自鸣钟、三棱镜、大西洋琴和玻璃镜等（顺便说一句，1915年巴拿马世博会，晚清状元实业家张謇邀请苏绣圣手沈寿挥动神

---

① 《明史》卷二十一《神宗本纪》，中华书局1974年版。

针，用110种颜色的丝线绣成《耶稣像》参赛，荣获金奖，实现了西方宗教与华夏工艺的精美结合。是利玛窦进方物、耶稣像入中国300年后，带上中国色彩的西行）。万历皇帝在利玛窦进献的方物中，对自鸣钟尤为痴迷，在大内建筑钟楼保藏，玩赏得不亦乐乎，还专门选派太监向传教士学习管理操作知识，多次诏请传教士入宫修理。皇帝好钟表，全然为了解闷猎奇，以消解他胖得发愁的寂寞，连皇太后要欣赏自鸣钟，他让太监弄松发条，使皇太后不能欣赏，自己留下来长久享用。痴迷到把"以孝治国"也丢在脑后了。利玛窦与自鸣钟简直有一种生死情缘，直到上海解放前，利玛窦还被供奉为钟表行业（还有客栈）的祖师爷，可见自鸣钟着实是个了不起的洋玩意儿，但皇帝老子却没有安排相关部门仔细考究它的精密原理，进而借鉴制造，只知享受文明，不思创造文明。至于世界地图，也只是复制分赠给皇子们，挂在墙上作为奇异的图画来欣赏。而对于世界地图蕴含着多少未知的可开发的领域，对于其他珍宝蕴含的光学原理和机械制造之利，王朝决策者蒙蒙然毫无用心。当万历皇帝只不过把这些"方物"当玩物的时候，潜在着的取法西方发展科技和工业的契机，在老大的帝国胖墩墩的嬉皮笑脸下无声无息地滑走了。耽逸乐而废国策，到头来造成大国沉沦，实在足以令人发出千古一叹。

然而，利玛窦进贡的礼品所蕴含的科技价值，还是给中国知识界带来了深刻的精神震撼。这位传教士文化情人带来的贡物嫁妆中，最抢目、最使中国士人精神震撼的是世界地图，《坤舆万国全图》。地图取名于《易传》"坤为大舆"，坤为地、为母，为人类驰骋发展的大车，隐喻大地孕育滋生万物。利玛窦所作《坤舆万国全图·总论》中说："地与海本是圆形，而合为一球，居天球之中，诚如鸡子，黄在青内。"[①] 它震撼着中国文化精英脑袋里根

---

① [意]利玛窦：《坤舆万国全图·总论》，米维铮主编《利玛窦中文著译集》，复旦大学出版社2007年版，第173页。

深蒂固的"天圆地方"的天地模式，使人们猛然惊异于世界之大，有五大洲，中国仅是万国之一，并不等于自己整天盘算着"治国平天下"的那个天下。地球的这边那边都可以站人，脚对脚，也不会甩出去，简直不可思议。利玛窦的地球中心说，属于托勒密系统，未能汲取哥白尼学说，但对中国传统的天下观已起了颠覆的作用。它将中国画在地图中央，左为欧洲、非洲，右为南北美洲，投合了中国人的中心意识，这种布局在中国地图学中沿用400年。这种新的世界观给中国知识界敞开了一个无穷的未知空间，长久地刺激着人们的求知欲望，由地理视野转化为一种崭新的文化视野。

与《明史·神宗本纪》对利玛窦只讲一句话，意味着他对王朝政治无多大关系不同，《外国列传》中几乎把利玛窦等同于大西洋意大利，用了千余字，称述"意大里亚居大西洋中，自古不通中国。万历时，其国人利玛窦至京师。为《万国全图》，言天下有五大洲：第一曰亚细亚洲，凡百余国而中国居其一；第二曰欧罗巴洲，凡七十余国，而意大里亚居其一；第三曰利未亚洲，亦百余国；第四曰亚墨利加洲，地更大，以境土相连分为南北二洲；最后乃墨瓦腊泥加州为第五，而域中大地尽矣"。[①] 这是可以动摇中国传统以本国为中心、环以四夷的天下观的。撰写《外国列传》者，是清朝康熙年间由博学弘儒科而成为翰林的浙江通儒毛奇龄，他对于利玛窦通过宦官"以其方物进献，自称大西洋人。礼部言《会典》止有西洋琐里国，无大西洋，其真伪不可知"，是不敢苟同的。毛奇龄认为，以为古书未载的就不存在，是最不通的，"六经"无"髭髯"二字，并不等于说中国人的胡子是汉朝以后才长出来的。因此他推断利玛窦"其说荒渺莫考，然其国人充斥中土，则其地固有不可诬也"。但《外国列传》不排除是经过史馆总裁

---

① 《明史》卷三百二十六《外国列传》，中华书局1974年版。

官修改定稿，其中也有官方口吻的担忧："自利玛窦入中国后，其徒来益众……自利玛窦东来后中国复有天主之教公然夜聚晓散，一如白莲（教）。"不过编纂者多为东南文士，毕竟感染西学东渐的气息，行文还是采取分析态度，指出"其国人东来者，大都聪明特达之士，意专行教，不求禄利，其所著书，为华人所未道，故一时好异者，咸尚之。而士大夫如徐光启、李之藻辈首好其说，且为润色其文词，故其教骤兴，时著声中土"。其实，大地是否为球体，世界是否有五大洲，并非书斋里的推理问题，中国人应该迈开双脚，到世界五大洲去实地考察、去证实、去发现。当上海世博会迎来全球240多个参展国和国际组织，从而办成空前规模的世博会的时候，谁还会怀疑世界有五大洲，对于利玛窦的世界地图不再会怀疑其真伪，只会发现其粗疏了。

《明史》馆臣属于康熙、雍正朝的文士，在其视野中，利玛窦主要给中国带来两样大西洋异物，一是世界地图，打开中国人看世界的视境，但他们还感到"荒渺莫考"；二是带来天主教，虽然个人聪明特达，不求利禄，但其"公然夜聚晓散，一如白莲（教）"，担心造成对中国社会稳定和安全的危害。正史对于西洋天文、历算之学，还是欢迎的，如《明史·天文志》说："明神宗时，西洋人利玛窦等入中国，精于天文、历算之学，发微阐奥，运算制器，前此未尝有也。"[①] 正史对利玛窦的文化使命和文化行为的反应，蕴含着开放意识和儆诫意识的交织，这是西学东渐初期根柢深厚的中国正统文化系统的反应。但是，透过一层思考，这种过分自持的文化反应，无异于以管窥天，难以在科学技术领域掀起轩然大波。人家有巨浪，你却无大波，累之以日月，老祖宗的本钱也会吃光的。"荒渺莫考"的西洋科技和工业，距离17世纪的东方古国似乎太遥远了，只在有限的人群中呈露星星点点，

---

① 《明史》卷二十五《天文志》，中华书局1974年版。

又无国家意志的推助，难以激发整个民族的忧患意识和竞争意识。

三 《四库全书》之副册、另册

那么康熙、雍正以后再过半个世纪，到了18世纪的乾隆朝，情形又如何呢？利玛窦传播西方文化，即所谓基督教远征中国之行，引起的最集中的反应是遭遇160年后乾隆时期编纂的《四库全书》。《四库全书》是一批儒者、汉学家集体完成的乾隆钦定的国家工程，以乾嘉考据学的功力在其《总目提要》中展示了数千年博大精深的中国学术文化史。它是以中华帝国官方正统的文化眼光审视利玛窦的传教行为和携带的西洋文化的。它自有一种规范，是以一种内蕴的价值观，通过立体的、等级的目录学体系，以及对群书的分类定位、著录提要、存目或禁毁，来判别它们的正邪、优劣的文化价值等级。利玛窦的中文著译存世者在20种以上，收入《四库全书》有4种，未收而存目者6种。收录的4种为《乾坤体义》《测量法义》《圜容较义》《几何原本》，收入子部天文算法类。存目6种为《辨学遗牍》《二十五言》《天主实义》《畸人十篇》《交友论》《天学初函》，归入子部杂家类存目。如果说，《四库全书》也如《红楼梦》太虚幻境的册子之有正册、副册，再加上另册，那么从以上对利玛窦中文著作的处置来看，它们未入正册，而天文算法类书入了副册，传播教义类书则入了另册。这就是西学东渐初期中国文化的对话姿态和西方文化遭遇的命运。当你把别人的文化归档时，你自身的文化前行姿态和命运反过来也被归了档，"归档者反被归档"，这就是文化对话蕴含的一种历史哲学。

在利玛窦使中西文化联姻的过程中，这位传教士碰上了一种前所未遇的古老而深厚的东方文明。他不可能像对某些所谓"蛮族"那样，面对文化空洞高傲地大肆传教，他面对的是一个丰足而儒雅的民族，必须使自己也变得儒雅而不鄙陋，必须调适自己的文化态度、传教方式和文化交流方式，才能在这个古老深厚的文化体制中获得受人尊重的身份。中国对他感到陌生，他对中国也感到陌生。他想对中国文化施以压力，中国文化也对他施以反压力，相互之间都有一个文化辨析、认知和选择对话方式的过程。有一种所谓"利玛窦判断"，即中国所存在的东方人文主义，特点在于宗教不发达，没有完备的神学，有的只是道德哲学。这使他对基督教东征之旅抱有信心，又对东方的道德信仰心存畏惧，内心充满复杂的矛盾。面对东方源远流长的文明传统，他不能显出简陋，于是搬出天文算法这类西学的优长所在，他甚至一再敦促罗马教会增派一些精于天文星相的教友来华，以备中国皇帝每年编修历法的咨询，以博取中国学者的青睐和折服。《四库全书》子部天文算法类收入利玛窦的四种书，是作为实用之学加以评价的。《四库全书总目提要·子部总叙》说："儒家以外有兵家，有法家，有农家，有医家，有天文算法，有术数，有艺术，有谱录，有杂家，有类书，有小说家，其别教则有释家，有道家。叙而次之，凡十四类。"① 天文算法类放在医家和术数之间，属于实用之学，但不是纲纪之学。西方的天文算法这类科技著作，被镶嵌在中国儒学的学术价值框架之中，受到了格式化的处置。这套框架是由四库全书总纂官纪昀具体设计的，带有北方学术宗师的典重的规范性。

这里从天文算法类中，选择利玛窦两部书的提要加以考察。其一是《乾坤体义》，属于自然哲学著作。上卷讨论地球和天体构造，以及地球和五星相互关系之原理；下卷列举几何题十八道，用来证明数学图形中间，圆形具有最大的包容性，比一切图形都完美。《四库全书总目提要》卷一〇六评述说："《乾坤体义》二卷，明利玛窦撰。利玛窦，西洋人，万历中航海至广东，是为西

---

① 《四库全书总目提要》卷九十一《子部总叙》，中华书局2003年版。

法入中国之始。利玛窦兼通中西之文，故凡所著书，皆华字华语，不烦译释。是书上卷，皆言天象，以人居寒暖为五带，与《周髀》七衡说略同。以七政恒星天为九重，与《楚辞·天问》同。以水火土气为四大元行，则与佛经同……至以日月地影三者定薄蚀，以七曜地体为比例倍数，日月星出入有映蒙，则皆前人所未发。其多方罕譬，亦委曲详明。下卷皆言算术，以边线、面积、平圜、椭圜互相容较，亦是以补古方田少广所未及。虽篇帙无多，而其言皆验诸实测，其法皆具得变通，可谓词简而义赅，是以御制《数理精蕴》，多采其说而用之。当明季历法乖舛之余，郑世子载堉、邢云路诸人，虽力争其失，而所学不足以相胜。自徐光启等改用新法，乃渐由疏入密。至本朝而益为推阐，始尽精微，则是书固亦大辂之椎轮矣。"①

《提要》肯定了利玛窦天文算法的简明翔实，以及发前人所未发的新颖之处，但这种肯定是有限度的，看不出有多少以西人为师的输诚之心。另一层的意思，反而有些西学中源之意，从大概是汉代的天文算学典籍《周髀算经》，以及宗教文学类的著作中寻找科学的源头，折射了某种"西学东源说"的投影。这种投影在居于《四库总目》子部天文算法类榜首的《周髀算经》的提要中，表现得更为充分，其中提到《周髀》"其本文之广大精微者，皆足以存古法之意，开西法之源"，又说"明万历中，欧罗巴人始别立新法，号为精密。其言地圆，即《周髀》所谓地法覆槃，滂沱四隤而下也。……西法多出于《周髀》，此皆显证，特后来测验增修，愈推愈密耳。《明史·历志》谓尧时宅西居昧谷畴人，子弟散入遐方，因而传为西学者，固有由矣"。② 对于传统学术，固然不应数典忘祖，应看到它在古代曾经领先，但是更不能总像阿Q那样得意忘形地夸口"先前阔"，而矮化西方文艺复兴以后科学技

---

① 《四库全书总目提要》卷一百六子部《乾坤体义提要》，中华书局2003年版。
② 《四库全书总目提要》卷一百六子部《周髀算经提要》，中华书局2003年版。

术的进展。尤其应该看到，世代沿袭的正统学术倚重人伦修养，排斥奇技淫巧，从学统和体制上未能自觉地把科学技术的发展置于国策的地位，于此时际反而津津有味地编织尧时畴人传为西学的神话，不知取彼之长补己之短，不知改革为何物，实在令人感到可叹可悲。世界历史已经到了这么一个关头：前瞻奋进则强，恋旧苟安则危。四库馆臣博学的神经中明显地缺了这根弦。

其二是《几何原本》六卷，其乃是欧几里得《原本》（Elements）的平面几何部分，利玛窦根据其师克拉维乌斯的拉丁文评注本翻译成中文，1608年刊行。《四库提要》说："利玛窦译，而徐光启所笔受也。……光启序称其穷方圆平直之情，尽规矩准绳之用，非虚语也。……此书为欧逻巴算学专书，……以此弁冕西术不为过矣。"[①] 所谓弁冕，都是古代男子冠名，吉礼戴冕，通常礼服用弁，四库馆臣是把《几何原本》看成西方学术之冠的。徐光启（教名保罗），从一个谙熟"代圣贤立言"的八股文的进士，转而与利玛窦翻译科学名著，并把逐渐理解该书的精确性和可靠性当作享受的过程，其后又以这种科学思维写成《农政全书》60卷，这种"徐光启转换"在晚明社会具有独特的文化史和科学史意义。他强忍丧父之痛，与利玛窦反复辗转，求合原书之意，三易其稿，终成精品。他对此书的逻辑推理方法和科学实验精神甚为折服，在《几何原本杂议》中说："举世无一人不当学……能精此书者，无一事不可精；好学此书者，无一事不可学。"其推崇可谓备至，使这部书成了明末清初揣摩算学者的必读之书。

曹操《短歌行》感叹："对酒当歌，人生几何？"徐光启、利玛窦借用"几何"二字，重新命名"形学"，谐音英文 Geo，促使中国这门学科与西方接轨。梁启超在《中国近三百年学术史》中，盛赞"利、徐合译之《几何原本》，字字精金美玉，为千古不朽

---

① 《四库全书总目提要》卷一百七子部《几何原本提要》，中华书局2003年版。

之作",又称四库全书馆臣多嗜算学,"在科学中此学最为发达,经学大师差不多人人都带着研究"。其影响之大,刺激了后来的墨学,尤其是蕴含科学和逻辑思维的"墨辩之学"的复兴。只可惜当时的体制不能使科学研究与创造发明相结合,众多的聪明才智依然浪掷于以八股求利禄之中,因而无法打通中国的工业化进程。《四库全书》的价值系统只把天文算法类的《几何原本》等书作为一家之言置于副册,没有将之作为正册的独立的科学体系而置于国家文化的正统地位。不能只看你对这部书说了多少好话,更本质的要看你要把它放在整个社会文化体系的哪个位置,这就是我们考察问题的整体观。社会机制不能互动互融而出现文化脱层现象,乃是一个大国全面协调发展的大忌。

与四库馆臣咬文嚼字的思维方式不同,历届世博会致力于办成推动社会发展的"经济、科技、文化领域的奥林匹克盛会"。比如,一些世博会把人类、自然、科技、能源、水源、海洋,以及反复地以哥伦布发现新大陆为象征的"发现时代"为主题,它们的思维方式都是指向人类社会和科学技术的发展,及可持续发展。就拿《几何原本》中赞不绝口的那个"圆",在1893年美国芝加哥世博会上变成了菲力斯摩天轮,在1958年比利时布鲁塞尔世博会上变成了原子球建筑,在1967年加拿大蒙特利尔世博会上被富勒宣称宇宙建筑的形,必然是球体,而赋形建美国馆,这些都或多或少地对人类的思想和生活方式发生冲击或启示。这些奇思异想,为什么没有发生在那个时代或以前的中国呢?毫无疑问,中国是一个富有智慧的民族,但是智慧须用在开发的现代思维方式上。上海世博会上的中国馆,就以方形阶梯式的斗拱建筑,调动了地球环绕太阳自转的光线投射,在光影调动中赋予冬暖夏凉,称得上巧夺天工。从《四库全书总目提要》到上海世博会的设计,中国以开发的胸襟显现了思维方式从古典到现代的根本性转型。

四　如何处理国家尊严与开放姿态

文化对撞之流，总是一股混合型的浊流，鱼龙混杂，源流和因素多端，动机和效果各有追求。利玛窦携带的西方文化来自两个体系，一个是希伯来文化，为传教义之所据，另一个是古希腊体系，为传天文算法之所据。古老而深厚的中国文明似乎有一股历久弥坚的免疫系统，对传教士利玛窦的文化行李进行分析、排斥和选择，将文艺复兴重新激活了的古希腊以科学见长的文化系统，如《几何原本》之类，纳入钦定《四库全书》的副册，加以著录。而源自希伯来系统、经中世纪延续下来的传教著作则列入《四库》子部杂家类作为存目，受到四库馆臣的讥讽和抵制，在某种意义上作了另册处理。这大概就是西学东渐初期，中国正统文化的"非开放之开放""非理性之理性"的反应。

列入存目，是否有归入另册之嫌，还要略为辨析。《四库全书》著录和存目的分野，绝非只看学术标准，不看政治标准。比如元代散曲大家张可久（字小山），明代曲家曾将之与乔吉比为"曲中李杜"。但《四库全书总目·凡例》说："张可久之《小山小令》，臣等初以相传旧本，姑为录存。并蒙皇上指示，命为屏斥。仰见大圣人敦崇风教，厘正典籍之至意。"因而将其从著录贬为"集部词曲类存目"。这里采用的是"敦崇风教"这种政治伦理标准。利玛窦的传教著作也不是因为质量标准，而是出于政治考量而归入子部杂家类存目的。

对于这种文化碰撞中的甜酸苦辣，利玛窦早有实感在先，他因而反对西班牙籍的耶稣会士桑彻斯所谓"劝化中国，只有一个好办法，就是借重武力"的强暴传教方式，而主张"交友传教"的方式。他建议："所有在这里的神父努力学习中国文化，把这作为一种很大程度上决定传教团存亡的事情看待。"明万历二十三年（1595年）利玛窦在江西南昌，应万历皇帝的堂叔建安王的要求，辑译的西方哲学家的格言集《交友论》，语录一百则，也透露了利玛窦以交友方法传教的文化策略。时人冯应京（安徽泗州人，万历二十年进士）对此心领神会，为之作序云："西泰子间关八万里，东游于中国，为交友也。其悟交道也深，故其相求也切，相与也笃，而论交道独详。嗟夫，友之所系大矣哉！……爰有味乎其论，而益信东海西海，此心此理同也。"① 然而一二百年后的钦定《四库全书总目提要》却对此并不领情，认为"万历己亥利玛窦游南昌，与建安王论友道。因著是编，以献其言，不甚荒悖，然多为利害而言，醇驳参半"②。这些说法就未免有点儒者排斥异己的不靠谱的意味了。《交友论》说："吾友非他，即我之半，乃第二我也，故当视友如己焉"；"友之与我，虽有二身，二身之内，其心一而已"③。这些话都带有上帝造人、其心如一的信仰，至于"德志相似，其友始固"，也强调交友应该提倡志同道合，看不出有何等"多为利害而言"的迹象。不能因为他是传教士，就把他介绍的西方伦理哲学都废弃不顾，儒门不是也讲究"以文会友，以友辅仁"吗？《礼记》还说："独学而无友，则孤陋而寡闻。"偏执地批判交友之道，有可能关闭开放的心灵，这是不能不令人感到遗憾的。就拿世博会来说吧，它倡导的"理解、沟通、欢聚、合作"理念，高度重视交友之道，欢迎天下友朋，共办共享这个超越了国家、民族、宗教分隔的人类文明盛会。

在文明对话中，利玛窦传教的策略，本有援儒斥佛的苦心，他"小心谨慎，竭尽努力从中国历史和信仰中采纳可能同基督教真理一致的一切"，对中国人祭孔、祭祖的礼仪，也采取理解的态度，而集中力量抨击佛、道。徐光启称这种文化策略为"补儒易佛"。但四库馆臣对此并不认同。比如《二十五言》本是伦理箴

---

① （明）冯应京：《刻交友论序》，米维铮主编《利玛窦中文著译集》，第116页。
② 《四库全书总目提要》卷一百二十五"子部杂家类存目"，中华书局2003年版。
③ ［意］利玛窦：《交友论》，米维铮主编《利玛窦中文著译集》，第107—108页。

言集，以二十五则短论宣说"禁欲与德行之高贵"，《四库全书总目提要》反而认为："明利玛窦撰。西洋人之入中国自利玛窦始，西洋教法传中国，亦自此二十五条始。大旨多剽窃释氏，而文词尤拙。盖西方之教，惟有佛书，欧罗巴人取其意而变幻之，犹未能甚离其本。厥后既入中国，习见儒言，则因缘假借以文其说，乃渐至蔓衍，支离不可究诘，自以为超出三教上矣。附存其目，庶可知彼教之初所见不过如是也。"① 又评《辨学遗牍》，谓"是编乃其与虞淳熙论释氏书，及辨莲池和尚《竹窗三笔》攻击天主之说也。利玛窦力排释氏，故学佛者起而相争。利玛窦反唇相诘，各持一悠谬荒唐之说，以较胜负于不可究诘之地。不知佛教可辟，非天主教所可辟；天主教可辟，又非佛教所可辟，均同浴而讥裸裎耳"。这里把天主教和佛教，都看作异端外道，通通排斥，以维护儒学的纯正性。其用语相当刻薄，觉得两种先后来华的宗教相互排斥，只不过是一同在澡堂子里洗澡，你笑人家裸体，岂不知你自己也光屁股呢。

四库馆臣编书，既然有过编纂"儒藏"的动议，尊崇儒学，排斥异端，对于耶、佛二教的精蕴也就未及深入辨析。至于专门辨说和传播教义之书如《天主实义》，尽管它一再宣称非议佛、老而补充儒术，说"（佛、老）二氏之谓，曰无曰空，于天主理大相剌谬，其不可崇尚，明矣。夫儒之谓，曰有曰诚，虽未尽闻其释，固庶几乎"，但它以天主高出儒家一等，倡言"今惟天主一教是从"，② 就难以得到四库馆臣的认可。《四库全书总目提要》指出，《天主实义》"释天主降生西土来由，大旨主于使人尊信天主，以行其教。知儒教之不可攻，则附会六经中上帝之说，以合于天主，而特攻释氏以求胜。然天堂地狱之说，与轮回之说相去

---

① 《四库全书总目提要》卷一百二十五"子部杂家类存目"，中华书局2003年版。
② ［意］利玛窦：《天主实义》，朱维铮主编《利玛窦中文著译集》，第15—16页。

无几也。特少变释氏之说，而本原则一耳"。① 这种评议，印证了利玛窦认为中国文化缺乏系统的宗教神学的判断，同时也显示了儒学的兼容性是有主体的兼容，是以我融彼，而不是以彼融我，其间的主宾结构是不能颠倒的。作为《天主实义》姐妹篇的《畸人十篇》，几乎每篇都列出问难者的姓名、身份，包括吏部尚书李戴、礼部尚书冯琦、翰林院庶吉士徐光启、工部主事李之藻等人，济济多士，是天主教传教中土颇为体面的阵容。书名来自《庄子·大宗师》托言孔子答子贡："畸人者，畸于人而侔于天。"畸人就是奇特的人，不随俗而超越礼教，"率其本性，与自然之理同"。书名就在依附儒学中渗入某种庄学的因素，透出几分反潮流的味道。《四库全书总目提要》说："（该书）设为问答以申彼教之说……其言宏肆博辩，颇足动听。大抵掇释氏生死无常、罪福不爽之说，而不取其轮回、戒杀、不娶之说，而附会以儒理，使人猝不可攻。较所作《天主实义》纯涉支离荒诞者，立说较巧。以佛书比之《天主实义》，犹其礼忏，此则犹其谈禅。"② 虽然拟之为异类，毕竟也无过分讨伐，显示儒者以说理来淡化信仰的清明风度。在中国正统文化的压力下，虽然有若干文士认同利玛窦为"西极有道者，文玄谈更雄。非佛亦非老，飘然自儒风"（《程氏墨苑》载汪廷讷《酬利玛窦赠言》），但利玛窦本人还是深感"在北京宫廷，余等形同奴隶，以效力基督，直被人视若人下人故也"。

值得注意的是，子部杂家存目中，著录李之藻汇编的利玛窦总集性质的《天学初函》，囊括了上述的十种书，总计收书十九种。《四库全书总目提要》的评述涉及了当时中国士大夫的西学观："西学所长在于测算，其短则在于崇奉天主，以炫惑人心。所谓自天地之大，以至蠕动之细，无一非天主所手造，悠谬姑不深

---

① 《四库全书总目提要》卷一百二十五"子部杂家类存目"，中华书局2003年版。
② 《四库全书总目提要》卷一百二十五"子部杂家类存目"，中华书局2003年版。

辨。即欲人舍其父母而以天主为至亲，后其君长而以传天主之教者执国命，悖乱纲常，莫斯为甚，岂可行于中国者哉。……今择其器编十种，可资测算者，刻著于录；其理编则惟《职方外纪》以广异闻，余概从屏斥，以示放绝。并存之藻总编之目，以著左袒异端之罪焉。"①《四库全书》是以纲常名教的价值观，把利玛窦传播的天主教列入不可施行于中国的另册的。在18世纪康熙朝，曾经发生过天主教徒是尊重还是禁止祭孔祀祖一类"中国礼仪"之争，引起康熙的盛怒和雍正的禁教，乾隆朝的四库馆臣写这则提要，也就不再考虑所谓"利玛窦规矩"曾经在祭孔祀祖上入乡随俗，因而使用了"概从屏斥，以示放绝"以及"左袒异端之罪"这样严厉的话。中国公民的礼俗应该由中国自主决定，这是国家尊严所在，不容别人强行干涉。但是由此而对外来文化因噎废食，把自己封闭起来，来一个闭关锁国，则可能损害国家命运了。在文化战略上，还是多一点历史理性和辩证法思维为好。

毫无疑问，利玛窦400年祭，是长时段地反思文化，包括中西文化对话和中国文化命运的极好命题。这400年分为两段，自利玛窦来华到乾隆钦定《四库全书》一百几十年，由《四库全书》至今日上海世博会二百余年。反思400年，我们用了三个维度：利玛窦，《四库全书》，上海世博会。三维度的关系是，以世博会的新世纪高度为立足点，以《四库全书总目提要》为参照，以利玛窦为缘由，看取中国文化的去、今、来。在开放进取的视野中，考察了经历严峻的挑战而更见光彩的中华民族的生命力。在这个长时段中，从万历的昏庸到乾隆的自信，从有识之士更新世界视野和钻研西方科学，到王朝体制妨碍科学通向实业之路，从官方政策维护国家尊严又倒退到闭关锁国，到士人出现"徐光启式的转换"和更深刻程度的进取开拓，这400年存在太多的文

---

① 《四库全书总目提要》一卷一百三十四"子部杂家类存目"《天学初函提要》，中华书局2003年版。

明探索和历史教训。正是在汲取历史教训和付出落后挨打的惨重代价之后，中国精神和中国智慧在压抑中爆发，在挫折中提升，不屈不挠地在戊戌变法、辛亥革命、五四运动、中华人民共和国成立和改革开放中迈出五大步，终于迎来了以2008年北京奥运会和2010年上海世博会为标志的一个现代大国的全面复兴。

　　400年沧海桑田的巨变，当然是整个国家民族不朽的生命力的结晶，不能只限于翻看某个人的账本。利玛窦在本质上是一个传教士，他传播西方科学文化，只是为了推进传教而自我救助的一种文化策略。但是历史的新机似乎往往跟歪打正着有缘，利玛窦由此率先给中国人带来了世界上已开始文艺复兴的"陌生的另一半"的新鲜信息。这个信息如此重要，如此令人震撼，成为介入中华文明发展的一盏遥远的雾中灯。灯光虽然裹在雾中，但还是值得回忆、回味和沉思。站在今日上海世博会的灿烂阳光下，回眸400年的漫漫长途，难道不可以从中寻找到某种文化启示吗？对利玛窦的反思，实际上是反思中国文明史曲折前行的过程。

2010年4—5月三易其稿

鲁迅的文化哲学与文化血脉

文明史往往以重要的思想家作为标志。一个深刻地影响了历史文化进程的思想家、文学家，经历了百年的尊崇和毁誉，往往走到了需要对之作出回首和前瞻的重要坎子。鲁迅作为百年中国杰出的思想家、文明的批判者、新文学的开拓者和奠基者，对他的研究已经被中国人作为显学，谈论了近百年。百年一鲁迅，在现代中国的文化进程中留下了深刻的人文脚印、精锐的精神启迪和巨大的文化身影，这在文学界罕见其匹。鲁迅的许多作品，由此成为民族文化的经典，思想的启示录。这就到了不仅要看鲁迅是怎么被讨论的，而且到了要看作为存在的鲁迅，为何如此被讨论，这是他的本意，还是偏离他的本意的误区和盲点。若想为现代中国大国文化的建设提供精神指引和思想力量，就有必要对鲁迅作品再进行深度的重读，深入鲁迅的精神脉络和内在实质之中。要做到这种深入，也就必须在研究者主体上练一练内功，拓展我们的文明视野和知识积累，从而能够恰如其分地把握鲁迅精神、鲁迅作品，与中国历史、文化、文明深度联系，对其内在的生命和文化的血脉，展开渊博而精深的思考和阐释。

应该看到，"百年鲁迅"，是一个植根于文学，却又超越文学的宏观文化命题。现代大国的文化进程，要求我们对鲁迅的存在采取新的观察。比如应该观察，鲁迅小说为现代中国小说的发展，展示了哪些视境上和途径上的美学可能性；鲁迅略作白话诗，却长期写旧体诗，对中国现代诗歌发展的格局，提供了哪些启示；鲁迅论梅兰芳、论中医，为中国式的戏剧现代化和中医现代化，提供了哪些思想参数，等等，诸如此类的命题，都需要以一个渊博的文化学者的世纪性高度，退出一定的时间距离，采取更为宏大的价值尺度，进行知识清理和思想分析。这些涉及现代中国文明形态的重新认知的命题，都需要以一代学术去完成。于此有必要突出地强调，能否提高对自身文明和文化的解释能力，是21世纪中国学术是否能够形成大国风度的关键，也是鲁迅研究能否大成的关键。解决这种解释能力有三个标准：一是对前贤的解释能够进入现代人的心灵，成为现代人的精神向导；二是对前贤的解释能够与当代世界进行深度的文化对话，激活中国思想的普适魅力；三是对前贤的解释能够契合当代中国人文建设的需要，促进当代中国人文精神健康、自由、生机蓬勃发展。

　　鲁迅研究虽经近百年，但依然充满深化的潜力。我想讲一讲自己的切身体会。三十年前，我是从鲁迅研究进入学术领域的。那时候发表的一些文章，也受过同行的好评。前些日子，因为要编一部"鲁迅论集"，将三十年前的稿子翻出来阅读一下，觉得水平很低，甚至如果是我的学生，我都不想让他毕业。经过三十年的磨炼，自己的知识储备和学术能力都有了提升，所以才会有这种感觉。可见，问题不在于鲁迅研究还存不存在潜力，而是研究者的知识储备和学术能力，足不足以在更深的层次上开发研究对象所蕴藏的潜力。为了要讲点新的见解，反映我目前的学术积累，就把一篇四万多字的旧稿，大作修改，改成将近十九万字的新稿，取名《鲁迅文化血脉还原》。这次修改对我而言，是对鲁迅的一次重读，在重读中，感到鲁迅研究还是大有可为，关键在于研究者的思想眼光和知识结构。

一 鲁迅的文化哲学

为何要这样大动干戈地修改呢？一方面，觉得自己过去的水平不行，拿篇旧稿凑数，对不起读者。另一方面也发觉，百年鲁迅研究，学界更注重思潮，现在是到了转变角度、将鲁迅的文学血脉进行深入清理的时候了。文化血脉，是鲁迅思想的根脉所系。失血脉，就失鲁迅思想。鲁迅在《文化偏至论》中权衡文化偏至的时候，主张去其偏颇。他讲了两句话，一是"外之不后于世界之思潮"，二是"内之仍弗失固有之血脉"，然后再讲第三句话："取今复古，别立新宗，人生意义，致之深邃。"① 鲁迅文化战略思想或文化哲学的结构是"2+1"，具有郑重的、深刻的又稳健的特征。追逐思潮而不顾血脉，则可能丧失文化身份，失去文化主体性的独立创造的根基，连带着对外来思潮也只能捃扯皮毛，难以深入。保守血脉而疏离思潮，则可能丧失创造的动力，失去文化现代性的与时俱进的视境，连带着对血脉也只能陈陈相因，不能激活。中国现代文化的革新和发展，需要采取既"取"又"复"的复合型的深度文化对话姿态。通过对话，既可深度把握外来思潮，又可激活本有的文化血脉，然后再生长出"别"。这个"别"就是根基牢靠、生机盎然，从而创造出别开生面的第三种充满根基与活力的文化形态。"别"的姿态是"立"，是站起来，迈出脚步去创造，而不是躺着做复古梦，也不是跪着做拾人牙慧的文化贩子，或文化奴隶。只有建立自主创新的现代性文化，才能"立人"，才能立"人国"。这是鲁迅早年就探明的，而且坚持终生的文化战略思想，一种复构动态而强调现代性的文化哲学。

极好地体现这种文化哲学的，是"鲁迅"这个享誉全球的笔名的选定。"鲁迅"笔名第一次出现在1918年《新青年》发表

---

① 鲁迅：《坟·文化偏至论》，《鲁迅全集》第1卷，人民文学出版社1981年版，第56页。

《狂人日记》的时候,远在江西的挚友许寿裳如此回忆:"觉得这很像周豫才的手笔,而署名却是姓鲁,天下岂有第二个豫才乎?于是写信去问他,果然回信说确是'拙作',而且那同一册里有署名唐俟的新诗也是他做的。到了九年(1920年)的年底,我们见面谈到这事,他说:'因为《新青年》编辑者不愿意有别号一般的署名,我从前用过迅行的别号是你所知道的,所以临时命名如此。理由是:(一)母亲姓鲁,(二)周鲁是同姓之国,(三)取愚鲁而迅速之意。'"人的本名中有父辈选择和家族排行等因素的制约,不完全取决于本人,笔名的选取,则主意全在作家,他要带着这个徽号与世人,甚至与文学史打交道,因此至能体现作家的文化血脉和志趣。鲁迅笔名选取的原因,一是因母得姓,这是远古母系社会盛行的制度;二是周、鲁同姓,这是周朝的姓氏制度,甚至发表新诗、署用"唐俟"笔名,也是考虑到周、鲁、唐同姓的西周故实。以如此丰厚的文化血脉为根基而起笔名鲁迅,成为现代文学史上起得最好的笔名之一,就绝非来个四不像地起个类乎"高尔础""托尔斯多"的名号能够同日而语。由此可以看出,中国文化血脉对鲁迅渗透之深,简直成了他生命的最内在的一部分。这个笔名的选取,就蕴含着鲁迅复构动态、具有现代性的文化哲学。文化血脉既然已成为生命最内在的部分,平日向外追求时,就尽可不必整天挂在嘴皮子上,这也在常理之中。

鲁迅主张思潮与血脉之间,一外一内、一表一里"翕合无间"的互动。翕合,就是主张不同质的文化之间的聚合、结合、融合。王夫之《读通鉴论》卷二十四:"翕合之以归于一,合乎往古之经,而于今允协,究极于中藏之密,而于事皆征,其于辞也,无间然矣。"① 这就是"翕合无间"一词的出处。纪昀《阅微草堂笔记》卷二十一"滦阳续录三"有这样的话头:"夫胎者,两精相

---

① (明)王夫之:《读通鉴论》卷二十四。

搏，翕合而成者也。媾合之际，阳精至而阴精不至，阴精至而阳精不至，皆不能成。皆至矣，时有先后，则先至者气散不摄，亦不能成。不先不后，两精并至，阳先冲而阴包之，则阳居中为主而成男。阴先冲而阳包之，则阴居中为主而成女。此化生自然之妙，非人力所能为。"[1] 它用阴阳交媾结胎，也就是新生命的孕育生成来表述"翕合无间"之妙。这意味着异质文化并非一味冲突，其间还存在着"化生自然之妙"，可以化生出新的文化生命。

化生的两个要素，就是思潮和血脉。那么，中国人是如何理解血脉呢？要深刻地理解鲁迅的文化哲学，就必须全面清理中国人对文化血脉的理解。首先，血脉是人对自身生命的一种认识，是人的生命自觉的表现。《吕氏春秋·恃君览》、《淮南子·俶真训》和《坠形训》、《论衡·论死》篇和《道虚》篇，均有以血脉论人体生命形态的片段。如《吕氏春秋·恃君览》："血脉欲其通也，筋骨欲其固也。"汉人陆贾《新语·怀虑第九》说："志定心平，血脉乃强。"[2] 枚乘《七发》说："纵耳目之欲，恣支体之安者，伤血脉之和。"以血脉认识人的生命特质，在医学领域更为盛行。因为医学是以人体的正常、疾病、通过疗治再恢复正常的生命科学。《黄帝内经素问》卷五说："藏真通于心，心藏血脉之气也。"[3]《史记·扁鹊仓公列传》：扁鹊对齐桓公说，"君有疾在血脉，不治恐深"。[4] 对人的生命与血脉的关系的这种理解，被引导到养生学上。其次，对于血脉滋育人的精气、精神以至生命的理解，导引出家族以血脉相传的血缘说。有所谓"家为国之本"，血脉通过家，注入国家社会的基础性结构之中。朱熹在解释《论语》"慎终追远"时，认为"人之一身，推其所自，则必有本，便是

---

[1] （清）纪昀：《阅微草堂笔记》卷二十一"滦阳续录三"，上海古籍出版社1980年版。

[2] （汉）陆贾：《新语·怀虑第九》，汉魏丛书本。

[3] 《黄帝内经素问》卷五。

[4] 《史记·扁鹊仓公列传》，中华书局1982年版，第2793页。

远祖，毕竟我是它血脉"。① 这里认为，血脉是人身的来源和根本。

在人体生命、家族血缘、学派因缘之余，血脉一词带着生命的体验，向广泛的文化领域渗透。血脉的普遍渗透，使人们关注不同领域的相互联系，而且是一种文化生命的联系。血脉渗透于音乐、礼仪，渗入了礼乐文明的核心地带。《史记》卷二十四《乐书》"太史公曰"："正教者皆始于音，音正而行正。故音乐者，所以动荡血脉，通流精神而和正心也。"② 朱熹则以血脉分析经典："读孟子，非惟看它义理，熟读之，便晓作文之法：首尾照应，血脉通贯，语意反覆，明白峻洁，无一字闲。人若能如此作文，便是第一等文章。"③ 文化血脉既有经典自身的内在血脉，又有学派传承的纵向血脉，以及文化类型之间相互渗透的横向血脉，可谓纵横密布，气息相通。可以说经过数千年的文明发展，中华文明的文化血脉已是极其广大而深厚，埋下了"千古血脉流行化生之机"，既沉积了不少浑浊腐臭的废物，把新鲜思想吞没在陈词滥调的浑水之中，又流动着许多可供现代性创新的文化基因，源头活水，也可谓蕴藏丰富。鲁迅那种复构性、动态性、现代性的文化哲学，就是面对如此丰厚而复杂的文化血脉所作出的历史理性的反应。

二 文化哲学的现实契机

鲁迅的文化哲学既然强调现代性、动态性，那么要走近他的文化哲学的实质，就必须从其文化反应的现实契机入手。执着于现实，是鲁迅文化哲学的立足点。鲁迅既生不逢时，又生适逢时，在时之遇与不遇的痛苦和焦虑中，造就了鲁迅和他的文化哲学。

科举制度作为千年传承的文化血脉上的重要体制，在鲁迅少

---

① 《朱子语类》卷二十二《论语四》，中华书局1986年版。
② 《史记》卷二十四《乐书》"太史公曰"，第1236页。
③ 《朱子语类》卷十九《论语一》，中华书局1986年版。

年时代即因其弊端的爆发，带来祖与父两代，一入狱，一受斥革。在他的家族落难的次年，中日甲午海战爆发，中国承受着曾经接受过自己文化流脉启迪的邻近岛国的宰割惨痛；在他获准赴日本留学的一年多之前，八国联军攻入北京。现实的教训，必然使这一代思想者对自身的文化作出激进、深刻的反思与批判。那种安享祖宗的光荣的时代，一去不复返了。

更深层次的问题在于，五四新文化运动者是中国现代性新军的第一代突围者，他们中的多数人，以及他们同时代的许多人是读"四书五经"出身的。他们开始进行新文化创造的时候，不仅他们的周围，而且他们自己的精神世界，都脱不了与那些"古老的鬼魂"和"沉闷的毒素"的干系。过去都是用右脚走路，现在要紧的是将右脚往后一蹬，借着反作用力，迈开现代性的左脚。以"推倒传统偶像""重估一切价值"的办法，迈出现代性的第一步，乃是当务之急。因此，他们的文化哲学被艰难时世蒙上了一层反传统的色彩，反传统的色彩是悲郁的。

1932年鲁迅作有一首《自嘲》诗："运交华盖欲何求，未敢翻身已碰头。破帽遮颜过闹市，漏船载酒泛中流。横眉冷对千夫指，俯首甘为孺子牛。躲进小楼成一统，管他冬夏与春秋。"这是鲁迅最驰名的一首旧体诗。《鲁迅日记》1932年10月12日记载："午后为柳亚子书一条幅，云：'运交华盖欲何求，……达夫赏饭，闲人打油，凑成一律以请'云云。"运交华盖，重提他七年前编《华盖集》作"题记"所说："华盖在上，就要给罩住了，只好碰钉子"[1]，"碰钉子还是小事，有时简直连性命也会送掉"[2]。碰钉子中的"横眉"和"俯首"，表明鲁迅反抗社会，也反抗命运，不屈不挠地逆世俗好恶而动，顶住压力而选择政治文化方向的坚

---

[1] 鲁迅：《华盖集·题记》，《鲁迅全集》第3卷，第4页。
[2] 鲁迅：《致萧军、萧红信（1934年12月10日）》，《鲁迅全集》第12卷，第592页。

定意志。而"横眉冷对千夫指,俯首甘为孺子牛",这是鲁迅大爱大憎的崇高人格的核心。尤其是"横眉"二字,非常传神地传达了鲁迅蔑视一切邪恶势力的神态。

要清理鲁迅的文化血脉,深入地理解他的思想艺术贡献,就有必要对他的重要思想和文学形式进行探源溯流。比如面对鲁迅的《自嘲》诗,我们可以就从古至今的有自嘲的精神状态和文学形式,与之进行一番梳理和比较。"自嘲"是人在处理自己与现实的矛盾时,所采用的一种化守为攻的智慧形式,也是历代诗文中不乏其例的情调和形式。清人刘熙载《艺概·诗概》从《诗经》中追溯其源头,认为:"《诗》,自乐是一种,'衡门之下'是也。自励是一种,'坎坎伐檀兮'是也。自伤是一种,'出自北门'是也。自誉自嘲是一种,'简兮简兮'是也。自警是一种,'抑抑威仪'是也。"① 《诗经·邶风·简兮》:"简兮简兮,方将《万》舞。日之方中,在前上处。硕人俣俣,公庭《万》舞。……山有榛,隰有苓。云谁之思。西方美人。彼美人兮,西方之人兮。"今人一般将此诗视为女子观看"万舞"表演,对舞师产生爱慕之情。但《毛序》附会政治,认为:"《简兮》,刺不用贤也。卫之贤者仕于伶官,皆可以承事王者也。"② 即贤士大材小用,以"极得意语"抒写"极伤心事",用以自嘲。

自嘲之作,《文选》"设论"类,著录了东方朔《答客难》、扬雄《解嘲》、班固《答宾戏》,都是解释客人对自己的嘲笑,属于解嘲之作。唐代韩愈的《进学解》,也假设别人嘲自己,自己出来解答,自嘲解嘲的意味深浓,实际上是以嘲讽的口吻,发泄对社会不公导致命运坎坷的不平。白居易五十八岁得子,也作诗自嘲身世,《予与微之老而无子,发于言叹,著在诗篇,今年冬各有一子。戏作二什,一以相贺,一以自嘲》:"常忧到老都无子,何

---

① (清)刘熙载:《艺概》卷二《诗概》,上海古籍出版社1978年版。
② 《毛诗正义》卷二《十三经注疏》,第308—309页。

况新生又是儿。阴德自然宜有庆,皇天可得道无知。一园水竹今为主,百卷文章更付谁。莫虑鹓雏无浴处,即应重入凤凰池。""五十八翁方有后,静思堪喜亦堪嗟。一珠甚小还惭蚌,八子虽多不羡鸦。秋月晚生丹桂实,春风初长紫兰芽。持杯愿祝无他语,慎勿顽愚似汝爷。"宋人司马光也作有两首《自嘲》,在进退隐现之间,颇多政治感慨:"英名愧终贾,高节谢巢由。直取云山笑,空为簪组羞。浮沈乖俗好,隐显拙身谋。惆怅临清鉴,霜毛不待秋。""盘飧罗新蔬,充腹不求余。穷巷昼扃户,闲轩卧读书。有心齐塞马,无意羡川鱼。世道方邀逐,如君术已疏。"① 南宋陆游《自嘲解嘲》列述生存的尴尬,以"痴"自嘲,意在反讽"世变":"世变真难料,吾痴只自嘲。移山谋畚土,黏日欲煎胶。得句题修竹,烹茶拾堕巢。行年不须算,断是死衡茆。"他又有七言《自嘲》诗,于"老大从人百不宜"的处境中,依然不磨"有志尚如年少时",表现出对命运无可奈何而又不愿低头的无奈:"岁月推迁万事非,放翁可笑白头痴。此生竟出古人下,有志尚如年少时。僻学固应知者少,长歌莫问和予谁。自嘲自解君毋怪,老大从人百不宜。"自嘲中,往往蕴含着反拨世俗的孤傲。

清代自嘲诗,以郑板桥所作至为驰名。郑氏家贫,尝为蒙师。中了举人、进士之后,作《自嘲》诗云:"教馆原来是下流,傍人门户过春秋。半饥半饱清闲客,无锁无枷自在囚。课少父兄嫌懒惰,功多弟子结冤仇。而今幸作青云客,遮却当年一半羞。"一般认为,郑氏诗宗陶渊明、陆放翁,但也如他在书法上创造了"板桥体",他的诗也有一股叛逆性的嘎劲头。他以自嘲倾吐牢骚,数尽了私塾先生"傍人门户"的缺乏独立性的状态,"半饥半饱"的经济状况,"嫌懒结仇"的左右为难,足以引发世间教书匠的无端共鸣。清代自嘲诗作者不少,多对自己的人生困窘,发出苦涩

---

① (宋)司马光:《传家集》卷九、卷十二,四库全书本。

的笑容。袁枚《随园诗话补遗》记载，卢湘艖拔贡，朝考被斥，捐州判，赴任时作《自嘲》诗云："不为折腰吏，权作磕头虫。"又记昆山秀才徐懒云买书无钱，而书贾频至，乃自嘲云："生成书癖更成贫，贾客徒劳过我频。聊借读时佯问值，知非售处已回身。乞儿眼里来鸮炙，病叟床前对美人。始叹百城难坐拥，从今先要拜钱神。"① 把科举仕途挫折、书癖无钱买书的奴才相和穷酸相，以自我作贱的方式进行嘲讽。袁世凯的叔父、同治年间曾经当过"帝师"的袁保恒，科举仕途风云得意，但对于世道也不能不处处留心，曾作《观弈自嘲》诗："未肯空从壁上观，不辞心力为君弹。那知更被胸中恼，从此输赢袖手看。"诗中对政治风云变幻，颇存芥蒂。

从历代自嘲诗的历程看，鲁迅的自嘲隐约带有一点陆游困境而不消磨意志的自嘲，郑板桥的穷愁而追求独立人格叛逆精神的中国士大夫以"大丈夫"自任的传统。但是鲁迅绝不耽于自怜自恋的琐屑悲欢，对世道的恶浊也从不采取"从此输赢袖手看"的"睁一只眼闭一只眼"的态度。他借用南社诗人姚鹓雏"旧帽遮颜过闹市"的诗句，但并非对那个使他"运交华盖"的社会熟视无睹，而是保持自己的特立独行，对逐名于朝、逐利于市的闹哄哄的市场行为不屑一顾。哪怕自己置身于危险的漏船之中，也不改搏击风浪、泛舟中流的意志。郭沫若曾经找出，清人洪亮吉《北江诗话》卷一引钱季重的柱帖："酒酣或化庄生蝶，饭饱甘为孺子牛。"并进一步发挥："这一典故，一落到鲁迅的手里，却完全变了质。在这里，真是腐朽出神奇了。"② 《清稗类钞·诙谐类》也载有这条材料："'酒酣或化庄生蝶，饭后甘为孺子牛'，某名士自撰之联，盖夫子自道也。某嗜饮，醉辄寝。起，则导其幼子嬉戏于庭，自为牛，而使幼子为牧童，曳之使行，蹒跚庭中，不

---

① （清）袁枚：《随园诗话补遗》卷七、卷八，人民文学出版社 1982 年版。
② 郭沫若：《孺子牛的质变》，《人民日报》1962 年 1 月 16 日。

稍拂其意。世之为儿孙作马牛者，固甚夥矣，然每不自承，若如某名士之能自道者，固绝无仅有也。"① 鲁迅点石成金的"思想的指头"，在于使"孺子"与"千夫"对仗，成为群体的民众的代称，从而在他的"横眉"和"俯首"之间，闪烁着站在民众立场，抗衡恶浊社会的硬骨头的精神光芒。于是"躲进小楼成一统，管他冬夏与春秋"，就不能解释为超然度外的袖手旁观，而是哪怕时序流徙，抗争的意志也不可消磨的象征性表达了。自嘲，是一种解构性的思维方式，它解构了豪言壮语式或标语口号式的自誉，也解构了金刚怒目式或一泻无余的社会抗议，却将自己崇高的精神境界和社会抗议的坚定立场隐藏在游刃有余的曲笔之中，令人感慨多端，也令人回味无穷。这就使得鲁迅的《自嘲》成为中国历代自嘲诗的压卷之作。

从一首《自嘲》诗，就可以感受到，鲁迅的文化血脉深深地扎根于中国文化的深厚土壤中，却又从这片土壤、这个根系中生长出生命坚挺的大树。他的文化哲学的反传统色彩，是属于那个风雨如磐的时代的。而文化哲学中对固有血脉的强调，则属于我们这个具有博大精深的文明根基的民族。思潮与血脉的深度对话，是鲁迅文化哲学的内在生命脉络。时至今日，许多现代中国人离开传统典籍已是远哉遥遥，甚至茫然不知那些古老圣贤说过的话，也就是说他们已在文化传统"围墙之外"不知几千里，却依然在重复着五四时期尚"围墙之内"的先驱者的突围言语和行为，这未免有点令人有错认时空之感。对文化血脉的承续，除了"逆向承续""深层承续"，还有一种对文化血脉承续的方式，就是"建设性承续"。建设性的途径，应该是广阔而多样的。鲁迅在坚持所谓"现今想要参与世界上的事业的中国人的心里的尺"的价值标准的基础上，坚持承续的多元性和探索的多元性。承续方式的众

---

① （清）徐珂：《清稗类钞》卷三十五《诙谐类》。

多，反证了鲁迅的文化血脉不是枯槁的，而是丰盈的、富有生命力的。

三 "嵇康气"与文化血脉的四因缘

从鲁迅《自嘲》诗"横眉"和"俯首"的绝妙佳对中，我们已经感受到一股愤世嫉俗的"嵇康气"。气质影响着思想的表现形式，使思想带上生命的体温。鲁迅对古代思想家和作家兴趣最浓的有墨子、庄子、屈原、嵇康、李贺，以及《西游记》《儒林外史》《红楼梦》的作者。就个人文集而言，其对嵇康作品下的功夫最大。大约自1913年起，他就从事《嵇康集》的整理工作，艰苦绸缪，多次抄录校勘。其间搜集多种刻本、抄本及史籍、类书、总集，进行十几次雠对比勘，考其异同，历二十三年，到1935年终成最精校本，而出版则是1938年二十卷《鲁迅全集》作为第九卷的时候了。对于一个古代作家的全部遗著，付以如此认真的对待和如此漫长的心血，在鲁迅一生中唯有一个嵇康。鲁迅对嵇康的熟悉和理解程度，绝非早年论文中偶或提及的德国哲学家斯蒂纳、丹麦哲学家克尔凯郭尔所能比拟。一些外国文学家、思想家拓展了他的世界视野，甚至左右了他一时的思想方向，但这些视野、方向的把握方式，最终还落实到他的人格气质上，而这种人格气质既是接受了现实的教训，又是屈原、嵇康诸如此类的文化传统潜移默化、体验化生的结果。对于一个深刻的思想者而言，不经过如此文化洗礼、现实磨炼，其思想是不能落地生根的。刘半农曾经把鲁迅思想形容为"魏晋文章，托尼思想"，这是发生在五四新文化运动的历史现场的事情。尼采影响了鲁迅思想的表达方式，嵇康则浸染了鲁迅的精神气质。因此，把握住鲁迅与嵇康的关系，就把握住了鲁迅文化血脉的一个关键点、一个对文化血脉进行"个案分析"的典型。

鲁迅对嵇康的思想、人格、文章都有透彻的了解和深刻的研

究。在"竹林七贤"中,他比较阮籍、嵇康,而对嵇康特别推崇:

> 嵇、阮二人的脾气都很大;阮籍老年时改得很好,嵇康就始终都是极坏的。……嵇康的论文,比阮籍更好,思想新颖,往往与古时旧说反对。……最引起许多人的注意,而且于生命有危险的,是《与山巨源绝交书》中的"非汤武而薄周孔"。司马懿(应是司马昭)因这篇文章,就将嵇康杀了。非薄汤武周孔,在现时代是不要紧的,但在当时却关系非小。汤武是以武定天下的;周公是辅成王的;孔子是祖述尧舜,而尧舜是禅让天下的。嵇康都说不好,那么,教司马懿(昭)篡位的时候,怎么办才是好呢?没有办法。在这一点上,嵇康于司马氏的办事上有了直接的影响,因此就非死不可了。……嵇康的害处是在发议论;阮籍不同,不大说关于伦理上的话,所以结局也不同。①

这里说脾气"极坏",不能理解为简单的贬词,而是出于反讽笔法。比如,鲁迅也曾自称数年来"耳闻目睹的所谓国家大事","只是增长了我的坏脾气,——老实说,便是教我一天比一天的看不起人"。② 又说:"我时时说些自己的事情,怎样地在'碰壁',怎样地在做蜗牛,好像全世界的苦恼,萃于一身,在替大众受罪似的;也正是中产的智识阶级分子的坏脾气。只是原先是憎恶这熟识的本阶级,毫不可惜它的溃灭,后来又由于事实的教训,以为惟新兴的无产者才有将来,却是的确的。"③ 这些话都含有几分嵇康式愤世嫉俗的味道,可以作为鲁迅以独特的视角把握嵇康心

---

① 鲁迅:《而已集·魏晋风度及文章与药及酒之关系》,《鲁迅全集》第3卷,第510—512页。
② 《呐喊·一件小事》。
③ 《二心集·序言》。

情和品格的印证。对于那些追求人格独立的文士而言,非议礼教是为了解放思想,蔑视权威是彰显自主精神。

鲁迅走近嵇康,有其特殊的历史机缘。鲁迅出于章门,章太炎《国故论衡》卷下说:"晋世嵇康,愤世之流,近于庄氏。"①《三国志》卷二十一如此交代:"谯郡嵇康,文辞壮丽,好言老、庄,而尚奇任侠。"② 就此而言,鲁迅喜欢嵇康,是与喜欢魏晋文章、喜欢魏晋文章所蕴含的老庄气质一脉相通的。嵇康在《与山巨源绝交书》中,自称"吾直性狭中,多所不堪"。同属"竹林七贤"的向秀《思旧赋》评议其群体云:"其人并有不羁之才,嵇意远而疏。"史称嵇康善谈理,又能属文,其高情远趣,率然玄远,有迈俗之志。其愤世嫉俗、尚奇任侠的不羁之才,与鲁迅的反抗精神有相通之处。刘勰《文心雕龙·才略篇》如此评价嵇康的才华类型:"嵇康师心以遣论,阮籍使气以命诗。殊声而合响,异翮而同飞。"③ 这种才华类型的把握,为喜欢嵇康者从不同角度加以补充。诗人颜延年不能取容当世而心生怨愤,乃作《五君咏》,咏嵇康曰:"鸾翮有时铩,龙性谁能驯?"咏阮籍曰:"物故不可论,途穷无能恸。"清人俞正燮《癸巳存稿》卷七说:"《五君咏》注引《竹林七贤论》云:'嵇康非汤武,薄周孔,所以迕世。'《与山巨源书》注引《魏氏春秋》云:'康与山涛书,自说不堪流俗,而非薄汤武。'"④ 清人吴肃公《明语林》记载,一个叫王山人(逢年)者,颇自负,"谓谩世敌嵇康,缀文敌马迁,赋诗敌阮籍,骚敌屈、宋,书敌二王:作《五敌诗》"。⑤ 他把嵇康视为轻蔑甚至咒骂世俗的典型。明朝李贽也是一个轻蔑世俗的人,他这样区别嵇康的人格类型:"向秀与嵇康、吕安为友,嵇康

---

① 章太炎:《国故论衡》下卷《诸子学九篇》,商务印书馆2010年版,第157页。
② 《三国志》卷二十一,中华书局2007年版,第605页。
③ 刘勰:《文心雕龙·才略》,人民文学出版社1981年版。
④ (清)俞正燮:《癸巳存稿》卷七。
⑤ (清)吴肃公:《明语林》卷十一。

傲世不羁，安放逸迈俗，而秀雅好读书，二子颇以此嗤之。"① 这里又给嵇康增加了一条"傲世不羁"。这样一种傲世漫世迕世、师心以遣论的知识者人格类型，对于风雨如磐、危机深重的时代，有可能以其刚直不阿，成为社会的良心之所栖。

关键还不在于历史上存在着这么一种人格类型，而在于如何认知、吸收、改造这种人格类型，以适应现代人所身处的光明与黑暗交战的时代。鲁迅走近嵇康，除章门因缘和魏晋文章因缘之外，还由于嵇康和鲁迅有着转折的同乡之仪。《晋书·嵇康传》记载："嵇康，字叔夜，谯国铚人（今安徽宿县）也。其先姓奚，会稽上虞人，以避怨，徙焉。铚有嵇山，家于其侧，因而命氏。"② 郦道元《水经注》卷三十也记述："嵇康本姓奚，会稽人也。先人自会稽迁于谯之铚县，改为嵇氏，取稽字之上以为姓，盖志本也。《嵇氏谱》曰：谯有嵇山，家于其侧，遂以为氏。"③ 当然，会稽乃名士之乡，而鲁迅属意于此名士而非彼名士，又有其时代的因缘。鲁迅生活在历史以大崩溃获得大喜欢的社会中，对权势的压迫和传统的惰力疾恶如仇，"横眉冷对"，铁骨铮铮，又喜爱魏晋文章，自然与嵇康存在着不少精神的接触"放电"之点。鲁迅在《〈引玉集〉后记》中说："目前的中国，真是荆天棘地，所见的只是狐虎的跋扈和雉兔的偷生，在文艺上，仅存的是冷漠和破坏。"④ 在这种荆天棘地之中，狐虎之辈的帮凶、帮忙、帮闲都属于鲁迅揭露和嘲讽之列，这就难免使人觉得鲁迅好"骂人"。鲁迅回应说："我想，骂人是中国极普通的事，可惜大家只知道骂而没有知道何以该骂，谁该骂，所以不行。现在我须得指出其可骂之道，而又继之以骂，那么，就很有意思了，于是就可以由骂而

---

① （明）李贽：《初潭集》卷十二"师友"。
② 《晋书·嵇康传》，中华书局1996年版，第1369页。
③ （北魏）郦道元：《水经注》卷三十，中华书局2009年版。
④ 鲁迅：《集外集拾遗·〈引玉集〉后记》，《鲁迅全集》第7卷，第418页。

生出骂以上的事情来的罢。"①

因此他写了大量犀利的杂文，"对于有害的事物，立刻给以反响或抗争，是感应的神经，是攻守的手足"。② 鲁迅把憎与爱、杀与生、彻底的反抗精神和革命的人道主义相统一，以进行不屈不挠的战斗，作为其人生的要义。鲁迅这种是非敌我严加判别的态度和强烈的爱憎感情，甚而那种疾恶如仇的狷介作风，使他刚直不阿，浩气长存，令某些人感到不舒服。应该说，这与富有正义感和反抗性的魏人嵇康存在着某种内在的气质上的联系。

这种时代因缘，使鲁迅更多关注嵇康与政治相关的事迹和人格，对其以名士特有的方式奚落达官贵人，尤感兴趣。在"天下多故，名士少有全者"的黑暗时代，这种人格中含有硬骨头，绝非《何典》所嘲讽的"替死鬼也不免有些嘴硬骨头酥"。《向秀别传》说："（向）秀尝与嵇康偶锻于洛邑，与吕安灌园于山阳，收其余利，以供酒食之费。"③ 他与向秀打铁的岁月，得罪了一个阴险的政治人物钟会。时人形容钟会的人品："如观武库森森，但见矛戟在前。"④ 嵇康蔑视这种人物，潇潇洒洒，却不知对之设防。《世说新语·简傲》篇记载："钟士季精有才理，先不识嵇康，钟要于时贤俊者之士，俱往寻康。康方大树下锻，向子期为佐鼓排。康扬槌不辍，傍若无人，移时不交以言。钟起去，康曰：'何所闻而来？何所见而去？'钟曰：'闻所闻而来，见所见而去。'"⑤ 宁可得罪君子，岂能得罪小人？钟会对此记恨在心。适遇嵇康的朋友吕安妻子被其兄吕巽（字长悌）奸污，吕安准备告发吕巽。岂料，早已投靠司马氏集团的吕巽竟恶人先告状，诬告吕安不孝，

---

① 鲁迅：《集外集拾遗·通讯（复吕蕴儒）》，《鲁迅全集》第 7 卷，第 271 页。
② 鲁迅：《且介亭杂文·序言》，《鲁迅全集》第 6 卷，第 3 页。
③ 《太平御览》卷八百三十三引《向秀别传》，四部丛刊三编影宋本。
④ 《晋书》卷三十五《裴楷传》，中华书局 1996 年版。
⑤ （南朝宋）刘义庆、刘孝标著，余嘉锡笺疏：《世说新语笺疏》"世说新语·简傲第二十四"，中华书局 2011 年版，第 662 页。

判处发配边疆。嵇康为吕安仗义执言,写下《与吕长悌绝交书》,怒斥吕巽的禽兽行为。司马昭的心腹钟会,时任司隶校尉,负责审理此案。在司马昭耳边谮言"嵇康,卧龙也,不可起。公无忧天下,顾以康为虑耳",并以"言论放荡,非毁典谟,帝王者所不宜容"的罪名,判处吕安、嵇康死刑。鲁迅对他的身世遭遇寄以深切的同情,认为"魏晋的破坏礼教者,实在是相信礼教到固执之极的",只因为司马氏借礼教的外衣来行篡窃的阴谋,所以激而反对礼教了。对于嵇康在打铁场上蔑视钟会、不阿附流俗的表现,鲁迅在《魏晋风度及文章与药及酒之关系》已有详细的描述,直到晚年仍然津津乐道:

然而,又有人来恐吓了。他说,你不怕么?古之嵇康,在柳树下打铁,钟会来看他,他不客气,问道:"何所闻而来,何所见而去?"于是得罪了钟文人,后来被他在司马懿(应是司马昭)面前搬是非,送命了。所以你无论遇见谁,应该赶紧打拱作揖,让坐献茶,连称"久仰久仰"才是。这自然也许未必全无好处,但做文人做到这地步,不是很有些近乎婊子了么?

鲁迅把嵇康那种刚肠疾恶的骨气和鲜明的爱憎,与当时一些婊子文人混淆是非,阿世媚俗的态度直接对立起来,实在是对嵇康人格的高度赞扬。鲁迅就此进一步发挥,认为一切有正义感的文人,均应"只是唱着所是,颂着所爱,而不管所非和所憎;他得象热烈地主张着所是一样,热烈地攻击着所非,象热烈地拥抱着所爱一样,更热烈地拥抱所憎——恰如赫尔库来斯(Hercules)的紧抱了巨人安太乌斯(Antaeus)一样,因为要折断他的肋骨"。①

---

① 《且介亭杂文二集·再论"文人相轻"》,《鲁迅全集》第6卷,第336页。

爱憎分明，刚直不阿，是民族危机应对中负责任的态度，是文化革新中的"鹰派"雄姿。因而，鲁迅推崇嵇康人格，具有深刻的时代价值和历史意义。鲁迅处在中华民族一个苦难深重的历史时代，历史所赋予这位伟大作家的任务，就是要"敢说，敢笑，敢哭，敢怒，敢骂，敢打，在这可诅咒的地方击退了可诅咒的时代"①。历史已经没有留下多少机会，让那些知识者在危楼中稳坐交椅，做着搓"模糊骨牌"的游戏了。因此嵇康式的率性任真、争天抗俗的人品风格，与鲁迅早年接触的摩罗诗人的所谓"恶魔性"有其呼应之处，对于危机深重的时代就显得极有文化心理的针对性。

在我国历史上，士大夫文人往往从其前代前辈中物色一些人，作为自己人格的楷模，建构自己的精神谱系。而精神谱系的选择，各有不同，或向古人求道统，或向古人学风流，或向古人学隐逸，或向古人学油滑，或向古人学颓废，多是为了时代和人民的现实战斗需要。就拿嵇康来说，杜甫《遣兴五首》说："蛰龙三冬卧，老鹤万里心。昔时贤俊人，未遇犹视今。嵇康不得死，孔明有知音。"这里借嵇康、诸葛亮的卧龙老鹤的生死荣辱，谈论能否得到人主起用的风云际遇问题。李群玉《言怀》又云："白鹤高飞不逐群，嵇康琴酒鲍昭文。此身未有栖归处，天下人间一片云。"这里也讲时机遭际问题，但突出的是闲云野鹤的志趣。鲁迅与之不同，从积极的角度上改造了嵇康敢于反抗传统、敢于菲薄"圣人"、敢于拂逆权贵的刚肠烈胆，来辅翼和充实自己向旧世界、旧营垒和旧传统发起毫不留情的批判和攻击的事业。这自然不是嵇康性格原封不动的移植，而是带有革命性的改造，但是这种改造本身就包含着它与嵇康人格的内在联系。从上面分析可知，这种联系包含着四种因缘：乡土因缘、师门因缘、文章趣味因缘、时

---

① 《华盖集·忽然想到（五）》，《鲁迅全集》第3卷，第43页。

代因缘。鲁迅正是以这四种因缘,联系着和激活着他植根于其间的文化血脉。

四 鲁迅眼光与文化血脉全景

鲁迅对嵇康的解读,是深刻而透彻的,富有时代的现实气息。这种解读中闪烁着鲁迅的眼光。人有双眼,视野开阔,但立足点规定了眼光的方向,不转身就难以看到三百六十度的全景。这就是鲁迅谈论"选本"、强调顾及"全人"的高明之处。鲁迅说:"如果随便玩玩,那是什么选本都可以的,《文选》好,《古文观止》也可以。不过倘要研究文学或某一作家,所谓'知人论世',那么,足以应用的选本就很难得。选本所显示的,往往并非作者的特色,倒是选者的眼光。……倘有取舍,即非全人,再加抑扬,更离真实。"① 研究鲁迅不应忘记鲁迅这段教诲,不应局限于鲁迅的"眼光",不应局限于鲁迅的取舍抑扬,而要站在新的时代高度和对文明的总体认知上,透过鲁迅的眼光,看到历史事象的"全景",以及活动在历史中的"全人"。

宗白华认为,汉末魏晋六朝是中国政治上最混乱、社会上最痛苦的时代,然而却是精神史上极自由、极解放,最富于智慧、最浓于热情的一个时代。在这个时代以前——汉代,在艺术上过于质朴,在思想上定于一尊,统治于儒教;在这个时代以后——唐代,在艺术上过于成熟,在思想上又入于儒、佛、道三教的支配。只有这几百年是精神上的大解放、人格上思想上的大自由的时代。人心里面的美与丑、高贵与残忍、圣洁与恶魔,同样发挥到了极致。② 在士人乱世寻自由的生存方式,即所谓"士路艰难"的处境之中,人格性情的矛盾复合,是不能以一个倾向就道尽的。鲁迅突出嵇康之刚,却往往忽略了嵇康之柔,只能说是折射着鲁

---

① 《且介亭杂文二集·"题未定"草(六)》。
② 宗白华:《美学散步》,上海人民出版社1981年版,第177页。

迅人格的认同和选择,在很大程度上是一个"鲁迅的嵇康"。

作为"竹林七贤"中人,嵇康与阮籍齐名,并称"嵇阮"。嵇康曾娶曹操曾孙女长乐亭公主,官至曹魏中散大夫,世称嵇中散。他身处魏末,政治环境异常险恶,居易代之世,却不愿与浊流合污,愤世嫉俗,反对虚伪的礼法和礼法之士,其处境和心境与鲁迅有某些相类之处。进一步走近嵇康,发现他长得一表人才,有"人中龙凤""美词气,有风仪,而土木形骸,不自藻饰,人以为龙章凤姿,天质自然"之誉。《世说新语·容止》篇记载:"嵇康身长七尺八寸,风姿特秀。见者叹曰:'萧萧肃肃,爽朗清举。'或云:'肃肃如松下风,高而徐引。'山公曰:'嵇叔夜之为人也,岩岩若孤松之独立;其醉也,傀俄若玉山之将崩。'"又云:"有人语王戎曰:'嵇延祖(嵇绍,嵇康之子)卓卓如野鹤之在鸡群。'答曰:'君未见其父耳。'"① 按照三国时的尺寸换算,嵇康身高1.88米,一表人才。身为曹操曾孙婿,又处魏末政治危机之中,其精神世界既有鲜明的特质,又有复杂的多面性。在学术上,嵇康崇尚老庄,曾说"老庄,吾之师也"!他不仅把庄子思想玄学化、诗化,而且人间化了。以龙凤之姿,却"土木形骸,不自藻饰",自称"性复疏懒,筋驽内缓,头面常一月十五日不洗,非大闷痒,不能沐也。……又读《老》、《庄》,重增其放。故使荣进之心日颓,任实之情转笃"。② 这番自白中夹杂着自贬,却使"嵇康懒"的典故,成了历代文人推辞案牍之劳的托词。如唐人王维诗云:"莫学嵇康懒,且安原宪贫。"杜牧诗云:"醺醺若借嵇康懒,兀兀仍添宁武愚。"宋人梅尧臣诗云:"自同嵇康懒,作书愁把纸。"

嵇康多才多艺,文章、诗歌、音乐、书法,都称能手。四言、

---

① 《世说新语·容止第十四》,第527—530页。
② (三国魏)嵇康:《与山巨源绝交书》,(唐)李善注:《文选》卷四十三"书下",中华书局1977年版。

六言诗写得好，其《赠兄秀才入军》中有句"目送归鸿，手挥五弦。俯仰自得，游心太玄"，洵属名句。嵇康《琴赋》云："惟椅梧之所生兮，托峻岳之崇冈。含天地之醇和兮，吸日月之休光。"辨析音乐与哀乐情感的关系，所作乐曲倾倒世人，尤其是《广陵散》。文章长于论理，比如《释私论》云："夫称君子者，心不措乎是非，而行不违乎道者也。何以言之？夫气静神虚者，心不存于矜尚；体亮心达者，情不系于所欲。矜尚不存乎心，故能越名教而任自然；情不系于所欲，故能审贵贱而通物情。"这是超越儒学而提出的玄学"君子论"，使君子"越名教而任自然"，不再是儒学的专利品。

嵇康重视养生术，其《养生论》里所言："外物以累心不存，神气以醇白独著。"又有《答向子期难养生论》，其中强调："养生有五难，名利不灭，此一难也；喜怒不除，此二难也；声色不去，此三难也；滋味不绝，此四难也；神虑转发，此五难也。五者必存，虽心希难老，口诵至言，咀嚼英华，呼吸太阳，不能不回其操，不夭其年也。五者无于胸中，则信顺日济，玄德日全，不祈喜而有福，不求寿而自延，此养生大理之所效也。"[①] 其养生论，对中国士人影响极深，据记载："东坡先生数书嵇叔夜《养生论》。忧患之余，有意于道言如此。它日又曰：长生未能学，且学长不死。"[②] 在老庄思想和清虚养生态度的作用下，嵇康并非没有作出为避祸而自留回旋余地的举止。他的朋友王戎说："与嵇康居二十年，未尝见其喜愠之色。"[③] 由上面的介绍可以看到，嵇康的人格并非只有一面，而是具有复杂的多面性。作为"竹林七贤"的重要人物，他具有独立人格，潇洒襟怀，他的人格染有竹林的

---

① （三国魏）嵇康：《养生论》《答向子期难养生论》，（清）严可均辑《全三国文》卷四十八，中华书局1958年版。
② （明）董其昌：《画禅室随笔》卷一。
③ 《世说新语·德行第一》，中华书局2011年版，第17页。

绿色。但他一走出竹林，对社会的浑浊就感到非常不堪，感到这种风气在窒息人性，因而愤世、谩世、忤世，显示了嵇康人格的另一面。他处在出世与入世之间，作为曹魏贵戚，他不可能出世很远；身处曹魏末世，他看到士人生命的危机，又时时退回竹林，没有很重的名利心。但一脚在竹林内，一脚在竹林外，虽然给他带来荣誉，却也带来杀机。对一个历史人物的人品定格，后人各有各的定格角度。鲁迅取嵇康刚肠疾恶的一面，有他的主体人格和时代特征的理由。如果以鲁迅对嵇康人格定位，作为嵇康人格构成之全部，那就可能忽略了同样构成嵇康人生的其他特色。

嵇康的《与山巨源绝交书》，是他以出世的方式表达入世选择的具有独立人格的宣言书。嵇康与山涛作为竹林之友，本有互相欣赏和心灵相契之处。袁弘《山涛别传》说："陈留阮籍、谯国嵇康，并高才远识，少有悟其契者。涛初不识，一与相遇，便为神交。"①《竹林七贤论》又说："山涛与阮籍、嵇康皆一面契若金兰。涛妻韩氏尝问涛，涛曰：'吾当年可为交者，惟二人而已。'"②但是，山涛投靠司马氏后任吏部尚书，选择甄拔官员十年，各为题目而上奏，时称"山公启事"，此时即将离职高升，因而推荐好友嵇康来接替自己的位置。刚肠疾恶的嵇康则写了一篇一千八百多字的《与山巨源绝交书》，力陈自己不适合做官的"必不堪者七"和"甚不可者二"，以绝交来拒绝应聘。言辞之间"刚肠疾恶，轻肆直言""非汤武而薄周孔"。当时经学家王肃、皇甫谧等人曲解儒学经典，从汤武周孔的言行中，寻找司马氏篡夺曹魏大位的圣经贤传依据。因此嵇康对汤武周孔的菲薄，实际上是以一种辛辣的曲笔，对阴谋篡取王位的司马氏的菲薄。嵇康作为曹氏贵戚，是不可能到"司马昭之心，路人皆知"的那座衙门去掌

---

① 《太平御览》卷四百九"人事部五十"引袁弘《山涛别传》，四部丛刊三编影宋本。

② 《太平御览》卷四百九"人事部五十"引《竹林七贤论》，四部丛刊三编影宋本。

管人事考察任免事务的。但他如此峻急的措辞，戳到了司马氏的痛处，埋下了他遭忌招杀的根苗。《文心雕龙·书记》篇说："嵇康《绝交》，实志高而文伟矣。"① 对此文品反映的人品，古人多有称誉，谓"嵇康人品胸次高，自然流出"。② 并把他称为"亮节之士"。③

然而鲁迅对嵇康的把握，带有现代性的气息，并非古人说法的简单沿袭。思想家总要思考历史在当代的价值。比如苏轼曾在《定州到任谢执政启》中，对上司如此自责："伏念轼愚忠自信，朴学无华。孔融意广才疏，讫无成效；嵇康性褊伤物，频致怨憎。"④ 元代也有这类的评论："嵇、阮齐名，皆博学有文，然二人立身行已有相似者，有不同者。康著《养生论》，颇言性情。及观《绝交书》，如出二人。处魏晋之际，不能晦迹韬光，而傲慢忤物；又不能危行言逊，而非薄圣人，竟致杀身，哀哉！"⑤ 这类评议对嵇康同情有余，而理解不足，遮蔽了嵇康刚肠嫉恶的当下价值。当然，鲁迅在发掘嵇康的当下价值的时候，也不是对嵇康的言行举止照单全收。继承中有批判，分析中有发现，才能将古人的价值放在一种现代的张力关系中，加以激活。如此处理，鲁迅既沾染了嵇康气，而嵇康也成了"鲁迅的"嵇康。鲁迅的身上散发着"嵇康气"。

不可否认，任何时代聚焦，都存在着自己的阴影。不能到处建立兴奋点，那样会令人疲惫不堪，或者落入发烧的尴尬。嵇康人格中有些可圈可点的地方，就没有被鲁迅圈点出来。嵇康虽然写了《与山巨源绝交书》，责怪山涛不了解自己的心，可是他临刑

---

① （南朝宋）刘勰著，范文澜注：《文心雕龙注》（上）"书记第二十五"，人民文学出版社1958年版。
② （元）陈绎曾：《诗谱》。
③ （清）刘熙载：《艺概》卷二。
④ （宋）苏轼：《定州到任谢执政启》，《苏轼集》卷七十，明海虞程宗成化刻本。
⑤ （元）盛如梓：《庶斋老学丛谈》卷一，笔记小说大观本。

之时，还是想到在竹林七贤中有品性"如璞玉浑金"的巨源老兄，对八岁的儿子嵇绍说："山巨源尚在，汝不孤矣。"将幼子的抚养托付山涛，而山涛不负所托，照顾嵇绍二十年，然后荐举为官。《世说新语·政事》篇记载："嵇康被诛后，山公举康子绍为秘书丞。绍咨公出处，公曰：'为君思之久矣！天地四时，犹有消息，而况人乎？'"① 清人王鸣盛《十七史商榷》卷四十八，高度赞扬他们这种君子之交："山涛掌选，举嵇康自代，康与书绝交，诋斥难堪。而其后康被刑，谓其子绍曰：'山巨源在，汝不孤矣。'后涛举绍为秘书丞。以康之诡激，而涛能始终之，何友谊之笃也！君子哉！"② 李商隐《赠宇文中丞》诗中对这种真诚的友情，也极为向往："欲构中天正急材，自缘烟水恋平台。人间只有嵇延祖，最望山公启事来。"当然，山涛在政治上追随司马氏，受他教育提拔的嵇绍在后来发生的"八王之乱"为曾经杀害自己父亲的晋朝殉难。这一行为，被崇尚忠孝的士大夫讥讽为："嵇康戮于晋朝，嵇绍忠于晋室。"③ 实际上，山涛以朋友是朋友，政治是政治，将二者作了某种分别处理。

死，是人生大限，它以人生存废的唯一性，考验着人格中骨头的软与硬。嵇康之死，以一曲《广陵散》为伴奏。《晋书·嵇康传》记载，嵇康曾游于洛西，暮宿华阳亭，引琴而弹。夜分，忽有客来访，自称是古人，与他共谈音律，辞致清辩，因索琴弹奏《广陵散》，声调绝伦，传授给嵇康，要他发誓不传他人，自己也不留姓名。晋人刘敬叔《异苑》卷七却在这个传授曲艺的故事中，加进了怪异的因素："嵇康字叔夜，谯国人也。少尝昼寝，梦人身长丈余，自称黄帝臣伶人，骸骨在公舍东三里林中，为人发露，乞为葬埋，当厚相报。康至其处，果有白骨，胫长三尺，遂

---

① 《世说新语·政事第三》，中华书局2011年版，第150页。
② （清）王鸣盛：《十七史商榷》卷四十八，丛书集成初编本。
③ 《旧唐书》卷八十九《姚璹传》，中华书局1975年版。

收葬之。其夜复梦长人来，授以《广陵散》曲。及觉，抚琴而作，其声正妙，都不遗忘。高贵乡公时，康为中散大夫，后为钟会所谮，司马文王诛之。"① 也就是说，《广陵散》是一种与鬼神相通、惟鬼神才能传授的乐曲。传说中，嵇康是不怕鬼，甚至蔑视鬼的名士。《太平广记》卷三一七引《灵鬼志》载："嵇康灯下弹琴，忽有一人，长丈余，着黑单衣，革带，康熟视之，乃吹火灭之曰：'耻与魑魅争光。'尝行，去路数十里，有亭名月华，投此亭，由来杀人，中散心神萧散，了无惧意。至一更操琴，先作诸弄。雅声逸奏，空中称善。中散抚琴而呼之：'君是何人？'答云：'身是故人，幽没于此。闻君弹琴，音曲清和。昔所好，故来听耳。身不幸非理就终，形体残毁，不宜接见君子。然爱君之琴，要当相见，君勿怪恶之。君可更作数曲。'中散复为抚琴，击节，曰：'夜已久，何不来也？形骸之间，复何足计？'乃手挈其头曰：'闻君奏琴，不觉心开神悟，恍若暂生。'遂与共论音声之趣，辞甚清辩。谓中散曰：'君试以琴见与。'乃弹《广陵散》，便从受之，果悉得。中散先所受引，殊不及。与中散誓，不得教人，天明，语中散：'相与虽一遇于今夕，可以远同千载，于此长绝。'不胜怅然。"② 古人一再地制造鬼神授曲的传说，将《广陵散》曲置于神妙之境，此曲表现的是"聂政刺杀韩王后自刎"，当是洋溢着生死情仇的血性。

《广陵散》成了嵇康生命的最后一道彩虹。《世说新语·雅量》篇记载："嵇中散临刑东市，神气不变。索琴弹之，奏《广陵散》。曲终，曰：'袁孝尼尝请学此散，吾靳固不与，《广陵散》于今绝矣！'太学生三千人上书，请以为师，不许。文王（司马昭）亦寻悔焉。"③ 当时嵇康只有四十岁，竟能临刑神气自若，弹

---

① （晋）刘敬叔：《异苑》卷七。
② 《太平广记》卷三一七"鬼"类引《灵鬼志》，中华书局1961年版。
③ 《世说新语·雅量第六》，中华书局2011年版，第302—303页。

琴自祭，叹息《广陵散》绝，而不是自己命绝。不提生命，反而放大了生命的价值和亮色。《世说新语》将这一幕写入《雅量》篇，如此死得有雅量，实在是奇绝。对于这则亮丽的生命语言的意义，南宋朱熹作了政治性的解释，他在回答如何"审音"时说："辞气音节亦得其正。如人传嵇康作《广陵散操》，当魏末晋初，其怒晋欲夺魏，慢了商弦，令与宫弦相似。宫为君，商为臣，是臣陵君之象。其声愤怒躁急，如人闹相似，便可见音节也。"① 王夫之《读通鉴论》卷十二，则从士气、清议的社会风气蜕变的角度立论："夫晋之人士，荡检逾闲，骄淫惏靡，而名教毁裂者，非一日之故也。魏政之综核，苛求于事功，而略于节义，天下已不知有名义；晋承之以宽弛，而廉隅益以荡然。孔融死而士气灰，嵇康死而清议绝，名教为天下所讳言，同流合污而固不以为耻。"②

古人以一曲《广陵散》的绝响，思考着政治，思考着士风，思考着社会的价值观的崩裂。同一个历史事象，是可以从多种角度发掘其意义的。后人不应只拾牙慧，封闭自己创造性的心灵。然而要解释嵇康临刑这一幕的意义，还是鲁迅的话说得好："生命不怕死，在死的面前笑着跳着，跨过了灭亡的人们向前进。"在死的面前笑着跳着的生命，就会想起用《广陵散》来自祭，其中蕴含着的侠客刺杀君王的悲壮音符，也会发生鲁迅所描述的效应："无论什么黑暗来防范思潮，什么悲惨来袭击社会，什么罪恶来亵渎人道，人类的渴仰完全的潜力，总是踏了这些铁蒺藜向前进"；"生命的路是进步的，总是沿着无限的精神三角形的斜面向上走，什么都阻止他不得"③。若借鉴鲁迅的现代性思想去考察我们的文化血脉，鲁迅的"魏晋文章，托尼思想"，集合着古今中外思想的精华，必将能于其间注入刚肠疾恶的生命活力和硬骨头精神，并

---

① （宋）朱熹：《朱子语类》卷二十五，中华书局 2004 年版。
② （明）王夫之：《读通鉴论》卷十二。
③ 鲁迅：《热风·随感录六十六生命的路》，《鲁迅全集》第 1 卷，第 368 页。

作现代性的提升，铸造出浩然正气的民族魂。浩然正气的民族魂，是中国文明史的精华所在。鲁迅与嵇康结缘，是一种深入文明史的思想史的精华。

2012 年 10 月 6 日修改，2021 年 2 月 15 日定稿

第六编

思想文化的方法论

中国叙事学的原理与方法

一 作为人类智慧方式的叙事，以及对之研究的文化战略思路

文明史的解读，可以有多种切入的角度和方法。20世纪60年代以后，西方兴起一门新的学问，超越叙事的体裁，超越神话、史诗、小说、历史，甚至现在的媒体叙事等具体的叙事方式，将叙事进行抽象化和普遍化，作为人类的一种智慧方式、人类的一种精神现象来进行研究，称之为 Narratology。西方有的学者甚至说，自20世纪60年代以后，文学理论的每一个重要的进展，都和叙事学有关系。他们使用这么一种超越性的理论方法，对文学进行比较深层次的形式分析，以及内在本质的分析，从中寻找共同性的原理和形式因素。

我本人是研究中国现代文学的，20世纪80年代写过一部《中国现代小说史》，三卷本152万字，为此读过2000种现代叙事文献。接着就想以此为基础，写一部《中国小说学》。准备材料的时候，读了西方新理论的一些书，注意到西方叙事学的进展。因此就放弃原来小说学的设想，想搞一部"中国叙事学"的书。这是对自己原来的知识结构的挑战。因为要搞出"中国特色"，不是一门心思地贩卖西方的理论，就不仅要熟悉中国现代文学，而且必须清理古代的神话、小说、戏剧和历史文献。做学问，必须从清理文献开始，才能立稳脚跟，才能保持充足的后劲。于是，我就启动了《中国古典小说史论》这个项目,又经过了四五年的苦读,我读过的现代和古代的叙事文献大概有 3000 种。这么多的文学现象和文献积累,如果不来一番认真的清理,是会把脑袋搞成一团乱麻的。

于是我在原来阅读现代小说、古典小说的两步走的基础上,开始走叙事学研究的第三步。1992 年我到牛津大学,当客座研究员,读了一批西方的叙事学著作。做研究工作,是要设计一下自己的研究步骤、研究方法、研究角度的,不然就会在茫茫的学术领域陷入"瞎子摸象"的尴尬境地。由于我遵循预先准备好的研究"三步骤",我进入叙事学领域就能利用原来十几年建立起来的学术优势,就显得眼界开阔,内心充实。研究者应该建立这么一条思路:依据自己原有的学术优势,拓展自己的知识视野,开发可能的学理空间。当然西方的叙事学著作对我启发甚多,不过因为我是带着 3000 种中国从古至今的叙事文献来读西方叙事学的,所以每次遭遇西方理论所提出的命题,我都能调动百十种中国文献与之对话,或得到默契,或发生质疑,或感到迷惑,或产生超越。尤其是一旦感觉到西方叙事学的某些论说涵盖不了中国文学智慧的精华时,就形成了一种对话诘问的状态,逐渐觉悟到西方理论所谓"世界性"可能是一种"有缺陷的世界性",必须要把中国智慧加进去,形成一种深度对话状态或"合金形态",才能使其"世界性"变得完整起来。"有缺陷的世界性",是我比较东西方叙事经验和理论的过程中,得到的一种思想启悟、思想收获。

这就使我不能不考察中西方文化"非同心圆"的存在形态,它们最初的出发点是千差万别的,由于近代以来的科技的发展、信息的流通、交往的频繁,甚至出现"地球村"的说法,两个圆的重叠部分越来越多,互相借鉴、引进、融合的成分越来越拓展,但是不同心的状态尚不能说已从根本上改变。因此,用西方叙事理论来套我们无比丰富多彩的叙事事例,那些头大帽小,套不住的地方，往往是我们的文化最有特色，或者最精华之所在。"不可涵盖性"的研究，应该是我们研究中的关键所在。这就使我提出了这样四句话的研究思路：回到中国文化的原点，参照西方现代理论，贯通古今文史，融合创造新学理。中国文化的原点和西方现代理论之间存在一个大的距离，这个距离是我们的原创性的空间。这四句话可以简化为八个字：还原—参照—贯通—融合。第一要务，是回到中国的原点。

二 "叙事"二字在中国如何得以建立

那么回到中国文化的原点看叙事，对这种智慧形式进行把握的概念，是怎样发生、怎样变化、怎样完善的？"叙事"二字出现在先秦时代，那时"叙"字，是顺序的"序"，讲的是丧礼、婚礼的过程中的各种礼仪程序，包括音乐弹奏次序，乐器摆放方位的安排。《周礼·春官·乐师》说："凡乐，掌其序事，治其乐政。"郑玄注："序事，次序用乐之事者。"贾公彦疏："云'掌其序事'者，谓陈列乐器及作之次第皆序之，使不错缪。"《周礼》就将这些程序、次序安排称为"序事"，它最先是用在古代文化的核心部分的礼仪上[1]。进一步考究，这个"序"字，在古代是一面墙，厅堂下面的墙叫作"壁"，厅堂上面的墙叫作"序"，"壁"和"序"的作用是分隔空间。空间的分隔变成了时间的分隔，就是顺序。叙事的"叙"在古代，又和头绪的"绪"字相通。所以，从语义学的角度看，中国人讲叙事学，就是一种讲述事情的方法，也是一种"顺序学"，一种"头绪学"，还是一种把空间的分隔和时间的分隔相互转换的学问。到了魏晋南北朝，"叙事"多用来讲历史叙事，比如《三国志》称司马迁"善叙事，有良史之才"[2]。刘勰的《文心雕龙》两次使用"叙事"，形容一些文章体

---

[1] 《周礼注疏》，《十三经注疏》，中华书局1980年版，第787、794页。
[2] 《三国志·魏书》卷十三，中华书局1982年版，第418页。

裁具有叙事的功能。但是"叙事"这个词还是"动词+宾语"的结构，还没有形成一个完全独立的名词。叙事作为关键词被研究，是唐朝历史学家刘知几《史通》这本书的贡献。《史通》专门设立了《叙事》篇，讲的是历史叙事："国史之美者，以叙事为工。"①叙事作为一种文类，是到了南宋，即公元13世纪的时候才出现的。朱熹有一个再传弟子叫真德秀，编了一本书叫《文章正宗》，把文章分为四类：一类叫作"辞命"，就是皇帝和大臣的官方文字；第二类叫作"议论"，属于理论文章，如先秦诸子之类；第三类叫作"叙事"，包括历史纪传体，也包括应用散文类的叙述；第四类就是"诗赋"，即诗词歌赋②。这种四分法在南宋时期形成，在元、明、清三代，大体还是遵照理学家真德秀的分法。只是明末清初的评点家，比如金圣叹、毛宗岗之流，把小说叙事提到首位，沟通了小说、戏曲和历史等不同的文体。金圣叹提出了"才子书系列"，他说有六大才子书，将《水浒传》、《西厢记》和《庄子》、《离骚》、《史记》、杜诗并列在一起。冯梦龙和李笠翁（渔）又提出了一个"奇书系统"，称《三国演义》《水浒传》《西游记》《金瓶梅》为"四大奇书"。明清之际的评点家为中国早期的叙事学，贡献了许多有声有色的叙事学智慧，研究中国叙事学的人应该给他们写上浓重的一笔。

三 结构的动词性与结构的道与技之辨

既然要对叙事学进行还原研究，要建立中国叙事学现代体系，我们也不能关起门来自言自语。这就要看一看西方叙事学主要研究哪些问题、形成哪些话题。如果要与西方现代理论构成对话和互动，就必须讲究十个字："共同的话题，不同的声音"，这是我们进行文化对话的根本原则。如果没有共同的话题，就各说各的

---

① （唐）刘知几：《史通》卷六《叙事》，四库全书本。
② （宋）真德秀：《文章正宗》卷首"文章正宗纲目"，四库全书本。

话，就形不成对话；如果没有不同的声音，鹦鹉学舌，你怎么讲，我就怎么讲，只不过给西方理论提供几个例子，这种对话也是不可能深入的。怎样才能发出中国的"声音"呢？问题千千万万，方法五花八门，很重要的方法，是认识清楚中西文化在叙事学上的不同的出发点和切入点。西方叙事学为何在 20 世纪 60 年代兴起？就是现代语言学发明了"共时性"与"历时性"、"所指"与"能指"这类理论框架，发明了结构主义这类理论，他们是从现代语言学和结构主义的角度进入叙事学的脉络的。强势学科，为弱势学科提供理论工具，学科发展的奇迹往往由此而来。但是用现代语言学、结构主义的那套话语来讲叙事学，整天搬弄语法、语式、语态、时态一类概念，对于中国人难免洋腔洋调、怪声怪气。那么，我们中国的优势学科在哪里呢？从数千年的学术进程来看，在历史文化。叙事学很早就讲历史叙事。要扬长避短，有必要从历史文化角度进入叙事学研究，从中华民族几千年、在世界上属于第一流的文化资源、文化经验、文化智慧中，生长出我们叙事学的理论。

既然寻找与西方理论进行对话的共同话题，我觉得有几个问题值得格外注意，一是叙事结构，二是叙事时间，三是叙事视角。看清楚西方是从结构主义切入叙事文本分析的，头一个问题就应该选取"叙事结构"。然而，怎样才能回到中国文化的原点？最根本的方法，一是对原始经典的梳理，就像上面考察"叙事"一词的形成和变化那样；再一个就是进行语义学的分析，因为语义的深处隐藏着一个民族的集体潜意识。"结构"这个词在中国是什么意思呢？"结"，就是绳子打结；"构"是盖房子，中国房屋是砖木结构的，构木为屋。"结构"这个词，本来是动词，一直到六朝，陶渊明还讲"结庐在人境，而无车马喧"。"结庐"就是盖房子。到清朝初年，李渔的《闲情偶寄》评论戏剧，第一章就是"结构第一"。行文中说，要盖房子，地基平整之后，第一步要考虑结构，要有总体的布局，"何处建厅，何方开户，栋需何木，梁用何材，必俟成局了然，始可挥斤运斧"①，然后才能使每一步顺顺当当，各得其所。如果贸然盖房架梁，不考虑结构，修修补补，未成先毁，房子就盖不成整体。既然讲绳子打结，后来变成名词之后，讲盖房子的结构，结构就是动词，后来名词化了，但还带有动词性。这就使得中国人对结构的理解，跟西方存在着根本的差异。西方结构主义，强调"作者死了"。中国人讲结构，讲究作者不能死，还有生命，还在动。我们研究文本的结构和功能，是将它置于动态的过程中的。在中国人看来，结构是个过程，是动态的东西，一个作家写文章，第一笔下来就是整个结构的开始，最后一笔收束起来，才是结构的结束。不明结构的整体性和动态性，是每一落笔，都不能恰到好处的。结构动词性的另外一个含义，就是强调结构是人与天地之道的一种契约。结构所包含的意义，绝对不是一些表面的文字所能代替、所能表达得了的。司马迁写《史记》分十二本纪、三十世家、七十列传等层次，形成结构的层次感。层次本身，是天造地设的，司马迁只不过"究天人之际，通古今之变"，偷得了一份天机。"本纪"本来写帝王的事，他却把项羽放在本纪里，把吕后也放在本纪里面；"世家"本来写诸侯国的事，他却把孔夫子和陈涉放在世家里，写成《孔子世家》和《陈涉世家》。这种人物位置的设计，蕴含着对历史人物价值的独特评价，是司马迁对悠悠苍天的一种对话，其深刻性，是一般的文字很难表达出来的，只有结构才能产生这种宏观把握历史变动的效果。

中国人讲结构，是贯通"结构之道"和"结构之技"的，讲究结构问题上的"道"和"技"之辨。西方结构主义所思考的大体是处在结构之技的层面，分析文本的技巧构成和语境功能。在

---

① 《闲情偶寄》卷一，《李渔全集》第三卷，浙江古籍出版社2013年版，第4页。

中国，要结构一个作品，首先要考虑人和天地之道定个契约，这就是讲"结构之道"，然后再考虑如何通过"结构之技"实现道。比如《金瓶梅》，何为它的结构之道，何为它的结构之技？它的描写和结构，在中国文学史上第一次采用接近社会生活原生态的写法，用一种网状布局。作品的经营，费尽了调动结构功能的苦心。有一种结构方式，叫作"重复中的反重复"，整个作品四次写狮子街，次次都有不同的景象、不同的气氛，富有刻度感地展示了主要人物的命运。在英雄传奇《水浒传》里，武松在狮子街酒楼打死西门庆，就算了事。到了《金瓶梅》，打死的是一个替身李外传。狮子街的出现，第一次是讲武松和假西门庆（李外传）的打斗；第二次西门庆又在这个狮子街为李瓶儿祝寿，完了还另外安排房子包二奶；第三次在这个地方是放烟火，"逞豪华门前放烟火，赏元宵楼上醉花灯"，达到他奢侈荒淫的高峰；第四次，依然是狮子街元宵花灯节，西门庆服了梵僧药酒，与情妇荒唐之后，从狮子街回到桥头，遇到旋风和鬼影，逃命回到家中，被潘金莲灌了春药，油干灯尽，死在潘金莲的肚皮上。四次写狮子街，重复同一个地点，却对每次描写进行反重复处理，把西门庆的暴发和荒淫，他的家族的兴盛到家破人亡，都层层着色地渲染出来了。"物是人非事事休"，是结构之道的精神脉络，表现出来的，还是属于结构之技。

《金瓶梅》结构之道，常常隐藏在空间结构之中。《金瓶梅》写了山东的清河县，县城里东面有道家的庙宇玉皇庙，南门有佛家的寺庙永福寺。《金瓶梅》故事中，凡是热闹的事情，就都在玉皇庙发生，或者和玉皇庙有关系；凡是悲凉阴森的、死亡的事情都和永福寺有关系。这就是张竹坡评点所说："玉皇庙热之源，永福寺冷之穴也。"[①] 比如说，"西门庆热结十兄弟"，这种结拜方

---

① （明）兰陵笑笑生著，（清）张道深评：《金瓶梅》，齐鲁书社1991年版，第726页。

式，是对"桃园三结义"和"水浒聚义"的滑稽模仿，这个热闹的事情就发生在玉皇庙；西门庆花钱买了一个千户官来当，又生了一个儿子，所谓"加官得子"，也是在玉皇庙设坛打醮，摆席演戏，大加庆祝；最后西门庆比较喜欢比较有感情的女人，也是代表《金瓶梅》中那个"瓶"字的李瓶儿之死，西门庆家族在玉皇庙大开道场，显示其家族兴盛。再看凡是阴森可怕的事情，多和永福寺有关系。使西门庆荒淫败亡的春药，是在永福寺得到的；西门庆的家族败落之后，代表《金瓶梅》中的那个"梅"字的庞春梅，嫁给了周守备，永福寺就成为周守备的香火院；庞春梅还把《金瓶梅》里面最厚颜无耻的陈敬济以及潘金莲埋葬在永福寺；后来西门庆的大老婆吴月娥带着她的孝哥儿逃难的时候，也是在永福寺躲避金兵，在那里做道场，超度西门庆、潘金莲这些血迹淋漓的鬼魂，西门家的独根独苗孝哥儿也剃度出家，把仆人玳安过继来传香火，改名西门安。凡是热闹的事情都跟玉皇庙有关系，这是俗世繁华；凡是冷清的事情，都跟永福寺有关系，这是对人生的命运的思考。一佛一道的两个寺庙，夹着西门庆的家族，就像一份"三明治"，宗教与人生在这里打了一个死结，分拆不开。借用这么一种空间存在的结构方式，来思考人生的"酒色财气"，思考人的"生存与死亡"，思考生存的处境、生存的意义和生存的各种可能性。二寺庙夹着一家族，多么独特的"2＋1"，这种结构之道，将宗教和哲学别开生面地深度介入了对一个家族命运的思考。

这种用人文地理的眼睛，来谛视人间瞬息繁华的结构之道，对后来的《红楼梦》影响极深。《红楼梦》的大观园和太虚幻境，也是以真真幻幻的空间，营造它的结构之道。大观园的环境，对应着贾宝玉和"金陵十二钗"的性情；太虚幻境薄命司的画册题词，映照着这般人物天真无邪又无可奈何的命运。林黛玉和她那处"未若锦囊收艳骨，一抔净土掩风流"的葬花冢，是一张永恒的面孔上的一滴清泪,在西方灵河畔的绛珠仙子发誓要到人间偿还眼泪债,但到了大观园,她的眼泪债总也还不清,因为那里纠缠着"道不清,理还乱"的俗世牵扯。宝黛爱情只能是一个悲剧,如果跳出悲剧,就要大煞风景。中国人对结构动词性的认知,对结构之道和结构之技的思辨,在叙事学的意义上说,是以本体性来贯穿、约束、深化技巧性的。这就是中国文化的精深所在,它出入于形而上和形而下,兼顾着玄妙和真实。没有这种道性的点醒,作品的眼睛就不会发亮。这正如春秋战国乱世,如果没有孔、孟、老、庄,剩下的就是一群野兽,"率兽食人";大唐盛世,如果没有李、杜、韩、柳,剩下的就是一群胖子,享受着盛世繁华。经过结构之道熏染和提升的结构之技,才不会成为雕虫小技,缺乏丰厚的文化意蕴。基于中国文化的这种认识,我们应该超越结构主义的某种机械性,还原叙事作品的本体性和开放性。

四 叙事时间的速度与模型

时间问题,是叙事学研究中关键的关键。叙事结构是不能只有一个空框架的,它需要人物和事件的延续性展开加以充实、推进、扩展和贯穿,人物事件的延续性,就是时间。不过,有必要提醒的是,时间一旦进入叙事作品,它就不再可能是纯客观的时间,而是作者以结构之道和结构之技处理过的带主观色彩的时间。

既然时间在叙事作品中已经过处理,是一种"人化"了的时间,那么我们遇到的第一个问题,就是叙事时间与历史时间之关系。历史时间在叙事的过程中,就像一根橡皮筋,是能够伸长缩短的。历史时间与叙事时间之比,拿历史时间当分子,叙事时间当分母,如此算出的就是叙事时间的速度。许多历史时间经过作者的处理,得到的叙事时间速度是不一样的。《资治通鉴》在写战国某一年,只用了三个字,"魏伐宋",魏国讨伐宋国,就写完了。写唐朝初年的"玄武门之变",秦王李世民得知他的哥哥太子李建成和齐王李元吉要谋害他，就在玄武门设下埋伏，发动兵变，消灭了他的哥哥和弟弟，软禁了他的父亲唐高祖李渊，自己当了太子，后来变成了唐太宗。根据历史记载，这场改写了唐朝历史的兵变只延续了四天，《资治通鉴》用甲子标出日期，从丁巳日到庚申日，但四天的时间写了三千三百字①。只要计算一下就可以知道，四天的时间写了三千三百字，和一年的时间写了三个字加以对比，叙事时间流动的速度，相差十万倍。

　　小说描写的情形也是如此，可以说，有过之而无不及。《三国演义》，如果我们按照毛宗岗的通行本，开头说"分久必合，合久必分"这么一个天地运行之道之后，就从汉高祖刘邦斩白蛇起义、楚汉纷争，一直讲到东汉桓帝，这七十多字就交代了四百年。但是整部《三国演义》讲了从公元2世纪80年代，到公元3世纪80年代，晋朝统一中国，"三分归一统"，这么一百年的时段中的政治军事斗争，《三国演义》写了一百二十回，大体是一年一回。整部《三国演义》65万字，不到70万字写一百年的历史；开头的70多字写400年的历史，二者的叙事时间速度相差将近4万倍。但是《三国演义》有时一回可能写了十几年，有时几回只写了一年内的事情。有两个年份写得特别长，叙事时间速度非常缓慢。建安五年（公元200年）官渡之战，曹操消灭了他在北方的最强劲的对手袁绍，统一了北方，把这一年的战争和"关云长千里走单骑"去寻找刘备加起来，这一年零三个月的时间，写了八回。建安十三年（公元208年）的赤壁之战，曹操破了荆州江陵之后，与东吴孙权集团和刘备集团进行会战，"赤壁之战"加上"三顾茅庐"，总归起来也就一年多一点的时间，这一年多的时间，写了十七回。诸葛亮出山时，分析天下大势的"隆中对"，半天的时间写了半回；诸葛亮去游说东吴联合起来对付曹操，"舌战群儒"，

---

① 《资治通鉴》卷一百九十一，中华书局1956年版，第6003—6013页。

两天的时间写了两回。如果按照半天写半回、两天写两回这种时间速度，来写整个《三国演义》，写一百年到底要写多少回呢？起码要三万六千回。如果按照这个时间速度写成《三国演义》，会摆满一大间屋子。所以说，小说的叙事时间速度是很不均衡的。说书人有一句口头禅，叫作"有话则长，无话则短"。

不光是世间有事，而且是心头有感。叙事时间流动速度的快慢缓急，背后有"一只看不见的手"，作者用他的价值观来操纵时间流动的速度，操纵你对问题的关注点。作者用不着站出来说话，写"赤壁之战"用十七回，写"官渡之战"用八回，只要操纵着叙事时间的流动速度，一切尽在不言中了。为什么战国的某一年只写三个字呢？因为战国战火频繁，在作者的价值观中没有特别的地位。而"玄武门之变"写了三千多字，因为在作者的心目中，玄武门之变作为宋朝前面最重要的朝代，是李世民还是李建成继承皇位，对唐朝的生存形态和历史命运影响重大，这种影响甚至延伸到五代、北宋。对此，司马光不能不特别重视，所以他通过对时间的操纵，表达他对唐初历史的价值观。

既然叙事时间速度，对于一个叙事文本来说无处不在，而且又由此注入作者的价值观，那么中国人的时间观，又有哪些自身的特色呢？这就是我们要讲的第二个问题：中国时间观的模型。一个非常明显，而长期以来大家却很少深入思考的现象是：中国人讲时间是年、月、日，西方的主要语种讲时间是日、月、年（当然，美国人改成月、日、年）。难道东方人、西方人居住在地球不同的部分，他们脑袋里的思考习惯就颠倒过来了吗？文化是一个熟悉到不再经意的存在，并不是说，让你在一本偏僻的书里面去找一个偏僻的故事，诠释出来的就是文化。文化就在你的日常生活中，渗透到你的思想行为里，浑然不觉，习以为常，无所不在，这才是真正的文化。文化就是溶在水里的盐，看不见它，却能感觉到它的滋味。文化是一种存在方式。中国人讲时间，是年、月、日；西方人讲时间，是日、月、年，这本身就是无所不在的文化方式，用不着去深山老林里像找蘑菇一样找文化。问题并不在于我这里有年，你没有年；我这里有月，你没有月；我这里有日，你没有日。同样生活在地球上，抬头见日月，寒暑知年华，但是感知的模型不同、顺序不同。顺序不同，就是意义不同，这里起码包含着三个问题：

（一）你首先关注的是什么，你的第一关注点在哪里，在具体的"日"，还是在由日积月累而形成的"年"？

（二）第一关注之后，思维方向不同，是以大观小，还是以小观大？

（三）前后环节之间的衔接方式不同，是以大统率小，还是以小积累成大？

这就是"年、月、日"和"日、月、年"里面包含着的文化密码的区别，人们会问：这个问题是怎么发生的呢？我们如果读过甲骨文，就会知道，甲骨文记录时间的方式，先是用甲子记日，再记月，然后再记"祀"，一年大祭祀一次，周而复始。这是按照"日、月、年"的顺序的记法，与西方的顺序一模一样。

那时候也有"年"字，是一个人头上顶着一捆稻子（禾），叫作"年成"，是一年收成的意思。那时是每年大祭祀一次，祈求好年成。到了商周之际，也有一段时间，是先记月，再记日，后记年，看青铜器的铭文，有一段时间是这样记的。"月、日、年"的顺序，跟美国英语是一样的。这个问题到了《春秋左传》就发生了变化，就变成了"年、月、日"，甚至变成了"年、时、月、日"，"时"就是四时：春、夏、秋、冬。在甲骨文中，春、夏、秋、冬四时是不完整的，只有到了《春秋左传》的记载，四季才是完整的。

《春秋左传》记载时日的转折，是怎么样发生的呢？细考《左传》，曾经记载过两次"日南至"，就是太阳到了最南的一个点，冬至点。这两次日南至，一次在鲁僖公五年（公元前 655 年）正月辛亥，一次在鲁昭公二十年（公元前 522 年）二月己丑，①这两次日南至的记载相距 133 年，这 133 年中有 49 个闰月。如果我们把它约简，用 7 来除，就是 19 年有 7 个闰月。"十九年七闰"，是中国人的阴历和阳历合历的一个定值。如果没有安排闰月，月亮围绕地球转一圈是一个月，12 个月就是一年，这样延续十几年，春夏秋冬四季就会完全颠倒过来。因此必须按照太阳运行的轨迹，找到"日南至"，然后用这个冬至点来调整闰月，才能够阴阳合历。

阴阳合历是在什么时候发生的？《春秋左传》已经记载，它形成的时间应该更早。根据我的研究推测，大概在公元前 841 年前后发生的，因为《史记》的诸侯年表是从这一年记起的，这年以后，中国每年做什么事都是一清二楚地记录在案；这一年以前的，中国对年的记载都比较模糊。所以才有"夏商周断代工程"，用天文学和文献学相结合的方法，推断一些重大事件发生的年份。

古代有一本书叫《尚书》，是儒家的六经之一。《尚书》的第一篇叫《尧典》，里面记载阴阳合历的故事。尧帝派了四个大臣羲仲、和仲、羲叔、和叔，到东南西北四个点去定春分、夏至、秋分、冬至，以 366 天为周期，"以闰月定四时以成岁"②。这是《尚书》的记载，实际上《尚书》的《尧典》不可能是尧的时代传下来的，应是西周前中期的作品，用一种神圣化、半神圣化的方式来告诉人们，阴阳合历是尧帝定下来的，都要竭诚遵守。时间问题，在中国古代是非常重要的，周天子颁布的日历，各个诸侯国都要执行；改朝换代叫作"改正朔"，每年的第一个月是"正月"，每月的第一天是"朔日"，都要按照新王朝颁布的改过

---

① 杨伯峻：《春秋左传注》，中华书局 1990 年版，第 302、1046 页。
② （汉）孔安国传，（唐）孔颖达正义，黄怀信整理：《尚书正义》卷二，《十三经注疏》，上海古籍出版社 2008 年版，第 118—119 页。

来，重新来一套日历。中国在20世纪接受西方公元纪年，是古老中国走向开放、和世界接轨的标志，对中国人的文化心理是一个很大的震荡。

西周前中期"阴阳合历"，推动了春秋战国时期形成中国自己的宇宙模式和时间模式的联系。对于"年"的本质认识有一个过程，甲骨文中也有"年"，也有"十三月"的说法，但只有到了《春秋左传》，才在文献记载上落实了中国人对"年、月、日"表述顺序的共识。这就使东西方的时间观念产生了很大分歧，中国的时间观念是以年来统率和限制月，用月来统率和限制日的，是以大观小、综合性的时间观。西方是用日积累成月，月积累成年，是以小观大，是积累性的分析性的时间观念。这种时间观念的形成，制约着、影响着彼此之间全部的叙事文学的时间程序。比如说，西方叙事文学总是从具体的时间开始，从一时一地一景开始的。荷马史诗《伊利亚特》，开篇就使战争中的英雄阿喀琉斯的情人被主帅阿伽门农霸占了，因此发怒退出了战场，导致整个战争发生了逆转。这就是从英雄、美人、战争、发怒这么一些具体的事情上开始了史诗的叙事，叙事的第一关注是具体的。

中国宏观综合性的时间观念，使我们传统的叙事总是从一个大时空开始的。我们古代的历史小说、英雄传奇小说、神话小说，往往都从盘古开天辟地、女娲补天，从夏商周历朝这么一个大时空写起，然后再对具体的事件进行时间定位，这样的写法就与西方迥异其趣。《水浒传》是怎么开头的，是用大时空包住了小时空。开头是"朱李石刘郭，梁唐晋汉周，都来十五帝，播乱五十秋"，这五代有五个姓氏的皇帝，造成天下大乱五十七年。天帝看到天下太乱，老百姓水深火热，就派霹雳大神下凡，投生为赵匡胤，一条棍棒等身齐，打四百座军州都姓赵。从赵匡胤开国落笔，一跳就跳到宋仁宗时期发生瘟疫，派洪太尉到龙虎山禳灾，误走妖魔，把一百单八个魔君放走了。再一跳，跳到端王（宋徽宗）

府，高俅那一脚好球，几乎一脚就踢过半座江山。这种跳跃性的时间操作，使开头的一回半，写了四百年。《水浒传》后面的九十八回，写到宋徽宗宣和五年，才写了二十四年。九十八回写了二十四年，相比一回半写了四百年，时间在二者之间流动的速度相差四百倍。这么一种时空操作方式，指向了所谓的结构之道，内在含义非常值得寻味，它隐喻着这一百零八将下凡，事关宋朝的气数，所谓官逼民反、替天行道，是天地运行之道的一种表现。

长篇巨著如此，那么短篇小说如何？我们来看《杜十娘怒沉百宝箱》，这篇小说是写明朝万历年间的事情。它远远地从朱元璋开国写起，经过十几代的皇帝，不断打仗，国库空虚，所以要用钱来买太学生身份，然后才出现用钱买太学生的李甲和一个妓女之间的恩恩怨怨，最后酿成悲剧。为什么这么写？它是把李甲和妓女之间的这么一种荒唐与深情搭配的行为，看成明朝衰败过程中的一个反常现象，一个带命运感的"异数"。朝廷出问题，社会必然出现怪现象，如此写来，事关明朝的气数。开头的大时空，赋予正文中的具体事件以令人感慨不已的命运感。

结构是人与天地之道的契约，它有自身的整体性，有自身互动互补的机制。开头的结构如此设置，就难免要牵一发而动全身了。西方的叙事从具体的时空开始，从一人、一事、一景开始；东方的叙事从大时空，从盘古开天辟地开始。叙事是一个过程，不是只讲个开头就完事，接下来就相应地出现了叙事的另外一种分道而驰。分道而驰的结果，是西方的叙事常用"倒叙"，中国的叙事常用"预叙"。道理很明白，既然从具体的一人、一事开始，就有必要倒回去，交代这个事情的来龙去脉。荷马史诗《伊利亚特》既然写了阿喀琉斯发怒，整个战争逆转，就必须交代这场战争是怎么回事，什么原因引起的战争，于是一下子倒回去十年，交代那个"金苹果"和绝世佳丽海伦的故事。"第一个叙事"出来之后，"第二个叙事"就成了对"第一个叙事"的交代和解释。

因此在西方，"第二叙事"对于"第一叙事"就构成了"倒叙"的关系。

中国叙事则不然，由于它是从大时空开始，从天道、天意的大时空，俯视芸芸众生的具体事情，就将所有人物的命运看得清清楚楚。《封神榜》里姜子牙还没下山呢，就知道各路神仙都要到他的封神台上报到。《红楼梦》才写了五回，既出现了女娲补天遗落的那块石头，又出现了太虚幻境的十二钗册子，出现"红楼十二曲"，把这些人物的命运都暗示得清清楚楚。当然，如果不是红学家煞费苦心地考证，贾宝玉猜不透他的命运，读者诸君若是第一次读《红楼梦》，也是同贾宝玉一样混混沌沌，不知道薄命司册子里讲的是谁、讲的是什么事，而是带着一种命运感，带有不安的情绪来读书，来体验一种难以捉摸又无可奈何的"贵族中国"的败落和大厦的坍塌。阅读这样的一种预言叙事，与阅读那种倒叙的阅读心理是截然不同的。"预言叙事"是一种"元叙事"。倒叙是带有分析性的心理去读，看它的来龙去脉，评判它的是是非非；预言叙事是要带着命运感来读，悟到这种命运是如何成为现实，体验着顺从命运或反抗命运的纷纷扰扰。读者跟贾宝玉和林黛玉共同去体验命运的可知性和不可知性，感受着如此人生的本质何在。也就是说，中国叙事的构成方式，是"元叙事＋本叙事"，有别于西方的"倒叙事＋原叙事"。

不要以为中国人不懂得倒叙，不是的。我只是讲作为一种通常的状态，作为一种优势的思维方式，中国的叙事是多用预言的叙事，或"预叙"。但是中国人也懂得倒叙，中国影响极大的文章选本《古文观止》的第一篇，就是一个倒叙。根据《史记》的诸侯年表，查到"郑伯克段于鄢"这一年，郑庄公36岁，[①] 但是文章开头用了一个"初"字，原初的时候如何如何，就倒退到36年

[①] （汉）司马迁：《史记·十二诸侯年表》，中华书局1982年版，第536—550页。

以前，他的父亲郑武公娶了一位姜姓的夫人，生下郑庄公的时候，发生难产，母亲就喜欢弟弟共叔段，不喜欢郑庄公，不断地为弟弟要土地、要城池，酿成其弟"多行不义必自毙"的大祸。这个是倒叙。这个事件的高潮是郑庄公消灭了他的弟弟，发生在《左传·鲁隐公元年》（公元前722年）。郑庄公怨恨他的母亲，发誓"不在九泉之下，我就不见我母亲了"。后来他有点后悔，有个大臣颍考叔到他家里来吃饭，吃饭的时候还打包，要把好吃的肉留着带走。郑庄公问他：为什么要带走这些肉？他说母亲爱吃，所以他打包带回去。郑庄公很感慨，做臣子的还有这份孝心，我作为一国之君想孝顺一下，都不可能实现。颍考叔给他出了个主意，你不是说九泉之下吗？那你就挖个地道，挖到看见泉水，从地道里接回你母亲，不就是九泉之下相见吗？地道接母，据《史记·十二诸侯年表》是第二年的事，这就属于补叙了。

编年体的史书，写得好的都善于折叠时间。因为编年体的史书，主人公是时间，纪传体的主人公是人物，宋以后出现的纪事本末体的主人公是事件。任何一个重大历史事件，不可能是年初一发生，年三十就结束了；或者零点开始，二十四点就干脆利落地终止。时间不可能这么整齐划一，更多的可能是跨日、跨月、跨年。为了使时间这个刀子不至于把人物和事件切割得太碎，就必须进行时间折叠，事件的高潮在何年何月，就把这个事件重点记于那年那月，然后用起初如何如何，倒叙出事件的来龙去脉，再进入正面叙事。如果这个事件还有后遗症，就必须加以补叙。写得比较完整、比较精彩的历史事件的作者，都是折叠时间的好手。

但是作为一种优势的思维方式，中国叙事作品，尤其是章回小说，是长于预叙的。尤其是与西方文学作比较。西方也并非没有"预叙"，比如说莎士比亚的戏剧《麦克白》，写一个巫婆预言，森林移动，爱丁堡城就会陷落。后来敌军埋伏在城外，头上伪装着树枝，结果森林就移动了，爱丁堡城就被攻陷了。这么一种"预言叙事"的写法，在西方是一种变体，作为优势常规的写法，是倒叙。

东西方叙事方法之间，不排除同中有异、异中有同，你中有我、我中有你，但是各有强势，这也深刻地影响着相互间叙事形态的不同。研究是从差异分析开始的。差异分析方法最好的例证在于翻译。文学翻译是中西文化直接碰头、直接对话、直接进行转换的一种形式，它强迫你进行不容回避的意义转换。清末民初有一个大翻译家，叫林琴南，翻译过180部长篇作品，影响了整整一代人。他翻译西方作品的时候，往往进行了时空模式的转换，比如说苏格兰历史传奇小说家司各特写过一部长篇小说叫作《艾凡赫》，艾凡赫是个人名。在清朝末年，如果直译过来，读者都会感到莫名其妙。林琴南妙笔一挥，把题目改了，改成《撒克逊劫后英雄略》，"撒克逊"是个种族，劫后是大劫之后，英雄略是英雄们的传略。狄更斯有部自传体小说《大卫·科波菲尔》，书名是一个怪里怪气的外国人名，是很难被清末民初的读者接受的，没有人晓得大卫·科波菲尔是何方神圣。林琴南就把书名改成《块肉余生述》，从母体掉下来的一块肉，九死一生后的自述。还有一部《堂吉诃德》，在晚清如果直接翻译的话，也很是莫名其妙，我们不能将现在习惯了的做法，用在晚清刚刚接触西方文化的时候。林琴南就翻译成了《魔侠传》，一个走火入魔的侠客的传记。把西方世界对小时空的第一关注点，比如说一个具体的人名，翻译成一种大时空的有伦理价值判断的书名，林琴南从自己的文化经验中，已经感觉到中西文化的时空观念的巨大差异了。

这种文化差异性的兑换，至今还在包括澳门、香港、台湾在内的大陆以各种方式延续着。比如一部美国小说改编成的电影《飘》，就翻译成《乱世佳人》，这就把一种捉摸不透的身世的漂泊感，转换成大时空的伦理框架的表达。如果电影名字翻译成

《飘》，票房价值是不会"飘"到你的口袋里的。现在我们港澳台的外来影片、内地的外来影片多是采取这种翻译方式，这种翻译实际上是东西文化第一关注点的差异所致。所以时空观念的差异，实实在在地影响整个叙事的第一关注点和关注以后的整个操作过程。只要我们留心对比观察，是可以发现"滔滔者天下皆是"的。

五 叙事视角

讲了叙事结构、叙事时间之后，接下来讲"叙事视角"，这也是叙事学里很重要的牵一发而动全身的问题。作者在叙事作品中，使用什么样的角度去看世界，牵涉他与世界结合的方向、方式和介入的程度。这在叙事文学中是一双兴致勃勃、无所不窥的眼睛。

我们先从比较常见的视角误区讲起。对于视角问题，西方有这么一个说法：古典小说的视角是全知全能的，现在文学开始出现"限知的视角"。这么一种说法，在我们国内新潮的学术界也很流行。但是我们应该看到，中西方的智慧是可以相通的，但是在什么时间、在什么场合、以什么方式去表达类似的智慧，却往往出现"君住长江头，我住长江尾"的情形，虽然"共饮长江水"，但水质的清浊、味道是很不一样的。古典小说的视角像上帝一样是全知全能的，如果将这种说法拿来硬套在中国几千年的叙事作品中，很可能会把作品中最值得关注、最值得体验的精彩之处套没有了。因为中国没有全知全能的上帝耶和华，却有采集逸闻的稗官和登台说书的柳敬亭，他们的表达方式和智慧形态，怎么能够是一模一样的呢？

明末清初王猷定《听柳敬亭说史》："英雄头肯向人低，长把山河当滑稽。一曲景阳冈上事，门前流水夕阳西。"毛奇龄《赠柳生》："流落人间柳敬亭，消除豪气鬓星星。江南多少前朝事，说与人间不忍听。"清人吴伟业《柳敬亭传》云：

柳敬亭者，扬之泰州人，盖曹姓。年十五，犷悍无赖，名已在捕中，走之盱眙，困甚，挟稗官一册，非所习也，耳剽久，妄以其意抵掌盱眙市，则已倾其市人。好博，所得亦缘手尽。有老人，日为酿百钱，从寄食。久之，过江，休大柳下，生攀条泫然。已抚其树，顾同行数十人曰："嘻！吾今氏柳矣！"闻者以生多端，或大笑以去。后二十年，金陵有善谈论柳生，衣冠怀之，辐辏门，车常接毂，所到坐中皆惊。有识之者，曰："此固向年过江时休树下者也！"

柳生之技，其先后江湖间者，广陵张樵、陈思，姑苏吴逸，与柳生四人者，各名其家，柳生独以能著。或问生何师，生曰："吾无师也。吾之师乃儒者云间莫君后光。"莫君言之曰："夫演义虽小技，其以辨性情，考方俗，形容万类，不与儒者异道。故取之欲其肆，中之欲其微，促而赴之欲其迅，舒而绎之欲其安，进而止之欲其留，整而归之欲其洁。非天下至精者，其孰与于斯矣？"柳生乃退就舍，养气定词，审音辨物，以为揣摩。期月而后请莫君。莫君曰："子之说未也。闻子说者，欢咍嗢噱，是得子之易也。"又期月，曰："子之说几矣。闻子说者，危坐变色，毛发尽悚，舌桥然不能下。"又期月，莫君望见惊起曰："子得之矣！目之所视，手之所倚，足之所跂，言未发而哀乐具乎其前，此说之全矣！"于是听者傥然若有见焉；其竟也，恤然若有亡焉。莫君曰："虽以行天下莫能难也！"

已而柳生辞去，之扬州，之杭，之吴。吴最久。之金陵，所至与其豪长者相结，人人昵就生。其处已也，虽甚卑贱，必折节下之；即通显，敖弄无所诎。与人谈，初不甚谐谑，徐举一往事相酬答，淡辞雅对，一坐倾靡。诸公以此重之，亦不尽以其技强也。

当是时，士大夫避寇南下，侨金陵者万家。大司马吴桥范公，以本兵开府，名好士；相国何文瑞，阖门避造请、两家引生为上客。客有谓生者曰："方海内无事，生所谈，皆豪猾大侠、草泽亡命、吾等闻之，笑谓必无是，乃公故善诞耳；孰图今日不幸竟亲见之乎！"生闻其语慨然。属与吴人张燕筑、沈公宪俱。张、沈以歌，生以谈，三人者，酒酣，悲吟击节，意凄怆伤怀。凡北人流离在南者，闻之无不流涕。

未几而有左兵之事。左兵者，宁南伯良玉军。噪而南，寻奉诏守楚，驻皖城待发。守皖者，杜将军弘域，于生为故人。宁南尝奏酒，思得一异客，杜既已泄之矣。会两人用军事不相中，念非生莫可解者，乃檄生至。进之；左以为此天下辩士，欲以观其能，帐下用长刀遮客，引就席，坐客震振慑失次。生拜讫，索酒，该啁谐笑，旁若无人者。左大惊，自以为得生晚也。居数日，左沉吟不乐，熟视生曰："生揣我何念？"生曰："得毋以亡卒入皖而杜将军不法治之乎？"左曰："然。"生曰："此非有君侯令，杜将军不敢以专也。生请衔命矣。"驰一骑入杜将军军中，斩数人，乃定。

左幕府多儒生，所为文檄，不甚中窾会。生故不知书，口画便宜辄合。左起卒伍，少孤贫，与母相失，请驰封不能得其姓，泪承睫不止。生曰："吾侯不闻天子赐姓事乎？此吾说书中故实也。"大喜，立具奏。左武人，即以为知古今、识大体矣。

阮司马怀宁，生旧识也，与左都而新用事。生还南中，请左曰："见阮云何？"左无文书，即令口报阮，以捐弃故嫌，图国事于司马也。生归，对如宁南指，且约结还报。及闻坂矶筑城，则顿足曰："此示西备，疑必起矣！"后果如其虑焉。

左丧过龙江关，生祠哭已，有迎且拜、拜不肯起者，则其爱将陈秀也。秀尝有急，生活之。具为予言救秀状。始左病惫怒，而秀所犯重，且必死。生莫得楮梧，乃设之以事曰：

"今日饮酒不乐,君侯有奇物玩好,请一观可乎?"左曰:"甚善。"出所画已像二,其一"关陇破贼图"也,揽镜自照,叹曰:"良玉,天下健儿也,而今衰!"指其次曰:"吾破贼后,将入山,此图所以志也。"见衲而杖者数童子从其负瓢笠,且近,则秀也。生佯不省而徐睨为谁,左语之,且告其罪。生曰:"若负恩当死,顾君侯以亲信,即入山且令自从,而杀之,即此图为不全矣!"左颔之。其善用权谲,为人排患解纷率类此。

初,生从武昌归,以客将新道军所来,朝贵皆倾动;顾自安旧节,起居故人无所改。逮江上之变,生所携及留军中者,亡散累千金,再贫困而意气自如。或问之,曰:"吾在盱眙市上时,夜寒籍束藁卧,屝屦踵决,行雨雪中,窃不自料以至于此。今虽复落,尚足为生,且有吾技在,宁渠忧贫乎?"乃复来吴中。每被酒,尝为人说故宁南时事,则欷歔洒泣。既在军中久,其所谈益习,而无聊不平之气无所用,益发之于书,故晚节尤进云。

旧史氏曰:予从金陵识柳生。同时有杨生季蘅,故医也,亦客于左,奏摄武昌守,拜为真。左因强柳生以官,笑弗就也。杨今去官,仍故业,在南中亦纵横士,与予善。

吴梅村又有《柳敬亭赞》:"顑而立,黔而泽。视若营,似有得。文士舌,武士色。为伧楚,为谐给。丑而婉者其貌,佞而忠者其德。初即之也如惊,骤去之也如失。人以为此柳可爱,而吾笑为麻中之直。斯真天下之辩士,而诸侯之上客也欤。"

黄宗羲《柳敬亭传》云:

余读《东京梦华录》《武林旧事》,当时演史小说者数十人。自此以来,其姓名不可得闻。乃近年共称柳敬亭之说书。

柳敬亭者，扬之泰州人，本姓曹。年十五，犷悍无赖，犯法当死，变姓柳，之盱眙市中为人说书，已能倾动其市人。久之，过江，云间有儒生莫后光见之，曰："此子机变，可使以其技鸣。"于是谓之曰："说书虽小技，然必句性情，习方俗，如优孟摇头而歌，而后可以得志。"敬亭退而凝神定气，简练揣摩，期月而诣莫生。生曰："子之说，能使人欢咍嗢噱矣。"又期月，生曰："子之说，能使人慷慨涕泣矣。"又期月，生喟然曰："子言未发而哀乐具乎其前，使人之性情不能自主，盖进乎技矣。"由是之扬，之杭，之金陵，名达于缙绅间。华堂旅会，闲庭独坐，争延之使奏其技，无不当于心，称善也。宁南南下，皖师欲结欢宁南，致敬亭于幕府，宁南以为相见之晚，使参机密。

军中亦不敢以说书目敬亭。宁南不知书，所有文檄，幕下儒生设意修词，援古证今，极力为之，宁南皆不悦。而敬亭耳剽口熟，从委巷活套中来者，无不与宁南意合。尝奉命至金陵，是时朝中皆畏宁南，闻其使人来，莫不倾动加礼，宰执以下俱使之南面上坐，称柳将军，敬亭亦无所不安也。其市井小人昔与敬亭尔汝者，从道旁私语："此故吾侪同说书者也，今富贵若此！"

亡何国变，宁南死。敬亭丧失其资略尽，贫困如故时，始复上街头理其故业。敬亭既在军中久，其豪猾大侠、杀人亡命、流离遇合、破家失国之事，无不身亲见之。且五方土音，乡俗好尚，习见习闻，每发一声，使人闻之，或如刀剑铁骑，飒然浮空，或如风号雨泣，鸟悲兽骇，亡国之恨顿生，檀板之声无色，有非莫生之言可尽者矣。马帅镇松时，敬亭亦出入其门下，然不过以倡优遇之。

钱牧斋尝谓人曰："柳敬亭何所优长？"人曰："说书。"牧斋曰："非也，其长在尺牍耳。"盖敬亭极喜写书调文，别字满纸，故牧斋以此谑之。嗟乎！宁南身为大将，而以倡优为腹心，其所授摄官，皆市井若己者，不亡何待乎。

偶见《梅村集》中张南垣柳敬亭二传，张言其艺而合于道，柳言其参宁南军事，比之鲁仲连之排难解纷，此等处皆失轻重，亦如弇州志刻工章文，与伯虎徵明比拟不伦，皆是倒却文章家架子。余因改二传，其人本琐琐，不足道，使后生知文章体式耳。

明人张岱《陶庵梦忆》卷五《柳敬亭说书》：

> 南京柳麻子，黧黑，满面疱瘤，悠悠忽忽，土木形骸，善说书。一日说书一回，定价一两。十日前先送书帕下定，常不得空。南京一时有两行情人：王月生、柳麻子是也。余听其说景阳冈武松打虎白文，与本传大异。其描写刻画，微入毫发，然又找截干净，并不唠叨。哱夬声如巨钟，说至筋节处，叱咤叫喊，汹汹崩屋。武松到店沽酒，店内无人，謷地一吼，店中空缸空甓皆瓮瓮有声。闲中著色，细微至此。主人必屏息静坐，倾耳听之，彼方掉舌。稍见下人咕哔耳语，听者欠伸有倦色，辄不言，故不得强。每至丙夜，拭桌剪灯，素瓷静递，款款言之。其疾徐轻重，吞吐抑扬，入情入理，入筋入骨，摘世上说书之耳，而使之谛听，不怕其不齰舌死也。柳麻貌奇丑，然其口角波俏，眼目流利，衣服恬静，直与王月生同其婉娈，故其行情正等。

领悟了说书奇才柳敬亭把说书者与故事人物混融为一，潜入人物神经末梢与之共同颤抖的高超技法，这对于理解中国叙事视角可谓思过半矣。

在这里，不妨将时间距离拉远一些。中国小说的起源是非常漫长的，根据我的研究，"中国小说发端于战国"。我们在两千几百年前，就开始有小说了，《山海经》《穆天子传》都可以算入这个范围。《汉书·艺文志》"小说家"首列的《伊尹说》，见于《吕氏春秋·本味》篇，是最早的小说。到了魏晋时期，小说跟当时的社会动乱、宗教思想发生关系。同时，我觉得跟当时的士族有关系，北方的胡人进来之后，大批衣冠士族渡过长江，到了原来的百越、南蛮之地，对南中国的经济和文化进行开发。南方少数民族对中国原始文化的保存，贡献巨大。正如战国的《楚辞》，开发了楚国的神话和巫歌；汉魏六朝的志怪，开发了南方少数民族的神话和巫风传说。盘古神话，为何是三国吴人徐整、南朝梁人任昉最早记录的呢？因为他们是到了南方的士人，对南方少数民族的神话产生惊奇感。至今南方的瑶族、畲族、壮族、苗族，还广泛流传着盘古（或盘瓠）开天辟地的创世神话和族源神话。人性总是好奇的，原始思维的遗存，巫风强盛，神话怪异就成了小说的热门题材。

　　志怪小说的发达，出现了一个问题：凡是人和神之间的恋爱，如果这个神是男的，是个野兽，是天象（彩虹之类），女方是人间的女子，这样的作品就带有神话性；如果男方是人间的男子，女方是个仙女、狐狸精或者女鬼之类的，这样的作品就带有仙话性。神话和仙话就是角色一变，被注入了不同的文化内涵。野兽和人间的女儿结婚，这是人间伦理难以承担的，带有原始崇拜的强悍的力度。男方如果是人间的男子，跟女鬼或狐狸精相爱，这就是在人类文明社会中，情欲被礼制压抑，在一种幻想状态中求得的发泄和补偿，所以角色的变化决定了它的文体类型的变化。

　　比如说，晋朝干宝的《搜神记》里面，有一篇"蚕马"故事[①]。这个故事不被人注意，我用50万字选编中国从古到今的小

---

① 干宝：《搜神记》卷十四，中华书局1979年版，第172—173页。

说集的时候，把这个故事放在第一篇。蚕马故事说，在很古老的时候，有一户人家，父亲到边疆去打仗，留在家中的女儿很寂寞、很苦闷、很孤独，有一天就唠唠叨叨，在家里的一匹公马面前说，谁要把我父亲接回来，我就嫁给他。公马一听这个事情之后，就发了性子，挣断缰绳，跑到战场上去，在战场上折腾，父亲就想这匹马是怎么回事，是不是家里发生了什么事情，就骑着马回家了。回来之后，这匹马就不吃不睡，等着成其好事。父亲感到很奇怪，就问他的女儿，女儿就讲了事情的前因后果。父亲一听，觉得此事非同小可，有辱家声，就埋伏弓箭手把这匹马射死了，把马皮剥下来，晾在外面。这个姑娘还在豆蔻年华，在院子里蹦蹦跳跳玩耍，用脚去踹那张马皮，说你这个畜生，还想和人间女儿结婚，你这不是自找死亡吗？癞蛤蟆想吃天鹅肉。她正玩得高兴的时候，这张马皮呼啦一声立起来了，把姑娘包起来，一股劲狂奔出几十里地，在一棵巨大的桑树上，化成了一条巨大无比的蚕。这是我们古老的蚕神崇拜的故事。

也许我们的祖先，看到蚕的样子，像马的脑袋，加上少女的身子，所以就想出这么一个故事。《周礼·马质》"禁原蚕"，郑玄注云："蚕与马同气，再蚕伤马。"《荀子·赋》篇说："有物于此，㒩㒩兮其状，屡化如神。功被天下，为万世文。礼乐以成，贵贱以分。养老长幼，待之而后存。名号不美，与暴为邻。弃其耆老，收其后世。人属所利，飞鸟所害。臣愚而不识，请占之五泰。五泰占之曰：此夫身女好而头马首者与？屡化而不寿者与？善壮而拙老者与？有父母而无牝牡者与？冬伏而夏游，食桑而吐丝，前乱而后治，夏生而恶暑，喜湿而恶雨。蛹以为母，蛾以为父。三俯三起，事乃大已。夫是之谓蚕理。——蚕。"清人翟灏《通俗编》卷十九记述："【马明王】《原化传拾遗》：蚕女当高辛时，旧迹在蜀广汉，不知姓氏，其父为人所掠，母誓于众曰：'有得父还者，以女嫁之。'众莫应，惟素所乘马，闻言绝拘绊去，数日，父乃乘马归，母白之故，父曰：'安有人而偶非类乎？'马跑，父怒杀之，曝皮于庭，皮忽卷女飞去，栖于桑间，化为蚕，一日，女乘云驾此马，谓父母曰：'太上以儿心不忘义，授以九宫仙嫔矣。'由是宫观皆塑女像祈蚕，披马皮，谓之马头娘。"《七修类稿》所谓马头娘，本"荀子·蚕赋"："身女好而头马首一语附会，俗称马明王，明王乃神之通号。"宋代笔记《湖海新闻夷坚续志》前集卷二有"马头娘子"条，说是"蜀之先有蚕丛帝。又高辛时蜀有蚕女，不知姓氏。父为人所掠，惟所乘马在。女念父，不食，其母因誓于众曰：'有得父还者，以此女嫁之。'马闻其言，惊跃振迅，绝其拘绊而去，数日父乃乘马而归。自此马嘶鸣，不肯吃。母以誓众之言告父，父曰：'誓于人，不誓于马，安有人而偶非类乎？能脱我于难，功亦大矣。所誓之言，不可行也（上八字据元刻本补）'马跑，父怒欲杀之。马愈跑，父射杀之，曝其皮于庭。皮蹶然而起，卷女飞去。旬日皮复栖于桑上，女化为蚕，食桑叶，吐丝成茧，以衣被于人间。一日，蚕女乘云驾此马，谓父母曰：'太上以我心不忘义，授以九宫（"宫"原作"公"，据元刻本改）仙嫔矣，母复忆念也。'……蜀之风俗，宫观诸处塑女像，披马皮，谓之'马头娘'，以祈蚕焉"。这已经是后世将神话变异为仙话了。

于此我们看到，《搜神记》的记载充满着原始的、野蛮的一种神奇力量。第一，承诺就是命运，你说了，就要用生命作为代价去偿还。第二，两种物种还可以组合成第三种物种，这是古老神话中的"基因工程"。人类创世那种神秘的力量还存在，所以这是神话，是蚕神崇拜的神话，其中蕴含的伦理道德是人间社会难以承担的，必须超越人类社会的成规才可以想象。

另外一个故事，出自据说是陶渊明写的《搜神后记》。里面有一个田螺姑娘的故事：有一个农家的子弟叫作谢端，自小失去父母，靠邻居来抚养，后来独立生活，生活很辛苦，每天下地干活。

有一天，他在田埂上捡到一个大白螺，拿回来放在水缸里养着。后来有一次下地回来，发现有人给他烧好了水、做好了饭。他想可能是邻居帮忙，就去感谢邻居，邻居表示没有这么回事。他就感到很疑惑，过了几天还是有人给他烧水、做饭。他又去感谢邻居，邻居说：你这个家伙，娶了媳妇关在家里，还不告诉我们，意思是不给我们喜糖吃。于是，谢端就来了一个鸡鸣下地，日出回来，从篱笆往里看，果然从水缸里面出来一个漂亮女子下厨房。他急忙冲进去，挡住她的回路。这女子告诉谢端，我是天上的银河中的仙女，上帝看你这么辛苦，派我下来帮你忙，现在被你发现了，我只好走了；我留下的这个螺壳，用它来舀米就会有吃不完的米，她乘着一阵风雨就消失了。这完全是在小农经济社会中的一个白日梦，想得多美，自己下地干活，不要钱还有一个漂亮的姑娘给他烧水做饭，粮食还吃不完。这是贫困状态中的一个白日梦。中国人向往安居乐业，那么中国人又如何理解安居乐业呢？"安"字是屋顶底下坐着一个女人，从甲骨文到现在，千古未变，只要屋里有个女人操持家务，就是一个安乐窝了。

我们再深想一层，"田螺姑娘故事"的叙事视角，是全知全能的吗？谢端不知道的事情，也不让你知道，硬是要遮遮掩掩，挡住你的眼光，"犹抱琵琶半遮面"。中国古代志怪小说凡是写得好的、写得完整的，都是"限知"的。妖怪才出来，不会让你知道她是妖怪，可能让你觉得是个仙女，是个大家闺秀、风流荡妇之类。在遮挡你的视线时，不断地一点一点地透露一些奇异的信息，让你疑惑，吊着你的胃口，在完成你的好奇心的同时完成他的叙事的过程。当你知道她是妖怪了，当整个故事真相大白了，视角全部打开之后，故事也就完了。《聊斋志异》写牡丹精的《葛巾》，也是采用这种限知视角的写法，限制你的视线时，常大用与葛巾相恋，怀疑她是大家闺秀，是仙女，满室不时散发出牡丹的香气；迎回洛阳生子之后，才打听清楚她是"曹国夫人之女"的身世，知道了她是牡丹精，她把儿子甩到地上化为牡丹树，就消失了。所以志怪小说中写得好的，都是采用限知视角。我的这种见解写成文章发表之后，包括海外的汉学家，看过我书的，似乎就不再简单地说"古典小说的视角是全知全能的"。实际上，中国古代的小说智慧，尤其是文人小说的智慧，是非常丰富的。文人游戏笔墨，往往追求涉笔成趣，谁能设想他会把什么花招用在小说中？要了解叙事视角方式的丰富性，就应该用现代意识好好地读丰富多彩的笔记小说，里面包含的有些智慧恐怕是在西方叙事理论中还未见踪影的。

我曾经写过一篇论文，讨论纪晓岚的《阅微草堂笔记》，发现其中存在着"元小说"（台湾翻译成"后设小说"），就是在虚构的外面谈虚构的一种小说方式。这在西方是被视为时髦的理论发现的，但是在中国清代，甚至早得多的宋代，这种"元小说"方式就已经存在一千年了。纪晓岚既然反对《聊斋志异》的虚构性，但他又在自己的笔记中写狐狸精、写鬼怪故事，这就造成他"站在虚构之外谈虚构"的立场，一种不折不扣的"元小说"立场。他不是把小说幻想看成一个完整的世界，而是把小说世界变成一个写作的过程。比如，他写了这么一个故事：有一个流浪的乞丐，临死时将小女儿卖给纪晓岚的祖母当养女，取名"连贵"。连贵只记得家在山东，门口有个驿站，离这里有一个多月的路程。自称许给对门的胡家，但胡家也出外讨饭了。十几年后，连贵配给纪府的马夫刘登，刘登自称原姓胡，家在山东驿站之旁，离这里一个多月的路程，听说小时父母为他订过婚。这实在是一个破镜重圆的好素材，但作者没有把它编成传奇，反而让亲友发表一些反传奇的议论。作者的叔父说："可惜连贵蠢得像一头猪，只知道吃饱了睡觉。不然，此事稍加点缀，就可以写入传奇。"作者又让朋友与叔父争辩说："历史传记都免不了添枝加叶，何况是传奇呢？明朝有一部传奇，写一个佳人美如天仙。某某的祖父见过这个女子,矮胖矮胖的,寻常女子而已。连贵虽是粗人,假如有好事者为她填词作曲,将来在洞房花烛的红地毯上,她又何尝不是千娇百媚呢?"① 作者完全站在虚构之外谈虚构,站在传奇之外谈传奇,这是元小说的典型写法。如果有心去分析《聊斋》,可能就会发现,它还有一种"反元小说",站在虚构的深处,反口调侃、嘲讽现实中人物的毛病和嗜好,作为朋友间饮酒谈笑的材料。从六朝志怪,到宋朝洪迈的《夷坚志》,再到清代的《聊斋志异》《阅微草堂笔记》,写作态度五花八门,感受世界的方式千姿百态,千古文人游戏笔墨,叙事的角度往往花样翻新。游戏到了极致,游戏出一部《西游记》,孙悟空上天入地,一个筋斗十万八千里。这里面的智慧宝藏金光闪闪,只要用心发掘,所发现的叙事原理,并不是西方现成的叙事理论能够囊括无遗的。

就连第一人称的小说,在中国也是古已有之,并不是到近代才有。四五百年前的明代,有一部叫作《痴婆子传》小说书,②就是用第一人称的口吻写成的一个愚昧的老太婆的传记。她自述"性感受"的经历,从小给表哥弄破了童贞之后,跟一系列的男人发生千奇百怪的性关系,大胆吐露着微妙的生理和心理的感觉。这个作品是男人写的还是女人写的?恐怕是男人写的,男人在体验女人的性心理。也有男人自述夫妻恩爱情感的作品,这就是清朝沈复于嘉庆十三年(1808)用第一人称写的《浮生六记》。③ 今存四卷:《闺房记乐》《闲情记趣》《坎坷记愁》《浪游记快》。所谓"浮生",典故来自李白的文章《春夜宴从弟桃李园序》:"夫天地者,万物之逆旅也;光阴者,百代之过客也。而浮生若梦,为欢几何?"作品以第一人称("余")的"内视角"和真挚亲切的语调,将夫妻间至诚至纯的爱怜和风雅有趣的闺房之乐娓娓道

---

① (清)纪昀:《阅微草堂笔记》,上海古籍出版社1980年版,第179—180页。
② (明)芙蓉主人辑:《痴婆子传》二卷,清乾隆甲申年(1764)本。
③ (清)沈复:《浮生六记》,人民文学出版社1999年版。

来，展示一种平等人格和文化人生的魅力，使礼教生活的呆板乏味，简直形同"土狗"。

在文人自传性作品寻味着内视角的时候，说书人则张扬着一种外向的流动视角。中国叙事作品的视角，不能简单地用外来理论硬套，因为它另有自己的发生学、审美学和接受学。说书人的视角是不能简单地用"全知全能"加以概括的，没有一个中国说书人会以上帝自居，他往往以博闻广记的朋友身份，跟听众交流着往事奇闻，拍案惊奇。

说书人的"流动视角"，可以称作"角色视角"。说书人引导着听众东看西看，他自己却在绘声绘色地充当被说的人物。"说者成为被说者"，这就是他们追求的至高境界。我们只要了解一下明末清初著名的说书人柳敬亭的说书艺术，就会明白，他主张说书时忘掉自己，达到"我即成古，笑啼皆一"的境界，使说书人和被说的古人融为一体。张岱《陶庵梦忆》卷五有一篇《柳敬亭说书》："余听其说'景阳冈武松打虎'白文，与本传大异。其描写刻画，微入毫发，然又找截干净，并不唠叨。勃夬声如巨钟，说至筋节处，叱咤叫喊，汹汹崩屋。武松到店沽酒，店内无人，謈地一吼，店内空缸空甓皆瓮瓮有声，闲中著色，细微至此。"说书人有这个本事，说宋江，他就是宋江，说武松，他就是武松，说李逵，他就是李逵。说书人必须在说的时候带有表演的性质，口到、手到、眼到、神到，融合在角色之中，尽情地表述，在视角的分离和重构中来完成自己的视角的分分合合。角色视角在流动的过程中，完成着每个人物的叱咤风云、悲欢离合、升降浮沉等人生轨迹，由此集合众多的角色视角和流动的视角从而完成整体性的全知视角。

不妨举一个大家熟悉的《水浒传》中"武松醉打蒋门神"的例子。[①] 武松杀嫂，被发配到孟州府之后，施恩给他养好伤，试验

---

① 陈曦钟：《水浒传会评本》第二十八回，北京大学出版社1981年版，第539—551页。

了一下武松的神力又恢复如初了，就和他讲，蒋门神如何霸占他的快活林酒店、如何打坏他的胳膊，要武松去帮他报仇。武松定了一个口头协议，叫作"无三不过望"，每过一个酒家都要喝三碗酒才走。施恩答应了，派人挑着一担酒，就跟着武松，过一个酒望子，就喝三碗酒，待过了十几个酒望子，武松也喝四五十碗酒了。当然可能当时酒的发酵技术不够精良，酒精浓度有限。施恩看武松时，还不十分醉。评点家金圣叹在这个地方加上了一个评点：不是武松的脸上无酒，而是施恩的心中有事。施恩怕武松醉了，不但搭上武松，连自己的另外一条胳膊也要搭上。

接下来的视角，完全是武松的视角，说书人采取和武松重叠的视角，带着我们进入快活林地界。远远地看去，有一处森林，继续往前走，看到大槐树下，躺着一个大胖汉，武松想，这可能就是蒋门神。然后继续走，看到一片绿栏杆，挑着一个酒望子，写着四个字："河阳风月"，孟州府在黄河北岸，因此叫作"河阳"。接着往前走，看见酒店门口一副对联："醉里乾坤大，壶中日月长。"完全采用武松的视角，武松看不到的我们也看不到，武松猜不出的我们也猜不出。不像雨果写《巴黎圣母院》那样，跳离人物去说巴黎圣母院的建筑结构和历史沿革，写了一百页，王瑶先生说北京大学图书馆里的《巴黎圣母院》，后面都翻烂了，就前面这一百多页还像新的一样。中国人的阅读习惯和西方人不一样，因为没有故事，离开人物去讲凝固了的事物，就引不起阅读兴趣。中国说书人的视觉，是说书人安在人物身上，让人物来带着视角走。

武松看到对联之后，就进了酒店，看见一个白案和一个红案，白案卖馒头，红案卖肉。再进去之后有三个伙计、三个酒缸，还看见一个漂亮的女子，她可能就是蒋门神的妾。这就是武松的视角，而不是李逵的视角，视角被人物染上了色彩，它不是透明的中性。试想一想，要是进来的是李逵，哪能看见这些东西？板斧一挥什么也就完了。武松粗中有细,要看准情景之后才开始打斗。他上前疯疯癫癫地调戏这个老板娘,要她陪酒,惹老板娘发怒了,然后开打。将武松进入快活林的过程如此写来,是全知全能的视角吗?说书人(作者)带着听众(读者)和武松一道,沿路看来,武松看到的,我们也看到,武松忽略的,我们也忽略,这是以角色为中心的流动视角。古代章回小说沿用说书人叙事角度和方式,带有勾栏瓦舍走向案头的特殊的叙述情境的规矩和趣味,这种创造恐怕不是西方对叙事视角的认知所能概括的。中国的叙事学理论,应该尊重本土经验的原创性。

真正会读书的人,不能被重重叠叠的外来概念迷住了眼睛,因为他直接面对生命,所以尊重自己阅读的第一印象。当年文学研究所所长何其芳先生说,"读书要重视自己的第一印象",因为第一印象可能包含着许多直觉的原创性萌芽,至少是本色性的思维的萌芽。

最后,要综合地讲一讲叙事结构、时间和视角相互渗透、相互融合的问题。叙事学跨越而推动自身理论抽象化和普遍性,但是中国古代的一些文体存在,本来就不是绝然分家的。我们凭着一部《史记》,就认定司马迁既是伟大的历史学家,又是杰出的文学家。这部史书对小说的史笔和诗心影响极深,证明历史、小说与诗作为人类智慧共同体的各个分体,分中有合,可以相互融贯。

名列"二十四史"之首的《史记》,写得最精彩的是哪一篇?是《项羽本纪》。不妨把《项羽本纪》结构、时间、视角的叙事策略分析一下。全篇总共一万字左右,开头以两千字来叙述项羽的家世和他早年与他的叔叔项梁的一些经历,是项羽和项梁的合传。溯本求源是中国历史的基本写法,也是中国人的基本思维方式。溯本求源的特点,就是敞开大时空。《离骚》的第一句"帝高阳之苗裔兮,朕皇考曰伯庸"就远远地从屈原的祖先讲起,探究着"我从何而来"。以往的历史传记要讲一个大人物的身世，往往攀援历史上的名人，比如曹操是西汉相国曹参的后代，孙权是军事家孙武的后代，刘备大家也都知道是中山靖王刘胜之后。

《项羽本纪》在溯本求源之余，竟然追溯到项羽的心灵源头，其中有两个故事给人留下难忘的印象：项羽学书不成，去学剑，学剑又不成，项梁说真没出息，项羽说学剑只是一人敌，他要学"万人敌"，就去学兵法。第二个故事，项羽跟项梁避难于浙江，看到秦始皇的仪仗队，浩浩荡荡过钱塘江，他说"彼可取而代之也"，吐露了他的"霸王之气"。中国文章讲究以气为主，用气来贯通，整篇《项羽本纪》就是用"霸王之气"来加以贯通。"霸王之气"对中国人的心理结构和民族性格影响之深，不可忽视。这是一种天不怕地不怕，不怕鬼不怕神，敢作、敢为、敢造反的气势，同时也是一种破坏性，尤其是对文明和文化的破坏性。

项羽打进关中后，要回家乡彭城当霸王，就洗劫和火烧咸阳。中国现存的文物，经过历次改朝换代的洗劫和火烧，洛阳、长安的地上古建筑几乎荡然无存。但是在山西，元以前的地上文物保存了75%以上，在这样一个易守难攻的地方，土霸王留着供自己受用。山西在中国的政治史上有很独特的作用，它离长安、洛阳、北京相当近，但是你打它，打不着，以过去的冷兵器，很难打进去。霸王竟然在进军咸阳的途中，一个晚上杀掉了投降的秦兵20万人。当然，这个事情有点令人怀疑，现在有了机关枪，要一个晚上杀掉20万人都很难，两千年前要一个晚上埋掉20万人，好像太过夸张。但是这种杀红了眼的破坏性，这种横冲直撞的霸王气，实际上对文明的摧毁破坏，令人惊心动魄。本纪开头两千字写了霸王的家世和精神的源头。

接下来是全篇的主体，它以极强的跳跃性和弹性，操纵着叙事时间的速度。用六千字，实际上讲了项羽的三个故事：第一个故事是"巨鹿之战"，项羽率师北上，在河北的巨鹿与秦军的主力对垒。各路诸侯胆怯不敢向前，项羽却破釜沉舟，带着军队强攻进去，把秦军的主力打垮，从而就奠定了他的霸王地位。这是项羽一生最辉煌的战功。第二个故事是"鸿门宴"，刘邦先进关中，项羽后到，恃强凌弱，范增心怀叵测，要除掉刘邦。鸿门宴上刀光剑影，最后项羽的犹豫不决使刘邦借机逃回自己的军营，造成了项羽命运的转折。第三个故事就是"垓下之围"和"乌江自刎"，刘邦、韩信会师于安徽省北部的垓下，把项羽围困起来，四面楚歌，后来项羽突围到长江边上的乌江（在今安徽和县）自杀。

这么三个故事，写了六千多字。实际上项羽从24岁起兵到32岁自刎，我们可不能给京剧里面的大胡子给蒙住了，他其实还是一个小伙子，32岁霸王别姬之后离别人世。在这八年的中间，三个故事所占的时间，加起来也就一个多月，这是非常讲究叙事时间速度的处理。巨鹿之战十几天，鸿门宴一天，垓下之围，也就十几天，加起来一个多月。就是说八年当中，用六千字聚焦在这一个多月的关键事件，可见时间的操作在司马迁那里运用得是何等得心应手。垓下之围和乌江自刎是历史存在，《史记》是一部"信史"，真实性不容怀疑。但是"垓下之围"，项羽听到四面楚歌，感到唱楚歌的人这么多，可能楚地都给刘邦占领了，于是精神崩溃，悲观至极。不过英雄的精神崩溃，也崩溃得有声有色。项羽、虞姬在中军帐里喝酒歌舞，唱《垓下歌》："力拔山兮气盖世，时不利兮骓不逝。"一曲悲歌，在历史长空中千古震荡。① 问题是，谁听到和记录下来这首《垓下歌》？凡是在项羽中军帐的人，项羽自杀了，虞姬自杀了，江东八百弟子全部阵亡了。难道是刘邦派了探子潜伏在帐中偷听来的吗？难道是安了窃听器吗？也许是太史公好奇，采访垓下古战场的时候，当地的父老讲了这么一个故事，唱了这么一首歌。太史公把这个口传故事写进了历

---

① （汉）司马迁：《史记·项羽本纪》，中华书局1982年版，第333页。

史，这里带有口头传说的成分，带有民间文学的特征。然而，两千年来中国人就相信了从茫茫原野传来的这一声历史的夹杂着呐喊音符的呻吟。没有霸王别姬这一幕，好像项羽英雄悲剧这个圆，就没有画圆。就连明万历本《金瓶梅词话》第一回"景阳冈武松打虎　潘金莲嫌夫卖风月"，也以项羽、虞姬故事作为开卷词，词曰："丈夫只手把吴钩，欲斩万人头。如何铁石，打成心性，却为花柔？请看项籍并刘季，一怒使人愁。只因撞着，虞姬戚氏，豪杰都休。"并且评议说："此一只词儿，单说着情色二字，乃一体一用。故色绚于目，情感于心，情色相生，心目相视。亘古及今，仁人君子，弗合忘之。晋人云：情之所钟，正在我辈。如磁石吸铁，隔碍潜通。无情之物尚尔，何况为人，终日在情色中做活计者耶？词儿'丈夫只手把吴钩'，吴钩，乃古剑也。古有干将、莫邪、太阿、吴钩、鱼肠、屡镂之名。言丈夫心肠如铁石，气概贯虹蜺，不免屈志于女人。题起当时西楚霸王，姓项名籍，单名羽字。因秦始皇无道，南修五岭，北筑长城，东填大海，西建阿房，并吞六国，坑儒焚典。因与汉王刘邦，单名季字，时二人起兵，席卷三秦，灭了秦国，指鸿沟为界，平分天下。因用范增之谋，连败汉王七十二阵。只因宠着一个妇人，名唤虞姬，有倾城之色，载于军中，朝夕不离。一旦被韩信所败，夜走阴陵，为追兵所逼。霸王败向江东取救，因舍虞姬不得，又闻四面皆楚歌，事发，叹曰'力拔山兮气盖世，时不利兮骓不逝。骓不逝兮可奈何？虞兮虞兮奈若何！'歌毕，泪下数行。虞姬曰：'大王莫非以贱妾之故，有废军中大事。'霸王曰：'不然。吾与汝不忍相舍故耳！况汝这般容色，刘邦乃酒色之君，必见汝而纳之。'虞姬泣曰：'妾宁以义死，不以苟生。'遂请王之宝剑，自刎而死。霸王因大恸，寻以自刭。史官有诗叹曰：拔山力尽霸图隳，倚剑空歌不逝骓。明月满营天似水，那堪回首别虞姬。"然而人们还是怀念历史上这个不可再见的"真男子""大丈夫"，多少人凭吊和咏叹这位西楚霸王，杜牧《题乌江亭》诗云："胜负兵家事不期，包羞忍耻是男儿。江东子弟多才俊，卷土重来未可知。"王安石《叠题乌江亭》诗却说："百战疲劳壮士哀，中原一败势难回。江东子弟今虽在，肯与君王卷土来？"霸王别姬、乌江自刎，成就了气壮山河的悲剧落幕。大家想一想，最好一部史书的最好一篇的最好章节，一种神来之笔，竟然是带有民间传说的成分。这样讲，似乎对我们伟大的历史家有点不敬，但是我们要强调的是，这里的历史大框架是真实的，只是具体的细节或有点染缘饰。这种点染缘饰并非官方伪造，而是来自民间，氤氲着沉郁的民气。

虽然一再强调叙事学的一项本事是跨越文体，但各种文体依然有其特殊之处，是不能轻易跨越的。上面讲的垓下悲歌从何而来，实际上就涉及历史实录的视角和小说虚构的视角，这两种视角自有区别，轻易跨越也会令人陡生疑窦。先秦时期有一部国别史的书叫《国语》，里面有一段写的是晋献公消灭了骊国之后，把骊姬也当成了自己的妻子，骊姬生了一个儿子叫奚齐，就想把自己的儿子立为太子，就向晋献公告"枕头状"——即夜里睡觉的时候，在枕头旁边告状，说太子申生如何不好，如何收买人心，如何想下毒药，重耳也不行，重耳就是后来的晋文公。这个"枕头状"的关节，在《国语》文言文本中，现在的标准本竟然有五六页之多。根据西汉初年的《孔丛子》的记载，秦朝末年的起义者陈胜读到《国语》这个"枕头状"事件，产生了怀疑，认为"骊姬夜泣"谁听见的。此为好事者所为，人间的夫妇夜里"处幽室之中"说了什么，人们都不知道他们的隐私，一国之君夜里说什么，你怎么知道呢？有一个儒家的博士官就跟他解释，过去史官有国史和女史，国史记录朝廷中的事，女史记录国君夫妇的"床笫之私，房中之事"，① 这个事情是可能的吗？如果一国之君，

---

① 傅亚庶：《孔丛子校释》卷六，中华书局2011年版，第433页。

两口子在屋子里睡觉，有个史官拿着一个本子，拿着笔站在你的床头，你说一句，他就记录一句，当这样的国君毫无隐私，也太累、太没味道了，因此这种描述乃是所谓推测之词。

这就是说，小说文体与历史文体的叙事角度，既相通，又相别。正如金圣叹所说，小说因文生情，历史因情生文。在虚实关系上，小说以虚制实，历史以实制虚。我们读书的时候，要用自己的眼光，读出自己，要读出文化，要读出历史。其中带根本性的是"读出自己"，把文本的智慧化成你的血肉。中国作家写作的时候，常常是对外国的智慧借鉴得较多，这在这种全球化的过程中是不可避免的。陌生的智慧，最能刺激思想的活性。但是我们不能邯郸学步，因为那样是永远学不过邯郸人的。必须要把东方文明在世界上第一流的文化经验、文化智慧，加以现代性的体验、解释和消化，把它转变和点化成现代智慧的一个部分，进而使我们的优势融合西方的新鲜，这样才可能使我们的文化，出现一种不是看着人家的脸色和人家的风潮来走路的大国气象和盛世景象。

1995 年 5 月讲演记录稿；
2011 年 10 月 26 日在澳门大学整理重讲；
2021 年 2 月 15 日修订

文学地理学的本质、内涵与方法

一 使文学接上"地气"

好端端的文学研究,为何要使它与地理结缘呢?说到底就是为了使文学研究"接上地气",通过研究文学发生发展的地理空间、区域景观、环境系统,给文学这片树林,或者其中的特别树种的土壤状况、气候条件、水肥供给、种子来源,以一个扎实、深厚、富有生命感的说明。思想文化只有连通地气,才是能够不断发育生长的思想文化,才能培育出文明史的强大根系。文明史的考量,连通地气是非常关键的。

"地气"一词,是中国人文地理学上的关键词。这是气论思维触及中国哲学基本问题的诠释框架,我们既可以在《庄子·知北游》中听到"通天下一气耳。圣人故贵一"[1]的声音,又可以在《孟子·公孙丑上》中领略到"夫志,气之帅也;气,体之充也。……我善养吾浩然之气……其为气也,至大至刚,以直养而无害,则塞于天地之间"[2]的阐释。当这种充塞和贯通于天地之间的"气",生于地、感于人、染于万物之时,它就为文学接上"地气"提供了密如蛛网的通道。

---

[1] 《庄子·知北游》,《庄子集解》卷六,中华书局1987年版,第226页。
[2] 《孟子·公孙丑上》,《四书章句集注》,中华书局1983年版,第230—231页。

历史上有一个著名的"橘化为枳"的典故，最初提出了"地气"一词。如《周礼·考工记》总序说："天有时，地有气，材有美，工有巧，合此四者，然后可以为良。材美工巧，然而不良，则不时，不得地气也。……橘逾淮而北为枳，……此地气然也；郑之刀，宋之斤，鲁之削，吴粤之剑，迁乎其地而弗能为良，地气然也。"①"地气"由此成为古代经籍中，论述地理环境对物产、生物影响的非常重要的概念。汉代郑玄则将这个概念引导到"民性"的领域，进入了人文地理的范畴。他认为："五方之民性不可推移，地气使之然也。"② 而春秋时期齐国贤相晏婴则将"橘化为枳"的故事变得家喻户晓，晏子对楚王曰："婴闻之，橘生淮南则为橘，生于淮北则为枳，叶徒相似，其实味不同，所以然者何？水土异也。"他强调的是"水土异"，产生了"橘甘枳酸"的果品变异，并且进一步引导到人文领域，调侃楚王："今民生长于齐不盗，入楚则盗，得无楚之水土使民善盗耶？"③ 他在外交辞令中，巧妙地运用了自然地理的知识。

中国古人凭着经验和智慧，发现人类居住的地球表层的山川水土的差异，影响了生物存在和器物制造的品质，又体验到山川水土上氤氲着一种"气"，与人类呼吸相通、生命相依。地理环境以独特的地形、水文、植被、禽兽种类，影响了人们的宇宙认知、审美想象和风俗信仰，赋予不同山川水土上人们不同的禀性，赋予各具特色的思想文化。这就是为何《管子·水地篇》说："地者，万物之本原，诸生之根菀也，美恶、贤不肖、愚俊之所生也。"④ 为何《礼记·王制》篇说："凡居民材，必因天地寒暖燥湿。广谷大川异制，民生其间异俗。刚柔轻重，迟速异齐，五味

---

① 《周礼·考工记》，《十三经注疏》，中华书局1980年版，第906页。
② （明）邱濬：《大学衍义补》卷一百四十五引郑玄语，四库全书本。
③ 汤化泽注：《晏子春秋·内篇杂下》，中华书局2011年版。
④ 李山等译注：《管子》"水地"篇，中华书局2019年版。

异和，器械异制，衣服异宜。……中国戎夷，五方之民，皆有性也，不可推移。东方曰夷，被发文身，有不火食者矣。南方曰蛮，雕题交趾，有不火食者矣。西方曰戎，被发衣皮，有不粒食者矣。北方曰狄，衣羽毛穴居，有不粒食者矣。"这里的区域性人文事项的差异，已经拓展到周边少数民族。郑玄注其首句曰："使其材艺，堪地气也。"① 早期人类的生产生活方式，受地理环境制约较多；又以为"万物皆灵"，崇拜自然物象，特殊地域的万有物象就在冥冥中嵌入其心灵深处，形成原始信仰，并携带原始信仰这份文化行李，习惯成自然地走向文明。水乡居民擅长龙舟竞渡，草原民族喜好驰马射雕，莫不如此。这自然也渗透到他们的审美体验和文学创作之中，这也就是"地气"连着"人气"。

有鉴于此，经过长期研究实践的选择，本人在2001年就提出"重绘中国文学地图"的命题，开始把文学地理学引入研究的前沿，成了我近年研究的一个中心课题。如今已有不少同道，将人文地理学跟文学、文学研究结缘，推动文学地理学的研究，成了近年学术研究进展上一个有重要开拓价值的领域。因此，有必要深入文学地理学学理探讨，接通地气，深入脉络，以阐明文学生成的原因、文化特质、发展轨迹，及其传播交融的过程和人文地理空间的关系。

二 在三维耦合中回归文学生命意义现场

中国人最早发明"地理"一词，是两千年前的《周易·系辞上》："《易》与天地准，故能弥纶天地之道。仰以观于天文，俯以察于地理。"孔颖达疏："地有山川原隰，各有条理，故称理也。"② 这就是"地理"一词的起源，它是与"天文"相耦合的。"上知天文，下知地理"，是中国人形容的大智慧，也就是《周

---

① 《十三经注疏》，《礼记·王制》篇，第1338页。
② 《周易正义》卷七，《十三经注疏》，中华书局1980年版，第77页。

易·系辞》所讲的弥缝补合、经纶牵引天地之道。而蕴含着文学的"人文",最早则出现在《周易·贲卦》的"彖辞":"刚柔交错,天文也;文明以止,人文也。观乎天文,以察时变;观乎人文,以化成天下。"① 这里的人文,也是与天文相耦合。我们研究文学地理学,就是要实行"第三维耦合",即地理与人文的耦合。耦合,本来是物理学上的术语,指两个或两个以上的体系或两种运动形式间,通过相互作用而彼此影响,以至联合起来的现象。第三维耦合的意义,是使人文之化成、文学之审美,与地理元素互动、互补、互释,从而使精神的成果落到人类活动的大地上。"文明以止"的"止"字,在甲骨文中是脚印状,脚踏实地,才有文明的居止处。唯有落地,才能生根。天文和地理的第一维耦合,与天文和人文的第二维耦合,形成一个支架,尖角指向苍天;人文与地理的第三维耦合,则是这个支架的底盘,落实在地,共同形成了三维耦合的等边三角形。

我们应该认识到,地理是人类生存活动的一个场所,地理如果没有人就没有精神,人如果没有地理就没有人立足的根基。人们追求"诗意栖居","诗意"属于人文,"栖居"则联系着地理。中国是一个诗的国度,又拥有广阔的幅员,在人文地理学的研究资源上可谓得天独厚。但是以往的一些研究不太注意这个思想维度,甚至忘记这个思想维度,总喜欢从一些空幻的虚玄的概念出发,就像鲁迅所讽刺的那样"用自己的手拔着头发,要离开地球"②,离开发生在地球上的时代、社会、文化和人群。其实,讲文学地理学就是使我们确确实实地使文学回到自己生于斯长于斯的这块土地上,体验"这里"有别于"那里"的文化遗传和生存形态。人文地理学就是研究"这里"的人学。

---

① 《周易·贲卦》"彖辞",《十三经注疏》,第37页。
② 鲁迅:《南腔北调集·论"第三种人"》,《鲁迅全集》第4卷,人民文学出版社1981年版,第440页。

时间和空间作为物质存在的方式，其基本特征表现为时间是在空间中展开和实现的。没有空间，时间的连续性就失去它丰富多彩的展示场所。只有地理的存在，才能提供广阔的空间来展开我们人生这本书的时间维度。探讨文学和地理关系，它的本质意义就在这个地方，就在于回到时间在空间中运行和展开的现场，关注人在地理空间中是怎么样以生存智慧和审美想象完成自己的生命的表达，物质的空间是怎么样转化为精神的空间。我讲"重绘中国文学地图"的时候，就说："我们要在过去的文学研究比较熟悉、比较习惯的时间这个维度上，增加或者强化空间的维度，这样必然引导出文学地理学的研究。"《论语·子罕》篇载："子在川上曰：逝者如斯夫，不舍昼夜！"夫子观水，时间上将万事万物的运化，蕴含在空间上昼夜奔泻的川流中，那一声智者的感叹，何其动人心弦。这就是人文蕴涵于地理，难怪朱熹为之发出如此一番感慨："天地之化，往者过，来者续，无一息之停，乃道体之本然也。然其可指而易见者，莫如川流。故于此发以示人，欲学者时时省察，而无毫发之间断也。"①

　　提到文学地理学的本质和历史渊源，就不能不思考人文地理是如何从自然地理中滋生出来的。可以随手拿出任何一首诗，来分析人文与地理的关系，尤其是那些感受纯真的天籁式的歌诗。有一首《敕勒歌》，是南北朝时期北方鲜卑族的民歌，北齐统帅高欢使斛律金用鲜卑语歌唱。② 敕勒，是个原始游牧部落，又称赤勒、高车、狄历、铁勒、丁零（丁灵），在朔州（今山西省北部、内蒙古西南部）一带逐水草而居。他们唱出"敕勒川，阴山下"，这是自然地理；再唱"天似穹庐，笼盖四野"，就是以人文地理的眼光看自然景观了。继续唱"天苍苍，野茫茫"，这是自然地理；再继续唱"风吹草低见牛羊"，这又是人文地理。地理给人类提供

---

① 《论语集注》卷五，《四书章句集注》，中华书局1983年版，第113页。
② 《乐府诗集》第八十六卷，中华书局1979年版，第1212—1213页。

了一个广阔的空间，使人类能够反复地出入自然和人文之间。离开自然，人类就会变成游魂；离开人文，人类就会变成野兽。自然和人文的融合，养育着人类，升华了人类的肉体和精神。

地理学 Geography，在古希腊的词源就是"大地的描绘"的意思，包括描绘和分析发生在地球表面的自然生物和人文现象的空间变化，探讨它们重要的区域类型和相互关系。地理学分为自然地理、人文地理和区域地理三个分支：（1）自然地理包括地貌、气候、水文和由此引起的生态环境资源保护。这当然是文学描绘和吟唱的对象，比如中国魅力独具的山水田园诗。它在山光水色中，呼唤出山水之魂。（2）跟文学关系更密切的两个分支就叫人文地理和区域地理。人文地理包括历史地理学、社会文化地理学、政治地理学、经济地理学、人口地理学和城市地理学，这些都从不同的角度设定了、至少是影响了人类的生存方式和思维方式。（3）区域地理赋予文学以乡土的归属，比如世界上的大文化区、国家区域的划分、城市和农村的差异，这些组合都属于区域地理所要解决的问题。它使得特定区域的人们生活得像模像样、有滋有味，有许多家族的大树，有许多人伦的芳草。唐代杜佑《通典》卷一百七十一说："凡言地理者多矣，在辨区域，征因革，知要害，察风土。"① 这是区域地理研究的基础内容。

由于人类生活在地理环境中，越来越丰富地出现了和拥有了很多物质的和精神的、社会的和个人的、客观的和主观的因素，这些因素是千姿百态、错综复杂的，它们又相互作用、相互影响、相互制约，处在不断的发展和变化之中。西方地理学家曾经把位置、空间、界限看作支配人类分布和迁移的三组地理因素。中国地理学家竺可桢也研究过"地理与文化""气候与人生""天时与战争"等命题。一旦把人文综合于地理之间，它就成了复合的概

---

① （唐）杜佑：《通典》卷一百七十一"州郡一"，四库全书本。

念结构。研究文学的发生发展，从时间的维度，进入具有这么多种多样因素的复合的地理空间维度，进行"再复合"的时候，就有可能回到生动活泼的具有立体感的现场，回到这种现场赋予它的多重生命意义，就可以发现文学在地理中运行的种种复杂的曲线和网络，以及它们的繁荣和衰落的命运。所以文学进入地理，实际上是文学进入它的文明史生命意义的源泉。

三 "史干地支"的原生知识结构与诗学双源

那么中国人在几千年的文明史中，是怎么样把握和认识人文地理的广阔空间，怎么样把握和认识这个生命的现场和意义的源泉的呢？研究任何一门学问，都要从根本处入手。只有对文学与地理关系的历史轨迹，进行一番追本溯源，才可能达到《论语》所说"君子务本，本立而道生"的根本处。在中国，"地理"向来是经史子集四部中"史部"的分支，这种"以史为干，以地为支"的原生知识结构，使"中国地理学"带有浓郁的人文色彩。"言其地分""条其风俗"，成为地理学的基本思路，并与圣人的学统联系起来，有所谓"凡民函五常之性；而其刚柔缓急，音声不同，系水土之风气，故谓之风；好恶取舍，动静亡常，随君上之情欲，故谓之俗。孔子曰：'移风易俗，莫善于乐。'言圣王在上，统理人伦，必移其本，而易其末，此混同天下一之乎中和，然后王教成也"。① 剔除其间的圣王教化说教，可以看出其在"知地理"中强调"观风俗"，形成了非常深厚的"风俗地理观"。

早期文献是史地纵横，文学蕴含于其间，而蕴含则是以"风俗"作为萃取剂的。众所周知，中国诗歌有两个源头，一个是《诗经》，一个是《楚辞》。《诗经》的搜集，《汉书·艺文志》根据刘歆《六艺略》提出了"采诗说"："《书》曰：'诗言志，歌

---

① 班固：《汉书·地理志》，中华书局1962年版，第1640页。

咏言.'故哀乐之心感,而歌咏之声发。诵其言谓之诗,咏其声谓之歌。故古有采诗之官,王者所以观风俗,知得失,自考正也。"①这里也隐含着一个"风俗地理观"。如此采诗,自然采来了不少平民的或泥土的声音。那么,朝廷乐师又是如何对之结构和编撰,最终由孔子删定的呢?《诗经》分为三体:十五国风,大小雅,以及三颂。这个顺序,就是由地理的民俗,通向士人阶层,通向朝廷的政教,一直通向宗庙的祭祀,穿越了原野、朝政、天国三界,而这一切是以地理作为基础的。十五国风开始于"周南"和"召南",就是周公、召公在汉水、汝水、长江流域这一带,推行其政治教化,从现实的政治升平开始,然后再回到地理的方国。先回到卫国,卫、邶、鄘,这是过去殷商王朝的核心地带。然后回到洛水流域,它先从中原要害地方商、周两朝最核心的地方开始十五国风,然后扩散到周围,扩散到郑、齐、魏、唐,唐就是晋,现在的太原一带;还有秦、陈,陈就是现在的河南淮阳、安徽亳州一带。

从地理的核心转到周边,最后回归到豳(今陕西彬县),豳在岐山之北,是周人的祖先公刘崛起之地,所谓"笃公刘,于豳斯馆","于胥斯原。既庶既繁,既顺乃宣,而无永叹",② 是周朝开国的地方。《诗经》的十五国风,隐藏着一种潜在的地理意识,由中心到边缘,由现实到历史,以旋涡式的地理运转脉络,总揽西周初期到春秋中期五百年间中原诸国民间的吟唱,颇多"饥者歌其食,劳者歌其事"③ 的人间声音。《诗经》的诗歌,跳动着两三千年前中国人的精神脉搏,其十五国风以螺旋式的地理结构,牵引着中国人文对中心与边缘、历史与现实的结构性想象和安排。

---

① 《汉书·艺文志》,中华书局1962年版,第1708页。
② 《诗经·大雅·公刘》,《十三经注疏》,第542—543页。
③ 《春秋公羊传注疏》卷十六,《十三经注疏》,上海古籍出版社2014年版,第2287页。

作为另外一个诗歌源头的《楚辞》，崛起在长江流域，楚人多才，奇思妙想，产生了屈原的《离骚》《九歌》这样的千古绝唱。它用楚国的语言、楚国的声韵、楚国的地名、楚国的名物，展开了富有神话色彩的想象，与天地鬼神进行令人心弦颤动的对话。《国语》卷十八《楚语下》记载楚国君臣对话，追溯巫风渊源，认为"古者民神不杂。民之精爽不携贰者，而又能齐肃衷正，其智能上下比义，其圣能光远宣朗，其明能光照之，其聪能月彻之，如是则明神降之，在男曰觋，在女曰巫。……九黎乱德，民神杂糅，不可方物。夫人作享，家为巫史，……其后，三苗复九黎之德，尧复育重黎之后，不忘旧者，使复典之"。①《汉书·地理志》也说："楚有江汉川泽山林之饶，……信巫鬼，重淫祀。"② 楚国疆域，本是三苗迁移居住之地，这里的巫风祭祀歌舞，自然会刺激长期被流放的屈原，孕育着他神异奇诡的想象力。对此，一千年后的流放文人刘禹锡身临其地，犹有同感。《新唐书·刘禹锡传》说："禹锡贬连州刺史，未至，斥朗州司马。州接夜郎诸夷，风俗陋甚，家喜巫鬼，每祠，歌《竹枝》，鼓吹裴回，其声伧伫。禹锡谓屈原居沅、湘间作《九歌》，使楚人以迎送神，乃倚其声，作《竹枝辞》十余篇。于是武陵夷俚悉歌之。"③ 清人舒位亲临其地，也作《黔苗竹枝词》一卷说："夫古者轩采风不遗于远，而刘梦得作《竹枝词》。武陵俚人歌之，传为绝调。"④ 南楚夜郎之地，多民族聚居而巫风歌舞极盛，对于孕育疏野奇幻的歌诗的产生，长期存在着野性的活力。

因而《楚辞》旷世独步，与《诗经》双峰并峙，成为另一个独立的诗歌想象和语言表达的系统。中国文学是有福的，它开头

---

① 《国语》卷十八《楚语下》，第559—562页。
② 《汉书·地理志》，中华书局1962年版，第1666页。
③ （宋）欧阳修、宋祁撰：《新唐书》卷一百六十八《刘禹锡传》，中华书局1975年版，第5129页。
④ （清）舒位：《黔苗竹枝词》一卷，《香艳丛书》本。

的时候就和地理空间结下不解之缘，出现了代表着黄河文明和长江文明两个各具千秋的诗性智慧的系统，这样我们去采风、去发掘民间资源、去发掘人文地理资源，以及展开我们的想象方式，就有了两个源头。"诗学双源"是中国文学的根本性特点，单源容易枯竭，双源竞相涌流，"双源性"赋予中国诗歌开放性的动力。这就是地理赋予文学的生命现场和意义源泉，即地理造福于人文之所在。

四 经史、文史的耦合与神话的地理思维

双源的或多源的地理空间，是一种开阖自如的空间。文学地理学既要敞开空间、拆解空间，又要组合空间、贯通空间。有分有合，在动态中分合，使空间不至于流为空洞，而充满生命元气的基本原则。考察其组合、贯通的形态，需从中国人的基本思维方式入手。中国人最发达的思维方式一个是诗，另外一个是史。诗中有史，史中有诗，形成整个民族文化的优势。比如清朝章学诚讲"六经皆史"。为何讲六经皆史？就是因为中国经典文化中有一个潜在的对话性结构，可以从历史记载中，提炼出治国平天下和修身养性的基本法则；又可以从治国平天下和修身养性的基本法则中，认识历史发展的生命力。二者之间形成对话性的张力，"经"不凭空说话，而是以"史"来说话，"经"与"史"共构了"文化的双源性"。在传统中国的经、史、子、集的原生知识结构中，经、史居于核心位置，所谓"博通经史，学有渊源"，其中经是核心中的核心。清人皮锡瑞《经学通论·春秋》中的文化价值观是扬经抑史，他认为："经、史体例，判然不同。经所以垂世立教，有一字褒贬之文；史止是据事直书，无特立褒贬之义。……《左传》、《国语》，则在经史之间……经史之异，岂仅在一字一句间乎？"[①] 其实，由于经过分关注"一字褒贬"的微言大义，反不

---

① （清）皮锡瑞著，吴仰湘点校：《经学通论·春秋》，中华书局2017年版，第434页。

及"据事直书"的史更能接通"地气",更能与地理结缘。

《国语》和《战国策》一类古史,记录东周时期各国的政治外交和士人的游说活动,都是以政治地理上的邦国(大者称邦,小者称国)作为编撰的框架的。《国语》共21卷,依次是周语3卷、鲁语2卷、齐语1卷、晋语9卷、郑语1卷、楚语2卷、吴语1卷、越语2卷。编撰者虽然还尊重春秋时期尚未完全颠覆的尊卑亲疏、内中国而外蛮夷的次序,但晋语9卷远多于鲁语2卷,透露了鲁国重经而晋国重史的文化倾向。南方蛮夷之国分量不少,说明这些国家的霸主地位不容忽视,其中《越语》写范蠡崇尚阴柔、持盈定倾、功成身退,带有萌芽状态的黄老道家色彩。《战国策》也采取国别体的结构方式,记载战国时期谋臣策士、主要是纵横家的政治主张和纵横捭阖的言行策略。全书33卷,依次"二主并立"的所谓"东周""西周"各一卷,秦策5卷,齐策6卷,楚策4卷,赵策4卷,魏策4卷,韩策3卷,燕策3卷,宋、卫二国合为1卷,中山国1卷。该书是西汉末年,刘向在秘府校录群书时,发现了六种纵横家书的抄本,于是"辨章文物,考镜源流",修残补缺,疏通条理,依国别整理而成的。战国之世,礼制荡然,如刘向《战国策·序》所说:"万乘之国七,千乘之国五,敌侔争权,盖为战国。贪饕无耻,竞进无厌;国异政教,各自制断;上无天子,下无方伯;力功争强,胜者为右;兵革不休,诈伪并起。"① 因此除了开头两卷写东周、西周,尚照顾共主之尊,其余诸卷,都是以国力强弱为序。清初学者陆陇其曾著有《战国策去毒》二卷,在《自记》中称《战国策》"其文章之奇,足以悦人耳目,而其机变之巧,足以坏人心术,如厚味之中有大毒焉"。② 《国语》《战国策》的分卷方式,标示着由春秋到战国的政

---

① (汉)刘向:《战国策·序》,上海古籍出版社2015年版。
② (清)陆陇其:《战国策去毒·自记》,参看《四库全书总目提要》卷五十二"史部"八,四库全书本。

治局面和礼制状态的变迁，而且由于此类简帛来路芜杂，反而透露了对春秋蛮夷霸主，以及对战国纵横家的略带异端的姿态。地理结构引导文化下行，使之接触更多的旷野气息。

然而，只有分别邦国的编撰体制还不够，还要有综合邦国为一体的编撰体制。所谓"地气"，既有一地之中，地与人的气息相通；又有此地与彼地之间，异地气息相通，这才是中国人言"地气"的博大浑厚之处。提到综合邦国的编撰体制，首创者当是《春秋经》。我们说孔子修撰整理《春秋》，实际上文献记载孔子跟《春秋》的关系有五种说法，一种叫"制《春秋》"，制造的制；一种叫"作《春秋》"，写作的作；一种叫"次《春秋》"，次序的次；一种叫"治《春秋》"，研治的治，就是研究春秋；还有一种叫"成《春秋》"，成功的成。分别用制、作、次、治、成五个意义上略有差别的字，来讲孔子与《春秋》的关系。① 依次而治，乃疏通材料的脉络；制而作之，乃嵌入儒家的价值标准；在疏通和嵌入中，形成儒家的经典形态。这才有孔子所谓"知我者其惟《春秋》乎！罪我者其惟《春秋》乎"②的生命的期许，若非他呕心沥血地制作，何必将《春秋》与"知我罪我"相联系？当然，《春秋》是以鲁国《春秋》为基础，融合各国的史料整理而成的著作。依据史料记载的孔子和《春秋》的五种关系，毋庸置疑，孔子在整理《春秋》中投入了珍贵的心血，甚至有"孔子作《春秋》，一万八千字，九月而书成，以授游、夏之徒，游、夏之徒不能改一字"③的说法，强调是孔子独立撰述。

所以历史学家钱穆先生就认为，《春秋》出自孔子，自然没有异议，他以史学方式展示"全体的人文学"。《春秋》的贡献是什

---

① 《春秋公羊传·隐公元年》唐徐彦疏用"制"字，《孟子·滕文公下》用"作"及"成"字，《史记·十二诸侯年表》用"次"字，《庄子·天运》用"治"字。
② 朱熹：《孟子·滕文公下》，《四书章句集注》，中华书局2012年版，第272页。
③ 《春秋公羊传注疏》昭公十二年何休解诂引《春秋说》，《十三经注疏》，第2320页。

么呢？第一它是历史编年之祖；第二它转官方史学为民间史学，开平民舆论的自由，孔子是没有很高的贵族身份的，是以平民舆论褒贬历史的；第三是它有一种"大一统"的思想，虽然以鲁国历史为底子，但是包含了各个国家的国别史而成为一种通史，主张联合华夏各个国家来抵抗外来的一些夷蛮，"内诸夏而外夷蛮"的大一统观念贯穿始终。① 但是《春秋经》重微言大义而记事过简，检阅《论语》《礼记》《大戴礼记》《孔子家语》诸书，孔子与二三子论史，要从容有趣得多。因此宋朝王安石"黜《春秋》之书，不使列于学官，至戏目为'断烂朝报'"，② 毕竟它连通地气的笔墨较少。孔子整理《春秋》，以布衣论史、追求大一统、已经开创编年史的意识，启发我们，讲人文地理的区域文化意识与民族国家统一的意识是相辅相成的，文化完整性是贯穿于区域文化的脉络。因此《春秋》三传中有一部《左传》，说是左丘明所著，分国别的《国语》，说是《左传》的外传。这就形成了一根三株、枝叶婆娑的经史互动、互补、互释的景观。

应该看到，中国人文思维在地理维度上的优势，具有极强的渗透性，令人颇有无远弗届之感。这种渗透性既弥漫于上面所述的经史耦合，又促成了神话与史地的耦合。神话思维本是天马行空，鲲鹏翱翔，无所拘束的，但中国神话却沾泥带水，富有地理因缘。先秦出现的《山海经》，全书十八卷，约三万一千字，是记怪述异的鼻祖。太史公好奇，但在《史记·大宛列传》还说："《禹本纪》、《山海经》所有怪物，余不敢言之。"③ 正史的"艺文志"或"经籍志"有时候把它列入地理书，有时候把它列入小说书，属于孔子"不语怪力乱神"的一个另类的精神空间。那么这本书采取什么编撰体例呢？它采取了南、西、北、东、中的地

---

① 钱穆：《孔子与论语》，九州出版社2011年版，第213—215页。
② （元）脱脱等撰：《宋史·王安石传》，中华书局1985年版。
③ 《史记·大宛列传》"太史公曰"，《史记》，中华书局1959年版，第3179页。

理方位顺序，写了《南山经》《西山经》《北山经》《东山经》《中山经》这些所谓的"五藏山经"，以南方居首，可能是古代楚人或巴蜀人所作。全书用山川的走向、陆地和海洋的分布来结构《山经》《海经》《大荒经》《海内经》，记载了五百多座山、三百多条河及约四十个邦国（部落或部落联盟），展示了二三百种奇奇怪怪的神人怪物，还有巫术神话的一些片段，反映了我们中国人的神话思维有异于西洋神话的"地理思维"。西方神话的主神高居天上，中国神话的众神，联系地理的脉络，这是一种地理式的原始思维，附着于土地的神话思维。所以乡村有土地神，城市有城隍神，都是分布最广的掌管一方水土的神祇。中国的神话思维、历史思维和文学思维都渗透了地理因素，地理神经很发达。《尚书》中的《禹贡》，用1193个字记载九州的山川物产，使中国地理观念和地理区域的形成，跟一个伟大的"中国故事"——大禹治水联系起来，所以篇名叫《禹贡》。刘向、刘歆父子整理《山海经》，认为是大禹、伯益治理洪水时所记。刘歆《上山海经表》说："《山海经》者，出于唐虞之际……禹别九州，任土作贡，而益等类物善恶，著《山海经》。"①《列子·汤问》篇则认为："大禹行而见之，伯益知而名之，夷坚闻而志之。"② 通过大禹治水的故事，古代中国将地理与神话紧紧地捆绑在一起。灾祸、疾病，冥冥之中，若有神鬼纠缠。战争、政变、结社，也要请来神鬼助阵。

　　幻想世界有神话的地理，现实世界有历史的地理，二者的耦合，颇有点类乎"太虚幻境"对应着"大观园"，曹雪芹是很能把握中国人思维方式的玄机的。在历史地理上，首先应该提到班固著的《汉书》，开辟了一个栏目叫作《地理志》，以后《二十四

---

　　① （汉）刘歆：《上山海经表》，收入（清）严可均辑《全汉文》卷四十，商务印书馆1919年版。

　　② 《列子》"汤问"篇，中华书局1954年《诸子集成》本。

史》有十六部都设立了《地理志》。宋以后，尤其是南宋以后，出现很多"地方志"，地方的郡县之志。一直到民国一千多年，中国的"地方志"的数量，现在可以统计的有八千多种。这是一大笔文化遗产，国家图书馆的文津馆就是"地方志"的大总汇。由此可以知道，中国人对人文地理的认知是源远流长的，积累了非常丰富的文献资源和思维成果，涵盖了中央和地方、中原和边疆、地域和民族，甚至南方和北方的地理文化分野。我们可以从浩如烟海的材料中，追踪人文地理承传和演变的脉络，寻找中国人的生活方式、民俗信仰的形态。在中国，人文地理材料的丰富性和历史编年的准确性，可以说是人类文化史上的"双绝"。编年史的准确，使得从周共和元年，即公元前841年，从司马迁《史记》的《十二诸侯年表》就留下一个传统，直到现在每年重大事件，都记录在案。要是到别的国家，比如印度哪一个作家生卒年限可能相差几百年，中国在脂砚斋评点中发现材料，由于曹雪芹的卒年相差一年，就养活了很多考证者。所以说编年史准确性和人文地理材料的丰富性，是中国对人类文化史称得上"双绝"的重要贡献。这就给复原文学地理学的经度和纬度，探讨它的学理体系，提供了第一流的历史文献资源。

五 文学地理学四大领域与区域类型的"七巧板效应"

在中国"天文—人文—地理"的三维耦合（属于元耦合），以及文与史、经与史、神话与文史的多重耦合中，文学地理学的研究收获了第一流的历史文献资源。以浩如烟海的文献资源为根基，结合"取之不尽，用之不竭"的现代文学资源，文学地理学的研究敞开了四个巨大的领域。四大领域：一是区域文化类型，二是文化层面剖析，三是族群分布，四是文化空间的转移和流动。既然称为文学地理学，就包含着人文与地理两个互动而相融的板块。因此，从地理方面出发，就有区域类型问题；从人文方面从发，就有文化和族群的问题；从二者互动出发，就有空间转移和流动的问题。因此，区、文、群、动四大领域在交互作用中成为动态的浑然一体，而且都有必要从中国的经验和智慧中提出问题，深入考究，才能把学问做大做深，才能做出学理体制上的创新性。

区域文化类型是四大领域的基础。

中国地域辽阔，地貌复杂，早期的部落和后来的民族都数量可观，各自带着不同的思想文化徽记。《周易·乾卦》"彖辞"说："大哉乾元，万物资始，乃统天。……首出庶物，万国咸宁。"① 在六十四卦的首卦，就展开"万国"（众多部落、部族）的眼光，祝福"万国咸宁"。《毛诗正义》卷十九孔颖达疏《周颂·桓》"绥万邦"之句说："《尧典》云：'协和万邦。'哀（公）七年《左传》曰：'禹会诸侯于涂山，执玉帛者万国。'则唐、虞、夏禹之时，乃有此万国耳。《王制》之注，以殷之与周唯千七百七十三国，无万国矣。此言万国者，因下有万国，遂举其大数。"② 由此可知中华文明起源的多元性及邦国凝聚的过程。

区域类型的形成，在文明起源的多元性基础上，与政治区划关系极深。"区域"一词最早见于战国时期的《鹖冠子》，它介绍了郡、县、乡、扁、里、伍等政治建制之后说："天子中正，使者敢易言尊益区域，……故四方从之，唯恐后至。"③ 秦汉建立统一王朝之后，区域划分成为分级治理的需要，"区域"一词自此流行。如《汉书·西域传》说："孝武之世，图制匈奴，患者兼从西国，结党南羌，乃表河西，列四郡，开玉门，通西域，以断匈奴右臂，隔绝南羌、月氏。单于失援，由是远遁，而幕南无王庭。……且通西域，近有龙堆，远则葱岭，……皆以为此天地所以界别区域，

---

① 《周易·乾卦》"彖辞"，《十三经注疏》，第14页。
② （唐）孔颖达疏：《毛诗正义·周颂·桓》，《十三经注疏》，第604页。
③ （战国）《鹖冠子》卷中"王鈇第九"。黄怀信《鹖冠子校注》，中华书局2014年版。

绝外内也。"①

东汉末年蔡邕的《太傅胡广碑》也写道："既明且哲，保身遗则。同轨旦、奭，光充区域。生荣死哀，流统罔极。"② 三国曹植《制命宗圣侯孔羡奉家祀碑》又说："内光区域，外被荒遐。殊方慕义，搏拊扬歌。"由于《禹贡》将中国分为"九州"，区域划分又与九州相关。晋朝潘岳《为贾谧作赠陆机诗》云："芒芒九有（九州），区域以分。"到了隋炀帝时，则有名为《区域图志》的图书出现。这就应了《周礼正义》卷五《小宰》"听闾里以版图"句之下，贾公彦疏曰："'图，地图也'者，《广雅·释诂》云：'图，画也。'《司会》注云：'图，土地形象，田地广狭。'又《大司徒》云：'掌建邦之土地之图。'盖自邦国以至闾里，皆有图以辨其区域也。"③

"区域"的形成，虽然与"禹会万国"的早期部落、《禹贡》"九州"的地理划分、封建王朝的州郡制度有关。但是，更有本质意义的是春秋战国时期在西周分封基础上，大国对缝隙间的部落和部落联盟的兼并聚合，诸子推动地域文化建构，成了中国区域人群文化生成的第一个原因。既然是"区域文化类型"，它需要的就不仅是王朝政治区域划分，更重要的是风俗、民性、信仰的沉积。西周初期分封了很多同姓国和异姓的诸侯国，这就是《左传·鲁僖公二十四年》的记载："周公吊二叔（管叔、蔡叔）之不咸（和），故封建亲戚，以藩屏周。"④ 于是在公元前11世纪，周武王和周公先后分封了七十一个国家，除了十几个是异姓的国家，其他的都是同姓的国家。有如《荀子·儒效》篇所说："兼制天下，立七十一国，姬姓独居五十三人。"⑤

---

① 班固：《汉书·西域传》，中华书局1962年版，第3928—3929页。
② （清）严可均辑：《全后汉文》卷七十六，商务印书馆1999年版。
③ （唐）贾公彦疏：《周礼正义》卷五《孝宰》，《十三经注疏》，第654页。
④ 杨伯峻：《春秋左传注》，中华书局1990年版，第420页。
⑤ 《荀子集解》卷四《诸子集成》（二），中华书局1954年版，第73页。

这些诸侯国再经过春秋战国时的扩张兼并，留下了屈指可数的一些邦国，这就沉积下文学的区域类型。重要的区域类型有秦、楚、齐、鲁、燕、三晋（韩、魏、赵）、吴越这些人文地理板块。其后又开发了岭南、塞北、西域、关东、藏区、大理和闽台这些区域类型。在区域文化类型的丰富性上，中国在世界上是首屈一指的，形成了色彩丰富的，具有独特的环境板块、历史传承和群体行为方式的区域文化"七巧板"或"马赛克"。"区域文化类型的七巧板"使得中国文明的思想文化底蕴非常深厚，且多姿多彩。

对于丰富多彩的"区域文化类型的七巧板"，《汉书·地理志》"言其地分""条其风俗"，力图把握其各自的人文地理特征。除前面所述的楚地重巫风，鲁地"其民有圣人之教化"，燕地有"宾养勇士，不爱后宫美女，民化以为俗"的"燕丹遗风"等等之外，又点出"赵、中山地薄人众，犹有沙丘纣淫乱余民。丈夫相聚游戏，悲歌忼慨，起则椎剽（杀人抢劫）掘冢，作奸巧，多弄物，为倡优。女子弹弦跕躧，游媚富贵，遍诸侯之后宫"①。致使战国末年，秦、楚、赵三国都有出自邯郸歌舞女伎的王后，相当深刻地影响了当时的政治生态。甚至连秦始皇的母后也在内："吕不韦取邯郸诸姬绝好善舞者与居，知有身。子楚（秦始皇之父）从不韦饮，见而说（悦）之，……（吕不韦）欲以钓奇，乃遂献其姬。姬自匿有身，至大期时，生子政。"②

由于地域人文构成的差异之存在，当这些差异的人文因素在不同的时段作用于中心人文结构时，就出现了丰富多彩的"七巧板效应"。汉、唐都是中华民族的大朝代，但是两个朝代接受的地域文化遗产千差万别。汉朝开国，是楚风北上，携带着包括"楚王好细腰"这样多年形成的风俗遗产，就必然会以汉成帝的皇后赵飞燕为"瘦美人"的典型。唐朝是"关陇之风"南下，李唐王

---

① 《汉书·地理志》，中华书局1962年版，第1655—1662页。
② 《史记·吕不韦列传》，中华书局1982年版，第2508页。

室的母系独孤氏、窦氏、长孙氏都是鲜卑、突厥等少数民族，马背上的民族推崇能够随军作战、逐水草而居的健壮女人，就必然要杨贵妃这样的"胖美人"方能做到"后宫佳丽三千人，三千宠爱在一身"。所以各个文化区域为整个中华民族增加了很多各有特色的文化因素，"环肥燕瘦"，姚黄魏紫，增加了文化变异和积累的很多不同参数和色彩。

中国思想文化的源流是非常丰富复杂的，并非单线汲取、单源发展的，其底蕴深厚，流派迭出，式样多姿多彩，跟区域文化的交替汇入、相互作用很有关系。比如周公长子伯禽分在鲁国，鲁国原来是东夷之地，东夷民族很容易跟华夏民族融和。到了汉以后，山东、江淮一带的东夷民族到哪里去了？都融为华夏，都汇合到中华民族里面来了。周公的后代封于鲁国，到了春秋时期礼崩乐坏，唯有在鲁国保存的周公礼乐最是完整。鲁昭公二年（公元前540年），孔子十二岁的时候，晋国上卿韩宣子出使鲁国，"观书于大史氏，见《易象》与《鲁春秋》"，就感叹说："周礼尽在鲁矣。"① 各诸侯国往往到鲁国学习周礼和古代文献，鲁国就以"礼仪之邦"驰名。所以孔子在鲁国创立儒家学派，是得天独厚的，周礼则是他思想的核心。

但是孔子的远祖是宋国贵族，殷王室的后裔。孔子十九岁娶宋人亓官氏之女为妻，一年后生子，鲁昭公派人送鲤鱼表示祝贺，孔子感到荣幸，就给儿子取名为鲤，字伯鱼。所以孔子与奉祀商朝的宋国，渊源很深。《礼记·檀弓上》记载孔子的话："而丘也，殷人也。"② 宋地（今河南商丘）有始建于唐初的"孔子还乡祠"，以及传说的孔子祖坟。《礼记·礼运》篇记述孔子的话："我欲观殷道，是故之宋，而不足征也，吾得坤乾焉。"《儒行》

---

① 杨伯峻：《春秋左传注》，中华书局1990年版，第1227页。
② 《礼记·檀弓上》，《十三经注疏》，中华书局1980年版，第1283页。

篇又说："丘少居鲁，衣逢掖之衣；长居宋，冠章甫之冠。"① 因此孔子问学、祭祖的足迹及于宋国，是没有问题的。据民国九年《夏邑县志·孔祖先茔记》"重修还乡四代祠记"说："孔子还乡省墓，盖数数矣！"范文澜《中国通史篇编》认为，宋与鲁、楚是东周时期并称的三个文化中心，商朝的祭祀文化通过家族渠道进入了儒家文化脉络里。甚至据《左传·昭公十七年》记载，东夷的郯子来朝，年仅二十七岁的孔子就向他请教"少暤氏鸟名官制"，感叹"天子失官，学在四夷"。② 鲁国的民间是东夷民族，孔子弟子多来自民间，如《荀子·法行篇》所说："夫子之门何其杂也？"杂就杂在连子路这类东夷野人、子张这类马市经纪人也厕身其间。东夷的风俗是喜欢仁，"仁而好生"，就是对自然界和生物界，对人与人之间的关系采取友好的态度。"仁"字，是孔子采自东夷民间而进入自己思想核心的一个概念。而且《左传·昭公十二年》记载："仲尼曰：古也有志：'克己复礼，仁也。'信善哉！楚灵王若能如是，岂其辱于乾溪？"③ 孔子也在仁的理念中，加入了他所看到的古《志》的元素。因此鲁国民间的和官方的文化，加上周边的由杞国传下来的夏文化、由宋国传下来的商文化，使孔子的儒学既能够在鲁国的本土区域生根，又渊博丰厚而能传之久远，演变成为古代中国主流的思想文化体系。

　　孔子再传之后最有名的两个大儒是孟子和荀子。孟子是邹人，邹是鲁国的附庸国，《左传》讲，鲁国打更而敲击梆子，邹国都能听得到声音，如此邻近，所以邹国的思想也就是鲁国的思想。孟子在邹接受了子思一派传下来的思想，他的儒学思想就比较纯粹。曾子、子思、孟子这一条线索是通向后来的宋学，即程朱理学一脉的。还有另外一条血脉就是孔子的弟子卜商（字子夏），他居西

---

① 《礼记·礼运》及《儒行》，《十三经注疏》，第 1415、1668 页。
② 杨伯峻：《春秋左传注》，中华书局 1990 年版，第 1386—1389 页。
③ 杨伯峻：《春秋左传注》，中华书局 1990 年版，第 1341 页。

河传学。黄河从甘肃、宁夏流到内蒙古，转为由西往东流，这段黄河叫"北河"；然后拐个弯，从山西、陕西中间流到风陵渡，这段黄河就叫"西河"，即《禹贡》所说的"黑水、西河惟雍州"的西河，以后就进入黄河中下游了。子夏到了西河，即魏国西部，相当于现在山西的临汾地区，那里还有子夏讲学的古迹。当时魏文侯是战国时候的第一个准霸主，拜子夏为老师。子夏在那里为《诗经》作序，讲授《易经》、《春秋》和《礼》，所以儒家的文献学从子夏这条脉络往下传。子夏传学前后，晋国一分为三，赵国首都是在邯郸，荀子是赵人。晋国的荀氏，到晋文公时期的荀林父，就分成三支，一支是"中行氏"。晋文公跟少数民族（狄人）在山区作战，除车战的三军之外，还组织了步兵作战的"三行"，因为车战无法在山里展开兵力，得用步兵。荀林父是中间这个步兵行列的统帅，以官名为姓氏，就是"中行氏"；荀氏还分出"知氏"一支，都是当时晋国势力最大的六卿之一。知氏和中行氏，后来给韩、赵、魏给灭了。剩下的一支是"荀氏"，在三家分晋之后，居住在赵国。

荀子五十岁才到齐国临淄的稷下，三次当稷下学宫的祭酒，是稷下学派的领袖。荀子五十岁才到稷下，意味着他的思想主要是在赵国形成根基的。荀子的祖辈曾经出使鲁国，受到礼仪的优待，也可能带回一些儒家的典籍，加上子夏传经的系统，使荀子能够接上儒学的脉络。但是，三晋地区是法家的大本营，商鞅、韩非这些人都是三晋人氏，或在三晋出道。而且荀子早年还经历了一个重大事件的冲击，就是赵武灵王"胡服骑射"，改用胡人服装，从而改变其作战方式。赵武灵王十九年（公元前307年）下令"胡服骑射"。那么，荀子生于何年呢？清代汪中《荀卿子年表》推断荀子的主要学术活动大约在赵惠文王元年（公元前298年）到赵悼襄王七年（公元前238年），由此推断出来的荀子生年，比梁启超《荀卿及〈荀子〉》推定的公元前308年、罗根泽

《荀卿游历考》认定的公元前312年、游国恩《荀卿考》认定的公元前314年都略早。因而他少年时代经历过这场风波的冲击，是没有问题的。这场风波是违背儒家礼制的，含有法家的变革思想。《论语·宪问》篇记述孔子的话："微管仲，吾其被发左衽矣。"① 少数民族（戎狄）服饰装束的采用，是非常严重的非礼行为。以胡人服装来改变作战方式，在儒家是不允许的，比如反对胡服骑射的公子成的话就散发着儒家的气味："臣闻中国者，圣贤之所教也，礼乐之所用也，远方之所观赴也，蛮夷之所则效也。今王舍此而袭远方之服，变古之道，逆人之心，臣愿王孰图之也！"② 在这种环境中成长的荀子，学问脉络虽然属于儒学，但是难免把儒学法家化，因此荀子学说的核心概念叫作"礼法"。他晚年向韩非和李斯传授帝王之术，又经过稷下将本来法家化的儒学，进一步黄老化了。所以子夏、荀子这条学脉是通向汉朝的儒学，即"汉学"的。荀子的儒学是"三晋儒学"，不同于邹鲁之纯儒，乃是一种"杂儒"。中国儒家最大的两个学派，"汉学"与"宋学"，在某种意义上说，就是区域文化对儒学注入不同文化因素所造成的。区域文化，三晋的文化和邹鲁的文化分别作用于儒学，就衍变形成儒学里面的汉学和宋学。

六 文化层面剖析与"剥洋葱头效应"

文学地理学的四大领域之二，就是文化层面剖析。深入区域文化类型之后，随之而来的问题，就是追问何为文化、文化何为。文化以特定的思想价值观念，渗透到人间的各种现象和生活方式之中，赋予人间现象和生活方式以意义、以特色、以思维方式。其渗透的特点就像盐溶于水，看不到盐在何处，但是饮水自知咸滋味。因而随着这些观念、现象、方式、意义和滋味的不同，文

---

① 朱熹：《论语集注》卷七，《四书章句集注》，中华书局1983年版，第153页。
② 《史记·赵世家》，中华书局1982年版，第1808页。

化就分离出许多层面。文化之内有许多"亚文化"的构成，比如说有官方文化、民间文化、日常生活文化、山林隐士的文化；有雅文化层面、俗文化层面；又有城市文化、乡土文化。文化、亚文化还可以再分层，如剥洋葱，层层深入，层层具体。城市文化里也可以分出很多层面，比如官僚府邸文化、平民市井文化，现代则有洋场、租界、大宅院、大杂院、贫民窟等文化形态。文化层面就像"洋葱头"或"千层饼"，各个层面存在着不同的文化功能，文化层面剖析就是剥"洋葱头"，或揭"千层饼"，揭示其中的结构功能差异。

比如城市地理学，就应该注意其中存在着不同功能的区域。城市功能使其文化松动为"洋葱头""千层饼"，层层的甜酸苦辣，自有区别。非均质性，是其特征。北宋词人晏殊的府邸文化功能与柳永的市井文化功能就有很大的区别，甚至对立。晏殊十四岁以神童之名召试，赐同进士出身。一生富贵优游，官居"太平宰相"。其词擅长小令，多吟咏官僚士大夫的诗酒风流和闲情逸致，表达舞榭歌台、花前月下的闲雅自适。就以这首《浣溪沙》来说："一曲新词酒一杯，去年天气旧亭台。夕阳西下几时回？无可奈何花落去，似曾相识燕归来。小园香径独徘徊。"词的境界非常温馨，小园——还有一个后花园，香径——布满花草的小径，他在那徘徊，在那里咀嚼着"无可奈何花落去，似曾相识燕归来"。有这份清闲的沉思，笔调自然就闲婉蕴藉，想想宇宙，想想人生，闲适中流露出索寞怅惘的心绪，旷达中渗透着无可奈何的人生哲理。难怪《宋史》本传说他"文章赡丽，应用不穷，尤工诗，闲雅有情思"[1]。

与此形成巨大反差的是，柳永词却多有世俗滋味。他到五十一岁才中进士，仕途坎坷，生活潦倒，长期混迹于烟花巷陌中。

---

[1] 《宋史》卷三百一十一，中华书局1985年版，第10197页。

柳永写杭州的《望海潮》:"东南形胜,三吴都会,钱塘自古繁华","有三秋桂子,十里荷花",写了整个杭州十万人家,他似乎拥有整个城市。但是作为人最亲密的空间,家庭住宅的空间,他却一无所有,奉旨填词柳三变,蹉跎市井无家可归。柳永厌倦官场,沉溺于旖旎繁华的都市生活,在"倚红偎翠""浅斟低唱"中寻找寄托,写成了市井社会的一曲曲流行歌词。《醉翁谈录》丙集卷二记载:"耆卿居京华,暇日遍游妓馆,所至,妓者爱其有词名,能移宫换羽,一经品题,声价十倍,妓者多以金物资给之。"①要知道,歌妓在当时的市井社会是引导时尚的。甚至如鲁迅所言:"伎女的装束(也包括她们的歌唱吧),是闺秀们的大成至圣先师。"②叶梦得《避暑录话》卷下又载:柳永"为举子时,多游狭邪,善为歌辞,教坊乐工每得新腔,必求永为辞,始行于世,于是声传一时。……尝见一西夏归明官云:'凡有井水饮处,即能歌柳词。'言其传之广也。永终屯田员外郎,死旅,殡润州僧寺"③。可见柳永的音乐才能和歌词艺术赢得了歌妓们的喜爱,流传于当时的国内外;但柳永最终却贫病而死,停尸僧寺。晏殊的"小园香径"和柳永的"烟花巷陌",府邸文化和市井文化,这份清闲和那份热闹,代表着宋朝城市文化的两个绝然不同的层面。它们存在着不同的城市地理空间秩序和功能,是"同葱不同瓣",臭味互异。

文化分层的方式和标准,也有许多维度。从地理方位上看,有中心文化和边缘的文化;从社会地位上看,有主流文化和非主流文化;从政治经济构成上看,有城市文化和乡村文化,等等。如果从微观的文化学着眼,老舍《四世同堂》讲了一句经过现实考察得来的话:"在这样一个四世同堂的家庭里,文化是有许多层

---

① (宋)罗烨:《醉翁谈录》丙集卷二"花衢实录",古典文学出版社1957年版。
② 鲁迅:《由中国女人的脚,推定中国人之非中庸,又由此推定孔夫子有胃病》,《南腔北调集》,人民文学出版社2006年版。
③ (宋)叶梦得:《避暑录话》卷下,津逮秘书本。

次的,像一块千层糕。"他注意到具体而微的社会细胞的内部空间面貌的丰富性。美国《星期六文学评论》曾经载文说:"老舍的《四世同堂》不只是第二次世界大战以来中国出版的最好小说之一,也是在美国同一时期所出版的最优秀的小说之一。"评论家康菲尔德认为:"在许多西方读者心目中,《四世同堂》的作者老舍比起任何其他的西方和欧洲小说家,似乎更能承接托尔斯泰、狄更斯、陀思妥耶夫斯基和巴尔扎克的'辉煌的传统'。"抗战时期北平小羊圈胡同的祁家,以为用石头顶住大门,就可以过安稳的日子了。但在社会文化和民族灾难中,祁老头和他的儿子、三个孙子及重孙子,都处在不同的文化层面。四合院外面杂乱的胡同,文化层面就更加混杂和丰富。《四世同堂》以几个家庭众多小人物屈辱、悲惨的经历,京腔京味十足地写出了北平市民在八年抗战中惶惑、偷生、苟安的社会心态,发掘着在国破家亡之际沉重、痛苦而又艰难的觉醒历程。家庭小说是中国现代小说的大宗,而对家庭内在文化层面的考察,使老舍的创作达到现代家庭小说新的深度。

老舍是文化层面解剖意识非常强的作家,十年后,也即1956年他又写了话剧《茶馆》,也成为中国话剧史上杰出的经典。老舍在《答复有关〈茶馆〉的几个问题》中说:"茶馆是三教九流会面之处,可以容纳各色人物。一个大茶馆就是一个小社会。这出戏虽只有三幕,可是写了50来年的变迁。在这些变迁里,没法子躲开政治问题。可是,我不熟悉政治舞台上的高官大人,没法子正面描写他们的促进与促退。我也不十分懂政治。我只认识一些小人物。这些人物是经常下茶馆的。那么,我要是把他们集合到一个茶馆里,用他们生活上的变迁反映社会的变迁,不就侧面地透露出一些政治消息吗?这样,我就决定了去写《茶馆》。"[①] 话

---

① 老舍:《答复有关〈茶馆〉的几个问题》,《剧本》1958年5月号。

剧展示的北京裕泰茶馆，就像一锅熬了多少年的老汤：提笼架鸟、算命卜卦、卖古玩玉器、玩蝈蝈蟋蟀者，无所不有。全剧没有一个贯穿始终的故事情节，但却以茶馆掌柜王利发为中心，采取独特的历史年轮横切面的艺术方式，把清朝末年、民国初年、抗战胜利后三个历史时期的北京社会风貌和整个中国社会变迁状况，以及70多个（其中50个是有姓名或绰号）三教九流人物装进了不足五万字的《茶馆》里，展示出一幅世相毕现又气势苍茫的历史长卷。剧中不仅成功地塑造了王利发、常四爷、秦二爷这样一些饱含旧社会人间沧桑却不丢中国人骨气的人物形象，也刻画了刘麻子、庞太监等旧中国地痞、流氓的丑恶嘴脸。结尾是茶馆掌柜王利发和五十年前曾被清廷逮捕过的正人君子常四爷，以及办了半辈子实业结果彻底垮了台的秦二爷，三位老人捡起送葬纸钱，凄惨地叫着、笑着、抛撒着。最后只剩下王利发拿起腰带，步入内室，悬梁自杀，象征着三个旧时代被埋葬的历史必然性。难得的是话剧人物杂而多，却表现得声口毕肖，栩栩如生，淋漓尽致，充分体现了老舍"写自己真正熟悉的人和事，人物对话必须是真正性格化的语言"，"话到人到""开口就响""闻其声知其人"的京话语言大师的风貌。实际上在老舍笔下的茶馆，也是一块"文化上的千层糕"，各色人物都在那里尽情尽兴地表演自己的文化角色。

在文化层面的剖析上，以往文化史比较注重雅的书面文化，而对俗的民间文化，五四以后观照比较多一点，但是这个问题还是没有彻底解决，没有从文化本体论上加以解决。这就使得"文化的洋葱头"，有待更为深入地接通"地气"。应该强调，对于民间文化、口传文化的价值和功能的认识，必须还原到本体论的高度。根据牛津大学一个研究室的DNA研究，人类会说话的基因变异发生在十二万年前，人类会说话已经十二万年了。人类会写字才五千年，中国发现的甲骨文才三千多年，而且在古代百分之九十九的人是不能够用文字著书立说的。大量的民族记忆和民族想象存在于哪里呢？存在于口头上。所以口传系统是个非常重要的本原性系统。如果只是研究文字记录下来的文献，所研究的就是水果摊上的水果；如果加上民间口传的传统，就研究了这棵果树是怎么生根发芽、枝繁叶茂之后结出果子的，研究了文化生成的完整的生命过程。

文字的传统是有限的，文字的尽头，就是口传。在口传系统上，歌仙刘三姐是以往文学史所缺载的，因为她是民间歌手，是口传文学。我在《中国古典文学图志》一书中就指出，文学史写上刘三姐，比大谈二三流的汉语诗人更有价值。原因在于写上这一笔，可以沟通汉族和南方的少数民族、书面文学和口传文学之间的关系，从而展开文学史的丰富层面和文学结构的完整性。① 广西许多地方志，还有明清时代的一些笔记，都记载过刘三姐，除了"刘三姐"这个称呼，有的叫"刘三妹""刘三娘"，回到我的老家电白，还可以发现有叫"刘三婆"的，从叫妹、叫姐到叫娘、叫婆，刘三姐逐渐老了，这些都属于"歌仙刘三姐"系统。根据这些地方志和笔记的记载，刘三姐生于唐朝中宗（武则天的儿子）年代，大概比诗仙李白小三岁，歌仙是诗仙的"妹妹"。据说她是著名的刘晨、阮肇"天台遇仙"故事中，那位刘晨先生的后代，民间传说就这么会拉亲戚。广东阳春县一个山崖上有个"刘仙三姐歌台"，歌台铭文落款是五代后梁，已经一千多年了。到了明清时期对刘三姐的记载更多。清朝初期"岭南三大家"之一的屈大均，自问"《广东新语》一书，何为而作也？……予举广东十郡所见所闻，平昔识之于己者，悉与之语。……言地者，言其一撮土，而其广厚见矣"。② 他对于文化接通"地气"，独有心得。因而在《广东新语》卷八《女语》中，他以远比前人更多的笔墨记

---

① 参看杨义《中国古典文学图志》，生活·读书·新知三联书店2006年版，第26页。
② （清）屈大均：《广东新语》自序，清康熙二十九年木天阁原刻本。

述这个岭南传说：刘三妹"相传为始造歌之人"，千里内闻歌名而来学歌、对歌者络绎不绝，她"往来两粤溪峒间，诸蛮种类最繁，所过之处，咸解其言语"，被称为"歌仙"。无论平民百姓，还是瑶族、壮族或者山里的少数民族，凡是作歌的人，都要先买一本歌词供奉刘三妹，放到她的祭台上，让祭台管理人员收藏。然后谁要求歌，不准带出去，只能在那里抄录，所以在刘三姐庙里，这些歌词已经积累几箩筐了。又记载刘三姐跟邕州（今南宁）的白鹤少年张伟望在山崖上唱歌，对歌七天七夜，"俱化为石，土人因祀之于阳春锦石岩"。有的记载却说，二人成仙飞去，时在唐玄宗开元十三年。推算起来，唐玄宗开元十三年，刘三姐二十一岁，李白二十四五岁刚从四川出来，"仗剑去国，辞亲远游"，在洞庭湖、扬州的长江一带漫游，过三年之后才有《黄鹤楼送孟浩然》。

清朝康熙年间的文坛领袖王渔洋在《池北偶谈》卷十六中说，同榜进士吴淇，"为浔州（今广西桂平县）推官，采录其歌，为《粤风续九》。虽侏儒之音，时与乐府子夜读曲相近，因录数篇"。《粤风续九》，就是以两广地区"粤风"续写《九歌》。其中记录了刘三妹的故事，录有刘三姐对歌七首，比如《相思曲》："妹相思，不作风流待几时？只见风吹花落地，不见风吹花上枝。"《蝴蝶思花歌》："思想妹，蝴蝶思想也为花。蝴蝶思花不思草，兄思情妹不思家。"很俗白，很新鲜，是山野间的吟唱，跳出了文人写作陈陈相因的方法。此外还录有傜歌四首、俍歌二首、僮歌一首、蛋人歌三首、俍人扇歌一首，并且介绍"担歌者，侗人多以木担聘女，或持赠所欢，以五采齘（xiè，牙齿相磨切）作方段，齘处文如鼎彝，歌与花鸟相间，字亦如蝇头。布刀者，侗人织具也，书歌于刀上，间以五采花卉，明漆沐之。又有师童歌者，巫觋乐神之曲，词不录"[①]。作为文坛宗师，王渔洋转录时的好奇心，也

[①]（清）王士祯：《池北偶谈》卷十六"谈艺"六；《渔洋诗话》卷下也有此材料，见《清诗话》，上海古籍出版社1978年版，第218页。

许大于取法之心，但是这确实是"人文的洋葱头"在"地气"的催生下，生长出来的青翠可喜的苗叶。对于如此"天籁"之音，要不要进入文学史？如果把民间口头传统也载入文学史，比起只记一些文人或锦心绣口的、或酸溜迂腐的，毕竟天地很窄的诗词的文学史来，就会敞开一个更加令人心旷神怡的"天苍苍，野茫茫"的宏大空间，文学史能够动员的资源就会非常生机勃勃、烟波浩渺。

七　族群划分与"树的效应"

文学地理学四大领域之三，是族群的划分与组合。中华民族是一个多民族的国家，有许多古民族，又有五十五个现代少数民族。经过严格的科学鉴定的很多民族，都有自己的居住的区域、生产生活的方式、民族信仰的习惯和自己的行为方式、语言系统。这些文化群体曾经相互对峙又相互吸引、相互融合，在长期的发展中越来越深地变得你中有我、我中有你。汉族与少数民族之间，也是一种耦合结构。讲中国文学，不讲少数民族就讲不清楚汉族，不讲汉族也讲不清楚少数民族，那是"失耦合"的偏枯的研究方式，因为我们DNA都相互渗透，甚而混融在一起了。北方的汉族和北方的少数民族DNA的接近程度，超过了北方的汉族和南方的汉族；同样的，南方的汉族和南方的少数民族DNA的接近程度，超过了南方的汉族和北方的汉族。这就既是血脉相连，在文化上也是你中有我、我中有你，打断骨头连着筋，从而形成了一个多元一体的国家民族的总体构架。因此民族群体文化，"同树异枝"，是文学地理学可以进行大开发的重大问题。

就以中华民族的史诗传统而言，汉族由于文化理性早熟，生活态度务实，主流思想"不语怪力乱神"，留存下来的史诗是很不发达的。以往写文学史是为了跟西方接轨，从史诗写起，一些老先生从《诗经》里面找了五首诗，《大雅》中的《生民》、《公刘》、

《绵》、《皇矣》和《大明》五篇，说是"周朝的开国史诗"。这自然与远古文献著诸简帛，力求简练有关。但是，这五首诗加起来三百三十八个字，怎么说也难以和荷马史诗相比。西方学术界认为中国没有史诗。比如德国的黑格尔认为，在东方各民族中，只有印度和波斯才有一些粗枝大叶的史诗，"中国人却没有民族史诗，因为他们的观照方式基本上是散文性的，从有史以来最早的时期就已形成一种以散文形式安排的井井有条的历史实际情况，他们的宗教观点也不适宜于艺术表现，这对史诗的发展也是一个大障碍"①。

　　要打破这种"西方中心主义"的傲慢，最好的方法是拿出事实。如果考虑到少数民族文化，中国就无可怀疑的是"史诗的富国"。少数民族最是宏伟绚丽的史诗，为藏族的《格萨尔》，蒙古族的《格斯尔可汗传》。《格萨尔》作为活形态的史诗，至今仍有数以百计的民间艺人能够演唱，有若藏族谚语所云："岭国每人嘴里都有一部《格萨尔》。"遂以其六十万行的超长度，建构成古代藏族社会的一部包罗三界、总揽神佛而气象万千的百科全书。虽然每个歌手传唱的细节有所不同，但都有一个共同的故事梗概：古远时候，藏区妖魔横行，天灾人祸使黎民百姓苦难深重。梵天王派其少子下凡，做黑头发藏人的君王——格萨尔王。他具有神、龙、念（藏族原始宗教里的一种厉神）三者合一的半人半神的英雄品格，将阻挠他降临人间的妖魔鬼怪杀死。五岁时，与母亲移居黄河之畔。格萨尔十二岁，在部落的赛马大会上获胜称王，娶最美的少女森姜珠牡为妃。格萨尔从此施展天威，降伏了入侵岭国的北方妖魔，战胜了霍尔国的白帐王、姜国的萨丹王、门域的辛赤王、大食的诺尔王、卡切松耳石的赤丹王，南征北战，东讨西伐，先后降伏了几十个"宗"（藏族古代的部落和小邦）。格萨

---

① ［德］黑格尔：《美学》第3卷下册，朱光潜译，商务印书馆1997年版，第170页。

尔又入地狱，救出母亲郭姆、王妃森姜珠牡，同回天界。其基本结构有若歌手们所概括："上方天界遣使下凡，中间世上各种纷争，下面地狱完成业果。"

六十万行的《格萨尔》，篇幅超过世界五大史诗的总和。世界五大史诗：最古老的是古巴比伦的《吉尔伽美什》，以三千行的楔形字写在泥版上；影响最大的是荷马史诗《伊利亚特》、《奥德赛》，二三万行；最长的是印度史诗《罗摩衍那》、《摩诃婆罗多》，后者是二十万行。中国少数民族三大史诗，除了藏族的《格萨尔》，还有蒙古族的《江格尔》，柯尔克孜族的《玛纳斯》，都是一二十万行的英雄史诗，它们都是跨国界共享的国宝。可以说，公元前一千年，世界上最伟大的史诗是荷马史诗；公元后第一个千年，世界上最伟大的史诗是印度史诗；历史将会证明，公元后的第二个千年，世界上最伟大的史诗是包括《格萨尔》《江格尔》《玛纳斯》在内的中国史诗。中国文学干枝参天，那种固执于"有干无枝"的研究方式，面对已成"国际显学"的少数民族文学瑰宝，理应反省自身研究视野和知识结构的缺陷。《老子》三十三章云："知人者智，自知者明。"[①] 对于文学史研究现状，当以此共勉。

中国学人应该形成一种共识：中华民族的文化、文学、文明史，是汉族和少数民族共同创造的，文学史应该将这种整体风貌和深层脉络描绘出来。如果把少数民族的神话、想象和民族记忆、民族创造都计算进来，中国就毫无疑问地是一个史诗大国、富国、强国。少数民族给中华民族增加了很多辉煌的文学方式和文学经典，可惜古代中原主流文化把自己看得太了不起，把少数民族的创造看作"蛮夷之音"，并没有将"见贤思齐"[②] 的理念穿透华夷

---

① 朱谦之撰：《老子校释》，中华书局1984年版，第133页。
② （宋）朱熹撰：《论语》"里仁"篇，《四书章句集注》，中华书局1983年版，第73页。

界限。公元 11 世纪，也就是欧阳修、苏东坡在写几十字、百余字短小精粹的宋诗、宋词的岁月，维吾尔族的诗人尤素甫·哈斯·哈吉甫，在喀喇汗王朝（即黑汗王朝）的喀什，历时十八个月写成回鹘文长篇诗剧《福乐智慧》（直译为《赐予幸福的知识》），凡八十五章一万三千多行，时在公元 1070 年前后。[①] 值得深思的是，该书《序言之一》直言不讳地承认："此书极为珍贵，它以秦国哲士的箴言和马秦学者的诗篇装饰而成。"它并没有回避受了辽（秦地）、宋（马秦）文化的影响，实践着的正是"见贤思齐"的理念。这种文化交融的非对等性，是值得反思的。

一万三千多行是什么概念呢？意大利但丁的《神曲》就是一万三千行。这个维吾尔诗人跟李白一样，也生在碎叶，由于躲避政变到了民间，五十岁之后到了喀什去当御用侍臣，写了此部韵文巨著。《福乐智慧》熔叙事性、哲理性、戏剧性三性于一炉，展开了跟中原的诗词体制完全不同的另外一种美学范式。它主要写四个人物，一个叫日出的国王，他象征公正和法律；一个叫月圆的大臣，他象征福乐；月圆大臣的儿子叫贤明大臣，他象征智慧；还有个修道士象征觉醒。四个人物互相辩论治理国家的方针政策和人生哲理。最后，修道士，一个伊斯兰教某教派的修道士，超脱世俗的政治辩论，归隐于山林。它主要的中心思想是：人心是国家之本，有法律才能治理国家，而且智慧是人间的明灯。他是崇拜智慧的，智慧是美德的根本，人的高贵全在于有知识。这么一个主题，使长诗成为智慧和知识的赞歌。里面还有许多格言、谚语，随手拈来，很是深刻。比如："狮子如果做了狗的首领，狗就会像狮子一样勇猛，如果狗当了狮子的首领，狮子就会像狗一样无能"，讲究施政用贤，崇拜英雄。所以，德国有一位考古探险家在考察高昌古城时讲过一段话：阿拉伯的语言是知识，波斯的

[①] （宋）尤素甫·哈斯·哈吉甫：《福乐智慧》，郝关中等译，民族出版社 1986 年版。

语言是糖，印度的语言是盐，维吾尔的语言是艺术。我们不妨给不容假设的历史来一个假设，如果中原人士在公元11世纪以后，能够接受边疆少数民族的诗的智慧，中国的诗歌的局面就会完全改观。可惜到了宋以后的元代、明代，士大夫文人依然整天讨论"宗唐"还是"宗宋"，在唐诗和宋诗的有限性差异中翻跟斗。他们并没有超越中原中心主义，去思考能否学一学维吾尔人的《福乐智慧》，能否从少数民族的史诗思维中汲取点什么。汉族士大夫高雅得很，那么短小的诗，喝喝酒就能作。喝酒把情绪提起来之后，诗思泉涌，可惜涌出的泉水只能斟满一小杯。酒劲一过，或者酒劲过猛，就写不出来，这就是中原式的"诗酒风流"。如明清之际的小说《平山冷燕》所倾慕的："富贵虽不耐久，而芳名自在天地。今日欧阳公虽往，而平山堂一段诗酒风流，俨然未散。吾兄试看此寒山衰柳，景色虽甚荒凉，然断续低徊，何处不是永叔之文章，动人留连感叹。"①

还应该注意的是，族群划分的另一个关键，是家族问题，这是古代中国独特的人群文化聚落。《孟子·离娄上》说："人有恒言，皆曰'天下国家'。天下之本在国，国之本在家，家之本在身。"② 这三个"本"的链条很重要，家族在"国"和"身"之间，扮演着关键的本位环节。宗法社会的人们往往聚族而居，因此在中国地名中，以姓氏族群命名的村落或城市相当多。如张店、李村、宋庄、吴镇，又如丁家村、许家屯、冯家堡、穆家寨，由此还要建祠堂、修族谱、认同宗，因而组合成独特的人群文化聚落，聚落中存在独特的文化人群秩序。难怪钱穆先生在《中国文化史导论》中说："中国文化，全部都从家族观念上筑起。"③ 古代的家族作为一种制度，不单是一个血缘的单位，而且有着经济、

---

① 《平山冷燕》第十三回"观旧句忽尔害相思"。
② 《孟子集注》卷七，《四书章句集注》，中华书局2010年版，第278页。
③ 钱穆：《中国文化史导论》，商务印书馆2003年版。

政治的功能，攀龙附凤、沾亲带故、裙带关系等均由此而发生，衍化出某种经济政治的潜规则。还有家学、家风，延续着一种独特的家族文化传统。因此研究中国文化而不研究家族问题，是很难把握它的深层奥妙的。

举例来说，宋代推行的是一种崇文抑武的士大夫政治，在政治上大力起用士人，王安石与司马光先后成为权倾一时的宰相。或如苏轼所撰《富郑公神道碑》所云："宋兴百三十年，四方无虞，人物岁滋，盖自秦、汉以来，未有若此之盛者。"① 然而由此引发新旧党争，导致北宋在政治"翻烙饼"中被金兵灭亡。王安石变法和司马光的反正，除革新、保守这种政治路线上的冲突之外，相当基本的一个关键是南北家族的问题。司马光周围的那批人，多属北方中原家族人氏，如司马光是陕州人，文彦博是汾州人，范纯仁、范纯礼兄弟是吴县人，吕大防是京兆蓝田人，原籍都在山西、陕西一带。司马光出身官宦门第，父亲司马池曾为兵部郎中、天章阁待制（属翰林学士），官居四品。中原的家族安土重迁，文化根底非常深厚，素以文化姿态上稳重守成而著称。而王安石周边的这些人物，多属南方家族，如王安石是江西临川人，曾布是江西南丰人，吕惠卿是福建晋江人，章惇是福建蒲城人，蔡确是福建泉州人，蔡京是福建仙游人，都在江西、福建一带。南方的家族多是从北方家族迁徙过来的，王安石家族五代以前是"太原王"，一百多年前就从太原南迁到江西。

农业社会，民众依附土地，讲究落地生根。如《汉书·元帝纪》收录的汉元帝永光四年（公元前40年）《初陵勿置县邑诏》曰："安土重迁，黎民之性；骨肉相附，人情所愿也。"②《通典》卷一《食货》引崔寔《政论》说："小人之情，安土重迁，宁就

---

① （宋）苏轼：《富弼神道碑》，《苏轼集》卷八十七，明海虞程宗成化刻本。
② 班固：《汉书·元帝纪》，中华书局1962年版，第292页。

饥馁，无适乐土之虑。"① 因此，迁徙，或者离乡背井，连根移植，在农业社会是非常郑重，常常是不得已而为之的事情。可以说，迁徙本身就是一种家族性格。广东人闯不闯南洋？山东人去不去闯关东？这都是家族性格的体现。《诗经·小雅·伐木》说："伐木丁丁，鸟鸣嘤嘤。出自幽谷，迁于乔木。"郑玄笺云："迁，徙也。谓向时之鸟，出从深谷，今移处高木。"② 迁徙者也不乏脱离"幽谷"、飞上高枝的追求。因此，从北方迁徙到南方的家族，家族性格本身带有开拓性、冒险性，同时也带有投机性。王安石家族在五代之前迁到了江西中部，跟当地的曾氏家族、吴氏家族连环通婚，经过五代，才变成当地的巨族。如果没有这种通婚关系，这样的家族就是"客户"；有了通婚的关系过了三五代之后，就是江西派了。王安石的外祖母是曾巩的姑妈，所以他晋见欧阳修，是曾巩带去的。王安石准备变法之时，曾巩劝他稳重一点，王安石不听。神宗皇帝问曾巩怎么看王安石，曾巩讲了八个字："勇于为事，吝于改过。"王安石一旦执政推行变法，曾巩就请求外任，在外面的州郡当了十二年的官，才回到汴梁，也就没有卷入党争。曾巩是曾家的大哥，父亲早逝，大哥要对家族负责任，他的政风和文风带有"大哥风度"。其弟曾布、曾肇比他小十几、二十几岁，他要抚养这批人，所以大哥的文风和小弟的文风是不一样的，他更带有家族责任感，更加老成持重。我们读曾巩的文章就感到有一种大哥气息。曾布不一样，曾布比曾巩小十七岁，和吕惠卿一道成为王安石变法的左右手，后来当到宰相，跟蔡京不和，晚年很凄惨，《宋史》把他归入《奸臣传》。曾巩家族——南丰曾氏，在两宋时代出了五十一个进士。曾巩家族和王安石家族文风很盛，连妇女也能够为文作诗，包括过个节日请亲戚来吃饭，都

---

① （唐）杜佑：《通典》卷一《食货》。
② （汉）郑玄笺，（唐）孔颖达疏：《毛诗正义》卷九，《十三经注疏》，中华书局1984年版，第410页。

写诗词代信函。所以朱熹说：本朝（宋朝）的妇人，最能文的只有李易安和魏夫人，李易安就是李清照，魏夫人就是曾布的妻子。所有这些问题，只有深入家族脉络，包括家谱的树状结构和家族之间的网状联系之中，才能获得厘清脉络、洞察玄机、透视内幕的合理解释。

八　空间流动与"路的效应"

文学地理学四大领域之四，是空间流动。"动"，就是对事物原本的状态和位置进行推动和变动。有所谓"应时动事"，动是生命的表现。《吕氏春秋》讲"阳气始生，草木繁动"，高诱注：动就是生，① 把动和生并列，动是生命的表征。其实这层意思，《庄子·天地》篇已有所揭示："留动而生物，物成生理"；"其动止也，其死生也，其废起也，此又非其所以也"。② 其也在动与生之间，留下潜在的联系。在文学地理学中，无论是区域文化类型、文化层面剖析还是族群的区分和组合，只要它们中的一些成分（比如个人、家族、族群）一流动，就能产生新的生命形态，就能产生文化、文学之间新的选择、新的换位、新的组接和新的融合，就可以在原本位置和新居位置的关联变动中，锤炼出文学或文化的新品质和新性格。

人要动，就要不畏长途，上路寻找新的发展机遇。不妨考察一下广东、江西、福建、台湾一带独特的客家民系。秦汉以后的两千多年中，中原汉人走上南迁之路，在唐宋以后就形成具有自己特殊的方言和文化的族群。近年因为客家土楼围屋成了世界文化遗产，以及台湾和闽粤的客家关系问题，我们对之有了更多了解。梅县客家诗人黄遵宪在《己亥杂诗》中说："筚路桃弧辗转

---

① 《吕氏春秋》卷一，《诸子集成》（六），中华书局2009年版，第2页。
② （清）王先谦：《庄子集解》卷三，中华书局2012年版，第103—105页。

迁，南来远过一千年。方言足证中原韵，礼俗犹留三代前。"① 筚路，是用竹子和荆条编成的车，筚路蓝缕来自楚国祖先艰苦的南迁和开拓。客家民系的祖先也像楚人祖先那样，开辟草莱，辗转迁移到南方，而且"南来远过一千年"了。这里以一千年为时间刻度，意味着客家移民在晚唐五代就开始形成民系。"方言足证中原韵"，客家民系的方言保存着唐宋时代的中原音韵，客家人素有"宁卖祖宗田，莫忘祖宗言"的祖训，没有受金元以来入主中原的胡人语言文化过深的影响。比如保留了入声字，就是某种没有胡化的语言活化石的见证。客家语言、广东语言都有入声字，"方言足证中原韵"，证明他们来自中原；"礼俗犹留三代前"，古老的三代就是夏、商、周，最近的三代就是元、明、清，那以前的古老礼俗还有保留。这种族群迁移，既可以携带上原来的民风民俗，保存了某些中古时期的中原汉族文化，又可以在新居住地混合了百越族文化，开拓新的民风民俗。客家民系进入了赣南、粤北、闽西的山区，中原人士变成了山里人，成了"丘陵上族群"，形成了一种刚直刻苦的性格。

客家民系，以"山歌"驰名，有所谓"九腔十八调"，散发着山乡的情调和趣味。黄遵宪《人境庐诗草》中如此描述客家山歌："瑶峒月夜，男女隔岭唱和，兴往情来，余音袅娜，犹存歌仙之遗风，一字千回百折，哀厉而长，称山歌。"山歌形式不排除他们在南迁途中随身携带的文化行李，比如宋人张邦基《墨庄漫录》卷四说过："四方风俗不同，吴人多作山歌，声怨咽如悲，闻之使人酸辛；柳子厚云'欸乃一声山水绿'，此又岭外之音，皆此类也。"② 黄遵宪曾亲自辑录整理《山歌》十五首，如"做月要做十五月，做春要做四时春。做雨要做连绵雨，做人莫做无情人。"情深意切，反复叮咛，而又不落于絮叨。又如"买梨莫买蜂咬梨，

---

① （清）黄遵宪：《人境庐诗草》卷九，民国辛未年重校再版本。
② （宋）张邦基：《墨庄漫录》卷四，笔记小说大观本，上海古籍出版社2007年版。

心中有病没人知。因为分梨故亲切,谁知亲切转伤离"。托物起兴,语义双关,妙喻中饶有苦涩之情。"人道风吹花落地,侬要风吹花上枝。亲将黄蜡粘花去,到老终无花落时",令人联想到王渔洋转录的刘三姐对歌"只见风吹花落地,不见风吹花上枝",可见客家山歌与歌仙刘三姐的因缘。又有"催人出门鸡乱啼,送人离别水东西。挽水西流想无法,从今不养五更鸡",令人想起垓下之围,项羽夜闻四面楚歌之《鸡鸣歌》。宋代谢采伯《密斋笔记》卷四说:"《周礼》:'鸡人主旦呼。'汉宫中不畜鸡,卫士专传鸡鸣。应劭曰:'楚歌,今鸡鸣歌也。'东坡云:'今土人谓之山歌。'"①但是山歌毕竟是即景生情的歌唱,客家人还是对着他们的山坡引吭高歌:"山中山谷起山坡,山前山后树山多。山间山田荫山水,山人山上唱山歌。"客家山歌多有男女情歌,以双关语调情,少有掩饰,天趣自然,有如这首梅县山歌所唱:"客家山歌特出名,条条山歌有妹名。条条山歌有妹份,一条无妹唱唔成。"由此可知,客家山歌携带着中原文化行李,采撷南方少数民族歌仙的智慧,却又是一路走来,实实在在地脚踏着山坡唱出来的。《周易·说卦》云:"艮为山,为径路。……其于木也,为坚多节。"②蒙学书《增广贤文》说:"当时若不登高望,谁信东流海洋深。路遥知马力,事久见人心。"迁移人群的走路,能坚定意志,能登高望远,见多识广,能磨炼体魄、耐力和心魂,这就是"路的效应"。

客家民系最早的著名人物,是唐朝开元年间的贤相张九龄,他是曲江人,故称"张曲江"。还有弟弟张九皋、张九章。张氏祖籍是河北范阳(今河北涿州),安禄山叛乱的大本营。张九龄的曾祖父到曲江当官时,遇上隋唐之际的混乱,就定居在那里。张九龄当过宰相(中书侍郎同中书门下平章事,迁中书令),刚直不阿,有所谓"曲江风度"。他在唐玄宗开元年间,上书请求诛杀安

---

① (宋)谢采伯:《密斋笔记》卷四,四库全书本。
② 《周易正义》卷九,《十三经注疏》,第95页。

禄山，因为安禄山打了败仗，就弹劾安禄山"貌有反相，不杀必为后患"，唐玄宗没有采纳他的意见。① 安史之乱后，唐玄宗逃亡四川，后悔不听张九龄的劝谏，一想起此翁就掉眼泪，"每思曲江则泣下"。现在"张文献公祠"的楹联如此形容他："唐代无双士，南天第一人。"他的诗，以《望月怀远》一句"海上生明月，天涯共此时"，最是脍炙人口。清代编的《唐诗三百首》，开头两首古诗就是张九龄的《感遇》诗，第一首用兰花、桂花比喻高洁的性情，说是"草木有本心，何求美人折"，采用屈原"芳草美人"的比喻，赞赏兰花、桂花高贵的"本心"，并不追求美人折回插在花瓶里才有价值，表现了一种高洁而独立的精神境界。第二首："江南有丹橘，经冬犹绿林"，采取的是屈原《九歌·橘颂》的意象，可见张九龄的心是与屈原相通的。橘树经冬依然翠绿，"自有岁寒心"。何为岁寒心？《论语》中孔子说："岁寒，然后知松柏之后凋也"，经历寒风冷雪的考验，才知道草木中最后掉叶子的是松柏。他推崇丹橘、松柏"岁寒心"的气节，不愿与桃花、李花争俗斗艳，这么一种姿态，就是"曲江风度"的文化追求。在山地方面首先出现了张九龄为家乡做的事，就是在故乡梅岭顶部开凿出一条长二十余丈、宽三丈，可容两辆马车并行的"梅关驿道"。客家民系从中原迁移到南方，逢山开路，不畏艰险，实在是一个具有明显特征的汉族分支族群。

空间的流动，往往可以在流动主体的眼前展开两个或者两个以上的文化区域和文化视野，这种"双世界视景"，在对撞、对比、对证中，开发和点亮了人们的智慧。比如当年的右派重回文坛，他就拥有两个世界：右派世界，作家世界；农村孩子到城市上大学或打工，他也拥有两个世界：农村世界，城市世界；中国青年学者出国，他的两个世界是：中国世界，外国世界。两个世

---

① （后晋）刘昫等撰：《旧唐书·张九龄传》，中华书局1975年版，第3099页。

界的对比，可以接纳、批判、选择、融合的文化资源就多了，就能开拓出一种新的精神境界和思想深度。空间流动的一加一是大于二的，是超越二的，进入了一种新的维度丰富的思想层面。思想文化在流动中发酵，这就是"双世界效应"。

鲁迅曾经将《离骚》中的"路漫漫其修远兮，吾将上下而求索"，作为其小说集的题词，可见其对屈子的景仰，及对探路的坚毅。"路"，在鲁迅心目中，是人类的前途所在。1919年12月，在北京当教育部科长，兼管京师图书馆的鲁迅，奔波几千里回绍兴，准备把自己的祖屋卖掉，带着母亲和发妻朱安到北京定居。这次回乡的观感，他写成了三篇小说，即《故乡》、《在酒楼上》和《祝福》。此时之鲁迅已然不能简单地看作"当年绍兴的周树人"了，他已经承受了多种"双世界效应"，或者叫作"多元世界效应"。自从他家道中落，饱受世态炎凉之后，走异路、逃异地，去寻求别样的人们，到了南京读到《天演论》，到了日本接触到尼采、易卜生、拜伦、裴多菲的思想和文学，又在北京感受过新文化运动，还在《新青年》上发表了《狂人日记》。他在这么多姿多彩的地理区域和文化领域里流动，再回过头来看自己的家乡，他的"故乡观"就发生了本质性的变化。他冒着严寒回到相隔两千里，别了二十年的故乡，天气阴晦，冷风吹到船舱里面来，远远看到几条萧索的荒村，心不禁悲凉起来，这就是我二十年前的故乡吗？他带有南京、东京、北京、中土、东洋、西洋文化这么巨大繁杂的思想文化框架，反观他萧索、荒凉的故乡，就不可能不充满何为故乡、人生何从的疑虑，充满痛苦的人生意义的追寻。经他母亲提起闰土，到底"月是故乡明"，他就想起在深蓝的天空底下，一轮金黄的圆月，闰土拿着一把叉去刺偷吃西瓜的小动物，这个生动活泼的画面占满了他对故乡的童年记忆。但是见到现实中的闰土，这个幻想就被打得粉碎，多子、饥荒、苛税、兵匪、官绅，都把这个闰土折磨成木偶人了。更何况在老实到了麻木的"木偶人"闰土的周围，叽叽喳喳地跳出了一个想引领市井风骚的，小脚如"细脚伶仃的圆规"一般的"豆腐西施"，这个绰号好得令人心酸。这篇小说作于鲁迅的"不惑之年"，但二十年风尘使故乡黯淡、青春消磨，不惑之年的鲁迅又疑惑起来了。叙事者在悲凉中陷于绝望，但还要反抗绝望，去寻找希望。离乡，就是离开月下少年、豆腐西施、沧桑闰土这些支离破碎的故乡图像。因而离乡的航程中又升起这轮明月，朦胧之中看到海边碧绿的沙地上，深蓝的天空悬挂着金黄的圆月，牵引出一句至理名言：希望本无所谓有，无所谓无，正如地上的路，其实地上没有路，走的人多了，也就成了路。①

　　路是地球上人造的血管，人员、物质、资讯都从路上流过。然而将路比喻人生，就很容易感受到卢梭所说的："人是生而自由的，却无往不在枷锁之中。"② 这就是中国古乐府诗中，为何多见"行路难"感慨的原因。李白写过《行路难》三首，大呼"大道如青天，我独不得出"；又咏叹着"欲渡黄河冰塞川，将登太行雪满山。闲来垂钓碧溪上，忽复乘舟梦日边。行路难，行路难，多歧路，今安在。长风破浪会有时，直挂云帆济沧海"。《乐府解题》曰："《行路难》，备言世路艰难及离别悲伤之意，多以'君不见'为首。"③ 鲁迅当然也感受到行路难，但他的精神取向是反传统的"行路难"。当鲁迅将离乡二十年来所经历的多重世界与故乡的古老世界叠印在一起的时候，他的"故乡观"在新的世界观的撞击下发生破裂和爆炸，炸裂成一种在荒芜处寻路、开路，而不避艰难困苦的意志。老子言"道"，鲁迅言"路"，在字义上，道与路相通，但是道更玄妙，而路更踏实。路连通了世界上一切秘密，路通向人类的希望。人生在世，总在路上，如鲁迅所谓

---

① 鲁迅：《呐喊·故乡》，《鲁迅全集》第1卷，第476—485页。
② [法]卢梭：《社会契约论》，何兆武译，商务印书馆1980年版，第8页。
③ （宋）郭茂倩编：《乐府诗集》卷七十"杂曲歌辞"，文学古籍刊行社影宋本。

"过客",以探索追求来实现生命的价值,来托起心中那轮"碧蓝天空上金黄的圆月"。年届四十不惑的鲁迅,在这一点上是不需疑惑的:这篇小说是一首非常深刻、非常悲凉,又非常伟大的荡气回肠的东方乡土抒情诗,又是一首理智新锐而意志坚毅的反《行路难》。文学地理学的"路的效应",在鲁迅此行中体现得极其充分。

文学地理学是一个极具活力的学科分支,是一片亟待开发的学术沃土。它使文学研究"接上地气",接上中国历史文化和现实生活的第一流资源,敞开了区域文化类型、文化层面剖析、族群分布,以及文化空间的转移和流动四个巨大的空间,于其间生发出"七巧板效应"、"剥洋葱头效应"和"树的效应"、"路的效应"。"一气四效应",乃是文学地理学在辽阔的文化空间中,为我们的研究输入的源源不绝的学理动力。

九 文学地理学的三条研究思路与"太极推移"

以上了划分文学地理学的四大领域,划分是为了对研究的对象心中有数、逻辑清晰,而不是作茧自缚、画地为牢。研究可以有所侧重,而深入却要相互贯通。《周易·系辞上》说:"圣人有以见天下之动,而观其会通。"① 宋人郑樵《通志总序》将"会通"之义引入学术,极言:"百川异趣,必会于海,然后九州无浸淫之患。万国殊途,必通诸夏,然后八荒无壅滞之忧。会通之义大矣哉!"② 东汉王充则用这个"通"字品鉴士林:"能说一经者为儒生,博览古今者为通人,采掇传书以上书奏记者为文人,能精思著文连结篇章者为鸿儒。故儒生过俗人,通人胜儒生,文人逾通人,鸿儒超文人。"③ 王充将士林分为儒生、通人、文人、鸿

---

① 《周易·系辞上》,《十三经注疏》,中华书局2009年版,第79页。
② (宋)郑樵:《通志总序》,中华书局1987年版。
③ (东汉)王充:《论衡》卷十三《超奇》篇,四部丛刊本。

儒四等，是有其现实针对性和感慨的。当时所设的五经博士，多为"能说一经者"，王充认为他们只能处于士林的最低层；偶或有"博览古今"的经师，层面也不高；王充不算当时居于要位的经学家，因此他跳出经学的圈子，推重能够著述的"文人"和有创造性的"鸿儒"。不过，从王充品鉴中，不难领会贯通和创造的重要性。

文学地理学在本质上，乃是会通之学。会通就是突破知识领域的相互阻隔，深入知识领域的内在脉络，获取人文学术的创新深度。它不仅要会通自身的区域类型、文化层析、族群分合、文化流动四大领域，而且要会通文学与地理学、人类文化学以及民族、民俗、制度、历史、考古等诸多学科。在研究比较重大而复杂的命题时，守株待兔已经不可能，需要放出敏捷的猎犬，穿越多个领域，进行综合的会通的研究。综合的会通研究有三条思路：整体性思路、互动性思路以及交融性思路。三条思路，可以简化为整、互、融三个字。这三条思路所注重的，是知识主体的内在构成，以此为出发点，在深入区域之后，能够返回整体中寻找宏观意义；壁垒分割之后，能够在跨越壁垒上深化阐释的功能；交叉观照之后，能够融合创新。假如把文学地理学的四个领域，以及贯穿四个领域的三条思路统合起来，就是七个字：区、文、群、动、整、互、融。这七个字就像北斗七星，前四个字，讲的是文学地理学的内容，是北斗七星的斗勺，可以装载大量甜美的或富有刺激性的酒浆；后三个字，讲的是方法论，是北斗七星的斗柄，可以把握、运转和斟酌斗勺里的酒浆。四加三为七，形成一个互动互补的学理体系。这真让人联想起宋代词人张孝祥《念奴娇·过洞庭》："素月分辉，明河共影，表里俱澄澈。悠然心会，妙处难与君说"，"尽挹西江，细斟北斗，万象为宾客。扣舷独啸，不知今夕何夕！"

先讨论"整体性思维"。整体性是分量，是眼光，也是深度。

文学地理学展开一个很大的思想空间，搜集来的材料可能是分散的、零碎的、纷繁复杂的，这就需要从横向上整理出它们的类型，又要从纵向上发掘它们的深层的意义。朱熹谈及学习《论语》的方法时说："夫子教人，零零星星，说来说去，合来合去，合成一个大物事。……孔门答问，曾子闻的话颜子未必与闻，颜子闻的话子贡未必与闻，今却合在《论语》一书，后世学者岂不是幸事？但患自家不去用心。"又说："只是一理，若看得透，方知无异。《论语》是每日零碎问。譬如大海也是水，一勺也是水。所说千言万语，皆是一理。须是透得，则推之其他，道理皆通。"①将零星加以组合，不能停留在1+1的凑合上，而是要用心通透，揭示其深层的"一以贯之"的原理，如此得到的整体性方是有生命力的整体性。一本书尚且需要如此，更何况要面对一个伟大的文明。因此，对于文明史而言，整体性思维，是一种需要具有非常透视能力的文化思维方式。

今日之中国，尤其需要以中华民族文化共同体的整体性眼光，来考察一些具体的专业性的问题，把博通和专精统一成一种可以同世界进行深层对话的学理体系。中华文明延续发展几千年，未曾中断，而且往往能够迎难而上、逢凶化吉、患难兴邦，变得越来越博大深厚，原因何在？这是每一个中国人文学者都应该思考的"超级命题"。以往的解释往往强调，是由于儒家思想或者儒道释文化思想结构的"超稳定性"，这不妨权当一个道理。但是，在中世纪崛起于北方的"草原帝国"驰马挥刀杀过来的危急关头，难道你拱手言说"有朋自远方来，不亦说乎"，对方就会翻身下马，"放下屠刀，立地成佛"吗？问题绝不如此彬彬有礼。很重要的原因是由于中国除了黄河文明，还有一个长江文明，两条江河文明共同构成整体文明的广阔腹地。这两条江河的文明，且不说

---

① （宋）朱熹：《朱子语类》卷十九《论语·语孟纲领》，四库全书本。

比起古埃及只有尼罗河河谷一线的绿洲文明，就是比起西亚底格里斯河和幼发拉底河之间的美索不达米亚平原（现伊拉克境内）这块被称为"新月沃土"的两河流域来，长江、黄河流域也比它大七倍，遂使我们的民族在抵御风险的时候有很大的回旋余地。我们自然应该对古巴比伦、亚述等文明的天文历法、数学、楔形文字，尤其是巴比伦城有"悬空的天堂"之誉的空中花园满怀敬意。但是，底格里斯河和幼发拉底河的这块40万—50万平方公里的"两河流域"，毕竟在幅员上难以同超过300万平方公里的黄河、长江流域相媲美。

设想一下，中世纪崛起的从兴安岭一直到中亚、欧洲的这个草原帝国，是"上帝的鞭子"，专门摧毁了很多南方的古老农业文明，中国也轮番地受到匈奴、鲜卑、突厥、契丹、女真、蒙古、满洲的超级军事力量的冲击，但是唯有中国在东亚大地上坚持住了，而且在一轮又一轮的南北融合中发展壮大了。这是为什么？就是因为除了有黄河文明，还有长江文明。长城在平时是可以抵挡游牧民族的，甚至可以在长城各个关口"互通关市"。但到游牧民族发展到极致，统一广阔的草原上诸部落的时候，长城就挡不住了，是谁挡的呢？是长江。世界上确实很难找到第二个国家有如此幸运，在它的民族发生冲突的时候，有长江巨流作为天然的隔离带。《隋书·五行志》说："长江天堑，古以为限隔南北。"①虽然说此话者并非其人，陈朝近臣如此有恃无恐，岂知隋军占有巴蜀，实际上已经过江。倒是明朝取天下最重要的谋臣刘基写的《绝句》有些趣味："天堑长江似海深，江头山鬼笑埋金。东家酿酒西家醉，世上英雄各有心。"② 这位谋略天才看到了似海深的长江天堑并不能消磨世上英雄的野心，只留下江头山鬼嘲笑那些败亡王朝的埋金逃难行为。明人杨慎如此评议岳飞之孙岳珂的一首

---

① （唐）魏征：《隋书》卷二十三《五行志》，中华书局1991年版。
② （明）刘基：《刘基集》卷十七，四部丛刊影印隆庆本。

词:"岳珂《祝英台近·北固亭》填词云:'……漫登览。极目万里沙场,事业频看剑。古往今来,南北限天堑。倚楼谁弄新声重,城门正掩。……'此词感慨忠愤,与辛幼安'千古江山'一词相伯仲。"① 在"一江南北,消磨多少豪杰"的地方,宣泄着一股浩然正气。

由于天堑难以飞渡,在游牧民族进入中原,难以跨过长江的岁月,许多汉族的大家族迁移到长江以南,把长江流域开发得比黄河流域还要发达。游牧民族滞留在北方,景仰中原衣冠文物,浸染中原文明,不出三四代就逐渐汉化或华夏化了。而长江文明在南方发展起来之后,又反过来实行了更高程度的南北融合,这就形成种族和文化上的一种"太极推移"奇观。自从《周易·系辞上》说"易有太极,是生两仪,两仪生四象,四象生八卦"②,历千余年至宋,"周敦颐博学力行,著《太极图》,明天理之根源,究万物之终始。其说曰:无极而太极。太极动而生阳,动极而静,静而生阴,静极复动,一动一静,互为其根,分阴分阳,两仪立焉。……无极之真,二五之精,妙合而凝,乾道成男,坤道成女。二气交感,化生万物,万物生生,而变化无穷焉"③。这种宇宙创生论其后的发展,则被描绘成"初孔子赞易,以为易有太极,一再传至于孟子,后之人不得其传焉。至宋濂溪周子,创图立说以为道学宗师,而传之河南二程子及横渠张子,继之以龟山杨氏、广平游氏以至于晦庵朱氏,中间虽为(蔡)京、(秦)桧、(韩)侂胄诸人梗踣,而其学益盛"④。因而神秘的"太极图",成为传统中国深入人心的宇宙生成模式。祛除其神秘的成分,我们有必要取其形式,引入对中华文明生命力模式的解释。认识中华

---

① (明)杨慎:《词品》卷五,四库全书本。
② 《周易·系辞上》,《十三经注疏》,第82页。
③ (元)脱脱等撰:《宋史》卷四百二十七《周敦颐传》,中华书局1985年版,第2721页。
④ (清)于敏中等编纂:《日下旧闻考》卷四十九引《太极书院记》。

民族的恒久不断的生命力，必须具有这种整体观的框架，才能进入民族国家发展脉络的深处，破解许多千古之谜。

既然关注民族生命力"太极推移"的整体观，就必然会进一步思考"太极眼"的存在。于此有必要考察太湖流域的吴文化。吴文化的第一个命题就是"泰伯开吴"。吴泰伯是周文王的伯父，他把社稷江山让给季历，再传给周文王、周武王，泰伯和二弟雍仲出奔荆蛮，开拓句吴。从陕西岐山一带，南下长江流域，一直东去太湖流域，这有什么根本性的意义呢？中华文明的两大系统，黄河系统和长江系统的"对角线"被牵动了，从而对整个民族的发展产生了无休无止的"对角线效应"。太湖流域是米粮仓，是文化智库，是工商文化发源地，成了中华文明"太极推移"中百川归海的东南"太极眼"。

在中华大地的长江文明和黄河文明的"太极推移"中，除吴文化，巴蜀文化也是个关键。两千多年南北纷争有一个规律，谁得巴蜀，谁得一统。因为北方游牧民族要在下游过长江很难，那是南朝的心腹要地，必有重兵把守，定要展开你死我活的厮杀。但是巴蜀远离京城，守卫可能松懈，将领并非嫡系，占领巴蜀相对容易。一旦占领巴蜀，实际上已经过江，而且雄踞长江的中上游。秦统一中国是先有蜀地；晋统一中国，是先灭蜀汉，后灭东吴；隋朝的统一，是由于侯景之乱后，北方已占领了巴蜀；宋统一中国的时候，先取长江中游的荆州，再取后蜀，然后才消灭南唐。

这里有一个充满想象力的关于柳永词的故事："孙何帅钱塘，柳耆卿作《望海潮》词赠之云：'东南形胜，三吴都会，钱塘自古繁华。烟柳画桥，风帘翠幕，参差十万人家。云树绕堤沙。怒涛卷霜雪，天堑无涯。市列珠玑，户盈罗绮，竞豪奢。重湖叠巘清嘉。有三秋桂子，十里荷花。羌管弄晴，菱歌泛夜，嬉嬉钓叟莲娃。千骑拥高牙，乘醉听箫鼓，吟赏烟霞。异日图将好景，归去凤池夸。'此词流播，金主亮闻歌，欣然有慕于'三秋桂子、十里荷花'，遂起投鞭渡江之志。……余谓此词虽牵动长江之愁，然卒为金主送死之媒，未足恨也。至于荷艳桂香，妆点湖山之清丽，使士夫流连于歌舞嬉游之乐，遂忘中原，是则深可恨耳。"① 金人始终没有进入巴蜀，金主完颜亮就面对"天堑无涯"，想从长江天堑采石矶过江，屯兵四十万，大有"投鞭渡江之志"，来势汹汹。却给时为中书舍人、到前线劳军的书生虞允文，收罗了零散的士兵和船只一万八千人，在长江上把他打败了。他撤退时被部下刺杀，因而保存了南宋的半壁江山。元朝灭金之后四十年才灭南宋，也是先拿下成都和大理国，甚至蒙哥汗战死在重庆附近的山城钓鱼城，这场叫作"上帝折鞭"的战役，改变了世界的历史进程。所以巴蜀是两条江河"太极推移"的枢纽，与太湖流域一文一武、一刚一柔，形成了江之头、江之尾的两个"太极眼"。这是从文学地理学的整体性思维上看问题的结论。整体性思维具有很强的覆盖性、贯通性和综合性，它的充分运用，有助于还原文明发展的生命过程。

十 互动性思维与李杜论衡

互动性思维是一种考察相互关系的思维，是一种在关系中比较和深化意义的考察。其要点，是对中国文明不同区域文化类型、族群划分、文化层析不采取孤立的、割裂的态度，而是在分中求合，交相映照，特征互衬，意义互释。古有所谓"盘结而交互也。……互字或作'牙'，言如豕牙之盘曲，犬牙之相入也"，② 不同领域盘结交互，有助于比较各自特征，深入地研究它们互动、互补、转化的功能，梳理它们的轻重、浓淡、正反、离合所编织成的文化网络。

---

① （宋）罗大经：《鹤林玉露》丙编卷一，日本宽文本，中华书局1983年版。
② 班固：《汉书·谷永传》，颜师古注，中华书局1962年版，第3452页。

这本来是中国文化擅长的思维方式。《周易·系辞上》说："一阴一阳之谓道，……生生之谓易。……一阖一辟谓之变，往来无穷谓之通。"①《大戴礼记·本命篇》则以往返变化的说法，描述阴与阳之间的互动："阴穷反阳，阳穷反阴。……阴以阳化；阳以阴变。……一阴一阳然后成道。"② 宋代陆象山认为："《易》之为道，一阴一阳而已。先后、始终、动静、晦明、上下、进退、往来、阖辟、盈虚、消长、尊卑、贵贱、表里、隐显、向背、顺逆、存亡、得丧、出入、行藏，何适而非一阴一阳哉！奇耦相寻，变化无穷，故曰'其为道也屡迁'。"③ 他在二十组辩证对立和依存的关系中，谈论阴阳互动。清人戴震则强调互动中的"动"字，在于流行与生息："道，犹行也；气化流行，生生不息，是故谓之道。……一阴一阳，流行不已，夫是之谓道而已。"④ 这种源于《易》学的互动思想，是在关系中考察运动，在运动中深化意义。

采用互动性思维，分析盛唐两位最重要的诗人李白和杜甫，可以深化对中国诗性智慧之独特与博大的理解。唐王朝极盛时期的疆域，如《新唐书·地理志》所说："开元、天宝之际，东至安东（府治今朝鲜平壤），西至安西（府治今新疆库车，边境至中亚咸海），南至日南（郡治今越南清化），北至单于府（北境过小海，即贝加尔湖）"，⑤ 人口在五千万左右。仅北方内迁的少数民族也在二百万人以上。李唐王族本是一个父汉母胡的族姓，唐太宗又立了一个"天可汗"的传统："自古皆贵中华，贱夷狄，朕独爱之如一，故其种落皆依朕如父母。"⑥ 这种空前宏大的天下

---

① 《周易·系辞上》，《十三经注疏》，第78—82页。
② （清）王聘珍：《大戴礼记解诂》卷十三，中华书局1983年版，第251页。
③ （清）黄宗羲：《宋元学案》卷十二《濂溪学案》（下），附《朱陆太极图说辩》，光绪五年龙汝霖重刊本。
④ （清）戴震著，何文兴整理：《孟子字义疏证》卷中，中华书局2008年版。
⑤ （宋）欧阳修、宋祁：《新唐书·地理志》，中华书局1975年版，第960页。
⑥ （宋）司马光编著：《资治通鉴》卷一九八，中华书局1956年版，第6247页。

视境,赋予以诗歌为最高精神方式的盛唐诗人以无比开阔的创造精神空间。因此闻一多说,不仅要研究"唐诗",而且要研究"诗唐",诗的唐朝,诗的中国。

在诗的唐朝中,李白被称为天上派来的诗人,李白在《对酒忆贺监》的序中早就透露,贺知章在长安紫极宫和他见面时,"呼余为'谪仙人',因解金龟,换酒为乐",并作诗云:"四明有狂客,风流贺季真。长安一相见,呼我'谪仙人'。"[①] 杜甫也知道这个故事,在《寄李十二白二十韵》中一开头就说:"昔年有狂客,呼尔谪仙人。笔落惊风雨,诗成泣鬼神。"贺知章"读未竟,称叹者数四,号为'谪仙'"的是那首《蜀道难》,诗的开头就操着四川腔调,仿佛开山力士面对险峻的群山,石破天惊地喊出一首开山谣:"噫吁嚱!危乎高哉!蜀道之难,难于上青天!"其脱口而出之处,犹若川江号子,或是鲁迅所说的"杭育杭育派"的荒腔野调,这是在宣泄着人的原始的,也是自由的心声。李白诗受到长江文明的哺育,他出川的第一歌《峨眉山月歌》就是抒写对长江支流、峡谷的故乡恋情:"峨眉山月半轮秋,影入平羌江水流。夜发清溪向三峡,思君不见下渝州。"李白的峨眉山月是映照江流,属于长江的。出了三峡,李白的心胸顿时开阔,所谓"渡远荆门外,来从楚国游。山随平野尽,江入大荒流"(《渡荆门送别》)。面对如此开阔的江面,他又写了《秋下荆门》:"霜落荆门江树空,布帆无恙挂秋风。此行不为鲈鱼脍,自爱名山入剡中。"剡中在浙江,现在已成了唐诗之路的佳丽山水地,一到江南,李白就陶醉于山光水色,形成"名山情结"。李白"一生好入名山游",其主体的感受就是"心爱名山游,身随名山远"。这个"远"字,就是远离尘俗纷扰,追慕魏晋风流,或如陶渊明所说的"心远地自偏""复得返自然"。其中的趣味有与孟浩然相通之处,

---

[①] (清)王琦注:《李太白全集》卷二十三,中华书局1977年版,第1085页。

比如那首《黄鹤楼送孟浩然之广陵》:"故人西辞黄鹤楼,烟花三月下扬州。孤帆远影碧空尽,唯见长江天际流。"广陵郡的治所,在今日的扬州,史载当时"扬州富庶甲天下,时人称'扬一益二'"①。李白送朋友远游,送别了朋友,也放飞了心灵,他以自由奔放的诗的形式张扬着长江文明。

只不过李白诗的长江文明气息,还加进了不少西域胡人的气息。李白的族叔李阳冰受托付为《李太白集》写《草堂集序》,交代李白的家族为"陇西成纪人,凉武昭王暠九世孙","中叶获罪,谪居条支","神龙之始,逃归于蜀"。② 以李阳冰的身份,这里攀缘权贵的作风或许有之,但家族迁移的路线不必造假。在李白去世五十六年后,宣歙观察使范传正找到李白的孙女,在为李白作《唐左拾遗翰林学士李公新墓碑并序》时,提出李白出生于中亚细亚的碎叶城(今吉尔吉斯斯坦的托克马克附近),当时属于条支都督府,唐高宗时为安西四镇之一,并且记载李白祖先乃"陇西成纪人",又从李白之子伯禽手疏残纸中,约略知为"凉武昭王九代孙","隋末多难,一房被窜于碎叶","神龙初,潜回广汉。因侨为郡人"。③ 这与李阳冰的说法相吻合。李白有诗云:"安西渺乡关,流浪将何之。"(《江西送友人之罗浮》)他把安西四镇之一的碎叶当作"乡关",诉说着流浪的滋味。西域碎叶城,是唐高宗调露元年(679)大将军裴行俭、王方翼所筑,武则天圣历二年(699)以阿史那斛瑟罗为平西大总管,镇守碎叶,这在李白出生的前两年。此后不久,西突厥占领碎叶,斛瑟罗率领部民六七万人迁移到内地,李白五六岁时,大概也是随着这股移民潮到了四川的。因此,李白中年从长江来到长安之后,他在胡人酒店中感受到童年那种熟悉的热烈奔放的气氛,对酒家胡姬别有柔

---

① (宋)司马光编著:《资治通鉴》卷二百五十九,中华书局1956年版。
② (清)王琦注:《李太白全集》卷三十一附录,中华书局1977年版,第1443页。
③ (清)王琦注:《李太白全集》卷三十一附录,中华书局1977年版,第1462页。

肠。看他那首《少年行》写得多么潇洒："五陵年少金市东，银鞍白马度春风。落花踏尽游何处，笑入胡姬酒肆中。"又看那《白鼻䯌》写得何等排场："银鞍白鼻䯌，绿地障泥锦。细雨春风花落时，挥鞭直就胡姬饮。"这还没有进酒店，一进酒店就发现有如《前有樽酒行》所说："胡姬貌如花，当垆笑春风。笑春风，舞罗衣，君今不醉将安归？"这三首诗四次使用"春风"一词，"春风"简直是胡姬的代名词。由于李白的精神深处埋下了胡人文化的基因，他晚年因永王李璘事件流放夜郎，在白帝城得到赦书、返回江陵的时候，写下了《早发白帝城》一诗："朝辞白帝彩云间，千里江陵一日还。两岸猿声啼不住，轻舟已过万重山。"这里的"还"字很关键，读懂这个"还"字，就读懂了李白。李白总共活了61岁，此时已经59岁，他的"还"不是还到故乡川西北的青莲镇，他缺乏农业文明中"落叶归根"的意识，他的家族在青莲镇也只是个客户。这里渗透着胡地客商的四海为家的意识，他"还"回江南，已把长江作为自己的精神归宿了。

从本质上说，杜甫诗是中原黄河文明的产物。杜诗中篇幅最长的一首五言古诗《北征》，七十韵一百四十句，是典型的杜甫风格，唯有杜甫才写得出来。它写于杜甫四十六岁，因在左拾遗任上进谏触犯了唐德宗，被批准回鄜州探亲的途中。此诗一向评价甚高，有所谓"似骚似史，似记似碑……足与国风、雅、颂相表里"[①] 之誉。把杜诗比拟为经，就是把杜甫视为"诗圣"。这首诗开头就采用了"拟经"的笔法，学着《春秋左氏传》的口吻纪事："皇帝二载秋，闰八月初吉。杜子将北征，苍茫问家室。"杜甫的文化基因，来自京兆、河洛的中原核心地区的文化。他认同两个祖宗源头：一个是远祖杜预，一个是近祖杜审言。杜预是京兆杜陵人，为晋朝镇南大将军消灭东吴，号称"杜武库"；又酷爱

[①] （清）赵翼：《瓯北诗话》卷三引《潜溪诗话》中黄庭坚语。又黄周星《唐诗快》卷二，人民文学出版社1963年版，第33页。

《左传》，将之与《春秋经》合并作注，成为《十三经注疏》的范本，号称"左氏癖"。杜甫三十岁时，曾亲赴墓地，祭奠杜预，作《祭远祖当阳君文》，以继承家族的儒家史学为"不敢忘本，不敢违仁"的志向。① 杜甫的祖父杜审言，是唐前期格律诗趋向成熟过程中的重要诗人，甚至放言"吾之文章，当得屈宋、作衙官；吾之书迹，合得王羲之北面"②。杜甫是把诗当作杜家的最高荣耀的，在儿子生日时交代说："诗是吾家事。"（《宗武生日》）他自我夸耀："吾祖诗冠古。"（《赠蜀僧闾丘师兄》）杜甫从小家庭作业当然离不开格律诗的训练，以至晚年达到随心所欲的境界。

杜甫的根基在中原，对于安史之乱中的浪迹天涯，他感受到的是流离失所的凄惶。安史之乱后，他举家流亡入蜀，四十九岁得朋友的帮助，建造了一个并不牢固的草堂于成都浣花溪畔。次年秋天狂风破屋，作《茅屋为秋风所破歌》："八月秋高风怒号，卷我屋上三重茅。茅飞渡江洒江郊，高者挂罥长林梢，下者飘转沉塘坳。"开头采用"萧肴"韵，发出仰天长啸的悲怆的长调。此时他的朋友严武还差三四个月未来当成都尹，他还是一个没有靠山的客户，因此南村群童无所顾忌地当面抢走他的茅草，他只好"唇焦口燥呼不得，归来倚杖自叹息"，流亡的客户没有乡亲的救援。这里换为入声韵，给人饮泣吞声之感。此后诗人经受着长夜苦雨的万般孤独，可贵的是他能破解孤独，发出一种人类的关怀，愿天下寒士能得广厦千万间以安居乐业。这可以说，是客居的孤独和凄凉，激发了他普济天下的"杜甫草堂精神"。特别有趣的是，与李白五十九岁在白帝城遇赦，欢快地"千里江陵一日还"，"还"到远离四川家乡的江陵大为不同，杜甫五十二岁在蜀中作《闻官军收河南河北》，回首中原，简直归心似箭："剑外忽

---

① （唐）杜甫著，（清）仇兆鳌注：《杜诗详注》卷二十五，中华书局1979年版，第2217页。

② （后晋）刘昫等撰：《旧唐书·杜审言传》，中华书局1975年版，第4999页。

传收蓟北，初闻涕泪满衣裳。却看妻子愁何在，漫卷诗书喜欲狂。白日放歌须纵酒，青春作伴好还乡。即从巴峡穿巫峡，便下襄阳向洛阳。"襄阳是杜预建功立业之地，洛阳是杜甫出生地巩县的首府，他的还乡意向是非常强烈的。在还乡意向上，杜甫诗和李白诗，存在不同的精神指向。

还想补充考证一桩"杜甫与海棠花"的千古公案。杜甫四十八岁（乾元二年，759年）入蜀，五十七岁（大历三年，768年）离开夔州出三峡，在巴蜀地区居留了将近十年。蜀地向来有"海棠国"的美名，到了蜀地的陆游就对海棠大加赞美："蜀地名花擅古今，一枝气可压千林。"陆游甚至觉得："老杜不应无海棠诗，意其失传尔。"① 不料杜甫近十年时间，真的没有写过海棠诗。"楚辞无梅，杜诗无海棠"，是诗史上确凿无疑的事实。但是宋朝诗人醉心海棠，他们发觉自己推为"诗圣"的杜甫从未写过海棠，实在是大感不解，以至于有点失落。王安石赋梅花的诗中这样解释："少陵为尔牵诗兴，可是无心赋海棠。"认为杜甫对梅花的趣味压倒了对海棠花的趣味，还杜甫一个高雅。苏东坡则游戏笔墨，据宋代的《庚溪诗话》说，苏轼流放的时候，常与官妓喝酒，即兴赋诗。但色艺俱佳的妓女李宜，却没有得诗的荣幸。她在苏轼即将调离的筵席上，哭泣求诗，苏轼出口成章："东坡居士文名久，何事无言及李宜？恰似西川杜工部，海棠虽好不吟诗。"② 作为蜀地诗人的苏轼，对于杜甫没有海棠诗似乎并不介意，他不写由他去吧，我来写就行了。

不过，更多的宋人是介意的，他们要寻找一个合理的解释才放心。宋人蔡正孙《诗林广记》卷八引《古今诗话》说："杜子美母名海棠，子美讳之，故《杜集》中绝无海棠诗。"诗话论古今，那么"古"到谁呢？《佩文斋广群芳谱》说，是宋朝王禹偁

---

① （宋）陈思：《海棠谱》诗下，《香艳丛书》本。
② 丁福保辑：《庚溪诗话》卷下，《历朝诗话续编》，中华书局1983年版，第173页。

《诗话》，引文是："杜子美避地蜀中，未尝有一诗说着海棠，以其生母名海棠也。"① 这还不够，因为李白把杨贵妃比拟牡丹，宋人非要造出一个用海棠比拟杨贵妃的故事不可。恰好苏轼有一首《海棠》诗："东风袅袅泛崇光，香雾空蒙月转廊。只恐夜深花睡去，故烧高烛照红妆。"这是最好的海棠诗，是经得起编织几个有关花与美人的神话的。于是宋代释惠洪《冷斋夜话》卷一说："东坡作《海棠》诗曰：'只恐夜深花睡去，故烧高烛照红妆。'事见《太真外传》曰：上皇登沉香亭，诏太真妃子。妃于时卯酒未醒，命（高）力士从侍儿扶掖而至。妃子醉韵残妆，鬓乱钗横，不能再拜。上皇笑曰：'是岂妃子醉？真海棠睡未足耳！'"以后的诗词屡屡出现"睡海棠"的意象。以睡海棠比喻美人，可见宋人在理学空气渐浓的时候，还在保留和发展着晚唐五代以来的那点香艳与风流。应该说，宋人崇杜，因由杜诗无海棠的迷惑与焦虑，引发了"杜母名叫海棠"的猜测。对于这种猜测，元人吾衍已斥其非："杜甫无海棠诗，相传谓其母名海棠，故讳之。余尝观李白、李贺等集，亦无之，岂其母亦同名耶？"其实不仅李白、李贺集中无海棠，元稹、白居易、韩愈、柳宗元的集子中也无海棠。海棠作为诗词意象，是中晚唐以后的事情。宋李昉等人编的《文苑英华》卷三百二十二，收入海棠诗七首，把王维《左掖梨花》改名为《左掖海棠咏》，又把中唐李绅的《海棠梨》改题为《海棠》，系在王维的名下。如此乱改诗题、张冠李戴，说明宋人刻意要把海棠意象的营构追踪至盛唐。李绅用了《海棠梨》的题目，已经够早了，他在中唐与李德裕、元稹同时，号为"三俊"。李绅属于9世纪，比属于8世纪的杜甫晚几十年，李绅尚且在海棠的后面缀上一个"梨"字。《文苑英华》收晚唐薛能、温庭筠、郑谷的五首海棠诗，倒是货真价实。薛能作《海棠诗并序》说：

---

① （清）李渔：《闲情偶寄·种植部》，也引王禹偁《诗话》，上海古籍出版社2000年版。

"蜀海棠有闻而诗无闻,杜工部子美于斯有之矣。……何天之厚余,获此遗遇。"他的七言《海棠》诗,写得也热闹:"四海应无蜀海棠,一时开处一城香。"可见晚唐诗中的海棠才成气候,至于杜甫的时代,海棠尚未作为引人注目的诗性意象进入诗人的视野。因而杜甫母亲,作为盛唐以前中原的一个女性,又何从以海棠为名?那都是尊崇杜诗的宋人以幻觉造出的错觉。至于李白和杜甫,他们咏花,分别注意到牡丹和梅花,诗歌意象史实际上蕴含着诗人的精神史。

十一 交融性思路与"炉灶创造食物"

讲了整体性、互动性思路之后,进一步的追求是融会贯通。所谓交融性思路,特点一是交,交接以贯通诸端;二是融,融合以求创新。《周易·泰卦》的"象辞"说:"天地交而万物通也。"① 通就是融,融有明亮、融化、流通之义,"智者融会,尽有阶差,譬若群流,归于大海"②。互动力求交融,交融才有整体。将完整把握、细致梳理出来的各种材料,进行定位定性比较挖掘,然后在贯通中进入一种化境,在交融中创造新的学理。融是离不开火的。《释名》云:"灶,造也,创造食物也。"③ 中国古人遵循"述而不作",少言创造,"作"就是创造。唯《释名》所言创造,最有意思。据说炎帝是火神,灶间生火,将百物煮生为熟,改变了性质,为人食用,就是创造。这就是说,创造要善于选择材料,精于调配,以智慧之火,再造材料的性质,造福于人类。

在交融性的创造思维中,选料和调配,是不可或缺的前期工序。众所周知,韩非子是法家的集大成者,是先秦时代的最后一个大思想家。韩非的学术影响了中国两千年,虽然帝王们都满口

---

① 《周易·泰卦》"象辞",《十三经注疏》,第28页。
② (隋)释灌顶:《国清百录》卷二引《重与智者请议书》。
③ (唐)欧阳询:《艺文类聚》卷八十"火部",四库全书本。

孔孟，打着仁义旗号，但是骨子里推行韩非的集权专制的法术。韩非讲究政治的有效性，批评儒家在乱世里玩弄无用的"仁政"，他讲，慈母出败子，母亲过于慈祥就要出败家子。所以他把政治从伦理中剥离出来，作为一个独立的学理体系。在先秦诸子中，韩非跟王族血统最接近，是韩国诸公子，但是就是他第一个敏锐地以独立的政治学向血缘关系开刀。韩非子认为谁对王权危害最大？对国王最危险的是同床、是同房、是重臣。他说：国王好色则太子危，国王好外则丞相危。[①] 王后在儿子当上太子之后，颜色逐渐衰老，如果国王好色，喜欢年轻的新宠，迷上"狐狸精"，就可能因为新宠得子，废掉太子。因此这时的王后和太子，恨不得国王早死。国王早死后，他（她）们的物质生活，甚至性生活，都可能得到更大的满足。如果国王不太好色，而好管外面的朝政，他政治也懂、经济也懂、军事也懂、外交也懂，丞相和大臣就无所措手足，难免触犯龙颜，身家不保。韩非的特点是把人性看得太坏，似乎到处都是坏人，需要推行严刑峻法。

韩非当过荀子的学生，这在史书中有明文记载，《史记·老子韩非列传》说：韩非"与李斯俱事荀卿，斯自以为不如非"[②]。韩非和李斯都拜过荀子为师，战国末年三位思想巨头相聚，实在是学术思想史上的盛事。而且一位儒家大师教导出一位法家大师和一位法家重要的实践者，已是聚讼纷纭的千古公案。关键在于疏理清楚韩非和李斯多大年纪、在什么时候和什么地点、以什么样的姿态、当荀子的学生多长时间，这个关键破解了，其他问题也就迎刃而解。然而两千年来，人们找不出材料，也找不到切入口去解决这个思想史的疑案。实际上这个材料就在《韩非子》里，人们却熟视无睹。可见材料之选择、调配和激活，对于开拓性的研究何其重要。

---

① 《韩非子·内储说下六微》引晋国狐突的话。
② （汉）司马迁：《史记·老子韩非列传》，中华书局1982年版，第2146页。

为了说明这个问题，我们有必要追溯一下荀子的生平。荀子是赵国人，五十岁到齐国临淄当稷下先生，"三为祭酒"，"最为老师"。① 祭酒就是稷下学宫的校长，"三为祭酒"不是说当过三届校长，而是他出入齐国三次，中间到外面走穴，去秦国拜见过丞相应侯范雎，这说明荀子有"用秦之心"。因为荀子已经看清楚，战国列强中当时唯一有前途的是秦国。他对应侯说，秦国政治体制、干部政策都很好，就是缺了一点儒的思想，"其殆无儒邪""此亦秦之所短"，② 我来给你补充一下。可是应侯没有接受，可能由于应侯快要下台了，此时已是自身不保。荀子再返回稷下，就有人利用他与秦国的这层关系造他的谣言，齐秦本是敌国，使他在齐国待不住了。楚国春申君就请他去当兰陵令，这是在相楚第八年（公元前255年，秦国应侯也是这一年被罢免）。兰陵是现在山东南部苍山县的兰陵镇，是楚国新开拓的东夷之地。当兰陵令不久，有人说荀子的坏话，说他治理好"百里之地"，就"可以取天下"。《荀子》书中说过，商汤王、周文王、武王以百里之地夺天下，③ 所以人家借他的话题造谣，他治理的兰陵县就是"百里之地"。因此他被春申君解雇，回到老家赵国。两年后，又有人在春申君面前说荀子的好话，荀子再次受聘到楚国去当兰陵令。在第二次去楚国的途中，荀子给春申君写了一封信。这封信收入《战国策·楚策》，名叫《疠怜王》，④ 疠是一种恶病，长着恶病的人还可怜国王，觉得当国王比生病还难受和危险。这封信没有收入《荀子》，我们却在《韩非子》中发现与之大同小异的文章。⑤

---

① （汉）司马迁：《史记·孟子荀卿列传》，中华书局1982年版，第2348页。
② 《荀子·强国》篇，清王先谦荀子集解本。有（清）王先谦《荀子集解》，中华书局1988年版。
③ 《荀子·儒效》篇及《王霸》、《议兵》、《正论》诸篇都有类似的话。
④ 刘向：《战国策·楚策》，上海古籍出版社2008年版，第567页。
⑤ （清）王先慎：《韩非子集解》卷四，《诸子集成》（五），中华书局1954年版，第76—77页。

以往一些老先生就反复考证、争辩这篇《疠怜王》的真伪，说是韩非子写的，不是荀子写的，因为没有收入《荀子》书。

中国学者的脑筋真奇怪，碰到不同版本的文章，就一味地辩论真与伪。这里似乎缺乏一点"调和鼎鼐，燮理阴阳"的大眼光、大手笔。其实，这里存在三种可能：（一）确实是一真一伪。（二）韩非师从荀子，把老师的文章抄下来作为参考，随手混在自己的那批竹简里。（三）荀子授意韩非起草信件，然后经荀子修改，寄给春申君。荀子觉得信件初稿是韩非子写的，就没有收入自己的集子。韩非起草了初稿后，留下底稿。那么，哪种可能性最合理、最可信呢？经过仔细的比较勘正，我认为，第三种可能性最为可信。这篇文章是荀子授意韩非起草，韩非起草后留了个底，开了后来文人"捉刀"都存底备案的风气。荀子对草稿认真修改之后，才寄给春申君。

对此，只要我们仔细比较《战国策》和《韩非子》两个文本，起码可以发现五条证据：（一）《战国策》文本删掉了《韩非子》文本里一些具有明显的法家思想的话，比如"人主无法术以御其臣"云云，法家思想比较极端，就删掉了。（二）采用了一个老儒所特长的"春秋笔法"。《韩非子》文本写到齐国臣子崔杼杀国君，第一处叫"崔杼"，其他三处都叫作"崔子"，尊称崔杼为"子"（先生）。到《战国策》版本"崔子"的称呼都改掉了，删掉了两个，保留的两个都改成"崔杼"，因为刺杀国君的叛臣，怎么能叫"崔子"呢？孔子修《春秋》，最重视以称呼寓褒贬，这个传统荀子是烂熟于心的，不会疏忽到以尊称的"子"来称呼叛臣，是要直称其名的。而且《韩非子》文本的"杀君"，在《战国策》文本中也改作"弑君"，这都是老儒使用"春秋笔法"改文章留下的痕迹。（三）文中使用的历史故事是荀子所熟悉的，而在韩非其他文章中没有用过，可见是荀子授意的。赵武灵王把王位传授给儿子，自己当"主父"（太上王），谁料大臣把他包围一百天，使他饿死在沙丘。后来秦始皇也死在沙丘了，都在河北濮阳境内。荀子是赵国人，这是他少年时代发生的国家大事。还有一个齐国的故事，齐闵王被叛乱的臣子把筋挑出来，挂在梁上一天一夜后痛死了。这个故事不见于历史记载，却是荀子去齐国当稷下先生之前的两三年间发生的事情，可能是他听到的齐国宫廷秘闻。这些事情如果没有荀子授意，韩非难得与闻。（四）文章采取"疠怜王"的母题，不是法家的母题。法家是绝对君权主义，哪怕君王坏透了，也只有当起爪牙的份儿；儒者有"王者师"的情结，尤其像荀子这样的老儒，不免对君王说三道四。（五）修改这篇文章之后，荀子兴致未减，又在后面加了一篇赋。赋是荀子创造的一种文体，《荀子》里专门有"赋篇"。根据这五条理由，可以证得《疠怜王》是荀子授意、韩非子起草，最后经过荀子修改，寄给春申君的信。《战国策》是从楚国档案中发现的此信，《韩非子》又从韩非留下的底稿中录入。二者都是真，是过程中的真，是不同层次上的真。

如果这个考证是可信的，那么就可以接着解开一系列历史扭结。这封信是可以编年的，时在春申君为楚相第十年（公元前253年），荀子第二次到楚国当兰陵令，既然让韩非代笔写信，韩非就已经是荀子的弟子了。此时荀子六十多岁，韩非子四十多岁，李斯二十多岁。六十多岁的荀子，已经是天下第一大儒；韩非还没有得到秦王政的称扬而声名远播，四十多岁还被边缘化的这位"韩国诸公子"，其法家思想已经形成体系，但是名气远不及荀子，所以他要投靠荀子门下"傍大腕"。曾经在稷下的荀子，已经不是纯粹的儒者，也沾染了法家思想和黄老之道，懂得帝王之术，甚至懂得兵家之术，所以他并不引导弟子趋向纯儒那一路。

那么，他们在何处聚首呢？在楚国的首都陈郢。楚国在湖北荆州的首都被秦国将领白起攻陷，楚襄王退保于陈，把首都迁到现在河南淮阳。楚国这个新都，离韩非所在的韩国首都新郑，离李斯的家乡上蔡，都是方圆二三百里的距离，水陆交通方便。所以他们是在楚国首都陈郢聚首。时间、地点、年龄就因为一封信的考证，清清楚楚地展示在我们的面前。二十多岁的李斯，正是学习的年龄，经常在荀子身边，这从《荀子·议兵》篇中记载荀子与李斯的对话，"李斯问孙卿子曰"，以及《史记·李斯列传》记载李斯入秦之前，向荀子辞行请教，可以看出。而四十多岁的韩非是国王之弟，必须留在韩国首都新郑寻找从政的机会，他可能一步登天，也可能长期被边缘化，因而他只能偶尔来陈郢看望荀子。韩非的思想体系已经基本形成，法家思想根深蒂固，他向荀子学习，是"傍大腕"，不是将荀子思想作为系统，而是作为一种智慧来学习。

从韩非的书中可以看出，韩非对荀子不是很熟悉。《韩非子》里面涉及荀子的材料只有一条，燕王哙没有听荀子劝告，把国家传给大臣子之（公元前316年），造成身死而燕国大乱的后果。[①]《孟子》讲过燕国这次政治变异，《史记》也记载过此事，但是荀子如果二十几岁去见燕王的话，荀子可是到春申君死后（公元前238年）才退居兰陵著书，两个时间一对比，荀子非要活到一百多岁不可，所以这则记载属于道听途说，难以取信。《韩非子》提到春申君，说春申君是"楚庄王之弟"[②]，春申君黄歇不是楚国的王族，与楚庄王也相差二三百年，怎么可能是兄弟呢？所以韩非对聘请荀子的春申君也不熟悉，他跟荀子的关系不如李斯那么密切。李斯辞别荀子入秦，在秦王政的父亲秦庄襄王卒年，即公元前247年。由此可以推定，韩非、李斯拜荀子为师的时间，是公元前253—前247年，时间总共七年。

李斯入秦后十四年（公元前233年），韩非出使入秦，老同学

---

① 《韩非子·难三篇》。
② 《韩非子·奸劫弑臣篇》。

已经十几年没有见面了，实在是今非昔比。秦王政读了韩非的《孤愤》《五蠹》等篇章后，竟然说出这个话："嗟乎，寡人得见此人与之游，死不恨矣！"要能够跟这个人一块来交游我死都值得，这个话带有浓厚的感情色彩。秦始皇那时候是二十五岁，韩非已近六十岁，少年英发的一代雄主对一个连名字都不知道的糟老头子，讲了这番饱含感情的话，到底为的是什么？对几篇好文章，可以拍案称奇，至于以死发愿，古今罕见。以往我们是把《史记》的《秦始皇本纪》《吕不韦列传》《韩非列传》《李斯列传》《六国年表》分开来读的。如果采取融合性思维，把它放在一起阅读，我们对秦王政的过头话就有感觉了。秦王政是什么时候读到韩非的文章的呢？是他在解决吕不韦和嫪毐事件不久，或者解决接近尾声的时候。这场少年国王与太后、大臣的对决，千钧一发，嫪毐发兵要拿他的脑袋，背后还有一个狼狈为奸的吕不韦。二十多岁的秦王政是从刀尖上闯过来的，心有余悸，痛定思痛，读到韩非对那些同房、同床、重臣的危害性淋漓尽致的剖析，实在是出了一口恶气，解了心头之恨。有何证据表明秦王政是在解决嫪毐、吕不韦事件不久阅读韩非呢？因为解决吕不韦的第二年，秦国就派兵攻打韩国，索取韩非，第三年韩非就出使入秦。将《史记》相关的本纪、列传、年表交融起来阅读和思考，我们就能看透秦王政对韩非子书以死相与的真实心理和情感状态。

最后，关于韩非之死与师弟李斯的关联。人们喜欢引用《史记》所说，李斯以为自己学问不如韩非，出于嫉妒心理害死韩非。韩非使秦的时候，李斯已经入秦十四年，"官至廷尉"，已是秦国掌管刑狱的九卿之一。一个外国使者要争夺秦国最高法院的院长的位置，谈何容易，没有必要因为一点嫉妒心，就害死当年的同学。李斯坐死韩非的原因是韩非"存韩"，韩国使者要保存韩国，这也是情理中事，何必害死人家？如果以交融性思维总揽东周、秦汉文献，就可以发现，李斯处事是以自身的生存处境为中轴。他有一种"老鼠哲学"，认为"人之贤不肖譬如鼠矣，在所自处耳"①，老鼠处在厕所就吃屎，处在粮仓就吃粮食。四年前，韩国为了缓解秦国入侵的危机，就派郑国到秦国修水渠工程，以转移秦国的兵力。这个计谋被发现是为了"存韩"之后，秦王政就下了"逐客令"，驱逐六国人士，李斯也在逐客之列。他临行写了一篇《谏逐客令》，然后被召回重新任用。现在好了，又出来一个明显要"存韩"的韩非，又是李斯的同门，如果不明确划清界限，恐怕自身不保。他是从保存自己的出发点，撇清自己跟"存韩"的关系，坐死韩非是"存韩"的，不然，再在"存韩"问题上跌跟斗，就爬不起来了。李斯这才与说客姚贾搬弄是非，促使秦王政将韩非投入监狱。一出手就不可收拾，最后李斯就狱中投药，毒死韩非。交融性思维的好处，在于它想问题不是一条筋，而是综合多种材料，统观多种可能，采取相互质疑、对证、筛选、组合的方式，还原历史现场和生命秘密。从上面所述，也可以知道，韩非子研究的不少千古谜团就如此解开了。

文学地理学是一个值得深度开发的文学研究和文明史研究的重要视野和方法。地理是文学的土壤，文学的生命依托，文学地理学就是寻找文学的土壤和生命的依托，使文学连通"地气"，唯此才能使文学研究对象返回本位，敞开视境，更新方法，深入本质。所谓"三条研究思路"，探讨的是方法论问题。中国最早讲"方法"的是墨子。这位出身百工的"草根显学"领袖，言理不离制造上取方取圆的方法。如《天志中》所说："今夫轮人操其规，将以量度天下之圜与不圜也，曰：'中吾规者谓之圜，不中吾规者谓之不圜。'是以圜与不圜皆可得而知也。此其故何？则圜法明也。匠人亦操其矩，将以量度天下之方与不方也，曰：'中吾矩

---

① （汉）司马迁：《史记·李斯列传》，中华书局1982年版，第2539页。

者谓之方，不中吾矩者谓之不方.' 是以方与不方皆可得而知之。此其故何？则方法明也。"① 如此讲方法，就是孟子所说"不以规矩，不能成方圆"② 了。孟子是以"离娄之明，公输子之巧"为说的，这就连带上建造房屋、制造器物了。如果说文学地理学是个大房子，那么四大领域三大思路，就是这座大房子的四大开间三级台阶，完整有序地引导我们登堂入室，建构我们文学地理学以四大开间、三级台阶进入文明史堂奥的学理体制。

2008 年元旦国家图书馆讲演
2011 年 11 月 20—29 日修订
2021 年 2 月 16 日最终修订

---

① 《墨子》卷七《天志中》，孙氏墨子间诂本。（清）孙诒让：《墨子间诂（上下）》，中华书局 2001 年版。

② （宋）朱熹：《孟子·离娄上》，《四书章句集注》，中华书局 2012 年版，第 275 页。

学海苍茫五路径

一　眼学和耳学之辨

学问是一个汪洋大海，苍茫无际，深不可测，但有时学问又是薄薄的一层纸，一点就破。问题是如此诡异，关键在于方法。方法是进行有效性的学术研究能否在茫茫无际中点破窗户纸的不可或缺的重要手段。从方法论上说，治学有五条路径；"五路径治学"的标举，与章太炎先生的一个说法有关。1924年章太炎批评当时的大学教育只重"耳学"，就是指用耳朵去听讲的这路学问，而不重"眼学"，不读原始著作。他提出学问首先要用眼学，读原始经典。他是把眼学作为进入学术的第一法门的。

其实，学术途径很多，除了眼学、耳学，起码还有"手学"，要用手去找材料；有"脚学"，读万卷书，行万里路，用脚去做田野调查；此外还应该有"心学"，用心去体验、去辨析、去思考，实现学理上的开拓和创造。应以心灵头脑来统筹调动手、脚、眼、耳，才能够把学问做深、做透、做大。进一步总结，就是做学问的五个路径：眼学、耳学、手学、脚学、心学。

眼学是做学问的基础，就是要多读原始文献和经典，回到中国文化原本。人们常说，眼睛是心灵的窗户。眼睛居于大脑的近前方，成为人类观察世界、摄取知识的最重要的器官，据统计，眼睛作为从外部世界获得信息的重要通道，它获取的外部世界的信息量，约占人类感知这个世界的十之七八。所谓"耳听为虚，眼见为实"，眼睛除了目验事物，还可以考察事物的各种细节，使之释放出文字以外的更多信息。任何一个想把自己的学问做得扎实牢靠的学者，都应该以眼学对文本和材料亲自经目，于此建立真功夫或硬功夫。这就是东汉王充讲的："须任耳目以定情实。"眼学具体来说，又包括卷地毯式、打深井式、砌台阶式和设计园林式四种方法。

一是卷地毯式阅读，根据研究题目，按照阅读书目把作家著作和相关材料，逐一阅读，发现问题就进一步追踪线索。比如我写《中国现代小说史》就采取这个方法，通读了五四以后三十年间的小说和原始报刊2000余种，而不仅仅只读代表作家的代表作品。通过卷地毯式的阅读，就可以分辨出作家的异同，流派的组合分散，时代风气的发生、发展和蜕变，从而理出材料的层次，认识到它们的独特性和整体性。这样就可以把握全局，把握诸多细节在全局中的意义。发现问题，就可以和作家及其后人通信请教，甚至难得的孤本书也可以在作家私藏中获得阅读的机会。比如五四女作家凌叔华的父亲凌福彭，有的海内外词典，说他是保定知府。知府以上的官职，在《清代职官年表》中是有反映的，一查就发现，他是光绪乙未科（1895年）的进士，当过直隶布政使、顺天府尹，也就是北京市长。再依据他的籍贯，查光绪年间编修的《番禺县续志》即可明白凌叔华的曾祖父、祖父有些什么记载。这些信息，我曾经致函旅居伦敦的凌叔华，她回函说，不少材料她也是第一次听说，又叙说了她父亲晚年的生活处境。

二是打深井式阅读，选一个比较小的难题或学术空白点，穷尽所有资料。研究文学史的人或许知道：楚辞无梅，杜诗无海棠。王安石《赋梅花》诗云："少陵为尔牵诗兴，可是无心赋海棠。"苏东坡贬谪到黄州，以文章游戏三昧，黄州歌妓李宜，色艺都好，但别的歌妓都在酒席上得到过苏东坡的诗曲，只有她未能获得，很丢面子。苏东坡要离开的时候，她就在告别宴席上求诗，哀鸣力请，喝得有几分醉的苏东坡就做了一首："东坡居士文名久，何事无言及李宜。恰似西川杜工部，海棠虽好不吟诗。"王安石、苏轼的诗都拿"杜诗无海棠"来说事儿。杜甫在成都和夔州居留了将近十年，蜀中素有"香海棠国"之誉，海棠的花事是很有名的。为何他不写海棠，这就成了令人迷惑的问题。宋人就说：杜甫的母亲小名海棠，因此杜甫忌讳写海棠。事情果真如此吗？这是找不到证据的推测，宋元时期就有人怀疑它是穿凿之论。李渔《闲情偶寄》也做了调侃："王禹偁《诗话》云：'杜子美避地蜀中，未尝有一诗及海棠，以其生母名海棠也。'生母名海棠，予空疏未得其考，然恐子美即善吟，亦不能物物咏到。一诗偶遗，即使后人议及父母。甚矣，才子之难为也。鼎革以前，吾乡杜姓者，其家海棠绝胜，予岁岁纵览，未尝或遗。尝赠以诗云：'此花不比别花来，题破东君着意培。不怪少陵无赠句，多情偏向杜家开。'似可为少陵解嘲。"难题的解决，需要搜集材料，加深对唐宋时期海棠意象的发生学考察。杜诗无海棠，李白诗也无海棠，韩愈、柳宗元、元稹、白居易诗也无海棠。盛中唐时期，只有王维做了一首《左掖梨花》诗："闲洒阶边草，轻随箔外风。黄莺弄不足，衔入未央宫。"《文苑英华》把它的题目改为"海棠花"，《全唐诗》卷一二八说："一作海棠。与丘为、皇甫冉同作。"也就是王维和这两位同事在宫城正门的左边小门的门下省值班时，一起唱和，但是当时的海棠，还叫"梨花"或"海棠梨"。

海棠意象进入诗词，是在中晚唐，王建《宫词一百首》第92首说："元是我王金弹子，海棠花下打流莺。"这份情境非常秀美，但只是情境，还不能说是意象。到了晚唐的薛能、郑谷、韩偓、温庭筠之辈，才逐渐把海棠意象写火了。如郑谷《蜀中三首》："扬雄宅在唯乔木，杜甫台荒绝旧邻。却共海棠花有约，数年留滞不归人。"又有"吟残荔枝雨，咏彻海棠春"这类诗句。薛能于唐末咸通七年作《海棠》诗序说："蜀海棠有闻而诗无闻，杜工部子美于斯有之矣，得非兴象不出，殁而有怀。何天之厚余，获此遗遇，谨不敢让，用当其无。因赋五言一章二十句，学陈梁之紫，媲汉魏之朱，不以彼物择其功，不以陈言踵其序。或其人之适此，有若韩宣子者，风雅尽在蜀矣，吾其庶几。"宋人更是把海棠做大了，宋真宗御制后苑杂花十题，以海棠为首章，赐近臣唱和，可知海棠足与牡丹抗衡。最有名的是苏轼的《海棠》诗："东风袅袅泛崇光，香雾空蒙月转廊。只恐夜深花睡去，故烧高烛照红妆。"从"海棠虽好不吟诗"，到"故烧高烛照红妆"，中国诗中的海棠意象生长发育三百年，终于成为一个姣好清丽的名花意象。盛唐人重视的意象，是苍鹰、骏马、牡丹，是崇高遒劲、英姿勃勃的意象；中晚唐以后，诗人的情感转向细腻缠绵，略带几分感伤，因而娇美的海棠也就成了情感寄托的极佳选择。这个历史时段，正是词的文体逐渐成长且进入诗学中心的时期。从这种意义上说，曲子词是诗歌领域的海棠，海棠是名花意象中的曲子词。意象生成史，折射着诗人的精神史。如此解说，是否有一点"打深井式"的意味？

三是砌台阶式阅读，将整体性的学术设想进行规划，分成若干台阶，分阶段完成。起步的研究应该成为下一步研究的基础，逐层递进，有如"接力跑"，有如"三级跳"。把一系列的研究成果，通过其内在的有机联系，格局互补，共构成一个总体的大分量。比如，我以十年研究现代小说史，接着以三四年研究古代小说，又在古今贯通的基础上进行西方叙事学著作的阅读，在中西对证中进行理论思辨，形成中国叙事学的基本框架和思路。这就在十五六年间，陆续写出《中国现代小说史》三卷、《中国古典小说史论》、《中国叙事学》三部前后铺设台阶、先后相互映照的总体学术格局。

四是设计园林式阅读，学术的轨道，并不总是逐级推进、径情直遂的，它存在许多曲折、许多回环、许多变数。这就引导卷地毯式的阅读，出现第四种方式，就是设计园林式，布局错落有致，迂回曲折，着眼总体。从砌台阶式到设计园林式，就是从时间维度转换为空间维度，蕴含着学术理念和方法论维度的本质性的更新。中国园林将人工美融合于自然美之中，"虽由人作，宛自天开"。清人钱泳《履园丛话》说："造园如作诗文，必使曲折有法，前后呼应，最忌堆砌，最忌错杂，方称佳构。"园林中假山湖水、花草树木，以及亭台楼阁堂榭，采取借景、分景和隔景的方法，布置成小桥流水，曲径通幽，景随步移，每步都转出一个别具一格的风景，在有限的空间中，创造出无限的意境来。我在叙事学研究之后，转入诗学研究，写了《楚辞诗学》《李杜诗学》，已经是我开始担任中国社会科学院文学研究所所长兼少数民族文学研究所所长的时候了。本来叙事学、诗学的转移，是文体性的，或智慧形式的转换，但是由汉语文学延展到少数民族文学，就是文学空间意识的巨大拓展了。这就需要提出"重绘中国文学地图"的命题，即对文学进行民族学、地理学的研究。在文学地图的多种风光中，既要"隔景"，进行专题研究，又要"分景"，在每个景物中分辨出它们的位置性的价值，比如提出黄河文明与长江文明的"太极推移"，探讨巴蜀文化和吴越文化这两个"太极眼"，提出《格萨尔》属于"江河源文明"，等等。这些都需要景随步移，以清新的眼光注视各种各样的风景，在特定空间定位定性中，开发出无限的文化意义来。因此，所谓眼学，是多维度通向文明史的根本的。

耳学就是听讲之学。听课有助于拓展视野和交流思想。如果不参与思想交流，就很容易陷入闭门造车的孤陋状态，陷入《礼记·学记》所说的"独学而无友，则孤陋而寡闻"的困境。听研究有素的老师讲学，能使我们获得扎实的知识、敏锐的思想，或者新鲜的研究方法，以及相邻学科领域的关联。思想是要共享的，碰撞才能够擦出思想的火花。听一些有真知灼见的讲座，能让我们思想活跃，从旁的学科或者其他的研究者那里得到新的角度，拓展整个知识背景和思想的维度。比如中国社会科学院的老所长何其芳在20世纪60年代，与中国人民大学合办文学理论班，就遍请全国的名家来讲课。本来文学所是有相当出色的戏曲研究专家的，但他买了飞机票，专门从广州的中山大学把王季思教授请来讲课。主要的不是要学生在一堂课中学到多少知识，而是使学生都能亲炙名家的风采。实际上，一堂精深的讲座，有两三个同学，能在一两个问题上有所触动，启动他们的思想发条，甚至影响他们一段时间的学术关注，就是很大的成功。所谓"百世之师难遇，亲炙为荣"，"古人所以贵亲炙之也"。亲炙，意思是亲近而受薰炙，亲听名家讲座，是短暂的亲炙；长时间的亲炙，指进入名师之门受教诲，那就会深层次地影响你的学术方向、方法和风格了。

但是，我们不要忘记，中国古代有"耳食"一词，用耳朵来吃东西，怎么能够消化呢，轻信传闻，不加思考，只能让一些似是而非的知识蹂躏自己的脑袋。这就是章太炎对大学教育只重耳学发出不满的批评的原因。有眼学，没有耳学，学问容易变得简陋；有耳学没有眼学，学问容易流于空浮，要将眼、耳之学结合起来，相互补充，相互促进。古代有一个词，就是"耳视"，以耳视物。《列子·仲尼》篇："老聃之弟子有亢仓子者，得聃之道，能以耳视而目听。……亢仓子曰：'传之者妄。我能视听不用耳目，不能易耳目之用。'"亢仓子又说："我体合于心，心合于气，气合于神，神合于无。其有介然之有，唯然之音，虽远在八荒之外，近在眉睫之内，来干我者，我必知之。乃不知是我七孔四支之所觉，心腹六脏之知，其自知而已矣。"这个能耐实在匪夷所思，以心气神运行于有无之间，达到了不仅是七窍、四肢的感觉，而且兼及五脏六腑的认知，都浑然一体地沟通起来。在《文子·

道德》篇中，还记载了老子的另一个弟子文子向老子问道。老子回答说："学问不精，听道不深。凡听者，将以达智也，将以成行也，将以致功名也，不精不明，不深不达。故上学以神听，中学以心听，下学以耳听。以耳听者，学在皮肤；以心听者，学在肌肉；以神听者，学在骨髓。故听之不深，即知之不明；知之不明，即不能尽其精；不能尽其精，即行之不成。"听讲演，是存在着不同的层次的，有"耳听""心听""神听"之别。听到的讲演只停留在耳朵上，是容易成为耳边风的；它必须通过生理上的耳朵，进入心理上、精神上的心和神的深层次，才能变成刻骨铭心的记忆。听一次讲演之后，应该进行整理和反刍，与自己原有的思想意识进行对质，如果能够由此获得一二点刻骨铭心的启发，日积月累，就可提升自己的知识水平和思想能力。

二 手学和脚学兼用

手学是一门古老的做学问的方法，就是要勤于动手找材料，勤于动手做笔记，不断地在一段时间按照特定的目标，逐层深化地积累材料。材料是分散在各处的，靠你用一两条线索把它们贯穿起来。经过贯穿的材料，才是有联系的材料，联系就是材料意义的新发现。西汉刘向的《说苑·政理》篇说："夫耳闻之不如目见之，目见之不如足践之，足践之不如手辨之。"以脚去践行，以手去分辨，是耳闻、目见这两个认识过程的延伸和深化。用手找材料，存在一个分辨的过程。古代的出版与流通不方便，很多人做学问都要去藏书阁抄书，抄什么书，是整本抄，还是摘录式、提要式来抄，这都要分辨。韩愈在《后汉三贤赞三首》中说："王充者何？……师事班彪，家贫无书。阅书于肆，市肆是游。一见诵忆，遂通众流。闭门潜思，《论衡》以修。"这种"阅书于肆，市肆是游"的阅读，既是通览，又有选择。现代有计算机浏览和储存的便利，但以笔记来积累素材的方式还是非常重要的。

在抄的过程中加深记忆,梳理脉络,深化体验,这也是一种做学问的古老方法。张之洞说过:读十遍不如抄一遍。抄写是对阅读的精神过滤。

比如"蚕马"的故事,集中地反映了古代中国的蚕神崇拜。中国是发明蚕丝的国家,考古发现,大概五千年前,先民已经知道利用蚕丝。到了商代,蚕丝业已很发达,甲骨文已有"桑""蚕""丝""帛"之字以及"丝"字旁的许多字。因此我们对蚕神崇拜的研究,可以透视中国风俗思想的某种原型及轨迹。这就需要我们动手搜集散布在各种文献和考古发现中的材料,包括上古神话、诸子百家到现代的新诗的相关文献,从中追溯这个母题的精神谱系,通过做笔记或卡片,梳理出其中变化的层次。较早而又较完整的蚕神崇拜材料,出自东晋干宝的《搜神记》,它说太古的时候,有一位父亲出外征战,家里只留下一个女儿,养着一匹公马。女儿孤身一人,精神苦闷,就对那匹马开玩笑说:"如果你能帮我把父亲接回来,我就嫁给你。"马听了这话,就发起性子,挣断缰绳,一直奔跑到父亲那里,父亲见马心喜,就骑上了马。马回望来路,悲鸣不已。父亲感到大概是家中有什么变故,就急忙骑马回来了。为了感谢那匹公马,特意精心饲养。谁料公马却不吃不喝,等着成其好事,每次看到姑娘出入,都兴奋得又蹦又跳。父亲感到奇怪,暗自追问女儿。女儿就一五一十告诉父亲,必是由于先前戏言的缘故。父亲就说:"别对外说了,恐怕有辱家门,也不要到处走动了。"于是埋伏弓箭手,射杀公马,把马皮晾在院子里。父亲再度外出,女儿和邻居女孩在马皮附近玩,还用脚踹着马皮说:"你是畜生,还想娶人当媳妇吗?招惹杀身剥皮,干啥自找苦头!"话还没说完,只见马皮腾空而起,卷着姑娘奔跑。邻居女孩害怕,不敢搭救,跑去告诉女儿的父亲,父亲回来寻找,已经不知去向。过了几天,发现就在大树枝那里,姑娘和马皮化成了蚕,吐丝在树上,蚕丝粗壮,和平常的蚕不同。邻近妇女取回饲养，收获几倍蚕丝。因此把这种树叫作"桑"，桑者，丧也。从此百姓争着养蚕，就是现在养的那种。这实际上是古代蚕神崇拜的神话，蚕神是女儿神，马首搭配少女的柔软的身子。

荀子创造了赋的隐语形式，专门为礼、知、云、蚕、针作赋，"蚕赋"中称赞蚕丝"功被天下，为万世文"，是"身女好而头马首者与"，"食桑而吐丝，……蛹以为母，蛾以为父"。在有限的几则赋中，就专门有一篇蚕赋，可见蚕丝业的重要性和普遍性。其中讲了蚕是女身和马首的结合，这是中国古民的一种原始想象。因此《周礼·夏官·马质》郑玄注中，引用《蚕书》说："蚕为龙精，月直大火，则浴其蚕种，是蚕与马同气。"贾公彦疏解为："蚕与马同气者，以其俱取大火，是同气也。"这里就把先民的原始想象，与宇宙精气联系起来了。蚕神的形象，《山海经·海外北经》描绘成"欧丝"女子，"欧丝之野在大踵东，一女子跪据树欧丝"，以吐丝作为这个女儿神的特征，这种联系是非常原始的。

其后民间宗教渗入蚕神信仰，就称呼蚕神为马头娘、马明王、马明菩萨、蚕花娘娘。《太平广记》卷四七九引《原化传拾遗》说："蚕女者，当高辛帝时，蜀地未立君长，无所统摄。其人聚族而居，递相侵噬。蚕女旧迹，今在广汉，不知其姓氏。其父为邻邦掠去，已逾年，唯所乘之马犹在。女念父隔绝，或废饮食，其母慰抚之。因告誓于众曰：'有得父还者，以此女嫁之。'部下之人，唯闻其誓，无能致父归者。马闻其言，惊跃振迅，绝其拘绊而去。数日，父乃乘马归。自此马嘶鸣，不肯饮龁。父问其故，母以誓众之言白之。父曰：'誓于人，不誓于马。安有配人而偶非类乎？能脱我于难，功亦大矣。所誓之言，不可行也。'马愈跑，父怒，射杀之，曝其皮于庭。女行过其侧，马皮蹶然而起，卷女飞去。旬日，皮复栖于桑树之上。女化为蚕，食桑叶，吐丝成茧，以衣被于人间。父母悔恨，念之不已。忽见蚕女，乘流云，驾此马,侍卫数十人,自天而下。谓父母曰:'太上以我孝能致身,心不忘义,授以九宫仙嫔之任,长生于天矣,无复忆念也。'乃冲虚而去。今家在什邡、绵竹、德阳三县界。每岁祈蚕者,四方云集,皆获灵应。宫观诸化,塑女子之像,披马皮,谓之马头娘,以祈蚕桑焉。稽圣赋曰'安有女,感彼死马,化为蚕虫,衣被天下是也。'"这则记载,前半近于《搜神记》,而多了一个母亲;后半则把神话演变为仙话,给蚕神起名为"马头娘"。

蚕神崇拜被神仙化的材料,散布于唐宋以后的各种笔记和类书。宋人戴埴的《鼠璞》有"蚕马同本"条目,说:"唐《乘异集》载:蜀中寺观多塑女人披马皮,谓马头娘,以祈蚕。"明代郎瑛《七修类稿》卷十九则记载:"《皇图要记》曰:伏羲化蚕为丝,又黄帝四妃西陵氏始养蚕为丝,而干宝《搜神记》以为古有远征者女……化蚕。故《乘异集》载:蜀中寺观,多塑女人披马皮,谓马头娘,以祈蚕也。予意化蚕之说荒唐,而西陵氏养蚕者为是,但世远不可稽也。若干宝所记,但因马头娘一事,遂驾空而神其说。所谓马头娘者,本荀子《蚕赋》'身女好而头马首者欤'一句。……但蚕乃马精所化,故古人禁原蚕,恐伤马也。白僵蚕擦马齿,马即不食,可见矣。欲祀其神,古者后妃享先蚕。先蚕,天驷也,非马之精而何?汉旧仪又曰:'蚕神,苑窳妇人,寓氏公主。据此,则始于西陵氏可知,故世以蚕为妇人之业也。'"由此蚕神庙也散布于朝野各地。明人张岱《西湖梦寻》卷二说,杭州西湖西路"北高峰在灵隐寺后,石磴数百级,曲折三十六湾。……山半有马明王庙,春日祈蚕者咸往焉"。

五四以后的新诗,形式上借鉴西方,但蚕神依然留下灿烂的身影。冯至1925年写成《蚕马》一诗,共有三叠120行1400余字,是被朱自清誉为新诗中"堪称独步"的四部叙事诗之一。冯至的《蚕马》分三叠来书写,每段开头的咏叹调,属于第一个叙事层次,抒写一个青年弹着琴、对心上人表达爱意的情景。他从早春唱到春末,从"溪旁开遍了红花",唱到"蚕儿正在三眠",一直唱到"黄色的藨芜已经凋残","蚕儿正在织茧"。他所唱的第二个叙事层次,是源自《搜神记》的少女化蚕的故事,古今映照,是那么忧伤,又是那么热烈。在那位射杀公马的父亲再度远离之后,"壁上悬挂着一件马皮,是她唯一的伴侣",在她的孤寂恐惧中,马皮里发出沉重的语声:"亲爱的姑娘,你不要凄凉,不要恐惧!我愿生生世世保护你,保护着你的身体!"这就使"她的心儿怦怦,发儿悚悚;电光射透了她的全身,皮又随着雷声闪动"。弹唱的青年最后说:"我的琴弦已断;我惴惴地坐在你的窗前,要唱完最后的一段:一霎时风雨都停住,皓月收未了雷和电;马皮裹住了她的身体,月光中变成了雪白的蚕茧!"从远古到现代,蚕神被神仙化、民俗化之后,又被心理化和人性化了。但它作为原型意象,都以小小的吐丝之蚕,联结着女儿与骏马。手学搜集从古至今,遍及文献、考古、口头传统众多领域,涉及某种事象的发生和源流,成为人类把握文明史世界的关键。

  脚学指的是田野调查。古人做学问的一个传统,叫作"读万卷书,行万里路"。清人龚自珍赠送给魏源的楹帖,就是:"读万卷书,行万里路;综一代典,成一家言。"我主张文学研究也要做田野调查,迈开双脚走到历史曾经发生的现场,身临其境地领略文学文本产生的空间、作者生存的环境,体验其胸次豁然而得江山之助、心与境会的妙处。同时,可以获得地方文人编撰的很多资料、书籍、图册,这是一般的书店、图书馆都没有的,包括那里搜集到的族谱、碑文、建筑风格的信息等,都会启发新鲜独到的思路,而且使这些思路连通"地气"。例如,到曾巩故居查看族谱,发现曾家与王安石家有亲戚关系,这就对他们的"变法"的立场,以及王安石变法和司马光反正的南北家族背景,有了更深切的认识。我到河南、陕西、山西、山东、江苏、江西去过几十趟,去过很多文化遗址,把人文地理引入文学研究,能够穿越历史，从现场里面去思考很多问题，还搜集了很多地方文献，包括族谱、家谱和民间故事。

　　研究古典小说史的时候，我接触到一位"古今女将第一"的人物。这就是清代褚人获《隋唐演义》第一回所说，隋朝起兵伐陈，"其时各处未定州郡，分遣各总兵督兵征服；川蜀、荆楚、吴赵、云贵，皆归版图，天下复统于一。惟岭南未有所附，数郡共奉高凉郡石龙夫人冼氏为主。夫人陈阳春太守冯宝之妻，冯仆之母也。闻隋破陈，夫人亲自起兵，保全四境，筑城拒守，众号'圣母'，谓其城曰'夫人城'。隋遣柱国韦洸，安抚岭外。夫人拒之，洸不得进。晋王遣陈主遗夫人书，谕以国亡，使之归隋。夫人得书，集首领数千人，尽日恸哭，北面拜谢后，始遣其孙（冯）盎，率众迎洸入广州。夫人亲披甲胄，乘介马，张锦伞，引毂骑卫从，载诏书称使者，宣谕朝廷德意，历十余州，所至皆降。凡得州三十，郡一百，县四百。封盎为仪同三司，册夫人为宋康郡太夫人，……智勇福寿，四者俱全。年八十余而终，称古今女将第一"。想不到二三年后，我回家乡广东省电白县参加荔枝节，竟发现这位"古今女将第一"，是电白县山兜村人。她的坟地很大，墓碑基座的赑屃之大，可能只有南越王才能承受得起。墓地旁边有"诸悍将怯兵矣"之字。值得注意的是，吴梅村的《临春阁》杂剧，写冼太夫人起兵勤王，有"岭南道、岭北道各州刺史进见"及"缅甸国、扶南国、真腊国使臣禀谒"的描写。这说明冼太夫人作为岭南少数民族女将军，认同中原王朝政权，使隋唐建国只在北方开疆拓土，几乎无须在岭南用兵，她对于国家的统一和隋唐盛世的出现，发挥了无以代替的重要作用。

　　冼太夫人是见于正史记载的真实存在的来自少数民族的女大将军，并非花木兰、穆桂英等人多是民间想象虚构出来的。这是应该引起研究中华民族共同体的发生发展的文史学者的高度重视的。由此查阅《隋书》卷八十："谯国夫人者，高凉冼氏之女也。

世为南越首领，跨据山洞，部落十余万家。夫人幼贤明，多筹略，在父母家，抚循部众，能行军用师，压服诸越。每劝亲族为善，由是信义结于本乡。越人之俗，好相攻击，夫人兄南梁州刺史挺，恃其富强，侵掠傍郡，岭表苦之。夫人多所规谏，由是怨隙止息，海南、儋耳归附者千余洞。……后遇陈国亡，岭南未有所附，数郡共奉夫人，号为圣母，保境安民。……晋王广遣陈主遗夫人书，谕以国亡，令其归化，并以犀杖及兵符为信，夫人见杖，验知陈亡，集首领数千，尽日恸哭。遣其孙魂帅众迎洸，入至广州，岭南悉定。"《北史》卷九十一与此略同，记载"谯国夫人冼氏者，高凉人也。世为南越首领，部落十余万家。夫人幼贤明，在父母家，抚循部众，能行军用师，压服诸越。每劝宗族为善，由是信义结于本乡。越人俗好相攻击，夫人兄南梁州刺史挺恃其富强，侵掠傍郡，岭表苦之。夫人多所规谏，由是怨隙止息，海南、儋耳归附者千余洞"云云。司马光《资治通鉴》卷一百七十七记隋文帝开皇十年（公元590年）冼太夫人平定番禺仲宣的叛乱，救援广州；后来番州诸俚、獠多亡叛，冼太夫人代表朝廷招抚宣慰，十余州的俚、獠少数民族都归顺了。从地方材料中可知，冼太夫人以八十岁高龄招抚宣慰海南岛的少数民族，死在海南岛，该岛至今还有娘娘庙二百余座。她对海南岛的回归和中国南海的开发，做出了历史性的贡献。当她从海南岛归葬电白的山兜之原时，路上竖立起一排帆形的石柱，石柱至今犹存。

对于这样真实的女大将军，其后的笔记、小说、兵书都有记述，如宋代《太平广记》卷二七〇"妇人类"，明代赵釴《晏林子》卷五，冯梦龙《智囊》"闺智部"，唐顺之《武编》，均有记述，大抵根据正史加以演绎。清初屈大均《广东新语》卷八则追述俚人部族在西汉时期的踪迹："冼氏，一在尉佗时，保障高凉，有威德。其知名又在侧、贰之先，故论越女之贤者，以冼氏为首。冼氏，高州人，身长七尺，兼三人之力。两乳长二尺余，当暑远行,两乳辄搭肩上。秦末,五岭丧乱,冼氏集兵保境,蛮酋不敢侵轶。及赵佗称王,冼氏乃赍军装物用二百担入觐,佗大欢悦,与论时政及兵法,智辩纵横,莫能折。乃委其治高梁,恩威振物,邻郡赖之。今南道多冼姓,皆其枝流云。"这就追踪了八百年前冼氏部族的踪迹,然后再叙述冼太夫人在南朝梁、陈及隋朝的势力和功绩,谓"夫人智勇兼备,至老未尝败衂,每战辄锦伞宝幰,敌望见以为神,诸蛮皆称锦伞夫人"。李调元的《南越笔记》卷四记载:"冼夫人庙在高州。……其家世为南越首领,辖部落十余万。……罗州刺史冯融闻其贤,为子宝求娶焉。侯景反,高州刺史李迁仕召宝,冼止之曰:'刺史无故不当召,欲邀君共反耳。'既而迁仕果反,冼自将千余人袭击,大破之,遂与陈霸先会于赣右。……及隋继陈,隋高祖遣韦洸安抚岭外,冼因陈主遗之书,令其归化,遂遣孙暄迎洸,岭南遂安。未几,番禺王仲宣反,又遣孙盎进兵攻破仲宣。冼被甲领毂骑巡抚诸州。高祖异之,册为谯国夫人。"

尤为可贵的是冼太夫人在南朝、隋朝开创的这个认同中原政权的传统,成了她的将门家族的传统。《资治通鉴》卷一百九十记载,唐高祖武德五年(公元622年)秋,冼太夫人之孙"隋汉阳太守冯盎承李靖檄,帅所部来降,以其地为高、罗、春、白、崖、儋、林、振八州,以盎为高州总管,封耿国公。先是,或说盎曰:'唐始定中原,未能及远,公所领二十余州地,已广于赵佗,宜自称南越王。'盎曰:'吾家居此五世矣,为牧伯者不出吾门,富贵极矣。常惧不克负荷,为先人羞,敢效赵佗自王一方乎!'遂来降。于是岭南悉平"。唐人吴兢《贞观政要》卷九记载:"贞观初,岭南诸州奏言高州酋帅冯盎、谈殿阻兵反叛。诏将军蔺謩发江、岭数十州兵讨之。秘书监魏徵谏曰:'中国初定,疮痍未复,岭南瘴疠,山川阻深,兵远难继,疾疫或起,若不如意,悔不可追。且冯盎若反,即须及中国未宁,……此则反形未成,无容动众。陛下既未遣使人就彼观察,即来朝谒,恐不见明。今若遣使,分明晓谕,必不劳师旅,自致阙庭。'太宗从之,岭表悉定。……太宗曰:'初,岭南诸州盛言盎反,朕必欲讨之,魏徵频谏,以为但怀之以德,必不讨自来。既从其计,遂得岭表无事,不劳而定,胜于十万之师。'"《资治通鉴》卷一百九十三又记载,贞观五年(公元631年)"高州总管冯盎入朝。未几,罗窦诸洞獠反,敕盎帅部落二万,为诸军前锋。獠数万人,屯据险要,诸军不得进。盎持弩谓左右曰:'尽吾此矢,足知胜负矣。'连发七矢,中七人。獠皆走,因纵兵乘之,斩首千余级。上美其功,前后赏赐,不可胜数。盎所居地方二千里,奴婢万余人,珍货充积;然为治勤明,所部爱之"。因而清人屈大均《广东新语》卷七说:"冯盎者亟以二十州县归唐,皆可谓能知天命者也。"这个家族在武则天朝,被诬告谋反而遭灭门之灾,孑余者据说有高力士。《新唐书》卷二百七说:"高力士,冯盎曾孙也。圣历初(公元698年),岭南讨击使李千里上二阉儿,曰金刚,曰力士,武后以其强悟,敕给事左右。坐累逐出之,中人高延福养为子,故冒其姓。"据阮元考证,杨贵妃好吃荔枝,与高力士有关,电白荔枝中有"妃子笑"品种。这就是杜牧《过华清宫》绝句所形容的:"长安回望绣成堆,山顶千门次第开。一骑红尘妃子笑,无人知是荔枝来。"于此,脚学探访了历史事态的各个侧面,这种学问尤其连通文明史之地气。

三 心学是最终的关键

心学指的是要用心去感受、体验研究对象,思考和发现其内在的生命及意义,达到学理上有所建树的超越性的效果。《孟子·告子上》:"心之官则思,思则得之,不思则不得也。"心学讲究的就是"思则得",发挥心思的功能是个关键。所以朱熹《论语集注》注解《为政》篇,子曰"学而不思则罔,思而不学则殆",就说:"不求诸心,故昏而无得;不习其事,故危而不安。"又引程子的话:"博学、审问、慎思、明辨、笃行五者,废其一,非学也。"博、审、慎、明、笃五个字,就是用心运思的五种方式。这里有两个原则值得注意,一是要重视第一印象,对所读的书有了第一印象,有所感悟之后,会产生新的思想萌芽,这些萌芽可能跟原来的一些解释不同,这就出现了对话的空间,其中蕴含着超越前人进行创造性思维的可能性。如果能够这样,就可以打破"矮子观场"的局面,野地看戏,高个子站在前面,矮个子被挡在后面,后面的并没有看见戏台上的表演,看见前面在喝彩,就跟着前面的人喝彩。在学术上这样做,必然会形成人云亦云、以讹传讹的成见和陋习。清代纳兰性德的《原诗》一文,讽刺当时诗人随风倒的从众心理,说是:"十年前之诗人,皆唐之诗人也,必嗤点夫宋;近年来之诗人,皆宋之诗人也,必嗤点夫唐。万户同声,千车一辙。其始亦因一二聪明才智之士深恶积习,欲辟新机,意见孤行,排众独出。而一时附和之家吠声四起,善煮为新丰之鸡犬,不善煮为鲍老之衣冠。向之意见孤行、排众独出者,又成积习矣。盖俗学无基,迎风欲仆,随踵而立。故其于诗也,如矮子观场,随人喜怒,而不知自有之面目,宁不悲哉?"(《通志堂集》卷十四"杂文")因此直接面对原始经典,得出自己的第一印象,然后再反过头来与前人的解读进行对话,是排除"矮子观场"之弊的重要方法。

比如杜甫的七绝,以《赠花卿》最是脍炙人口:"锦城丝管日纷纷,半入江风半入云。此曲只应天上有,人间能得几回闻?"由于有"千家注杜"的说法,前面已经有许多高个子发表过对这首诗的看法了。明朝正德年间的状元公杨慎在《升庵诗话》卷十三就说:"杜子美七言绝近百,锦城妓女独唱其《赠花卿》一首,……盖花卿在蜀,颇僭用天子礼乐,子美作此讽之,而意在言外,最得诗人之旨。"明朝万历年间的状元公焦竑因循了杨慎的说法,认为花卿恃功骄傲。杜公此诗讥其僭用天子礼乐也,而含蓄不露，有讽人言之无罪，闻之者足以戒之旨。公之绝句百余首，此为之冠。与此二人相前后的还有一个科场不甚得意，在学问上却下过一番功夫的胡应麟，他在《艺林学山》中说："杜子美七言绝近百，当时妓女独唱其《赠花卿》一首，……盖花卿在蜀，颇僭用天子礼乐，子美作此讽之，而意在言外，最得诗人之旨。当时妓女独以此诗入歌，亦有见哉。杜子美诗，诸体皆有绝妙者，独绝句本无所解，而近世乃效之而废诸家，是其真识冥契犹在唐世妓人之下乎？"竟然全部抄袭杨慎的意见，反而嘲讽别人的见解"犹在唐世妓人之下"。这种意见由明清及于近代，已经成了反复沿袭的成见。所谓"僭用天子礼乐"之说，乃是古人有忠君情结，又拘于礼乐等级制度的见解。

一旦解除忠君情结和礼乐制度的焦虑，直接面对《赠花卿》这首清新美妙的七绝，就会感受到杜甫的写作心理是轻松的、明朗的，并无焦灼忧郁之气。此前杜甫还写过一首《戏作花卿歌》："成都猛将有花卿，学语小儿知姓名。用如快鹘风火生，见贼唯多身始轻"，花卿是如此大名鼎鼎，用兵是如此迅雷不及掩耳。他的刚猛令人惊心动魄："子章髑髅血模糊，手提掷还崔大夫"，杜甫称赞"人道我卿绝世无"，并且反问："既称绝世无，天子何不唤取守京都？"他竟然在质问"天子"为何不起用这样的绝世将才，去把守京都，平定安史之乱？在严武到成都当节度使之前，流寓成都的杜甫未免有点"骑驴三十载，旅食京华春"的落拓感，戏作歌诗向大名鼎鼎的花敬定将军表达好感，这是可以理解的。这位将军大人看到有这么一位老诗人在夸奖自己，就摆设歌舞盛宴招待他，如果此时杜甫被盛情款待，却写诗讥讽主人"僭越"了礼乐制度，那简直就是违背常情，故意闹别扭了。

对于杜甫这首诗的理解，应该将之置于更为宏大的唐诗演变脉络中去加以考察。根据《旧唐书·音乐志》的记载，"（唐）玄宗又于听政之暇，教太常乐工子弟三百人为丝竹之戏，音响齐发，有一声误，玄宗必觉而正之。号为皇帝弟子，又云梨园弟子，以置院近于禁苑之梨园"。梨园子弟和极其辉煌的音乐，是大唐盛世的一个标志。安史之乱后，"梨园弟子，半已奔亡。乐府歌章，咸皆丧坠"（唐段安节《乐府杂录·序》）。因此诗人往往以梨园子弟的流散，对无可挽回地衰落破败下去的开元天宝盛世，献上一曲哀婉的挽歌。本来"此曲只应天上有"，只能在长安梨园听见，"人间能得几回闻"，我竟在成都的宴席上听见了，盛唐的衰败已是不堪回首。思维方式相似的杜诗，还有《观公孙大娘弟子舞剑器行》，它回忆当年长安的乐舞："昔有佳人公孙氏，一舞剑气动四方。观者如山色沮丧，天地为之久低昂。……先帝侍女八千人，公孙剑器初第一"；谁曾想"五十年间似反掌，风尘㶊动昏王室。梨园子弟散如烟……"。而我又在"瞿唐石城草萧瑟"的白帝城，观看到公孙大娘的弟子"妙舞此曲神扬扬"呢，因此只能在"乐极哀来月东出"的时候，发出一声"感时抚事增惋伤"的长长叹息了。想不到数年后又在更遥远的地方，遇上当年梨园唱歌第一，善打羯鼓的李龟年，"明皇时，张野狐觱篥，雷海青琵琶，李龟年唱歌，公孙大娘舞剑"并列竞美，后来也流落江南，在地方官员的酒席上唱唱王维所作的"红豆生南国，春来发几枝。愿君多采撷，此物最相思"一类梨园名曲了。因此杜甫又写了《江南逢李龟年》："岐王宅里寻常见，崔九堂前几度闻。正是江南好风景，落花时节又逢君。"这也是怀念已经失落了的光荣盛唐的绝唱，令人感慨于"弹尽凄凉天宝曲，江南愁杀李龟年"了。这种借梨园之音乐来怀念盛唐的沉没的手法，在中晚唐不绝如缕，形成一个传统，如白居易《长恨歌》的"梨园子弟白发新"，《琵琶行》的"同是天涯沦落人"，又有《梨园弟子》诗云："白头垂泪话梨园，五十年前雨露恩。莫问华清今日事，满山红叶锁宫门。"它们都是杜甫"此曲只应天上有，人间能得几回闻"的回响，而杜甫的这首《赠花卿》实际上开拓了一个以梨园音乐怀念失落了的盛唐的诗歌传统。

进而言之，心学的另一个原则，是对文本材料获得第一感觉之后，强化感悟和思辨的互动互渗，寻找自己可能的创造空间，深度开发材料内蕴的生命表达和意义密码。《周易·系辞下》说："《易》之为书也，原始要终，以为质也。"清人王念孙《读书杂志》认为，"质，本也。"这就是说，原始要终，要求学者从事理的本原处入手，寻其根脉枝叶，使学理发现能够进入生命的过程和存在的本质。在原始要终这一点上，本人有切身的体会。在撰写《韩非子还原》之前，本人把各种版本的《韩非子》读过五遍，在读前三遍时没有找到感觉，也就是说，我感觉到的，前人也感觉到了，不能以独到的角度切入事物的原本，建立自己创造性的体系，也就没有必要再写什么了。就在精神焦虑至极的时候，一天早上我坐在案前遐思，突然觉得"如击石火，似闪电光"，豁然开朗。然后再读第五遍，将材料重新进行梳理思考。

我想到了《韩非子》两次记载的一个神秘人物：堂谿公。一是《韩非子·外储说右上》所载："堂谿公谓昭侯曰：'今有千金之玉卮，通而无当，可以盛水乎？'昭侯曰：'不可。''有瓦器而不漏，可以盛酒乎？'昭侯曰：'可。'对曰：'夫瓦器，至贱也，不漏，可以盛酒。虽有手千金之玉卮，至贵而无当，漏，不可盛水，则人孰注浆哉？今为人之主而漏其群臣之语，是犹无当之玉卮也。虽有圣智，莫尽其术，为其漏也。'"这里堂谿公自比价廉物美的不漏的瓦罐，可以为国君保守机密，而那些贵值千金的玉杯却漏酒，使国君的权术都泄露出去了。韩昭侯于公元前362—前333年在位，堂谿公是瓦罐，并非贵族，他起码要二十五六岁以上才能见到韩昭侯，那么即便见面在韩昭侯最后一年，他的生年也应在公元前358年以前。然而《韩非子·问田》篇记载堂谿公对韩非说："臣闻服礼辞让，全之术也；修行退智，遂之道也。今先生立法术，设度数，臣窃以为危于身而殆于躯。何以效之？所闻先生术曰：'楚不用吴起而削乱，秦行商君而富强。二子之言已当矣，然而吴起支解而商君车裂者，不逢世遇主之患也。'逢遇不可必也，患祸不可斥也，夫舍乎全遂之道而肆乎危殆之行，窃为先生无取焉。"根据我的考证，韩非大概生于韩襄王末年（公元前296年），那么他二十岁时，堂谿公已经八十二岁，也就是说，堂谿公是在韩非二十岁左右与他对话的，不然，年岁不饶人了。而堂谿公与韩昭侯对话的思路，是附和死去不久的韩相申不害的思路的；与韩非的对话却是针对这个年轻人推崇商鞅、吴起的法家思想可能招致杀身之祸，而劝他接受"服礼辞让""修行退智"的"全遂之道"的，这带有明显的黄老之术的意味。

这就使我们有必要对堂谿公的身世寻其根脉。《左传·鲁定公五年》（公元前505年）记载，吴王阖闾率师攻入楚国首都后，秦国发兵救楚，这年九月，阖闾之弟夫概先回吴国，自立为王，被阖闾打败，逃亡到楚国，被安置在堂谿，他的子孙也就以堂谿作为姓氏。这条材料也被《史记·吴太伯世家》和《楚世家》采用了。从夫概封于堂谿，到《韩非子》的堂谿公，已经近二百年，起码是夫概的六世孙了。东汉王符《潜夫论》卷九说："阖闾之弟夫概王奔楚堂谿，因以为氏。……堂谿，谿谷名也，在汝南西平。"堂谿古城，春秋属楚，战国属韩，地在今河南省西平县西。此地往东是老子的家乡鹿邑县，往西是范蠡的家乡南阳市，这一带是黄老之道的发祥地。

考证清楚这一点，对于《韩非子》已经具有原始要终的关键性。它告诉我们，韩非受堂谿公的启发，于二十岁前后关注黄老之术，写成《解老》《喻老》二篇。这就使《史记·韩非列传》所说的"韩非者，韩之诸公子也。喜刑名法术之学，而其归本于黄老"，得到落实。首先，我们发现，《解老》《喻老》对《老子》篇章的诠释，都是从《德经》诸章开始的，占引述《老子》篇章的八成五，然后才诠释《道经》诸章，只占一成五。因此可以判断，韩非研读的《老子》，是《德经》部分在前，《道经》部分在后，与今本不同，属于黄老之术的系统。其次，《解老》《喻老》与韩非成熟期以法、术、势为核心的思想体系，存在一些值得注意的差异。胡适等人以此断定，《解老》《喻老》"另是一人所作"，不是韩非的作品。但是一个思想家二十岁时的思想，怎么可能与四五十岁时完全一致呢？探索，是思想家趋向成熟和深刻的基本手段，从这个意义上说，思想是一个过程，没有过程，就没有思想家。韩非是韩国诸公子，他早年的正规教育不能摒弃诗书礼乐，同时申不害掺杂着法术和黄老的学问，是韩国的"国学"，他钻研黄老的青年期，夹杂着这些思想元素，不足为怪。当我们在《解老》《喻老》中，清理出对儒家核心概念、对历史人物评价尺度、对关于民心民智思想和关于国家社会家庭伦理的思想态度，存在着与他晚期核心思想的不同，并发现这些不同在前中期文章里，存在逐渐蜕变的现象时，我们就可以把《韩非子》五十五篇，进行早期、前期，中期偏前、中期偏后，后期、晚期的大体编年划分。思想的生命，生长在过程之中。韩非因汲取黄老而使法家变杂，却又因汲取黄老而使法家变大，他由此而成为法家集大成式的思想家。心学是为了寻找研究者存在的空间、原创的空间。心学强调思辨与感悟的融通，直接掘进事物之原本，探赜索隐，尽究精微，开拓原创之可能。

治学五路径的提出，旨趣在于充分调动和激发研究者主体的感觉思想能量，多渠道、多路径、多层面地打开研究对象的本原、特征及其皱褶、脉络。虽然对于"五学"，前面是分而言之，但是掌握"五学"，更重要的是对之综合运用，多维互参，实现材料的博采与学科的综合，将学问推向新的境界。眼学的特点在于明，耳学的特点在于聪，手学的特点在于勤，脚学的特点在于实，心学的特点在于创。五学的综合效应，是实事求是，天道酬勤，聪明敏悟，达至原创。创造性，是一切研究之魂。天赐人类五官具备，是需要灵魂来统领的，为什么不以追求创造的灵魂把它们充分调动起来呢？清人赵翼对史籍中的多种感官并用作了梳理，指出《北齐书》："唐邕手作文书，口且处分，耳子听受，此三官并用也。"《南史》："宋刘穆之目览词义，手答笺牍，耳行听受，口并酬应，不相参涉，悉皆赡举，此四官并用也。"《隋书》："刘炫能左画圆，右画方，口诵、目数、耳听，五事同举，此五官并用也。"（《陔余丛考》卷四十）既然多种感官在日常生活中能够配合使用，那么它们在更深广的范围内的综合使用，就具备起码的生理学基础。

　　清人徐珂《清稗类钞》记载："萧山毛西河检讨奇龄，生有异禀，能五官并用。尝以右手改弟子课作，左手拨算珠，耳听弟子背诵经书，目视小僮浇花，口又答弟子之问难，间与其妇诟谇焉，不稍紊也。"这一传闻，也被易宗夔在民国年间出版的《新世说》中记述，说毛奇龄"少有异禀，读书过目不忘。在京师时，尝僦居屋三间，左右庋图史、寓眷属，而中为客次。先生日著书其间，笔不停挥，请业者环坐，问随答，井井无一误。夫人在室中，时或诟詈，公复还诟之，殆五官并用者。……琉球使者过杭州，以兼金购文集，且求见公。其名动海外若此"。五官并用，是一种勤勉，将勤勉转化为创造，还需激活五官五学的深层功能。如果不调动和激活深层功能，就可能落入忙忙碌碌的事务主义，如晚清吴趼人《俏皮话》中所调侃的："一人无论办何事，必躬必亲，一人独任，绝不肯假手他人。一日诸事麇集，几至调排不开；而此人遂忙甚，手做、口说、眼视、耳听、心想、脚行，五官并用，四体不停。因告人曰：'我今日忙极，连吃饭睡觉的工夫都没有。'或曰：'何不请人代劳？'此人曰：'做事岂可请人作代？或者请一个人代我吃饭，或代我睡觉，倒可以商量。'"五官并用需要创造性的灵魂加以节制。灵魂需要沉观默察，不可手忙脚乱，才能透过繁芜的现象，窥见事物的本质，令人有会于心，原始要终，直抵本原。

毋庸置疑，五学并举是一个复杂的系统工程。这种综合性方法论思路牵动了多学科的知识领域，应用得好，就颇有一点经纬天地、错综群艺的效应。这令人联想到《周易·系辞上》所说："参伍以变，错综其数。通其变，遂成天下之文；极其数，遂定天下之象。非天下之至变，其孰能与于此？"朱熹言《易》，有"参伍以变错综其数说"，他是这样说的："参，以三数之也。伍，以五数之也，如云'什伍其民'，如云'或相什伯'，非直为三与五而已也。盖纪数之法，以三数之，则遇五而齐；以五数之，则遇三而会。……《易》所谓三伍以变者，盖言或以三数而变之，或以伍数而变之，前后多寡更相反覆，以不齐而要其齐。……然错综自是两事，错者杂而互之也，综者条而理之也，参伍错综又各是一事。参伍所以通之，其治之也简而疏；错综所以极之，其治之也繁而密。"三条思路或五条思路各自变化，又互相汇合，反复纠结。对复杂的事物关系加以条理，整治繁密而归于疏简，要言不烦地对复杂的事物关系加以贯通，揭示千头万绪、千变万化的事物关系和发展过程的内在通则。如此探究，把握通则而揭示本原，才会出现"风云会处千寻出，日月中时八面明"（唐周朴《福州神光寺塔》）的境界。

然而这种宏观的方法论操作的系统工程，在具体运用的时候，又是可以分析，或者拆解的。应该注意到，五学路径的参伍错综，可以形成多种多样的组合方式，有时以一种方法为主，其他方法起着辅助的作用，甚至潜伏待机，从而使方法组合达到恰到好处、极其有效的结果。这样才可能有针对性地突破常规，出奇制胜，选准新的学术生长点和学术生长程序。如果不找准突破口，连学术方向都茫无头绪，就无法发挥自己的长处并弥补前人的不足，结果很可能是勤奋读书一辈子也没有跨入学术门槛，更不用说登堂入室。因而研究的视野要开阔，思路要有大模样，例如，对待历史上最有成就的清朝学问，既要看到它在文献、文字、版本、辑佚等领域的精深建树，看到清初学术之大、乾嘉学术之精、晚清学术之变，同时也要提高胆识，揭示清朝学问在民族问题、民间问题和考古材料方面的不足。反思前代学术的缺陷，是为了给当代学术寻找创造的空间。《礼记·学记》有一句话："知不足，然后能自反也。"这个"反"，可以同《老子》四十章"反者道之动"相参照。学术的开拓，往往需要在相反的方向着力，如果这个相反方向是以往学术的薄弱环节，就会收到事半功倍的效果。学术研究最怕抬头不起，转身不得，这就需要我们掌握新的学术制高点。在前人的丰厚成果面前，"竿头更进"和"竿头转身"，都是具有学术战略意义的。要"百尺竿头，更进一步"，固然困难，但是这种困难还可以有所借鉴。至于讲到"百寻竿上转身难"，那么这里的难度就在于有新的学术姿态、新的思想方法的发明，才能在竿头高处转向开拓前人未曾注意的领域，发前人所未发。《入楞伽经》卷一说："智者如是观，一切诸境界，转身得妙身，是即佛菩提。"竿头转身，是可以激发学术五路径重新组合的潜力和形态的。尤其是在知识的全球化和多样化背景中，五学并举的综合效应，由于登高望远，摆脱遮蔽，就可以得到成倍的放大，就会使各种思想思潮在撞中迸射出创造新思想的火花。建立现代大国的学术风范，既是非常之事业，就须在总揽中外、贯通古今中，启动治学五路径这种非常的方法论，"竿头更进"亦可，"竿头转身"亦何妨，抛弃拾人牙慧的猥琐，磨锐辨析疑义的眼光，增强解释经典的能力，构筑一种可以和当代世界进行平等的深度对话的学理体系和话语体系。在这种非常的学术事业上，治学的五条路径，可以条条都成为洒满阳光的百货集散的通衢大道。

2008 年 4 月在深圳大学、中山大学的讲演；
2014 年 1 月整理补充，2021 年 2 月 17 日修订